Rainer Bosselmann, Eva Lüffe-Leonhardt und Manfred Gellert (Hrsg.)

Variationen des Psychodramas

Rainer Bosselmann, Eva Lüffe-Leonhardt und Manfred Gellert (Hrsg.)

Ein Praxis-Handbuch

Variationen des Psychodramas

nicht nur für Psychodramatiker

Verlag Christa Limmer

Bosselmann, R./Lüffe-Leonhardt, E./Gellert, M. (Hrsg.)
Variationen des Psychodramas
Ein Praxis-Handbuch
1. Aufl. - Meezen: Verlag Christa Limmer, 1993
2. überarbeitete Auflage, 1996
Copyright 1993 by Verlag Christa Limmer
Alle Rechte, auch die des auszugsweisen Nachdrucks,
der photomechanischen Wiedergabe und der Übersetzung vorbehalten.
Gesamtherstellung: Druckerei Joost, Kiel
ISBN 3-928922-01-7

Inhalt

Einleitung 9

Rainer Bosselmann:
Eine kleine Einführung in das Psychodrama für Neulinge & Vertreter unterschiedlicher Methoden 11
Über Morenos Lebenswerk 14
Psychodramatische Techniken im Überblick 16

ERSTER TEIL   Beispiele der Psychodrama-Therapie   19

Doris Gutermuth-Lissner:
Die Entdeckung der Regiestuhl-Technik
für die Behandlung psychosomatisch Kranker 21

Martha Sonntag:
Psychodramatherapie einer Sexualstörung
Psychodramatische Elemente zur Diagnostik und Erarbeitung des Focus in einer Paartherapie 46

Gabriele Stiegler:
Vier Beispiele der Psychodrama-Anwendung
in der Behandlung von Folgen sexueller Gewalt 61

Uta Gröschner:
Das Drama der Psychose - Gruppentherapeutische Erfahrungen
mit dem Psychodrama in einer psychiatrischen
Übergangseinrichtung 76

ZWEITER TEIL   Pädagogische Anwendungen   95

Eva Lüffe-Leonhardt und Peter Wertz:
Psychodrama in der Erwachsenenbildung 97

Barbara Geiss-Kuchenbecker:
„Ich spiele - also lerne ich"
Psychodrama mit Schülerinnen und Schülern 108

Christa Limmer und Claus Nowak:
Psychodramaelemente in der Sexualpädagogik 128

Esther Flemming:
Psychodrama mit Eingeschlossenen 137

Bernard Dufeu
Die Sprachpsychodramaturgie
ein Beitrag zur Psychodramapädagogik 152

**DRITTER TEIL   Regie, Methode und Haltung
des Psychodramatikers 169**

Carl Woerner:
Starthilfe für Anfänger in der Leitung von Psychodramagruppen 171

Manfred Gellert:
Die Gruppe in Bewegung bringen..... 192

Rainer Bosselmann:
Geschichtete Begegnung
3 Ebenen im psychodramatischen Spiel- und Arbeitsbündnis 197

Rainer Bosselmann:
Das Psychodrama und seine „Heilfaktoren":
über Wirkungen und deren Ort im psychodramatischen Prozeß 199

Gabriele Pauquet:
Krisen im Verlauf einer Weiterbildungsgruppe, ein Erfahrungsbericht 204

Gregor Terbuyken:
Bedeutungsrekonstruktion im Psychodrama als ein Element
des Leiterhandelns 224

VIERTER TEIL   Familien, Kinder und Jugendliche im Psychodrama 239

Andreas Fryszer:
Psychodrama in der Arbeit mit Familien 241

Alfons Aichinger:
Zurück zum Ursprung
Abweichungen von der klassischen Psychodramamethode in der
therapeutischen Arbeit mit Kindergruppen 268

Rainer Bosselmann, Ellen Kindschuh-van Roje und Matthias Martin:
Einige Einsatzmöglichkeiten des Psychodramas
im therapeutischen Heim 292

FÜNFTER TEIL   Fort- und Weiterbildung, Supervision und Organisationsberatung   301

Kersti Weiß:
Psychodrama-Soziometrie - Ein Supervisionskonzept   303

Rainer Bosselmann:
Überprüfungen und Entscheidungen im Supervisor   318

I. Gotlind Kasper:
Erst Feuer und Flamme dann ausgebrannt
Beispiele aus der LehrerInnen-Supervision   319

Manfred Gellert und Werner Heinz:
Psychodrama und Soziometrie in der Supervision und
Fortbildung von AIDS- und Drogenberatern   331

Manfred Gellert:
Lebendige Soziometrie in Gruppen und Organisationen   346

Agnes Dudler und Rainer Bosselmann:
Neun wesentliche Dimensionen einer effektiven
Psychodrama-Weiterbildung   365

SECHSTER TEIL   Psychodrama in speziellen Themen- und Zielsetzungen   373

Doris Immich und Christian Gremmels:
Spielarten des Bibliodramas   375

Franz-Josef Knist:
Einzelarbeit in Bibliodramagruppen   383

Ildikó Mävers und Karl-Heinz Jacobs:
Plädoyer für den Antagonisten   392

Rainer Bosselmann:
Selbsthilfe in der Peergruppe - ein Anreiz zu langem und
lustvollem Lernen   401

Eva Lüffe-Leonhardt und Gabriele Birth:
Leitbilder weiblicher Führung - Der Einsatz des Psychodramas
in der Fortbildung von Frauen in Führungspositionen   406

Anhang 417

Doris Gutermuth-Lissner:
Der Spiegel am Fenster zum Innenhof
ein psychodramatischer Museumsbesuch in Wien, Berggasse 19 **419**

Sarah Kirchknopf im Gespräch mit Rainer Bosselmann und Manfred Gellert:
„Die Prinzessin tät die Königin ins Klo schmeißen" **424**

Autorinnen und Autoren **436**

Einleitung

In den letzten drei Jahrzehnten ist in Bezug auf das Psychodrama Vieles in Bewegung geraten. So hat sich eine reichhaltige Praxis in zahlreichen Anwendungsfeldern entwickelt, die sich auch in Veröffentlichungen widerspiegelt. Eine deutsche Psychodrama-Zeitschrift liegt schon in mehreren Jahrgängen vor, ein Jahrbuch verspricht periodische Fortsetzung. Über das Leben und Werk von J. L. Moreno sowie über seine therapeutische Philosophie sind einige Bücher erschienen. Das wachsende Interesse an der psychodramatischen Methode führte dazu, daß seit der Gründung der Moreno-Institute Stuttgart und Überlingen mittlerweile eine ganze Reihe weiterer Ausbildungsinstitute entstanden ist.

Der hier vorgelegte Sammelband soll eine Gegenüberstellung und Zusammenschau aktuell praktizierter Anwendungsformen dokumentieren. Die Autoren beschreiben ihre Rezeption von Morenos Botschaft und werfen dabei ein Licht auf die eigene Rollenübernahme - dem Ratschlag Goethes entsprechend: „Was du ererbt von deinen Vätern, erwirb es, um es zu besitzen". In diesem Fall waren es allerdings mehrheitlich Mütter, die uns das Erbe weitergaben.

Die erneute Beschäftigung mit Morenos Schriften hatte zur Folge, daß wir unser psychodramatisches Handeln wieder vermehrt auf seine Experimente, Entwürfe und Anliegen bezogen. So ist ein ausgesprochen handlungsorientiertes Buch entstanden, daß das Bewahrenswerte möglichst anschaulich vor Augen führen will. Lange Zeit wurde von Psychodramatikern in theoretischer und konzeptioneller Hinsicht Zurückhaltung geübt und die Integration manches methodenfremden Überbaus probiert. Aus unserer Sicht gibt es jedoch viele gute Gründe, sich auf die Quellen zu besinnen und zu stützen und damit das innovative - um nicht zu sagen subversive - Potential des Psychodramas auszunutzen.

Jetzt, da szenische Arbeit und darstellende Mittel der Konkretisierung ihren Einzug in viele Ansätze pädagogischer und therapeutischer Arbeit gehalten haben, da die aktuelle Praxis also eine weitreichende Bestätigung von J. L. Morenos methodischem Instrumentarium darstellt, bieten einige Praktiker der Lehre und der Anwendung des Psychodramas mit diesem Band eine nachdenkliche und anregende Bestandsaufnahme ihres Tuns an. Diese Bestandsaufnahme soll

- zu einer Auseinandersetzung mit durchaus unterschiedlichen Vorgehensweisen führen,
- die Leser ermutigen, die Methode im eigenen Arbeitsfeld anzuwenden und
- mögliche Weiterentwicklungen initiieren.

Wir würden uns freuen, wenn durch dieses Buch das Psychodrama neue Freunde und Interessenten fände und die Neugier fachkundiger Kollegen damit geweckt würde.

Rainer Bosselmann
Eva Lüffe-Leonhardt
Manfred Gellert   Hamburg, im Juni 1996

Anfragen an die Autoren und Herausgeber bezüglich Aus-, Fort- und Weiterbildung richten Sie bitten an:

BOSSELMANN & PROJEKT-PARTNER
Dr. Rainer Bosselmann, Südhang 5, 35394 Gießen
Tel.: 0641-47646 · Fax 0641-48498

BIRTH UND LÜFFE Beratergemeinschaft
Eva Lüffe-Leonhardt, Eichenstraße 52, 20255 Hamburg
Tel.: 040-4904560 · Fax 040-4912318

CONCEPTA-TEAM
Dr. Manfred Gellert, Heinrich-Mahla-Straße 46, 63571 Gelnhausen
Tel.: 06051-17177 · Fax 06051-15342

Die Grundlagen des Psychodramas und die Vielfalt seines methodischen Instrumentariums wurden im deutschen Sprachraum von einigen, wenigen und für uns maßgebenden Personen verbreitet. Unseren anregenden Vermittlerinnen der Intentionen und Methodik Morenos widmen wir dieses Buch:

Heika Straub und Gretel Leutz,
Zerka T. Moreno und Ella Mae Shearon

Eine kleine Einführung in das Psychodrama für Neulinge & Vertreter unterschiedlicher Methoden

von Rainer Bosselmann

Wesentliche Prinzipien der Anwendung

(alle Zitate dieses Abschnitts entstammen - in eigener Übersetzung - dem Buch: PSYCHODRAMA Vol.III von Jakob L. und Zerka T. MORENO, Beacon N.Y., Beacon House Publ., 1969)

- Zur Arbeit mit dem Psychodrama, einer besonderen Form des Rollenspiels, werden hauptsächlich eine **Gruppe** und ein **Leiter** gebraucht, aus der Gruppe findet sich gewöhnlich ein **Protagonist** der jeweiligen Sitzung. Er (oder sie) wird zur Hauptperson, sofern nicht die Gruppe gemeinsam ein Thema gestaltet. Der Protagonist „drückt sein Problem im Handeln aus, anstatt darüber zu reden". Weiterhin erfordert der psychodramatische Prozeß in der Regel die Unterstützung des Gruppenleiters durch Assistenten, die gewisse 'Hilfs-Ich'-Funktionen wahrnehmen können. Sofern es sich aber nicht um Patienten im engeren Sinne handelt, können die Gruppenmitglieder schon nach kurzer Erfahrung mit dem Psychodrama als Hilfs-Ich fungieren.
- „Der Protagonist handelt im **Hier und Jetzt**, unabhängig davon, wann die dargestellte Szene sich ereignete oder ereignen könnte". Auf diese Weise kann sich jedwede problematische, alltägliche oder ersehnte Situation als unmittelbare, in die Gegenwart gesetzte Erfahrung darstellen und erleben lassen.
- „Der Einzelne muß seine **persönliche Wirklichkeit**, seine Wahrheit durch Handlung konkretisieren, so wie er sie wahrnimmt und sich darin fühlt, in völlig subjektiver Weise (ganz gleich, wie verzerrt diese dem Zuschauer vorkommt)". Es ist die persönlich als stimmig erlebte Szene, durch die der Protagonist sich verstanden, angenommen und bestärkt fühlt und das Vertrauen entwickeln kann, alternative Verhaltensweisen und neue Lösungen auszuprobieren.
- „Der Protagonist wird zum **intensiven Ausdruck** aller Gesten und Aussagen ermutigt, anstatt diese abzuschwächen." Er benötigt und erhält in dieser Hinsicht also spezifische Aufforderungen und Erlaubnisse, wenn er sich auf den Prozeß einer psychodramatischen Untersuchung einlassen will und von den Möglichkeiten der praktischen Einsicht durch Handeln profitieren möchte. Einschränkungen im Ausdruck und eine möglicherweise vorteilhafte Zurückhaltung sind erst **nach** der möglichst freien Exposition des Problems sinnvoll.

- „Der Prozeß des **warming up** geschieht von der Peripherie zum Zentrum hin", der Psychodramaleiter beginnt in der Regel also (sowohl mit der Gruppe als auch mit dem einzelnen Protagonisten) in den weniger angstbesetzten Randbereichen einer Thematik, ehe sie sich schrittweise den heißeren Kernfragen annähern können.

- „Wenn irgend möglich, wird sich der **Protagonist selbst** die Zeit, den Ort, die Szene und die Mitspieler aussuchen, die er für seine psychodramatische Produktion benötigt." Dies gilt besonders, aber nicht ausschließlich, für die therapeutische Anwendung des Psychodramas. In Feldern der Erwachsenenbildung und Pädagogik kann eine stärkere 'Fremdbestimmung' durch den Leiter/Lehrer oft nötig und nützlich sein. Protagonist und Leiter kooperieren miteinander; durch seine fachlichen Kenntnisse und seinen Überblick unterstützt der Leiter den Protagonisten als eine Art **Mit-Forscher**.

- „Psychodrama ist ebenso eine Methode der **Zurückhaltung und Beherrschung** wie eine Methode des freien Ausdrucks." Es ist leider eine weitverbreitete Fehleinschätzung, daß mit dem Begriff 'PSYCHODRAMA' nur ungehemmtes Ausagieren und Kontrollverlust, also eine übersteigerte Darstellung als (hysterischer) Selbstzweck assoziiert wird. Gerade in der Arbeit mit Patienten wird dem einzelnen aber „erlaubt, so **unspontan** oder inexpressiv zu sein, wie er oder sie derzeit gerade ist." Blockaden und Unfreiheit des Ausdrucks sind natürlich auch intensive und wahre Selbstentäußerungen im oben geforderten Sinne. Es wird aber wohl kaum zu vermeiden sein - besonders angesichts der reißerischen Verwendung des Wortes 'PSYCHODRAMA' in Zeitungsberichten -, daß der Begriff auch weiterhin unrichtige Vorstellungen von Sensation, Gewalt oder schlechtem, fassadenhaftem Theater weckt.

- „**Interpretation und Einsichtsvermittlung** sind im Psychodrama von anderer Natur als in rein sprachlichen Typen der Psychotherapie... **Handlung** ist nämlich das Primäre, selbst wenn eine Deutung der Wirklichkeit erfolgt. Denn ohne vorheriges Handeln ist es unmöglich zu interpretieren,... oftmals spricht aber eine Tat für sich selbst." Auch wenn die Art der Inszenierung eine interpretierende Sicht der Wirklichkeit transportieren kann, muß sich die klarere Realitätssicht des Protagonisten ohne suggestive Beeinflussung persönlich entwickeln können. Auf diesen Prozeß wirkt der kognitive Zugriff deutender Gruppenmitglieder meist eher belastend und verunklarend, besonders wenn er kurz nach einer psychodramatischen Szene erfolgt und - vielleicht unabsichtlich - wertend gemeint ist. Dagegen können Orientierung und Einsichtsgewinn aus der korrespondierenden Selbstoffenbarung von Mitspielern und unter dem Eindruck ehrlicher, subjektiv erlebnisbezogener Rückmeldungen von den übrigen Gruppenteilnehmern entstehen.

- „Je nach Kulturkreis vollzieht sich die Erwärmung für das Psychodrama verschieden, die Sitzung besteht aber immer aus **drei Abschnitten:** der Phase der **Anwärmung,** der **Handlungsphase** und dem **Sharing** der Gruppe im Anschluß an die szenische Aktion." Besonders durch das Sharing als offener Ausdruck von emotionaler Anteilnahme und Verstehen aus der Identifikation heraus läßt sich erreichen, daß der Protagonist „nie mit dem Eindruck zurückgelassen wird, er habe als einziger aus dieser Gruppe mit dem dargestellten Problem zu tun." Teilnehmer wie Leiter berichten dabei soweit über sich, wie der Protagonist es annehmen mag und wie sie über sich Auskunft zu geben bereit sind. Beim **Sharing** geschieht somit eine analoge Bezugsetzung von den Gruppenmitgliedern hin zum Protagonisten, es stellt einen angemessenen und abrundenden Rückfluß von persönlichen Auskünften dar, nachdem der Protagonist in der Handlungsphase gewissermaßen 'in Vorleistung' getreten ist.

- „Der Protagonist muß lernen, die **Rollen all derer** zu übernehmen, mit denen er **bedeutungsvoll verbunden** ist, damit er diese Personen seines persönlichen Umfelds, seines '**Sozialen Atoms**' in ihren Bezügen untereinander und in der Beziehung zu ihm aktiv erfahren kann." Offensichtlich nimmt diese zentrale Regel der Psychodramapraxis schon viel von dem vorweg, was wesentlich später in der familiendynamischen Betrachtungsweise und Systemperspektive der Familientherapeuten seinen Ausdruck fand. Im Psychodrama ist der **Mensch als soziales Wesen** in seiner Beziehungs- und Familiendynamik gegenwärtig, die methodischen und konzeptuellen Elemente der soziometrischen Basis des Psychodramas erlauben es, diese Zusammenhänge in der nötigen Komplexität sicht- und erlebbar zu machen.

Über MORENOS Lebenswerk

Nach den Aussagen seines Sohnes Jonathan, wie er sie in der Einführung zur nachgelassenen Autobiographie des Vaters*) gab und wie sie hier sinngemäß wiedergegeben sind, handelte es sich bei Jacob L. Moreno (1889 - 1974) u.a. um einen sehr ungewöhnlichen Menschen mit Zügen eines religiösen Propheten, ebenso denen eines Zauberers, Gurus, nicht zuletzt aber auch um einen engagierten Arzt, Psychiater, Soziologen und Wissenschaftler.

Sein Anliegen war es, gebrochene Seelen zu heilen, Leben ohne Sinn zu bessern und denen, die ihre Täume verloren hatten, erneut zum Träumen zu verhelfen. Groß war sein Bemühen, benachteiligten und leidenden Menschen das Vertrauen in ihre kreativen Kräfte und die notwendige Spontaneität zur aktiven Lebensgestaltung wiederzugeben.

Das phantasievolle Spiel der Kinder hat er gewiß mehr als die vernunftgeleiteten Erwachsenen geliebt, Exzesse psychotischer Menschen mehr als das Mittelmaß vieler Gesunder geschätzt, und die heftige Begierde der Schauspieler nach dem Ausfüllen immer neuer Rollen hat er wohl mehr als die theoretischen Gelüste der Intellektuellen gemocht.

Von der revolutionären Kraft seiner Ideen war Moreno in beneidenswerter Gewißheit überzeugt. Alte religiöse Traditionen, die griechische Philosophie und das klassische Drama dienten ihm als Quellen, ungeniert und wenig angepaßt bewegte er sich abseits des wissenschaftlichen *mainstream*.

Durch seine Originalität und manche großartigen Auftritte blieb er in der Fachöffentlichkeit eher ein Außenseiter mit außergewöhnlichem Elan. Im Lauf seines wechselvollen Lebens gründete Moreno in Wien eine religiöse Bewegung, ein eigenes Theater, auch eine eigene Zeitschrift, später in den U.S.A. eine Klinik mit therapeutischem Theater, ein internationales Ausbildungszentrum und einen eigenen Verlag.

Lange vor dem Aufkommen von Selbsterfahrungsgruppen, von Familien- oder Gestalttherapie fand er sich recht allein mit seinem entschiedenen Auftreten für Gruppenmethoden schon in den dreißiger Jahren. Die Erfahrung und Überzeugung von der heilenden Kraft der Gruppe und sein Glaube an die unerschöpfliche Quelle der altruistischen, mitmenschlichen Liebe bewegten Moreno zeitlebens. Dem Vertrauen in das Potential jedes einzelnen Menschen schonungslos nachstrebend, war Moreno ein Pionier jener Therapieformen, die wahrhaftigen, wertschätzenden Begegnungen die größte heilende Kraft zubilligen. Konfrontiert mit dem in weiten Teilen der amerikanischen Psychiatrie bestimmenden psychoanalytischen Denken, erlebte er sich oft beiseite geschoben von seinen Kollegen. Er behielt einen natürlichen Widerwillen dagegen, sich den Zwängen fremder Institutionen unterzuordnen. An die eigenen Ideen und Überzeugungen kompromißlos hingegeben, leitete ihn der Wunsch, diese in unverfälschter Form zu bewahren. Moreno kümmerte sich wenig um seine Urheberrechte, so konnten im therapeutischen Feld manche aus seinen Anregungen und technischen Mitteln Nutzen ziehen.

Beeindruckend war sein expansiver, geselliger und zugleich mitfühlender persönlicher Stil, wegen seines Charismas wurde er bewundert, sicher auch beneidet. Nie war für Moreno das Erreichen einer «immer fiktiven und vermutlich faden» Normalität ein Therapieziel, es war vielmehr sein ständiges Bemühen, die Spontaneität auf immer höheren Ebenen zu üben, um eine einschränkende Rolle zugunsten einer anderen, mehr Freiheit gewährenden Rolle aufgeben zu können.

In den Begriffen der modernen Therapieforschung ausgedrückt, hat Morenos psychodramatisches Rollenspiel in vorbildlicher Weise die vier zentralen, empirisch gesicherten Wirkprinzipien der Therapie und Beratung integrierend ins Spiel gebracht, auf dem Boden eines großen Respekts gegenüber allen menschlichen Regungen und Wesenszügen:
- Individuelle Ressourcen werden in szenischer Exploration belebt, ins Bewußtsein gehoben.
- Problembereiche können dramatisch aktualisiert werden und so nach Lösungen drängen.
- Plausible Erklärungsmodelle und anschauliche Möglichkeiten des Problemverstehens erwachsen aus dem Rollentausch im Spiel und aus Sharings der Mitspieler.
- Persönlich verfügbare, passende Bewältigungsmöglichkeiten lassen sich realistisch ausprobieren und schrittweise üben.

---

*) Jacob L. Moreno: 'Auszüge aus der Autobiographie' inScenario Verlag, Köln 1995

Psychodramatische Techniken im Überblick

Um es gleich schlicht und mit der angemessenen Bescheidenheit zu sagen: die grundlegenden **technischen Instrumente** der Methode entsprechen weitgehend den alltäglichen Erfahrungen und spontanen Aktivitäten sehr junger Kinder. J.L. MORENO gebührt aber uneingeschränkt das Verdienst, daß er die therapeutischen und pädagogischen Qualitäten solcher **Naturphänomene** beobachtete, verstand, erforschte und sie einer Systematisierung, Lehrbarkeit und damit der breiten praktischen Anwendbarkeit zugänglich machte.

- Das **Doppelgänger-Prinzip,** als Tätigkeit einfach Doppeln genannt, entspricht der ganz frühen Mutter-Kind-Dyade, repräsentiert also die 'primär-narzißtische Einheit', wenn man es so nennen will. Ein Mitspieler wird als Doppelgänger gebeten, den Protagonisten wie ein Schatten zu begleiten, partiell mit ihm in Identität zu treten. Dieses Hilfs-Ich bewegt sich, spricht und empfindet wie der Protagonist selbst. Zusammen mit dem Doppelgänger kann der Protagonist - in einer Art psychologischem Doppelpaßspiel - sein Fühlen, Denken und Handeln klären und überprüfen. Dies geschieht getragen von Empathie, Intuition und fürsorglichem Interesse - ganz wie eine Mutter spürt oder (hoffentlich) ahnt, was ein Säugling gerade braucht oder was ihm fehlt; (auch viele junge Väter sind heutzutage willens und wie es scheint auch in der Lage, eine ähnlich nahe Position und haltende Funktion für ihre Kinder zu übernehmen).
- Das **Spiegeln** entspricht dem Sich-gegenüber-Treten, in der Konfrontation erkennt man sich im anderen. Als Mittel psychodramatischen Spiels ist das Spiegeln nur mit besonderer Vorsicht einsetzbar, weil es als konfrontative Technik leicht Kränkung hervorruft, besonders wenn es als Nachäffen oder als Bloßstellung empfunden wird. Wenn sich kleines Kind und Mutter oder auch Vater und Kind forschend ansehen, enthält die Wahrnehmung des Reflexes im Auge gegenüber das Selbsterkennen im Spiegel - auch auf der Elternseite.
- Der **Rollentausch** ist für die psychodramatische Art des Rollenspiels die charakteristische und besondere Dimension. Er ist dem naturwüchsigen Spiel- und Lernverhalten der Kleinkinder abgeguckt, die durch Imitation und Nachspielen beobachteter Vorgänge Mensch und Tier und Welt kennenlernen, zu verstehen suchen, sich ihrer spielend bemächtigen. Wenn ein Protagonist die Rolle einer für ihn oder sie bedeutsamen Person übernimmt und als diese Person handelt, wird eine Reihe wesentlicher Beobachtungen und Erfahrungen möglich, z.B.:
  - einen Blick von außen auf das eigene Verhalten werfen (dem Spiegeln ähnlich),

- intime Kenntnis vom Erleben, Denken und Fühlen eines anderen gewinnen,
- schließlich besseres Verstehen der Reaktionen anderer auf das eigene Verhalten.

So wird durch das **Aus-sich-heraus-Treten** eine Gelegenheit eröffnet, sich selbst 'mit anderen Augen' zu sehen und die sozialen Folgen des eigenen Handelns realistischer abschätzen zu lernen.

- **Selbstgespräche**, in der Bühnensprache auch als Beiseite-Sprechen bekannt, führen Menschen jeden Alters, zumindest leise. Im Psychodrama hilft ein solcher Monolog der Erforschung und Klärung innerer Vorgänge sowie der Entscheidungsfindung. Wie auf der Theaterbühne ermöglicht **der Monolog** innerhalb einer szenischen Situation, daß, wie mit der Lupe betrachtet, das Innenleben eines Protagonisten erkennbar und verdeutlicht wird, ohne daß dieser die aktuelle Szene deshalb verlassen müßte.
- **Das Psychodramatische Interview** hat - besonders wenn es gemeinsam mit dem Rollentausch eingesetzt wird - einen erheblichen Nutzen, indem es den folgenden Zwecken dienen kann:
- Der Protagonist wird durch gezielte Fragen tiefer ins Erleben geführt,
- es werden authentische Informationen zum sozialen Umfeld ermittelt und
- die nächste Szene ergibt sich aus dem thematischen Fluß der Exploration.

Zwar ließen sich hier noch manche technischen Details anführen, sie können aber nur in der praktischen Anwendung richtig verstanden und erlernt werden. Denn auch der Psychodramatiker muß zuerst die Rolle des Klienten/Patienten gründlich erfahren haben, ehe er den angemessenen Einsatz der methodischen Mittel in der Rolle des Leiters/Therapeuten üben und schließlich ausüben kann.

Abschließend eine Bemerkung zu den drei Funktionsbereichen des Psychodramatikers. Als Psychodramaleiter oder -therapeut hat man nach J.L.MORENO **drei wesentliche Funktionen** simultan und verantwortlich zu erfüllen, man ist **zugleich**:
- Individuell unterstützender **Begleiter** eines Protagonisten,
- Kontextforscher, also **Untersucher** von sozialen Gegebenheiten und
- **Regisseur** der Gruppe der Mitspieler, der als **'Chef des Ensembles'** den richtigen Einsatz und die Form der Mitarbeit steuert.

Besonders die letztgenannte Funktion, die der Regieführung, ist zumindest im therapeutischen Feld eher ungewöhnlich, wenn man das Psychodrama mit rein verbalen Methoden der Beratung oder Behandlung vergleicht.

18

ERSTER TEIL

Beispiele der Psychodrama-Therapie

Die Entdeckung der Regiestuhl-Technik für die Behandlung psychosomatisch Kranker

von Doris Gutermuth-Lissner

„Nichts ist mir zu klein und ich lieb es trotzdem und mal es auf Goldgrund und groß, und halte es hoch, und ich weiß nicht wem löst es die Seele los...."
Rilke

Als Moreno in den 50er Jahren einer Einladung der Universität Tübingen folgte, das Psychodrama vor interessierten Mitgliedern der psychologischen und medizinischen Fakultät zu demonstrieren, richtete er zwei Wünsche an den zuständigen Ordinarius. Moreno wollte mit einem psychiatrisch kranken Menschen arbeiten, der langfristig in Behandlung war und - entgegen dem ärztlichen Einverständnis - seine Entlassung aus der psychiatrischen Klinik nachhaltig verlangte. Aus einer Gruppe dieser Patienten, die sich zu der Demonstration im Hörsaal bereiterklärt hatten, wollte Moreno seine Wahl treffen.

Zum Zeitpunkt der Demonstration wurde in den überfüllten Hörsaal eine kleine Gruppe von Patienten hereingeführt. Obgleich einige von ihnen Moreno sehr zugewandt waren, im motorischen Verhalten und im Spiel der Gesten ihre Hinwendung und Bereitschaft bekundeten, wählte Moreno eine Patientin aus, die wie erstarrt auf ihrem Stuhl saß und keinen Blickkontakt herzustellen vermochte.

Diese Frau wurde Moreno namentlich vorgestellt, daß sie Bauerstochter sei und auf den Hof ihrer Eltern zurück wollte.

Moreno stellte Kontakt zu dieser erstarrten Frau her, indem er sie mit ihrem Vornamen ansprach. Dann setzte er sogleich vor ihren abgewandten Augen - mit Unterstützung seiner Frau Zerka Moreno und einigen seiner Assistenten - ihre Rückkehr auf dem elterlichen Bauernhof in Szene. Noch ehe diese Frau ein Wort zu sich selbst oder zu ihrer Erkrankung gesagt hatte, befand sie sich inmitten der vertrauten Welt eines Bauernhofs und einer Familie, die sie bei ihrer Heimkehr auf den Hof begrüßte.

Moreno und sein Team inszenierten den von der Patientin unablässig vorgetragenen Wunsch nach Entlassung aus der Psychiatrischen Universitätsklinik mit der kreativen Umsetzung einer wort- und gestenreichen Wiedersehensfreude seitens ihrer Familie.

An dieser Stelle blickte die Patientin erstmals auf und sagte: „So wird es nicht sein, wenn ich ankomme."

Es lag auf der Hand, daß Moreno diesen spontanen Widerspruch, der eine aktive Hinwendung aus der Erstarrung heraus darstellte, zum Anlaß nahm, die Patientin selbst die Szene gestalten zu lassen.

Sie stand auf, ging allein - von ihrer Familie unbemerkt - auf den Hof zu den Hühnern, um sie mit futterspendender Hand zu begrüßen...

Damals saß die Psychologie-Studentin Heika Straub im überfüllten Tübinger Hörsaal und sah erstmals Moreno bei seiner Arbeit zu. Nach diesem Erlebnis faßte sie den Entschluß, das Psychodrama bei ihm in den USA zu erlernen.
Gut dreißig Jahre später erzählte mir H. Straub von dieser initialen Begegnung und dem gesamten Ablauf des Psychodramas mit der Bauerstochter, wie er sich im Hörsaal ereignet hatte. Es wäre zu wünschen, daß dieses Psychodrama, nachdem es erlebt und erzählt wurde, nun auch vollständig aufgeschrieben würde. Dies soll aber hier nicht meine Aufgabe sein. Ich beschränke mich auf die vorangestellte initiale Sequenz, da sie mir für die psychotherapeutische Behandlung mit psychosomatisch kranken Patienten richtungsweisende Impulse gab.

„Fast alle Betrachtungen auf einem kleinen Gebiet können, wenn sie nur ernsthaft und gründlich genug ausgeführt werden, als Symbol von ganz Großem verstanden werden, als Bilder für breite Vorgänge und Beziehungen, die sich tausendfach innerhalb kleinerer Maße zusammenstellen."
Rilke

Die Anfänge meiner psychodramatischen Arbeit in der Psychosomatik stellten mich oft vor das Problem, die in den von Spontaneität und Kreativität strotzenden Milieus meiner Psychodrama-Ausbildungsgruppe erlernten Psychodrama-Techniken nur unzureichend bei einer Patientengruppe anwenden zu können, die nach gängiger Lehrmeinung und praxisnaher Beobachtung eine gestörte Affektwahrnehmung bzw. -verarbeitung aufweisen und entsprechende Störungen in der Verbalisierungsfähigkeit emotionaler Inhalte zeigen. Die Handhabung der Probleme bestand u.a. darin, das Schul-Psychodrama für gesunde, hochmotivierte Ausbildungskandidaten den Möglichkeiten psychosomatisch kranker Patienten im Rahmen stationärer Kurzzeittherapie anzupassen und damit den kreativen Prozeß zur Weiterentwicklung des therapeutischen Psychodramas voranzubringen.

In der Literatur zur Psychosomatik wird dem Versuch, eine eigenständige psychosomatische Persönlichkeitsstruktur in Abgrenzung zur neurotischen und psychotischen herauszuarbeiten, große Beachtung geschenkt. Eine resümierende Übersicht zu den, dem Konzept der „Alexithymie" zugerechneten Erklärungsansätzen für psychosomatische Erkrankungen, legt Ahrens (1987) vor. Dort werden die für psychosomatische Patienten als charakteristisch aufgefaßten Merkmale aufgeführt: „...ein verarmtes Phantasieleben mit einer konsekutiven, funktionalen Art des Denkens, eine Tendenz zum Ausweichen gegenüber Konfliktsituationen durch Agieren, eine Einschränkung in der Erfahrbarkeit von Gefühlen, eine partikulär auftretende Schwierigkeit, angemessene Worte zu finden, eigene Gefühle zu beschreiben." (S. 207)

Das psychosomatische Symptom oder das psychosomatisch kranke Organ wird demzufolge nicht als Ausdruck eines unbewußten intrapsychischen Konflikts, sondern als Ausdruck für die Unfähigkeit, Konflikte auf psychischer Ebene erleben und bewältigen zu können, verstanden. Da, wo die Sprache der Emotionen versagt, tritt die Sprache des Körpers bzw. die Organsprache an ihre Stelle. Dort, wo der neurotisch Kranke im z.b. typischen oedipalen Konflikt allenfalls sein Genitale bedroht sieht, da ist der psychosomatisch Kranke in seinem gesamten Sein von der Vernichtung bedroht (Kutter, 1984).

Lehrsätze dieser Art konnte ich in meiner täglichen klinischen Arbeit mit psychosomatisch Kranken in diagnostischer wie therapeutischer Hinsicht bestätigt finden. Unvergeßlich sind mir die spontan auftretenden somatischen Reaktionen und Krisen dieser Patienten, wenn ich z.b. ein Protagonistenspiel leitete oder ein Protagonist sich einer kathartischen Lösung seines neurotischen Konfliktes näherte. Spontanes Nasenbluten, heftige Kratzanfälle, asthmatisches Keuchen und Giemen oder auch Magenkrämpfe, die oft eine unverzügliche Einnahme von bereitgehaltenen Medikamenten erforderten, gehörten ebenso dazu wie das schnelle Aufsuchen einer Toilette zur spontanen Darmentleerung oder die rasenden Herzschmerzen, die zur unverzüglichen Ableitung eines EKGs zwangen.

Beispiele dieser Art scheinen die Lehrmeinung, daß bei den sogenannten „emotionalen Analphabeten" eine Verschiebung der Affekte ins leibliche Geschehen stattfindet, zu bestätigen. Die abschreckende Wirkung, die eine psychosomatische Krise eines Patienten während einer Gruppensitzung in sich bergen kann, ist offenkundig. Mir sind psychosomatisch Kranke als überzeugte Verfechter der Somatogenese ihrer Erkrankung (Heigl, 1978) und damit als Sand im Getriebe der Motivationsmühle für stationäre Kurzzeit-Psychotherapie bestens bekannt.

Die Chance, den psychotherapeutisch unmotivierten und psychosomatisch kranken Patienten im emotional günstigen Sinne zu erreichen, liegt m. E. bereits darin, ihn in das psychotherapeutische Milieu einer Fachabteilung aufnehmen zu können und ihn an dem stationären Alltag, d.h. den sozialen Zusammenkünften der Patienten einer Station teilnehmen zu lassen.

Ein psychosomatisch Kranker, der die Teilnahme an der Gruppentherapie kategorisch ablehnt und die psychotherapeutischen Einzelgespräche versäumt, weil er sich bei einem niedergelassenen Internisten in der Stadt einen Termin hat geben lassen, befindet sich dennoch im psychotherapeutischen Wirkungskreis.

Bereits seine Anwesenheit im Speisesaal oder sein Dabeisein während des gemeinsamen Kaffeetrinkens der Patienten auf Station können motivationsfördernde Prozesse in Gang setzen.

König (1991) vertritt die Ansicht, einer gemischten Krankenstation von psychoneurotischen und psychosomatischen Patienten den Vorzug zu geben. Denn Erstere üben aufgrund ihrer vorhandenen Fähigkeit, Konflikte bereits wahrnehmen und beschreiben zu können, wesentliche Funktionen beim Motivieren der psychosomatischen Patienten aus - während Letztere über einen guten Realitätsbezug verfügen, der den psychoneurotischen Patienten nützlich sein kann.

Ich erinnere mich an eine sogenannte unmotivierte Patientin, die selbst den regelmäßig stattfindenden Kaffeetreffen mit den anderen Patienten ihrer gemischten Station fernblieb. Im Verlauf ihrer Behandlung begann sie eine Ausnahme zu machen. An dem Anreisetag der neu aufzunehmenden Patienten fand ein Begrüßungskaffee statt. Dort wollte sie nach Verbündeten Ausschau halten, die ihre Ansicht über Psychotherapie teilten. Da es jede Woche einen Anreisetag gab, hatte sich für diese Patientin ein regelmäßiger Termin ergeben, der sie nicht nur mit dem pro und contra zur Psychotherapie konfrontierte, sondern auch ihre Kontaktmöglichkeiten erweiterte. Dem Behandlungsteam fiel mit der Zeit auf, daß ihre starre Haltung vom „Entweder... - Oder..." zu Beginn der Behandlung sich in eine Haltung vom „Sowohl... - als auch..." zu verändern begann. Damit hatte sie aus unserer Sicht noch nicht das Motivationsniveau eines z.B. psychoneurotisch Kranken erreicht, aber es war etwas in Bewegung geraten.

So wie die Notwendigkeit der gemischten Krankenstationen in der psychosomatischen Behandlung gegeben sein sollte, so sollten auch die Psychotherapie-Gruppen das günstige Mischungsverhältnis von psychoneurotisch und psychosomatisch Kranken aufweisen (König und Lindner, 1991). Desweiteren ergibt sich das Prinzip der optimalen Anwendung, der sich an den Störungsgrad der Patienten adaptierenden Behandlungsmethode so daß die Beziehungen erhalten werden können (Heigl-Evers, 1978).

Von diesen Grundlagen ausgehend, ergaben sich in der Anwendung des Psychodramas meiner ersten Lehrjahre vor allem dort günstige therapeutische Veränderungen, wo der psychosomatisch Kranke seine Grenzen gewahrt sah und z.B. in der schutzgebenden Rolle des sitzenden Zuschauers an der Protagonistenarbeit eines Patienten mit psychoneurotischer Konfliktpathologie partizipieren konnte.

Unvergeßlich ist mir ein Patient im Zustand nach operiertem Magen-Ulcus (die OP lag ca. zwei Jahre zurück), der unmotiviert zur stationären Rehabilitationsmaßnahme aufgenommen wurde und in der letzten Gruppensitzung vor seiner Entlassung zum Abschied allen Anwesenden dankend sagte: „Ich nehme viel mit."

Er hatte nach einleitender Einzeltherapie vorwiegend schweigend und in äußerlich erstarrter Psychomotorik an der Gruppentherapie teilgenommen. Dieser Patient, ich nenne ihn hier Herrn P., war Mitglied in einer halb

offenen Gruppe im Setting der stationären Kurzzeittherapie einer Abteilung für Psychotherapie und Psychosomatik.
Wenn die Gruppe neue Mitglieder aufnahm, habe ich oft ein psychodramatisches Gruppenspiel vorgeschlagen, um eine Grundlage für die Begegnung zwischen den konzeptuell bestehenden Subgruppen „der alten" und „der neuen" Mitglieder herzustellen.
Ich initiierte mit der Gruppe, in der die „Neuen" in der Mehrzahl waren, das Spiel: „Wer ist wie ich ....?" Es geht in diesem Gruppenspiel um die Vorstellung der eigenen Person in der Gruppe und für die Gruppe; es geht um das „Wer bin ich und wer bist Du".

Zur Anleitung des Gruppenspiels:

Alle erheben sich von ihren Stühlen und bewegen sich im Raum. Es ist möglich, sich einen festen Standort zu suchen; einen Platz zum bequemen Verweilen oder einen Bereich für die freie Beweglichkeit.
Ein Gruppenmitglied spricht zu allen. Wer spricht ist Mittelpunkt. Alle können zum Mittelpunkt werden.
Jemand fragt die Gruppe z.B.: „Wer ist wie ich aus Hessen gebürtig?" Wer mit „Ich!" antworten kann, gehe auf das Gruppenmitglied zu, suche die räumliche Nähe zu dem gebürtigen Hessen auf. Antwortet niemand mit „Ich", findet keine Annäherung statt. Kommt jemand aus Bayern und befindet sich zufällig in räumlicher Nähe zu dem Hessen, kann er auf Distanz gehen. Dann fragt das nächste Gruppenmitglied z.B.: „Wer ist wie ich verheiratet?" Die Gruppe reagiert auf den neuen Mittelpunkt und die gestellte Frage usw.. Es soll möglichst nur ein Aspekt zur Person in jeder Frage vorkommen.

Zum Ablauf des Gruppenspiels:

Das Gruppenspiel kam sofort über die Frage „Wer ist wie ich geschieden?" in Gang und teilte die Gruppe in zwei sichtbare Subgruppen. Die Frage, „Wer ist wie ich aus Berlin?" mischte die Gruppenmitglieder dann neu durch. Eine konzentrische Gruppenbewegung trat bei der Frage auf, „Wer ist wie ich schon mal in Italien gewesen?"
Wellenförmige Bewegungen von rechts nach links stellten sich ein, als Gruppenmitglieder, die sich nicht einem sogenannten Mittelpunkt annähern konnten, durch gezielte Fragen versuchten, das Gros der Gruppe wieder an sich zu ziehen. Die Frage: „Wer ist wie ich sportlich aktiv?", brachte nicht nur regen Zulauf, sondern führte auch zu einer Verabredung: „Spielst Du auch Tennis?"
Ich erinnere mich, daß eine Atmosphäre von sportlichem Mannschaftsgeist entstand. Die Fragen waren wie Bälle, denen hinterhergelaufen

wurde. „Volltreffer!", wurde anerkennend gerufen, wenn jemand mit einer Frage fast alle Gruppenmitglieder auf seine Seite ziehen konnte.

Beweglichkeit und Spontaneität gaben dem Spiel eine neue Note, als es darum ging, mit originellen Fragen den Zustrom und die meisten Lacher auf sich zu ziehen. Die Frage: „Wer ißt wie ich gerne Würstchen mit Kartoffelsalat?", ließ auch diejenigen jauchzend zustimmen, von denen ich wußte, daß sie vegetarische Kost im Speisesaal verlangt hatten.

An dieser Stelle meldete sich Herr P., der sich bis dahin mehr am Rande des Geschehens aufgehalten hatte, zu Wort: „Bestimmt ist hier keiner wie ich am Magen operiert!" Damit hatte er zweifellos recht. Die Gruppe reagierte zunächst verdutzt und hielt in ihrer fröhlichen, überschäumenden Beweglichkeit inne. Niemand bewegte sich. Herr P. saß allein da. Einzigartig. Dann geschah etwas Unerwartetes: Eine Frau, die Älteste in der Gruppe, trat hervor und sagte in Herrn P's. Richtung: „Bestimmt ist hier keiner wie ich Mutter oder Vater von sechs Kindern!" Womit sie ebenfalls richtig lag. Diese Handlung zündete eine Kettenreaktion. Die Gruppe formte ihr Spiel um zu: „Bestimmt ist hier keiner wie ich...!".

Da Herr P. auf einem Stuhl saß, setzten sich die Gruppenmitglieder auch. Indem sie von ihrer vermuteten Einzigartigkeit sprachen, (die nur in zwei Fällen nicht zutraf), bildeten sie einen Halbkreis um ihn. Die Gruppe hatte einen Zugang gefunden, Herrn P. in seiner Einzigartigkeit zu beachten, dabei gleichzeitig seine abgegrenzte Position unangetastet zu lassen und ihn dennoch in die Gruppe zu integrieren. Die Atmosphäre in der Gruppe ließ uns spüren, daß eine Begegnung stattgefunden hatte.

Was war geschehen? Nach meinem Verständnis psychosomatischer Erkrankungen und dem psychodynamischen Verständnis der Entstehungsbedingungen von Ulcuserkrankungen des Magens hatten sich Herrn P's. frühe Beziehungen im Hier und Jetzt der Gruppensituation reinszeniert.

Als Ältester von vier Geschwistern war er, nachdem sein Vater im Zweiten Weltkrieg gefallen war, früh in die Rolle des Ersatzvaters seiner jüngeren Geschwister und des Gattensubstituts seiner überforderten Mutter geraten. Als Beschaffer von Nahrungsmitteln auf dem Schwarzmarkt hatte er eine bedeutsame, weil lebenserhaltende Funktion für die Familie inne, blieb aber bzgl. seiner emotionalen Bedürfnisse als heranwachsender Junge ohne Beachtung. Für seine Neidgefühle gab es weder Raum noch Zeit. Insbesondere dann nicht, wenn er unter oft gefährlichen Bedingungen die Kartoffeln beschaffte, während sich die kleinen Geschwister in der Obhut der Mutter sicher fühlen konnten. Herr P. war sehr leistungsorientiert. In schulischen und später in beruflichen Prüfungssituationen litt er unter Magenschmerzen, die sich bis zu wiederkehrenden Magenschleimhautentzündungen steigerten.

Auslösend hierfür war nicht der Druck der Leistungsanforderungen, sondern der Neid, wenn seinen Mitschülern die guten Noten nur so zuflogen, während er sich alles hart erkämpfen mußte. Über dieses nagende Neidgefühl hatte Herr P. aber kein Bewußtsein, er hatte statt dessen Magenschmerzen.

Medikamente gegen sein erstes Magengeschwür mußte Herr P. einnehmen, als er wegen personeller Engpässe in der Firma mit Zusatzaufgaben betraut wurde. Er war seinem Chef als korrekter und fleißiger Mitarbeiter bestens bekannt. Der Chirurg mußte zum Skalpell greifen, als Herr P. den Posten eines Abteilungsleiters nicht erhielt, und ein von außen Kommender mit qualifizierterem Abschluß dafür eingestellt wurde. Seinem Arzt sagte Herr P., daß er dem beruflichen Streß nicht mehr gewachsen sei, seitdem die Firma ständig expandiere.

Zurück zur Situation im Gruppenspiel. Herr P. zeigte seine eingeschränkte Belastbarkeit; er konnte mit den anderen nicht mithalten. Er saß in gekrümmter und erstarrter Haltung auf seinem Stuhl, während seine Gruppengeschwister sich in meiner therapeutisch-mütterlichen Obhut zunehmend vergnügten. Er geriet dagegen zunehmend in eine Außenseiterposition. Als er sich zu Wort meldete, d.h. auf seinen kranken Magen hinwies, mußte sein für ihn nicht erlebbares Neidgefühl den kritischen Pegel erreicht haben. Seine Mitteilung über den Zustand seines kranken Magens erfüllte sofort die Funktion, daß ein unerträglicher Zustand beendet wurde. Das muntere Treiben der anderen, von dem er ausgeschlossen war, erstarrte sofort.

Was hätte ich in dieser Situation falsch machen können, wenn die Gruppe nicht entsprechend auf ihn reagiert hätte? Sich seiner Krankheit annehmen? Hatte ich doch gerade selbst mit mir genug zu tun, weil ich mich ärgerte, daß er die schöne Stimmung zerstört und mich dadurch im Stich gelassen hatte. Allein, wie ich dastand, vom lustvollen Leben getrennt, wie verwitwet, hätte ich - seiner Mutter gleich - ihn als erbarmungswürdigen Mann betrauert, aber innerlich einen Groll gegen ihn gehegt, weil er mich mit den Kindern in ernster Lage zurückgelassen hat.

Mit ihm eine Protagonistenarbeit beginnen sollen? Ihn zur verantwortungsvollen Arbeit heranziehen, so wie er es von seiner Mutter erfahren hatte, um alle gut über die Runden zu bringen. Hätte ich ihn unter dieser Voraussetzung in seinem verborgenen Schmerz verstehen können, daß es für ihn keine Fröhlichkeit zu erleben gab und ebenso auch keine Trauer? Ein unerträglicher Magenschmerz wäre in dieser Situation das vermeintlich kleinere Übel gewesen. Es hätte ihn zudem von dem schmerzhaften Erlebnis einer zum Scheitern verurteilten Protagonisten-Arbeit befreit. Er hätte sich nicht der Situation aussetzen müssen, trotz großer Mühen nicht so gut gewesen zu sein wie die anderen Mitpatienten, denen die Katharsis oft nur so zuflog.

Was war statt dessen im guten Sinne für Herrn P. in der Gruppe geschehen? Die Gruppe reagierte auf den kreativen Teil seiner Frage, in der sein Wunsch nach Beachtung seiner Einzigartigkeit spürbar wurde. Sie erstarrten nicht vor dem Ausmaß seiner schweren Erkrankung, um damit seine Isolation erneut in Szene zu setzen, sondern reagierten auf sein Beziehungsangebot, sich mit spontaner Originalität zum Mittelpunkt der Gruppe zu machen. Nicht seine einzigartige Erkrankung, sondern sein Wunsch nach Beachtung und Akzeptanz seiner Einzigartigkeit unter Einzigartigen war der Schlüssel zur Begegnung. Diesmal war er wie ein Bruder unter seinen Geschwistern, während die Mutter in gebührendem Abstand mit ihren Problemen allein fertig werden konnte.

Buber (1923) würde zu diesem Ereignis sagen: „Die Schöpfung offenbart ihre Gestaltigkeit in der Begegnung. Im Anfang ist die Beziehung. Der Mensch wird am Du zum Ich..."

„*Man muß das Viele vergessen, um des Wichtigen willen.*" Rilke

Das vorangestellte Beispiel von Herrn P. möchte ich an dieser Stelle zum Anlaß nehmen, um auf die unterschiedlichen Schweregrade psychosomatischer Störungen bzw. Erkrankungen hinzuweisen. Herr P. leidet an einer schweren psychosomatischen Erkrankung mit bestehender Organläsion.

Eine orientierende Übersicht zur allgemeinen und speziellen psychosomatischen Medizin geben Hoffmann und Hochapfel (1987, S. 168 ff.). In Ergänzung zu der gebräuchlichsten Gliederung der psychosomatischen Krankheitsbilder nach Organsystemen und Fachgebieten wird von den beiden Autoren eine weitere Einteilung nach psychodynamischen Gesichtspunkten vorgenommen:

Die Unterteilung in die Gruppe der psychosomatischen Erkrankungen („Psychosomatosen"); die Gruppe der Ausdruckserkrankungen („monosymptomatische Konversionshysterien"); die Gruppe der funktionellen Syndrome („psychovegetative Störungen") und die Gruppe der sekundären psychosomatischen Erscheinungen und Krankheiten geben einen Einblick in die Komplexität der Psychosomatik als eigenständige Fachrichtung.

Für die Anwendung des Psychodramas in der klinischen Behandlung psychosomatisch Kranker war es eine unschätzbare Hilfe, mir nicht nur den Schweregrad der aktuell in Erscheinung tretenden somatischen Einschränkungen meiner Patienten vor Augen zu führen, sondern auch auf ihr schwaches Selbst angemessen einzugehen; d.h., die Schutzfunktionen ihres krankheitsspezifischen Abwehrverhaltens zu beachten.

Ein „psychodramatischer Spaziergang" mag für den Menschen mit vorwiegend psychischem Leidensdruck und dem Wunsch nach Klärung seiner quälenden Konflikte eine gute Einstimmung für seine Protagonistenarbeit sein. Der psychosomatisch Kranke hat aufgrund seiner organspezifischen Beschwerden, die sich z.b. als quälender Leibschmerz mit Übelkeit äußern können, oft Mühe, sich längere Zeit auf den Beinen zu halten.

Das Sitzenbleiben auf einem Stuhl steht im Kontrast zu der gängigen Ermunterung im Psychodrama: „richte dir schon mal die Bühne ein!" Einem psychosomatisch Kranken mit strukturellen Ich-Defiziten kann eine stabile Sitzfläche und eine räumlich unveränderte Wahrnehmungsperspektive zunächst als ausreichend schützende Konstanz vermittelt werden.

Ein lebendiges „warm-up" für die Gruppe, wie es mit dem Gruppenspiel „Alles nur kein Mensch" möglich ist, läßt den Menschen in „organsprachliche" Nöte geraten, der per definitionem seiner Erkrankung innere Spannungen nicht in interpersonale Handlung umsetzen kann. Er würde aus einem sprachlosen, ihn hilflos machenden inneren Spannungszustand heraus eine Rettungsaktion einleiten, wie sie sich z.b. in einem Asthmaanfall darstellen kann.

Gruppenmitglieder, die auf ihren Stühlen sitzenbleiben und nicht mitspielen, sind im psychodramatischen Gruppenspiel die Zuschauer. Von einer Patientin, die an einer Colitis mucosa erkrankt war, habe ich im „Hausspiel" gelernt, wie aus einer Spielverweigerin auf der Zuschauerbank eine Gartenbank vor einem Einfamilienhaus wurde.

Für Frau A. trafen die charakteristischen Merkmale zu, die in der französischen Schule der Psychosomatik mit dem Begriff „Pensee Operatoire" umschrieben werden: gefühls- und sinnentleerte konkretistisch computerhafte Denkformen mit ausgesprochener Phantasiearmut. Die Verhaltensauffälligkeiten von Frau A. äußerten sich u.a. darin, daß sie stets pünktlich zur Gruppe erschien, um dann stereotyp mitzuteilen, daß sie eigentlich nicht an der Gruppe teilnehmen wolle, den Sinn des Ganzen auch nicht verstehe, um dann wortlos bis zum Ende zu bleiben. Die Gruppe tolerierte dieses Verhalten über mehrere Sitzungen kommentarlos.

Erste Bewegung trat in das erstarrte Ritual ein, als ein Gruppenmitglied die Forderung äußerte, daß jeder in der Gruppe einmal drankommen sollte. In der nächsten Sitzung wurde das Hausspiel zur Integration neuer Gruppenmitglieder gespielt. Frau A. verharrte auf ihrem Stuhl, während sich die Gruppe für ein Einfamilienhaus entschied, dessen einzelne Bestandteile von den Teilnehmern gespielt werden sollten. Die Zimmer des Hauses, der Keller, das Dach und die Tür setzten sich zueinander in Beziehung, als eine Patientin sich neben Frau A. setzte und folgende Worte sagte:

„Ich bin die Bank vor dem Haus, auf mir finden zwei Menschen Platz, ich bin wetterfest angestrichen, in mich dringt keine Nässe ein, ich stehe schon so lange an diesem Fleck, stehe auch im kalten Winter hier draußen,

dann setzt sich kein Mensch auf mich drauf...., im Sommer, wenn es warm ist, ja dann kommen alle und ruhen sich auf mir aus...."
Frau A. fuhr spontan fort: „rechts und links stehen zwei Pflanzenkübel und gegenüber ist die Haustür... (zeigte dabei mit der Hand in Richtung eines Gruppenmitglieds, der die Tür spielte)".
Anschließend in der Auswertungsrunde sagte Frau A., daß sie eine solche Bank von ihrer Nachbarschaft her kannte und sich das Erinnerungsbild plötzlich sehr plastisch eingestellt hätte. Von dieser Sitzung an meldete sich Frau A. öfter zu Wort. Sie wählte bevorzugt die letzten Minuten kurz vor Schluß.

Nach dieser Erfahrung fragte ich mich selbstkritisch, ob nicht ich, anstelle von Frau A., die alexithymischen Störungen hatte. Ich erstarrte im Ritual der psychodramatischen Aktion, die ein Mitspielen auf der Bühne zum alles bestimmenden Prinzip erhoben hatte. Die Patientin, die sich neben Frau A. setzte und die Rolle einer Bank einnahm, hatte eine Tele-Beziehung (Leutz, 1974) herstellen können. Sie griff zudem das der Zuschauer-Rolle innewohnende Rollenverhalten auf und gestaltete es in einem kreativen Akt szenisch um.

Frau A. wurde in ihrer Zuschauer-Rolle nicht in Frage gestellt, ihre Grenzen blieben gewahrt. Dennoch wurde sie auch zur Frau, die auf einer Bank vor einer Haustür saß und in Identifikation mit der die Bank spielenden Patientin auch zur Bank, die sich in ein ergänzendes (Blumenkübel) Erinnerungsbild einfügte, welches durch den Patienten, der die Haustür spielte, mitgeschaffen wurde. Nach dieser Erfahrung erlaube ich mir hier und da, die sich als Zuschauer deklarierenden Nichtmitspieler anzuregen, sich in ihrer Rolle als Zuschauer vorzustellen.

Folgt man dem Prinzip, die gewählte psychotherapeutische Behandlungsmethode nicht selektiv sondern adaptiv für Patienten mit spezifischen Störungen anzuwenden, so erübrigt sich die Frage, ob der alexithymische Patient für das Psychodrama geeignet sei. Es geht vielmehr um die Frage, welche Form des Psychodramas und die ihr innewohnenden Techniken für diese Patienten geeignet sind.

Mir sind erfahrene Psychotherapeuten bekannt, die das Konstrukt vom „unmotivierten Patienten" in der Psychotherapie für nichts anderes halten, als eine Umschreibung des unmotivierten Psychotherapeuten, sich für die Störung des Patienten, die er als fehlende Motivation deklariert, etwas Besonderes einfallen lassen zu müssen. Nicht der Patient müsse für die reine Lehre angewandter Psychotherapie motiviert werden, sondern der Psychotherapeut müsse motiviert werden, von der vertrauten reinen Lehre und ihrer Anwendung in die unvertraute reine Beziehung zum Menschen und ihrer Begegnungsmöglichkeiten zu gelangen.

In diesen Kontext sind auch kritische Arbeiten zur „Alexithymie" zu stellen. Die Spezifitätsannahme, daß psychosomatische Patienten alexi-

thymische Merkmale aufweisen, wird als eine Einengung für die Komplexität und Vielfalt psychosomatischer Krankheitsbilder gesehen. Zunehmende Beachtung finden Erklärungsansätze, wonach iatrogene Artefakte eine „Alexithymie" simulieren können. König (1991) führt hierzu aus:
„Wenn ein Arzt eine körperliche Symptomschilderung von seinem Patienten erwartet und auf dessen Hinweise, es gäbe „Sorgen", nicht eingeht, konditioniert er den Patienten in Richtung auf die somatischen Symptome. Weil diesen Patienten durch keine somatische Behandlung wirklich geholfen werden kann, gehen sie manchmal jahrelang von Arzt zu Arzt und machen immer wieder die gleiche Erfahrung. Kommen sie schließlich in eine psychotherapeutische Klinik, wo andere Normbegriffe herrschen und man an den Patienten andere Erwartungen richtet, beginnen sie über ihre Gefühle und Sorgen zu sprechen. Die scheinbare Alexithymie verschwindet..." (S.237/238)

Auch Janssen (1987) kommt zu dem Ergebnis, daß der psychosomatische Patient nur zu Beginn der stationären Behandlung alexithymisch ist. Wenn die Klinik eine Reinszenierung, eine Wiederholung im Handeln ermögliche, so sei dies

„... ein erster Schritt für die Feststellung und Entdeckung von Emotionen und Phantasien. Innerhalb der Therapiegruppen wie auch der Gemeinschaft der Patienten wird ein Weg vom Symptom zum Konflikt und vom Symptom zur interpersonalen Kommunikation beschritten. Dies eröffnet eine korrigierende soziale und emotionale Erfahrung, wodurch Alexithymie aufgelöst wird...." (S. 83)

„Welch ein früh wissendes und spät übendes Geschöpf ist doch der Mensch." Goethe

Wie bereits eingangs erwähnt, ließ mich die psychodramatische Arbeit mit psychosomatisch Kranken sehr rasch an Grenzen des Machbaren kommen, wenn ich mit bestem Vorsatz das psychodramatische Inventar so anwenden wollte, wie ich es unter den Bedingungen meiner Ausbildungsgruppe erlernt und erfahren hatte. Auch ergab sich für mich die Notwendigkeit, neue Techniken zu entwickeln, die sich an den spezifischen Störungen der psychosomatischen Patienten orientierten und einen emotionalen Zugang erleichterten, wenn nicht erst herstellten.

Bedeutsam erschien mir die Erkenntnis, daß die Patienten selbst mir die Schlüssel für neue technische Möglichkeiten in die Hand gaben und Phantasiearmut nicht nur als ein Problem der Patienten, sondern auch als mein eigenes erscheinen ließen.

Ich lernte, mich nicht aus der psychodramatischen Fassung bringen zu lassen, wenn ich z.B. den Protagonisten fragte: „Wer von den hier Anwesenden könnte Ihre Mutter spielen?" und zur Antwort bekam:

„Ich brauche eine Decke, mir ist kalt." Wenn dann nach meiner Intervention: „Soll jemand, der Ihre Mutter spielen könnte, Ihnen die Decke bringen?", die Reaktion folgte: „Ich hole sie mir schon selber!", dann beschlich mich der Eindruck, daß ich möglicherweise den Protagonisten mit seiner Mutter nicht auf die Psychodrama-Bühne bekommen konnte.

Ich lernte, mir das Scheitern der geplanten Szene „Mutter besucht ihren Sohn am kommenden Wochenende in der Klinik" nicht zum Vorwurf zu machen, denn eigentlich hatte er mir schon sehr viel über seine Beziehung zu seiner Mutter mitgeteilt. Dann erinnerte ich mich an seine Worte vom Vortag. Da fragte er während der Gruppen-Visite, ob er verlängerten Ausgang bekommen könnte, wenn ihn seine Mutter in der Klinik besucht.

Vielleicht würde Moreno, wie wir ihn in dem Tübinger Hörsaal kennengelernt haben, den Protagonisten in eine Decke gehüllt bequem auf seinem Stuhl Platz nehmen lassen, während die Gruppe für ihn die Bühne bereitet. Dann könnte er mitverfolgen, wie seine Mutter in der Klinik ankommt, auf seine Station geht und die Stationsschwester nach seinem Zimmer fragt. Er würde hören, wie die Stationsschwester der Mutter sagt, daß ihr Sohn verlängerten Ausgang hat und nicht im Hause ist. Vielleicht würde ihm beim Anblick dieser Szene schon etwas wärmer werden...?

Für mich bedeutet Entdeckung stets einen Prozeß der Annäherung an etwas schon immer Vorhandenes, was nur darauf wartet, gefunden zu werden. Dieser Prozeß wird von dem Umstand genährt, daß etwas entscheidendes fehlt und dieser Mangel nicht hingenommen werden kann. Die Suche ist erschwert, weil die Vorstellung nicht ausreicht zu sagen, was zu suchen ist, geschweige denn wie es aussieht. Eine Ahnung läßt uns spüren: es liegt vor uns, wir stolpern jeden Tag darüber, können es nur noch nicht sehen. Es fehlt noch der Moment, wo alt Vertrautes sich im neuen Licht präsentiert und einen neuen Sinn erhält.

Die Entdeckung der Regiestuhl-Technik für die Behandlung psychosomatisch Kranker vollzog sich, bevor ich sie als Technik im psychodramatischen Sinne umsetzen konnte, in mehreren Etappen. Einige habe ich bereits beschrieben und es sollen noch weitere folgen. Daß der Gruppenleiter der Regisseur einer Protagonistenarbeit ist, stand mit Beginn meiner Psychodrama-Ausbildung außer Zweifel. Ob er dabei auf einem Stuhl saß, stellte sich als Frage nie. Eher wurde der Anweisung, die optimale Nähe oder die optimale Distanz zum Protagonisten einzunehmen, Beachtung geschenkt. Bewegende Szenen waren das Ergebnis bewegender Abläufe. Das Aufstehen aus sitzender Position eine entsprechende Konsequenz.

Eine Protagonistenarbeit aus dem ersten Ausbildungsjahr ist mir nachhaltig in Erinnerung geblieben:

Im hektischen Chaos von Widersprüchlichkeiten und andrängenden Szenen in schneller Abfolge entschied sich der Regisseur, die Protagonistin aus dem Wirrwarr herauszunehmen und sie eine ausgewählte

Sequenz, die sie zuvor mit den Antagonisten gespielt hatte, aus der Distanz - mit Besetzung ihrer eigenen Rolle durch ein Hilfs-Ich - betrachten zu lassen. Bei dieser Betrachtung vergleichbar mit einem Blick in den Spiegel - wurde für die Protagonistin eine Übersichtlichkeit hergestellt. Der Regisseur verstärkte diese Empfindung, indem er sie auf ihren Stuhl steigen ließ und dieselbe Sequenz noch einmal wiederholen ließ.

Der Einblick auf die Szene von oben herab, löste in der Protagonistin den spontanen Wunsch aus, die Sequenz jetzt noch einmal zu spielen, jedoch mit dem Unterschied, daß die Antagonisten in die Knie gingen (also kleiner wurden), während die Protagonistin stehend mit ihnen in Beziehung trat. Nach meiner Erinnerung hatte dieses Vorgehen im wahrsten Sinne des Wortes neue Einsichten gebracht....

Zerka Moreno berichtete in einem Sonderseminar von Morenos Arbeit mit einzelnen psychotischen Patienten. Demzufolge haben er und sein Team die Mitteilungen des Patienten szenisch vor seinen Augen umgesetzt, während der Patient meist auf seinem Stuhl sitzen bleiben konnte. Die Beziehung gestaltete sich über den Dialog der Worte des Patienten und der daraus entstehenden Szenen der Psychodramatiker, die wiederum die nachfolgenden Worte und Reaktionen des Patienten nicht unbeeinflußt ließen. Morenos Intention bestand darin, die oft bedrohliche und vernichtende Welt des psychotisch Kranken als etwas Handhabbares, weil äußerlich Sichtbares und Greifbares erlebbar werden zu lassen, an der Menschen nicht zugrunde gehen müssen.

Die Wahrnehmung von bedrohlichen Selbstanteilen aus der Distanz, ihre Wahrnehmung als etwas Externalisiertes, als etwas Gegenüberliegendes, hat Schutzfunktion. Das Gegenüber kann als etwas Fremdes, nicht zu einem selbst Gehörendes, erlebt und behandelt werden. Diese Abwehrpathologie finden wir z.B. auch bei Erkrankungen wie der Depersonalisation (Phantasieebene) oder der Bulimarexie (Handlungsebene), wo der eigene Körper durch seine Abspaltung wie ein äußeres Objekt, ein Gegenüber erlebt und behandelt werden kann (Hirsch, 1989).

In der Auseinandersetzung um die Frage nach der optimalen Konfrontation des Patienten mit seinem pathologischen Abwehrverhalten, stellt Ogden (1988) zum Verständnis der projektiven Identifizierung und seiner therapeutischen Handhabung richtungsweisende Ansätze vor.

Ein Patient, der aufgrund eines schwachen Selbst oder ich-struktureller Labilisierung andrängende Affekte wie Wut, Scham, Angst nicht tolerieren, geschweige denn erleben kann, verlagert diese unbewußten Anteile des Selbst auf z.B. manipulativem Wege in eine andere Person. Diese andere Person zeigt dann das Verhalten, so als hätte sie die zuvor abgespaltenen Selbstanteile des Patienten tatsächlich in sich. In diesem Fall wird nicht der eigene Körper zum Gegenüber, sondern eine gegenüberstehende

Person hat abgespaltene Selbstanteile übernommen. Kind (1990) formuliert das therapeutische Anliegen des Patienten, der zu einer solchen Verlagerung psychischen Materials in den Therapeuten greift, folgendermaßen:

„...: Der Patient überträgt dem Therapeuten die Aufgabe, ihm das Modell eines adäquateren Umgangs mit den für ihn nicht mehr handhabbaren Affekten und Impulsen „vorzuleben". An seinem Therapeuten nimmt der Patient wahr, wie dieser mit den in ihm z.b. durch Provokation mobilisierten Affekten umgeht und kann nun im Sinne einer Rücknahme diese reifere Umgangsform reinternalisieren." (Seite 155)

Die psychodramatisch intendierten Handlungen und Rollen setzen Erinnerungen in der Handlung und durch die Handlung frei (Leutz, 1972). Sie ermöglicht zudem das Freisetzen von blockierten Rollen oder ermöglicht das Erproben von bisher nie gelebten Rollen. Diese komplexen Prozesse vollziehen sich im Protagonisten, aber auch bei allen am Psychodrama Beteiligten.

So wie die Psychodrama-Gruppe ein „warming-up" für die „Spielphase" braucht (Petzold, 1978), so wie der Protagonist seine Handlung in der Szene mittels spezifischer Psychodrama-Techniken entwickelt, so brauchen Patienten mit labilem Selbst, strukturellen Ich-Defiziten und psychosomatischen Reaktionsweisen Zugangsmöglichkeiten, die ihre Abwehrpathologie als Schutzfunktion begreifbar und handhabbar machen. Die Regiestuhl-Technik ist z.b. deren kreative Umsetzung.

Ein letzter Baustein zur Entdeckung der Regiestuhl-Technik bzw. deren Benennung als solche ergab sich, als ich vom „Playback- Theater" (Fox, 1991) hörte. Der Spielleiter (conductor) befragt einen Erzähler (teller) zu einer Episode (story) aus seinem Leben.

Der Erzähler nimmt neben dem Spielleiter auf dem „Erzählerstuhl" Platz. „Im Verlauf der dann folgenden Befragung durch den Conductor besetzt der Erzähler die in der Episode vorkommenden Rollen mit den Spielern seiner Wahl. Wenn die Szene dann gespielt wird, schweigen die zwei solange bis die Darsteller am Schluß den Fokus der Aufmerksamkeit wieder an sie zurückgeben; dann sind noch einige abschließende Kommentare möglich." (S. 34)

Um den Menschen im Sinne Morenos zum Handeln zu bringen, ist es bedeutsam, ihn zunächst in der Rolle des Sprechenden wahr- und anzunehmen. Sein Reden über sich selbst, Gott und die Welt ist ein schöpferischer Prozeß. Ohne daß er es gleich bemerkt, entwirft er für seine Umwelt hörbar ein Drehbuch seines Lebens. Szenen bilden sich heraus, Begegnungen mit Menschen in Raum und Zeit.

Folgt der Psychodramatiker der Maxime Morenos „Handeln ist besser als Reden", wird er nun den Menschen in seiner Rolle als Drehbuchautor wahr- und annehmen. So wie der Redner gehört werden will, so will der

Drehbuchautor die Szenen seines Stückes gespielt sehen und seine Umwelt daran teilhaben lassen. Wir beginnen für ihn, ein Stück nach dem Drehbuch seines Lebens in Szene zu setzen. Auf der Psychodrama-Bühne wird er zum Zuschauer seiner eigenen Szenen.

Nun könnte Moreno sagen, „Handeln ist besser als zuschauen." Ohne daß er es gleich bemerkt, wird der Mensch zum Regisseur, der sagt, was ihm gefällt und wie es anders besser wäre. Als Regisseur greift er handelnd in die Szenen ein, wird nun zum Akteur seiner Szenen - er setzt sein Leben in Szene.

Mit wachsender Erfahrung und getreu dem Vorbild Morenos habe ich in der Psychosomatik zunehmend für die vermeintlich psychotherapeutisch Unmotivierten, die körperlich Erstarrten, die emotional Sprachlosen, die affektiv Verschlossenen und die interpersonal Abgewandten die „Regiestuhl-Technik" angewandt - und ich lernte, auf die beiläufig gesprochenen Drehbücher zu hören.

„Die Regiestuhl-Technik":

Protagonistenzentrierte Arbeit ist Regiearbeit vom Regiestuhl aus. Der Stuhl, auf dem ein Gruppenmitglied sitzt, entwickelt sich zum Regiestuhl des Protagonisten, wenn der über sein Drehbuch zu sprechen beginnt. Der Inhalt kann manch einem in der Gruppe gut bekannt sein, andere hören alles zum ersten Mal. Gesprochene Drehbücher sind wie Kunstwerke; sie bedienen sich der unterschiedlichen Medien und folgen ihren Stilrichtungen. Die Sprache ist ein wichtiges Medium, aber längst nicht das einzige. Die Art, wie er uns aus seinem Drehbuch berichtet, ist ebenso bedeutsam wie der Inhalt selbst.

In meiner Funktion der Gruppenleiterin übernehme ich wechselnde Rollen. Ohne Produktionsleitung läuft so gut wie nichts, das übernehme ich natürlich. Aber ich bin auch die Assistentin des Protagonisten, wenn ich ihn nicht gerade vertreten muß. Letzteres geschieht aber höchst selten. Ich nehme sowieso nie auf seinem Regiestuhl Platz; der gehört ihm ganz allein.

Hat er mal den Faden verloren, sage ich ihm was zum Skript; da genügt aber oft schon ein Stichwort. Selbstverständlich bediene ich die Beleuchtung; besonders wenn ich meine, er sollte Dieses und Jenes in hellerem Licht erscheinen lassen. Überhaupt leuchte ich gerne aus, weil im Dunkeln doch kein Mensch was erkennen kann. Manchmal muß ich aber auch das Licht ausmachen, weil er aus bestimmten Gründen alles im Dunkeln lassen möchte.

Die Gruppe ist wie ein Ensemble. Sie übernehmen Rollen, wie sie das Drehbuch des Protagonisten vorsieht. Kommt der Protagonist selbst im Drehbuch vor, möchte aber lieber die Regie führen, dann wird ein Gruppenmitglied in die Hilfs-Ich-Rolle gewählt.

Die Zuweisung der Spieler zu ihren Rollen verläuft nicht immer reibungslos. Sei es, daß er sich nicht entscheiden kann, wer die Rolle übernimmt, oder jemand von der Gruppe lehnt die Rolle ab. Dann greife ich ein und frage, ob jemand die Rolle spielen kann, weil man z.b. jemanden sehr gut kennt, auf den diese Rolle paßt. Mitspieler greifen gern auf ein vertrautes Repertoire zurück. Nicht selten kommt es vor, daß sich gleich zwei für eine Rolle melden. Ich lege Wert darauf, daß niemand überfordert wird. Meine gewerkschaftliche Gesinnung äußert sich z.b. darin, daß Arbeitszeiten nicht überschritten und Pausen eingehalten werden.

Die Szene ist beim Erzählen oft nur ein Fragment, das die Phantasie aller anregt. Die Rolle ist nicht in allen Details beschrieben. Ein Satz, in der Beziehung zu einem Anderen gesagt, birgt oft einen geheimen Wunsch, ein verschlüsseltes Ziel oder einen Ausweg aus der Sackgasse. Ein gesprochenes Drehbuch verlangt, daß die gehörten Dinge auf der Bühne sichtbar und damit begreifbar werden. Die in Handlung umgesetzte Mitteilung bringt Entdeckungen zutage, die beim bloßen Zuhören oft überhört werden. Die eigenen Worte in Handlung durch andere umgesetzt zu sehen, führt zum Staunen und zwar bei allen Beteiligten. Im Staunen liegt die Erkenntnis der Welt und damit die Selbsterkenntnis begründet. So arbeiten die Mitspieler nicht nur für den Regisseur oder etwaige Zuschauer, sondern auch für sich selbst.

Die schönsten Momente ereignen sich immer dann, wenn die Gruppe z.B. eine Szene spielt und der Protagonist auf dem Regiestuhl sehr ergriffen ist und plötzlich eine neue Idee bekommt. Oder er ist mit dem ganzen Szenarium nicht zufrieden und greift selber ein. Wenn ihm was am Herzen liegt, spielt er die Rolle selbst, manchmal so lange, daß der Regiestuhl richtig auskühlt und verwaist. Das ist eine Situation, die sich vom klassischen Protagonistenspiel kaum mehr unterscheidet. Bei solchen Entwicklungen übernehme ich die Regie. Sein Regiestuhl bleibt leer an seinem Platz. Es kommt aber auch vor, daß der Protagonist überhaupt nicht auf die Bühne geht, oder sie bereits nach kurzer Anweisung für die Spieler wieder verläßt. Dann sieht er sich die Szenen auf der Bühne lieber aus der Distanz an. Da es mit seiner Gesundheit nicht zum Besten steht, kann es plötzlich zu Beschwerden kommen oder es verstärken sich körperliche Reaktionen, die vorher in milderer Form schon da waren. Wenn so etwas passiert, frage ich ihn, was ihm jetzt helfen könnte, wenn er es von sich aus nicht sagt.

Sagt er: „Sofort aufhören!", wird die Szene „eingefroren". Das hat nicht nur den Vorteil, daß er sich die unbewegte Szene - die ihn innerlich so bewegt hat - wie ein Bild anschauen kann. Die Spieler brauchen nicht abrupt aus ihren Rollen herausgerissen werden und wir können uns nochmals in Ruhe die Situation vergegenwärtigen, als die Beschwerden auftraten. Es kann aber genauso gut vorkommen, daß der Regisseur nicht ergriffen ist und statt dessen ein Spieler aus seiner Rolle heraus zu weinen beginnt, oder vor Wut die Rolle nicht mehr spielen kann. Dann entsteht ein Dialog, die Szene wird unterbrochen. Eine Klärung der Lage des Betroffenen kann dadurch eine Klärung der Lage für alle Beteiligten bringen. Das ist wie eine vorgezogene Auswertung, die sonst üblicherweise nach der Spielphase kommt.

„Die Existenzen fremder Menschen sind die besten Spiegel worin wir die unsrige erkennen können."
Goethe

Die im stationären Alltag gemischter psychotherapeutischer und psychosomatischer Krankenstationen gesammelte Erfahrung, daß die teilnehmende Beobachtung eines psychosomatisch Kranken am interpersonellen Gesamtgeschehen einer Station psychotherapiefördernde Prozesse in Gang bringen kann, findet in der Entwicklung der „Regiestuhl-Technik" ihren therapeutisch konzeptualisierenden Niederschlag.

Aus der teilnehmenden Beobachtung an einer beliebigen Situation stationären Zusammenlebens wird in der Anwendung der „Regiestuhl-Technik" im Rahmen einer psychodramatischen Gruppentherapie eine beobachtende Teilnahme an einer durch den psychosomatisch Kranken selbst auf verbalem Weg induzierten und von der Gruppe in Handlung umgesetzten Szene seines menschlichen Daseins. Die „Regiestuhl-Technik" führt bewußt eine Aufteilung zwischen dem Regisseur, d.h. dem beobachtend Teilnehmenden, der korrigierend Einfluß nehmen kann, auf der einen Seite, und dem Ensemble, d.h. den nach Drehbuch- bzw. Regisseuranweisung kreativ handelnden Spielern auf der anderen Seite, herbei. Diese gewollte Aufteilung trägt dem der psychosomatischen Erkrankung innewohnenden Bewältigungsmechanismus der Körper-Selbst-Dissoziation Rechnung. So wie der Körper zum Austragungsort für das wird, was das schwache Selbst nicht auszuhalten vermag - so wird die Bühne mit seinen Spielern zum Austragungsort für das, was der Regisseur aus der schützenden Distanz seiner Beschreibung noch nicht auf eine psychische Erlebensebene heben konnte.

Im idealtypischen Sinne sollte der Mensch seinen Körper als integrierten Teil des gesamten Selbst erleben und behandeln. Die Integration von Körper und Selbst ist aber im Fall der psychosomatischen Erkrankung gestört. In psychosomatischen Krisen wird der Körper zum Austragungsort für eine somatisch sich darstellende Konflikthaftigkeit bis hin zu einer die Existenz bedrohenden Destruktivität, um das desintegrierte, instabile Gesamtselbst vor weit größeren, nämlich psychischen Bedrohungen zu schützen. Die Herausnahme aus einer unmittelbaren Bedrohung hat eine schützende Funktion und entspricht im medizinischen Sinne einer Rettungsaktion.

Die Rettungsaktion des psychosomatisch Kranken unterscheidet sich aber grundlegend von der Rettungsaktion der Organmedizin, wie sie nicht selten in psychosomatischen Krisen eingeleitet wird und auch von Nöten ist. Das Behandeln an körperlichen Symptomen ist aber nur ein Teil der Rettung, der Rückfall erscheint vorprogrammiert. Zum Verständnis der psychosomatischen Störungen bzw. Erkrankungen und ihrer psychotherapeutischen Behandlung ist es daher bedeutsam, sowohl deren destruktiven als auch bewältigenden Anteil zu sehen.

Dem interessierten Leserkreis sei an dieser Stelle Kutter (1980 und 1981) empfohlen, der für das Verständnis psychosomatischer Störungen und ihrer psychotherapeutischen Behandlung die „psychosomatische Triangulation" unter pathologischen Bedingungen, bzw. die der frühen Mutter-Kind-Interaktion zuzuordnenden pathogenen Objektbeziehungen herausarbeitet.

Behandlungsmethoden, die einem krankheitsorientierten Ansatz folgen, werden eher den destruktiven Anteil herausstellen und zum Gegenstand ihrer therapeutischen Interventionen machen. Behandlungsmethoden, die einem gesundheitsorientierten Ansatz folgen, werden eher dem zur Bewältigung dienenden Anteil der Erkrankung besondere Beachtung schenken. Die ganzheitlich orientierte Medizin wird den körperlich lebensrettenden Behandlungsansatz zunächst zur Anwendung bringen, ohne den psychisch lebensrettenden Mechanismus des betroffenen Patienten aus dem Auge zu verlieren. Wer nach überstandener lebensbedrohender Krise die kompensatorischen Funktionen seiner psychosomatischen Erkrankung erkennen lernt, der kommt in die Lage, gesündere Formen der Bewältigung von Krankheit zu entwickeln - der kann mit der Zeit gesund werden.

„Das Langsamste ist oft das Schnellste, das heißt, es erweist sich, daß wir es nur langsam nannten, weil es ein Unmeßbares war." Rilke

Die 42jährige, ledige Lehrerin kommt erstmals zur stationären psychotherapeutischen Behandlung, nachdem ihre seit ca. zwanzig Jahren bestehende, chronisch progrediente Migräne durch neurologische, orthopädische und allgemeinmedizinische Behandlungskonzepte von medikamentöser, physikalischer und diätetischer Art keine dauerhafte Besserung des phasisch auftretenden Beschwerdebildes herstellen konnten. Die meist in den Morgenstunden anfallsartig auftretenden Kopfschmerzen, die regelmäßig von Lichtempfindlichkeit, Übelkeit und Erbrechen begleitet sind, waren immer dann rückläufig, wenn sich die Patientin in den großen Sommerferien klimatischen Veränderungen aussetzte.

Mit den Jahren hatte die Patientin auf jeglichen Erlebnisurlaub verzichtet und statt dessen Badekuren mit wechselndem Erfolg und von kurzfristiger Dauer durchgeführt. Das Führen eines Migränekalenders hatte eine bestimmte Gesetzmäßigkeit der „Anfälle" erkennen lassen. Die Anfälle traten gehäuft an Wochenenden auf, verstärkten sich in der prämenstruellen Phase, und es konnte auch eine Reaktionsbereitschaft auf Alkohol nicht ausgeschlossen werden. Wie sehr die Migräne das Leben der Patientin kontrollierte, wurde sichtbar, als sich in der letzten Zeit die Frequenz der Anfälle erhöhte und zu Arbeitsunfähigkeitszeiten führte. Der behandelnde Hausarzt stellte eine Überweisung zum Psychiater aus, als er nach mehrwöchiger Krankschreibungsphase den Verdacht auf depressive Verstimmungszustände gegenüber der Patientin aussprach und abklären lassen wollte. Der hinzugezogene Psychiater sprach die Empfehlung einer stationären Psychotherapie aus, nachdem er die Migräne in den Kontext einer Psychosomatose gestellt hatte und den Mißbrauch von Schmerzmitteln nicht ausschließen konnte. Er verordnete Antidepressiva, um im ambulanten Behandlungsrahmen die Zeitspanne bis zur stationären Aufnahme überbrücken zu helfen.

Diese Vorinformationen sind in Form von ärztlichen Attesten, Einweisungsdiagnosen oder gutachterlichen Stellungnahmen für den Kostenträger der Behandlung dem Stationstherapeuten bereits zugänglich, noch ehe ein persönlicher Kontakt zur Patientin stattgefunden hat.

Das erste, was die Patientin uns auf Station wissen ließ, war: „Meine Medikamente gebe ich auf gar keinen Fall ab!"

Nach den Kriterien einer krankheitsorientierten Behandlung zeigte Frau B. keine Bereitschaft zur Kooperation und hätte es bei strikter Aufrechterhaltung des Klinikkonzepts bzgl. Verordnung, Vergabe und Kontrolle der Einnahme von Medikamenten auf einen Machtkampf ankommen lassen. Eine mögliche Konsequenz hätte der Abbruch der Behandlung sein können.

Schon das Sprechen über Art und Anzahl ihrer Medikamente - oder die Umstellung auf neue Präparate und deren Dosierungen im Längsschnitt ihrer Krankengeschichte wurde von ihr abgewiesen. Diese Bekanntgabe der Medikamente schien Frau B. mit deren Herausgabe gleichzusetzen.

Vom Standpunkt einer gesundheitsorientierten Vorgehensweise hatte uns Frau B. folgendes wissen lassen: Sie kämpfte mit den ihr zur Verfügung stehenden Möglichkeiten um Autonomie, entzog sich einem vorgegebenen Reglement und beharrte darauf, selbst Kontrolle auszuüben. Sie widersetzte sich einem Behandlungsansatz, der ihr etwas wegnehmen wollte, was ihr im Ernstfall immer geholfen hatte.

In der Beziehung zu mir ließ Frau B. erkennen, daß sie keinen „Beistand" wünschte. Ich stellte heraus, daß ich ihr einen Beistand, wie es ein Arzt tut, wenn er ihr Medikamente verordnet, nicht geben könnte.

Das Verordnen von Medikamenten wollte Frau B. nicht als „Beistand" verstanden wissen. Ich sagte ihr daraufhin, daß sie sich diesbezüglich von

anderen Patienten unterscheidet, die dann am meisten von einer Behandlung profitieren, wenn sie ihnen - wie z.b. bei der Applikation einer Spritze - vom Arzt persönlich verabreicht wird.
Diese Sichtweise hatte für Frau B. keine Gültigkeit. Es schien, als gäbe es für sie nichts Unerträglicheres, als sich im akuten Migräneanfall in der Obhut eines Menschen zu befinden. Hiervon hatte Frau B., die hinter verschlossenen Türen und in abgedunkelten Räumen ihre Medikamente einnahm, aber vermutlich noch kein Bewußtsein.

In meinen Gedankengängen hatte sich der Begriff Obhut eingeschlichen, obwohl sie bereits den „Beistand" unakzeptabel fand. Bei meiner inneren Suche nach zutreffenderen Begrifflichkciten gelangte ich zu dem Wort „Verfügbarkeit". Lag in dem spontanen Satz „Meine Medikamente gebe ich auf keinen Fall ab!", nicht auch die Forderung, „Über meine Medikamente verfüge nur ich allein!"? In der Vergegenwärtigung existentieller Bedrohung, die nicht dem psychischen Erleben, um so mehr aber dem somatischen Erleben des psychosomatisch Kranken zugänglich ist, bekam der Satz: „Ich lasse niemanden über mich verfügen!", einen neuen Sinn.

„Nichts Gutes, das einmal da ist, läßt sich unterdrücken; es nimmt von selbst die Wirklichkeit an wie ein Baum: es ist und blüht und trägt:
Rilke

Daß Frau B. nach zähem Ringen an der Stationsgruppe teilnahm, konnte als Erfolg gewertet werden. Entscheidend trugen zu dieser Motivationsarbeit die zahlreichen Kontaktmöglichkeiten mit psychoneurotisch kranken Patienten auf der Station bei.

Frau B. hatte ein Migräne-Wochenende hinter sich, als sie in der Montagssitzung von den Gruppenmitgliedern hörte, daß sie im Speisesaal vermißt worden sei und auch Unschlüssigkeit darüber herrschte, ob sie nach Hause gefahren war oder Besuch hatte.

Frau B. berichtete dann von ihrer Migräne und daß sie nichts und niemanden an dem Tag sehen wollte. Als alles vorbei war, hätte sie nur noch schlafen wollen. Unüberhörbar war ihre Entlastung, alle Beschwerden überstanden zu haben. Unüberhörbar auch ihr Triumph, mit allem allein fertig geworden zu sein. Wie hatte sie das geschafft?

Die interessierte Gruppe hörte von ihr: „Wenn nichts mehr hilft, dann hilft nur noch ein Schmerzzäpfchen, am besten gleich zwei davon. Die hab' ich immer bei mir", sie zeigte dabei auf ihre Handtasche.

Daraufhin ein Gruppenmitglied: „Die kenn' ich, starkes Zeug..., haben mir auch mal bei Zahnschmerzen geholfen."

Mit meiner Frage an Frau B.: „Was können die Zäpfchen, was die anderen nicht können?", sah ich die ersten Ansätze zu einer möglichen psychodramatischen Inszenierung.

Diese Intention bemerkte Frau B. und sagte sofort: „Ich will aber kein Psychodrama!" Ich: „Gut, wir machen heute mal etwas anderes. Sie können auf ihrem Stuhl sitzenbleiben. Das ist ihr Regiestuhl und Sie verfügen über das, was auf der Bühne geschehen soll. Zum Beispiel könnte jemand in der Gruppe (mein Blick ging in Richtung Gruppe) ihr stärkstes Medikament, das Schmerzzäpfchen darstellen und sie bestimmen dann, wie es weitergeht." Mein Blick zu Frau B.. Staunen. Kein hör- und sichtbarer Protest. Mein Blick zur Gruppe. Interessierte Stimmung. Mein Blick zu dem Patienten mit Schmerzzäpfchen-Erfahrung. Zustimmung. Er spielt das Schmerzzäpfchen. Mein Blick zu Frau B.. Staunen. Atmete hörbar tief. Hielt sich jetzt an den Stuhllehnen fest. Mein Blick zur Gruppe. Ich regte an: „Bitte bauen Sie auf der Bühne die Handtasche von Frau B. so, daß das Schmerzzäpfchen und die anderen Sachen bequem darin Platz finden."

Die Gruppe baute einen dicht gestellten Kreis aus Stühlen, die Sitzflächen der Stühle nach innen. Eine Frau legte ihre Handtasche mit Schnappverschluß vor den Stuhlkreis. Der Mann, der das Schmerzzäpfchen spielte, war bereits in der Handtasche. Er nahm gleich zwei Stühle in Beschlag.

Mein Blick zu Frau B.. Starre Körperhaltung. Fester Klammergriff um die Armlehnen, verfolgte aber alle Ereignisse sehr genau. Ich fragte sie: „Muß noch etwas verändert werden?" Frau B. schüttelte den Kopf, zuckte dabei mit den Schultern, als wüßte sie es nicht. Mein Blick zum Schmerzzäpfchen. Ich fragte: „Was kannst Du, Schmerzzäpfchen, was die anderen nicht können? Zeig' uns, wie stark Du bist!"

Schmerzzäpfchen legte sich wie Mister Universum ins Zeug. Protzte und prahlte, konnte vor Potenz kaum laufen. Entdeckte dann den Migräneschmerz, der sich unsichtbar in der Handtasche aufhielt. Attackierte zunächst mit Worten: „was willst Du denn hier?", ging dann über zum Boxen. Kopf mit der Linken voll in Deckung. Zack, die Rechte vor und Schmerz hing in den Seilen. „Da staunst Du", sagte Schmerzzäpfchen, sichtlich in Fahrt gekommen. Die Gruppenmitglieder gingen mit wie Zuschauer im Madison Square Garden: „Zeig's ihm, mach' ihn alle!"

Mein Blick zu Frau B.. Sie schlug ihre Beine übereinander, ließ dabei die Armlehnen los. Ließ dafür das Schmerzzäpfchen nicht mehr aus den Augen. Frau B. saß jetzt vielleicht auch im Madison Square Garden?

Schmerzzäpfchen wechselte den Kampfstil. Sichtlich von der begeisterten Zuschauermenge angefacht, zog er seine Jacke aus, machte jetzt Karate. Wirbelt mit Händen, Armen und Beinen. Dreht den ganzen Körper, schleuderte mit dem Fuß gegen einen Stuhl. Der Stuhl kippte nach außen um. Ein Gruppenmitglied machte eine ausweichende Bewegung.

Frau B. reagierte: „Der Stuhl soll wieder hingestellt werden." Schmerzzäpfchen stellte den Stuhl auf, setzte sich in die Handtasche, schnaufte zufrieden aber auch kampfeslustig und schaute zu Frau B.: „Ist sonst noch jemand hier drin?"

Frau B. blickte mich ratsuchend an. Ich verwies ermunternd auf das Schmerzzäpfchen: „Wollen Sie es ihm sagen?"
Frau B. zögerlich aber dann doch beherzt: „Was man eben so bei sich hat; Papiere, Geld, Schlüssel, Kamm,... Medikamente..."
Ich zu Frau B.: „sagen Sie, wer von der Gruppe was spielen soll", und zur Gruppe: „Gehen Sie dann in die Handtasche".
Frau B. deutete auf die Patientin, die am Wochenende Frau B. im Speisesaal vermißt hatte. Sie spielte die Papiere von Frau B.. Weil die Papiere (Personalausweis, Führerschein, Kurkarte etc.) im Lederetui sind, zog die Frau die Lederjacke vom Patienten an, der das Schmerzzäpfchen spielte. Das Schmerzzäpfchen half galant in die Jacke.
Lederetui mit Papieren und Schmerzzäpfchen hatten gleich eine enge Beziehung zueinander, das entging weder der Gruppe noch Frau B. Geld, Kamm und Schlüssel wurden als Requisiten aus verschiedenen Taschen der Gruppenmitglieder zusammengetragen und in die Handtasche gelegt.
Ich: „Hat das Schmerzzäpfchen noch Gesellschaft mit anderen Medikamenten?"
Frau B. war etwas verlegen: „Ja, da sind noch Schmerztabletten; die sind aber zu schwach in der Wirkung, und die rosa Dragees gegen Depressionen, die soll ich auch vorbeugend einnehmen."
Eine Frau im rosafarbenen Jogging-Anzug bot sich lachend für die rosa Dragees an: „das kann ich ja machen." Frau B. hatte keine Einwände. Eine andere Frau wurde von Frau B. in die Rolle der Schmerztablette gewählt.
Es war jetzt enger in der Handtasche geworden. Das Schmerzzäpfchen war sehr raumfordernd. Die Schmerztablette und das rosa Dragee saßen dicht beieinander. Gegenüber hatten das Lederetui und das Schmerzzäpfchen Platz genommen, fast wie beim Rendezvous.
Mein Blick zu Frau B.: „Ist es so richtig?"
Frau B.:„ Ja."
Ich assistierte in Richtung Handtasche: „Wenn man so eng wie Sie in einer Tasche sitzt, hat man sich doch bestimmt was zu sagen?"
Daraufhin entwickelte sich in der Handtasche ein Stegreif-Gespräch darüber, daß es so dunkel ist und sie nicht an die frische Luft kämen. Auch wurde das Hin-und-Her-Geschubse als unerträglich empfunden. Das Schmerzzäpfchen ließ locker von sich hören, daß es gut und gerne mit dem Lederetui allein sein könnte, egal wie dunkel es wäre. Der Rest sei doch ziemlich störend hier.
Frau B. verfolgte jetzt sichtlich angespannt, aber sehr aufmerksam die Szene.
Mein Blick zu Frau B.: „Was halten Sie davon, wenn die Medikamente jetzt über ihre Vorzüge sprechen?"
Frau B.: „Ja, das Schmerzzäpfchen soll anfangen." Daraufhin begann das Stegreif-Spiel der Medikamente.

Das Schmerzzäpfchen: „Wenn nichts mehr hilft, dann gibt es nur noch mich. Ich bin hier die letzte Rettung."
Die Schmerztablette entgegnet: „Ich bin nicht so stark in der Wirkung, aber ich hab' auch nicht so viele Nebenwirkungen wie Du."
Rosa Dragee pflichtete bei: „Im Grunde ist das Zäpfchen sehr schädlich. Es liegt sowieso alles nur an den Depressionen, und die mache ich weg. Frau B. denkt zuwenig ans Vorbeugen, dann wäre bestimmt manches leichter...und das Zäpfchen wäre überflüssig."
Auf Frau B's. Stirn zeichnete sich eine tiefe Falte ab: „ich habe wirklich starke Schmerzen, das sind keine Depressionen."
„Genau!", brauste das Schmerzzäpfchen auf und behauptete seine Vormachtstellung: „... da wo nichts mehr hilft, da gibt es nur noch mich... Ich bin der Größte."
Es begann sich ein Streit zwischen dem Schmerzzäpfchen und dem rosa Dragee anzubahnen. Das Bild vom Boxkampf fand eine Neuauflage; diesmal mit einem Schiedsrichter (Schmerztablette), die aber ihrer Aufgabe nicht gewachsen war.
Rosa Dragee: „Es sind die Depressionen, das kann ich bekämpfen..."
Schmerzzäpfchen lautstark: „Ich weiß es besser, es sind die Schmerzen..."
Rosa Dragee dagegenhaltend: „Es sind die Depressionen!"
Das Schmerzzäpfchen resolut: „Es sind die Schmerzen, basta!"
Die Schmerztablette, ohne richtig Beachtung zu finden: „Hört doch auf..., hört doch auf..."
Die Zuschauer verfolgten mit Aufmerksamkeit und Anspannung den Schlagabtausch der Argumente. Frau B. auf ihrem Regiestuhl starrte gebannt auf die Szene, gleichzeitig wirkte sie wie auf dem Sprung.
Sie sagte, als ich sie fragend anschaute: „Es ist so bedrückend, ich kriege schon Kopfschmerzen."
„Sollten Sie jetzt ein Medikament einnehmen?", fragte ich Frau B.
„Nein, aber die sollen aufhören zu streiten, ich kann das nicht ertragen", erwiderte sie mir.
Ich: „Ich schlage vor, wir hören einmal, was die Papiere im Lederetui zu sagen haben."
„Ich möchte ein Fenster aufmachen, es ist so schlechte Luft hier", sagte Frau B., stand auf und tat, wie sie gesagt hatte.
An ihren Regiestuhl zurückgekehrt, gab ich ihr zu bedenken, daß wir auch die Handtasche öffnen könnten. Ihre Zustimmung einholend, öffneten die Spieler dann den Kreis der Stühle zu einem Halbkreis mit Blickrichtung auf Frau B., dabei ihrer Erleichterung über Luft und Licht Ausdruck gebend.
Bei verbesserter Befindlichkeit für alle schlug ich Frau B. mit den Worten: „Jetzt, wo das Fenster und die Handtasche geöffnet sind, können Sie doch auch noch das Lederetui öffnen", einen Rollentausch vor.

Das spontane Lachen über die allgemeine „Öffnungswelle" trug Frau B. in den Halbkreis. Die Frau, die bisher diese Rolle innehatte, verließ ihren Platz und das Schmerzzäpfchen half Frau B. besonders galant in die Lederjacke resp. das Lederetui. Er ließ es sich nicht nehmen, die Druckknöpfe der Jacke zu schließen, damit Frau B. das Lederetui selbst wieder öffnen konnte. Nachdem das erfolgt war, stellte sich Frau B. in der Ich-Form als Personalausweis der Gruppe vor.

Wir erfuhren u.a., daß der Ausweis seit geraumer Zeit abgelaufen war und Frau B. sich davor scheute, ein neues Paßfoto anfertigen zu lassen. Der Führerschein hatte dann von einem ganz alten Paßfoto zu berichten, auf dem Frau B. sich angeblich überhaupt nicht mehr ähnlich sehen soll. Frau B. sei schon immer froh gewesen, daß sie noch nie mit ihm in eine Polizeikontrolle geraten sei..., und jetzt erst recht, sonst würde sie noch wegen des Ausweises Ärger bekommen..., mit dem Auto habe sie schon allein deshalb keine längeren Fahrten mehr unternommen.

Ich: „Wo möchte Frau B. denn gerne hinfahren, wenn mit Ihnen (gemeint sind die Papiere) mal alles in Ordnung wäre?"

Frau B., ihre Rolle verlassend: „Ich würde gerne einmal wieder nach Frankreich fahren."

Ich: „Und wo möchten Sie mit ihrem Auto als erstes Halt machen?"

„An einem Straßen-Cafe, dort einen Kaffee trinken und die Menschen beobachten", sagte Frau B., ohne lange überlegen zu müssen.

Die Gruppensitzung endete damit, daß der Regiestuhl zum Bistro-Stuhl wurde. Und während das Schmerzzäpfchen in die Rolle eines Garcons schlüpfte, um Frau B. einen Café noir zu servieren, schlenderten die Gruppenmitglieder flanierender Weise den Boulevard entlang.

Am Nachmittag war die Gruppe zum Eisessen in ein Café gegangen. In der nächsten Gruppenstunde erfuhr Frau B., daß der Streit der Medikamente in ihrer Handtasche eine Patientin mit deren Schuldgefühlen konfrontiert hatte. In den wiederholten Worten der Schmerztablette „hört doch auf, hört doch auf", hatte sie sich an ihre Tochter erinnert, die den wiederkehrenden Streit der Eltern zu beenden versuchte...

„Nichts ist beglückender, als wenn man sich wieder wirklich in Gebrauch nehmen kann, sei es nun zu Gunsten von Plänen oder von Erinnerungen; am schönsten, wenn beides zusammenwirkt und, das Eine im Anderen fortzusetzen, Lust und Freiheit entsteht." Rilke

Literatur:

AHRENS, S. (1987): Alexithymie und kein Ende? Versuch eines Resümees. Zschr.. Psychosom.Med. 33, 201 - 220

BUBER, M. (1923): Ich und Du. Zitiert aus: Frankfurter Rundschau, 2.4.92, Nr. 79, S.24; Prophet der Versöhnung. Eine Martin-Buber-Biographie

FOX, J. (1991): Die inszenierte persönliche Geschichte im Playback-Theater. Psychodrama Zschr. Theorie u. Praxis 1, 31 - 44

GOETHE, W. (1987): Lektüre für Augenblicke. Insel, Frankfurt/M.

HEIGL, F. (1987): Indikation und Prognose in Psychoanalyse und Psychotherapie. 3. Aufl. Vandenhoeck & Ruprecht, Göttingen

HEIGL-EVERS, A. (1978): Konzepte der analytischen Gruppenpsychotherapie. Vandenhoeck & Ruprecht, Göttingen

HIRSCH, M. Hrsg. (1988): Der eigene Körper als Objekt. Springer, Berlin-Heidelberg.

HOFFMANN, S.O., HOCHAPFEL, G. (1987): Einführung in die Neurosenlehre und Psychosomatische Medizin. Schattauer, Stuttgart-New York

JANSSEN, P.-L. (1987): Psychoanalytische Therapie in der Klinik. Klett-Cotta, Stuttgart

KIND, J. (1990): Zur Interaktionstypologie suizidalen Verhaltens. Der Nervenarzt 61, 153 - 158

KUTTER, P. (1980): Emotionalität und Körperlichkeit. Prax. Psychother. Psychosom., 25, 131 - 145

KUTTER, P. (1981): Der Basiskonflikt der Psychosomatose und seine therapeutischen Implikationen. Jb. der Psychoanalyse, 13, 93 - 114

KUTTER, P. (1984): Die Dynamik psychosomatischer Erkrankungen - damals und heute. Psyche 38, 544 - 562

KÖNIG, K. (1991): Praxis der psychoanalytischen Therapie. Vandenhoeck & Ruprecht, Göttingen

KÖNIG, K., LINDNER, W.-V. (1991): Psychoanalytische Gruppentherapie. Vandenhoeck & Ruprecht, Göttingen

LEUTZ, G. (1972): Die Rolle des Psychodramatherapeuten und des Psychoanalytikers - ein Vergleich. Gruppenther. und Gruppendynamik, Bd.5/3, 254-261

LEUTZ, G. (1974): Psychodrama Theorie und Praxis. Springer, Berlin, Heidelberg, New York

OGDEN, T. (1988): Die projektive Identifikation. Forum Psychoanal. 4, 1 - 21

PETZOLD, H. (1978): Angewandtes Psychodrama. Junfermann, Paderborn

RILKE, R.-M. (1989): Lektüre für Minuten. Insel, Frankfurt/M.

Psychodramatherapie bei einer Sexualstörung

Psychodramatische Elemente zur Diagnostik und Erarbeitung des Focus in einer Paartherapie.

von Martha Sonntag

1. Warming-up für das Paar und den Leser

Die männliche Stimme am Telefon war angenehm: warm mit Dialekteinfärbung, klare Formulierung des Wunsches nach Paarberatung. Ein bittender Unterton war nicht zu überhören. Wir werden eine Probesitzung halten und dann sehen, wie's weitergeht.

Jetzt sitzen sie vor mir in meinem Beratungszimmer. Frieder S. (persönliche Daten geändert) groß, stattlich, blondlockig, rundes weiches Gesicht. Er lacht gern, verbirgt aber auch nicht seine Tränen. Ein großgewordener sensibler Junge? Kann sein - aber ein sehr nachdenklicher. Ich hätte ihn etwas jünger geschätzt als 38. Er ist Sozialarbeiter, vollberuflich tätig.

Anita S. ist kleiner als er, wirkt ruhiger, konzentrierter; glatte schwarze Haare um das ernste Gesicht, auf dessen Stirn sich eine Längsfalte eingegraben hat. Sie erschien mir „auf der Hut", abwartend. Sie macht nicht viel aus sich als Frau. Wenn sie aber lächelt, ist das Gesicht sehr warm und anziehend. Sie ist ein Jahr älter als ihr Mann und war vor der Ehe auch in der Sozialarbeit tätig. Seit der Geburt des Kindes ist sie zuhause, neben der Sorge für die siebenjährige Tochter mit einigen Hobbys beschäftigt. Das Paar kennt sich seit 10 Jahren, geheiratet haben sie, als das Kind unterwegs war.

Frieder S. beginnt, nach einem Blickwechsel mit seiner Frau. Später fällt mir auf, daß dies meist so geht: Sie gibt ihm die Führungsrolle im Gespräch und ich muß aufpassen, daß sie sich ihren Platz nimmt. In meine abwartende Zugewandtheit hinein sagt er ohne Umschweife: „Ich bin impotent".

Das klingt wie eine Selbstverurteilung. Die undifferenzierte Etikettierung zwingt mich zur Nachfrage. Da ergänzt er: „Ich habe eine Erektionsschwäche, aber im 'Handbetrieb' geht es einwandfrei". Und er ergänzt: „Wenn wir dann wieder einmal miteinander schlafen wollen, kriege ich Angst: vor Enttäuschung, vor Zurückgestoßenwerden, vor Streit hinterher." Ich wende mich Frau S. zu. Sie sagt bitter: „Ich bin wohl nicht attraktiv genug für ihn!" Er seufzt auf und setzt nach: „Ich habe ihr doch schon so oft gesagt, daß ich sie mag - aber ich muß es ihr 'demonstrieren'!" Und sie schildern beide, wie das Problem sie belastet, mit den enttäuschenden Versuchen, dem Streit, der gespannten Atmosphäre danach. Seit wann geht das so? Jetzt zwei Jahre, meinen sie.... Aber das erste Mal, ergänzt er, war es als Anita hochschwanger war. „Und wir haben doch so toll miteinander schlafen können." Er strahlt in der Erinnerung an diese glückhafte Zeit.

Sie stimmt zu. Immerhin hat der Honigmond mehr als drei Jahre gedauert, rechne ich.
Und wie gehen sie sonst - außerhalb dieses Problemfeldes - miteinander um? „Relativ friedlich" meint sie. Später bekommt diese blasse Aussage mehr Farbe: Sie hat Erwartungen an ihn, die nicht erfüllt werden. Sie wird verdeckt oder offen aggressiv; er zieht sich zurück, explodiert aber unangemessen, wenn er's nicht mehr aushält. Zärtlichkeit im Alltag? Möchte er sehr, sehr gern geben und nehmen. Aber sie bremst ab, wehrt ab. „Mir wird's da heiß" und sie meint, sie wolle keine Wünsche wecken lassen, die dann doch wieder nicht erfüllt werden. Wie ist es mit dem Kinderwunsch? Er: „Ich möchte kein Kind mehr". Das kommt klar und entschieden. Sie: „Jetzt möchte ich auch keines mehr" - etwas zögerlich gesagt und nicht ohne Trauer.
„Und wie regeln Sie Empfängnisverhütung?" Da wird sie fast etwas heftig: „Ich habe mich so lange geschützt, jetzt soll er etwas tun..." Sterilisierung? Er: „Soweit bin ich noch nicht. Das ist so ein unbestimmtes Gefühl wie 'Kastriertwerden' und daß ich dann als Mann noch weniger gelte den Frauen gegenüber (Mutter und Tochter sind gemeint!)." „Sehen Sie einen Zusammenhang zwischen der Potenzstörung und der Angst vor einem Kind?" Er schüttelt den Kopf, und sie sagt: „Das war auch so, als ich die Spirale hatte." „Und die Praxis jetzt?" „Ich kann mich auf meinen Eisprung verlassen" meint Frau S. Auf meine Nachfrage an ihn: „Ich weiß, daß ich mich auf meine Frau verlassen kann, sie legt mich nicht rein". Das klingt überzeugend. Die Stunde vergeht sehr rasch. Wir müssen zu einem Kontrakt kommen. „Was möchten Sie in einer Beratung erreichen?"
Die Wünsche kommen von beiden sehr klar und wohlüberlegt.
Sie: „Mir helfen lassen, daß ich mich und ihn besser verstehe. Mechanismen kennenlernen und verändern."
Er: „Ich will mit Anita glücklicher sein." Tränen kommen in seine Augen. Er schaut sie an: „Früher war ich poligam, seit ich bei Anita bin, habe ich mich ganz für sie entschieden. Ich möchte meine Autonomie zurück, aber mit ihr zusammen."
Sie - etwas kläglich: „Ich glaube, ich möchte ihn anders haben." Beide bestätigen, daß sie zusammenbleiben wollen und für den Prozeß einer Beratung offen sind. Ich sage ihnen, daß ich keine Versprechungen auf Erfolg machen kann, und daß ich kein sexualtherapeutisches Programm anbieten würde, sondern mein Schwerpunkt auf der Beziehungsklärung und der Dynamik zwischen ihnen liege. Damit sind sie einverstanden, auch daß sie nochmals anrufen sollen, wenn sie die Beratung fortsetzen möchten. Sie fügt noch hinzu, daß es ihr wichtig ist, bei einer Frau zu sein, von zwei Männern in der Beratungssituation würde sie sich eingekreist fühlen.
Sie gehen und ich bin ziemlich sicher, daß sie wiederkommen.
- Sechs Sitzungen haben seither stattgefunden. Ich fühle mich gut ange-

wärmt; ich empfinde Sympathie für beide. Ihre Offenheit und ihre Motivation beeindrucken mich. Das Symptom 'partnerschaftsbedingte Erektionsstörung' ist in gewisser Weise eine Herausforderung an die Beratungskunst. Aber sie erschreckt mich nicht, und das Vertrauen des Paares schafft mir eine wichtige Beziehungsbrücke.

2. Aktionsphase
(Ich versuche nun darzustellen, welche psychodramatischen Elemente ich im Verlauf der Beratung einsetzen konnte, jeweils mit dem vorgegebenen Anlaß und der nachfolgenden Integration)

2.1 Der Lebenslauf im Rollentausch
Vorlauf: Ich weiß noch fast nichts über die familiäre Herkunft der beiden und über die Partnerwahl. Ich arbeite nicht mit Fragebögen, weil ich das lebendige Gegenüber in der Reaktion sehen und spüren möchte. Aber ich brauche Informationen. Mein Vorschlag: „Könnten Sie den Versuch machen, sich in die Rolle des Partners zu versetzen, den Platz zu wechseln und von dort aus den jeweiligen Lebenslauf bis zur Heirat zu erzählen?" Beide sind einverstanden und finden das interessant. Frau S. läßt ihren Mann anfangen.

Rollentausch Herr S. als Anita:
Über meine Geburt weiß ich wenig, vermutlich war es eine schwere. Da gab es den Bruder Helmut, der einige Jahre älter war, mit dem konnte ich gar nicht spielen. Genau ein Jahr nach mir kam schon der Bruder Paul, den hat die Mama lieber gehabt als mich. Sie hatte immer viel zu tun mit ihren kleinen Kindern. Ich war dann mit Paul viel zusammen und fast wie ein Bub. Der Mama habe ich nie etwas recht machen können. Ich habe viel geholfen, um ihr durch meine Leistung zu imponieren. - Der Vater hat mit mir schon gespielt, aber wenig Zeit gehabt. Er hat sehr viel gearbeitet und das hat ihn auch krank gemacht. - Die Eltern haben uns ins Gymnasium geschickt. Ich habe Klavierspielen gelernt. Aber da war Vater einmal sehr böse mit mir, weil ich mich bei einem Vorspiel nicht richtig benommen habe. Vater starb an einem Herzinfarkt, und ich war gerade unerreichbar auf einer Skihütte. Daß ich damals nicht da war bei seinem Tod, geht mir heute noch nach!

Nach meiner Ausbildung habe ich versucht, recht weit von daheim wegzukommen. Ich hatte mehrere Beziehungen bis ich dann Frieder kennenlernte bei politischen Aktionen. Er hat mich fasziniert, der konnte auftreten, war der „Guru". Man konnte mit ihm sehr gute Gespräche führen und im Bett war er auch toll. Ich war verliebt in ihn, und als ich dann schwanger wurde, heirateten wir. Später ist mir aufgefallen, daß Frieder viele ähnliche Eigenschaften hat wie mein jüngerer Bruder.

Frau S. in der Rolle von Frieder: Ich bin das einzige Kind meiner Eltern. In den ersten Monaten habe ich nichts essen wollen. Weil sie Angst um mich hatten, daß ich verhungere, brachten sie mich ins Krankenhaus. Meine Mutter hat sich arge Sorgen um mich gemacht. Als ich zwei Jahre war, wurde es besser. Da schmeckte mir sogar das Wurststückchen vom Vater! Ich mußte viel allein spielen und kam in den Laufstall.

Meine Mutter hat früh für Sauberkeit gesorgt und hat meinen Fuß, als ich auf dem Töpfchen saß, an das Tischbein gebunden. Im Kindergarten war ich früh selbständig. Ich bin auch oft weggegangen, wenn ich mich geärgert habe. Ich habe meinen Eltern Sorgen gemacht in der Schule. Ich bekam schlechte Noten und war auch im Betragen mangelhaft. Erst bei meiner Berufsausbildung wurde es sofort anders. Da war ich auch politisch engagiert und hatte Erfolg. - Ich hatte viele Freundinnen. Als ich Anita kennenlernte, habe ich mich für sie entschieden.

Beide gehen zurück auf ihren Platz.

Integration: Ich zeige meine Anerkennung, daß sie sich so gut ineinander einfühlen konnten und doch recht viele Details voneinander wußten. Das finden beide nicht erstaunlich, sie kennen sich offensichtlich gut beieinander aus, zumindest auf der bewußten Ebene. „Möchten Sie etwas ergänzen? Oder anders darstellen? Ist Ihnen etwas aufgefallen?"

Anita möchte ergänzen, daß sie noch eine sehr liebevolle Erinnerung an ihren Vater hat: bis zur Pubertät habe er sie gebadet und ihr die Zöpfe geflochten. Und mit der Mutter habe sie heute als Erwachsene eine bessere Beziehung.

Frieder meint, die Darstellung seiner Frau sei doch sehr distanziert gewesen. Ob das an ihr liegt oder an ihm selbst? Er ergänzt für ihn wichtige Emotionen: Daß der Vater sicher auch traurig war über seine Eßstörungen. Andererseits auch, daß er ihn hart geschlagen hat als Jugendlichen wegen seiner „Untaten". Die Mutter sei dabei ambivalent geblieben: „Er hat es verdient, aber doch nicht so hart!" Er erinnert sich auch, daß seine Mutter ihm immer wieder gesagt habe: „Du bist nicht gescheit und Du bist nicht schön!" Heute noch ertappe er sich beim Blick in den Spiegel sich dabei eine Bestätigung aus dem Bild holend: „Du siehst aber doch ganz gut aus!" - Der Vater habe ihm lange nichts zugetraut, weder handwerklich noch im Kopf. Erst im Verlauf seines Erfolgs sei er in der Achtung bei seinem Vater gestiegen.

Daß er so nach außen wirkte und wirke, könne durchaus eine Art von Kompensation sein: „Ich bin doch der Größte". Frau S. nickt lächelnd dazu: genau sowas kenne sie auch von ihrem Bruder.

Wir sind alle drei etwas traurig geworden und sprechen über das Gemeinsame der Kindheitserfahrung: Beide getroffen von Elternerwartungen und den entsprechenden Kränkungen und Enttäuschungen. Ob sie auf

Grund dieser Erfahrungen besondere Wünsche und Erwartungen an den Partner hatten und haben? Das halten beide sehr wohl für möglich. Herr S. fällt dazu gleich einiges ein. Frau S. ist verhaltener, nachdenklicher. Erst in der kommenden Stunde sagt sie, daß dieses „viel Schaffen", das sie heute noch an sich kennt, wohl immer noch ihrer Mutter gilt. Auf meine Feststellung, daß die Männer ihrer Kindheit (Vater, Bruder) sie doch akzeptiert haben, bejaht sie, aber es ist nicht bei ihr angekommen. „Ich denke eher, daß ich nicht liebenswert bin!"

2.2 Die Tochter in der Rolle zwischen dem Paar

Vorlauf: Frau S. berichtet, daß sie in letzter Zeit große Konflikte mit ihrer Tochter Eva gehabt habe. „Mein Mann sollte sich da mehr einmischen. Er fühlt sich außerhalb und das ist mir nicht recht. Manchmal denke ich, er hält seine ganze Wut zurück. Nachts knirscht er mit den Zähnen. Er ist oft wie ein Schwamm, ich hätte gern ein festes Gegenüber...." Eva kommt auch jede Nacht vorwiegend zur Mutter ins Bett. Er ergänzt: „Und wenn ich mit meiner Frau schmusen möchte bei Tag, 'riecht' sie das gleich und stellt sich dazwischen und sie will auch dabei sein, auch Liebe haben." „Bekommt sie denn zu wenig? Hat sie Wünsche an Sie?" „Ja, viele..."

Ich bitte die beiden, doch jeweils die Rolle ihres Kindes zu übernehmen: Welche Wünsche hat Eva an Vater und Mutter und wie reagieren sie darauf? Wieder tut sich Herr S. leichter mit der Inszenierung.

Rollentausch mit der auf dem leeren Stuhl anwesenden Tochter:

Herr S. als Eva verwandelt sich auf dem anderen Stuhl in einen Vogel. „Schau Papa, ich bin ein Vogel." Der rührt sich nicht hinter seiner Zeitung. „Schau doch, ich bin ein Vogel!" Er reagiert wieder nicht, und sie macht weiter mit Babyspielen, wie er es nennt.

Ich interviewe die Eva (Herr S. bleibt in der Rolle) und erfahre dabei, daß die Eva schon groß ist und ziemlich gescheit. Sie hat schöne lange rote Haare und kann schon lesen und schreiben. Auf meine Frage, was sie von ihrem Papa will, antwortet sie (er): „Ich mag, wenn er mit mir Ski fährt oder mit dem Rad. Mein Papa ist groß und stark und gescheit, der weiß so viel, ich glaube er will, daß ich schon groß bin..."

Ich bitte Herrn S. aus der Rolle herauszugehen und von seinem Stuhl aus der Eva zu antworten.

Jetzt spricht Herr S. mit großer Wärme zu dem Stuhl hin: „Ich mag Dich doch unheimlich gern. Es kann schon sein, daß ich Dich gern schon älter hätte. Als Baby ging das ganz gut zwischen uns, die Probleme kamen erst später. Ich mag nicht, wenn Du so schwankst zwischen groß und klein. Du bist mir auch viel zu ähnlich! (Hier dopple ich: Wie denn?) Mit dem Dickkopf! Das macht mir schwer zu schaffen. Er verabschiedet sich zärtlich: „Meine kleine rote Hexe...."

Nach einer kurzen Pause beginnt Frau S. in der Rolle von Eva, nicht ohne zuvor bemerkt zu haben, daß sie es nicht so gut könne wie ihr Mann! Frau S. in Evas Rolle: „Ich mag meine Mama ganz arg. Sie soll ganz viel mit mir machen: lesen, basteln, malen, im Garten sein. Ich bin auch gern mit anderen Kindern zusammen, aber wehe, wenn die nicht wollen wie ich will. Ich kann meine Mama ganz schön unter Druck bringen. Ich habe große Ansprüche, sie soll überall mit, wenn ich Angst habe, z.b. beim Reiten... Ich möchte schrecklich gern noch ein Baby haben, einen kleinen Bruder."

Im Interview mit Eva erfahre ich dann, daß die Mama vielleicht dann nicht mehr so viel Zeit hätte für sie, aber sie könnte der Mama ja auch helfen.

Frau S. antwortet der Eva auf dem leeren Stuhl: „Ja, ich habe Dich auch sehr gern. Aber wenn Du so viel von mir forderst, komme ich an meine Grenzen. Aber Du bist mir wichtig. In meinem Leben hat sich ganz viel verändert, seit es Dich gibt..."

Ich dopple: „Und wie ist das denn, daß es da noch einen Mann gibt, Evas Vater?"

Sie: „Ich habe so viel Liebe in mir, daß es noch für andere reicht...."
Sie geht zurück auf ihren Sessel.

Integration: Ich frage beide, wie sie die jeweilige Szene des Partners erlebt haben. Sie reagiert mit Kritik: „Es ist nicht gut, wenn Frieder die Eva nicht klein sein läßt. Man muß das Kind doch so nehmen wie es jetzt ist!" Er reagiert mit Trauer: Anita sieht vor allem Eva, für ihn bleibe zu wenig übrig.

Frau S. spürt die Spannung zwischen Mutterrolle und Ehefrau. Sich Zeit nehmen fürs Schmusen, auch wenn Eva das nicht so gern hat? Frau S. schweigt dazu.

Herr S. mit fast spitzbübischer Freude: „Ich darf mit Anita schmusen und dann ist Eva eifersüchtig!!"

Nachdenklich meint Frau S.: „Vielleicht sollten wir uns wirklich wieder mehr Zeit nehmen als Paar, da ist vieles versandet."

Mir fällt ein: Vielleicht wäre das auch der Grund, warum er Eva schon „groß" haben möchte? Dann wäre sie keine Rivalin mehr - oder: seine Chancen besser?

2.3 Das reinszenierte Streitgespräch
Vorlauf: Das Paar kommt mit spürbarer Anspannung. „Wir haben wieder einmal zwei Versuche unseres sexuellen Zusammenseins hinter uns; einen sehr schönen und beglückenden und zwei Tage später einen frustrierenden. Es gab danach im Anschluß einen fürchterlichen Krach. Wir haben zwar später nochmals darüber geredet, aber es war sehr schlimm." Ehe sie

weiter ausholen erfahre ich noch, wie's zum schönen (für beide befriedigenden) Erlebnis kam, und daß sie danach zwei sehr gute Tage hatten. Die Initiative für die Wiederholung kam von ihr. Die Enttäuschung war dann umso größer.
Ich bat das Paar, das für sie so belastende Gespräch hier zu wiederholen. Vielleicht könnten wir etwas daraus lernen. Zögernd lassen sie sich darauf ein. Beide stellen sich die Situation vor;

Frau S. beginnt.
A „Was ist denn jetzt los?"
F „Ich kriege Angst. Es wird mir ganz heiß. Ich habe Angst zu versagen und daß es nachher wieder Knatsch gibt."
A „Ich verstehe das nicht."
F „Was wir da machen ist, die Angst herbeiholen!"
A Bricht lautstark aus: „Ich fühle mich betrogen um einen Teil meines Lebens. Ich brauche Dich doch, ich kann das nicht allein!"
F „Ich tät es doch gern, aber ich kann nicht."
A Wieder verzweifelt: „Ich will nicht noch zwei Jahre warten und probieren. Ich kann einfach nicht mehr! Da bleibt mir ja nur noch, daß ich gehe."
F „Ich habe Dir schon so oft gesagt, daß ich das nicht will."
A „Was erwartest Du denn, wie ich reagieren soll?"
F „Etwas gelassener; das hier macht meine Angst nicht kleiner!"
A „Ich weiß nicht, was ich machen soll. Ich habe doch auch Angst."
F „Wovor denn?"
A „Du nimmst mich ja auch nicht so, wie ich bin, sondern wie Du mich gern hättest."
F „Was heißt das?"
A „Du machst mir den Vorwurf, es sei purer Egoismus von mir, wenn ich wieder einen Versuch mit Dir starte. Und was ist denn das von Dir, wenn Du Dich mir verweigerst?"
F „Es tut mir leid, daß ich das gesagt habe, ich würde doch auch lieber mit Dir schlafen, als diesen Knatsch haben."
A „Such' Dir doch eine liebevollere Partnerin, vielleicht geht es mit der."
F „Ich will aber nicht, das weißt Du."
A „Da bin ich mir gar nicht so sicher!"

Wir unterbrechen den Dialog. Ich bitte ihn, sich nochmals gefühlsmäßig in die Angst zu versetzen zu Beginn des Streitgesprächs. Mit Hilfe der Doppeltechnik spürt Herr S. sich vor seiner Frau wie vor seiner Mutter: ein kleiner Junge, der versagt, der Wünsche nicht erfüllen kann und unglücklich ist, weil er die bestrafenden Folgen kennt: „Ich möchte einmal geliebt werden, ohne etwas bringen zu müssen..."

Ich wechsle meinen Platz zum Doppeln auf die Seite von Frau S. Jetzt kann sie deutlicher formulieren: „Er verweigert mir absichtlich, was mir zusteht. Er ist sonst so willensstark, bringt alles fertig. Er will nicht, oder ich bin nicht attraktiv genug für ihn. Die Nähe und Zärtlichkeit genügt mir nicht. Ich will ihn ganz haben."
Integration:
Warum wertet sie alle anderen lustvollen Erfahrungen für sie und für ihn ab? Warum gilt nur der erigrierte Penis? Auf meine Frage, wie sie sich denn, außerhalb dieser Bedürfnisse, an seiner Seite erlebe, kommt eine massive Klage: als billige Putzfrau, Haushälterin, Köchin, Kinderfrau - ganz und gar miserabel. Seine Versuche, sie aufzurichten, mißlingen. Er meint, ihr oft genug gesagt zu haben, was er an ihr mag und bewundert. Aber es kommt nicht an. Ihr Selbstwertgefühl ist zu gering. Und das ist ein altes Thema. Ob es sein könne, daß sie über längere Zeit ihr mangelndes Selbstwertgefühl überspielt habe mit dem Einsatz von Sexualität? (Begehren und Begehrtwerden?) Sehr nachdenklich geworden meint sie: „Ich glaube, jetzt habe ich etwas begriffen:"
Herr S. spürt seine Ohnmacht vor ihr, wie einst der kleine Junge, der seiner Mutter nicht gescheit und nicht schön genug war. Wenn es ihm gelänge, seine Frau und seine Mutter auseinanderzuhalten, könnte seine Angst geringer werden. Männlichkeit - nicht nur auf die Potenz fixiert - wie könnte das aussehen?
Wir verweilen bei ihren und seinen Vorstellungen zur Veränderung. Ihr und sein Selbstvertrauen, ihre und seine Entfaltungsmöglichkeiten, wie könnten sie aussehen? Was wäre, wenn jeder selbst für sich als Mann und Frau sorgt (Autonomie gegen Abhängigkeit)? Es gibt eine ganze Reihe von konkreten Impulsen.

2.4 Erneuter Rollentausch bei deutlicher prozessualer Veränderung

Vorlauf: Bei beiden ist sehr viel in Bewegung gekommen. Sie scheinen darüber im Gespräch zu sein. Da sie ihre Einfühlsamkeit mehrmals gezeigt haben, möchte ich sie jetzt erleben lassen, ob sie sich gegenseitig verstehen in einer solchen Veränderung.
Ich schlage den Rollentausch zur gegenwärtigen inneren Situation vor.
Herr S. in der Rolle von Anita:
„In mir ist sehr viel in Bewegung gekommen. Ich erinnere mich an die Zeit der Pubertät, wo ich soviel alleingelassen worden bin, vor allem mit meiner Sexualität. Ich habe früher öfters Phasen von Depressionen gehabt, ehe ich Frieder kennenlernte. Als ich Eva bekam, wurde es besser. Ich frage mich, ob das nun wiederkommt? Ich bin eifersüchtig, ich habe Angst übergangen zu werden. Manchmal sehe ich alles schwarz, kann nicht schlafen und mache mich selbst fertig. Am Morgen versuche ich dann weiterzuleben...".

„Und was möchten Sie von ihrem Mann?" frage ich.
„Daß er für mich da ist und mich ganz festhält".
Frau S. in der Rolle von Frieder:
„In mir ist viel Bewegung. Ich sehe das zunächst positiv. Ich sehe so viele Frieder, die um mich herumschwirren. Nur mein Kopf hält sie fest. Beim Streiten kann ich manchmal gelassen, manchmal wütend sein!"
„Und was wünschen Sie sich von ihrer Frau?"
„Ich möchte sie trösten dürfen, aber sie läßt es ja nicht zu...."
Integration: Rückkehrend zum eigenen Sessel bestätigt jeder, daß die Wiedergabe stimmt.
Herr S. sagt bewundernd zu seiner Frau: „Du hast mich viel besser dargestellt, als ich selbst es gekonnt hätte."
Dem vermuteten Wunsch möchte er noch etwas hinzufügen: „Ich möchte gesehen werden (nicht nur trösten) und in Kontakt zu meiner Frau kommen!"
Beide sind dabei, sich selbst mit ihren Schattenseiten besser zu begreifen. Die mehrmals gezeigte Neugierde von beiden in Richtung meiner beiden Sandkästen und der Ansammlung von Figuren und Materialien zur Gestaltung hilft mir jetzt, dieses Medium in der Beratung einzuführen.*

2.5 Identifikation mit Symbolen

Vorlauf: Die Neugierde von Herrn S. auf die vielen inneren Bilder von sich einerseits und Frau S.'s verstärkte depressiven Anteile bestärken mich, ihnen vorzuschlagen, jeder für sich ein Sandbild zu gestalten. Meine vorausgehenden Erfahrungen mit diesem Mittel zur Diagnose und zur Konfrontation mit der eigenen Darstellung und der des Partners/in ermuntern mich zu diesem Vorgehen, auch meine Neugierde wieviel Vor- bzw. Unbewußtes sichtbar wird.
Gestaltung der Sandbilder: Beide gehen auf meinen Vorschlag ein - er schneller, sie behutsamer. Sie sucht sorgfältig zusammen was sie braucht. Er gestaltet mit feuchtem, sie mit trockenem Sand. Beide werden ungefähr zu gleicher Zeit fertig. Jeder kann dann sagen, wie es ihm bei der Gestaltung ging und was er ausdrücken möchte. Der Partner hört zu und beantwortet meine Frage: was ihn am Bild der/s anderen vertraut ist, was ihn anzieht, abschreckt usw. (Da eine ausführliche Darstellung diesen Rahmen überschreiten würde, beschränke ich mich auf einige wenige Akzente der Bilder, die in der Nachbesprechung und der darauffolgenden Stunde eine Rolle gespielt haben.)

---

*) **Anm.** Das von Dora Kalff in Zürich begründete „Sandspiel" hat inzwischen eine weite Verbreitung gefunden, auch in der Erwachsenentherapie. Eine Verbindung mit dem Psychodrama habe ich in meiner Abschlußarbeit am Moreno-Institut Stuttgart untersucht. Vgl. M. Sonntag, „Das Sandbild als Hinführung und Begleitung zum Psychodrama", 1981.

Bild von Herrn S.: Beherrschend ist ein großer Berg auf dessen Gipfel eine Mutter mit Kind sitzt, eine Blume verehrend zu ihren Füßen. Daneben ein Stein wie Herr S. ihn aus seiner Heimat kennt. Eine Buddhafigur kehrt der Mutter den Rücken. Ein Stier rennt mit den Hörnern gegen den Berg („So bockig bin ich oft!"), eine Katze will schmusen, ein weißer Bär nähert sich dem Gipfel. Und da gibt es eine Höhle im Berg. Darin liegt ein Säugling eingekuschelt.
Bild von Frau S.: Zentral sieht man eine große Spirale in deren Mitte sich Dinge finden, die ihr wichtig sind: ein Krug, ein weiches Fell, Ofen, Muscheln, eine Blume, eine schöne Kugel. Den Spiralweg kann man nur über eine Brücke erreichen und neben dieser steht ein Ziehbrunnen („Es fällt mir schwer, den in Bewegung zu bringen"). Beherrschend rechts oben der Totempfahl mit einer Schlange und einem dürren Baum. Ein weißes Pferd galoppiert darauf zu.
Integration:
Spontan gibt es eine Fülle von Assoziationen, die ich hier nicht ausschöpfen kann. In Bewegung kam jedoch, was in der folgenden Sitzung berichtet wird: Herr S. erzählt, daß er sich endlich einen Wunsch gestattet hat auszusprechen: seinen Kopf wieder einmal in den Schoß seiner Frau legen zu dürfen und sich fühlen zu dürfen wie ein Kind. Sie konnte es geschehen lassen. Beide erlebten dabei Innigkeit.
Frau S. hat sich mit dem Totempfahl auseinandergesetzt: mit den „Gesetzen" ihrer Sippe, ihrer Herkunft. Und es fiel ihr eine lange vergessene Geschichte ein: als sie zwölf war, hatte sie einen Flirt mit einem Jungen. Die Briefchen wurden von der Mutter entdeckt und an den Vater verraten. Der nahm sie ins Gebet und verbrannte mit ihr feierlich in der Waschküche die Liebesbriefe. Das war das Ende des Vertrauens bei ihr und der Beginn der großen Einsamkeit, der Heimlichkeiten und der inneren Emigration.
Frau S. spürt, daß sie hier noch viel aufzuarbeiten habe. „Ich habe ein großes Mißtrauen", - das hindert sie, in der Situation der Trauer und Einengung sich ihrem Mann zu öffnen. „Er will mich doch nur lustig und gut aufgelegt." Den Zusammenhang mit dem alten Mißtrauen den Eltern gegenüber bestätigt sie mit Tränen. Ihre depressiven Stimmungen schlagen oft um in Aggression gegen ihren Mann, der ihr dann nichts recht machen kann. Dies weckt dann bei ihm den „Stier", und er spürt eine unbändige Wut, vor deren zerstörerischer Kraft er sich fürchtet und will diese, so gut er kann, zurückhalten.
  Dieses Kollisionsmuster offener oder verdeckter Aggression ist dann aufgetaucht, als die geglückte Sexualität des Honigmondes verschwunden ist. Dann müßte wohl ihre Beziehung noch einmal eine neue Chance bekommen? Mit weniger Heilserwartungen an den anderen und mit mehr Zutrauen zu sich selbst? Drei Menschen sind von dieser Aufgabe bewegt. Es ist noch ein hartes Stück Arbeit.

3. Processing und Prognose

Das psychodramatische Vorgehen bei diesem Paar hat es mir möglich gemacht, mehr von beiden zu verstehen und - wie ich meine - innere Prozesse bei beiden in Bewegung zu bringen. Freilich waren die Voraussetzungen bei diesem Paar günstig auf Grund ihrer Vorbildung und ihrer Motivation. Was haben die Szenen bewirkt?

3.1 Der Rollentausch beim Lebenslauf setzt bestimmte Akzente, die der Partner seither verstanden oder eben nicht verstanden hat. Das ist bereits eine Aussage über die Paardynamik. In diesem Fall fand ich besonders interessant, daß die ambivalenten Angebote von Vater und Mutter bei beiden erst in der Nachbesprechung deutlich wurden. - Die Erzählung im Rollentausch ist viel knapper und zum Teil auch konzentrierter in der direkten Rede, als wenn jeder Autor sich in seinen Erinnerungen verloren hätte. Bei näherem Zusehen fällt auf, daß die Partnerwahl von ihm in ihrer Rolle schwärmerischer dargestellt wird (narzißtisch?), von ihr in seiner Rolle sehr nüchtern, was Herr S. dann ja auch bemerkt hat. Die Bestätigung, daß sie sich gut ineinander einfühlen können, war dem Paar nichts Neues. Die Bestätigung durch den Berater aber sicher nicht unwichtig. Der erste Rollentausch steckte auch ab, daß hier in dieser Beratung ein sehr konkreter Umgang miteinander gefördert wird.

3.2 Das Tochter-Spiel, d.h. die jeweilige Identifikation mit der Tochter und die Antwort von Vater und Mutter auf ihre Wünsche erweiterte in dieser Stunde die Dyade in die Triade, so wie sie auch tatsächlich im Familienverbund gelebt wird. Der Anlaß war die Besorgnis der Mutter, daß dieses Kind im Augenblick besondere Schwierigkeiten mache durch Einnässen (was bis dahin nicht vorkam). Sie wollte den Mann gern als „Hilfs-Ich" dem Kind gegenüber, als Erfüllungsgehilfe ihrer pädagogischen Vorstellungen. Sie ist enttäuscht, daß er sie im Stich läßt, und ärgert sich über sein „Draußensein". Hier schien es mir besonders wichtig, aus dem Schema Anklage und Verteidigung herauszukommen und jeweils den anderen Partner teilnehmen zu lassen an einer Sequenz „Umgang mit meiner Tochter". Die Verschiedenheit ist deutlich: Der Vater ist sich seiner grandiosen Rolle in den Augen der Tochter sicher. Und er hat selbst viel Freude an dem intelligenten Kind, vielleicht eine fast erotisierte Zärtlichkeit für die rothaarige Schöne. Das Baby ist ihm suspekt, er will sie „groß", partnerschaftlicher. Und er will Grenzen haben für sich in der Inanspruchnahme.

Die Mutter dagegen läßt ein symbiotisches Ineinander mit der Tochter spüren. Darin wird sie nahezu unfähig, Grenzen zu ziehen und merkt an ihrer Belastung, daß hier „was nicht stimmt". Einige Aussagen lassen ahnen, wie groß der Stellenwert der Tochter in ihrem Leben ist. „Durch dich hat sich mein Leben verändert". Delegation eines Selbstanteils? Sie läßt sich inzwischen von der Tochter ausbeuten. Die Spannung, die entsteht, wird wechselweise aggressiv oder depressiv ausgelebt. Im realen Lebens-

vollzug hat die Tochter für sie auch eine wichtige Funktion: kreative Möglichkeiten werden mit dem Kind oder durch das Kind gelebt. „Muttersein" ist eine den Selbstwert erhaltende Rolle.
Auf mein provozierendes Doppeln nach der Rolle des Ehemanns in der Triade, hält sie sich für nahezu unerschöpflich im Lieben. Herr S. reagiert gekränkt in seiner Wahrnehmung der Reihenfolge. Durch diese Reaktion war es dann möglich, über die vernachlässigten Rollen zu sprechen: die der Partner, der Dyade von Mann und Frau. Die Impulse daraus waren sehr konkret, wenn man auch nicht erwarten kann, daß sich sofort viel verändert. Prozesse brauchen Zeit, aber zunächst einmal Einsicht.

3.3 Das Streitgespräch
Die Reinszenierung ist mir nicht leicht gefallen. Ich gebrauchte meinen Vertrauensvorsprung bei den beiden, einen solchen Vorschlag zu machen, die verletzenden Äußerungen hier zu wiederholen. Schließlich ist es auch nicht ohne weiteres möglich, in die Stimmung des Streits zu kommen. Das war ein Risiko. Mit Hilfe des Doppelns ließ sich aber dann doch die Präzision herstellen:
Bei Herrn S. wurde deutlich, daß er sich vor seiner Frau wie der verurteilte kleine Junge fühlt, der es „nicht bringt", der seiner Mutter nicht so viel Glanz verleihen kann wie sie möchte und der in schwierigen Situationen in Panik gerät, in Angst vor der Angst. Die Mutterübertragung war in dieser Sequenz deutlich. Frau S. unterstellt ihrem Mann, daß er sich bewußt/unbewußt verweigert. Ihr massiver Angriff trifft ihn. Auf einer bewußten Ebene (Forderung, Verweigerung/Protest) kommen beide nicht weiter. Verletzungen nehmen zu. Schärfer in den Blick kamen beim Doppeln bei ihr: wie notwendig sie ihren Mann braucht, oder präziser: wie notwendig sie einen erigierten Penis braucht, um sich selbst wertvoll vorzukommen.
Das führt dann zu den besprochenen Fragen, ob Sexualität nicht weitgehend eine Ersatzfunktion hatte in der Partnerschaft, ob die (verzweifelt) gewünschte beidseitige Verschmelzung eine reifere Partnerbeziehung, die Nähe und Distanz beinhaltet, bislang verhindert hat. Die Nachwirkung und die Veränderung wird spürbar. Beide reagieren auf ihre besondere Weise: Sie durch eine depressive Phase, die ihr Angst macht (weil sie solche Zustände von früher kennt). So schlimm das für sie sein mag, läßt es doch die Annahme zu, daß wir auf einer wichtigen Spur sind. Die Aussage, daß sie von ihrem Mann festgehalten werden will, und daß er für sie da sein soll, ist weit authentischer als das salopp hingeworfene „Ich muß weggehen" oder „Geh Du zu einer liebenswerteren Frau".
Er besinnt sich auf seine Identität. Er wird geradezu überflutet von verschiedenen Rollen in denen er lebte und lebt. Wer ist er wirklich - als Mann? Diese Reaktion verdient verstärkt zu werden. Denn wenn es gelingt, Frau S. mit ihrem „Gegenüber" zu konfrontieren, sollte dieses

Gegenüber für sich und für den anderen begreiflicher sein. Es hätte dazu einige psychodramatische Möglichkeiten gegeben, dieses Selbstbild auszuleuchten. Ich habe das Medium „Sandbild" gewählt, weil die Symboldichte Unbewußtes (und daher Nicht-Manipuliertes oder Kopflastiges) deutlich macht. Ich war selbst sehr gespannt, was sich als Zentrum der derzeitigen inneren Wahrnehmung bei beiden zeigen würde.

3.4 Im Sandbild und in den Nachwirkungen in der Paarbeziehung wurden zwei starke emotionale Felder berührt:
Bei ihm: seine tiefe Sehnsucht nach Geborgenheit bei der „Mutter", auf die Frau S. - vielleicht erstmals - erwachsen und partnerschaftlich reagieren konnte. Das Bild selbst mit seinem „Hochaltar" für Mutter und Kind zeigt aber auch die Notwendigkeit der Trennung von Idealisierung und die Verabschiedung von leidvollen Kinderträumen. Bei ihr: das Wiedererkennen alter Tabus, vor allem auf die Sexualität bezogen, deckten die Abhängigkeit auf, in der sie bei Männern verweilt hat. Ob hier noch eine (zumindest latent) inzestuöse Problematik vorliegt, kann ich zur Zeit noch nicht feststellen. Das Bild der weiblichen Identität (Spirale als Lebenssymbol) und die Entfaltung in weiblichen Attributen waren für mich faszinierend. Auch ihre so beiläufige Bemerkung, sie müsse sehr arbeiten, um aus dem Brunnen Wasser zu holen, der auf dem Weg zu dieser Identität steht.

4. Diagnostische und prognostische Überlegungen
Aus den bislang erfahrenen Informationen, Beobachtungen und Reaktionen lassen sich Hypothesen bilden: Herr S. entwickelt das Symptom der Erektionsschwäche bei seiner Partnerin, das ihre Beziehung erheblich belastet. Wie kann man die Genese verstehen? Herr S., der sich bei wechselnden Partnerinnen vor der Ehe und bei der Onanie potent erlebt, spürt Versagen in der festen Bindung an seine Frau in dem Augenblick erstmals, als sich das Kind (Schwangerschaft) dazwischen schiebt.

Die Mutter wird von ihm massiv (wieder)erlebt. Er bangt um die Symbiose mit ihr. Daneben fühlt er sich in der Folgezeit immer mehr aus der Koalition von Mutter und Tochter ausgeschlossen. Das führt zu einer massiven Kränkung seiner narzißtischen Struktur. Die Partnerin als Projektionsträger des inneren guten Mutterobjekts wird mit der Zeit als verschlingend erlebt mit ihren Anforderungen an ihn, und er wehrt sich gegen die Gefahr der Absorbierung. Er erliegt als Subjekt im Konflikt zwischen den triebhaften Impulsen und der Angst vor Ich-Verlust. Er rettet sich vor der Bemächtigung durch die Partnerin unbewußt durch das Symptom, das ihm auf der bewußten Ebene jedoch genau soviel Lust-Verlust bringt wie seiner Frau.

Frau S. hat in der Entwicklung zur Frau massive Enttäuschungen erlebt. Von der Mutter „verlassen" erfährt sie bis zur Pubertät vom Vater zärtlicherotische Zuwendung. Zum Bruder hin spürt sie Rivalität („Ich wollte so gerne ein Junge sein!") und streckenweise Solidarität mit ihren eigenen männlichen Anteilen. Der Vertrauensbruch zwischen dem Vater und ihr erzeugt ein tiefes Mißtrauen gegen „die Männer" und gegen sich selbst als liebenswerte Frau. Die Faszination der eigenen Sexualität, vor allem im Vollzug des Coitus wird von ihr als „aufbauend" erlebt, als Stimulanz der Überdeckung einer latent depressiven Grundstimmung. Das Kind als glanzvolle Erweiterung des Selbst hilft ihr zwar zu leben. Die auftretende „Verweigerung" des Mannes aber muß sie so kränkend erleben wie damals den Bruch mit dem Vater. Die aufgestaute Enttäuschung, die sich immer wieder entlädt, hält den Partner unbewußt auf Distanz.

Das kollusive Zusammenspiel ist somit hergestellt. Der Konflikt bleibt nicht länger in der eigenen Seele hängen, sondern wird in die Beziehung verlagert. Die Ansprüche an den einst idealisierten Partner als der Gute, der Könner, der „Guru" von dem sie begehrt wird, kehren sich in Enttäuschung und Wut, in Depotensierung auf verschiedenen Ebenen. Wut und Bestrafung durch die Frau werden beim Mann verstärkt erlebt als Wiederkehr alter Muster, die nicht ohne Wirkung bleiben. „Das Symptom deckt nun die Krise des Paares auf, sowie den passiven und ungeschickten Versuch, einen für die individuelle Existenz notwendigen Abstand herzustellen" (Lemaire). Das gilt für beide Partner. Beide sollten begleitet werden in dem Bemühen der individuellen Nachreifung als Mann und Frau. Das bedeutet jeweils seinen eigenen Wert in sich zu sehen und damit die Integration der delegierten Anteile an den anderen zurückzunehmen. Die Anerkennung der eigenen Begrenztheit bei sich und beim Partner gehört dann ebenso zur realitätsgerechten Wahrnehmung. Die Belebung der eigenen Kreativität, Veränderung eingefahrener Rollenmuster und Erweiterung des Rollenrepertoires stehen an.

Die Erlangung größerer Autonomie bei beiden Partnern schafft eine notwendige Distanz, aus der heraus eine Fülle neuer, eigenständiger Begegnungsmöglichkeiten wachsen können. Die Wiedererlangung beidseitiger befriedigender Sexualität kann dann in der Folge aktiviert werden.

Nachtrag: Nach fünfwöchiger Pause, in der auch ein Familienurlaub lag, kommt das Ehepaar S. verändert zurück. Wohlgelaunt strahlen sie mich an: „Es geht uns rundherum gut!" Meine obigen Erwartungen scheinen sich zu erfüllen, einschließlich gemeinsam geglückter Sexualität. Sie meinen, daß ihre Gespräche untereinander viel dazu beigetragen haben. Aber sie möchten jetzt die inneren Zusammenhänge verstehen lernen. Vor allem Frau S. hat ein großes Bedürfnis, an ihren Grundzweifeln zu arbeiten.

Eine Reihe von Veränderungen sind im Gang. Diese bestätigen meine bis dahin erarbeiteten Überlegungen. Wir werden die restlichen vereinbarten drei Sitzungen dazu verwenden, die Veränderungen zu verstehen und die neuen Begegnungsmöglichkeiten zu stabilisieren.

Literatur:

LEMAIRE, Jean G., Leben als Paar, Strukturen, Krisen, Therapeutische Hilfen, Walter, 1980

WILLI, Jürg, Was hält Paare zusammen? Der Prozeß des Zusammenlebens in psychoökologischer Sicht, Rowohlt, 1991

ZIMMER, Dirk, Sexualität und Partnerschaft, Grundlagen und Praxis psychologischer Behandlung, Urban u. Schwarzenberg, 1985

KRÜGER, Reinhard, Der Rollentausch und seine tiefenpsychologischen Funktionen, in PSYCHODRAMA 1/1989

SEIDEL, Ulrich, Psychodrama ohne Gruppe - Basistechniken in der Einzelarbeit, in PSYCHODRAMA 2/1989

Vier Beispiele der Psychodrama-Anwendung in der Behandlung von Folgen sexueller Gewalt

von Gabriele Stiegler

Anwärmphase, Situationsaufbau und Rollentausch

In Fortbildungen und Fallbesprechungen erlebe ich immer wieder, wie sich HelferInnen sträuben, die ambivalenten Gefühle der Kinder dem Mißbrauch gegenüber zu verstehen und anzuerkennen. Hier ist die szenische Darstellung einer solchen Familie, der Rollentausch von HelferInnen mit Eltern und Kindern ein wahres Sesam-öffne-dich zum Verstehen und Anerkennen dieser Gefühle.

Trotz der positiven Erfahrungen mit den psychodramatischen Techniken hat mich die Frage beschäftigt, ob ein Rollentausch zwischen Täter und Opfer sexuellen Mißbrauchs möglich und sinnvoll ist.

Ich möchte die Bedeutung der Anwärmphase an einem Beispiel darstellen, bevor es zum Situationsaufbau und Rollentausch kam.

Fallbeispiel 1:

Von 1988 bis 1991 arbeitete ich in einer sozialtherapeutischen Wohngruppe für sexuell mißbrauchte Mädchen in Berlin. Hylia (Name geändert) kam im Alter von 16 Jahren in die Wohngruppe. Sie hatte einer Lehrerin anvertraut, daß ihr Vater sie seit dem 13. Lebensjahr anal und oral mißbrauche. Als Hylia 14 Jahre alt war, zog die Mutter mit dem jüngeren Bruder aus der gemeinsamen Wohnung aus, reichte die Scheidung ein und brach jeglichen Kontakt zu ihrem Mann und Hylia ab. Der älteren, verheirateten Schwester vertraute sich Hylia auch einmal an. Diese jedoch bagatellisierte den Mißbrauch und redete ihrer Schwester ins Gewissen, die Ehre der Familie nicht aufs Spiel zu setzen, denn der Vater hatte sich eine neue Frau aus der Türkei geholt, die ein Kind von ihm erwartete. Ausschlaggebend für die Eröffnung des Mißbrauchs vor der Lehrerin war der Versuch des Vaters, Hylia zu penetrieren. Über die Lehrerin, die sich an das Jugendamt wandte, kam Hylia in die Wohngruppe.

Nach einer Eingewöhnungsphase trafen wir uns einmal wöchentlich für zwei Stunden. Bei den ersten Treffen war kaum verbaler Kontakt möglich. Hylia saß steif auf dem Stuhl und war wie weggetreten. Ich spürte, sie fühlte sich unwohl in dem Raum. Die Tür war zu, in den Sitzungen sollte es um ihre traumatischen Erlebnisse mit ihrem Vater gehen, und sie war mit mir als erwachsener Person allein in dem Zimmer. In Hylias Erleben war dies eine ähnlich bedrohliche Situation wie sie der Vater herstellte, wenn

er sie sexuell mißbrauchte. Sie reagierte mit Dissoziationen, oder sie wurde unruhig und steckte sich eine Zigarette nach der anderen an. Ihr Zigarettenkonsum war beachtlich, sie rauchte 60 - 80 Stück am Tag.
Ich respektierte ihre Angst und ihren Widerstand, es ging erst einmal um den Aufbau von Vertrauen. Wir verließen den Raum, machten psychodramatische und reale Spaziergänge, bummelten auf dem Kurfürstendamm. Sie wurde lockerer, und unsere Unterhaltung nahm Gestalt an.
   Wenn Hylia etwas sah, was ihr gefiel, z.B. ein T-Shirt, redete ich mit ihr in der Rolle des T-Shirts, wie toll ich mich anfühlen würde, ganz aus Baumwolle, daß wir gewiß gut zusammen aussehen würden, ob sie mich tragen würde etc. Anfänglich war sie etwas verwirrt über meinen Rollentausch mit Gegenständen, sie erzählte ihrer türkischen Freundin in der Wohngemeinschaft, daß ich wohl etwas 'meschugge' sei. Nach einer Zeit hatte sie allerdings selbst Spaß daran gefunden und kam auf mich zu mit der Aufforderung „laß uns doch rausgehen und unsere 'verrückten Spielchen' machen." Ihr erster Rollentausch fand dann mit einer Haarspange statt, die ihr gefiel. Sie hatte sehr originelle Einfälle, ich war mächtig stolz auf sie.
   Drei Monate später konnte es Hylia mit mir im Zimmer aushalten. Sie wurde am Anfang zwar wieder stiller, so begannen wir über Papier und Stift miteinander zu kommunizieren. Ein sehr eindrückliches Bild ihrer psychischen Situation ist in Abb. 1 zu sehen.

In der Mitte des Bildes ist sie eingehüllt von ihren Gedanken, sie schreibt dazu rechts unten: 'meine Gedanken sind in einem Kreis, ich komme nicht durch'. Auf meine Frage, was sie dächte, beginnt sie, ihre Gedanken zu malen, zu schreiben und einzukästeln. Hylia denkt an:

- Mißbrauch
- Sterben
- Hassen
- ich weiß nicht
- meinen Vater (mit Zeichnung: die den Vater fünfmal in Strichmännchenform darstellt, wie er in ihrem Zimmer auf ihr Bett zukommt, in dem sie liegt)
- was macht er denn
- alle meine Freunde (mit Zeichnung, fünf Strichmännchen)
- Schuldgefühle
- meine Oma
- Mahmut (ihren Freund mit Zeichnung)
- schlaflosen Tag
- meine Stiefmutter und Bruder (mit Zeichnung: großes und kleines Strichmännchen)
- Wut
- Schwester und Schwager (mit Zeichnung: 2 Strichmännchen mit Verbindungsband)
- Sehnsucht 'am Glück'
- Schule
- schmutzig und schämen
- Stuhl und Tisch (Zeichnung: in der Küche Stuhl und Tisch mit weinendem Strichmännchen, mit Augen und Tränen)

Zum Schluß schreibt sie: 'Ich lache aber frag in drin', was heißen soll: Ich lache, aber frag nicht, wie es in mir aussieht.

Ich frage Hylia, ob sie über dieses Bild mit dem Vater in ihrem Zimmer reden oder schreiben möchte, und sie schreibt 'aber darüber kann ich nicht reden, weil' und malt einen Pfeil zu den Schuldgefühlen.

Hylia hat alle Gedanken, die sie malte und beschrieb, mit Pfeilen von sich von der Mitte nach außen versehen, kein Pfeil kommt zurück zu ihr, außer von dem weinenden Strichmännchen in der Küche, das als einziges Augen hat und ein Gefühl (Trauer) zeigt.

Mit mir über den Mißbrauch zu reden, hat Hylia abgewehrt. So frage ich, ob sie das weinende Mädchen sei, wie alt es und welcher Raum das sei. Hylia: „Das bin ich in der Küche."

Ich bitte Hylia, mir die Küche zu zeigen und sie im Raum einzurichten. Sie holt Stühle und einen Tisch, beschreibt die Fenster, Eingangstür etc. Ich frage, wie alt sie ist auf dem Bild, das sie gemalt hat.

Hylia: (leise) „Da war meine Mutter schon weg und Hamet (ihr Bruder) vielleicht 14 oder 15."

Ich bemerke, daß Hylia wieder wegdriftet, daß es ihr momentan noch nicht möglich ist, in die damalige Situation hineinzuschlüpfen, so schlage ich ihr vor, ob wir nicht mit unserem 'verrückten Spielchen' weitermachen und sie die Rolle mit dem Tisch tauschen möchte. Darauf läßt sie sich ein,

wir schieben den Tisch beiseite, Hylia kniet sich im Vierfüßlerstand hin. Ich frage Hylia als Tisch wie er aussieht, was auf ihm steht usw.
Hylia als Tisch: „Ich bin aus Holz und auf mir liegt eine Wachstischdecke mit bunten Blumen und ein voller Aschenbecher (Hylia lächelt), alle Kippen sind von Hylia."
Ich frage den Tisch warum Hylia weint.
Hylia als Tisch: „Sie ist traurig, weil die Mutter und Hamet weggegangen sind. Sie weint oft hier in der Küche, und dann ruft der Vater aus dem Schlafzimmer, daß sie kommen soll."
Ich frage, ob der Tisch weiß, was der Vater will oder mit ihr macht.
Hylia als Tisch: „Das weiß ich nicht, das kann ich doch nicht sehen. Ich weiß nur, daß sich Hylia dann eine Zigarette ansteckt und dem Vater ruft: 'Ich komme gleich nach der Zigarette.' So macht sie das immer, bis er eingeschlafen ist."
Ich äußere, daß Hylia demnach so viel raucht, um nicht zum Vater ins Schlafzimmer zu müssen. Hylia nickt.

Hier beende ich die Szene; in der Nachbesprechung erzählt Hylia, wie wichtig ihr der Platz in der Küche war, der einzige Ort, an dem sie nicht mißbraucht wurde. Sie spricht darüber, daß dieser 'Trick' mit der Zigarette oft funktionierte. Sie kann einen Zusammenhang herstellen mit ihrem heutigen Kettenrauchen und dem Trick in der Küche.

Durch den Rollentausch mit dem Tisch war es der Protagonistin möglich, im Hier-und-Jetzt zu bleiben und nicht zu dissoziieren. Ihr Widerstand, die Szene in der Rolle als 14-jähriges Mädchen darzustellen, wurde aufgelöst im Rollentausch mit dem Tisch. Die Protagonistin konnte durch diese psychodramatische Arbeit wahrnehmen und sich darüber bewußt werden, wie das Kettenrauchen zum Schutzmechanismus vor dem sexuellen Mißbrauch wurde.

An diesem Beispiel wurde deutlich, wie maßgebend die Anwärmphase zum Situationsaufbau einer szenischen Darstellung und zum Rollentausch war, und daß diese psychodramatischen Techniken in der Praxis ein ineinanderfließendes Ganzes bilden.

Der Rollentausch und seine Spiegelfunktion

Bei vollständigem Rollentausch sieht der Protagonist sich als Objekt wie in einem Spiegel. Der Rollentausch ist keine bloße Rollenübernahme (Moreno, J. L., 1959, 141), durch die Technik des Spiegelns kann die Verleugnung aufgehoben werden. Aus der Distanz, aus dem Blickwinkel eines anderen, ist es dem Protagonisten eher möglich, sich mit sich selbst zu konfrontieren. Er kann Gefühle, Regungen und innere Vorgänge sich zugestehen bzw. ehrlich und unbeschönigt Aussagen über sich selbst machen und einen Blick auf die „fremde", unterdrückte und nicht zugelassene Seite des Selbst werfen (vgl. dazu: Klosinski, G., 1980, 143 u. Krüger, R.T., 1989, 53).

Fallbeispiel 2:

Frau Z. hatte sich von ihrem Ehemann getrennt, nachdem sie erfahren hatte, daß er die gemeinsame Tochter, 18 Jahre alt, seit ihrem 13. Lebensjahr sexuell mißbraucht hatte. Nach der Aufdeckung kamen Mutter und Tochter in die Beratungsstelle, um sich Hilfe zu holen. Ich arbeitete mit der Mutter, meine Kollegin mit der Tochter.

Frau Z., eine sich aufopfernde, unterschwellig leidende Mutter, mit Schuldgefühlen beladen, da sie den Mißbrauch nicht bemerkt hatte, bedrängte die Tochter immer wieder mit der Frage, warum sie ihr nichts erzählt habe. Frau Z. hegte den Wunsch, zusammen mit der Tochter in eine neue Wohnung zu ziehen, um gemeinsam neu anzufangen.

Die Tochter war zwischenzeitlich in einem Mädchenwohnheim untergebracht. Sie meldete sich nicht bei der Mutter und beantwortete auch deren Briefe und Päckchen nicht, in denen sie ihr Leid darstellte. Die Tochter war in einer schweren Ablösungskrise und wollte Abstand zur bedürftigen Mutter.

In einer Sitzung, in der sich Frau Z. wiederholt beklagte, daß sich die Tochter nicht melden würde, schlug ich ihr einen Rollentausch mit dieser „auf dem leeren Stuhl" vor. Aus der Sicht ihrer Tochter konnte sie plötzlich ablehnend und wütend sein. In der Rolle ihrer Tochter verbalisierte sie das Verhalten der Mutter sehr genau, sie kritisierte, daß sie ihr jahrelang nicht beigestanden habe, immer nur am Haushalt und Putzen interessiert war, um sich herum nichts mitbekommen habe und bei ihr auch noch ihre Sorgen loswerden wolle. Jetzt brauche sie mal Ruhe und Abstand, um mit sich selbst klarzukommen.

In ihre eigene Rolle zurückgekehrt, war sie tief berührt und erstaunt über die aktiv erfahrene neue Erkenntnis. Auf meine Frage, wie sie in der Rolle als Tochter die Mutter erlebt habe, antwortete sie: „als eine hilflose, jammernde Frau, die Halt bei ihrer Tochter sucht, obwohl das doch gerade umgekehrt sein müßte."

Seit dieser Sitzung war ihre Haltung gegenüber ihrer Tochter von erkennbar mehr Verständnis und Achtung für deren Distanzwünsche geprägt. Sie hat durch ihre eigenen Schuld- und Versagensgefühle die Tochter nicht mehr ständig mit Päckchen und Geld versorgen müssen, sondern konnte durch die Rekonstruktion ihrer eigenen Geschichte und der ihrer Ehe ein Konzept des Inzests in ihrer Familie erhalten und eine Konfrontation zulassen.

Frau Z. konnte sich selbst durch den Rollentausch realistischer wahrnehmen. Sie sah sich als 'Außenstehende' gleichsam in einem lebendigen Spiegel und erhielt somit die Möglichkeit neuer Erkenntnisse und Handlungsmöglichkeiten.

Der Rollentausch und die Identifikation

Der mit dem Rollentausch verbundene Wirkmechanismus ist die Identifikation. Die entdeckten, unterschlagenen Anteile können nicht weiterhin nach außen verlegt, projiziert werden. Durch den Rollentausch ist der Protagonist gezwungen, sich mit den Anteilen in sich zu identifizieren, sie zu erleben und zu erfühlen und auch latent vorhandene psychische Energie damit zu 'besetzen'. Der Rollentausch im Wechsel mit dem Ich-Bewußtsein erlaubt somit eine zunehmende Adaptation und Assimilation der zuvor 'fremden' Persönlichkeitsanteile. Allerdings wird diese Einverleibung der ausgelagerten Seiten in das Bewußtsein mit Hilfe des Psychodramas erst möglich durch ein wirkliches „Durcharbeiten" mit mehrmaligem Rollentausch. Erst dieses Hin- und Her zwischen der „Normalrolle" und den „fremden Anteilen" ermöglicht die intrapsychische Auseinandersetzung und somit die zunehmende Assimilation (Krüger, 1989, 54 ff).

Moreno spricht von „inneren Figuren" (der Psyche), denen der Protagonist auf der Ebene äußerer Realität, also psychodramatisch, begegnet. Im Rollentausch werden Auseinandersetzungen mit diesen „inneren Figuren" - durch Hilfs-Ichs - ermöglicht. Diese Auseinandersetzungen durch häufigen Rollentausch verhelfen zur Selbstintegration. „Anstatt mit dem Patienten über seine inneren Erlebnisse zu reden, stellen die Hilfs-Ichs sie dar und ermöglichen dem Patienten, seinen eigenen inneren Figuren zu begegnen." (Moreno, 1949, zitiert in Zeintlinger, 1981, 85).

Mit den inneren Figuren, die nach Moreno beim Rollentausch in einen „inneren Dialog" mit dem Ziel der Selbstintegration treten sollen, sind unterschiedliche Ebenen angesprochen, nämlich die „inneren Figuren" als Verkörperungen der Dynamik des Seelischen (Gefühle, phantasierte Figuren, Halluzinationen, Wahnbilder) die Rollen und die dazu komplementären Rollen, die pathologisch wirken (Star Madonna / Aschenputtel) die Figuren aus der Biographie (Vater, Mutter, eigene Kinder), an die der Protagonist Spontaneität und schöpferische Energie krankhaft gebunden hat (unverdautes Introjekt, das nach Moreno intrapsychisch Kräfte und Energie bindet).

In diese inneren Figuren hat der „... Patient ... viel von seiner eigenen Energie ... investiert, ... einen großen Teil seiner Spontaneität, seiner Produktivität und Kraft verschwendet ... Beim Vertauschen der Rollen mit ihnen erfährt er bereits viele Dinge über sie, die ihm das Leben nicht verschaffte. ...Sein eigenes Ich hat Gelegenheit, sich zu finden und wieder zu ordnen, die Elemente zusammenzusetzen, die durch tückische Kräfte auseinandergehalten werden, sie zu einem Ganzen zu fügen...zu einer Katharsis der Integration, einer Reinigung durch Vervollständigung." (Moreno, J. L., 1969, 83).

Im folgenden Beispiel möchte ich eine psychodramatische Arbeit mit der inneren Figur aus der Biographie eines Mädchens, dem Vater, darstellen.

Fallbeispiel 3:

Isa, 17 Jahre, lebt seit einem Jahr in einem Kinderdorf, nachdem sie sich der Lehrerin anvertraute, daß sie seit ihrem 12. Lebensjahr vom Stiefvater mißbraucht wurde.
   Als Isa 10 Jahre alt war, heiratete die Mutter ihren Stiefvater, er adoptierte Isa und ihren damals 4 Jahre alten Bruder und sorgte für den Lebensunterhalt der Familie. Seit 2 Jahren lebt die aus Rußland stammende Familie in Deutschland. Der Stiefvater leugnete den Mißbrauch, die Mutter glaubte Isa nicht, sie machte ihr Vorwürfe, sie würde die Familie ruinieren und er hätte sie doch damals alle aufgenommen, sie solle dankbar sein.
   Isa ist seit einem 3/4 Jahr in Einzeltherapie in der Beratungsstelle zur Aufarbeitung ihrer Mißbrauchserlebnisse. Sie ist im Gegensatz zu Hylia (Fallbeispiel 1) sehr offen und bereit zur szenischen Darstellung von Situationen.
   In einer Sitzung kam Isa mit einem Konflikt aus dem Kinderdorf, es gab Streit unter den sechs BewohnerInnen der Gruppe. Wir bauen die Szene auf, sie spielt sich im Wohnzimmer ab, Isa besetzt die MitbewohnerInnen mit Puppen, die sie auf Stühle setzt. Der Streit beginnt. Isa geht in die einzelnen Rollen. Nach einiger Zeit verziehen sich die einzelnen BewohnerInnen und Isa bleibt übrig mit einem Streithahn, gegen den sie sich nicht durchsetzen kann. Sie hat das Gefühl, sie kann sich nicht zurückziehen, sie muß jetzt alles alleine ausbaden. Dadurch wird sie an eine Familienszene erinnert, die sich sehr oft zu Hause wiederholte.
   Ich nehme die genannte Familienszene auf. Die Situation spielt sich in der Küche ab. Isa baut die Küche auf und besetzt die Rollen ihres Vaters, der Mutter und ihres jüngeren Bruders mit Puppen auf Stühlen. Alle Familienmitglieder sitzen am Tisch, es ist Mittagszeit, der Vater ist schlecht gelaunt, fängt einen Streit mit der Mutter an.
   Isa in der Vaterrolle: „Scheiß-Bande, den ganzen Tag arbeite ich, nichts funktioniert hier. Ich habe euch immer durchgefüttert, arbeite den ganzen Tag und dann steht das Essen nicht auf dem Tisch, wenn ich nach Hause komme. (Zu seiner Frau gewandt) was machst du nur den ganzen Tag, mit dir ist nichts mehr los, tagsüber und nachts auch nicht."
   Isa in der Vaterrolle macht es ersichtlich Spaß mit der Faust auf den Tisch zu hauen, sie genießt diesen Ausbruch.
   Isa in der Rolle der Mutter: „Oh mein Kopf, ich halt das nicht mehr aus, ich tu doch schon mein Möglichstes, ich muß mich hinlegen." Sie geht ins Schlafzimmer.
   Isa in der Rolle des Bruders: „Ich verdrück' mich nach draußen, das hält ja keiner aus, dann krieg ich wenigstens nichts ab." Er geht raus zum Spielen.
   Isa (im Monolog): „Jetzt muß ich dableiben, sonst wird er noch aggressiver,

und meiner armen Mutter geht es schon wieder schlecht. Ich weiß, was jetzt passiert. Es ist immer das Gleiche. Nach einem Streit muß ich herhalten, jetzt will er wieder gestreichelt werden, ich muß seinen Penis streicheln, er beschimpft mich dabei. Er hat ja recht, ich bin wirklich schlecht, ich hätte auch weglaufen müssen, es ist meine Schuld."

Die quälenden Selbstvorwürfe Isas sind für mich kaum auszuhalten. Isa glaubt, sie hätte sich alleine wehren können, hätte weglaufen müssen, dann wäre alles nicht passiert. Die Schuld am Mißbrauch hat sie introjiziert. Damit sie dies noch einmal überprüfen kann, die Macht und Überlegenheit des Vaters spüren und erleben kann, ordne ich einen Rollentausch mit dem Vater an.

Isa in der Vaterrolle herrscht die Isapuppe (die ich halte und ihr Sprache gebe) an, herzukommen. Er läßt sich den Penis masturbieren (zunächst ohne Worte) und beginnt dann eine Kanonade von Schimpfwörtern loszulassen „du Schlampe, du Flittchen, dir macht das doch auch Spaß". Zum Schluß macht er Isa dafür verantwortlich, daß er einen Samenerguß hatte „was hast du da bloß angestellt?" und stößt die Isapuppe weg.

Isa ist sichtlich erschöpft. Bei der Nachbesprechung ihrer Gefühle und Erinnerungen in den einzelnen Rollen kann sie ihre Verlassenheitsgefühle in der Familie äußern. „Nicht nur mein Bruder, auch meine Mutter hat sich verdrückt. Sie hat mich alleingelassen und mir nicht geholfen."

In der Rolle des Vaters fühlte sich Isa stark und mächtig und äußert: „Eigentlich hatte ich keine Chance, ihm zu entkommen."

In den nächsten Sitzungen haben wir immer wieder an der Übernahme ihrer Schuld, ihrer Verantwortung in der Familie und an ihrer Ich-Stärkung gearbeitet. Sie konnte dann auch Wut äußern, indem sie mit Bataccas auf die Vaterpuppe losging.

Isa hat sich nach einigen Monaten zu einer Strafanzeige gegen ihren Stiefvater entschlossen. Die Mutter beeinflußte sie monatelang, diese Anzeige wieder zurückzunehmen, sie wollte im Prozeß gegen Isa aussagen. Während der Verhandlung nahm die Mutter dann von ihrem Aussageverweigerungsrecht Gebrauch und sagte nicht gegen sie aus. Der Stiefvater wurde zu drei Jahren Haft ohne Bewährung verurteilt.

Für Isa war es sehr wichtig, daß das Gericht ihr Glauben schenkte. Sie ist weiterhin in Therapie.

Isa hat durch die Introjektion der Schuld am sexuellen Mißbrauch und durch die Übernahme der Verantwortung für die Familie einen Großteil ihrer Spontaneität und Gegenwehr eingebüßt. Sie hat sich unbewußt sowohl mit der Mutter, als auch mit dem Stiefvater identifiziert (meine arme Mutter..., mein schwer arbeitender Vater ...). Durch die Übernahme der Schuld, Dankbarkeit, daß der Stiefvater die Familie versorgte und der Verantwortung (= Abwehr) zog sie sich selbst zurück ohne Anspruch, als Tochter versorgt und nicht mißbraucht zu werden.

Der Vater fühlte sich von der Familie ausgenutzt, bekam keine Gegenleistung für seine Versorgung und hielt sich an Isa, indem er sie sexuell mißbrauchte. Er fühlte sich im Recht und projizierte seine eigenen Schuldgefühle auf die Tochter durch Minimierung: du willst das doch auch, dir macht das doch Spaß, Beschimpfung der Tochter als Schlampe usw., Schuldzuweisung bei seinem Samenerguß und durch Verleugnung des sexuellen Mißbrauchs vor seiner Frau und vor Gericht. Durch diese *doublebind*Botschaften des Vaters war es sehr schwierig für Isa, sich von ihren Schuldgefühlen zu lösen. Sie erlebte im psychodramatischen Spiel die inneren Empfindungen und Absichten des Stiefvaters über dessen Motive und Identität und damit aber auch indirekt ihre eigenen.

Isa identifizierte sich nach dem Rollentausch nicht verstärkt mit den Wünschen und Bedürfnissen des Stiefvaters und blieb nicht in der Wiederholung ihrer Schuldgefühle, sondern wagte Wochen später die Strafanzeige. Sie stand den Prozeß durch und befreite sich somit von den „inneren Figuren", von der Identifikation mit Mutter und Stiefvater, und aus ihrer Opfer- und Dankbarkeitshaltung. Sie wurde zur aktiv agierenden Person, konnte Aggressionen zulassen und ausleben und ihr Recht einfordern.

Fallbeispiel 4:
Fallsupervision in einem Kinderdorf in Wolfsburg, anwesend sind 20 MitarbeiterInnen einschließlich dem Kinderdorfleiter. Die vier Kinder, um die es hier gehen soll, sind in den drei Wohngruppen des Kinderdorfes untergebracht. Das gesamte Team kennt die Kinder und die Eltern, alle MitarbeiterInnen sind involviert.

Falldarstellung des Teams:
Alle vier Kinder aus einer Familie sind vor einem Jahr wegen Verwahrlosung im Kinderdorf untergebracht worden. Auslöser für die Herausnahme der Kinder war die Äußerung des ältesten Jungen (Kai, 17 J.), daß er vom Vater mißbraucht wird und bei Sexspielen mit befreundeten Ehepaaren der Familie mitmachen müsse. Der Vater bestreitet den Mißbrauch, die Mutter wußte nach ihren Angaben nichts davon.
Katja (10 J.) verhält sich sehr zurückgezogen, hängt sehr an der Mutter und möchte wieder nach Hause. Biggy (8 J.) näßt nach Elternbesuchen wieder ein, hat Schulschwierigkeiten, verhält sich sehr aggressiv gegenüber anderen Kindern. Anja (6 J.) zeigt Entwicklungsrückstände im Sprachbereich, verhält sich sehr sexualisiert und distanzlos, ist Vaters Liebling und will wieder nach Hause.
Seit geraumer Zeit nehmen die Elternbesuche im Kinderdorf zu, die Kinder bekommen große Geschenke. Die Eltern haben eine 4-Zimmer-Wohnung bezogen, das Jugendamt hat Besuchen in der neuen elterlichen Wohnung zugestimmt; Kai wird verstärkt vom Vater bearbeitet, wieder nach Hause

zu kommen. In ein paar Monaten wird Kai 18 Jahre alt und kann somit selbst entscheiden, ob er zurück ins Elternhaus möchte oder im Kinderdorf bleiben will. Der sexuelle Mißbrauch wurde mit Kai von den MitarbeiterInnen nicht thematisiert.
Das Team ist sehr aufgebracht und wütend auf die Eltern. Es wird befürchtet, daß Kai wieder ins Elternhaus zurückgeht, wenn er 18 Jahre alt wird, und die Eltern dann auch für die anderen Geschwister das Aufenthaltsbestimmungsrecht erhalten.

Bei der Falldarstellung wird deutlich, wie zerrissen die Kinder zwischen Elternhaus und Kinderdorf sind, daß wenig Verständnis bei den BetreuerInnen für deren ambivalente Gefühle gegenüber den Eltern vorhanden ist. Bevor es um Handlungsstrategien geht, ist mir zuerst einmal wichtig, daß die BetreuerInnen diese ambivalenten Gefühle wahrnehmen und zwischen ihren eigenen und denen der Kinder differenzieren.

Ich bitte das Team, sich in 7 Gruppen aufzuteilen, die sich jeweils in die Rolle der Eltern, der Kinder und die der Helfer hineinversetzen mit der Aufgabe: „Ich bin .... und meine größte Sorge ist..." . (Sie haben 30 Minuten Zeit).

Rollenfeedbacks der einzelnen Gruppen:
Vater: *„Meine größte Sorge ist, daß ich die Kinder nicht mehr bekomme, besonders Kai, er nimmt mir einen Teil der Verantwortung ab. Ich habe Angst, daß er nochmal von dem sexuellen Mißbrauch erzählen wird; ich habe Angst vor Strafe und daß ich Verachtung und Isolation auf mich ziehe. Ich hoffe, daß ihm weiterhin kaum jemand glauben wird, besonders meine Frau nicht, denn dann hätte ich Angst, daß die Familie auseinanderbricht, wenn sie nicht mehr zu mir hält."*
Mutter: *„Meine größte Sorge ist, wie ich die Kinder wiederbekomme und die Familie zusammenhalte. Ich habe Angst, daß an dem Mißbrauch von Kai was dran ist. Was würden die Nachbarn sagen, wenn mein Mann in den Knast kommt, dann würde ich finanziell schlecht dastehen, ich habe nichts gelernt und habe vier Kinder. Ich habe Angst vor der Entscheidung Mann oder Kinder, aber das kann nicht sein, ich hätte was merken müssen. Meine größte Sorge ist, daß wir das Jugendamt nicht von unserer Veränderung überzeugen können."*
Kai: *„Meine größte Sorge ist, daß ich daran schuld bin, daß die Familie nicht mehr beisammen ist. Ich schäme mich für den sexuellen Mißbrauch, ich hätte mich wehren müssen, ich bin doch ein Junge. Ich komme mit Mädchen nicht klar und habe Angst, schwul zu sein. Mir ist die Verantwortung für die Kleinen manchmal zu viel, am liebsten möchte ich abhauen. Ich weiß nicht mehr, wo ich zu Hause bin."*
Katja: *„Hier ist es zwar ganz schön im Kinderdorf, aber ich möchte, daß wir wieder alle zusammen sind und ich bei meiner Mutter. Meine Eltern sind ja auch wieder ganz lieb."*

Biggy: *„Meine größte Sorge ist, daß mein Bruder hier weggeht, den habe ich ganz doll lieb. Im Kinderdorf finde ich es ganz prima, ich habe hier mein eigenes Zimmer. Ich weiß nicht, ob mein Platz hier sicher ist."*
Anja: *„Ich vermisse meinen Papa sehr, ich bin doch seine Prinzessin. Er bringt mir immer viele Geschenke mit, meine größte Sorge ist, daß wir immer hierbleiben müssen."*
Helfer: *„Meine größte Sorge ist, daß die Kinder in die Familie zurückgehen, Kai und evtl. auch die anderen Kinder mißbraucht werden und wir nichts mehr tun können. Ich habe Angst, ob der sexuelle Mißbrauch stattgefunden hat, Angst vor einer Verleumdungsklage des Vaters, Angst vor der eigenen Hilflosigkeit und ohnmächtig zu sein gegenüber dem Entschluß des Jugendamtes und keine Unterstützung zu haben in den eigenen Reihen."*

In den Feedbacks kamen noch sehr viel mehr Informationen über die Kinder, die die BetreuerInnen aus ihrer Arbeit kannten, ich habe sie auf das Wesentliche reduziert.

Da ich aus eigener Erfahrung weiß, daß Bilder haften bleiben, bitte ich nun jeweils eine Person aus den 7 Kleingruppen zur szenischen Darstellung dieser Familie, wobei 'Kai' die Familienmitglieder so stellen soll, wie er es empfindet.

Nachdem 'Kai' (Betreuerin) alle in ihre Position (Abbildung 2) gestellt hat, bitte ich jede Person, sich noch einmal ganz bewußt in ihre Rolle einzufühlen und einen Satz aus dieser Rolle und Position zu sagen.

Bei den Rollenfeedbacks gab es folgende Rückmeldungen:

Vater: „*Ich habe mich ganz klar an Kai gewandt, weil er wichtig ist für die Entscheidung, ob wir die Kinder bekommen oder nicht.*"
Mutter: „*Ich spürte, wie wichtig meine Kinder für mich sind, am liebsten hätte ich Kai und Biggy zu mir rübergezogen. Ich hatte Angst, daß wir nicht mehr so viel Einfluß auf die Kinder haben.*"
Kai: „*Ich fühlte mich zerrissen zwischen Betreuer und Vater, am liebsten hätte ich mich ganz klein gemacht oder wäre abgehauen, aber da war Biggy, für die ich mich zuständig fühlte, und das war der Hemmschuh, wegzugehen.*"
Katja: „*Ich war froh, daß meine Mutter zwischen mir und meinem Vater stand, er war so mächtig auf dem Stuhl.*"
Biggy: „*Ich spürte, daß ich nicht in diese Familie zurückwollte, aber mit meinem großen Bruder wäre ich überall hingegangen.*"
Anja: „*Es war toll, die Prinzessin des Vaters zu sein, ich war richtig stolz auf ihn und kriegte auch etwas von seiner Macht mit.*"
Helfer: „*Ich fühlte mich als Kontrahent vom Vater, war wütend, daß Anja und Katja an den Eltern klebten. Kai und Biggy sind ganz aus meinem Blickfeld verschwunden. Ich spürte aber auch, wenn ich näher auf die Kinder zugegangen wäre, wäre die Familie umso mehr zusammengerückt und Kai wäre ihnen dann vielleicht auch zur Seite gegangen. Ich fühlte mich hilflos*".

Im Feedback der Zuschauer wurde deutlich, daß die Szene ein reales Abbild der Familiensituation war, und Kai in seiner Ambivalenz noch vermehrt Druck von den BetreuerInnen bekommen hatte. Die TeilnehmerInnen reflektierten, daß die Kinder keine Wut und keinen Haß auf die Eltern verspürten und registrierten, daß fast alle sehr mit dieser Familie verknüpft und viele positive Gefühle und Abhängigkeiten vorhanden sind.

Eine wichtige Aussage des Heimleiters, in der Rolle des Helfers, wurde diskutiert: 'Je mehr ich die Kinder bedränge mit meiner eigenen Wut, desto mehr rücken sie zu den Eltern'. Außerdem wurde deutlich, daß Kai mit keinem Teammitglied über seinen sexuellen Mißbrauch geredet hatte, und daß dieser auch von den BetreuerInnen nicht thematisiert wurde.

Durch die Übernahme der Rollen des Klientels und durch den aktiven Rollentausch konnten die BetreuerInnen sich mehr in die Situation einfühlen, die Projektion ihrer eigenen Wut- und Ohnmachtsgefühle auf die Kinder nachempfinden und ihre Verdrängung der Problematik von Kai wahrnehmen. Es wurde aber auch die Enttäuschung der Helfer deutlich, daß ihre Wunschvorstellung, die Kinder möchten sich von den Eltern abwenden, nicht erfüllt wird.

Schlußbemerkungen

Ich wende mich nun noch einmal meiner Eingangsfrage zu, ob der Rollentausch zwischen Täter und Opfer von sexuellem Mißbrauch möglich und sinnvoll ist. Wie das Fallbeispiel 3 veranschaulicht, hat die Protagonistin im Rollentausch mit dem Mißbraucher dessen Macht empfunden und ihre Chancenlosigkeit, sich als Kind gegen diese Autoritätsfigur zur Wehr zu setzen. Behinderten vorher Schuldgefühle an dem Mißbrauch, Verantwortung für die Familie noch ihre Trauer, Wut, Kreativität und Spontaneität, so konnte sie sich nach diesem Rollentausch von ihrer Opferrolle verabschieden, hin zur aktiv agierenden Person. Sie konnte Aggressionen, die lange Zeit unterdrückt wurden, zulassen, ausleben und den mißbrauchenden Stiefvater anzeigen.

Sie konnte passiv-ohnmächtiges Erleiden in Aktivität umsetzen, sie hatte die Möglichkeit bei der Darstellung der Mißbrauchsszene, etwas zu zeigen, was bisher verborgen werden mußte und nicht einmal gefühlt und wahrgenommen werden konnte. Sie verwandelte den destruktiven Akt auf der psychodramatischen Bühne in einen eigenen kreativen Akt.

Der Rollentausch führt nicht zur „künstlich herbeigeführten Identifikation mit Beziehungspersonen" (Ploeger, A. 1983), sondern fördert das Austragen des Konfliktes, wie das Ergebnis der Arbeit mit Isa zeigt; sie identifizierte sich nicht mit den Wünschen ihres Stiefvaters, sondern konnte den Konflikt progressiv angehen. Sie fühlte sich wieder als Subjekt des eigenen Handelns und nicht mehr als Objekt des Geschehens und gewann zu ihrem „Leben... den Aspekt des Schöpfers" (Moreno, J.L.,1970, 78).

In Fallbeispiel 1 zeigt sich, daß Widerstände nicht aufgebrochen werden dürfen, daß die TherapeutInnen nicht mit einem fertigen Konzept Psychodramatechniken anwenden können, weil sich „die Türen langsam öffnen". Gerade bei diesem Klientel sollte man nicht mit ihnen etwas 'machen', um sie nicht wieder in ihre alten Rollen zu drängen und dadurch ihre Spontaneität einzuschränken.

Einen Rollentausch erachte ich jedoch dann nicht für sinnvoll, wenn gerade in Fluß geratene, aber noch schwache Gefühle und Wahrnehmungen für die eigene Befindlichkeit auftreten, die dann durch die Anordnung des mehrfachen Rollentausches ausgelöscht werden.

Wo dem Kind die Bildung eines eigenen Zentrums von Initiative und Gefühl nicht zugestanden werden konnte, weil ein Elternteil das Kind zur Balancierung seines labilen Selbst mißbrauchte, müssen in der therapeutischen Situation dessen Gefühle - und dazu gehört auch der Widerstand - berücksichtigt und gefördert werden.

Psychodrama ist m.e. wie keine andere Methode geeignet, den Betroffenen die seelische und körperliche Bearbeitung und Verarbeitung traumatischer Erlebnisse zu ermöglichen. Vor allem deshalb, weil Psychodrama „öffentlich macht, aufdeckt" und sexueller Mißbrauch immer noch mit vielen Tabus behaftet ist. Moreno war der, der das Lachen in die Psychiatrie gebracht hat. Ich hoffe, ich werde viel von diesem Lachen in meine Arbeit integrieren können.

LITERATUR:

BACKE, L., N. LEICK, J. MERRICK, MICHELSEN, N. (Hrsg.) (1986): Sexueller Mißbrauch von Kindern in Familien, Köln
BASQUIN, M., TESTMAL-MONOD u.a. (1981): Analytisches Psychodrama Bd. 1: Psychodrama als Methode in der Psychoanalyse, Paderborn
BASS, E., CAYIS, L. (1990): - Trotz allem, Wege zur Selbstheilung für sexuell mißbrauchte Frauen, Berlin
BLATNER, H. A. (1973): Acting-in. Practical Applications of Psychodramatic Methods. New York
BRAECKER, S., WIRTZ-WEINRICH (1991): Sexueller Mißbrauch von Mädchen und Jungen. Handbuch für Interventions- und Präventionsmöglichkeiten, Weinheim, Basel
BUBER, M. (1984): Das dialogische Prinzip, Heidelberg
BUER, F. (Hrsg.) (1989): Morenos therapeutische Philosophie. Die Grundlagen von Psychodrama und Soziometrie, Opladen
ENDERS, U. (Hrsg.) (1990): Zart war ich, bitter war's. Sexueller Mißbrauch von Mädchen und Jungen, Köln
FREUD, S. (1977-1987): Gesammelte Werke, London
GARBE, E. (1991): Martha. Psychotherapie eines Mädchens nach sexuellem Mißbrauch, Münster
KAVEMANN, B., LOHSTÖTER, I. (1988): Väter als Täter. Sexuelle Gewalt gegen Mädchen, Reinbek bei Hamburg
KELLERMANN, P.F. (1980): in: Gruppenpsychotherapie und Gruppendynamik. Beiträge zur Sozialpsychologie und sozialen Praxis, Band 15, Heft 3/4
KLOSINSKI, G. (1980): Problemlösungen im Psychodrama, in: Krenzer (Hrsg.): Handbuch der Spielpädagogik, Band 4
KRÜGER, R. T. (1987): Eine Interaktionstherapie des Psychodramas. Analytische Differenzierung und integrative Weiterentwicklung der Spontaneitätstheorie nach Moreno. Unveröffentlichtes Manuskript
KRÜGER, R. T. (1989): Der Rollentausch und seine tiefenpsychologische Funktion, in: PsychoDrama, Zeitschrift für Theorie und Praxis von Psychodrama, Soziometrie und Rollenspiel, Heft 1, Köln
LEUTZ, G. A. (1974): Das klassische Psychodrama nach J. L. Moreno, Berlin, Heidelberg, New York
LEUTZ, G. A. (1977): Psychodrama als Therapie zwischenmenschlicher Beziehungsstörungen. Integrative Therapie 1

LEUTZ, G. A. (1986): Psychodrama. Theorie und Praxis,Berlin, Heidelberg, New York
MORENO, J. L. (1959): Gruppenpsychotherapie und Psychodrama, Stuttgart
MORENO, J. L. (1970): Das Stegreiftheater, Beacon NY
MORENO, J. L. (1973): Kreativität und Konflikte. Psychologische Gruppenarbeit mit Erwachsenen, Paderborn
MORENO, J. L. (1974): Die Grundlagen der Soziometrie. Wege zur Neuordnung der Gesellschaft, Opladen
PETRY, S. (1991): Stell Dich nicht so an! Geschichte und Therapie eines sexuellen Mißbrauchs, Weinheim und Basel
PETZOLD, H. (1978): Das Psychodrama als Methode der klinischen Psychotherapie in: Pongratz, L. J. (Hrsg.): Handbuch der Psychologie, Bd. 8, 2. Halbband, Göttingen, 2751 - 2795
PETZOLD, H. (1978): Angewandtes Psychodrama in Therapie, Pädagogik und Theater, Paderborn
PLOEGER, A. (1983): Tiefenpsychologisch fundierte Psychodramatherapie, Stuttgart
RUSH, F. (1985): Das bestgehütete Geheimnis. Sexueller Mißbrauch, Berlin
STEINHAGE, R. (1989): Sexueller Mißbrauch an Mädchen. Ein Handbuch für Beratung und Therapie, Reinbek bei Hamburg
STEINHAGE, R. (1992): Sexuelle Gewalt - Kinderzeichnungen als Signal, Reinbek bei Hamburg
STRAUB, H. (1976): Was ist Psychodrama? In: Psychologie heute, April
STRAUB, H. (1977): Das Psychodrama als Therapieform und - in Modifikation - als Mittel zur Erlangung sozialer Kompetenz, in: Gruppenpsychotherapie und Gruppendynamik, Bd. 11, Heft 3
WIRTZ, U. (1989): Seelenmord. Inzest und Therapie, Zürich
WYRE, R., SWIFT, A. (1981): Und bist Du nicht willig ... Die Täter, Köln
YABLONSKY, L. (1978): Psychodrama. Die Lösung emotionaler Probleme durch das Rollenspiel, Stuttgart
ZEINTLINGER, K. E. (1981): Analyse, Präzisierung und Reformulierung der Aussagen zur psychodramatischen Therapie nach J. L. Moreno, Dissertation, Salzburg

Das Drama der Psychose

Gruppentherapeutische Erfahrungen mit dem Psychodrama
in einer psychiatrischen Übergangseinrichtung

von Uta Gröschner

I. **Einleitung**
   1. Ablauf einer Gruppensitzung
   2. Ist das Psychodrama für psychotische Patienten geeignet?
II. **Theorie der institutionellen Therapie, Setting und therapeutische Techniken**
   1. Spezifisches Gruppensetting und Beschreibung des Klientels
   2. Zur Theorie der institutionellen Therapie
   3. Einsatz von speziellen Techniken des Psychodramas
III. **Klinisch-therapeutische Anwendungsmodelle des Psychodramas**
   1. Integration von Patienten in die Gruppe in einer akut psychotischen Phase
   2. Psychodrama als Möglichkeit der Hilfestellung bei Alltagsproblemen
   3. Psychodrama als Methode schwer zu verbalisierende Persönlichkeitsanteile darzustellen
IV. **Abschließende Bemerkungen zur Anwendung des Psychodramas im Übergangswohnheim**

I. Einleitung

1. Ablauf einer Gruppensitzung

Gruppe mit 7 Bewohnern eines Übergangswohnheims für psychisch Kranke, Therapeutin und (ausnahmsweise) ein Psychologiepraktikant als Co-Therapeut. Gewöhnlich wird die Gruppe von einer Therapeutin (Psychologin) und einem Sozialarbeiter der Einrichtung geleitet.

Die Anfangsstimmung in der Gruppe ist durch Lustlosigkeit und Müdigkeit gekennzeichnet. Ich (Therapeutin) stelle die Anfangsfrage: „Wozu haben Sie heute Lust?" Holger und Bettina möchten etwas spielen, Susanne, zur Zeit sehr verworren, möchte ihre Beziehungen zu den anderen klären und wissen, ob die anderen sie mögen. Maria und Thomas möchten am liebsten schlafen, Georg weiß nicht, was er will („Es bringt doch alles nichts"). Rita ist alles egal.

Ich möchte ein Gruppenspiel machen, in dem sich jeder in seiner Stimmung wiederfinden kann. Deshalb schlage ich vor, jeder solle sich in ein Tier verwandeln, das gerade seiner Stimmung entspricht, und sich einen

Platz im Raum suchen, wo es sich wohlfühlt. Die Instruktion für den Co-Leiter ist, mitzuspielen und Kontakt zwischen den Tieren herzustellen. Die Gruppenteilnehmer greifen die Idee auf. Ich gehe als Spaziergängerin durch den Raum, um mir den „Zoo" anzuschauen. Holger hat sich auf die Eckbank gelegt, er ist eine Siamkatze, die gestreichelt werden möchte und sehr alleine ist. Susanne steht an der Heizung; auf meine Frage, wer sie denn sei, sagt sie, sie sei ein Mensch, der an der Heizung steht. Ich schlage ihr vor, sich meinem Spaziergang anzuschließen und mal zu sehen, was es noch alles so im Raum gibt. Sie geht darauf ein. Wir gehen gemeinsam zu Thomas, der sich als Löwe entpuppt, faul auf zwei Sesseln liegt, er hält ein Verdauungsschläfchen. Als wir näher kommen, brüllt er uns ganz schrecklich an; wir weichen erschrocken zwei Schritte zurück. Er meint, wir würden ihn in seiner Ruhe stören und außerdem hätten wir Glück, daß er so vollgefressen sei.

Hinten in der Ecke sitzt Maria als Lastesel. Ihr Gepäck ist gerade abgenommen, aber sie hat noch einen langen Weg vor sich.

Rita entpuppt sich als Chefaffe, er hat alles unter Kontrolle, hat vor keinem anderen Tier Angst, er ist sehr schnell. Susanne nimmt Kontakt zu ihm auf und füttert ihn mit Nüssen. Bettina hat sich in eine Hauskatze verwandelt mit einer Leine um den Hals. Georg hat die Gruppe am Anfang des Spieles verlassen und kommt auch nicht wieder. Manfred, der Co-Leiter, spielt einen schwarzen Panther und läuft neugierig von einem zum anderen.

Nach dem Spaziergang entsteht noch ein kurzer Kontakt zwischen den einzelnen Tieren, vor allem der Affe ist sehr kommunikativ.

Nach etwa 20 Minuten Spieldauer setzen wir uns wieder in die Runde. Die Auswertung ist sehr lebendig; es wird deutlich, daß die einzelnen viel voneinander verstanden haben. Verwunderung herrscht über den „Löwen" Thomas, sonst äußerst ruhig, aggressionslos. Maria steht kurz vor dem Auszug in eine Wohngruppe, sie sagt, sie habe jetzt erst gemerkt, wie belastet sie sei. Holger formuliert, daß er so gerne eine Freundin hätte, Sehnsucht nach Zärtlichkeit habe, er sei sehr enttäuscht gewesen, daß die Hauskatze nichts von ihm habe wissen wollen. Bettina spricht darüber, daß sie sich im Haus auch oft an der Leine fühle, im Gegensatz zu ihrem freien Leben vor ihrer Erkrankung.

Die letzten 10 Minuten der Gruppe möchte ich gerne Susanne noch den Raum geben, sich mit ihrer Ausgangsfrage „wie stehe ich zu den anderen", zu beschäftigen. Sie ist im Augenblick in der Gruppe Außenseiterin, deshalb schlage ich vor, sie solle die Regie für das weitere Spiel übernehmen und den anderen Gruppenteilnehmern einen Platz im Raum zuweisen, der den Abstand zwischen ihr und dem einzelnen Bewohner deutlich macht. Sie macht es sehr gerne und sagt auf meine Instruktion hin jedem einen Satz, was sie sich von ihm bzw. von ihr wünscht.

Am Ende der Gruppe äußern sich einige sehr motiviert, etwas ähnliches in einer der nächsten Sitzungen machen zu wollen.

Die Beschreibung dieser Sitzung soll einen ersten Einblick in die psychodramatische Arbeit mit psychotischen Patienten geben. Die einzelnen Methoden, das spezielle Setting und grundsätzliche Probleme bei der Arbeit mit diesem speziellen Klientel werden im folgenden näher beschrieben.

2. Ist das Psychodrama für psychotische Patienten geeignet?

Die oben beschriebene Gruppe findet seit etwa 6 Jahren in einer Übergangseinrichtung für psychisch Kranke einmal in der Woche statt. Die Teilnehmer der Gruppe wechseln von Zeit zu Zeit. Die Teilnahmedauer in der Gruppe hängt von der Aufenthaltsdauer im Haus ab. Durchschnittlich wohnen die Patienten 2 Jahre in der Übergangseinrichtung. Diese Zeit kann unter- und überschritten werden. Bis auf ganz wenige Ausnahmen haben alle Patienten eine oder mehrere psychotische Episoden hinter sich.

Die Gruppe wird in der Regel geleitet von mir als Psychologin und gleichzeitig Leiterin der Einrichtung und einem Sozialarbeiter. Die Therapeuten sind während der ganzen Zeit konstant geblieben. Wir begannen die Gruppe als reine Gesprächsgruppe, die Entwicklung zu einer psychodramatisch orientierten Therapiegruppe wurde durch Anregungen der Gruppenteilnehmer selbst (Lust auf Rollenspiel) und wachsenden eigenen Erfahrungen mit dem Psychodrama gefördert. Das größte Hindernis für die Anwendung des Psychodramas lag am Anfang in meiner eigenen Unsicherheit. Es tauchte immer wieder die Frage auf, auch im Gespräch mit berufserfahrenen Kolleginnen und Kollegen, ob das Psychodrama nicht eher zu psychotischen Dekompensationen führen, als zur Ich-Stabilisierung beitragen könne. Im Laufe der letzten Jahre habe ich jedoch eher gegenteilige Erfahrungen gemacht. Mit einer auf die Bedürfnisse des Psychotikers abgestimmten modifizierten Technik ist das Psychodrama eine effektive Möglichkeit zur Ich-Stabilisierung, sowie zu vermehrter Spontaneität und Kreativität der Persönlichkeit beizutragen.

Im folgenden möchte ich auf einige mir wichtig erscheinende Punkte ausführlicher eingehen.

II. Theorie der institutionellen Therapie, Setting und therapeutische Techniken

1. Spezifisches Gruppensetting und Beschreibung des Klientels

Die Gruppe findet einmal wöchentlich in einem Übergangswohnheim für psychisch kranke Menschen statt. Die gesamte Bewohnergruppe (bei Vollbelegung 15) ist in zwei Therapiegruppen unterteilt. In der einen sind derzeit 7, in der anderen 8 Bewohner. In beiden Gruppen wird psychodrama-

tisch gearbeitet. Die Teilnahme an der Gruppe ist verpflichtend. Die Gruppenteilnehmer sind zwischen 18 und 35 Jahre alt. Sie haben alle wegen einer akuten oder chronischen Psychose einen oder mehrere Psychiatrieaufenthalte hinter sich. Das Klientel setzt sich aus Patienten mit endogenen Psychosen aller Art zusammen, überwiegend aus dem schizophrenen Formenkreis. Gelegentlich kommen auch einige Borderline-Patienten zur Aufnahme. Einige Besonderheiten der institutionellen Struktur des Hauses sind für das Setting von Bedeutung:
- die therapeutischen Leiter der Gruppe sind gleichzeitig Leiter des Wohnheims und sind seit Jahren konstant geblieben;
- durch die großfamilienähnliche Struktur des Hauses und die relativ kleine Bewohnerzahl werden die Beziehungen zwischen Therapeuten und Bewohnern häufig sehr eng.

2. Zur Theorie der institutionellen Therapie

Nach Maud Mannonie (1973, S. 142) kommt dem institutionellen Rahmen bei der Behandlung psychotischer Patienten eine wichtige Funktion zu. Bleger (ebd., S. 72) unterscheidet zwischen den Phänomenen, die den Vorgang der therapeutischen Sitzung selbst, und denen, die ihren Rahmen konstituieren. Das bedeutet, daß das Reden und Handeln des Patienten in Beziehung zu Variablen und Konstanten untersucht wird, der variable Vorgang läuft also in einem konstanten Rahmen ab. Diesen Rahmen versteht Bleger (ebd., S. 77) als Institution. Er demonstriert an klinischen Beispielen, wie sich die früheste Institution des Patienten, die Familie und damit auch die Undifferenziertheit der frühesten Phasen seiner Persönlichkeitsentwicklung in den Rahmen der therapeutischen Behandlung (bei Bleger der Psychoanalyse) einfügt. Bleger begreift sowohl die therapeutische Behandlung als auch die gesellschaftliche Institution als einen solch festen Rahmen. Der Rahmen ist das Feld, auf das der undifferenzierte Teil der frühesten symbiotischen Beziehungen projiziert wird. Bleger deckt auf, „daß im Wiederholungszwang diese Undifferenziertheit sichtbar wird": im Rahmen einer Institution ist deshalb der psychotische Teil der Persönlichkeit des Subjekts aufbewahrt. Dieser Rahmen muß zum Gegenstand der Analyse gemacht werden. Denn nur dadurch können die „psychotischen" Bindungen aufgelöst werden, die der Patient mit der Institution geknüpft hat. In ähnlichem Sinne schreibt Gisela Pankow (1984, S. 7): „Der Unterschied zwischen der Neurose und Psychose besteht darin, daß Grundstrukturen, die symbolhaft in der Sprache in Erscheinung treten und den Niederschlag erster Erfahrungen des Körpers enthalten, in der Psychose zerstört und in der Neurose verzerrt sind". Sie konnte durch lange klinische Erfahrung nachweisen, daß Zerstörungszonen im Körperbild von psychotischen Patienten Zerstörungszonen in der Familienstruktur der Kranken entsprechen. Das bedeutet, daß durch die Analyse des

Rahmens zu Tage kommt, was im Körperbild des Patienten „zerstückelt" ist. In diesen beiden Interpretationen des psychotischen Prozesses wird also eine enge pathogenetische Beziehung zwischen dem institutionellen Rahmen der Therapie, der Familienstruktur und dem inneren Körperbild des Psychotikers behauptet. Ein solches Vorgehen löst Angst aus, und ist deshalb mehr möglich in einer Situation, in der der Rahmen der jeweiligen Institution nicht angezweifelt wird, seine weitere Existenz garantiert ist. Die Unbeweglichkeit des institutionellen Rahmens bietet also Schutz gegen die psychotische Angst (Maud Mannonie, 1973, S. 143).

Der Rahmen der Institution wird in der hier beschriebenen Gruppe gesichert, erstens durch die langjährige Konstanz der Therapeuten und zweitens durch das Zusammenfallen von Hausleitung und Leitung der Gruppe. Somit vertritt die Gruppenleiterin zugleich auch die Normen und Regeln des Hauses und ist somit Garant für die Konstanz des institutionellen Rahmens. Die kontinuierliche Zusammenarbeit in der Gruppenleitung der Therapeuten wurde bisher immer mehr für kurze Zeit, also z.B. Urlaub oder Krankheit eines Therapeuten oder wie im o.b. Beispiel durch die Teilnahme eines Praktikanten unterbrochen. Es zeigte sich hierbei immer wieder, daß eine Verwirrung oder Verunsicherung der Gruppe auftrat, wenn ich als Leiterin nicht anwesend war und von einer anderen Mitarbeiterin oder einem Mitarbeiter ersetzt wurde. Dies zeigt, wie wichtig die Funktion der Leitung für die Sicherheit in der Gruppe ist.

In diesem Zusammenhang scheint mir die Methode des Psychodramas für die Arbeit mit Psychotikern besonders geeignet zu sein. Das Psychodrama ist gekennzeichnet durch klare Regeln. Der Rahmen des „Spiels" ist eindeutig, es heißt, es gelten „Spielregeln", die im o.g. Sinne auch gegen die psychotische Angst schützen können. Die Regeln müssen immer wieder klar benannt werden, um zu gewährleisten, daß Phantasie und Realität nicht verwechselt werden.

Im psychodramatischen Prozeß kann die Fähigkeit trainiert oder erworben werden, die Regie für das „eigene Spiel" selbst zu übernehmen.

Iljen (aus Petzold, 1982, S. 319) begreift das Wesen einer psychiatrischen Erkrankung als „tiefgreifende Störung in der Grundqualität der menschlichen Existenz, der Fähigkeit zu spielen. Das Lebensspiel selbst zu spielen und nicht zum Spielball der eigenen Lebensumstände zu werden, die der Übersicht, der Steuerung entglitten sind, dies ist die Grundlage einer gesunden Existenz."

Hierzu einige theoretische Überlegungen: Der Grund für die Unfähigkeit des Psychotikers, das eigene Leben selbst in die Hand zu nehmen, liegt nach psychoanalytischer Sicht in der immer noch bestehenden Abhängigkeit zur Mutter, sei sie real oder symbolisch. Neuere Ergebnisse aus der psychoanalytischen Forschung zur Entstehung von Psychosen zeigen die Bedeutung des Vaters für die gesunde Entwicklung des Kindes auf. Der Vater übernimmt in der frühkindlichen Entwicklung die Funktion, die symbiotische Einheit mit der Mutter zu trennen. Geschieht dies nicht, kann sich das Kind nur definieren in einer dualen Beziehung, in der jede Distanz aufgehoben ist. „...die bedrückende Distanzlosigkeit zum Mutterbild läßt den Schizophrenen dauernd regredieren auf das Stadium der ohnmächtigen Abhängigkeit und der Verleugnung dieser Abhängigkeit durch Allmachtsvorstellungen." (Stork, 1974, S. 261).

Heute gilt allgemein als Grundregel für den Umgang mit psychotischen Patienten, die Notwendigkeit, mit klaren Regeln und Strukturen zu arbeiten. Dies ist auch das Grundprinzip der Arbeit in einer psychiatrischen Übergangseinrichtung, schon für den gesamten Tagesablauf und speziell in der therapeutischen Gruppe. Man kann diese Regeln und Strukturen als Einführung des väterlichen Prinzips verstehen. Das heißt, sie schützen vor der Regression auf das Stadium der ohnmächtigen Abhängigkeit von der Mutter. Ein solcher Schritt, sich versuchsweise aus dieser Abhängigkeit zu befreien, ist die Übernahme der Regie. In dem zuerst beschriebenen Beispiel einer Gruppensitzung hatte Susanne die Möglichkeit, die Regie zu übernehmen und selbst zu prüfen, in welchem Abstand sie sich zu den einzelnen anderen Gruppenmitgliedern fühlt. In dieser Situation wirkte sie sehr klar und differenziert, im Gegensatz zu dem verworrenen Eindruck, den sie in anderen Situationen macht. Mir scheint dies ein sehr wichtiger Aspekt bei der Anwendung des Psychodramas im psychiatrischen Bereich zu sein. Es gibt psychotischen Menschen die Möglichkeit, mit den Gefühlen der Unabhängigkeit und Macht zu experimentieren, ohne die Strafe der Mutter fürchten zu müssen. Das ist die Funktion des Settings, der Regeln, also die Funktion des Intervenierens eines väterlichen Prinzips.

3. Einsatz von speziellen Techniken des Psychodramas

Nach Moreno hat das Psychodrama in der Behandlung psychotischer Personen erstaunliche Resultate erzielt. Die Anwendung der einzelnen Methoden des Psychodramas steht nach Moreno (1959, S. 85) in engem Zusammenhang mit der Frühentwicklung des Kindes. Die wichtigsten Phasen der kindlichen Entwicklung sind:
a. Die Stufe der Identität, das Ich mit Du, das Subjekt mit den umgebenden Objekten,
b. die Stufe der Ich-Erkenntnis, seiner Besonderheit als Person,
c. die Stufe der Du-Erkenntnis, der Erkenntnis des Anderen.

Nach Moreno entspricht die Stufe der Identität der Doppelgängermethode, die Stufe der Ich-Erkenntnis der Spiegeltechnik und die Stufe der Du-Erkenntnis dem Rollentausch (ebd., S. 85).

a) Die Doppelgängermethode scheint mir bei der Behandlung von psychotischen Menschen von besonderer Bedeutung. Wie schon berichtet, regrediert der Patient in einer akut psychotischen Phase auf das Stadium der frühesten Mutter-Kind-Beziehung, nämlich in das Stadium des primären Narzißmus. Das Kind kann in dieser Phase noch nicht unterscheiden zwischen Ich und Du, zwischen der Mutter und seiner eigenen Person. Obwohl psychisch getrennt, sind Mutter und Kind in der Erfahrung des Kindes immer noch eins. Nach Moreno (1959, S. 86) können alle Bewegungen, Erfahrungen, Handlungen und Zwischenhandlungen, welche Mutter und Kind verbinden, mit dem Phänomen des Doppelgängers verglichen werden. Die Mutter ist somit ein Hilfs-Ich des Kindes. Aus diesem Grunde bietet sich nach Moreno der Einsatz der Doppelgängermethode bei der Behandlung von Psychotikern besonders an. Es werden trainierte Hilfs-Ichs eingeführt, die dem Patienten die Verständigung mit sich selbst sowie der Umwelt erleichtern sollen.

Folgendes Beispiel soll das eben Gesagte verdeutlichen:

Ria berichtet in der Gruppe, es ginge ihr wieder besser, sie fühle sich nicht mehr so leer. Sie habe ihren „Inneren Dialog" wiedergefunden, sie könne wieder mit sich selbst sprechen. Dies sei so seit dem letzten Einzelgespräch. In diesem Gespräch habe ich als Doppelgängerin fungiert. Offenbar ist es Ria dadurch gelungen, wieder selbst mit sich in Kontakt zu kommen.

„Die Doppelgängertherapie kann man überall, wo immer der Patient ist, anwenden. Die Bühne ist nur ein besonders nützliches Instrument, um diese Maßnahme gleichzeitig für eine Gruppe behandelter Patienten verständlich zu machen." (ebd., S. 86)

Dieser Aspekt scheint mir besonders für die Arbeit in einem Übergangswohnheim, d.h. in einer teilstationären Einrichtung, wichtig. Hier ist das Psychodrama nicht nur auf die therapeutische Gruppe beschränkt, sondern die Wirkung des Psychodramas wird auch außerhalb der Gruppe deutlich. Durch den engen Kontakt zwischen Bewohnern und Therapeuten und durch die enge Zusammenarbeit des Teams ist es möglich, Ideen in der Gruppe zu sammeln und sie außerhalb zu verwirklichen, z.B. durch den Einsatz von Medien, wie Video, Tonband (Methode der Spiegeltechnik). Besonders bei alltäglichen Unternehmungen, wie Kleider einkaufen, Gesundheitspflege, Zimmer einrichten usw. sind psychotische Patienten auf Hilfs-Ichs angewiesen. Wichtig scheint mir dabei zu sein, daß das, was außerhalb der Gruppe passiert, auch in gewisser Weise wieder in die Gruppe zurückfließt, da dadurch ein Lerneffekt für die Gesamtgruppe zustandekommt. Wichtig ist, daß die verschiedenen Ebenen immer klar sind. Darin zeigt sich ein großer Unterschied zur Behandlung von neurotischen Patienten. Hier hat die Doppelgängermethode eher die Funktion, die „emotionale Lage" des Gruppenteilnehmers zu erforschen. Dies erscheint mir bei Psychotikern erst in zweiter Linie das Ziel zu sein. Die Erfahrungen zeigen, daß der Einsatz der Doppelgängermethode in diesem Sinne psychotische Patienten eher verunsichert. Sie sind dagegen viel mehr als ein Neurotiker darauf angewiesen, Hilfs-Ichs zu installieren, die es ihnen ermöglichen, Kontakt zu sich und der Umwelt herzustellen.

Das bedeutet, das Psychodrama erfordert keine theatralische Inszenierung, sondern kann angewendet werden, wo immer sich der Patient befindet (ebd., S. 84). b) Die Methode des Rollentausches ist nach Moreno (ebd., S. 199) bei Psychotikern eher kontraindiziert. Dies wird von psychodramatisch arbeitenden Berufskollegen bestätigt (siehe Ewald, S. 272). Begründet wird dies durch die Ich-Schwäche des psychotischen Patienten, die Unfähigkeit sich abzugrenzen, die Angst vor dem Verlust der eigenen Identität. Allerdings deckt sich diese Erfahrung nur teilweise mit meinen eigenen Erfahrungen. Sicherlich ist es richtig, daß Patienten in einer akuten psychotischen Phase nicht in der Lage sind, einen Rollentausch vorzunehmen. In allen Zuständen größerer Verwirrtheit könnte ein Rollentausch eher zu stärkerer Desintegration des Ichs beitragen als zur Ich-Stabilisierung. Die Fähigkeit zum Rollentausch ist meiner Meinung nach einerseits von der Art der Spielsituation und andererseits vom zeitlichen und emotionalen Abstand zur letzten psychotischen Episode abhängig. So ist der Rollentausch gut anwendbar bei der Bearbeitung von aktuellen Problemen in sozialen Kontakten im hier und jetzt.

Zum Beispiel erzählt ein Bewohner in der Gruppe von seinen Schwierigkeiten mit dem Besitzer des Elektroladens im Ort. Er hat das Gefühl, von diesem übers Ohr gehauen worden zu sein, und hat vor, nochmals hinzugehen, um sich zu beschweren. Bei der Vorstellung, dies wirklich zu tun, überkommen ihn viele Ängste. Wie wird der Ladenbesitzer wohl reagieren? Was denkt er überhaupt über ihn? Vielleicht bekommt er überhaupt kein Wort raus, fängt an zu stottern usw. Um die Ängste zu verarbeiten, rollen wir die Situation in der Gruppe auf. Hans sucht sich einen anderen Gruppenteilnehmer als Ladenbesitzer aus. Er macht einen Rollentausch mit dem Ladenbesitzer und stellt sich in dieser Rolle vor. Ich trete als Interviewerin in die Szene ein und befrage den Ladenbesitzer nach seinen Gedanken über Hans. Hans tauscht in seine eigene Rolle zurück. Wir spielen dann die Szene, so wie Hans sie sich vorstellt, wenn er mit seiner Beschwerde in den Laden kommt. Auch hierbei macht Hans zwischendurch wieder einen Rollentausch mit dem Ladenbesitzer. In der Auswertungsrunde zeigt sich, daß Hans merklich entlastet ist. Er hat erstens nicht mehr so viel Angst vor dem Ladenbesitzer, zweitens hat er die Erfahrung gemacht, daß er sehr klar seine Wünsche vorbringen kann. Um ihm den Umgang mit der realen Situation zu erleichtern, beschließt die Gruppe, ihm ein Gruppenmitglied als Begleitung zur Seite zu stellen. Gleich nach der Gruppe wollen die beiden das „Unternehmen" starten.

Dieses Beispiel zeigt, daß ein Rollentausch in einer solchen Situation zu einer merklichen Entlastung führen kann. Es bewirkt, daß jemand aus sich selbst herausgeholt wird, um so aus dem Blickwinkel des anderen sich selbst betrachten zu können (Jablonsky, 1978, S. 108). In dem oben beschriebenen Beispiel führte dies dazu, daß Hans sicherer wurde, seine Angst vor dem Ladenbesitzer abbauen konnte. Durch die „Veröffentlichung" seiner Situation wurde es darüber hinaus möglich, daß sich ein Hilfs-Ich an seine Seite stellte. Zur Anwendung des Rollentauschs noch ein weiteres Beispiel:

Ute erzählt, daß sie diese Woche drei Tage nicht zur Arbeit gegangen ist. Eigentlich macht ihr die Arbeit Spaß, aber sie schafft es noch nicht, eine Woche lang durchgängig hinzugehen. Am Samstag hat ihre Mutter angekündigt, sie zu besuchen. Die Mutter ist äußerst leistungsorientiert und reagiert auf Versagen von Ute ganz schnell mit Vorwürfen. Ute fühlt sich abgelehnt und nicht verstanden. Sie hat Angst, ihrer Mutter sagen zu müssen, daß sie nicht regelmäßig bei der Arbeit war. Ich mache den Vorschlag, dies in einem Rollenspiel zu üben. Ute sucht sich eine andere Frau aus der Gruppe für ihre Mutter aus. Ich bitte Ute, ihre Mutter kurz vorzustellen. Danach spielen wir die Situation, die sich Ute für den kommenden Samstag vorstellt. Die Mutter (Angelika) reagiert in diesem Gespräch so wie Ute es befürchtet: Sie macht Vorwürfe, schimpft, wendet sich von Ute ab. Ute wird in ihrer Rolle immer stiller. Bei einem Rollentausch mit der Mutter wird Ute wieder lebendig. Sie wird laut, schimpft und findet sich immer mehr in die Rolle hinein.

Bei der Auswertung erzählt Ute, daß sie es sehr genossen habe, endlich einmal auf „der anderen Seite" zu stehen, d.h. nicht in der abhängigen Position zu sein. Sie habe sich sehr stark gefühlt, und das habe ihr gutgetan. Auf der anderen Seite habe sie auch gemerkt, daß ihre Mutter sich nicht nur von ihr abwendet, sondern daß sie sich auch einfach Sorgen um sie macht.

An dieser Stelle sind erneut einige theoretische Überlegungen zweckmäßig, um diese klinischen Erfahrungen auf konkrete Techniken des Psychodramas anwendbar werden zu lassen: Nach Melanie Klein (Fages, 1981, S. 119) sind die ersten Lebensmonate des Kindes durch die Prozesse der Projektion, Introjektion sowie der imaginären Trennung und Wertung des „guten" oder des „bösen" Objekts gekennzeichnet. Die „gute" Mutterbrust ist eine unerschöpfliche Quelle von Lust, die „böse" Brust ist verschlingend und wird somit zum Objekt, das verschlungen werden muß. Der Säugling hat die Tendenz, das „Gute" einzubehalten und zu schützen aus Furcht vor dem äußeren Angriff des „Bösen". Daher die Bewegung des Hin und Her, das unbewußte Manöver: die „guten" Objekte und die „bösen" voneinander entfernt halten, um die ersteren zu kontrollieren, die zweiteren abzuleugnen. Scheitern diese Strategien, treten desintegrierende Ich-

Störungen auf. Melanie Klein geht davon aus, daß diese Phänomene unter anderem zur Entstehung der Schizophrenie beitragen können. Ein vorsichtiger Einsatz des Rollentausches erlaubt so einen spielerischen Umgang mit den Phänomenen der Projektion und Introjektion und damit eine innere Verfügungskraft und Integration von Erfahrungen, die sonst nur erlitten werden müssen. Denn eine Aufspaltung der „bösen" und „guten" dürfte in bestimmten Phasen des Lebens lebensnotwendig gewesen sein. Durch die Methode des Rollentausches, sowie der Rollenübernahme ist es möglich, diese Spaltung herzustellen, wenn notwendig, aber auch eine vorsichtige Integration von „bösen" und „guten" Objekten zu versuchen.

Im folgenden werden spezielle psychodramatische Methoden, wie z.B. die Arbeit mit Handpuppen, dem leeren Stuhl, sowie der Zauberladen etc. anhand von Fallbeispielen erläutert.

III. Klinisch-therapeutische Anwendungsmodelle des Psychodramas

1. Integration von Patienten in die Gruppe in einer akut psychotischen Phase

Es kommt immer wieder vor, daß Bewohner des Hauses psychotisch dekompensiert sind. Je nach Belastbarkeit des Teams, der Bewohnergruppe sowie der speziellen Situation, in der sich der Patient befindet, werden Patienten in diesen Phasen für eine Zeit in die Klinik zurückverlegt oder bleiben im Hause. Da eine psychotische Krise immer auch die anderen Mitbewohner bedroht, ist es notwendig, die Patienten auch in einer solchen Phase in die Gruppe zu integrieren. Hierzu drei Beispiele:

a) Peter ist z.Zt. ziemlich verworren. Er wirkt schon seit Tagen äußerst gespannt. Er hat die Vorstellung, Jesus Christus zu sein und als Friedenstaube die Menschheit retten zu müssen. Unsere Zielvorstellung in der Therapiegruppe ist, ihn trotz seiner Verwirrtheit zu integrieren. Der Spielvorschlag ist „Frühlingserwachen". Als Instruktion gilt, jeder soll sich vorstellen, was er jetzt im Frühling (die Gruppe findet Anfang April statt) gerne sein wolle. Alle suchen sich einen Platz im Raum und ich gehe von einem zu anderen und interviewe die einzelnen. Auffallend ist, daß Peter sich sofort auf die Heizung setzt und sich in einer wackeligen Position dort hinhockt. Er ist eine Friedenstaube und kann aus dieser Position viel über sein anstrengendes Leben z.Zt. erzählen. Wichtig ist in dieser Sequenz, daß alle anderen Gruppenmitglieder sich ausgesprochen gut auf ihn beziehen können. Da auch sie andere Rollen als gewöhnlich innehaben, können sie sich in der Phantasie mit ihm auseinandersetzen. Er bekommt einerseits viel Verständnis, andererseits ist es den anderen jedoch möglich, ihre Ängste ihm gegenüber zu äußern. Nach dem Spiel kann sich Peter von seinen Friedenstaubenphantasien distanzieren und das Vorausgehende als Spiel mit festen Regeln sehen.

b) In dem am Anfang ausführlich beschriebenen Beispiel ist es gelungen, Susanne, zu dieser Zeit sehr verworren, durch ein Spiel zu integrieren. Sie konnte sich nicht in ein Tier verwandeln, offenbar war dies für sie zu bedrohlich. Sie konnte sich aber einen Platz im Raum suchen und „als Mensch" Kontakt zu den anderen aufnehmen. Bei diesem Beispiel werden zwei Dinge deutlich:
1. Susanne war es nicht möglich, sich im Spiel in ein Tier zu verwandeln, d.h. eine Rollenübernahme war hier zu bedrohlich, das „Ich" zu labil und damit zu sehr von Auflösungstendenzen bedroht.
2. Es war jedoch möglich, den Raum für sich zu strukturieren, d.h. sich einen Platz zu suchen. Dies ist häufig in akut psychotischen Phasen nicht möglich. Nach Gisela Pankow (1974, S. 17) hängen Körperbild und Wahrnehmen der räumlichen Struktur eng zusammen. Um überhaupt Zugang zu einem psychotischen Patienten zu bekommen, muß man ihn zur Anerkennung seiner Körpergrenzen bringen. Dies kann in schweren Fällen durch direkte Arbeit am Körper geschehen, mit dem Ziel Körpersensationen hervorzurufen, z.B. durch Massagen, Bäder, Duschen und Packungen. Es geht darum, den Patienten in seinem magischen Überallsein zu begrenzen, d.h. ihm zu vermitteln, daß er in einem begrenzten Körper lebt, der nicht identisch ist mit dem umgebenden Zimmer. In dem beschriebenen Beispiel wird deutlich, daß Susanne diese Trennung noch vollziehen kann: „Ich bin ein Mensch, der an der Heizung steht", und somit im schizophrenen Prozeß noch nicht so weit fortgeschritten ist. Sie ist in diesem Zustand noch zugänglich für therapeutische Interventionen.

c) Oft kommt es auf die Anfangsphase in der Gruppe an, ob es gelingt, einen gerade psychotischen Bewohner zu integrieren. Monika, z.Zt. in einer manischen Phase, möchte an der Gruppe teilnehmen. Schwierig erscheint, wie sie zu integrieren ist, ohne daß sie die anderen durch ihren Redefluß erschlägt. Unser Vorschlag ist, heute statt der Anfangsrunde, in der jeder erzählt, wie es ihm geht, jeweils durch eine bestimmte Körperhaltung auszudrücken, wie jedem gerade zumute ist. Nachdem dies geschehen ist, sollen diejenigen, die dabei in der Zuschauerposition waren, sagen, was sie gesehen haben.

Auf diese Weise ist es in dieser Gruppe gelungen, Monika zu integrieren. Sie kann sich auf die anderen beziehen und zuhören. Nach einer halben Stunde muß sie die Gruppe verlassen, kann jedoch den anderen mitteilen, daß sie es gutgefunden habe, bisher dabeigewesen zu sein, es aber nun nicht mehr aushalte.

Gruppensitzungen, wie die oben beschriebene sind meiner Erfahrung nach für die Therapeuten immer äußerst anstrengend, da unbewußte psychotische Phantasien sich auf die Therapeuten übertragen können und von daher äußerste Wachsamkeit und Konzentration notwendig sind. Bei allen drei Beispielen ist es gelungen, durch spielerische Methoden Zugang zur psychotischen Welt des einzelnen Gruppenteilnehmers zu bekommen bzw. über die Spielregeln sowohl dem, der sich in der Krise befindet als auch den anderen Gruppenteilnehmern Strukturierungshilfen beim Umgang mit dem psychotischen Chaos zu geben.

2. Psychodrama als Möglichkeit einer Hilfestellung bei Alltagsproblemen (Gruppendynamik, übende Rollenspiele)

Ein immer wiederkehrendes Thema in der Therapiegruppe ist die Gruppenstruktur bzw. die Beziehungen der Bewohner untereinander. Zielsetzung des therapeutischen Konzepts des Hauses ist es, daß die Bewohner lernen, sich auseinanderzusetzen, konfliktfähiger werden, sowie wieder mehr und mehr Verantwortung für sich selbst und andere zu übernehmen. Dies bedeutet, daß die Bewohner soweit als möglich selbstverantwortlich für den gemeinsamen Haushalt sind, d.h. selbst kochen, putzen, einkaufen etc. In der therapeutischen Gruppe ist es möglich, in einem geschützten Rahmen Beziehungen untereinander zu klären sowie Konflikte anzusprechen. Hier einige Beispiele für die Anwendung des Psychodramas zu diesem Themenschwerpunkt.

a) In der letzten Zeit war viel Fluktuation in der Bewohnergruppe. Es gibt einige neue Hausbewohner, andere bereiten sich auf ihren Auszug in eine Wohngruppe vor, wieder andere sind bereits ausgezogen. In der Gesamtgruppe sind starke Spannungen spürbar, die jedoch nicht angesprochen werden können. Unser Vorschlag ist, eine therapeutische Gruppe mit der Gesamtgruppe zu machen, und ein Gruppensoziogramm zu stellen. Eine Bewohnerin erklärt sich bereit, das Soziogramm zu stellen. Anschließend haben die Gruppenteilnehmer die Möglichkeit, bei Unzufriedenheit ihre Position zu ändern und sich dahin zu stellen, wo sie gern sein möchten. Es wird deutlich, welche Wünsche einzelne Gruppenteilnehmer an die Gesamtgruppe haben. Die Beziehungen der Bewohner untereinander werden klarer.

b) Zu einem anderen Zeitpunkt, bei ähnlicher Situation in der Gruppe, haben wir versucht, unklare Gruppenstrukturen durch eine Wandzeitung zu klären. Die Bewohner haben die Möglichkeit, sich in drei Spalten, d.h. zu drei Gruppen zuzuordnen, um ihre Ängste und Befürchtungen, die ihre Position mit sich bringt, zu formulieren. Bei den drei Gruppen handelt es sich um diejenigen, die kommen, diejenigen, die bleiben und drittens die, die gehen. Wir sortieren dann gemeinsam die einzelnen Bereiche.
Alle erleben die Strukturierung ihrer Position als äußerst erleichternd. Die Teilnehmer äußern den Wunsch, die Wandzeitung abzuschreiben, damit sie etwas aus der Gruppe mitnehmen können.

c) Ein weiteres Beispiel soll die Wirksamkeit der Bearbeitung gruppendynamischer Probleme in der Gruppe und die Auswirkung auf das Alltagsleben im Wohnheim zeigen: Nach einer Anfangsrunde wird ziemlich schnell deutlich, daß es extreme Konflikte zwischen den Männern und Frauen der Gruppe gibt. Die Frauen beschweren sich, daß sie zuständig sind für alle Haushaltsangelegenheiten, während die Männer bis auf das äußerst Notwendigste sich zurückziehen und nichts tun. Anlaß für den Ärger war eine Erdbeerpflückaktion, bei der mehrere Kilo Erdbeeren von der Bewohnergruppe gepflückt worden waren und nun verarbeitet werden mußten. Wie selbstverständlich, hatten die Frauen am Abend vorher mehrere Stunden Marmelade gekocht, während die Männer vor dem Fernseher saßen. Um die Situation etwas klarer zu machen, schlage ich vor, die Gruppe zu nutzen, die Situation einmal umzudrehen, d.h. die Rollen zu tauschen. Instruktion ist, die Frauen sollen sich einen gemütlichen Platz im Raum suchen und sich ausruhen, während die Männer die Situation des Erdbeerkochens in der Küche nachspielen sollen. Im Anschluß an die Spielphase machen wir eine längere Auswertungsrunde. Thema ist, wie es jedem in seiner Rolle als Frau bzw. als Mann gegangen ist. Erinnerungen an früher werden wach, es geht um die typische Rollenverteilung, Wünsche an das andere Geschlecht werden formuliert.

Die Therapiegruppe ist an diesem Tag eine Viertelstunde kürzer als sonst, da die Teilnehmer der Gruppe beschließen, das eben Ausprobierte in die Tat umzusetzen. Es soll ein Kaffeetrinken organisiert werden, bei dem die Frauen es sich gemütlich machen sollen, während die Männer in der Küche das Kaffeetrinken vorbereiten. Dies ist meiner Meinung nach ein gutes Beispiel dafür, wie Erfahrungen in der Gruppe in den realen Alltag umgesetzt werden. Dieser Effekt tritt auch häufig bei übenden Rollenspielen ein, wie in dem oben erwähnten Spiel, in dem Hans die Situation in dem Elektroladen nachspielte.

3. Psychodrama als Methode, schwer zu verbalisierende Persönlichkeitsanteile darzustellen

Es ist bekannt und eigene Erfahrungen bestätigen es, daß es Psychotikern oft außerordentlich schwer fällt, über Gefühle bzw. eigene, sich manchmal auch widersprechende, Anteile zu reden. Dies wurde in dem oben beschriebenen „Tierspiel" deutlich. Hier zeigte sich erst im Laufe des Spiels, in welcher Gefühlslage sich die einzelnen Gruppenteilnehmer befanden.

Ein weiteres Beispiel hierfür ist das Spielen mit Handpuppen. Franzke (in: Petzold, 1982, S. 290) berichtet, daß er es bei psychotischen Patienten mehrfach erlebt habe, daß die Verkörperung visueller, aber auch akustischer und taktiler Halluzinationen in Form von Handpuppen eine teil- oder auch zeitweise Aufhebung der Projektion ermöglicht. „Mit seiner Hand und in der eigenen Stimme spielt der Patient die jeweils abgespaltenen Persönlichkeitsanteile, zugleich sind sie (wieder) in ihm. Für diesen Vorgang wäre die Bezeichnung „Übergangsobjekt" vielleicht besser. Schließlich kann das „intermediäre Objekt" im zeitlichen Sinn zu verstehen sein, wenn ein Patient vorerst oder vorbereitend der Hauptpuppe bzw. den Eigenschaften, die sie verkörpert, begegnet, ehe er sie in gewöhnlichen Rollenspielen und in der Realität des Lebens angeht".

In der eigenen therapeutischen Arbeit wurde diese Technik zwar erst versuchsweise eingesetzt, bewirkte aber sofort erstaunliche Effekte. Die therapeutische Arbeit fing bereits bei der Herstellung der Handpuppen an. Sie wurden in der Beschäftigungstherapiegruppe hergestellt und sollten dann in der Therapiegruppe weiter verwendet werden. Schon bei der Herstellung zeigten sich Konfliktpotentiale. So stellte Ute eine alte Frau her, von der sie dann sagte, das sei ihre Mutter. Die Frau sei häßlich und gleiche einer Hexe. Sofort nach der Gruppe ging Ute in die Stadt, um sich ein Kissen zu besorgen, das sie selbst besticken, und ihrer Mutter schenken wolle, wenn es fertiggestellt sei. Es wurde daraufhin möglich, diesen Konflikt weiter im Einzelgespräch zu bearbeiten.

Als alle Puppen fertiggestellt waren, verwendeten wir sie folgendermaßen in der Gruppe: Ich lege am Anfang alle Puppen auf den Tisch und gebe die Anweisung, jeder solle sich eine nehmen und sie vorstellen. Holger nimmt sich den Teufel, Thomas die Prinzessin, Bettina die Gretel, Rita die alte Frau („Utes Mutter"), Maria den Polizisten. Ich selbst nehme den Kasper und interviewe die einzelnen Puppen. Bettina berichtet, sie sei eine Prinzessin, die auf einem Schloß wohne und ihr Vater sei König. Sie würde den ganzen Tag bedient und es würde ihr nie langweilig, sie gehe viel spazieren, tanze mit schönen Männern, sie finde das Leben auf dem Schloß sehr schön. Im realen Alltag ist Bettina eine Patientin, die sehr zurückgezogen lebt, oft in Konflikte mit dem Team gerät, weil sie sich gerne bedienen läßt, allein nicht viel unternimmt. Thomas als Prinzessin berichtet, sie sei alleine und einsam und immer in ihrem Zimmer. Das Leben auf dem Schloß finde sie sehr langweilig. Holger (Thomas Zimmerkollege) stellt sich als Teufel vor, der außerordentlich böse ist. Es fällt ihm sehr schwer, die Rolle des „Bösen" durchzuhalten. Er nimmt sehr schnell Kontakt mit der Prinzessin (Thomas) auf und fängt an, mit dieser zu flirten. Die beiden starten gemeinsame Unternehmungen und gehen zusammen tanzen. Rita, als alte Frau, weiß nicht wer sie ist, sie leide unter Gedächtnisschwund, da sie einen Unfall gehabt habe. Die anderen reagieren auf sie und sprechen sie auf Frau B. (Utes Mutter) an. Ute ist nicht in dieser Gruppe. Nach einigem Hin und Her versuche ich, das Ganze etwas mehr auf Rita zurückzubeziehen. Hier wird mir jedoch überdeutlich, wie sehr die einzelnen Puppen mit ihren Herstellern identifiziert werden. Maria stellt sich als Polizist vor, weiß jedoch nicht so viel anzufangen mit der Rolle, berichtet, das könne sie auch nicht, denn sie sei als Polizistin Berufsanfängerin. Georg nimmt sich keine Puppe, guckt jedoch zu, und ich beziehe ihn als Zuschauer mit ein.

Nach der Vorstellungsrunde nehmen die Puppen Kontakt zueinander auf und spielen vorsichtig miteinander. Thomas genießt es sehr, daß der Teufel Holger auf ihn zugegangen ist, und er auf diese Weise Kontakt gefunden hat. Holger betont, daß ihm die Rolle des „Bösen" außerordentlich schwer gefallen sei. Er berichtet, daß er die „böse Rolle" bisher eigentlich immer nur in seiner Psychose gehabt habe, sonst jedoch sehr lieb und anpassungsfähig sei. Auch den anderen gelingt es in der Feedbackrunde Parallelen zwischen ihrem Spiel und der derzeitigen Situation herzustellen. Georg, der einzige, der nicht mitgespielt hat, spricht darüber, daß es ihm nicht so wie den anderen gelinge, aus sich herauszugehen, daß ihm das Spielen zu kindlich sei, daß er sich nicht traue. Ich treffe mit ihm die Vereinbarung, daß er in keinem Spiel mitspielen müsse, wenn er nicht wolle, daß ich es aber gut fände, wenn er in der Gruppe bleibe und nicht hinausgehen müsse.

Eine weitere Möglichkeit, Zugang zu augenblicklich nicht bewußten Anteilen der eigenen Person zu bekommen, ist die Arbeit mit dem leeren Stuhl. Auch hierzu ein Beispiel: Elisabeth leidet sehr darunter, daß sie nie das schafft, was sie sich vornimmt. Sie hat außerordentlich hohe Leistungsanforderungen verinnerlicht und fühlt sich schuldig, wenn sie diese nicht erreicht. Sie kommt aus einem äußerst religiösen Elternhaus und befindet sich sehr schnell in inneren Konflikten, da sie doch für alles in ihrem Leben dankbar sein müsse. In der Anfangsrunde in der Gruppe berichtet sie zum wiederholten Male, daß sie wieder alles nicht geschafft habe, und das, obwohl sie um sechs Uhr aufgestanden sei. Die anderen Gruppenteilnehmer reagieren gereizt auf sie, da sie ihr „Gejammere" nicht mehr hören könnten. Ich stelle einen leeren Stuhl vor Elisabeth und gebe die Instruktion, sie solle all das, was sie tun müsse, auf diesen Stuhl packen. Ich ermuntere sie, immer mehr darauf zu packen. Z.B. „du sollst fünf Briefe schreiben", „du sollst deine Haare waschen", „du sollst deine Dienste ordentlich machen", „du sollst dein Zimmer aufräumen", „du sollst nicht so viel grübeln" usw. Als Elisabeth nichts mehr einfällt, fordere ich sie auf, sich auf den mit den ganzen Anforderungen bepackten Stuhl zu setzen. Die Anweisung für zwei andere Teilnehmerinnen in der Gruppe ist, all das, was sie eben von Elisabeth gehört haben, dieser nun selbst zu sagen. Elisabeth hört es sich an und wird auf dem Stuhl immer unruhiger. Ich frage sie, als den anderen nichts mehr einfällt, wie sie sich fühle, und was sie am liebsten erwidern möchte. Da platzt es wütend aus Elisabeth heraus: „Laßt mich endlich in Ruhe". Bei ihr selbst und den anderen Gruppenteilnehmern tritt ziemliche Betroffenheit ein. In der Feedbackrunde stellt sich heraus, daß Elisabeth sich merklich entlastet fühlt, und die anderen betonen in ihrer Rückmeldung, daß sie diesen Satz von Elisabeth noch nie gehört hätten. Entlastet wird Elisabeth durch die Sharings der anderen Gruppenteilnehmer. Fast alle kennen ähnliche Situationen, in denen sie sich den Anforderungen, die sie selbst an sich haben, nicht gewachsen fühlen. Elisabeth fühlt sich das erste Mal seit langer Zeit in der Gruppe verstanden.

In größeren Umbruchsituationen, z.B. vor dem Auszug aus dem Übergangswohnheim, ist es oft schwierig, über die Ängste zu sprechen, die mit dem Auszug verbunden sind. Viele Bewohner können sich in einer solchen Situation überhaupt nicht vorstellen, wie ihr Leben nach dem Umzug aussieht. Unseren Erfahrungen nach ist es wichtig, schon im Wohnheim eine Vorstellung darüber zu bekommen, wie der Raum, in dem man nach dem Umzug lebt, aussehen wird. Hier ein Beispiel dazu, wie dies in der Gruppe psychodramatisch verarbeitet wurde.

Das Thema der Gruppe ist der Auszug von Erich und Karl. Beide haben vor, innerhalb der nächsten Monate in eine therapeutische Wohngemeinschaft umzuziehen. Erich ist seit drei Jahren Bewohner des Wohnheimes, Karl lebt seit zwei Jahren hier. Das Thema beschäftigt die ganze Gruppe. Am Anfang fragt Erich Karl, ob er ihm nicht Skat beibringen könne. Er fühle sich in der Werkstatt zu ausgeschlossen. Ich spreche Erichs Angst an, nach dem Umzug isoliert zu sein, und seine Bemühungen, schon jetzt mit Karl Absprachen zu treffen, damit der Kontakt bestehen bleibt. Ich schlage vor, das Thema „Auszug" durch ein Spiel konkreter zu machen. Da Erichs Auszug zeitlich der nächste ist, schlage ich vor, mit ihm anzufangen. Ich bitte ihn, sich zu überlegen, was er in seiner Vorstellung in seinem Zimmer in der Wohngemeinschaft oder in der näheren Umgebung braucht, um sich wohlzufühlen. Die Instruktion ist dann, das Zimmer hier einzurichten und die einzelnen Gegenstände oder Personen mit anderen Gruppenteilnehmern zu besetzen.

Er nennt folgende Gegenstände in dieser Reihenfolge: Musikanlage (Hans), Klavier (Monika), Karl, Rosi, Heinz als Besucher, Fahrrad (Dagmar), Bett (Rainer), Fernseher (Elisabeth). Nachdem das Zimmer eingerichtet ist, fällt auf, daß es ziemlich voll ist, fast zu voll, wie Erich bemerkt. Er findet dies etwas bedrückend, hat wenig Raum für sich selber. Ich schlage ihm vor, sich von jedem besetzten Gegenstand etwas zu wünschen. So wünscht er sich vom Bett, daß es nicht durchkracht. Die Musikanlage soll nur gute Musik bringen, das Klavier soll nicht verstimmen, der Fernseher soll ein gutes Programm bieten. Bei den Besuchern ist es wichtig, daß sie auch von selbst kommen und nicht nur darauf warten, daß er auf sie zugeht. Am Schluß fällt ihm ein, daß etwas im Zimmer fehlt, nämlich das Telefon, mit dem er seine Mutter anrufen kann. Er wirkt sehr betroffen, als er dies sagt und meint, das ginge ihm jetzt sehr tief. Die Beziehung zur Mutter sei sehr schwierig, er empfindet sie sehr klammernd, sie riefe sehr oft an. Trotzdem möchte er weiter den Kontakt zu ihr behalten. Weiter möchte er es im Augenblick nicht bearbeiten. Insgesamt habe er den Eindruck, daß durch das Spiel der Auszug konkreter geworden sei. Er habe ziemlich Angst davor, glaube aber schon, daß er es auf die Reihe kriege. Wichtig sei ihm, nun eine Rückmeldung der anderen zu erhalten. Beim Feedback stellt sich heraus, daß er die einzelnen Gruppenteilnehmer nicht zufällig für die verschiedenen Rollen gewählt hat. Hans äußert, daß er sich gefreut habe, die Musikanlage spielen zu dürfen, da er sich erhoffe, daß er auch weiterhin mit Erich in Kontakt bleiben könne, um gemeinsam Musik zu hören. Rainer äußert seine Befürchtung, daß er als Bett zu sehr belastet werden könne. Hintergrund ist, daß Michael auch im Wohnheim die Tendenz hat, sich im Bett zu verkriechen. Auch die anderen geben ihm Rückmeldung und teilen ihm eigene Ängste bezüglich ihres eigenen Umzugs, bzw. Erinnerungen von früheren ähnlichen Situationen mit. Insgesamt eine sehr lebendige Gruppe, bei der alle Gruppenteilnehmer sehr beteiligt gewesen sind.

Eine weitere Möglichkeit, auf spielerische Art Zugang zu eigenen Wünschen und Gefühlen zu bekommen, ist der „Zauberladen". Der Zauberladen ist eine Tauschzentrale (Leutz, 1974, S. 134), Dinge und Eigenschaften sind für die Kunden nur erhältlich, wenn sie mit anderen Dingen oder Eigenschaften bezahlt werden. Der Zauberladen ist eine „Form der psychodramatischen Versöhnung mit sich selbst" (ebd., S. 133), sowie mit den Ansprüchen des Über-Ich und des Es. Es ist die letzte Gruppensitzung vor Weihnachten. Die Stimmung in der Gruppe ist müde und lustlos. Ich mache den Vorschlag, den Zauberladen aufzumachen, da dies meiner Meinung nach gut zu der vorweihnachtlichen Zeit paßt. Alle machen mit und haben Lust dazu. Peter kommt als erster, er möchte Abstand von der Klinik, am besten 10 Jahre. Was die Zeit angeht, läßt er nicht mit sich handeln. Er meint, er habe eine große Fähigkeit, anderen Menschen Geborgenheit zu geben und meint, davon hätte er so viel, daß er etwas abgeben könne. Wir gehen darauf ein. Hans wünscht sich Antriebsgeist, Kraft und Motivation für die Arbeit. Er möchte seine Müdigkeit dafür dalassen. Dies erscheint mir für das, was er alles kaufen will, zu wenig. Was er noch entbehren könne, sei seine Fähigkeit, andere durch Witzemachen zum Lachen zu bringen und manchmal dumm daher zu reden, was anderen oft Spaß mache. Wir einigen uns, daß dies etwas sei, was andere manchmal gut gebrauchen könnten. Ralf betritt den Laden und wünscht sich mehr Sorgfalt im Zimmer. Er hat die Fähigkeit, sich durchs Leben durchzuschlagen, davon könne er gut etwas hierlassen. Rosi kommt dazu und bemerkt, daß Ralf zwei verschiedene Strümpfe anhat und fragt ihn, ob er auch dies meine mit der Sorgfältigkeit, die er sich wünsche. Es findet ein kurzes Gespräch mit den beiden statt.

Nachdem Ralf den Laden verlassen hat, möchte Rosi Selbstvertrauen und Durchsetzungskraft kaufen. Auch sie möchte etwas von ihrer Müdigkeit, aber auch einen Schlag ihrer Liebenswürdigkeit dalassen. Da dies ein sehr kostbarer Schatz ist, nehmen wir dies gerne an. Karl möchte eine Pille, mit der er 40 Pfund abnehmen kann. Auf unsere Bemühungen, ihm statt der Pille ein ausgeklügeltes Körperprogramm mitzugeben, geht er nicht ein, dies sei ihm zu anstrengend. Eine Pille, mit der man auf einen Schlag 40 Pfund abnehmen kann, können wir ihm jedoch nicht bieten. Daher verzichtet er darauf und wünscht sich stattdessen Antriebskraft für die Arbeit. Er läßt einen Teil seiner Geduld im Laden. Alle sind begeistert vom Zauberladen, es ist dadurch eine gute Stimmung in der Gruppe entstanden. Die anfängliche Lustlosigkeit ist verflogen.

IV. Abschließende Bemerkungen zur Anwendung des Psychodramas im Übergangswohnheim

Die beschriebenen Fallbeispiele sind eine Auswahl der Möglichkeiten, das Psychodrama im Rahmen der Gruppentherapien mit psychotischen Patienten in einer Rehabilitationseinrichtung anzuwenden. Betrachtet man die Entwicklung der Therapiegruppe in den vergangenen sechs Jahren, fällt am meisten auf, daß mit zunehmendem Anteil psychodramatischer Arbeit die Gruppe um vieles lebendiger geworden ist, was auch Auswirkungen auf das Zusammenleben im Haus hat. Die Beziehungen der Bewohner untereinander sind offener und klarer geworden, die Angst, sich in der Gruppe zu zeigen hat sich reduziert, die Lust am Spielen hat zugenommen.

Schwerpunkte der Arbeit sind Gruppenspiele, Phantasiespiele und kurze Einzelarbeiten, keine langen biographischen Protagonistenspiele. Letztere scheinen mir bei dem beschriebenen Klientel nicht indiziert zu sein. Es geht schwerpunktmäßig um eine stützende, Ich-stabilisierende Arbeit. Es hat sich bei unserer Arbeit als äußerst vorteilhaft erwiesen, immer wieder unterschiedliche Medien anzuwenden, da dies die Vielfältigkeit des Lebens deutlich macht und Anregungen für die eigene Kreativität und Spontaneität gibt. So arbeiten wir zum einen mit den schon beschriebenen psychodramatischen Techniken, daneben auch häufig mit Wandzeitungen, Papier und Bleistift, Malen, Farben, Tonband und, wenn möglich, Video etc. Dies macht die Gruppe für die Teilnehmer lebendiger, schützt jedoch auch die Therapeuten davor, nicht permanent in den regressiven Sog, der häufig von den Patienten ausgeht, hineingezogen zu werden, sondern selbst den Spaß bei der Arbeit zu behalten.

Der Satz „Psychiatrische Langzeitpatienten muß man zum Leben verführen" (Rohlffs, 1984, mündliche Mitteilung) ist zu einem meiner Leitsätze für die Arbeit im Wohnheim geworden. Um dieses Ziel zu erreichen, erscheint mir das Psychodrama als Mittel der Wahl.

Literatur:

EWALD, M.: Psychodramatherapie mit psychotisch Erkrankten. Abschlußarbeit Moreno Institut, Überlingen, 1986.

FAGES, J.B.: Geschichte der Psychoanalyse nach Freud, Wien, 1981.

JABLONSKY, L.: Psychodrama, Stuttgart, 1976.

LEUTZ, G: Psychodrama, Berlin, 1974.

MANNONI, M: Der Psychiater, sein Patient und die Psychoanalyse, Olten, 1973.

MORENO, J.: Gruppenpsychotherapie und Psychodrama, Stuttgart, 1959.

PANKOW, G: Gesprengte Fesseln der Psychose, München, 1974.

PANKOW, G: Familienstruktur und Psychose, Berlin, 1984.

PETZOLD, H., (Hrsg.): Dramatische Therapie, Stuttgart, 1982.

ROHLFFS, T.: Balintgruppe 1983-1985.

STORK, J.: (Hrsg.), Fragen nach dem Vater, Freiburg/München, 1974.

WARSITZ, P.: Institutionelle Gewalt-Symbiose mit der Mutter oder Suche nach dem Vater. Kontroverse Konzepte in der Psychosenbehandlung, in: Fragmente 26, Schriftenreihe zur Psychoanalyse, Kassel, 1988, S. 48 ff.

Pädagogische Anwendungen

Psychodrama in der Erwachsenenbildung

von Eva Lüffe-Leonhardt und Peter Wertz

Einblicke:
In der Begegnung mit Psychodramatikern stellen wir immer wieder fest, daß das pädagogische Psychodrama in der Erwachsenenbildung gegenüber dem therapeutischen die Rolle eines Stiefkindes einnimmt. Obwohl es prägnante Unterschiede in der Herangehensweise gibt, bestehen unter Ausbildungskandidaten vornehmlich vom therapeutischen Psychodrama klare Vorstellungen. Sie orientieren sich vor allem an den ersten zwei Jahren der Ausbildung, die geprägt sind von tiefer Selbsterfahrung und langen Protagonistenspielen, die auf eine Katharsis abzielen. Wenig konkret sind dagegen die Vorstellungen vom Umgang mit kleinen psychodramatischen Übungen, die in der Erwachsenenbildung eine große Bedeutung haben.

Moreno hat bei der Entwicklung des Psychodramas, wie der Name schon sagt, Bezug genommen auf das klassische Drama, zu dem natürlicherweise auch eine Katharsis gehört. Diese Analogie erscheint folgerichtig für den therapeutischen Bereich, für den pädagogischen jedoch stellt sie eine enorme Einschränkung dar. Aber mal ehrlich, gibt es für Sie keinen Unterschied zwischen einem Drama von Sophokles und einer Kurzgeschichte von Böll? Fänden nicht auch Sie es unpassend mit den Stilmitteln des Dramas eine Kurzgeschichte zu schreiben? Vielleicht wäre es interessant, aber genau wie in der Literatur so geht es auch im Psychodrama darum, die Vielfalt der Genres zu erkennen und für die jeweilige Situation das geeignete auszusuchen.

Die Tätigkeit des Psychodramaleiters erfordert also eine grundsätzlich andere Herangehensweise als die des Therapeuten und ein äußerst differenziertes Wissen über Einsatz und Wirkungsweise psychodramatischer Techniken. Könnte man den Psychodramatherapeuten als einen Spezialisten des bewegenden Dramas bezeichnen, so besteht das Spezialistentum des Leiters in der Wendigkeit zwischen den Genres.

Für den therapeutisch tätigen Psychodramatiker ergeben sich Schwierigkeiten bei der Anwendung des Gelernten in erster Linie aus einer notwendigen Anpassung an die Zeitstrukturen in Kliniken und therapeutischen Einrichtungen. Psychodramasitzungen müssen verkürzt und Auswertungen gestrafft werden. Sicherlich ist dies eine Aufgabe, die eine Herausforderung darstellt, jedoch mit Hilfe von Sonderseminaren über Fokussierungstechniken und einer begleitenden Supervision gut zu bewältigen ist.

Im Gegensatz zu den Psychodramatherapeuten suchen viele angehende Psychodramaleiter den Ort ihres Transfers außerhalb ihrer beruflichen

Tätigkeit. Sie bieten Selbsterfahrungsgruppen auf dem freien Markt oder in Volkshochschulen und anderen Bildungseinrichtungen an. Eigentlich jedoch war ihr Ziel zu Beginn der Ausbildung ein anderes: Sie wollten eine Methode erlernen, die sie innerhalb ihrer beruflichen Tätigkeit nutzen können.

Für diese Umorientierung gibt es verschiedene Gründe. Die Selbsterfahrung der ersten zwei Jahre, die für jeden angehende Psychodramatiker zweifelsohne nötig ist, hat seine Vorstellungen von psychodramatischer Arbeit geprägt. Sicherlich nicht weiter überraschend, wenn man erlebt hat, wie beeindruckend ein „großes Psychodrama" mit entsprechend kathartischer Auflösung ist. Hinzu kommt, daß das Psychodrama zunächst hauptsächlich als therapeutische Methode nach Deutschland gebracht wurde; eine Tatsache, die erklärbar macht, warum so wenig Vorstellungen von anderen Formen existieren. Es gibt eine historisch gewachsene Identität von Psychodramatherapeuten, aber die Identität des Psychodramaleiters, mit der Definition all seiner Aufgaben ist noch in der Entwicklung begriffen. Dies fällt schon in der sprachlichen Form auf: Um den Gesamtbereich des Psychodramas zu definieren, wird das „nicht-therapeutische" summarisch vom „therapeutischen" unterschieden. Innerhalb des „nicht-therapeutischen" bestehen zwar klarere Vorstellungen vom pädagogischen Psychodrama, für große Bereiche wie Organisationsentwicklung, Supervision etc. fehlt noch ein treffendes Adjektiv.

Die vor einigen Jahren von Ausbildungsinstituten durchgeführte Trennung zwischen Psychodramaleitern und -therapeuten versprach Abhilfe zu schaffen, wenngleich sie von einigen Kritikern als eine Form der Diskriminierung betrachtet wurde. Heute erst zeigt sich, wie lang es dauert und wie schwierig es ist, eine Leiteridentität zu entwickeln und diese qualitativ von der Identität des Therapeuten abzugrenzen.

Dieser Prozeß wird sicherlich erschwert, weil das Therapeutische gegenüber dem Pädagogischen immer noch einen höheren Stellenwert genießt. So erscheint es erstrebenswert und verständlich, sich im therapeutischen Psychodrama zu qualifizieren. Damit werden die Chancen, die das Psychodrama als Ganzheit bietet, nicht ausgenutzt und die Vielfalt der möglichen Methodik wird übersehen.

Dieser kleine Problemanriß soll verdeutlichen, daß die Aufgabe des Psychodramaleiters nicht der stete Wandel zum Zentrum der Psychodramaspirale ist, sondern eine differenzierte Auseinandersetzung mit dem Ziel der Intervention erfordert, sowohl auf der Inhalts- als auch auf der Beziehungsebene. Es stellt sich dem Leiter immer wieder die Frage, was er inhaltlich erreichen bzw. vermitteln will und welche Form von Gruppenkohäsion bzw. Begegnung dazu erforderlich ist.

Die Anwendung des Psychodramas im „nicht-therapeutischen" Bereich benötigt natürlich entsprechend ihrer Ausrichtung und Zielsetzung jeweils einen spezifischen Einsatz der Methode. Wir beschäftigen uns hier exemplarisch mit dem Psychodrama in der Erwachsenenbildung. Petzold et al. haben bereits 1972 die wesentlichen Aspekte der Erwachsenenbildung herausgearbeitet. Sie definieren das Ziel der Erwachsenenbildung als ein Sachlernen mit dem Ziel der Affektbildung. Die Verbindung von Affekt und Sache ermöglicht eine optimale Lernsituation. Wird den emotionalen Bedürfnissen des Lernenden Geltung verschafft, so kann die Integration des Lernstoffes erhöht werden. Zur Frage der emotionalen Bedürfnisse definieren sie bestimmende und begleitende Motive, die eine Person veranlassen, an Kursen der Erwachsenenbildung teilzunehmen. Sicherlich gibt es auf der einen Seite ein Interesse an der Sache bzw. an den Inhalten, auf der anderen Seite gibt es aber auch - und das in zunehmendem Maße - einen Wunsch nach Begegnung mit anderen und mit sich selbst.

Entsprechend gibt es verdeckte Motive und zusätzlich oft geheime Aufträge für die Seminarleitung. Der Leiter in der Erwachsenenbildung ist schwerpunktmäßig mit folgenden vier Fragen beschäftigt:
1.) Welches ist der Inhalt des Seminars und mein damit verbundenes Ziel?
2.) Welche Beziehungen will ich schaffen, damit ich mein oben genanntes Ziel erreichen kann?
3.) Wie sind die Strukturen, in denen sich die Gruppenteilnehmer bewegen?
4.) Welches sind die geheimen Aufträge? (Besonders wichtig bei institutionsinternen Seminaren)

Die Aufgabe des Leiters in der Erwachsenenbildung ist die eines Springers zwischen den Welten: Er muß Beziehungen schaffen, die eine optimale Lernsituation ermöglichen; gleichzeitig darf der thematische Inhalt des Seminars nicht in den Hintergrund rücken. Die Beachtung struktureller Bedingungen ist wichtig, weil die Arbeit auf einer sehr persönlichen Ebene die Beziehungen und Sozialstrukturen verändert. Bei Mitarbeitern, die aus der gleichen Einrichtung kommen, kann dadurch eine weitere Zusammenarbeit erschwert werden. Somit bestimmen die Rahmenbedingungen weitgehend die auszuwählenden Methoden und die Intensität und Fragerichtung der Auswertung.

Deshalb ein paar Worte zum Setting. Die Teilnehmer in der Erwachsenenbildung melden sich aufgrund von thematischen Ausschreibungen an. In der Regel kann der Seminarleiter keine Vorauswahl treffen, d.h. die Gruppen sind sehr heterogen in Bezug auf Alter, Herkunft, Gruppen und Berufserfahrung etc. Es ist nicht bekannt, welche Persönlichkeitsstrukturen und biographischen Verletzungen die einzelnen Teilnehmer mitbringen. Dadurch werden schon beim Warming-up große Anforderungen an die diagnostischen Fähigkeiten der Leiter gestellt. Häufig kommen Teilnehmer aus der gleichen beruflichen Institution.

Anders als in therapeutischen Gruppen steht uns in der Erwachsenenbildung nur eine begrenzte Zeit zur Verfügung. Die Dauer der Seminare beträgt normalerweise zwischen 3 und 10 Tagen. Der Psychodramaleiter muß sich immer die Frage stellen, was löse ich durch meine Interventionen aus, wieviel Zeit habe ich für die Bearbeitung und wie schaffe ich es, die „Gestalt wieder zu schließen". Eine weitere Schwierigkeit bedeuten die in der Regel mit dem Psychodrama nicht vertrauten Protagonisten und Mitspieler in Ihrer Rollenübernahme. Sie brauchen eine klare und unterstützende Anleitung. Auch bei den Feedback Runden ist eine präzise Strukturierung und Hilfestellung sehr wichtig.

Sehr hilfreich ist der von Reifarth (1988) unternommene Versuch, das Fortbildungsgeschehen nach Zielebenen und Eindringtiefen zu unterscheiden. Im Kursverlauf geraten diese Ebenen in Bewegung, da die Übergänge fließend sind und sich prozessual miteinander vermischen. Es ist für uns Erwachsenenbildner wichtig, uns Klarheit darüber verschaffen, wo wir uns bewegen und welche Ziele wir mit welchen Methoden verfolgen. Reifarth beschreibt aus der Perspektive des Fortbildungsleiters fünf Ebenen, die er allerdings nur auf den ersten drei Ebenen durchdekliniert. Natürlich richtet er sein Augenmerk nicht in dem Maße auf das Psychodrama, wie es für uns von Interesse ist. Für uns ist es jedoch eine Leitfrage, wie der Einsatz der psychodramatischen Techniken auf den unterschiedlichen Ebenen variiert.

	Vom Fortbildner vermutete Zielfragen / handlungsleitende Fragen der Teilnehmer	Zielebenen/"Eindringtiefen" von Fort- und Weiterbildung	Didaktisches Medium (Vehikel, mit denen Lerninalte transportiert werden sollen)	Didaktische Phänomenologie (wie die Lernumstände eingerichtet werden)
Ebene 1	Was gibt es (relevantes) Neues? Wie hängt das mit dem zusammen, was ich bereits weiß?	Informationsrekonstruktion Informationsadaptation Informationskompensation	Vortrag Referat (Mit Aussprache Lehrgespräch) Arbeitspapiere Falldarstellung Kleingruppenarbeit Lehrfilm Plenumsdiskussion etc.	"Musik von vorne" Wichtig ist, daß der "Inhalt" vom Sender zum Empfänger gelangt. Die Ablaufstruktur ist linear gedacht. Interaktive Wünsche der Teilnehmer wirken eher störend.
Ebene 2	Was tue ich? Wie tue ich es? Wie tun es andere? Wie sollte ich es idealerweise/optimalerweise tun? Was mache ich verkehrt?	Reflexion der Berufsrolle Reflexion der Berufsvollzüge	Rollenspiel Stehgreifspiel Planspiel Soziodrama Partnerübung Videofeedback Skulptur Übungen zur Beziehungsdynamik, etc.	Das Lernsetting wird konstruiert mit dem Ziel, es der Alltagsrealität möglichst annzunähern. Didaktische Überlegungen, was mit den ausgelösten Prozessen geschehen soll, bzw. was diese bewirken sollen, bestehen. "Störungen" des linearen Ablaufs durch Interaktionen sind nicht unerwünscht, zumindest aber zulässig.
Ebene 3	Wer bin ich? Was will ich? Was kann ich?	Selbsterfahrung Selbstreflexion	Feedback als zwischenmenschliche Begegnung, Psychodrama, Gestalt, Bioenergetik, usw. Phantasiereisen, gelenkte Imagination "Gruppe als Spiegel" "Gruppe als Mikrokosmos" etc.	Es gibt keine zwingende Vorstruktur. Die Gruppe kann und soll ihre Gestalt finden. "Themen" können wachsen, d..h. Lernzeit wird flexibel eingesetzt. Beiträge aller sollen möglichst authentisch sein.
Ebene 4	Woher komme ich?	Wie bin ich zu dem geworden, der ich heute bin? Therapeutische Ebene		
Ebene 5	Wo will ich hin?	spirituell, religiöse Ebene Sinn-, Lebens- und Orientierungsfragen		

In der Regel bewegen wir uns in der psychodramatischen Bearbeitung auf den Ebenen 2-4. Es geht um die Reflexion der Berufsrolle (Ebene 2), um die Frage der Selbstreflexion (Ebene 3) und um die Frage der biographischen Triebfeder (Ebene 4). Eine einseitige Festlegung auf die Ebene 4, wie sie z.t. in Phasen von Krisen oder bei einer unklaren Zieldefinition geschieht, wird den Teilnehmern nicht gerecht. Sie verhindert zudem eine Betrachtung der Strukturen und damit eine Entlastung auf einer systemischen Ebene. Im Unterschied zur Ebene 4, auf der es um Auflösung einer u.U. traumatischen Situation geht, ist das Thema der Ebene 3 die ständige Reflexion, die eine Auseinandersetzung mit sich selbst und der aktuellen, beruflichen Alltagssituation mit Wertvorstellungen und Zielen, Grenzen und Handlungsräumen erfordert.

In der Erwachsenenbildung geht es um eine Balance zwischen der Struktur und der Person, einer Ausgewogenheit zwischen personenorientierter und sachorientierter Problemsicht. Dabei stellen wir in der Tendenz immer wieder einen Unterschied bei Fortbildungen im sozialen zu denen im wirtschaftlichen Bereich fest. Herrscht in einer sozialen Einrichtung vor allem eine personenorientierte Problemsicht vor, so kann man in Wirtschaftsunternehmen eine eher sachorientierte Problemsicht beobachten.

Auch die Ebenen 1 und 5 sollten in einem solchen Modell keine Diskriminierung erfahren. Auf der Ebene 1 kann man z.b. durch die lebende Zeitung (Leutz, 1974, S.31) und andere psychodramatische Inszenierungen durchaus kreative Formen der Wissensvermittlung finden. Wir möchten in diesem Zusammenhang nur an die phantasievollen und eindrücklichen Darstellungen von Referaten innerhalb der Psychodramaausbildung erinnern. Auch auf der Ebene 5 haben sich in den letzten Jahren vielfältige Formen entwickelt, z.b. das Bibliodrama. Psychodramatische Elemente haben Verwendung in einer ganzheitlichen Seelsorge gefunden (Büchner, 1987) und in der Didaktik des Religionsunterrichts wird von aufgeschlossenen Religionspädagogen mit Formen des psychodramatischen Rollenspiels gearbeitet.

Fallbeispiel:
Im folgenden beschreiben wir die Eingangssituation eines Fortbildungsseminars zur Anwendung des Psychodramas im Betrieb. Ziel des Seminars ist die Vermittlung von Wissen über psychodramatische Techniken (Ebene 1). Die Erwartungen der Teilnehmer sind stark „input-orientiert". Um dem Seminarziel gerecht zu werden und den Teilnehmern Erfahrungen mit der psychodramatischen Methodik zu vermitteln, bietet es sich an, auf den Ebenen 1, 2 und 3 zu arbeiten. Die Gruppe ist der Aktionsraum, auf dem die Inhalts- und Beziehungsebene ausgehandelt und reflektiert wird.

Das Wochenendseminar findet in einem schön gelegenen Tagungshotel in den Weinbergen statt. Der Raum ist ausgestattet mit allen notwendigen Medien, wie Flipchart, Overheadprojektor etc. Entgegen der sonst eher legeren Kleiderordnung in psychodramainternen Seminaren fällt hier das vornehme Outfit einiger Teilnehmer gleich ins Auge. Schon an der Kleidung wird deutlich, welche Teilnehmer in der Wirtschaft und welche im sozialen Bereich tätig sind. Die Motivation der zuletzt Genannten ist eine erste Kontaktaufnahme zum Wirtschaftsbereich als eventuell zukünftiges Betätigungsfeld. Ihr Interesse ist gepaart mit einer gehörigen Portion Skepsis. Andere Teilnehmer sind selbst Fortbildner; ihre Psychodramavorerfahrungen sind sehr unterschiedlich. Die Stimmung ist sehr verbindlich, etwas steif und von latenter Konkurrenz geprägt.

In der ersten Übung geht es darum, einige Informationen über die Teilnehmer zu bekommen und ein gegenseitiges Kennenlernen zu initiieren.

Eine geeignete Methode ist die **Vorstellungsrunde im Rollentausch**. In der Regel wird der Rollentausch in der Eingangsrunde mit einem wichtigen Gegenstand oder einer nahestehenden Person durchgeführt; eine Form, die eher für allgemeine Selbsterfahrungsgruppen angebracht ist. In einem Seminar der Erwachsenenbildung ist der ständige Kontakt zum Thema und das persönliche Angesprochensein wichtig. So ist es von besonderer Bedeutung, mit welchem Gegenstand oder welcher Person der Leiter einen Rollentausch initiiert.

Moreno unterscheidet in seiner Rollentheorie drei verschiedene Rollentypen:
- die physiologische oder psychosomatische Rolle,
- die psychische oder psychodramatische Rolle,
- die soziale oder „offizielle" Rolle.

(Leutz fügt den drei Klassen noch die der transzendenten Rolle hinzu.) In der Erwachsenenbildung haben sich die Teilnehmer zu einem bestimmten Thema angemeldet. Die Leute erscheinen in der Regel in ihren sozialen Rollen. Auf Führungsseminaren erscheinen Führungskräfte, auf einem Seminar zum Psychodrama im Betrieb werden vornehmlich Fortbildner sein bzw. Leute, die sich für diesen Bereich interessieren. Sie denken natürlicherweise in diesen sozialen Rollen. Möglicherweise ist ihre Spontaneität bzw. Kreativität genau durch die Normen und Werte dieser Rolle eingeschränkt.

In der ersten Phase geht es deshalb darum, Kontakte und Sicherheit in der Gruppe herzustellen. Das ist am besten möglich, wenn man die Teilnehmer in ihren sozialen Rollen anspricht. Kriterium für das Medium des Rollentausches muß demnach ein Gegenstand sein, der originär und eng mit - in diesem Fall der Berufsrolle - der Teilnehmer verknüpft ist.

Aber nun wieder zurück zum Fallbeispiel. Medium für den **Rollentausch** ist der eigene **Terminkalender**. Zunächst ist die Gruppe etwas überrascht über den Vorschlag. Die Übung wird dennoch interessiert und etwas belustigt aufgenommen. Belustigt deshalb, weil der Kalender für jeden Trainer von zentraler Bedeutung ist.

Die Vorstellungen sind sehr unterschiedlich. Im Laufe des Rollentausches wird deutlich, in welchen unterschiedlichen Aufgabenbereichen die Einzelnen tätig sind, wie sie zeitlich eingespannt und inwieweit sie mit ihrer Tätigkeit identifiziert sind.

Die Stimmung im Anschluß an diese Übung ist locker und ehrlich, erste Geheimnisse wurden gelüftet, die Teilnehmer konnten sich teilweise aus der Rolle derer entlassen, die ihre Fähigkeiten anpreisen müssen und sich ansatzweise in ihre psychische oder psychodramatische Rolle begeben, die Rolle, die ihre individuellen Ideen und Erfahrungen repräsentiert.

Im Anschluß erfolgt eine **soziometrische Übung**. Soziometrische Übungen bieten sich an, da sie zum einen in kurzer Zeit viele Kontakte und Beziehungen innerhalb der Gruppe herstellen können. So wird der Weg für Begegnungen im Moreno'schen Sinne bereitet und es entsteht ein tragfähiges Beziehungsnetz. Zum anderen bieten die Übungen für den Leiter die Möglichkeit, sich einen diagnostischen Überblick über die Belastbarkeit der einzelnen Gruppenteilnehmer zu verschaffen, sowie Informationen zu erhalten, die für die inhaltliche Leitung des Seminars notwendig sind.

Die soziometrischen Kriterien werden bestimmt durch die Inhalte des Seminars. In diesem Seminar waren folgende Informationen von Bedeutung:

- **Arbeitsbereiche** der Einzelnen.
- **Branchen**, in denen die Teilnehmer arbeiten.
- **Hierarchiestufe, die Frage nach Mitarbeitern und Einflußbereich.**

Hierbei kommt es nicht auf objektive Daten an, sondern auf eine Selbsteinschätzung zu der Frage: wieviel Einfluß der Einzelne in seinem Betrieb hat.

Die zwei letzten Kriterien behandeln das Psychodrama.

- wieviel **Psychodramakenntnisse** bestehen,
- wieviel **Psychodramaanwenderpraxis** hat der Einzelne in seinem momentanen Arbeitsbereich.

Die Übung hat in der Gruppe den Effekt, daß deutlich wird, wo jeder Einzelne seine Kompetenzen und wo er seine Fragen an die Methode des Psychodramas hat. Das offene Verhandeln des Kompetenzthemas verändert die Stimmung in der Gruppe. Die anfangs zwar latente, dennoch massive Konkurrenz wird geringer. Das gegenseitige Messen läßt nach und die persönlichen Fragestellungen der Einzelnen bekommen mehr Raum.

Nachdem die Teilnehmer in ihrer sozialen Rolle abgeholt wurden, bietet es sich an, den Einsatz einer Methode zu wählen, die es ermöglicht, die zu den sozialen Rollen gehörigen Regeln und Normen aufzuweichen. Damit wird den Gruppenteilnehmern gezielt die Erlaubnis gegeben, sich mit neuen, kreativen Ideen auseinanderzusetzen.

Auf der inhaltlichen Ebene gilt es für Leitung und Teilnehmer, ihre Erwartungen zu veröffentlichen, damit ein Kontrakt für die Fortbildung abgeschlossen werden kann. Diese Erwartungen werden mit Hilfe einer **Erwartungslandschaft** aufgebaut. Jeder Teilnehmer erhält eine Anzahl von Gegenständen, die er als Symbol für seine Erwartungen setzen und in ein gemeinsames Gruppenbild einbauen kann. Dafür können Gegenstände jeglicher Art verwandt werden. Ziel ist es, die äußerst intellektuelle, sachlich orientierte Atmosphäre aufzulockern. Das geschieht, indem die Erwartungslandschaft auf dem Boden aufgebaut wird und Medium bunte Bonbons, Lollies und Zuckerstangen sind. Die ernsthafte Auseinandersetzung mit den eigenen Erwartungen und die Darstellung mit kindorientierten Gegenständen verändert die Gruppensituation. Die Teilnehmer verhalten sich nicht mehr entsprechend der Erwartungen, die „man" an Wirtschaftstrainer hat, sondern sie entlassen sich selbst partiell aus dieser Rolle. Rein äußerlich fällt auf, daß viel gelacht wird. Die ersten Krawatten werden gelockert und Jacketts bleiben auf den Stühlen hängen.

Noch bleibt ein latentes Thema in der Gruppe, nämlich das der gegenseitigen Wertschätzung der Teilnehmer aus dem sozialen bzw. Wirtschaftsbereich. Es steht unausgesprochen die Frage im Raum, ob Wirtschaftstrainer oberflächlich sind, ob ihr Verhalten wenig authentisch und vor allem am Profit orientiert ist. Die Frage der Moral hängt in der Luft. Solange diese Frage nicht offen erörtert wird, ist eine wesentliche Regel des Psychodramas gefährdet, nämlich die, daß die Rückmeldung aus dem eigenen Erleben und nicht aus der Bewertung dessen bestehen soll, was der Einzelne an Fragestellungen und Problemen einbringt.

Die Gruppe ist inzwischen mit Informationen abgesättigt und eher in spielfreudiger Laune, der richtige Zeitpunkt also, um ein **Gruppenspiel** zum Thema **Bilder voneinander** anzuleiten. Die Gruppe wird in zwei Kleingruppen aufgeteilt, die eine mit Teilnehmern aus der Wirtschaft, die andere mit Teilnehmern aus dem sozialen Bereich. Die Gruppen erhalten jeweils eine halbe Stunde Zeit, ein Rollenspiel vorzubereiten, in dem sie ihre Bilder, Phantasien und auch Vorurteile über die andere Gruppe darstellen.

Der Rollentausch bringt den gewünschten Erfolg. Die Teilnehmer gehen mit Spaß an ein ernstes Thema, ein weiteres wichtiges Prinzip des Psychodramas. Sie bekommen Zugang zum Fühlen und Denken der „Anderen". In der Auswertung wird deutlich, wo Unterschiede nur in der Phantasie bestehen und wo es reale Differenzen im Erleben gibt. Diese Differenzen müssen nun nicht mehr durch Verletzungen und Abwertungen ausagiert werden, sondern können als solche überprüft, akzeptiert oder in Frage gestellt werden. Nicht die Werte der anderen werden abgewertet, um die eigenen für richtig zu befinden, sondern mit Hilfe der Werte anderer wird das eigene System auf individuelle Richtigkeit überprüft.

Das Klima, das jetzt in der Gruppe entstanden ist, läßt in der Folge eine konstruktive Bearbeitung einzelner Fragestellungen zu. Die gegenseitige Wertschätzung ermöglicht es, daß Personen mit unterschiedlichen Erfahrungen den Mut haben, Psychodramaanwendungen innerhalb der Gruppe auszuprobieren und sich ein Feedback von der Gruppe und der Leitung zu holen. Das ist ein ungeheurer Schritt, wenn man bedenkt, daß Trainer es in der Regel gewohnt sind, die Dinge alleine zu bearbeiten und sich gegen die Konkurrenz abzugrenzen.

Das Vorgehen wurde im Processing kontinuierlich reflektiert. Besonderes Augenmerk lag darauf, wie durch den Einsatz von psychodramatischen Techniken ein fokussierter Kontakt zum Thema und die Entwicklung von förderlichen Beziehungsstrukturen mit gegenseitiger Anerkennung und Wertschätzung geschaffen werden konnte. Um dem Wechselspiel von

Sach- und Beziehungsauftrag gerecht zu werden, muß sich der Leiter von der Anwärmphase über die Aktionsphase bis zur Auswertung seiner Zielsetzung und der damit verbundenen Fortbildungsebene bewußt sein. Das angestrebte Ziel bestimmt welche Form des Psychodramas eingesetzt wird. In der Auswertung ist eine präzise Fragerichtung wichtig, um eine optimale Integration des Erlebten und Gelernten zu erreichen.

Im vorliegenden Beispiel haben die Teilnehmer auf Ebene 1 (Wissensvermittlung) ein Wissen über psychodramatische Techniken erhalten, auf Ebene 2 (Reflexion der Berufsrolle) ihre sozialen Rollen, die damit verbundenen Normen und in der Interaktion die Bilder voneinander erfahren und möglicherweise erweitert. Auf der Ebene 3 schließlich (Selbsterfahrung) haben sie ihre persönlichen Fragestellungen reflektiert und ggf. verändert.

Stärken des Psychodramas im Vergleich zu anderen Methoden

In der Erwachsenenbildung hat das Psycho- und Soziodrama spezifische Stärken und damit Vorteile gegenüber anderen Methoden. Der spielerische Charakter schaltet die in der Realsituation oftmals als bedrohlich erlebte Konsequenz aus und ermöglicht eine relativ angstfreie Einübung bisher nicht praktizierter Handlungsalternativen.

Eine weitere Stärke und gleichzeitig ein großer Vorteil anderen Methoden gegenüber liegt in der Bedeutung der Gruppe, die in Gruppenspielen aber auch in Protagonistenarbeiten einbezogen wird und gefordert ist. Durch die Übernahme von Antagonistenrollen und Rollentausch werden die Einfühlung, die Rollenflexibilität und psychische Beweglichkeit sowie die Lebendigkeit stark gefordert und entwickelt. Gerade in den sozialen Berufen ist die Teamarbeit und Kooperation, der persönlich nahe Umgang mit Menschen zentraler Bestandteil der Arbeit. Der kommunikative Aspekt gewinnt auch im Wirtschaftsbereich zunehmend an Bedeutung. Der Umgang miteinander wird häufig durch unbewußte Reste aus der eigenen Sozialisation beeinträchtigt. In der Fortbildungsgruppe kommen solche „sozialen Konserven oder Schablonen" zum Vorschein und können nun bearbeitet, verstanden und verändert werden. Da es sich in der Regel um gesunde Menschen handelt, kann die korrigierende geistig-emotionale Erfahrung eine bleibende Verhaltenskorrektur bewirken.

Diese Anregung zur eigenverantwortlichen Verhaltensänderung wird wesentlich durch die verschiedenen Feedback-Formen des Psychodramas unterstützt. Die Übereinstimmung mehrerer Gruppenmitglieder in der Rückmeldung, die Differenziertheit der Wahrnehmungen und die persönlichen Mitteilungen im Sharing üben meist einen weit höheren Überzeugungseffekt aus als die Aussage von Coach oder Berater in der Einzelsituation. Insofern sind Psycho- und Soziodrama simulative Verfahren, die eine große Kraft zur Vorbereitung von Verhaltensmodifikation entfalten können.

Literatur:

BROCHER, T.: Gruppendynamik und Erwachsenenbildung, Braunschweig 1982

BÜCHNER, C.: Seelsorge neu entdeckt. In: Der weite Raum, Heft 2-3, 1987

LEUTZ, G. A.: Psychodrama. Theorie und Praxis. Bd. I:, Berlin - Heidelberg - New York 1974

PETZOLD, H.: Angewandtes Psychodrama in Therapie, Pädagogik und Theater, Paderborn 1978

REIFARTH, W.: Zielebenen der Fort- und Weiterbildung - Ein synoptischer Versuch -. In: Grenzüberschreitungen, Sonderveröffentlichung des Deutschen Vereins für öffentliche und private Fürsorge, Frankfurt 1988

SANDNER, D.: Psychodynamik in Kleingruppen, München 1978

ZEINTLINGER, K.: Analyse, Präzisierung und Reformulierung der Aussagen zur psychodramatischen Therapie nach J. L. Moreno. Dissertation, Salzburg 1981

„Ich spiele - also lerne ich"

Psychodrama mit Schülerinnen und Schülern

von Barbara Geiss-Kuchenbecker

Nachdem ich mehrere Jahre nebenamtlich in einer Grundschule Religionsunterricht erteilt habe, arbeite ich jetzt seit drei Jahren als Referentin der Evangelischen Schülerinnen- und Schülerarbeit mit Klassenverbänden der Klassen 8-13 sowie mit anderen Schülergruppen in mehrtägigen Seminaren. Diese Seminare zeichnen sich durch eine persönliche Auseinandersetzung mit einem Thema, das sich die Schülerinnen und Schüler selbst wählen, und eine Methodenvielfalt in der Gestaltung aus. Sowohl Schülerinnen und Schüler als auch Lehrerinnen und Lehrer legen großen Wert auf den Einsatz kreativer Methoden und beklagen gleichzeitig, daß Schule sich immer noch auf reine Wissensvermittlung mit völlig veralteten Methoden beschränke.

Indem Schule aber zunehmend mehr Zeit der Schüler in Anspruch nimmt, entwickelt sie sich zu *der* Bildungsinstitution schlechthin. Entsprechend sind andere Formen von Lernen und Lehren stärker denn je erforderlich: eine ganzheitliche Pädagogik, die gleichermaßen emotionales Wachstum und Wissenserweiterung ermöglicht und die Schülerinnen und Schüler als Personen und Persönlichkeiten ernst nimmt.

Dieses gilt besonders für Fächer wie Religion, Deutsch, Sozialwissenschaften, Kunst und Geschichte, zu deren Zielen Verantwortung und schöpferisches Tun zählen. Wer sich z.B. im Religionsunterricht bemüht, den Inhalt biblischer Geschichten zu vermitteln, wird das nur dann können, wenn die Schüler auch etwas von diesen Inhalten, von der Annahme der eigenen Existenz, von Liebe, von der Verantwortung für ihre Mitmenschen, erspüren können, indem sie ihre eigenen Erfahrungen mit den Erfahrungen der Personen aus den biblischen Geschichten in Beziehung setzen.

Mein Bemühen um eine Unterrichts- und Tagungsgestaltung, die sowohl ein emotionales, wie auch ein kognitives Lernen ermöglicht, führte zu dem Versuch, psychodramatisch mit Schülern zu arbeiten. Ich habe mit dem Einsatz psychodramatischer Elemente sehr positive Wirkungen sowohl auf die gesamte Klasse als auch auf einzelne Schüler beobachten können:

- Die spielerische Komponente befriedigt den Bewegungsdrang und den Aktionshunger von Schülern (besonders jüngeren), mindert Störungen und erhöht somit Aufmerksamkeit und Konzentration.
- Ein lebendiger Unterricht fördert die Motivation und die Lust am Lernen.
- Die psychodramatische Arbeit fördert Phantasie und Kreativität.

Schon durch einen einfachen Rollentausch lassen sich günstige Wirkungen bei den einzelnen Schülern beobachten:

– Die Schüler lernen, sich in andere einzufühlen. Sie gewinnen ein tieferes emotionales Verständnis für ihre Mitschüler, andere Personen und für sich selbst (z.b. durch Reflexion der eigenen Rollenwahl).

– In der Übernahme fremder Rollen erfahren manche Schülerinnen und Schüler mehr Zuwendung und Anerkennung als in der Realität. Dieses kann ihr Selbstvertrauen stärken und ihren sozialen Status innerhalb der Klassengemeinschaft positiv verändern.

Während jüngere Schüler spontan zum Spielen bereit sind und es anfangs für mich eher schwierig war, ein Spiel zu beenden und die Heftigkeit der Aktion etwas einzudämmen, ist es bei älteren wesentlich schwieriger, sie zum Spielen zu bewegen. Spielen ist etwas Kindisches für sie, repräsentiert eine Phase, die sie meinen, hinter sich gelassen zu haben. Jugendliche spielen allenfalls noch heimlich. Der Vorschlag, im Unterricht zu spielen, stößt bei ihnen leicht auf Widerstand (den Begriff „Spiel" sollte man bei dieser Altersstufe tunlichst vermeiden). Darüber hinaus wehren sich Jugendliche oft gegen Arbeitsformen, die ihnen unbekannt sind. Die Schüler sollten deshalb mit dieser Arbeitsform nicht überrumpelt, sondern möglichst genau vorab über das informiert werden, was auf sie zukommt. Wichtig ist, ihnen zu vermitteln, daß niemand bloßgestellt wird, keiner zum Mitmachen verpflichtet wird und „keiner therapiert werden soll". Wenn die Schüler merken, daß sie in ihrer Vorsicht ernst genommen werden, ist ein erster Schritt zur weiteren Annäherung an das Psychodrama getan. Manchmal gelingt es dann, die Klasse mit Vorformen psychodramatischer Arbeit (Lesen eines Textes mit verteilten Rollen, Feedback und Sharing oder „Bildhaftmachen" eines Textes) allmählich an die spielerische Darstellung heranzuführen. Hierzu sind Zeit und Geduld erforderlich.

Als hilfreich haben sich auch einige Medien erwiesen, die zum Spielen reizen. Dazu gehören eine Kleiderkiste mit alten, möglichst originellen Kleidungsstücken und ein Schminkkoffer; Hilfsmittel, die ich in der Arbeit mit Schülern immer dabei habe. Wenn ich plane, mit Schülern psychodramatisch zu arbeiten, packe ich meine Materialien aus, bevor die eigentliche Arbeit beginnt. Sobald einzelne Schüler anfangen, mit den Kleidungsstücken und der Schminke zu probieren, ist das Eis gebrochen. Verkleiden und Schminken wirken ansteckend, und wer sich erst in ungewöhnlicher Aufmachung im Spiel gesehen hat, entwickelt meist von selber Lust, damit zu spielen.

Psychodrama im Unterricht als Vermittlungsform eines Lehrstoffes (Didaktisches Psychodrama)

Psychodramaelemente können gut im Unterricht zu didaktischen Zwekken eingesetzt werden. Nachdem Schüler ein erstes Mal mit dem Stoff vertraut gemacht wurden, können sie sich diesen aneignen, indem sie ihn spielerisch darstellen. Die Schüler übernehmen Rollen (solche, die darin vorkommen oder auch andere) im Tausch mit belebten und unbelebten Objekten. Psychodramatische Elemente wie Rollentausch, Monolog, Sharing und Feedback sind Möglichkeiten, den Stoff durchzuarbeiten und sich aus der eigenen Betroffenheit anzueignen.

Durch spielerische Aktualisierung eines Stoffes wird dieser von einer sachbezogenen, auf eine persönliche Ebene ausgeweitet. Die Verbindung von Sach- und Affektlernen eröffnet Schülern die Chance, ein tieferes Verständnis für den Stoff zu bekommen und gegebenenfalls seine Bedeutung für das eigene Leben zu entdecken.

In der Regel folgt der Einsatz des didaktischen Psychodramas im Unterricht in vier folgenden Phasen:
1. Warming-up
2. Spielen der Geschichte
3. Feedback und Sharing
4. sachliche Information und gegebenenfalls Planung der Weiterarbeit

1. Warming-up
Zunächst wird der Text, der gespielt werden soll, vorgestellt, ein Bild gezeigt oder das Thema benannt. Jeder hat nun einen Moment Zeit, sich eine Person der Geschichte zu suchen, die ihn besonders interessiert, neugierig macht oder ärgert. Dann wählt jeder eine Rolle für sich. Kommt es zu Doppelwahlen, so lasse ich die Rolle mehrfach besetzen, wobei dann entweder einer der beiden als Doppelgänger fungiert oder eine andere Version spielt. Die Rollenanwärmung erfolgt durch mein Interview. Ich frage gewöhnlich nach Namen, Alter, Beruf, augenblicklicher Stimmung und warum die betreffende Person gerade in der Szene präsent ist. Vor dem eigentlichen Spiel wärme ich auch körperlich an, indem ich eine Haltung, Bewegung und die Stimme der jeweiligen Person ausprobieren und darstellen lasse. Bei Schülern, die das Spielen von Texten gewöhnt sind, stellt sich jeder zu Beginn in seiner Rolle selbst vor, weitere notwendige Informationen erfragen die Mitschüler.

2. Spielphase
In dieser Phase wird überwiegend mit einer Rollenübernahme gearbeitet. Ihre persönlichen Gefühle und Empfindungen thematisieren die Schüler

in ihren Rollen im Monolog. Bei jüngeren und mutigeren Schülern kommt es eher zum spielerischen Ausagieren, was in den Grenzen der Psychodramaregeln - sich selbst und anderen keinen Schaden zufügen - und der Schule - andere Klassen durch Lärm nicht arbeitsunfähig machen - durchaus möglich ist. Die Rollen in der Geschichte werden von den Schülern nach deren Einfühlung frei gestaltet, so daß die eigene Spontaneität entfaltet werden kann. Der Interpretationsspielraum ist so groß, daß sich eine Geschichte innerhalb ihres Verlaufs durch einen oder mehrere Rollenträger völlig verändern kann.

Somit unterscheidet sich didaktisches Psychodrama deutlich von einem Theaterstück mit festgelegten Rollen, die lediglich nachgespielt werden. Ein solches Vorgehen würde die Verquickung biographischer Anteile mit der „Fremdbotschaft" eines Textes erheblich reduzieren. Dies ist für mich mit den Zielen des Psychodramas - Spontaneität und Kreativität freizusetzen - nicht vereinbar. Die abweichende Schlußversion, die aus einem didaktischen Psychodrama erwachsen kann, macht die Auseinandersetzung mit dieser Version und der ursprünglichen Erfahrung besonders spannend und kann zu einer tiefgehenden Beschäftigung mit beidem führen. Die vielzitierte „Anstößigkeit" biblischer Texte etwa wird dadurch spürbar. Sofern dann Schüler zu dem Ergebnis kommen, daß der kennengelernte Text für ihr Leben nicht relevant ist, so beruht diese Einschätzung auf eigener Erfahrung und einer ausführlichen Reflexion und nicht auf der Abwehr der Behandlung solcher Texte.

Wenn ich eingangs erwähnt habe, daß das didaktische Psychodrama den Unterricht für die Schüler lebendig werden läßt, dann gilt das im positiven und im negativen Sinn. Ein Lehrer, der das Arbeiten mit dem didaktischen Psychodrama beginnt, mag anfangs das Chaos groß, die Störung anderer Klassen unzumutbar und das Ergebnis fragwürdig finden. Hier können Sharing und Feedback der mitspielenden Schüler ein wichtiges Korrektiv sein. Ich möchte dies an einem Beispiel aus einer Lehrerfortbildung verdeutlichen:

Mit einer Gruppe von Religionslehrern habe ich eine Woche lang bibliodramatisch gearbeitet. Zum Abschluß sollten die Lehrer in Kleingruppen eine Unterrichtsstunde konzipieren, in der kleine psychodramatische Elemente zu erproben waren. Beim Ausprobieren dieser Stunden - die restlichen Teilnehmer übernahmen Schülerrollen - zeigten sich zwei Schwierigkeiten:

1. Viele Lehrer wollten psychodramatische Elemente benutzen, um biblische Geschichten lebendiger zu vermitteln. Sie stoppten die spielenden Teilnehmer, sobald sie sich nicht an den vorgegeben Text hielten. Das hatte zur Folge, daß die Rollenspielenden wütend und lustlos wurden, da ihre eigenen Empfindungen und Ideen nicht mehr zum Zuge kommen konnten. Spannend wurde für sie eine Geschichte dann, wenn sie

eigene Erfahrungen darin wiederfanden oder sich eine neue Version der Geschichte entwickelte.

2. Einige Lehrer brachten die Teilnehmer behutsam und erfolgreich zum Spielen, erschraken aber, sobald das Spiel von außen gesehen chaotisch wurde und sie die Fäden nicht mehr in der Hand hatten. Sie brachen das Spiel ab und erlebten ihre Arbeit als gescheitert. Das Feedback und die Einschätzung der beteiligten Mitspieler konnte diese Einschätzung häufig relativieren: die meisten Teilnehmer waren gefühlsmäßig stark beteiligt und hatten das Spiel keinesfalls chaotisch erlebt, sondern z.t. wichtige Erfahrungen für sich machen können.

3. Sharing und Feedback

Wenn ich mit dem didaktischen Psychodrama in einer Klasse beginne, fasse ich häufig Sharing und Feedback unter folgender Fragestellung zusammen:

- Wie ist es Dir in der Rolle gegangen?
- Warum hast Du diese Rolle gewählt?
- Was kommt Dir in der Rolle aus Deinem eigenen Leben bekannt vor?

Die Kombination aus Sharing und Rollenfeedback hat sich gerade zu Beginn meiner psychodramatischen Arbeit als günstig erwiesen. Schüler, die während des Spiels heftige Affekte erlebten, haben die Möglichkeit, im Schutz der Rolle etwas über sich persönlich zu sagen und zu erfahren. Allgemeine Hinweise auf persönliche Erfahrungen sind so gut möglich. Die Frage, warum jemand eine bestimmte Rolle gewählt hat, kann ihm zu wichtigen Einsichten in seine Persönlichkeit verhelfen. Mit dem Rollenfeedback entwickelt sich häufig eine persönliche, vertrauensvolle Gesprächsatmosphäre, so daß die Schüler zunehmend offener von sich reden. Zuweilen sind Schüler durch ihre Rolle persönlich stark betroffen und zeigen heftige Gefühle. Während hier in einer Psychodramagruppe eine Bearbeitung im Protagonistenspiel folgen würde, empfiehlt sich mit der Schülergruppe eine verbale Klärung.

Dies ist durch die knappe Zeit und die nach dem Spiel nachlassende Konzentrationsfähigkeit angezeigt. Auch läßt der Rahmen der pädagogischen Arbeit einen weitergehenden psychodramatischen Prozeß kaum zu.

Das Interesse der meisten Schüler am Thema ist durch das didaktische Psychodrama stark gestiegen. Häufig sind sie durch den persönlichen Bezug stark motiviert zur thematischen Weiterarbeit und entwickeln eigene Ideen und Wünsche dazu.

4. Abschlußphase

Im Anschluß an Spiel, Sharing und Feedback äußern Schüler in der Regel ein weitergehendes Interesse an den Hintergründen einer Geschichte, an ihrer Entstehung, am Autor. Dieser Neugierde und Motivation sollte die weitere Unterrichtsgestaltung Rechnung tragen.

„Caffe Greco" - eine Bildarbeit:

Eine 12. Jahrgangsstufe befaßte sich im Kunstunterricht mit dem Thema „Menschenbilder in der Kunst". Teil dieser Unterrichtsreihe war ein Museumsbesuch, bei dem die Ausstellung des italienischen Malers Renato Guttuso betrachtet wurde. Für die psychodramatische Arbeit im Rahmen dieses Museumsbesuches war zuvor die Nutzung des Werkraums mit dem museumspädagogischen Dienst vereinbart worden. Tische und Stühle standen in diesem Raum zur Verfügung.

Zunächst haben die Schüler eine Stunde zur Verfügung, die Ausstellung in ihrer Gesamtheit anzuschauen. Dann trifft sich die gesamte Gruppe vor dem Bild „Caffe Greco". Alle Schüler sind aufgefordert, das Bild in Ruhe zu betrachten und sich eine Person auszuwählen, mit der sie sich besonders identifizieren, die sie neugierig macht oder ärgert. Die Schüler sollen diese Person im Detail erforschen: die Körperhaltung, den Gesichtsausdruck, zu wem die Person Kontakt hat, etc. Alle sind aufgefordert, sich in die jeweilige Person hineinzuversetzen.

Im Werkraum des Museums ist mit Tischen und Stühlen das „Caffe Greco" eingerichtet worden. Die Schüler begeben sich an den Platz der von ihnen gewählten Person. Nacheinander werden sie jetzt von mir in ihren Rollen interviewt. Ich frage nach Namen, Beruf, was sie hier im Café gerade tun, wie ihre augenblickliche Stimmung ist, ggf. nach ihrem Kontakt zu anderen Personen im Café.

Nun beginnt das freie Gruppenspiel. Die „rote Rita" fängt mit dem Herrn rechts neben ihr ein Gespräch an. Als dieser auch auf ihre verstärkten Flirtversuche nicht reagiert, wendet sie sich frustriert von ihm ab und schweigt. Während die Dame mit dem Kuchen vorne links und das Paar hinten links in der Ecke es genießen, schweigend die anderen Besucher des Cafés zu beobachten, wird für andere, besonders für den Blinden, das eingetretene Schweigen sehr belastend. Dieses wird dadurch verstärkt, daß die sonst im Café aktiv integrierende Person, der Kellner, von den Schülern als Rolle nicht besetzt worden ist. Alle Besucher sitzen auf sich bezogen auf ihren Plätzen. Der durch das Schweigen verunsicherte Blinde fragt immer wieder: „Ist niemand hier? Wo ist der Kellner? Kann mir niemand etwas zu trinken besorgen?" Seine Fragen bleiben ohne Reaktion im Raum stehen.

An dieser Stelle unterbreche ich das Spiel und bitte um Sharing und Rollenfeedback. Die Teilnehmer sind durch das Spiel eher lustlos geworden. Dann wird im Sharing deutlich, daß die Stimmung im Café sichtlich ihre momentane eigene Befindlichkeit widerspiegelt. Die meisten fühlen sich völlig „ausgepowert", da sie in der letzten Zeit ständig für anstehende Klausuren lernen mußten. Diese Rückmeldung einiger Schüler führt dazu, daß die restlichen sich wieder lebhafter an der Auswertung beteiligen. Im Gespräch geht es nun um eigene Caféerfahrungen. Während einige Schüler genau wie im „Caffe Greco" die Anonymität des Cafés und die Möglichkeit, Unbekannte ungeniert zu betrachten, eher schätzen, erzählen andere - v.a. „der Blinde" - , daß sie, wie gerade im Spiel, auch im Alltag häufig unter der Anonymität im Café und in der Öffentlichkeit leiden. Der Vergleich zu anderen Ländern wird gezogen, in denen man viel zwangloser im Café fremde Menschen kennenlernen kann, aber auch die eigene Unfähigkeit und der fehlende Mut, dieses hier in einem Café zu tun.

Ich schlage vor, die Szene im Café noch einmal zu spielen, mit der Möglichkeit, einmal ein anderes Verhalten auszuprobieren. Dieser Vorschlag wird von den meisten gern angenommen. Jeder soll jetzt in seiner Rolle überlegen, wie er die Situation für sich positiv verändern kann. Nacheinander äußert jeder laut seinen Wunsch und probiert ihn dann aus. Viele gehen auf die Gruppe um die „rote Rita" herum zu und fragen, ob sie sich mit an den Tisch setzen können. Die Gruppe kommt miteinander ins Gespräch. Der Blinde probiert, sich von anderen etwas geben zu lassen. Einige bleiben auf ihren alten Plätzen sitzen.

Nach einer Weile breche ich das Spiel ab und bitte um ein kurzes Blitzlicht. Die meisten äußern, daß es Ihnen jetzt viel besser gehe.

Aus den Rollenfeedbacks werden weitere Themen deutlich. „Dem Blinden" - einer Schülerin, die das ganze Spiel über ihre Augen geschlossen gehalten hat - ist die Frage des Vertrauenkönnens als Thema aufgetaucht. Dieses sei auch ein entscheidendes Thema für sie hier in der Klasse und in ihrem sonstigen Leben. Bei „dem Japaner" - der Außenseiterin der Klasse - wird die Schwierigkeit, sich verständlich zu machen, das Thema „Fremdheit", deutlich. Die „rote Rita" erzählt, wie wichtig es ihr auch sonst sei, im Mittelpunkt zu stehen, wieviel Schwierigkeit sie mit Zurückweisung habe.
Nach dem Rollenfeedback haben mehrere Schüler den Wunsch, das Bild noch einmal genau angucken zu können, um ihre Wahrnehmung mit dem ursprünglichen Bild zu vergleichen. Vorher möchten sie aber noch einige Informationen zu dem Maler, einzelnen Personen auf dem Bild und dem Ort „Caffe Greco" haben.

In der Abschlußrunde äußern sich fast alle Schüler positiv über die Einheit. Viele wünschen sich, häufiger Bilder auf diese Weise zu erarbeiten.

Gruppenzentriertes Psychodrama und Soziometrie in der Arbeit mit Schulklassen und anderen Schülergruppen

Die eigene Klasse ist für Schülerinnen und Schüler eine wichtige soziale Bezugsgruppe in ihrem Leben. Schüler verbringen über Jahre hinweg den größten Teil ihrer Zeit in dieser von ihnen nicht freiwillig gewählten Gruppe. Die Dynamik innerhalb der Klassengemeinschaft stellt einige Schüler vor große Probleme: sie erleben sich in ihren Rollen oft als starr festgelegt, die Chance, aus eigener Kraft diese Rollen zu verändern, erscheint ihnen sehr gering. Das Angewiesensein aufeinander in einer derartigen Dichte führt häufig zu Konflikten, die durch schlechte Rahmenbedingungen (Klassenlehrer mit geringer gruppendynamischer Kompetenz, schlecht belebbare und gestaltbare Klassenräume, Schulorganisation etc.) noch verschärft werden können.

Konflikte und ein allgemeines Leiden am schlechten Klassenklima führen dazu, daß als Thema einer von mir angebotenen Klassentagung sehr oft „Ich und die anderen" gewünscht wird.
Für Schüler im Alter von 13-15 Jahren hat die Klassengemeinschaft auch deshalb eine herausragende Bedeutung, weil sie im Zuge ihrer Ablösung vom Elternhaus besonders stark auf die Gleichaltrigengruppe als Bezugsgröße angewiesen sind und sich auf dem Weg ihres Erwachsenwerdens Selbstzweifel und Rollenunsicherheiten verstärken.
Zu Beginn meiner Tagungsarbeit erschien es mir eher fraglich, ob ich in der mir zur Verfügung stehenden knappen Zeit, ohne vorherige Kenntnis einzelner Schüler und des sozialen Gefüges der Klasse, effektiv an Konflikten innerhalb der Gruppe mit psychodramatischen Elementen arbeiten könnte. Ich war skeptisch, ob nicht die Arbeit gerade durch die den Schülern fremde und von daher weniger kontrollierbare Methode Konflikte lediglich anreißen und durch unzureichende Bearbeitung mehr Schaden als Nutzen anrichten würde.
Die Praxis hat mich eines besseren belehrt. Nach meiner Erfahrung schlagen nur Schülerinnen und Schüler dieses Thema vor, die eine Verbesserung des Klassenklimas und eine Klärung vorhandener Konflikte ihren Mitschülern zutrauen, weil sie an deren Ressourcen und an die der ganzen Gruppe glauben. Außenseiter oder Klassen, die ob des schlechten Klimas resigniert haben, wählen dieses Thema von sich aus nicht. Schüler mit diesem Themenwunsch leiden unter dem Zustand ihrer Klasse. Sie wollen etwas verändern, wissen aber nicht, wie. Der Versuch, die Konflikte verbal anzugehen, ist häufig schon versucht worden, aber fehlgeschlagen.
Die Schüler sind ratlos und eher dankbar für die Möglichkeit, mit psychodramatischen Elementen zu arbeiten, weil sie sich von dieser ihnen unbekannten Methode eine Lösung versprechen. Schüler mit dieser Motivation benutzen durch eine Diagnose aufgedecktes persönliches Material

einzelner Schüler nicht gegeneinander. Das heißt, je mehr Schüler für das Thema „Ich und die anderen" stimmen, umso günstiger sind die Möglichkeiten, mit Hilfe des Psychodramas ihre Konflikte anzugehen.
Ich arbeite dabei unter folgenden Voraussetzungen:
- Ich fokussiere (fast) ausschließlich auf die ganze Gruppe. Auch bei Beziehungsklärungen zu zweit beziehe ich die ganze Klasse stark mit ein (zur Diagnose, zur Entwicklung alternativer Lösungen, im Feedback und Sharing).
- Die Bearbeitung ist ausschließlich auf das Verhalten im dargestellten Konflikt (im Hier und Jetzt) gerichtet, und in meinen Interventionen klingen allenfalls verdeckte Hinweise auf mögliche biographische Hintergründe an. Diese weiter zu beleuchten, kann nicht mehr Gegenstand der Gruppenarbeit sondern höchstens eines persönlichen Gesprächs sein.
- Ich richte den Blick stark auf die Ressourcen der Schülerinnen und Schüler und vermeide eine Defizitorientierung in der Betrachtung.
Damit positive Ansätze nicht zu schnell wieder vergessen werden, entwickle ich gemeinsam mit den Schülern konkrete Schritte zur eigenen Weiterarbeit. Eine gruppenzentrierte Psychodramaarbeit, wie sie auf Klassentagungen zur Anwendung kommt, läuft gewöhnlich in folgenden fünf Schritten ab:
1. Warming-up
2. gemeinsame Exploration der Problemsituation
3. Bearbeitungsphase mit psychodramatischen Mitteln
4. Feedback und Sharing
5. Planung einer möglichen Weiterarbeit.

1. Warming-up
Hier wähle ich Einstiege,
- die den Akzent auf die eigenen Stärken und Ressourcen setzen. Z.B. bietet sich eine Namensrunde an, in der sich jeder mit drei seiner Stärken vorstellt oder von anderen vorgestellt wird. Möglich sind auch Selbstdarstellungen mit kreativen Medien, etwa die Gestaltung einzelner Puzzleteile mit einem Foto und einem Bild der eigenen Interessen und Stärken. Ein solches Puzzle kann anschließend im Klassenraum aufgehängt werden.
- die die Phantasie anregen und zur Arbeitsform „Psychodrama" hinführen. Erfragt werden z.B. in einer Vorstellungsrunde Phantasien, was ein jeder am liebsten mit einer prominenten Person seiner Wahl auf einer Traumreise tun würde, welches die persönlichen Lieblings- und Antirollen sind, etc. Gute Erfahrungen habe ich auch mit Bewegungsübungen, diversen Begrüßungsspielen, Vertrauensspaziergängen etc. gemacht.

Das Warming-up soll ein gutes, lustvolles Arbeitsklima schaffen, die Einzelnen für ihre eigenen Ressourcen anwärmen, ihnen unbekannte Aspekte aneinander vermitteln und die Gruppe spielerisch miteinander in Kontakt bringen.

2. Exploration der Problemsituation

Die Schülerinnen und Schüler klären gemeinsam, welche Themen sie miteinander bearbeiten wollen.

Bei einer unspezifischen Konfliktlage oder dem Wunsch, an der Verbesserung der Klassengemeinschaft zu arbeiten, schiebe ich gewöhnlich eine Phase ein, in der jeder Schüler für sich das Problem und/oder seine Wünsche genauer herausfinden kann. Bei kleinen Gruppen wähle ich gerne eine soziometrische Darstellungsform: Jeder Schüler soll sich die Klasse als Märchen, als Theater, als Bauernhof, als Fahrrad vorstellen und jedem eine Rolle zuschreiben, die dessen Funktion in der Klasse entspricht. Bei größeren Klassen ist es einfacher, auf eine individuelle Rollenzuschreibung zu verzichten und jeden seinen Traum von einer Klassengemeinschaft phantasieren zu lassen. Eine Variante davon ist die Vorstellung von zwei Fotos, die das Klima in der Klasse widerspiegeln, einem Real- und einem Wunschfoto. Dieses kann dann ohne konkrete Rollenzuschreibungen aufgebaut und inszeniert werden (z.B. Realfoto: Bahnhof, auf dem alle aneinander vorbeilaufen, Wunschfoto: Kaffeetafel, an der alle zusammensitzen und miteinander reden).

Die Einzelarbeit in der Phase der Konkretisierung der Problemlage ermöglicht es auch stilleren und langsameren Schülern, ihr eigenes Bild zu entwerfen. Eine derartige Einstimmung in eine bildhafte Darstellungsform setzt die Phantasie der Schüler weiter in Gang und macht ihnen in der Mehrzahl sehr viel Spaß. Schon in dieser Vorphase wird vielen gerade durch das Mittel der Verfremdung die Problematik der Gruppe bewußt. Die Arbeit mit Träumen und Wunschphantasien zielt stark auf die Ressourcen der Schüler und der Klasse als Gesamtheit.

Manchmal werden bereits in einer ersten Runde konkrete Wünsche nach Beziehungsklärungen angemeldet. Dann ist es möglich, direkt zur szenischen Darstellung eines Konfliktes überzugehen, nachdem ich mich bei den restlichen Schülerinnen und Schülern rückversichert habe, daß sie bei dieser Beziehungsarbeit emotional beteiligt sein können. Eine sorgfältige Überprüfung der Arbeitsmotivation der restlichen Klasse halte ich für entscheidend. Eine am Geschehen uninteressierte Restklasse kann so „wegsacken" oder stören, daß eine psychodramatische Arbeit gar nicht oder nur mit Mühe zu Ende zu bringen ist. Sowohl ein Abbruch einer Beziehungsklärung, als auch eine nichtgelingende Reintegration in die Klassengemeinschaft von Schülern, die sich durch eine Konfliktbearbeitung exponiert haben, ist für alle Beteiligten eher schädlich als nützlich. Ist eine

Klasse nur partiell an einer Konfliktbearbeitung interessiert, gibt es die Möglichkeit, den Konflikt außerhalb der Gruppenzusammenkünfte weiterzubearbeiten (siehe mein Beispiel „Katrin", eine Beziehungsklärung).

3. Darstellungs- und Bearbeitungsphase

In dieser Phase können durch die szenische Darstellung Gefühle von Ärger, Wut, Enttäuschung oder auch Zuneigung zum Ausdruck kommen, Ängste und Befürchtungen werden deutlich, Mißverständnisse können geklärt werden. Durch „surplus reality", (Moreno) wie z.b. Zukunftsprobe, können andere Umgangsweisen miteinander erprobt und neue Zugangsmöglichkeiten zueinander eröffnet werden.

Bei soziometrischen Zuordnungen bitte ich die Schüler, die Rollen an die einzelnen Mitschüler und sich selbst zu verteilen und diese auf der Bühne zueinander in Beziehung zu setzen. Danach kann entweder ein Gruppenspiel folgen, so daß die einzelnen Schüler aus ihren Rollen heraus Kontakt zueinander aufnehmen können, oder die einzelnen werden, nachdem das Bild aufgebaut ist, gefragt, ob sie eine Klärung ihrer Rolle wünschen. Dies kann dann wiederum mit psychodramatischen Mitteln erfolgen.

Bei der Arbeit mit Real- und Wunschfoto lasse ich das Realfoto aufbauen. Aus dem Sharing heraus kann ein gemeinsames Wunschfoto erarbeitet und in Handlung umgesetzt werden. Eine nonverbale Arbeitsmöglichkeit ist die „slow motion"-Technik aus dem Theaterspiel. Die Klasse verändert das Realfoto gemeinsam in das Wunschfoto durch langsame körperliche Bewegungen. Dabei gibt es die Möglichkeit, zwischendurch zu stoppen und die einzelnen monologisieren zu lassen. Als weitere Technik bietet sich das Spiegeln an, so daß Einzelne von außen Veränderungsmöglichkeiten entwickeln können. Auch an diese Arbeit schließen sich häufig Beziehungsklärungen an.

Konkrete Konflikte zwischen Einzelnen oder Subgruppen lösen sich häufig überraschend schnell, sobald der Konflikt szenisch dargestellt wird (meist an der konkreten Ausgangsszene). So kann sich die ganze Klasse ein genaues Bild des Konflikthergangs machen. Dadurch wird oft die Situation für die Betroffenen erheblich verändert, da Konflikte häufig über Dritte nach deren Version weitergegeben werden und die Parteinahme Unbeteiligter davon beeinflußt ist. Durch die Wiederholung der Konfliktszene vor der Klasse können/müssen sich die anderen Schüler ein eigenes Bild vom wirklichen Konflikthergang machen. Auch ein einfacher Rollentausch mit dem Konfliktpartner hat oft eine verblüffende Wirkung. Aus der Sicht des anderen werden Mißverständnisse oder eigene Verhaltensmuster deutlich und können schnell zur Klärung gebracht werden.

Im Durchspielen eines Konfliktes werden unausgesprochene Gefühle - häufig auch Beziehungswünsche an den anderen - sichtbar. Diese können durch Monologisieren oder Doppeln von Freunden oder Mitbeteiligten schärfer herausgearbeitet werden. Schon eine kurze Szene kann Mißverständnisse klären, Rollenzuschreibungen geraten ins Wanken, und es besteht die Chance zu einer positiven Veränderung der Gruppenstruktur. Dieses läßt sich in einer Zukunftsprobe manifestieren, in der die Konfliktpartner einen neuen Umgang miteinander ausprobieren. Dabei ist es fruchtbar, die Mitschüler mit ihren Ideen einzubeziehen.

Ein wichtiges Ziel einer Beziehungsklärung kann auch die Feststellung sein, was miteinander möglich ist, was man in Zukunft miteinander neu probieren kann und was nicht miteinander möglich ist. Ein kollektiver Rollentausch erweist sich bei Themen, die alle betreffen (z.B. Verhältnis Mädchen/Jungen), als ein wirksames Mittel, um eine gegenseitige Einfühlung zu ermöglichen und mehr Verständnis füreinander zu wecken.

4. Feedback und Sharing
Diese Phase dient der (Re-) Integration Einzelner nach Beziehungsklärungen. Im Sharing erfahren die Protagonisten, daß sie mit ihrem Problem nicht allein in der Klasse sind. Ein gutes Sharing vermittelt denen, die gearbeitet haben, das Gefühl, von der Klassengemeinschaft getragen zu sein. Die nicht unmittelbar beteiligten Schüler haben jetzt die Möglichkeit, eigene Gefühle und Eindrücke zu äußern, weiteres Feedback zu geben und so eigene Spannungen abzubauen. Diese Phase leitet von einer stark emotionalen Involviertheit im Spiel auf eine sachliche Ebene über.

Feedback und Sharing sind in dieser gruppenzentrierten Arbeit eng miteinander verbunden. Das Feedback unterstützt die Arbeit der Beziehungsklärung, da zusätzliche Sichtweisen anderer Schüler beigetragen werden.

5. Manifestation und Planung der eigenen Weiterarbeit
Nach der Arbeit an einer Verbesserung der Klassengemeinschaft stellt sich oft die Angst ein, alles könne schnell wieder so werden wie vorher. Deshalb ist es hilfreich, gemeinsam konkrete Schritte der eigenen Weiterarbeit zu planen. Für Arbeiten mit einzelnen Schülern eignen sich dafür konkrete Symbole, die sie mit sich herumtragen können. Bewährt haben sich auch schriftliche Feedbacks, die sich auf positive Verhaltensweisen und Wünsche beschränken („Ich mag an Dir...", „Ich wünsche mir von dir..."). Für die ganze Klasse empfehlen sich selbstgefertigte Plakate, auf denen die Schüler wichtige Ergebnisse und Vorsätze festhalten. Diese können im Klassenraum zur ständigen Erinnerung aufgehängt werden. Oft ist die Vereinbarung außerschulischer Treffen oder das Wahrnehmen von Verfügungsstunden mit dem Klassenlehrer der Fortsetzung des begonnenen Prozesses förderlich. Für solche Vorhaben sollte der erste Termin verbind-

lich abgesprochen werden. Generell sind die anvisierten Ziele so konkret und klein zu benennen, daß sie von der Klasse aus eigener Kraft zu bewältigen sind.

„**Das Starlet**"- eine soziometrische Darstellung mit anschließender Beziehungsklärung. Der Religionskurs einer 9. Klasse hatte sich als Thema für eine Klassentagung „Ich und die anderen" gewählt. Besonders Martina, ein Mädchen mit einem guten sozialen Status innerhalb der Mädchengruppe, plädierte für dieses Thema. Die Schülerinnen und Schüler beklagten, daß sich das Klima in ihrer Klasse seit einiger Zeit erheblich verschlechtert habe. Durch die soziometrische Darstellung der Klassengemeinschaft im Rahmen der Tagung wurde allen deutlich, daß Martina dabei eine Schlüsselrolle spielte. Sie war bis vor kurzem mit Dirk befreundet, der eine wichtige Rolle in der Jungenclique hat. Mit dem Ende dieser Beziehung hatten sich zwischen Mädchen und Jungen Umgangsformen entwickelt, unter denen besonders die Mädchen litten. Sie erlebten die Jungen ihnen gegenüber als arrogant.

Im ersten Teil bekamen alle Schülerinnen und Schüler die Aufgabe, eine soziometrische Darstellung der Klasse als Bauernhof, Theater, Märchenfiguren oder Fahrrad zu erarbeiten. Anschließend konnte, wer wollte, sein Bild aufbauen und damit arbeiten.

Dirk wählt als Darstellungsform die Funktionen in einem Theater. Er gruppiert seine Mitschülerinnen und Mitschüler im Kreis und gibt den meisten - auch sich selbst- „tragende Nebenrollen". Zuletzt holt er Martina, stellt sie in die Mitte des Kreises und gibt ihr die Rolle des Starlets. Als ich danach frage, wer mehr über seine Rollenzuweisung von Dirk erfahren wolle, antwortet Martina, sie wisse nicht genau, was ein Starlet sei.

Ich lasse Dirk einen Rollentausch machen. Dirk im Rollentausch: „Ich habe hier die wichtigste Rolle. Ich bin schön und raffiniert. Aber manchmal tue ich einfach dumm. Wenn ich etwas nicht an mich ranlassen will, dann spiele ich einfach die Naive."

Rollentausch zurück. Martina in der Starletrolle reagiert wütend (sie hat aus Dirks Eindoppelung verstanden: „Du bist dumm"): „Stimmt, ich verstehe oft nicht, was du meinst. Seit du soviel mit deiner Musikclique zusammen bist, redest du immer so geschwollen. Und dann traue ich mich nicht nachzufragen. Du sollst nicht merken, daß ich dich nicht verstanden habe, weil ich Angst habe, du lachst über mich. Und dann komme ich mir ganz klein vor." Auf meine Nachfrage, „wie klein?", zögert sie erst, dann nimmt sie einen Stuhl und läßt Dirk hinaufsteigen. Martina: „Ja, so klein! Und das will ich nicht. Dann gehe ich lieber!" Ich bitte sie, dieses für alle sichtbar zu tun. Sie stellt sich einige Meter von Dirk entfernt, das Gesicht von ihm abgewandt.

Dirk ist sichtlich betroffen. Als ich ihn frage, wie er die Situation zwischen den beiden zur Zeit erlebt, bestätigt er den Abstand: „Ich kann

Martina nicht erreichen, wenn sie die Naive spielt. Sie redet dann einfach nicht mehr mit mir.- Aber das mit meiner Clique stimmt. Am Anfang fand ich das ganz toll, daß ich mit denen so viel diskutieren konnte, so abgehoben, aber jetzt finde ich das manchmal unheimlich geschwollen. Mich nervt das in letzter Zeit. Ich fühle mich draußen aus der Klassengemeinschaft. Das stinkt mir."

Auch Martina ist mit ihrer Position Dirk gegenüber unzufrieden.

Ich fordere beide auf, miteinander auszuprobieren, wieviel Nähe oder Abstand sie im Moment zueinander wollen. Dirk steigt vom Stuhl, Martina dreht sich um. Sie nehmen Blickkontakt zueinander auf und gehen dann langsam aufeinander zu. Dicht voreinander bleiben sie stehen und sehen sich weiter schweigend an.

Auf meine Nachfrage, ob der Abstand zwischen beiden im Moment so stimme, sagt Martina: „So ist es besser. Ich fühle mich nicht mehr so klein." (Auf die Frage nach ihren Wünschen an Dirk:) „Ich will, daß du nicht lachst, wenn ich dich nicht verstehe. (sehr leise:) Ich will was von dir."

Dirk nickt zustimmend. Sein Wunsch an Martina lautet: „Du sollst nachfragen, wenn du mich nicht verstehst. Ich gebe mir Mühe." Nachdem die beiden sich noch einen Augenblick schweigend angesehen haben, breche ich die Szene mit ihrem Einverständnis ab.

In der folgenden Feedback- und Sharingrunde sprechen mehrere Mädchen Dirks Verhalten in den letzten Wochen an, die arrogante Haltung, die er ihnen gegenüber gezeigt hat. Ich verweise auf den von Dirk geäußerten Wunsch, seine Haltung ihnen gegenüber zu ändern, und ihre Möglichkeit, ihn dabei zu unterstützen.

Martinas Starletrolle wird von vielen in Bezug auf Martinas wichtige Position in der Klasse bestätigt. Die Freunde von Dirk machen Martina darauf aufmerksam, daß auch sie ihnen gegenüber sehr abweisend sei, seit sie mit Dirk verkracht ist, obwohl sie nichts dafür könnten.

Martina und Dirk sind beide sehr erleichtert über ihre Arbeit. Im Laufe der Tagung schließen sie sich wieder enger aneinander. Das wirkt sich auf das Klima der gesamten Klasse spürbar positiv aus.

„Katrin" - eine Beziehungsklärung

Eine konkrete Beziehungsklärung ergab sich in einer 8. Klasse, nachdem die Schülerinnen und Schüler ihre Traumziele für eine ideale Klassengemeinschaft formuliert hatten.

Bei der Suche nach Gründen, die eine gute Klassengemeinschaft verhindern, wird das Verhalten von Katrin innerhalb der Mädchengruppe angesprochen. Katrin ist eigentlich recht beliebt in der Klasse, aber seit einigen Wochen ist der Umgang mit ihr schwierig geworden. Seit dieser Zeit ist Katrin eng mit Anne, einer Klassenkameradin, befreundet, und wenn sie mit Anne zusammen ist, tuschelt und kichert Katrin ständig mit ihr. Dieses Verhalten löst bei den Mitschülerinnen und einigen Mitschülern eine starke Verunsicherung aus: sie haben das Gefühl, daß Katrin und Anne über sie tuscheln und fühlen sich darüber hinaus von den beiden ausgeschlossen.

Katrin ist über diese Rückmeldung mehrerer Mädchen und zweier Jungen völlig erschrocken. Sie versteht nicht, warum die anderen sie so hart angreifen. Sie sei im Zusammensein mit Anne albern, aber das habe nichts mit den anderen zu tun. Die anderen widersprechen vehement. Ich frage nach einem konkreten Beispiel, anhand dessen wir uns die Situation genauer betrachten könnten. Spontan ergreift Nina das Wort und erzählt, wie sie am vergangenen Abend in das gemeinsame Zimmer von Katrin, Anne und ihr gekommen sei. Katrin und Anne hätten bei ihrem Eintritt so zu kichern und tuscheln begonnen, daß sie gar nicht erst hereingegangen sei. Deutlich sind Nina die Wut und die Scham über dieses Erlebnis anzumerken.

Katrin widerspricht sofort heftig, sie habe bestimmt nicht über Nina gelacht. Ich unterbreche sie und schlage vor, sich die Szene einmal anzugukken. Beide sind einverstanden. Nina baut die Szene auf. Katrin und Anne liegen auf dem Bett und lachen. Nina kommt an die Tür und schließt sie sofort wieder. Ich lasse sie einen Moment lang vor der Tür monologisieren. Dabei wird ihre Unsicherheit deutlich. Nina öffnet die Tür. Ich lasse Katrin und Nina die Rollen tauschen. In Ninas Rolle reagiert Katrin zuerst empört: „Da stört doch jeder, das sieht man doch!" Dann geht Katrin aus dem Bild heraus und guckt sich die beiden auf dem Bett an: „So bin ich? Das will ich doch gar nicht. Ich will keinen ausschließen." Sie beginnt zu weinen. Christiane steht auf, um Katrin ein Taschentuch zu geben. Beide nehmen sich in den Arm. Die restlichen Schüler sind sehr erschrocken über Katrins Weinen. Ich bitte die, die sich Katrin jetzt nahe fühlen, näher zu kommen und sich um sie herum zu setzen. Fast alle Mädchen und ein Teil der Jungen tun dies. Nach einer Weile hört Katrin auf zu weinen. Auf meine Aufforderung hinzugucken, wie nahe ihr die anderen momentan sind, sieht sie sich um, lacht und weint zugleich. Die Klasse ist sehr berührt von Katrins Reaktion. Mehreren - auch Nina - stehen Tränen in den Augen. Katrin fühlt sich erleichtert. Die anderen geben ihr Rückmeldungen. Dabei wird deutlich, daß hinter der Verärgerung über Katrins Tuscheln und Kichern bei vielen Mädchen der Wunsch steckt, mal wieder etwas mit Katrin zu machen, da sie durch ihre Beziehung mit Anne sehr absorbiert war.

Ich frage sowohl die Klasse als auch Katrin nach konkreten Wünschen aneinander. Katrin wünscht sich, daß die anderen sich nicht durch ihr Kichern abschrecken lassen, sie anzusprechen. Zu Anne sagt sie: „Du bist meine beste Freundin, aber mit den anderen will ich auch noch was machen." Einige der Mädchen treffen konkrete Verabredungen mit Katrin. Bei Nina wird deutlich, daß sie mit Katrin und Anne noch einen größeren

Klärungsbedarf hat. Ein Gesprächsangebot für alle drei in einer längeren Pause wurde gern angenommen und die Beziehung der drei dort bearbeitet.

Protagonistenzentriertes Arbeiten

Im Rahmen von Klassentagungen habe ich sehr selten protagonistenzentriert gearbeitet und dann ausschließlich auf der Realitätsebene. Bei meinen Arbeitsbedingungen halte ich diese Arbeitsform auch nur für bedingt angebracht. Ich wähle sie allenfalls im Rahmen längerer Seminare mit Schülern, die sich bewußt für die Arbeit mit Psychodrama entschieden haben. Die beiden folgenden Beispiele sind unter solchen Arbeitsbedingungen entstanden. Es wurden Themen gewählt, für die sich ein protagonistenzentriertes Arbeiten besonders anbot. Beide Gruppen wurden von mir ausführlich über das Psychodrama, seinen Ablauf und seine Ziele informiert. Dann wurden die Schüler gefragt, wer sich eine Arbeit mit dieser Methode vorstellen könne, und diejenigen, die so arbeiten wollten, bildeten eine Gruppe. Dabei habe ich noch einmal nachdrücklich darauf hingewiesen, daß jeder das Recht habe, seine eigenen Grenzen beim Arbeiten zu setzen. Beide Gruppen zeigten sich sehr neugierig und motiviert. Besonders die Gruppe, die das Thema „Träume" wählte, konnte sich gut vorstellen, auf diesem Wege einen besonderen Zugang zu ihren Träumen und ihrem Unbewußten zu finden. In beiden Gruppen kamen Hilfsmittel zum Einsatz.

„Begegnung mit dem Fremden in mir"

12 Teilnehmer/-innen zwischen 16 und 18 Jahren beschäftigten sich in einem Seminar „Alle Menschen sind Ausländer" mit dem Thema Fremdheit. Für die im Folgenden beschriebene Einheit, in der ich mit psychodramatischen Mittel arbeitete, stand ein Tag zur Verfügung. An Materialien wurden Schminke, Schminkutensilien sowie große und kleine Spiegel eingesetzt. Am Vormittag wurden einige Schminktechniken vermittelt.

Nach dem warming-up teilt die Gruppe sich am Nachmittag in Paare auf. Jeder wählt für sich zwei gegensätzliche Seiten, die er gern ins Gesicht geschminkt bekommen möchte: eine, die ihm mehr vertraut ist, und eine ihm eher fremde (Tod/Leben; hübsch/häßlich,...). Der Partner bekommt genaue Anweisungen, wie die Seiten aussehen sollen. Während dieser schminkt, kann der zu Schminkende mit einem kleinen Spiegel überprüfen, ob die Ausführung seinen Vorstellungen entspricht. Nach Fertigstellung der beiden Gesichtshälften werden diese je für sich und als Kombination mit Foto und Video aufgenommen. Dann wird mit dem Schminken gewechselt. Als alle fertig sind, nimmt jeder einen Spiegel und betrachtet intensiv zunächst seine vertraute Seite. Nacheinander monologisieren die Teilnehmer, während sie in den Spiegel sehen, über ihre vertraute Seite. Danach kommt die unvertraute Seite an die Reihe. Anschließend finden

die Teilnehmer für beide Seiten eine Rolle, um zu zweit oder allein eine Szene zu entwickeln, die auf der mit Spiegeln ausgekleideten Bühne dargestellt wird. Dabei ist nach jedem Rollentausch genügend Zeit, um sich in die andere Seite einzufühlen.
Nadine hat sich in die eine Gesichtshälfte eine Deutsche schminken lassen, die andere ist schwarz gestaltet. Sie spielt eine Szene zum Thema „Ausländer in Deutschland". Nadine spielt diese Szene allein. Die Ausländerin und die Deutsche gehen auf der Straße aneinander vorbei und stoßen sich versehentlich an. Die Deutsche beginnt, die Ausländerin zu beschimpfen, sie nähme den Deutschen Wohnung und Arbeitsplatz weg, sei schmutzig, usw. Nadine tauscht in die Rolle der Afrikanerin und verteidigt sich. Während die Gruppe an dieser Stelle noch herzlich über die Schlagfertigkeit der Afrikanerin lacht (Nadine kontert in gebrochenem deutsch: „Ich schmutzig? Ich saubere Socken, du dreckige Socken!"), schweigt sie nach dem nächsten Rollentausch betroffen und schaut wie gebannt auf die Bühne. Nadine wird in der Rolle der Deutschen immer heftiger und wirkt stark identifiziert mit dieser Rolle. Die Beschimpfungen werden immer wüster. In unglaublich schnellem Rollentausch springt Nadine auf der Bühne zwischen den beiden Fixpunkten hin und her, die sie sich auf dem Fußboden gesucht hat. Während sie in der Rolle der Afrikanerin zunehmend schweigsamer wird, steigert sie sich immer mehr in die Rolle der ausländerfeindlichen Deutschen hinein. Mitten im Spiel bricht sie die Szene erschrocken ab und setzt sich zu den anderen. In ihrem Sharing ist ihr Erschrecken über die starke Identifikation mit der Deutschen deutlich zu spüren. Sie erzählt, daß sie sich zu Hause und in der Schule immer sehr für das Bleiberecht von Ausländern eingesetzt habe. Heute sei ihr zum ersten Mal klar geworden, wie stark ihre Ängste und Vorbehalte in Wirklichkeit seien, auch wenn sie das lieber nicht wahrhaben würde. Die ganze Gruppe ist sehr berührt von dem Gesehenen. Einige stimmen zögernd Nadine zu. Auch sie würden diese Seite in sich lieber verleugnen, aber sie hätten gemerkt, wie auch sie stark mit der Deutschen identifiziert waren. Zum ersten Mal wird es in dieser Gruppe möglich, miteinander über diese Aspekte zu reden. Während die Teilnehmer sich zuvor verächtlich über Ausländerfeinde und deren Vorurteile äußerten und sich eindeutig auf der Seite der „Wahren und Aufrechten" wähnten, kamen sie nun mit ihren eigenen Ambivalenzen in Kontakt. Für die Diskussion der folgenden Tage war dies ein wichtiger Schritt.

„Konfrontation mit dem Verfolger" – eine Traumarbeit
Eine Schülergruppe einer 8. Gesamtschulklasse hat sich die Arbeit mit eigenen Träumen als Thema gewünscht. Zur Vorbereitung bitte ich sie, einen ihnen wichtigen Traum möglichst genau zu erinnern und aufzuschreiben. Als Hilfsmittel steht der Verkleidungskoffer zur Verfügung.

Zur Einstimmung legen sich die Schülerinnen und Schüler in ihrer Schlafhaltung auf Decken und Jacken, auf die Tische und den Fußboden. Die Vorhänge des Klassenzimmers werden zugezogen. Die Schüler versuchen, sich noch einmal an wichtige Ereignisse des Tages vor ihrem Traum zu erinnern. Dann schließen sie die Augen und lassen ihre Traumbilder wieder entstehen. Sie benennen die Themen ihrer Träume und entscheiden sich gemeinsam für eine Arbeit an Markus' Traum - einem Fluchttraum.

Markus erzählt, daß sein Traum auf ein reales Erlebnis zurückgeht, das er einige Tage vorher gehabt hat. Einige der anwesenden Mitschüler waren ebenfalls dabei.

Ich lasse Markus die erste Szene aufbauen: Markus kommt mit seinem neuen Fahrrad, auf das er sehr stolz ist, auf den Spielplatz in seinem Wohngebiet. Dort trifft er seine beiden Freunde. Für das folgende Spiel besetzt Markus diese Rollen mit den realen Personen. Die weitere Arbeit am Traum wird dadurch erschwert, daß die beiden immer wieder versuchen, Markus Sichtweise zu korrigieren. (Auch der Hinweis darauf, daß dieses Markus' Traum sei und sie in der Abschlußrunde ihre Sichtweise darstellen könnten, kann ihre lebhafte Beteiligung nur kurzfristig bremsen.) Andererseits ist ihre auch emotional große Beteiligung eine hilfreiche Unterstützung für Markus, seine Gefühle aktuell wiederzuerleben und zu zeigen.

Auf einer Bank am Rand des Spielplatzes sitzen ein paar angetrunkene „Halbstarke" (Markus bekannte Jugendliche aus dem Wohnblock). Mit Spaß verwandelt die Gruppe mit wenigen Utensilien aus der Kleiderkiste die ausgewählten Hilfs-Ichs in wilde „Halbstarke". Nacheinander lasse ich Markus in die Rollen der Halbstarken tauschen. Dabei gelingt ihm eine erste wichtige Differenzierung der Gruppe: Im Rollentausch wird deutlich, daß der Anführer Markus und seine Freunde „aufmischen" will, den beiden anderen Jugendlichen ist das egal, die dazu gehörenden Mädchen sind dagegen.

Im ständigen Rollentausch mit dem Anführer spielt Markus die Szene. Als Anführer tritt er sehr stark auf, in seiner eigenen Rolle steigt seine Angst. Da auch seine beiden Freunde sich an ihre Angst erinnern, setze ich sie jetzt als Doppel für Markus ein.

Markus erzählt, daß er und seine Freunde in der Realität damals weggelaufen wären und die Halbstarken sein neues Fahrrad demoliert hätten, während er im Traum weglaufen wollte und nicht konnte, weil er wie gelähmt war. Dann sei er laut schreiend aufgewacht. Ich frage Markus, ob er hier im Spiel einmal etwas Neues ausprobieren wolle. Markus greift meinen Vorschlag auf, dreht sich im Weglaufen um und sieht den Anführer an, der nah vor ihm steht. Er wird wütend: „Du Schwein, immer auf die Schwächeren, du feige Sau!" Den Anführer beschimpfend, drängt er ihn in

die Ecke des Raumes. Dann geht er zufrieden mit dem Ergebnis in die Mitte zurück.
Die Szene in den Traum zurückzuführen und Markus im Bett wieder aufwachen zu lassen, gelingt nicht mehr. (Ich erzähle den Schülern ganz am Schluß, daß dieses gewöhnlich das Ende einer Traumarbeit sei, um den Unterschied zwischen Traum und realem Erleben deutlich zu machen).

Die Feedback- und Sharingphase ist sehr lebhaft. Viele erzählen von Fluchtträumen und damit verbundenen Angst- und Lähmungsgefühlen. Die Konfrontation mit dem Verfolger in Markus' Spiel haben sie mit Spannung verfolgt. (Ich gebe ihnen weitere Hinweise, wie sie selbst mehr über derartige Traumfiguren herausbekommen können). In einer zweiten Runde werden noch einmal der Bezug zur Realität hergestellt und weitere Ideen und Grenzen im realen Umgang mit Bedrohungen durch aggressive Jugendgangs entwickelt.

Abschließende Bemerkungen

Ich hoffe, daß mein Beitrag dazu anregt und Mut macht, verstärkt im schulischen Kontext mit psychodramatischen Elementen zu arbeiten. Wie die Beispiele zeigen, genügt der Einsatz einiger weniger psychodramatischer Techniken, um Schülerinnen und Schülern intensive Lernerfahrungen für sich selbst und innerhalb ihrer Klassengemeinschaft zu ermöglichen. Meine Arbeitsmöglichkeiten mit dem Psychodrama sind strukturell begrenzt. Lehrerinnen und Lehrer, die eine Klasse über einen längeren Zeitraum begleiten, können sicher wesentlich effektiver psychodramatisch arbeiten.

Dazu ist zum einen wichtig, die Schüler ausreichend auf diese Arbeitsmethode vorzubereiten und nicht gegen ihren Willen damit zu arbeiten. Nicht in jeder Klasse wird eine Arbeit mit dem Psychodrama möglich sein. Grundsätzlich schätze ich jedoch das Bedürfnis der Schülerinnen und Schüler nach persönlich orientierten Lernformen und ihre Bereitschaft, sich auf unbekannte Methoden einzulassen, hoch ein.

Zum anderen sind psychodramatische Aus- und Fortbildungsangebote für Lehrerinnen und Lehrer erforderlich. Bisher gibt es diese meiner Kenntnis nach nur in Form von Selbsterfahrungs- und Supervisionsgruppen auf regionaler Ebene. Die größeren Ausbildungsinstitute haben sowohl vom thematischen Angebot ihrer Sonderseminare als auch von ihrem Ausbildungsrahmen her Lehrerinnen und Lehrer kaum im Blick. Da gilt es, durch Nachfrage Angebote zu schaffen.

Literatur:

LEUTZ; G. A., Das klassische Psychodrama nach J. L. Moreno; Berlin, Heidelberg, New York: Springer Verlag 1974

PETZOLD, Hilarion (Hrsg.), Angewandtes Psychodrama in Therapie, Pädagogik und Theater; Paderborn: Jungfermann Verlag 1978

PETZOLD, H., ILJINE, V. N., ZENKOVSKIJ, B., Didaktisches Theater in der schulischen Erziehung. In: Petzold, Hilarion (1978), S. 387 ff

PETZOLD, H. und SCHULWITZ I., Tetradisches Psychodrama in der Arbeit mit Schulkindern. In: Petzold, Hilarion (1978), S. 394 ff

YABLONSKY, L., Psychodrama. Die Lösung emotionaler Probleme durch das Rollenspiel; Stuttgart: Klett-Cotta: 1978

Psychodramaelemente in der Sexualpädagogik

von Christa Limmer und Claus Nowak

1. Einleitung

Das Bedürfnis, sich mit Sexualität zu beschäftigen ist ebenso groß, wie die Hemmschwelle hoch ist. Dies gilt für die Lerngruppe ebenso, wie für die LeiterInnen. Nach wie vor ist Sexualität kein vertrautes Thema, nicht in der außerschulischen und schon gar nicht in der schulischen Jugendarbeit. Dies um so mehr, wenn man Sexualpädagogik, über eine Vermittlung von Organfunktionen hinaus, vor allem als Begleitung junger Menschen auf ihrem Weg zu sexueller Identität begreift. D.h. als Unterstützung bei der Bewältigung der Entwicklungsaufgaben in diesem schwierigen Lebensabschnitt Pubertät. Dazu gehören die
- Aneignung eines neuen Körperbildes,
- Übernahme einer differenzierteren Geschlechterrolle,
- Fähigkeit zur Aufnahme intimer Beziehungen,
- Herausbildung eines Werte- und Normensystems,
- Ablösung vom Elternhaus,
- Entwicklung von Zukunftsperspektiven.

Die Arbeit mit diesen sehr persönlichen Themen erfordert ein ganzheitliches Vorgehen. Hier haben sich die verschiedenen Methoden Lebendigen Lernens gut bewährt. Dazu gehört unter anderem auch das Rollenspiel, ergänzt durch Elemente des Psychodramas.

Bei der Arbeit mit Psychodramaelementen in der Sexualpädagogik geht es weniger um das therapeutische Durcharbeiten sexueller Probleme, als um das Einüben von Rollenflexibilität, Rollendistanz und Empathie, letzteres vor allem in Bezug auf das andere Geschlecht. Darüber hinaus bietet das Psychodrama die Möglichkeit des „Probehandelns". Da gerade im Bereich Sexualität Werte und Normen eine zentrale Rolle spielen, ist ein Perspektivenwechsel hier besonders wichtig, um subjektive Sichtweisen zu relativieren.

2. Arbeit mit MultiplikatorInnen

Wenn ich mich dazu entschließe sexualpädagogisch zu arbeiten, sei es als LehrerIn oder MitarbeiterIn eines Jugendzentrums, dann geht es auch und vor allem um meine eigene Authentizität und damit Glaubwürdigkeit als mögliches Modell für den Umgang mit diesem Thema. D.h. ich bin wie kaum in einem anderen pädagogischen Bereich als ganze Person, auch und vor allem in Bezug auf meine Geschlechterrolle, gefordert. Als MultiplikatorIn kann ich zur Bezugsperson für junge Menschen werden. Dabei vermittle ich in jedem Fall auch Einstellungen und Werte. Es geht darum, damit reflektiert und verantwortlich umzugehen, statt mich um scheinbare Wertfreiheit zu bemühen. Deshalb arbeiten wir in unseren Fortbildungen neben der Vermittlung von Methoden v.a. an der Findung des eigenen Standpunktes als sexuelles Wesen und als SexualpädagogIn. In der Fortbildung von Multiplikatoren geht es deshalb darum,

- sich eigene Einstellungen auch in ihrer Entstehung bewußt und damit kommunizierbar zu machen,
- zu überprüfen, welche Einstellungen und Werte ich weitervermitteln möchte und welche mich eher behindern,
- herauszufinden, wo meine eigenen Grenzen liegen.

In den beiden folgenden Abschnitten werden wir einige Übungen vorschlagen, die sich in unserer Arbeit mit MultiplikatorInnen bewährt haben. Sie müssen allerdings immer damit rechnen, daß einzelne TeilnehmerInnen dabei auch mit schmerzlichen Begebenheiten aus ihrer Biographie in Kontakt kommen. Es ist wichtig, daß Sie als LeiterIn damit umgehen können.

Wir weisen vor Beginn eines Seminars stets darauf hin, daß es bei unseren Fortbildungen um Bewußtmachung und nicht um therapeutische Bearbeitung geht. In aller Regel sind die meisten TeilnehmerInnen dann durchaus in der Lage, Tiefe und Intensität selbst zu bestimmen, vorausgesetzt Sie geben z.B. durch Hinweis auf Freiwilligkeit genügend Freiraum zur Selbststeuerung.

Da psychodramatisches Arbeiten oft zeitaufwendig ist und wir in unseren Fortbildungen zeitlich eng begrenzt sind (1-2 Tage), haben wir die einzelnen Übungen so angelegt, daß - über das Sharing hinaus - auch diejenigen Gruppenmitglieder etwas intensiver in die Thematik einsteigen können, die keine Protagonistenarbeit durchführen können oder wollen. Dies erreichen wir in der Regel durch eine vorbereitendes gestalterisches Vorgehen, wie Malen, Kneten, Basteln oder auch kreatives Schreiben.

Die folgenden Übungen sind alternativ und nicht aufeinanderfolgend gedacht.

2.1. Ich als sexuelles Wesen

1. Übung: „Kapitelüberschriften meiner sexuellen Sozialisation"

Die Teilnehmerinnen und Teilnehmer werden im Rahmen einer kurzen gelenkten Phantasie aufgefordert, sich ihre sexuelle Sozialisation bis zum 20. Lebensjahr als ein Buch mit verschiedenen Kapiteln vorzustellen. Die nächste Aufgabe besteht nun darin, Überschriften zu diesen Kapiteln zu formulieren und auf großen Papierbögen der Reihe nach zu notieren. Im nächsten Schritt soll sich jedes Gruppenmitglied ein Kapitel heraussuchen, mit dem es sich noch einmal näher beschäftigen möchte und eine Szene dazu malen.

Es folgt ein Austausch in (evtl. gleichgeschlechtlichen) Kleingruppen. In einer anschließenden kurzen Auswertung im Plenum kann es mitunter sehr interessant sein, die Ähnlichkeiten und Unterschiede in der sexuellen Sozialisation von Männern und Frauen zu betrachten.

Zur Vertiefung können nun einzelne der Szenen in Form kurzer Vignetten psychodramatisch inszeniert werden. Methodisch arbeiten wir dabei mit dem Leiterinterview, dem Rollentausch mit Eindoppeln. Sinnvoll ist oft auch das Spiegeln mit Hilfs-Ich, um dem Protagonisten die Gelegenheit zu geben, sich sein Bild noch einmal von außen zu betrachten und dabei seine Gedanken und Gefühle zu äußern.

2. Übung: „Genogramm zu Botschaften über Sexualität"
Zunächst werden die TeilnehmerInnen aufgefordert, in die Mitte eines Papierbogens einen Punkt zu malen, der sie selbst darstellen soll.

Um diesen Punkt herum werden die wichtigsten gleich- bzw. gegengeschlechtlichen Bezugspersonen gruppiert (z.b. Großeltern, Eltern, ältere Geschwister, Tanten, Onkel, Bekannte, LehrerInnen etc.). Zu jeder Person soll die zentrale verbal oder nonverbal vermittelte Botschaft zur Sexualität formuliert und dazugeschrieben werden.

Wer möchte, kann sein Genogramm im Raum mit Antagonisten psychodramatisch aufstellen. Dabei kann der Protagonist im Rollentausch aufgefordert werden, die Stellung seiner Bezugspersonen zu sich selbst und untereinander zu überprüfen und ggf. zu korrigieren. Um die jeweilige Botschaft zu verdeutlichen, soll der Protagonist den Antagonisten Mimik, Körperhaltung und Stimmausdruck vorgeben.

Zum Abschuß kann sich der Protagonist in der Mitte stehend alle Botschaften noch einmal der Reihe nach anhören. Mögliche Auswertungsfragen an den Protagonisten können sein:
- Welche Botschaften hast du positiv bzw. negativ empfunden?
- Welche überwiegen?
- Welche davon sind heute noch wirksam?
- Welche möchtest du zurückweisen, für welche möchtest du dich bedanken?
- Welche Rolle spielen gleich- bzw. gegengeschlechtliche Bezugspersonen?

Sie können dem Protagonisten anschließend Gelegenheit geben, auf die Botschaften entsprechend zu antworten.

Bei Menschen mit vielen negativen Botschaften besteht eine interessante und hilfreiche Variante darin, das Genogramm durch eine fiktive

Wunschperson zu ergänzen und im Rollentausch eine oder mehrere positive Botschaften sprechen zu lassen. Hiermit wird die Grenze zu therapeutischer Arbeit zwar ein wenig, unserer Erfahrung nach aber durchaus zulässig und mit oft heilender Wirkung, überschritten.

Es ist für alle Beteiligten sehr eindrucksvoll, wenn sich zum Abschluß dieser Einheit alle TeilnehmerInnen nacheinander zu einer Gruppenskulptur zusammenstellen, wobei jede/r diejenige positive Botschaft laut ausspricht, die er/sie Jugendlichen vermitteln möchte.

3. Übung: „Blume der Lust"

(nach einer Anregung aus „Sex beginnt im Kopf" von Carol G. WELLS, München 1991).

Nach einer kurzen progressiven Körperentspannung werden die TeilnehmerInnen durch die folgende gelenkte Phantasie geführt:
„Stelle dir vor, daß zu Beginn deines Lebens in dir ein kostbares Samenkorn der Lust existierte ..., das dazu bestimmt war, eine schöne Blume hervorzubringen ... Du spürst, wie das Samenkorn winzige Wurzeln schlägt..., wie der Sproß beginnt, sich hervorzustrecken ... Du erhältst die notwendige Zuwendung und Bestätigung, damit sich die ersten Blätter entwickeln können... und Blütenknospen entstehen ... Deine Lust entfaltet sich mehr und mehr ... und du siehst die wunderschöne Blume deiner Lust vor dir ... an der du dich jederzeit erfreuen kannst ... Aber du spürst, daß in unmittelbarer Nachbarschaft zu deiner Blume der Lust noch andere Samenkörner gesetzt worden sind ... , aus ihnen entstehen Gewächse, die deine Blume in ihrem Wachsen und Gedeihen behindern ..., vielleicht mit Hilfe von Gefühlen der Scham und der Schuld ... Du spürst, wie sie auf deine Blume der Lust zuwachsen ..., ihr Nährstoffe entziehen und Licht nehmen ... Du spürst, wie deine Blume der Lust auch darum kämpfen muß, daß sie die Kraft hat, sich am Ende durchsetzen zu können ... Lasse vor deinem inneren Auge ein Bild entstehen, das zeigt, wie es heute um deine Blume der Lust bestellt ist ... Kehre nun mit deiner Aufmerksamkeit in diesen Raum und diese Gruppe zurück, aber lasse dir die Zeit, die du brauchst."

Nun hat jede/r die Aufgabe, das Bild ihrer/seiner Blume der Lust und die umgebenden Gewächse mit Wachsmalkreiden zu malen. Danach findet ein Austausch in Kleingruppen (3-4 Tn) statt.

Im Anschluß können einzelne Bilder psychodramatisch inszeniert werden: Dabei werden die Rollen der verschiedenen Gewächse eines Bildes mit Antagonisten besetzt und in ein Standbild modelliert. Bisweilen kann es notwendig sein, einzelne Pflanzen noch zu untergliedern, wobei man sich möglichst an der pflanzlichen Anatomie orientieren sollte (Wurzeln, Sproß, Blätter, Blüte).

Über Rollentausch und mit Hilfe von Leiterinterview und behutsamem Eindoppeln arbeiten die Protagonisten einzelne Sätze für jede Pflanze heraus und hören sie sich dann der Reihe nach noch einmal an.

Eine reizvolle Ergänzung dieser Übung besteht darin, die Protagonisten überprüfen zu lassen, ob und was sie verändern möchten, um ihrer Blume der Lust ein besseres Wachstum zu ermöglichen. Nach diesen Vorgaben wird ein möglichst realisierbares Bild der näheren Zukunft gestellt. Dabei kommt es vor, daß Pflanzen eingehen, kleiner werden oder ihre Botschaft verändern.

Diese Übung kann so oder in Abwandlung auch mit älteren Jugendgruppen durchgeführt werden.

2.2. Ich als Sexualpädagogin

Die Ergebnisse der vorherigen Übungen können auch mit der Frage nach ihrer Bedeutung für meine Möglichkeiten und Grenzen als Sexualpädagogin verknüpft werden.

1. Übung: Klärung von Erwartungen und Befürchtungen

Ich stehe vor meiner Lern- bzw. Jugendgruppe und will mit sexualpädagogischer Arbeit beginnen. Ich besetze einige wichtige Rollen innerhalb der Lerngruppe mit Antagonisten: Im Rollentausch werden die Antagonisten vorgestellt und mit Hilfe des Leiterinterviews zu ihren Ängsten, Erwartungen, Einstellungen und zu ihrer Meinung über die Pädagogin/ den Pädagogen befragt.

Im inneren Monolog (zur Seite sprechen) und mit Unterstützung durch Eindoppeln macht sich die Protagonistin ihre Gefühle, Gedanken, Absichten, Kompetenzen, Grenzen und Möglichkeiten angesichts dieser konkreten Lerngruppe deutlich.

Mögliche Leitfragen, die eingedoppelt oder anschließend reflektiert werden sollten, sind:
- Wenn ich mir die Gruppe oder einzelne Gruppenmitglieder betrachte, dann ...
- Im Umgang mit den Mädchen/Jungen will ich beachten ...
- Ich kann mir Unterstützung holen, indem ich ...
- Im Umgang miteinander ist mir wichtig ...
- Wenn ich an manche Themen denke, dann ...

Eine hilfreiche Variante, die die Empathie mit Jugendlichen erhöht, besteht darin, sich in seine eigene Jugend- bzw. Schulzeit zurückzuversetzen, und aus dieser Identifikation heraus Wünsche und Befürchtungen in Bezug auf meine damalige Gleichaltrigengruppe und die damaligen Erwachsenen zu formulieren.

2. *Übung: „Werte-Skulptur"*

Die TeilnehmerInnen erhalten den Auftrag, diejenigen Werte und Normen zu notieren, die sie in ihrer sexualpädagogischen Arbeit vermitteln möchten. Die Begriffe werden im Rahmen einer Protagonistenarbeit zu einer Skulptur verbunden und im Rollentausch und Leiterinterview konkretisiert. Abschließend kann sich der Protagonist seine Skulptur noch einmal von außen betrachten und auf sich wirken lassen. Die Auswertung kann nach folgenden Gesichtspunkten strukturiert werden:
- Wie überzeugend wirkt die Aussage der Skulptur?
- Wie wirkt die Vermittlung (erlaubnisgebend, moralisierend, grenzsetzend, beliebig)?
- Wird eine Wertehierarchie deutlich?
- Gibt es Unterschiede in dem, was ich Jungen oder Mädchen vermitteln möchte?
- Was fehlt mir noch?
- Was will ich verändern?

Es ist wichtig, daß Sie ein ausführliches Sharing ermöglichen. Achten Sie darauf, daß das Sharing und eine allgemeine Wertediskussion deutlich voneinander getrennt bleiben.

3. Arbeit mit Jugendlichen und jungen Erwachsenen

In der Schule wird es nur selten gelingen, derartige Übungen in den üblichen Stundentakt eines Vormittags zu integrieren. Wir arbeiten aus diesem Grunde meistens im Seminarstil im Rahmen von Klassentagungen, Projekttagen oder freiwilligen außerunterrichtlichen Arbeitsgemeinschaften. Allerdings machen wir auch die erfreuliche Erfahrung, daß Schulklassen, die mit Methoden des Lebendigen Lernens vertraut sind, diese auch im „normalen" Unterricht akzeptieren und begrüßen, auch und gerade, wenn es um persönlichkeitsbezogene Themen geht. Vergleichsweise problemlos ist die Arbeit im freizeitpädagogischen Bereich.
Die Arbeit mit Jugendlichen wird weniger biographische Bezüge aufweisen, der Fokus ist vor allem gegenwartsbezogen und handlungsorientiert. Methodisch sind daher gewisse Abstriche zu machen. Wir beschränken uns auf einfachere Rollenspiele, die durch psychodramatische Elemente ergänzt werden.
Umfangreichere Prozeßanalysen ebenso wie ausgedehnte Protagonistenspiele werden nur in Ausnahmefällen und vorwiegend mit jungen Erwachsenen angebracht sein. Ein methodisch sauberes Sharing am Ende einer psychodramatischen Arbeit ist bereits als Erfolg zu betrachten.

In der Pubertät haben Jugendliche generelle Probleme mit Rollendistanz, da sie sich in einer Phase der Rollenunsicherheit befinden. Psychodramatische Elemente können hierbei als Möglichkeit des Einübens von Empathie, Rollenflexibilität und des Probehandelns genutzt werden.

Wegen der Gefahr mangelnder Rollendistanz ist es wichtig, dafür zu sorgen, daß die Jugendlichen nach dem Spiel nicht auseinanderlaufen, sondern einzeln und ausdrücklich aus ihren Rollen entlassen werden. Gerade bei jüngeren Jugendlichen besteht eine Neigung aus Schutz und Widerstand ins Klischee zu gehen. Hier können Stegreifspiele als Ventil für dieses Bedürfnis geeignet sein.

Unserer Erfahrung nach stehen - unter dem Aspekt Sexualität - folgende Themen im Vordergrund:
- Konflikte mit den Wertvorstellungen der Elterngeneration
- Status in der Gleichaltrigengruppe
- Paarbeziehung
- Verhältnis zum eigenen Körper

1. Übung: „Elternstammtisch"

Einige Jugendliche werden gebeten, ihre eigenen Väter oder Mütter auf einem Elternstammtisch zu spielen. Thema des Gesprächs der Eltern: Pubertät und Sexualität unserer Kinder.

Zunächst werden die Eltern im Leiterinterview kurz vorgestellt. Dann beginnt das Gespräch in Form eines Stegreifspiels. Sie können als LeiterIn jederzeit mit Fragen in das Gespräch eingreifen, wie z.B.
- „Haben Sie mit ihren Kindern schon einmal über Verhütung (HIV, das Erste Mal, Homosexualität) gesprochen?"
- „Mit welchen Themen kommen Ihre Kinder zu Ihnen?"
- „Darf Ihr Sohn/Ihre Tochter ihre Freundin/ihren Freund über Nacht mit nach Hause bringen?"
- „Welche Grenzen setzen Sie Ihren Kindern in Bezug auf Sexualität?"
- „Würden Sie dabei einen Unterschied zwischen Söhnen und Töchtern machen?"

Je nach Spielfreude und Gruppenklima kann man auch noch „heißere" Themen in die Runde bringen.

Diese Übung ist auch sehr geeignet für die sexualpädagogische Elternarbeit, hier natürlich umgekehrt: Eltern spielen ihre Kinder.

Geben Sie anschließend Gelegenheit zu einem ausführlichen Sharing.

2. Übung: Skulpturen zu „Weiblichkeit" und „Männlichkeit"

Die Gruppe wird dazu in gleichgeschlechtliche Kleingruppen (4-5 Tn) aufgeteilt. Jede Gruppe erhält den Auftrag, je eine Skulptur zum Thema „Männlichkeit" und zum Thema „Weiblichkeit" zu entwerfen und in der Kleingruppe zu stellen. Außerdem erhält jede Skulptur einen Titel.
Die Skulpturen werden in zwei Durchgängen vorgestellt. Zunächst stellen die Gruppen nacheinander ihre Bilder zum Thema „Weiblichkeit" auf und nennen die Titel dazu. Danach ist die „Männlichkeit" an der Reihe.
Möchten Sie diese Übung psychodramatisch vertiefen, können Sie die einzelnen Teile einer Skulptur doppeln („Als Bestandteil dieser Skulptur denke ich ... und empfinde ...")
Die Auswertung im Plenum kann nach folgenden Aspekten erfolgen:
- Wie verlief die Findung der Skulpturen in den Gruppen?
- Welche Skulptur war leichter darzustellen?
- Wie war es, das jeweils andere Geschlecht darzustellen?
- Welche Unterschiede und Übereinstimmungen sind festzustellen?
- Wie bewertet ihr die Darstellungen im Hinblick auf eure eigene Rolle als Mann oder Frau?

3. Übung: „Rollen verkehrt"

Dieses Stegreifspiel eignet sich besonders für eine Abendeinheit. In gleichgeschlechtlichen Halbgruppen wird ein Discobesuch vorbereitet, bei dem die Jungen als Mädchen und die Mädchen als Jungen auftreten.
Für dieses Spiel müssen ausreichend Kleidung und Schminke vorhanden sein. Lassen Sie das Spiel laufen, so lange noch Dynamik vorhanden ist. Erfahrungsgemäß haben die Mädchen weniger Lust zu spielen, weil sie sich so „häßlich" vorkommen. Den Jungen macht es oft Spaß, sich richtig herauszuputzen, doch steht damit auch das Thema „Schwulsein" bzw. „Tunte" im Raum.
Eine Auswertung - sofern erwünscht oder erforderlich - sollte am nächsten Morgen erfolgen, ggf. zunächst in gleichgeschlechtlichen Kleingruppen, falls es während des Spiel hochhergegangen sein sollte.

4. Übung: Rollenspiele mit „Doppeln" und „Alter Ego"

Mit dieser Methode können verschiedene Konfliktfelder von Jugendlichen im Umgang mit Sexualität bearbeitet werden, wie z.B.

- Kontaktaufnahme
- Verhütung
- Angst vor einer HIV-Infektion
- Seitensprung
- Trennung

Hierbei gibt man eine Situation vor, in der das jeweilige Thema eine Rolle spielt. In der Regel wird es sich um einen Dialog zwischen Junge und Mädchen handeln. Es kann aber auch aufschlußreich sein, die Gespräche zwischen zwei besten Freunden bzw. Freundinnen führen zu lassen. Die beiden Spieler wählen sich zwei Antagonisten für die widerstreitenden Pole im inneren Dialog aus (z.B. Lust und Angst), die sich dann hinter ihnen zu beiden Seiten aufstellen.

Zunächst beginnen die beiden Spieler ein normales Gespräch. Statt des inneren Dialogs sprechen die Antagonisten die ambivalenten inneren Gedanken und Gefühle laut aus und unterstützen auf diese Weise eine konstruktive Klärung. Als LeiterIn muß man darauf achten, daß sich die Dynamik des Spiels nicht auf die Ebene der Antagonisten verlagert und ggf. eingreifen. Die Ambivalenzrollenspiele haben den großen Vorteil, daß sie gerade bei schwierigen, auch ideologiebesetzten Themen wie z.B. dem Schwangerschaftsabbruch verhindern, daß unreflektiert moralisiert oder spontan gefühlsmäßig entschieden wird.

Sicherlich müssen viele Jugendliche bei psychodramatischen Rollenspielen zunächst eine Hemmschwelle überwinden. Dazu ist ein behutsames Tempo, Geduld und nicht zu hohe Erwartungen seitens der Leiterin/des Leiters gefragt. Eine Gewöhnungszeit vorausgesetzt, haben wir die Arbeit im guten sexualpädagogischen Sinne als „lustvoll" erlebt.

Psychodrama mit Eingeschlossenen
von Esther Flemming

1. Institutionen

Ich arbeite als Psychologin und Psychodramatikerin in einem kleinen Verein, der den Auftrag hat, Jugendlichen, die durch Straftaten mehrfach auffällig geworden sind, mit sogenannten ambulanten Maßnahmen einen Weg aus der Straffälligkeit heraus zu ebnen.

Das gesellschaftliche Ziel, die Verhinderung von immer wiederkehrenden Straftaten, soll durch pädagogische und therapeutische Interventionen, langfristige Betreuung und konkrete Sozialarbeit erreicht werden. Welches Konzept im Einzelfall gewählt wird, obliegt dem/der jeweiligen Mitarbeiter/in, dem/der Klienten/in, und den Bedingungen, unter denen er/sie zu uns kommt. Die individuelle Ausgestaltung der Arbeit ist ein Markenzeichen dieser Einrichtung.

Die Jugendlichen werden mit einer gerichtlichen Auflage auf Grund von Straftaten per Beschluß an uns verwiesen. Für unsere Arbeit ist das Einverständnis der Jugendlichen, mit uns zusammenarbeiten zu wollen, zwingend nötig, um nicht alle Arbeit allein in die Motivierung stecken zu müssen. Die Alternative für die Jugendlichen sind Arbeitsstunden oder Jugendarrest.

Das Jugendstrafrecht sieht, je nach Schwere der Straftat, entweder einen 3-monatigen sozialen Trainingskurs oder eine 6-monatige Betreuungsweisung vor. Innerhalb des vorhandenen Zeitraums, der auch im Einzelfall verlängert werden kann, wird in erster Linie versucht, gemeinsam mit den Klienten die Hintergründe für die Straffälligkeit aufzudecken und nach Lösungsmöglichkeiten zu suchen.

Da wir auch gelegentlich Jugendliche nach einem Gefängnisaufenthalt betreuen, die in unserer Stadt zu Hause sind, steht unser Verein von jeher auch mit der nächstgelegenen Jugendstrafanstalt in Kontakt.

Im Oktober 1989 trat der Leiter des sozialen Dienstes dieser Vollzugsanstalt mit dem Angebot an uns heran, ob wir nicht in Anlehnung an andere Jugendstrafanstalten, Gruppen zur Entlassungsvorbereitung anbieten könnten.

Diese Entlassungsgruppen sollten in die letzten Monate vor der Entlassung fallen, für die meisten Gefangenen die Zeit der sogenannten „Lockerung". Jugendliche, die 2/3 ihrer Strafzeit verbüßt haben, können auf Bewährung freikommen. Daran gebunden sind zum einen Wohnmöglichkeiten, Arbeits- oder Ausbildungsplätze und außerdem eine gute Führung im Gefängnis. Um ihre Zukunft aus dem Vollzug heraus an Ort und Stelle besser planen zu können, wird den Gefangenen ein Hafturlaub gestattet, der schrittweise - von einigen Stunden Ausgang in Begleitung der Sozialarbeiter des Gefängnisses bis hin zu einem Aufenthalt von einigen Tagen zu Hause - angeboten wird. Die Jugendlichen, die Endstrafe machen müssen, haben zum großen Teil ihren Anspruch auf Lockerung schon durch regelwidriges Verhalten vergeben und können keinen Urlaub mehr beantragen. In dieser Phase, kurz vor der Entlassung aus dem Gefängnis, für die Jugendlichen eine äußerst schwierige Zeit, sollten sie an der Entlassungsgruppe teilnehmen, um alle Probleme, die durch die neue Freiheit auftauchen, thematisieren zu können.

Die Strafanstalt erhoffte sich durch die Abgabe dieser Arbeit an einen Träger von „draußen", einen größeren Realitätsbezug und eine höhere Motivierung für die Teilnahme bei den Jugendlichen zu erhalten.

2. Konzeption

Für das formale Konzept einigten wir uns auf 10-12 Gruppensitzungen pro Gruppe von jeweils 90 Min. Dauer; die Gruppenstärke sollte 8 Teilnehmer nicht überschreiten.

Da wir keine Akteneinsicht bekamen, sollten die Teilnehmer der Gruppen von den Sozialarbeitern der Station ausgewählt werden. Ich bestand darauf, daß die Jugendlichen freiwillig an der Gruppe teilnehmen könnten. Außerdem verlangte ich für mich das Recht, über das Geschehen innerhalb der Gruppen gegenüber der Gefängnisleitung schweigen zu dürfen. Dies wurde mir bedingt zugestanden, über Fluchtpläne bzw. mögliche Straftaten gegenüber der Institution Gefängnis mußte ich berichten.

Ein zusätzlicher Ausgang von 7 Stunden mit Therapeut und Co-Therapeut für jede Gruppe als Realitätsprüfung entsprach auch den Vorstellungen des sozialen Dienstes.

Gegenüber den Inhalten, die wir anbieten sollten, gab es von seiten der Strafanstalt keinerlei Vorstellungen und Forderungen. Da diese Gruppen jedoch von einem gemeinnützigen Verein, dem Theodor-Fliedner-Verein, bezahlt werden sollten, mußten wir diesem vor Beginn der Gruppenarbeit ein Konzept vorlegen.

Ich mußte mich also mit den imaginären Erwartungen von verschiedenen Institutionen auseinandersetzen und meine eigenen Hoffnungen und Vorstellungen konkretisieren.

Zu diesem Zeitpunkt hatte ich noch nicht einmal das Gefängnis betreten. Ich versuchte mich, in die Lage eines 18-jährigen Gefangenen zu versetzen und seine Probleme während der Entlassung in mir zu realisieren. Außerdem hoffte ich, daß ich diese Überlegungen in eine Sprache fassen konnte, die mit den gesellschaftlichen Zielen des Th.-Fliedner-Vereins übereinstimmten.

Mein Konzept wurde einstimmig angenommen. Instinktiv hatte ich also den richtigen Ton getroffen.

Konzept für das „soziale Training" zur Entlassungsvorbereitung
Ziele:
1. Erwerb eines Repertoires kompetenter Verhaltensweisen.
   - Bewußtwerden des eigenen Selbstbildes.
   - Wünsche und Phantasien über sich selbst und
   - deren Veränderung durch die Gruppe.
2. Veränderungen des bisherigen sozialen Umfeldes.
   - Aufzeigen von Veränderungen innerhalb einer Gruppe, die durch
   - kontinuierliche Interaktion miteinander entstehen.
   - Neues Verständnis für sich und andere.
3. Vergrößerung des eigenen sozialen Umfeldes.
   - Einordnung innerhalb der Gesellschaft als Gruppe.
   - Suchen und Finden von neuen Möglichkeiten der Befreiung aus verhärteten Strukturen und Vorurteilen.
   - Bewußtwerdung der eigenen Macht und Kompetenz.

Struktur und Durchführung:
- Motivationsgrundlage
- Verbesserung der Diskriminationsfähigkeit
- Stärkung der sozialen Kompetenz
- Vergrößerung des sozialen Bezugsystems

Der Aufbau der Ziele und der Struktur dieses Konzeptes bot mir in dieser Form die Möglichkeit, Morenos Theorie des sozialen Atoms in die Sprache von Sozialtherapien zu packen. Psychodramatherapie als offenes Angebot wäre auf wenig Verständnis gestoßen, sowohl bei den Institutionen als auch bei den Gefangenen. Dies war mir aus der ambulanten Praxis schon bekannt.

Zum einen ist das Mißtrauen der Jugendlichen bei der Erwähnung des Wortes Therapie so groß, daß ein Fremdwort wie Psychodramatherapie sie von vornherein aus der Gruppe entfernt hätte.

Zum anderen wollen das Gefängnis und alle beteiligten Institutionen sicherlich den Jugendlichen helfen, aber nicht unter dem Aspekt einer Rehabilitierung, die auf dem Boden einer therapeutischen Grundlage aufbaut.

3. Das zentrale Geschehen

3.1. Gruppenkohäsion
Die schwierigste Aufgabe zu Beginn jeder neuen Gruppe ist, aus einem wilden Haufen einzelner Jugendlicher, die alle Gruppen bisher nur als Zwang oder neurotisches Chaos erlebten, eine arbeitsfähige Einheit zu bilden, die sich auch als Gruppe fühlt.

Die erste Schwierigkeit, die ich zu bewältigen hatte, war das Auswahlverfahren durch die Sozialarbeiter. Sie sehen in ihrer Kartei nach und entscheiden ohne Wissen der Beteiligten, wer der Gruppe beizutreten hat und wer nicht.

Ich habe gelernt, mich gegen diese sehr willkürliche Form, die aber anstaltsüblich ist, wenigstens ein Stück weit durchzusetzen.

Somit nehme ich mittlerweile Jugendliche auf, die mich inzwischen kennen und den Wunsch äußern, auch an meiner Gruppe teilnehmen zu dürfen, wenn sie nur einigermaßen den Kriterien entsprechen.

Ich habe im Laufe der Zeit erlebt, daß Jugendliche, die nach Aussage der Sozialarbeiter angeblich nicht gruppenfähig waren, in meiner Gruppe äußerst integrativ mitarbeiteten, während andere, von denen mir gesagt wurde, sie seien wichtig für die Gruppe, nur zerstörerisch wirkten. Ich nehme mir die Freiheit, solche Jugendliche auch aus der Gruppe zu schicken. Allerdings müssen in einer Hierarchie wie im Vollzug solche eigenständigen Eingriffe immer in Absprache mit dem Chef einer Station erfolgen, das ist in diesem Fall der Sozialarbeiter. Denn die Jugendlichen haben auch innerhalb der Strafanstalt kein freies Aufenthaltsrecht, und ich bin nicht in der Lage, ihnen das allein zu gewähren.

Damit sich eine Kohäsion innerhalb einer Umgebung, die allen Untergruppen sehr feindlich gegenübersteht, entwickeln konnte, machte ich mich zur Leitfigur. Ich konzentrierte mich ganz auf meine Rolle als „Boss", dies auch in Absprache mit den jeweiligen Co-Therapeuten. Diese ordneten sich meiner Leitung ebenso unter, um meine Strukturierung zu unterstützen und um zwischen sich und mir kein Machtspiel beginnen lassen zu können.

Die feste Strukturierung zwischen Therapeut und Co-Therapeut ist eine Voraussetzung, eine weitere meine Übereinstimmung mit meiner Rolle und das Wissen um deren Tragweite innerhalb der Gruppe, aber auch jedem Einzelnen gegenüber. So durfte ich mir von den Jugendlichen die Wahl der einzelnen Mitglieder nicht wegnehmen lassen. In jeder Gruppe wird versucht, unliebsame Jugendliche aus der Gruppe zu drängen.

Ich halte mich ganz streng an alle Verbindlichkeiten, jedes Versprechen muß eingehalten werden. Vertrauen haben zu können, ist für alle Gefangenen ein angstbesetztes Gefühl.

Wenn die Bindung an mich erfolgt war, bedeutete das noch lange nicht, daß ein Miteinander durchgängig möglich war. Es gab Gruppenkonstellationen, in denen es mir im Laufe der Gruppenzeit nicht gelungen war, eine Bereitschaft in der Gruppe herzustellen, bestimmten Jugendlichen zuzuhören, geschweige denn, auf deren Problematik einzugehen.

Die Jugendlichen, die diese abweisende Haltung trifft, sind immer sogenannte „piccos" im Strafvollzug. Dies sind Jugendliche, die auf der Hierarchieleiter ganz unten stehen, aber diese erniedrigende Stellung auch nicht aufgeben wollen, entweder aus Angst vor Repressalien, oder weil sie sich erhoffen, es sich dadurch etwas einfacher zu machen.

Um Ängste vor meinen Forderungen abzubauen und dem Mißtrauen vorzubeugen, daß Erwachsene, die in den Vollzug kommen, vor allem Psychologinnen, jeden sofort ändern wollen, wurde in jeder Gruppe Kaffee gekocht, den ich mitbrachte - Bohnenkaffee gibt es nicht im Gefängnis - und es durfte geraucht werden.

Außerdem gab es gelegentlich Kuchen, Süßigkeiten oder Obst. Dies sind alles Dinge, die auf dem normalen Speiseplan nicht stehen. Zum Abschluß jeder Gruppe kochten wir in der Stationsküche zusammen eine Kleinigkeit.

Über diesen mütterlichen Zugang auf der oralen Ebene habe ich viel über Möglichkeiten und Unmöglichkeiten von Beziehung zu mir und untereinander erfahren.

Der Prozeß des Kaffeekochens z.b. hatte einen gruppendynamischen Effekt. Zu Beginn einer Gruppe steht fest, daß sich die „Stars" der Gruppe bedienen lassen. Es werden immer wieder die gleichen Jugendlichen aufgefordert, Wasser und Tassen zu holen - die Wasserträger -. Um diesen Prozeß zu verdeutlichen, schlüpfe ich selbst in die Rolle eines „Wasserträgers" und sorge für das Wohl der Gruppe. Ich spreche klar aus, welche Gefühle ich dabei habe. Immer wollen mich alle Jugendlichen an dieser dienenden Arbeit hindern. Der Effekt, den ich erziele, besteht darin, daß zum einen plötzlich auch die „Stars" Kaffee kochen können, zum anderen es in Zukunft immer Konflikte gibt, wer denn nun diesmal für den Kaffee zuständig ist. Die Rollen sind in diesem Bereich nicht mehr eindeutig zuzuordnen.

Auf diese Art und Weise, indem ich mich selbst zum Protagonisten machte, konnte ich viele eingeschliffene Probleme der Jugendlichen untereinander zumindest für die Zeit der Entlassungsgruppe verdeutlichen.

Meine Hoffnung während der Planungsphase, daß ich mit diesen Gruppen Psychodrama machen könnte, wurde im Laufe des ersten halben Jahres immer kleiner.

Zum einen hatte ich viel zu wenig Zeit, um mit diesem Klientel eine stabile Gruppe zu bilden, noch die Möglichkeit, Prozesse, die durch das Spiel entstanden wären, in einen geborgenen Kontext zu betten. Die Zusammenarbeit mit den zuständigen Sozialarbeitern beschränkte sich von ihrer Seite auf das Bereitstellen der Räumlichkeiten. Ansonsten zeigten sie wenig Interesse an dieser Arbeit.

Gespräche, die ich am Anfang noch suchte, beschränkten sich darauf, mir klar zu machen, daß alle Gefangenen früher oder später doch wieder rückfällig würden und es eigentlich sinnlos sei, was sie und auch ich hier täten.

Zum anderen waren die äußeren Bedingungen, wir hatten keinen Raum, den sowohl Bedienstete als auch Mitgefangene nicht zu jeder Zeit hätten betreten können, für therapeutische Interventionen relativ ungeeignet. Somit zwangen mich immer wieder die Bedingungen der Institution und nicht die mangelnde Bereitschaft der Jugendlichen, an sich zu arbeiten, in Prozessen da abzubrechen, wo neue Möglichkeiten, wenn auch mit schmerzhaften Erfahrungen, auftauchten.

Wie ich trotzdem psychodramatische Techniken eingeflochten habe, um Entscheidungen erfahrbarer zu machen und eigene Bilder zu konkretisieren, werde ich nun an einigen Einzelbeispielen erläutern.

3.2. Gruppenarbeit: „Insider - Outsider"

Für den Großteil der Strafgefangenen ist die Rolle des Außenseiters von klein auf ein Gefühl, das ihr Leben bestimmt. Entweder sind sie als Gastarbeiterkinder in dieses Land gekommen oder in Familien hineingeboren, die ihre Kinder schon sehr früh in die öffentliche Erziehung abgegeben haben.

Die Gruppe bestand aus fünf Jugendlichen:
Angelo, ein Italiener - 19 Jahre alt, der stotterte und kaum Deutsch sprechen konnte. Mohammad, ein türkischer Junge - 16 Jahre alt. Jochen - 20 Jahre; Martin - 18 Jahre und Rainer - 17 Jahre alt, drei deutsche Jugendliche.

Diese Gruppenkonstellation ist typisch für dieses Gefängnis, denn 60 % der Gefangenen sind ausländische Jugendliche.

Rainer war der einzige Jugendliche, der aus einer intakten Familiensituation heraus Straftaten begangen hatte. Er kam aus der Mittelschicht und hatte sogar einen Realschulabschluß. Für die Situation im Strafvollzug sehr ungewöhnlich.

Zu allen Gruppensitzungen schlage ich ein Thema vor, das sich meistens aus der vorherigen Sitzung ergeben hat. Für mich ist das sehr wichtig, einen roten Faden durch die Gruppen zu ziehen, um mich nicht in den Erwartungen der Einzelnen zu verwirren. Je größer das Vertrauen in mich ist, desto höher werden die Wünsche der Jugendlichen, ihnen in Einzelproblemen zu helfen. Oft sitze ich noch nicht auf dem Stuhl und soll schon Ratschläge zu einem neuen Verfahren abgeben oder erklären, warum die Freundin nicht geschrieben hat. Mit der Thematisierung kann und muß ich mich auf die Gruppe zurückziehen, obwohl ich weiß, wie alleine damit der Einzelne mit seinen Problemen bleibt. Im Gefängnis gibt es kaum Ansprechpartner.

Die Fragen, die ich zu diesem Thema aufwarf:
- Zu welcher Gruppe fühle ich mich zugehörig?
- Will ich in dieser Gruppe bleiben?
- Wie sollte die Gruppe aussehen, in der ich mich geborgen fühle?

Ich ließ die Jugendlichen erst mal sammeln, was es alles an Gruppen gibt und welches die Eigenschaften sind, die sie voneinander unterscheiden. Mir ging es vor allem um die Klärung der „peer-group", die in den vorangegangenen Gesprächen als ungeheuer bedrohlich dargestellt worden war. Kaum einer der Jugendlichen begeht auf eigene Faust Straftaten.
„Ich hab' Angst, wieder nach Hause zu kommen, denn da sind meine alten Freunde, und die werden kommen und versuchen, mich wieder irgendwo reinzuziehen", meinte Martin. Jochen, drogenabhängig, erzählte uns an einer anderen Stelle: „Egal wo ich hinkomme, Leute wie mich, die so drauf sind, erkenn' ich sofort, und die mich auch, da kann ich machen, was ich will."
Ich stellte zwei Stühle auf, die sich gegenüber standen und setzte mich auf einen der beiden. Zur großen Freude der Jugendlichen spielte ich einen der fiktiven Freunde, der nur darauf wartet, bis Jochen, Mohammad oder Martin aus dem Gefängnis kämen, um endlich weitermachen zu können. Der zweite Stuhl, der für die Gefangenen selbst stand, wurde nicht besetzt. Sie hatten Angst.
Ich ging zurück in die Gruppe und wir versuchten, gemeinsam im Gespräch zu definieren, welche Haltung sie gerne einnehmen möchten, wenn sie auf diese Art und Weise verführt werden sollen. Einstimmige Antwort: Eine ablehnende Haltung. Jochen steht auf und dreht den zweiten Stuhl um, damit er zur Wand zeigt: „Man müßte denen sagen, was für Arschlöcher sie sind".
Auf meine Frage, was er denn dann sieht, wenn er sich so gegen seine alten Freunde abgrenzen würde, ist Jochen ratlos: „Ich weiß es nicht. Ich habe keine Vorstellung."
Mohammad sagt plötzlich: „Ich gehöre nirgendwo richtig hin. Wenn ich in Deutschland bin, dann bin ich der Bimbo und in der Türkei genauso. Ich kann ja nicht richtig deutsch reden und türkisch auch nicht."
Ich versuche die Betroffenheit, die sich in der Gruppe ausbreitet, aufzugreifen und ein wenig zu mildern, indem ich einen dritten Stuhl neben den zweiten setze und frage, von wem sie denn Hilfe erwarten würden und von wem sie sich wünschen, aufgenommen zu werden.
Jochen: „Ja, zum Beispiel mein großer Bruder, aber der will nix mit mir zu tun haben. Der hat mich abgeschrieben, der hat 'ne Familie und arbeitet ganz normal."
Ich gehe als Hilfs-Ich hinter den zweiten Stuhl und versuche, seine Wünsche an seinen Bruder auszusprechen. Jochen steht auf und sagt mir, daß er das nicht wolle - wir brechen das Spiel ab.
Jochen hilft mir, die Stühle beiseite zu stellen.
Eine lebhafte Diskussion entwickelt sich. Eigentlich kennt jeder der Gefangenen Jugendliche, die er mag und bewundert, von denen er allerdings glaubt, daß sie mit ihm, dem „Knacki", nichts zu tun haben wollen. Deswegen seien sie ja so auf die anderen, „ihre Gruppe", angewiesen.

Nach der nächsten Gruppe sagt mir Jochen, daß er seinem Bruder geschrieben habe. Die Gruppensituation war zu diesem Zeitpunkt für die Verhältnisse im Gefängnis ziemlich stabil. Trotzdem riskierte ich keine Blöße eines Einzelnen, da mir immer wieder von den Jugendlichen bestätigt wurde, wie wenig Vertrauen sie ineinander hätten. Keiner von ihnen wisse, wie die Situation nach der Gruppe auf Station aussehen würde. Da ich nicht einmal einen informellen Zugriff auf die Atmosphäre auf der Station habe, akzeptiere ich die Ängste der Gefangenen und handle als Leiter sehr behutsam. Selbst wenn ich manchmal das Gefühl habe, internen Widerständen nachzugeben, die blockierend für den Einzelnen sind, ist mir das situative Wohlbefinden der Jugendlichen wichtiger.

Der Rückgriff auf meine Person als Protagonisten oder Antagonisten erleichtert es mir, in den Gruppen überhaupt eine Spielbereitschaft zu erreichen. Hinter der Aggressivität der Jugendlichen steht zumeist eine lähmende Angst, sich vor anderen zu blamieren und Schwächen zu zeigen, die ausgenützt werden könnten. Wenn ich mich quasi ins Feuer stürze, ohne dabei unterzugehen, erreiche ich, daß sie wenigstens ein Stück weit hinter ihren Mauern herausschauen können.

Schon in diesen kurzen Sequenzen werden viele nur mühsam verschüttete Gefühle wach. Neid, nicht dazuzugehören, Hilflosigkeit, mit diesem Gefühl umzugehen, Wut, die immer ziellos gegen das Nächstliegende eingesetzt wird.

Es sind sehr wenig Jugendliche, die ich in meiner Arbeit angetroffen habe, die mit ihrer Außenseiterstellung einverstanden sind. Die meisten sind verzweifelt darüber, daß sich immer nur die gleichen Gruppen der „Looser" auftun, um sie wieder zu verschlucken. Ihre Ängste, nicht akzeptiert zu werden, lassen sie von vornherein bestimmte Gruppierungen meiden, selbst wenn diese zur Familie gehören. Die Gesellschaft hat sie ausgeschlossen, aber sie bestätigen sich selbst diesen Ausschluß auch weiterhin, ohne zu überprüfen, ob ihre Sichtweise stimmt.

„Sexualität - Frauenbild"

Das Thema „Frauen" durchzog alle Gruppen gleichermaßen als permanentes Problem. In Verbindung damit auch die Schwierigkeiten, die die Jugendlichen im Gefängnis mit ihrer eigenen Sexualität haben.

Trotz Sexualkunde im Schulunterricht stieß ich bei den meisten Jugendlichen auf ungeheure Lücken an Information, sowohl über biologische Grundlagen der Sexualität bei Frauen und Männern, als auch über die Fortpflanzung. In jeder Gruppe fand eine Sitzung statt, um diese Lücken zu schließen, bzw. trugen wir die einzelnen Bruchstücke zusammen, um ein möglichst abgeschlossenes Bild wenigstens der wichtigsten Grundlagen zu erhalten. Dies wurde zwar erst mal mit Widerstand begleitet -

„Ich weiß, wie man Kinder macht, das reicht mir" - war jedoch letztendlich eine lustige Gruppenarbeit, die auch dankbar angenommen wurde.

In der Zeit, als ich einen Mann als Co-Therapeuten hatte, waren die Widerstände der Jugendlichen am geringsten. Der Co-Therapeut übernahm die Erklärung der männlichen Funktionen in der Sexualität,, und die Jugendlichen fühlten sich einerseits nicht so sehr entblößt, zum anderen durch mich nicht in ihrer Unwissenheit kastriert.

Die Gruppe, die ich hier zur Grundlage nehme, bestand aus sechs Jugendlichen: Hassan, 18 Jahre alt, aus der Türkei, beide Eltern leben seit 20 Jahren in Deutschland. Murat, 19 Jahre, seit er 10 Jahre alt ist, lebt er in Heimen, da seine Eltern geschieden sind. Seine Mutter lebt wieder in der Türkei. Allessandro, 19 Jahre alt, aus Italien, Eltern geschieden, lebt jetzt bei seiner Mutter in Deutschland, sein Vater ist in Italien, Allessandro kennt den Aufenthaltsort seines Vaters nicht. Manuel, 18 Jahre alt, in Spanien geboren, Eltern geschieden. Auch er weiß nicht, wo sein Vater ist. Seine Mutter muß seit 14 Jahren die Familie allein ernähren. Die Mutter hat mehrere Selbstmordversuche hinter sich, Manuel hat heute noch große Angst um sie, da er als Kind immer wieder Zeuge ihrer Depressionen war.

Till, 19 Jahre, Eltern geschieden, seine Mutter lebt mit einem neuen Mann zusammen, zur Zeit der Gruppe weiß Till die neue Adresse seiner Mutter nicht. Zum Vater keinen Kontakt mehr.

Peter, 17 Jahre, wie Till Deutscher, er ist wie Murat im Heim groß geworden, teilweise in den gleichen Heimen wie er. Seine Eltern leben noch zusammen, aber er hat kaum Beziehungen zu ihnen.

Ein Hauptproblem aller Jugendlichen ist ihr recht obskures Bild, wie denn nun die Traumfrau auszusehen hätte, mit der Mann leben und die Mann lieben könnte.

Als Einstieg erzählte ich eine Liebesgeschichte, die dann auch von allen Jugendlichen ausgeschmückt wurde. Die Bereitschaft, mir klar zumachen, daß ich vom fremden Stern käme, nutzte ich aus, um sie zu zwingen, sich auf ihre konkreten Phantasien und Wünsche einzulassen.

Wir stießen sehr bald auf die eigenen vergangenen oder bestehenden Freundschaften. Alle der sechs Jugendlichen hatten ihre Freundinnen in Diskotheken oder über Freunde kennengelernt. Sie schildern diese Begegnungen sehr abstrakt und ihre Wahl für dieses Mädchen als eher zufällig.

Warum Beziehungen zu Ende gegangen sind, wird sehr ausführlich besprochen. Ein Klima aus Bitterkeit und Enttäuschung entsteht. Sie fühlten sich ausgenutzt, hintergangen und verletzt in ihren Gefühlen.

Bei der Frage nach dem eigenen Bild von sich - sie fühlen sich nicht gut genug: „Frauen haben immer so hohe Ansprüche, wollen immer mehr. Nicht nur zuviel Zuneigung, sondern auch Geld. Sie dulden keine Schwächen. Sie würden ihre Männer ganz klar nach eigenen Vorteilen aussuchen. Jetzt als 'Knackis' hätten sie sicher keine Chancen mehr bei Frauen."

Till und Hassan erzählen von ihren gescheiterten Beziehungen: „Solange wir nicht im Knast waren, hätten die Freundinnen nichts dagegen gehabt, daß sie Straftaten begangen hätten. Sie hätten ja von dem vielen Geld profitiert. Aber nachdem sie im Gefängnis gelandet wären, wollten die Frauen nichts mehr von ihnen wissen. Sie hätten sich sofort andere Freunde genommen."

Zur nächsten Gruppensitzung bringe ich Bildmaterial mit, Männer und Frauen aus Zeitschriften und Werbefotos, Bilder von Jugendlichen aus aller Welt.

Mein Plan, jeder sollte sich ein Bild von einem Mann und von einer Frau aussuchen, das ihm am besten gefällt, bzw. nicht gefällt, lehnen die Jugendlichen ab. Schon eine solche direkte Auswahl und Öffentlichmachung ihrer Träume, selbst auf einer spielerischen Ebene, ist zu intim und mit Ängsten besetzt.

Bei dem Versuch selbst einen Anfang zu machen, indem ich Phantasien über die Bildvorlagen erzähle, ernte ich nur Gelächter, aber keine Bereitschaft, sich näher einzulassen.

Ich breche meinen Versuch ab, lasse aber das Material liegen. Auf der sprachlichen Ebene können sich die Jugendlichen mit dem Thema wieder sehr offen beschäftigen. Ich werfe Fragen auf über die Inhalte einer Beziehung zwischen Mann und Frau. Alle sind sich einig, daß sie gerne heiraten würden und Kinder haben wollen. Ihre Ansprüche an sich und ihre Frau sind von hohen moralischen Ansprüchen begleitet. Es sind traditionelle, konservative Beziehungsmuster, denen sie sich unterworfen fühlen und unter die sie auch die Frauen setzen. Vor allem die Frau muß rein und hochmoralisch sein, wenig Fehler haben und eine gute Mutter werden wollen.

„Ein Mädchen, das ich gerade kennengelernt habe und das gleich mit mir ins Bett geht, kann nicht meine Frau werden." sagt Till. „Meine Frau soll mal nicht arbeiten müssen, das ist für die Kinder gar nicht gut", meint Manuel.

„Ich will nicht, daß meine Freundin abends ohne mich in die Disco geht. Sie kann mit mir zusammen gehen" sagt Murat „außerdem kann ich es nicht ertragen, wenn sie mit anderen Männern 'rummacht, dann würde ich sie zum Teufel schicken."

Durch die gemischt-kulturelle Gruppe entdecken die Jugendlichen, daß es völlig unterschiedliche Eigenschaften gibt, die einen Mann zum Mann machen. Im Laufe der Gruppensitzung erzählt jeder freimütig über seine eigenen Erlebnisse und die damit verbundenen Gefühle. Die Gruppe hört jedem Einzelnen sehr aufmerksam zu.

Obwohl die Jugendlichen jeden Tag 24 Stunden zusammen sind, gelingt es ihnen offenbar nur mit einem Leiter, sich über ihre eigene Lebensgeschichte zu unterhalten. „Im Knast gibt es keine Freunde" sagen mir die Jugendlichen auf meine verwunderte Reaktion über dieses Phänomen.

Ich mußte zum Bedauern der Jugendlichen nach dem Ende der Gruppenzeit abbrechen. Sie wollten unbedingt in der nächsten Stunde daran weiterarbeiten. In der nächsten Sitzung war jedoch ein anderes Thema für sie wichtiger - Manuel war im Urlaub auf Flucht gegangen.

Bei der Durchsicht meines Bildmaterials stellte ich fest, daß eine ganze Reihe an Bildern von Frauen fehlten, einige hatten heimlich Bilder mitgenommen.

Die eigene Sexualität ist ein brenzliges Thema. Obwohl dauernd darüber gesprochen wird, spricht eigentlich keiner der Jugendlichen über sich. Ich versuchte, erst auf der wissenschaftlichen Ebene einen Boden zu bereiten, der die Möglichkeit bietet, sich zu distanzieren. Dadurch konnte ich beim Thema bleiben und mußte nicht mit den Ängsten der Einzelnen jonglieren, die dann immer wieder auf ganz andere Themen abgleiten.

Die Erfahrungen der Gefangenen mit Frauen und Mädchen ist sehr unterschiedlich. Jüngere Männer hatten noch nie sexuellen Kontakt zu Mädchen, während ältere schon in festen Beziehungen gelebt hatten.

Allen gemeinsam ist jedoch ihre Unsicherheit in Bezug auf ihre männliche Identität. Obwohl alle Jugendlichen den größten Teil ihrer Kindheit und Jugend in Deutschland verbracht haben, unterscheiden sie sich je nach Herkunft ihrer Eltern gerade auf dem Gebiet der Sexualität und in Bezug zu den Rollen zwischen Mann und Frau.

Da schon mein Zugriff auf das Bildmaterial so viele Widerstände auslöste, beschränkte ich mich auf die sprachliche Ebene. Ich wußte, daß ich eigentlich viel zu wenig Zeit hatte, um dieses Thema einigermaßen erschöpfend zu behandeln. Unter diesen Umständen war es mir nur wichtig, daß jeder Gelegenheit bekam, seine eigenen Phantasien aussprechen zu können.

Als Rückmeldung auf diese Intention von mir bekomme ich immer wieder zu hören: „die Entlassungsgruppe ist ein Ort, wo ich endlich mal sagen kann, wie es mir geht, was mir nicht gefällt und wo ich mich wohl fühle".

3.3. Einzelarbeit - „Peter"

Peter stammt aus einer gemischt-kulturellen Familie, sein Vater kommt aus Sizilien, seine Mutter ist Deutsche. Seine Eltern sind geschieden, die Mutter, bei der er zu Hause ist, ist mit einem neuen Mann, einem Deutschen verheiratet. Die Familie lebt auf einem Dorf in der Nähe einer größeren Stadt. Er hat noch vier jüngere Geschwister.

Peter ist nach eigenen Angaben schon im Kindergarten auffällig geworden, weil er sich nicht in eine Gruppe eingliedern konnte. Diese Auffälligkeiten durchziehen sein weiteres Leben. Die Erwachsenenwelt bescheinigt ihm aggressives Verhalten - er kommt mit 14 Jahren das erste Mal in die Arrestanstalt.

Als er in meine Gruppe kommt, ist er 17 Jahre alt und hat mittlerweile schon zwei Jahre in Arrestanstalten oder im Gefängnis verbracht. Der Sozialarbeiter meint, es wäre schwierig, mit ihm klarzukommen, aber ich sollte es mit ihm versuchen. Formal gehört er zur Gruppe, da seine Lockerung ansteht. Er sollte drei Monate später auf Bewährung entlassen werden. Dem steht nichts entgegen, da seine Familie ihn wieder aufnehmen möchte.

Außer Peter sind vier andere Jugendliche in der Gruppe, drei Deutsche und ein Marokkaner, die sehr ruhig sind und ihn akzeptieren. Das ist eine Voraussetzung, um ihn halten zu können.

Peter kann Gruppensituationen kaum aushalten, ohne zu versuchen, harmonische Gegebenheiten zu zerstören. Er hat ein ungeheures Bedürfnis, sich selbst in den Vordergrund zu spielen, wenn auch über negatives Verhalten. Allerdings kann er, nachdem er Vertrauen gefaßt hat, sehr offen mit seinen Problemen innerhalb der Gruppe umgehen. Er spielt nicht mit meiner Autorität, sondern akzeptiert sie, selbst wenn er versucht, sie zu untergraben.

Was für mich am problematischsten ist, läßt sich am besten damit ausdrücken, daß er permanent in Bewegung ist. Ruhe ist nur dann vorhanden, wenn er vor der Gruppensitzung Drogen genommen hat. Dann erscheint er relativ friedlich, allerdings auch apathisch. Sein Verhalten im Vollzug ist ansonsten destruktiv - er hat viele gewalttätige Auseinandersetzungen. Dies ist mit ein Grund, warum er seine Lockerung verliert und Endstrafe machen muß. Die Verzweiflung darüber nehme ich zum Anlaß, mit ihm zu arbeiten. Die übrige Gruppe ist damit einverstanden, nicht nur uneigennützig, sondern weil Peter viele Gefühle in sich versammelt, die auch die anderen so erleben.

Der Hintergrund für den Vorfall ist eine anstaltsübliche Begebenheit. Ein neuer Gefangener übertritt die Strukturen der Jugendlichen untereinander und gerät dabei mit Peter aneinander. Er läßt sich auf eine 'Prügelei' mit ihm ein und zieht den Kürzeren, da er nicht weiß, daß Peter, obwohl er schmächtig und klein aussieht, durch seine Brutalität unberechenbar ist. Peter hält sich nicht an Regeln und genießt die Schwächen der anderen.

Ich biete ihm an, im Spiel selbst die Rolle des Kontrahenten zu übernehmen. Er solle mir doch bitte mal zeigen, was für ihn eigentlich der Auslöser war.

Die Gruppe lacht und sagt zu mir: „Paß auf, dem bist Du nicht gewachsen." Ich nehme Peters motorische Unruhe - wir stehen auf. Er baut die Szene auf - der Gang mit den Zellen. Er muß in die Rolle seines Kontra-

henten. Er hat große Mühe damit, macht sich noch mal lustig über ihn, verzerrt ihn völlig. Ich versuche diesen Antagonisten zu spielen, wir streiten uns bis zu dem Punkt der Gewalttätigkeit - dann breche ich ab und gehe aus der Rolle heraus.
Keiner aus der Gruppe will an meine Stelle des Antagonisten.
Ich frage Peter, ob er weiß, warum - er grinst: „Ja, klar die haben Angst vor mir." Er gibt zu, daß er das genießt. Er hätte so viele Schläge einstecken müssen und endlich hätte er den Dreh raus, sich zu behaupten.
Auf meine Frage, wer ihn denn gedemütigt hätte, antwortet er mit einer Aufzählung - die Polizei, die Bediensteten im Gefängnis, die Lehrer, der Vater, größere Kinder, der Sozialarbeiter, der Richter.

Ich frage nach, ob wir im Spiel einen von ihnen herholen sollen. Peter: „Ne, ne - da brauch ich doch nur rauszugehen, die seh' ich jeden Tag. Das kann ich nicht, laß mal. Außerdem will ich gar nicht so sein, bin ich auch nicht, oder? Ich weiß auch nicht, warum das so ist, ich glaub, ich bin manchmal nicht ganz richtig im Kopf, und dann raste ich eben aus. Es ist, als wäre ich manchmal ein anderer."
Die Gruppe spricht nach diesem Spiel über ihre eigenen Erfahrungen mit Demütigungen:
Väter, die betrunken nach Hause kamen und die Mutter und Kinder verprügelt haben; Polizisten, die bei der Verhaftung ihren Frust an ihnen abgelassen haben; Lehrer, die sie einzeln vor der Klasse lächerlich machten; und immer wieder die Bediensteten im Vollzug, die ihre Macht ausnützen, um sie zu quälen. Sogar Peter kommt am Ende der Diskussion zu dem Schluß, daß doch manchmal die falschen Menschen für seine Schläge herhalten müssen.

Da Peters Selbstwertgefühl so minimal ist, daß er schon eine normale Gruppensituation als bedrohlich erlebt, war es mir wichtig, ihn wenigstens einmal zur Hauptperson wachsen zu lassen.

Sich auf seine Gewalttätigkeit einzulassen und dies zu seinem Thema zu machen, kam nur dadurch zustande, daß Peter innerhalb der vorausgegangenen Wochen genug Vertrauen gefaßt hatte. Nachdem seine Lockerung und damit die Entlassung vorbei war, bat er mich, trotzdem weiterhin an der Entlassungsgruppe teilnehmen zu dürfen, auch wenn jetzt neue Jugendliche in die Gruppe kämen. Peter war nicht der einzige Jugendliche, der über zwei oder drei Gruppen lang als Teilnehmer blieb.

Da ich seinem Realitätssinn sehr mißtrauisch gegenüber stand, bot ich mich selbst als Antagonisten an, um mich nicht plötzlich mit einer realen Schlägerei auseinandersetzen zu müssen.

Ich nahm in Kauf, daß mich die Gruppe kurzfristig als Leiter verlor, da ich mich sehr gut auf meine Co-Therapeutin verlassen konnte. Außerdem ging ich davon aus, daß das Spiel auf der Bühne für die Jugendlichen so interessant würde, daß sie sich auch ohne mich darauf konzentrieren könnten.

Ich wollte Peter Mut machen, ein wenig den Schleier zu lüften und hinter seine gewalttätigen Ausbrüche zu schauen. Aus den späteren Gesprächen, das Thema ließ ihn nicht mehr los, wurde ihm bewußt, daß er sich mit seiner unberechenbaren Haltung sehr viel Distanz zu den übrigen Jugendlichen schafft, und daß ihm das auch nicht immer recht ist.

4. Resümee

Das Gefängnis geht in erster Linie davon aus, über die Bestrafung und den Freiheitsentzug bei den Jugendlichen einen Effekt erzielen zu können, der das Übertreten gesellschaftlicher Regeln beenden soll.

Eine Institution, die ambulant Betreuungen für straffällige Jugendliche anbietet, versucht über die Herausarbeitung der Hintergründe für diese Regelwidrigkeiten erst einmal nicht mit Sanktionen zu bestrafen, sondern die Strafe in konkrete Hilfe zu übertragen.

Da das Gefängnis von seinen Rahmenbedingungen her eigentlich keine Beziehungen anbieten kann, da jede Bezugsperson innerhalb des Vollzugs gleichzeitig alle Möglichkeiten hat, den Gefangenen zu bestrafen, müßte eigentlich der Versuch eines Austausches zwischen zwei so konträren Institutionen scheitern.

Ich mußte zwangsläufig an allen Strukturen des Gefängnisses anecken. Mein eigener Auftrag bedeutete Sanktionsfreiheit für jugendliche Straftäter. Beziehung als Antwort auf krisenhafte Entwicklungsverläufe bei Jugendlichen und Heranwachsenden. Diesen Anspruch für eineinhalb Stunden pro Woche durchsetzen zu wollen, konnte nur auf Widerstand stoßen. Ich habe nach zweieinhalb Jahren Arbeit gelernt, mit diesen Widerständen umzugehen, sie mit einzubeziehen, wenn ich die Gruppensitzungen plane.

Mit dem Modell des Psychodramas im Kopf, gerade diesen Jugendlichen, die so begrenzt sind in ihren sozialen Bezügen, Mut zu machen, sich auf neue Ideen und Sozialisationen einzulassen, angesichts ständiger Einengung und Reglementierung, ist ein fast aussichtsloses Unterfangen.

Ich beschränkte mich auf ein Ziel, wenigstens für einige Momente ein Zusammengehörigkeitsgefühl entstehen zu lassen. Dies gelang mir meistens über den Humor. Sowohl über den Spaß am gemeinsamen Spielen, als auch über die Freude am Brechen von Tabus.

Ich setzte bewußt meine eigene Person ein, auch um den Jugendlichen Gelegenheit zu geben, sich über mich lustig zu machen. Ich habe als 'Clown' nie schlechte Erfahrungen gemacht - meine Grenzen wurden nie übertreten. Diese Offenlegung meiner Person diente eher dazu, sich mit mir zu identifizieren und da aufzuhören, wo sich die Jugendlichen selbst verletzt gefühlt hätten.

Der Humor ist sozusagen mein Handwerkszeug geworden, um in diesem kurzen Zeitabschnitt Vertrauen zu schaffen. Dieses Vertrauen war die Grundlage, um zumindest im Ansatz über Ängste einmal sprechen zu können. Mit den verschiedenen Rollen, die ich einnahm, konnte ich die Jugendlichen ermutigen, auch einmal über eigene andere Rollen nachzudenken oder sich die eigene Rolle, die sie spielen, genauer anzuschauen.

Trotzdem blieb es für die meisten Jugendlichen schwer, wirklich ein Thema zu erarbeiten, da ihre Konzentration sehr schnell nachläßt. Das war mit ein Grund, warum alle Spiele möglichst kurz und anschaulich bleiben mußten. Ich mußte mich als Leiter sehr spontan auf jede Situation einlassen und die Gefühle sofort aufgreifen, bevor sie hinter den Widerständen wieder verschwanden.

Die eigene Hilflosigkeit angesichts einer Vielfalt an äußerst problematischen Lebenssituationen der einzelnen Gefangenen, ist bis heute mein größtes Problem geblieben. Meine Einsicht in gesellschaftliche Zusammenhänge half mir dabei, Schuldzuweisungen zu unterlassen. Das Gefängnis allerdings bietet sicher nur sehr wenige Möglichkeiten, um Jugendlichen ein Tor zu einem besseren Leben zu eröffnen. Im Vorfeld jedoch ist bei fast allen Jugendlichen eine adäquate Reaktion des sozialen Umfeldes ausgeblieben.

In meiner ambulanten Arbeit und in der Arbeit im Gefängnis sticht eines hervor: das Bedürfnis aller Jugendlichen, sich ernsthaft mit den Erwachsenen auseinanderzusetzen. Ob es nun rechtsradikale oder drogenabhängige Jugendliche sind, der Wunsch nach erwachsenen Ansprechpartnern, die ihre Träume, Ängste und Phantasien über ihre Welt ernst nehmen und in ihnen auch die zukünftigen Partner sehen, scheint für alle gleich groß zu sein.

Die Sprachpsychodramaturgie
ein Beitrag zur Psychodramapädagogik

von Bernard Dufeu

Ich möchte hier die Psychodramaturgie Linguistique (PDL) (1) unter einem besonderen Aspekt vorstellen (2), und zwar über den Zugang zur Fremdsprache, wie die Teilnehmer ihn in diesem Verfahren erleben können. Dazu werde ich einen möglichen Verlauf der ersten Tage eines Intensivkurses in der psychodramaturgischen Spracherwerbsmethode (vier bis fünf Stunden am Tag) darstellen.

1. Der Einstieg in die fremde Sprache

Am Anfang jedes Kurses leitet der Trainer (3) die Psychodramaturgie mit einem Bild ein. Dieses Bild ist relevant für die Haltung gegenüber dem Fremdsprachenerwerb, die diese Arbeitsweise fördern möchte. Hier eine mögliche Darstellung der PDL:
„Wir werden während dieses Kurses eine Reise in die Fremdsprache unternehmen, und Sie können dabei Schritt für Schritt, nach und nach, in der Fremdsprache Fuß fassen.

Jeder wird diese Reise in seinem Rhythmus machen und dabei seinen eigenen Weg gehen. Denn in eine Fremdsprache hineinzukommen ist ein individueller Vorgang (parcours) in Begleitung von anderen.

Während dieser Reise werden Sie die Fremdsprache erkunden, mit der Fremdsprache experimentieren, ihre Formen und Grenzen erspüren. Der Irrtum ist also notwendig in diesem Vorgang. Je mehr Irrtümer Sie machen, desto mehr erfahren Sie über die Sprache und ihre Möglichkeiten.

Wir werden jeden von Ihnen individuell auf dieser Reise begleiten. Jeder von Ihnen kann von dem Punkt ausgehen, wo er sich zur Zeit befindet. Ob Anfänger oder Fortgeschrittene, jeder hat seinen eigenen Stand.

Wir werden uns dabei, auf den Rhythmus eines jeden einstellen. Indem jeder seinen eigenen Rhythmus berücksichtigt, kommt er am besten voran. Wir werden sozusagen maßgeschneidert arbeiten.

Es gibt Menschen, die, wenn sie Tennis spielen, nie zufrieden sind, weil sie immer den Weltbesten oder den besten in ihrem Verein als Referenz nehmen. Hier kann jeder seine eigene Referenz sein. Das Wichtigere ist nicht, ein bestimmtes Ziel zu erreichen, sondern die nächsten Schritte auf seinem eigenen Wege zu machen.

Sie werden die Sprache über den direkten Kontakt erfahren und erleben. Sie werden sie erwerben, indem Sie sie anwenden.

Zuerst werden Sie in Kontakt kommen mit dem, was das Eigentlichste einer Fremdsprache ist, ihr Rhythmus, ihre Melodie. Wir werden damit in das Herz der Sprache hineinkommen."

Diese Einführung hebt den indviduellen und experimentellen Charakter des Zugangs jedes einzelnen zur Fremdsprache hervor und bereitet den Weg für eine andere Einstellung zu sich selbst im Erwerbsprozeß.

1.1. Die ersten Schritte in den Rhythmus und die Melodie der Fremdsprache

Die Entspannung:

Jede Sitzung fängt mit einer Entspannung an. Dazu legen sich die Teilnehmer auf den Boden. (Auch im weiteren Verlauf des Sprachkurses wird auf dem Boden gearbeitet).

Der Trainer gibt einige Gründe für diese Entspannung an. Sie dient dazu, von der Außenwelt abzuschalten, sich auf sich selbst zu konzentrieren (zu sich zu kommen), die Präsenzfähigkeit und damit auch die Konzentration zu erhöhen, seinen eigenen Rhythmus - in dem Augenblick hier am Beispiel seines Atemrhythmus - zu erspüren - seine Rezeptivität zu erhöhen usw. (Siehe B. Dufeu, 1992, S. 107-118, bzw. 1996) und durch die entspannende Wirkung der Übung das Selbstvertrauen zu erhöhen. Sie dient aber auch dazu, einen sanften Eintritt in die Fremdsprache zu schaffen, denn die Worte, die der/die TrainerIn dabei sagt, sind die ersten Worte, die die Teilnehmer in der Fremdsprache in diesem Sprachkurs hören. Diese werden mit einer ruhigen Stimme vorgetragen, so findet ein erster, angenehmer Kontakt mit der Fremdsprache statt. Diese Entspannung vermittelt nicht nur die Sprache des Körpers, was zu dem „relationellen Grundwortschatz" gehört, sondern sie verhilft auch zu einem strukturierten Bild des Körpers (image spectrale), also zu einer Grundstruktur der Ichvorstellung, die die Grundlage zu einer Selbstsituierung in Raum bildet.

Da die Entspannung jede Sitzung eröffnet, bildet sie eine Art Ritual für die Gruppe. Sie gestaltet auch einen Teil des zeitlichen Rahmens für die Arbeit mit der Psychodramaturgie und erzeugt damit ein gewisses Sicherheitsgefühl in der Gruppe. Die Entspannung schafft eine besondere, ruhige und vertraute Atmosphäre, die das Gruppengefühl und damit die Gruppenbildung fördert. In den ersten drei Tagen findet die Entspannung nach einem 'Sandwichprinzip' statt: eine Angabe in der Fremdsprache, dann ihre Entsprechung in der Muttersprache, und schließlich das gleiche noch einmal in der Fremdsprache. Vom vierten Tag ab wird die Entspannung ausschließlich in der Fremdsprache durchgeführt, nur die neuen Elemente, die später eingeführt werden, (z.B. Einführung der Wärmeempfindung) werden dann kurz übersetzt.

Einige Teilnehmer bemerken mit Erstaunen, daß sie schon nach drei Tagen den ganzen Vorgang in der Fremdsprache verstehen können, ohne sich angestrengt zu haben, um dies zu erreichen (die meisten merken es nicht einmal, da es sich ganz natürlich für sie entwickelt). Dies ist auch eines der besonderen Merkmale im psychodramaturgischen Spracherwerbsprozeß; denn es zeigt, daß man nicht unbedingt bewußt auswendig lernen muß, um etwas zu behalten. (Das meiste, was wir behalten, haben wir nicht auswendig gelernt, vgl. Lebenserinnerungen, Werbungsinhalte...). Durch den entspannten Zustand werden eine rezeptive Haltung zur Fremdsprache und die Gedächtnisleistung gefördert.

Im Feedback zu der Entspannung fragt der Trainer, ob sein Rhythmus und seine Stimme für die Teilnehmer angemessen waren. Damit fördert er erste Aussagen in der Gruppe, auch wenn sie in der Muttersprache sind, und hebt die Sorge um die Berücksichtigung des Rhythmus der Teilnehmer hervor.

Die Aufwärmübung: Der Gruppenspiegel

Bei der anschließenden Gruppenübung erklärt der Trainer, daß wir genauso wie Sportler beim Training unsere Sprechmuskulatur, unsere Gesamtmotorik für die Fremdsprache aufwärmen können. Er weist darauf hin, daß die Teilnehmer, wenn er eine Gestik macht, diese Gestik übernehmen können, daß sie, wenn er einen Laut bzw. einen Satz spricht, diese übernehmen können. Das wird ihnen erlauben, in den Rhythmus, in die Melodie, in die Sprach- und Körperbewegung der Fremdsprache zu kommen, denn jede Sprache ist zuerst Bewegung, innere und äußere Bewegung. Die Bewegung entsteht aus der Sprache und trägt sie zugleich.

Die Gruppe bildet einen Kreis und der Trainer bringt dann eine zwei- oder dreiminütige Sprachsequenz, in der er auf etwas Imaginäres in der Mitte des Raumes zeigt, es kann eine Blume, ein Vogel, ein Schmetterling, eine Schnecke... sein. Diese Sequenz ist reich an Interjektionen, an Synonymie und, wenn möglich an Alliterationen, so daß der Rhythmus der Sprache dabei besonders empfunden wird. Sie spricht außerdem die fünf Sinne an und ist reich an Bildern.

Nehmen wir zur Illustration den Anfang eines Dialogs mit einer imaginären Rose: „Oh... *Oh là là... Que tu es belle, que tu es jolie... que tu es splendide... Tu es vraiment une très belle rose... Oh, que tu sens bon... Oh que tu es rouge... tu es toute rouge... Je peux te cueillir... Comment?... Qu'est-ce que tu dis?... Tu ne veux pas... Vraiment pas... Ah, c'est dommage, c'est vraiment dommage... mais je te comprends... Que tu es belle... Que tu es splendide... Tu as des couleurs splendides, merveilleuses...*" usw. (Etwaige Entsprechung: „Oh, Du bist aber schön, wirklich wunderschön, wie hübsch Du bist. Du bist wirklich eine sehr schöne Rose... Hm, und wie gut Du riechst... Wie Du duftest... wunderbar... und diese Farbe, ganz rot, ein schönes Rot, wunderschön, wirklich... Darf ich Dich pflücken? Wie? Was sagst Du? Nein, Du willst nicht. Wirklich nicht? Schade, wirklich schade. Du bist so schön, so wunderschön. So schön rot..." usw...)

Diese Übung erlaubt, sich auf die Fremdsprache einzustimmen und die Aufmerksamkeit für die rhythmischen, intonatorischen und kinästhetischen Aspekte der Sprache zu erhöhen.

Die Hauptübung: Das Doppeln

Bevor die erste Hauptübung der Psychodramaturgie anfängt, erklärt der Trainer, daß die Teilnehmer genau das gleiche tun werden wie in der Aufwärmübung, und zwar einen ersten Kontakt mit der Fremdsprache aufnehmen, über ihren Rhythmus, über ihre Melodie, aber dieses Mal wird dies individuell stattfinden, und die Trainerin wird sich dabei auf den Rhythmus jedes Teilnehmers einstellen. Sie werden dabei in Kontakt mit der Sprache kommen, ebenso wie ein Bildhauer zuerst in Kontakt mit dem Ton kommt und ihn in seinen Händen knetet, bevor er daraus eine Form entstehen läßt.

Die Technik des Doppelns, die dabei eingesetzt wird, entstammt dem Psychodrama. Wenn im Psychodrama ein Teilnehmer Schwierigkeiten hat, sich auszudrücken, kommt jemand hinter ihn oder an seine Seite, übernimmt die gleiche Körperhaltung und versucht das auszudrücken, was der Protagonist seiner Meinung nach nicht ausdrücken kann. Dies hilft dem Protagonisten, aus seiner Blockade herauszukommen.

Bei der Psychodramaturgie stellt sich die Trainerin auf den Teilnehmer (den Protagonisten) ein, indem sie, soweit sie es kann, seine Körperhaltung und seinen Atemrhythmus übernimmt. Sie versucht, sich in ihn hineinzuversetzen und läßt dann meistens eine kurze Sequenz von etwa zwei Minuten entstehen, die der Protagonist in dieser Situation möglicherweise sagen könnte. Der Teilnehmer trägt dabei eine volle Maske, die ihm erlaubt, geschützt vor dem Blick der anderen zu sein, sich auf sich selbst und auf die Stimme der Trainerin zu konzentrieren. Die Trainerin wiederholt ihre Sequenz, um sie zu festigen.

Sehen wir uns hier den Anfang einiger Sequenzen aus einem Kurs an, der vor kurzem stattfand, und bei dem ich mir als Beobachter einige Notizen machen konnte: - *Quel calme, quel mystère, quel silence... Je suis là, j'attends, j'écoute, dans le noir, sans le moindre bruit.* (Wie ruhig, wie sonderbar, wie still... Ich bin hier, ich warte, ich höre zu, in der Dunkelheit. Ich höre nicht das kleinste Geräusch...)
- *Cà va être une surprise maintenant. Cà va être la surprise pour moi... Qu'est-ce qu'on va faire? Qu'est ce qu'on va dire? Qu'est-ce que je vais dire? Qu'est ce qu'elle va dire? Qu'est-ce qui va se passer? Je ne sais pas. C'est çà la surprise...* (Jetzt gibt es eine Überraschung, eine Überraschung für mich... Was werden wir tun? Was werden wir sagen? Was werde ich

sagen? Was wird sie sagen? Was wird geschehen? Ich weiß es nicht. Es ist die Überraschung...).
- *J'attends quelque chose qui me fasse plaisir. On y va. Allons-y, mais doucement, calmement...* (Ich warte auf etwas, was mir gefällt. Jetzt geht es los. Gehen wir aber langsam, ruhig voran...).
- *Pourquoi attendre? Attendre trop longtemps... Attendre, c'est quelquefois long, très très très long, horriblement long, incroyablement long, une éternité...*" (Warten, wozu? Zu lange warten... ist manchmal sehr lang, sehr sehr sehr lang, furchtbar lang, unglaublich lang, eine Ewigkeit...).

Je nach der erspürten Stimmung bietet die Animatrice eine entsprechende Sequenz an, die spontan entsteht. Dann nimmt der Protagonist eine Halbmaske, mit der er nicht sehen, aber sprechen kann. Mit dieser Maske kann er sich nicht nur auf die Stimme der Animatrice, sondern auch auf seine eigene Stimme besser konzentrieren. Die Animatrice wiederholt ihre Sequenz, und es wird dem Protagonisten vorgeschlagen, zu versuchen, in den Rhythmus, in die Intonation der Sprache hineinzukommen, indem er versucht, was er kann oder was ihm paßt, zu übernehmen. Die Animatrice läßt die Sequenz sich neu entwickeln, indem sie berücksichtigt, was der Protagonist übernimmt, wie er es übernimmt und was er dabei ausläßt. Die Sequenz entwickelt sich also aufgrund dessen, was der Protagonist übernimmt. Das gleiche geschieht mit einer Halbmaske, mit der er sehen kann, oft merkt man dabei eine Veränderung in der Stimme der Protagonisten, sie wird manchmal fester, denn er übernimmt nicht nur für sich, sondern auch vor den anderen.

Die Sprache entsteht auf der Grundlage dessen, was die Trainerin über die Atembewegung, die Körperhaltung und ihre Empathie erspürt. Sie geht also von dem Protagonisten aus. Hier besteht natürlich die Gefahr, daß die Animatrice etwas in den Protagonisten hineinprojiziert. Die ideale Sequenz wäre die, die genau das ausdrückt, was der Protagonist mitteilen möchte. Wichtiger aber als dies ist ihre Einstellung gegenüber dem Protagonisten, ihre dem Protagonisten zugewandte Haltung des Zuhörens, die Tatsache, daß sie versucht, eine Sprache kommen zu lassen, die auf ihn persönlich zugeschnitten ist, daß er sich dabei persönlich angesprochen fühlt, und daß sie sich auf seinen Rhythmus einstellt. Wie der Protagonist übernimmt, hat für sie eine korrigierende Funktion, so stellt sie sich auf seine Reaktionen ein. Es handelt sich hier um ein gegenseitiges Zusammenwirken.

Eine Variante dieser Übung, die eingesetzt wird, wenn jeder Teilnehmer gedoppelt worden ist, erlaubt, die Gruppe als Echo einzubeziehen, was die Teilnehmer zur gegenseitigen Unterstützung vorbereitet und darauf, ihre Aufmerksamkeit nicht nur auf die Trainer, sondern auch auf andere Teilnehmer zu richten.

Die Aufmerksamkeit der Teilnehmer wird also vom ersten Tage an auf die suprasegmentale Ebene (Rhythmus, Melodie) der Fremdsprache gelenkt. Die Fokussierung in diesem Bereich wird durch „Zwischenübungen" (4) zu den Hauptmomenten der Arbeit unterstützt. (Siehe dazu B. Dufeu, 1990 a, S. 53-68, 1992 S. 119-140 bzw. 1996). Damit wird auch die Grundlage zu einer anderen Erfassung der Sprache geschaffen, denn über Rhythmus und Melodie kommen die Teilnehmer nicht nur in die Eigenart der Sprache, sondern sie können die Bedeutung der Aussagen besser wahrnehmen. Die konnotativen Aspekte der Aussagen werden deutlicher erfaßt.

Wir leiten damit einen Verstehensvorgang ein, den wir mit unserer Muttersprache schon erlebt haben, und zwar, daß wir über die Konnotationen zur Denotation und dadurch über die Bedeutung einer Aussage zu ihrem Sinn kommen.

1.2. Die ersten Schritte zur sprachlichen Autonomie
Sie sind die Architekten ihrer Sprache.
Wir liefern ihnen nach Bedarf das Material, das sie benötigen.
Schauen wir uns nun die zweite Phase, d. h. den zweiten Tag eines Intensivkurses mit der Psychodramaturgie an.

Die Aufwärmübung: Der Händespiegel
Die Teilnehmer bilden Zweiergruppen. Sie stehen sich gegenüber, einer führt, indem er seine Hände bewegt, der andere folgt mit seinen Händen den Bewegungen seines Partners spiegelbildlich. Diese Übung trainiert das Zuhören - hier auf Körperebene- und trainiert auch darauf, sich auf den anderen einzustellen, was in der Kommunikation eine wichtige Komponente ist. Sie bereitet auch auf die Hauptübung vor: den Spiegel.

Die Hauptübung: Der Spiegel
Der zweite Tag wird durch eine sogenannte Spiegelübung gekennzeichnet. Hier geht die Sprache direkt von der Trainerin aus, die sich auf sich selbst konzentriert und ausdrückt, was ihr dabei einfällt. Ihr gegenüber sitzt ein Teilnehmer, der zuerst als Echo ihre Sequenz übernimmt. In einer weiteren Phase entsteht ein Dialog zwischen Trainerin und Teilnehmer. In diesem Dialog, der manchmal bei Anfängern nur ein Dialogansatz ist, wird der Unterschied zwischen dem, was die Meinung der Trainerin ausdrückt und der Meinung des Teilnehmers hervorgehoben.

Das Doppeln des ersten Tages war vorwiegend durch eine „Ich-Sprache" geprägt, hier entstehen erste Ansätze zu einer Unterscheidung zwischen zwei Ichs, dem Ich der Trainerin und dem Ich des Protagonisten, die ersten Schritte zu einer Ich-Du-Beziehung werden also vollzogen.

In einer Variante des Spiegels konzentriert sich der Teilnehmer auf sich selbst und läßt einen inneren Monolog entstehen, bei dem er mit Mimik und Gestik diesen Monolog begleitet.

Von der Mimik und Gestik getragen, versucht der Teilnehmer dann, je nach sprachlicher Kompetenz, Bruchstücke oder ganze Teile dieser inneren Sequenz mit Lauten bzw. mit Wörtern oder Sätzen auszudrücken. Die Trainerin hilft ihm dabei.

In einer weiteren Phase nimmt sie seinen Platz ein und entwickelt seine Sequenz sprachlich, liefert ihm das fehlende Sprachmaterial, bzw. bietet ihm durch Synonymie andere Ausdrucksmittel an. Hier haben wird eine typische Ausdrucksprogression, die wir an anderen Stellen unserer Arbeit auch einsetzen: Körpersprache, Vokalität, Verbalität.

Die Sprache geht also von nun an direkt vom Teilnehmer aus. Die Trainer gehen von dem, was dieser ausdrückt, aus, und bieten ihm das fehlende Sprachmaterial an.

Die Spiegeltechnik in der Psychodramaturgie weicht von der Spiegeltechnik des Psychodramas ab und erinnert eher an die Spiegelphase, die wir als Kind erlebt haben.

Die triadische Begegnung
Diese Übung findet am dritten Tage eines Intensivkurses statt. Der Teilnehmer geht auch hier von sich aus, drückt aber jetzt direkt durch ein Wort, Worte, Satzteile oder ganze Sätze aus, was er ausdrücken möchte. Dabei helfen ihm die beiden Trainer. Diese sitzen hinter dem Protagonisten, die Trainerin links, der Trainer rechts, diese Konstellation erinnert an das Ambivalenzdoppeln im Psychodrama. Dann entsteht ein Dialog zwischen dem Protagonisten (von der Trainerin sprachlich unterstützt) und dem Trainer, der sich dem Protagonisten gegenüber setzt.

1.3. Weitere Schritte
In der vierten Phase der Arbeit treffen sich zwei Teilnehmer, jeder von einem der beiden Trainer unterstützt. Dann kommen in den weiteren Stadien der Psychodramaturgie Übungen, die den Teilnehmern erlauben, sich sprachlich vor zwei oder mehr Gesprächspartnern zu behaupten, bis zu Übungen, wo die ganze Gruppe autonom eingesetzt ist.

Nach einer Phase, die die Sprache direkt aus der Gruppe entstehen läßt, werden Rahmenaktivitäten angeboten, die die imaginäre Welt ansprechen, z.B. Märchen, Mythen. Hier verdanken wir dem Psychodramatiker Erich Franzke wertvolle Hinweise und Techniken (Siehe E. Franzke, 1985). In einem zweiwöchigen Intensivkurs (sechzig Stunden) endet der Kurs mit einer Rückkehr zur Außenwelt (z.B. Situationen, die sie ihrer Meinung nach schwer im Ausland beherrschen könnten). Hier werden unter anderem Techniken des Morenoschen Rollenspiels eingesetzt (vgl. B. Dufeu, 1983 a, 1983 b) bzw. Techniken des „Theaters der Unterdrückten" (vgl. Augusto Boal, 1989).

In weiteren Kursen werden sie auf gezielte berufliche Situationen vorbereitet, bzw. ihre allgemeinen Sprachkenntnisse werden erweitert, sei es durch kreative Übungen (vgl. Dufeu 1990 b) oder durch Arbeit mit Texten, die dramaturgische Elemente beinhalten.

Die Trainer haben dabei eine organisierende Funktion - sie bieten Übungen an, die den Ausdruck der Teilnehmer fördern - und auf der sprachlichen Ebene eine unterstützende Funktion, sie bieten das fehlende Sprachmaterial, bzw. andere Ausdrucksweisen an.

2. Bemerkungen über sprachliche Aspekte der Psychodramaturgie

Wir haben uns hier vorwiegend auf einige Elemente der ersten drei Tage der Psychodramaturgie konzentriert, weil sie die ersten Kontakte und damit auch den Zugang zu der Fremdsprache kennzeichnen.

Die Sprache, die in diesen ersten drei Tagen entsteht, ist - um Piagets Terminologie zu übernehmen - eine eher egozentrische Sprache. Sie erlaubt dem Teilnehmer, sich in der Fremdsprache zu definieren, zu situieren, auszudrücken. In den weiteren Phasen kommt zu dieser egozentrischen Sprache die sozialisierte Sprache in einem stärkeren Ausmaß hinzu, und damit wird die Kommunikation nicht nur mit sich selbst, sondern auch mit den anderen gefördert.

Die expressive und die kommunikative Funktion der Sprache werden bei der Psychodramaturgie hervorgehoben. Wir gehen von der Er-Sie-Es Sprache des traditionellen Unterrichts, wo die metasprachliche und die referentielle Funktion dominieren, zu einer Ich-und-Du Sprache über.

Die symbolische Funktion wird durch die Übungsformen und durch die Einbeziehung der imaginären Welt der Teilnehmer stark angesprochen.

Da die Sprache auch dazu beiträgt, das Imaginationspotential der Teilnehmer anzuregen, kommen Denkprozesse zum Vorschein, die ihnen vorher nicht bewußt zugänglich waren. Sie hat also auch eine heuristische Funktion. Sie trägt hier wie in unserer Muttersprache zur Entwicklung des Intellekts bei.

Die doppelte Verfremdung, die der Teilnehmer im traditionellen Sprachunterricht erlebt (es sind nicht seine Wörter, da es nicht seine Muttersprache ist, es sind aber auch nicht seine Worte, denn er muß fremdbestimmte Aussagen benutzen, die nicht seinen Ausdrucksbedürfnissen oder -wünschen entsprechen), wird hier stark reduziert.

Die Sprache ist ihm zwar unbekannt, durch die angewandten Verfahren aber vermindert sich ihr Fremdheitscharakter.

Die Sprache wird hier nicht vom Sprecher getrennt. Sie entsteht im Hier-und-Jetzt des Gruppenlebens. Sie drückt direkt oder symbolisch aus, was Teilnehmer und Gruppe auf der realen bzw. auf der imaginären Ebene mitteilen möchten. Sie ist durch die Beziehungen zwischen den Sprechern getragen.

Der Sematisierungsprozeß
Da die Sprache aus den Ausdrucksbedürfnissen und -wünschen der Teilnehmer entsteht, wird der Prozeß des Verstehens anders gestaltet. Es handelt sich nicht mehr vorwiegend darum, daß die Teilnehmer den Lehrer oder das Lehrbuch verstehen, sondern an erster Stelle darum, daß die Trainer verstehen, was die Teilnehmer ausdrücken möchten und ihnen das fehlende sprachliche Material liefern (auch die anderen Teilnehmer helfen in hier nicht beschriebenen Phasen mit). Die sprachliche Heterogenität der Gruppe wirkt sich vorteilhaft auf den einzelnen aus.

Die Sensibilisierung für die konnotativen Aspekte der Mitteilung tragen auch zur Wahrnehmung der Bedeutung der Aussagen der Teilnehmer bei. Der denotative Sinn der unbekannten Lexik wird über ihre Bedeutung für die Sprecher erfaßt. Intuition wie Deduktion werden dabei eingesetzt.

Die Technik der Sequenz spielt eine große Rolle in der Entwicklung und Erweiterung der Sprache in der PDL. Der spontan entstandene Monologbzw. Dialogtext wird in der Neuaufnahme der Sequenz mit Hilfe der Trainer bzw. der Gruppe im Doppeln durch Synonymie erweitert bzw. nimmt durch Wechsel der Gesprächspartner (durch „Relais" bzw. „Verschiebungstechniken") eine neue Gestalt an. Die Arbeit an der Sequenz fördert die Entwicklung der Sprache in einer gewissen Kontinuität (Wir haben „Le changement dans la continuité" – den Wechsel in der Kontinuität – um eine politische Redewendung zu übernehmen). Die sprachliche Progression entwickelt sich nicht linear sondern spiralartig.

Das Behalten des sprachlichen Materials wird nicht durch die Technik der mit Variationen mehrmals aufgenommenen Sequenz, sondern auch durch die große Kongruenz zwischen Ausdruckswunsch und angebotener Sprache gefördert. Da die Sprache erlebt wird, prägt sie sich leichter ein.

Man kann vermuten, daß die Teilnehmer Inhalte besser behalten, mit denen sie in Resonanz stehen, bzw. die ihren Ausdruckswünschen entsprechen, d.h. wenn die Sprache sie direkt anspricht.

Es entsteht ein relationeller Grundwortschatz, der den Teilnehmern erlaubt, sich in Raum und Zeit zu situieren, sich in der Beziehung zu sich selbst und zu den anderen zu definieren, ihre Bedürfnisse und Wünsche auszudrücken. Dieser Grundwortschatz wiederholt sich mit einer gewissen Frequenz trotz der Verschiedenartigkeit der Situation, dies fördert auch seine Integration. In diesen relationellen Grundwortschatz fügt sich insbesondere in berufsspezifischen Situationen der Funktionelle Wortschatz ein.

Der Erwerb der Sprachstrukturen: die Intensität der Kurse fördert den direkten Erwerb der strukturellen Regelmäßigkeiten der Fremdsprache. Die Grammatik wird nicht mehr von der Sprache getrennt. Treffen die Teilnehmer auf Schwierigkeiten, die eine kognitive Erfassung einer Regel fordern, dann wird diese von der Gruppe anhand der entstandenen Irrtümer ermittelt und ihrem Kenntnisstand entsprechend formuliert. Die Grammatik steht in einer Output- und nicht in einer Inputposition. Die Regeln gehen nicht dem Sprechakt voraus, sondern entstehen aus den angetroffenen Problemen.

Irrtümer vermeiden zu wollen, bedeutet für uns, den Vorgang des Spracherwerbs zu bremsen. Irrtum muß sein, er trägt nicht nur zur Erkundung der Eigentümlichkeiten und Grenzen der Fremdsprache bei, er ist ein unentbehrlicher Bestandteil des Spracherwerbs.

Die Korrektur erwächst aus dem Ausdruck (der eine prioritäre Stellung hat). Die Trainer bieten die korrekte Fassung an, versuchen aber nicht, sie aufzuerlegen. Wenn die Teilnehmer die entsprechende linguistische Reife für das Problem erreicht, bzw. den persönlichen Wunsch nach Korrektheit ausreichend entwickelt haben, nehmen sie die korrigierte Fassung an, oder diese prägt sich nach und nach von selbst durch die wiederholte Korrektur ein.

Die Progression beruht auf relationellen Kriterien. Sie geht von einer Individualarbeit, bei der der Rhythmus von jedem respektiert wird, zu Gruppenaktivitäten über, die das affektive und intellektuelle Leben der Teilnehmer und der Gruppe berücksichtigen.

Die Ziele der PDL sind kommunikativer Natur. Die PDL setzt an der Entwicklung der zwei Hauptfähigkeiten an, die zum Erwerb einer Fremdsprache notwendig sind: der Rezeptivität und der Ausdrucksfähigkeit (siehe Tabelle).

- Die Entwicklung der Rezeptivität beinhaltet u.a. eine Entwicklung der Disponibilität, der Offenheit, der Entspannungsfähigkeit, der Präsenzfähigkeit, der gelassenen Konzentration, der Sensitivität (Körper), der Sensibilität (Affektivität) der Intuition (Intellekt), der Fähigkeit zuzuhören, der Beobachtungsfähigkeit...
- Die Entwicklung der Ausdrucksfähigkeit beinhaltet u. a. eine Entwicklung der Reproduktions-, Kombinations-, Assoziationsfähigkeit, die Fähigkeit, sich als Person zu situieren und auszudrücken, die Flexibilität, die Spontaneität, die Kreativität, die intellektuelle Neugierde, die Experimentierfreudigkeit...

Die Ziele der Sprachpsychodramaturgie

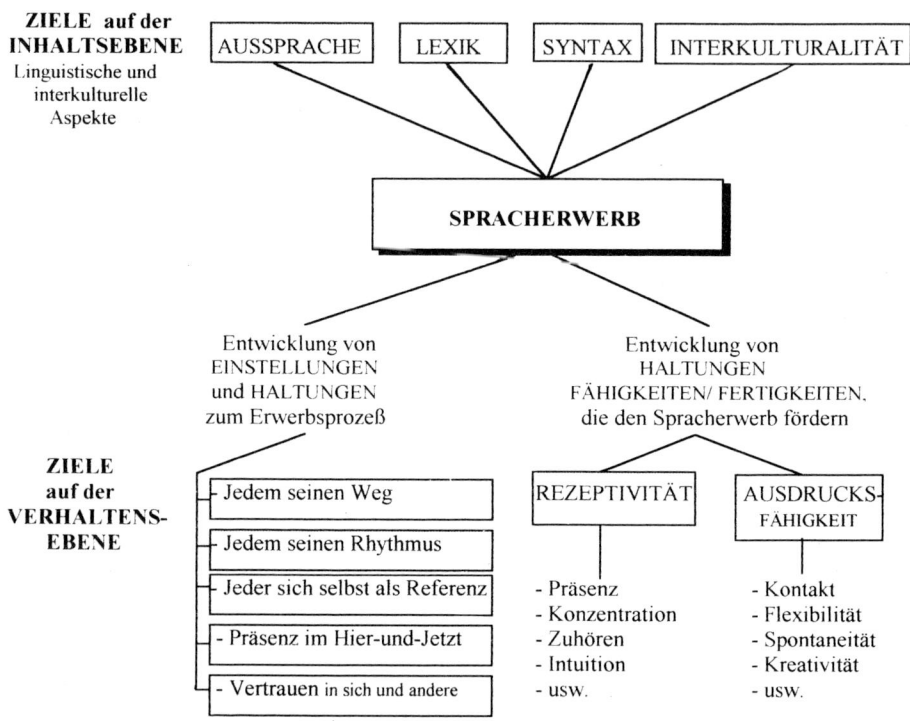

Der traditionelle Unterricht konzentriert sich vorwiegend auf linguistische Ziele (Oberflächenziele) und insbesondere auf die Vermittlung der Strukturen und der Lexik der Fremdsprache; die Sprachpsychodramaturgie setzt auf einer tieferen Ebene an, sie ist insbesondere auf die Entwicklung der Einstellungen, Haltungen, Fähigkeiten und Fertigkeiten gerichtet, die den Spracherwerb fördern (Tiefenziele) und damit auf die Entwicklung des Individuums in seiner Gesamtheit.

Indem diese Fähigkeiten durch Übungen, die die Kommunikation fördern, entwikkelt werden, erwerben die Teilnehmer die Fremdsprache und erreichen umso besser die linguistischen Ziele als die Sprache von denen getragen wird, die sie benutzen.

Das **Haben** *(hier die sprachlichen Inhalte) wird umso leichter integriert, als es in Resonanz mit dem* **Sein** *ist.*

Statt Ziel des Unterrichts zu sein, wird die Sprache zum Mittel der Kommunikation und Interaktion zwischen den Teilnehmern. Indem sie kommunizieren, erwerben die Teilnehmer die Fremdsprache. Die Sprache wird erlebt statt gelernt zu werden. Die Arbeitsatmosphäre, die angebotenen Übungen, die persönliche Haltung der Trainer und insbesondere die persönliche und linguistische Akzeptanz, die in diesen Kursen herrscht, fördern die Entwicklung des Selbstvertrauens der Teilnehmer, was die Grundlage zu einem leichteren Spracherwerb bildet.

3. Durchführungsbedingungen der Psychodramaturgie

Die Psychodramaturgie wird in ihrer Standardfassung in Intensivkursen eingesetzt. Drei Arbeitsformen sind bisher im VHS-Bereich angewandt worden:
- Kurse an zwei bzw. vier Wochenenden: Vier Stunden am Freitag von 17 Uhr bis 21 Uhr, fünf bis sechs Stunden am Samstag und am Sonntag.
- Einwöchige Intensivkurse, insbesondere im Rahmen von Bildungsurlauben.
- Ein Intensivwochenende, gefolgt von vier Stunden, jeden Abend von 17 bis 21 Uhr, über zwei Wochen, mit einem zweiten Intensivwochenende am Ende der ersten Woche.

In anderen Rahmen sind auch zweiwöchige Kurse (fünf Stunden täglich, sechzig Stunden insgesamt) durchgeführt worden.

Die Wochenendkurse haben vor allem die Funktion, einen ersten Einstieg in die Fremdsprache zu fördern, bzw. bei Teilnehmern, die schon Vorkenntnisse haben, eine Auffrischungsfunktion, die erlaubt, das „Vergessene" zu aktivieren und nahezubringen und die Kenntnisse zu erweitern. Sie tragen dazu bei, Sprechängste zu überwinden und Mut zum Ausdruck in der Fremdsprache zu gewinnen.

Die längerfristigen Kurse leisten eine tiefergründige Arbeit und erlauben nicht nur, Sprachkenntnisse zu erweitern und zu vertiefen, sondern auch Kommunikationsfähigkeiten weiterzuentwickeln. Diese finden nicht nur beim Erwerb von weiteren Fremdsprachen, sondern auch im täglichen Leben ihren Niederschlag.

Viele der in der Psychodramaturgie angewandten Verfahren sind auch von Psychodramaturgietrainern in traditionellere Arbeitskontexte übertragen worden. Damit wird zwar nicht die Tragweite und Tiefe erreicht, die die PDL in der intensiveren Form und in dem vorgesehenen Einsatz erzielt, aber ihre Techniken tragen zu einem direkteren Zugang der Teilnehmer zu der Fremdsprache bei und erleichtern ihnen den Spracherwerb. Damit erfüllen sie auch in diesem Rahmen einen wichtigen Dienst.

4. Die psychodramatischen Grundlagen der Psychodramaturgie

Einige wesentliche Konzepte des Psychodramas sind in der Psychodramaturgie übernommen worden:
- Das Konzept der schöpferischen Spontaneität. Der Mensch wird als schöpferisches Wesen, als Subjekt seines Erwerbsprozesses und nicht als Objekt eines in seiner Abwesenheit festgelegten Programms betrachtet.
- Das Konzept der Begegnung. Durch die sprachlichen Aktivitäten entwickeln die Teilnehmer persönliche Bezüge zueinander. Sie begegnen sich auf realer und imaginärer Ebene.
- Das Konzept der Handlung. Die Teilnehmer erwerben die Fremdsprache, indem sie sprachlich handeln.
- Die globale Auffassung des Menschen: Die Teilnehmer werden in ihrer Gesamtheit - Körper, Affektivität, Intellekt - als Mitglieder einer Gemeinschaft (soziometrischer Aspekt) und in ihrer spirituellen Dimension angesprochen.
- Der Lernprozeß wird als Teil der Gesamtentwicklung des Teilnehmers aufgefaßt. Lernen ist ein Lebensprozeß und Leben ein kontinuierlicher Lernprozeß. Der Erwerb der Fremdsprache trägt zur Individuation des Teilnehmers bei (Siehe Marie-Louise von Franz in C. G. Jung, 1968, S. 160- 229).
- Die Teilnehmer- und Gruppenzentrierung: Im Zentrum des Erwerbsprozesses steht der Teilnehmer. Das Leben der Gruppe wird durch die Alternanz zwischen Einzel- und Gruppenübungen in den ersten Phasen der PDL und durch die Auswahl der Aktivitäten und Themen in weiteren Phasen berücksichtigt.
- Die Progression der ersten Phasen der PDL beruht auf der ontogenetischen Progression, die Moreno in den Doppel-, Spiegel- und Rollenwechselübungen sieht (J. L. Moreno, 1959, S. 85-88).

In die Praxis der Psychodramaturgie sind auch psychodramatische Haltungen und Verfahren eingeflossen:
- Die empathische Haltung der Trainer anstelle der hierarchischen Haltung, die im traditionellen Unterricht herrscht.
- Der Einsatz von Aufwärmübungen: Jeder Hauptübung wird eine Aufwärmübung vorangestellt, die auf die erforderliche Haltung in der Hauptübung bzw. auf ihre Durchführung vorbereitet.
- Das Doppeln, Spiegeln und der Rollenwechsel sowie wie die morenosche Konzeption des Rollenspiels mit seinen begleitenden Techniken (Interview, Selbstgespräch...) wurden teilweise direkt, teilweise in abgewandelter Form von uns übernommen.

Diese Grundlagen und Verfahren sind an den pädagogischen Kontext angepaßt. Die pädagogische Szene soll nicht in eine therapeutische Szene verwandelt werden.

Die Psychodramaturgie versucht unter anderem ein Ziel zu verwirklichen, das Moreno 1973 so ausdrückte:
„*The reproductive process of learning must move into second place; first emphasis should be given to the productive, spontaneous-creative process of learning. The exercise and training of spontaneity is the chief subject of the school of future*" (Moreno, 1973, S. 81).
Diese Zukunft hat für uns schon begonnen, so daß wir die Psychodramaturgie als eine Psychodramapädagogik bezeichnen können.

Anmerkungen

1. Der Begriff „Psychodramaturgie" verweist auf die zwei Hauptquellen dieser Spracherwerbsmethode, das Psychodrama und die Dramaturgie, aus denen sie Grundlagen und Techniken übernommen und auf den Fremdsprachenerwerb zugeschnitten hat (Vgl. B. Dufeu, 1990 c, 1991, 1992, 1996). Ausgangspunkt dieser Arbeit war ein Experiment mit Willy Urbain 1977 an der Mainzer Universität.

2. Zu einer ausführlichen Darstellung der Psychodramaturgie siehe Dufeu 1992 bzw. Dufeu 1996.

3. Zwei Trainer begleiten einen Psychodramaturgiekurs in den ersten zwei Wochen. Diese zwei Trainer teilen sich in den ersten drei Tagen die Rollen (vom vierten Tag ab haben sie die gleichen Funktionen). Wenn es sich um einen Mann und eine Frau handelt, wird vorzugsweise die Doppelrolle der Trainerin und die Strukturierungsrolle dem Trainer zugeteilt. Zum besseren Verständnis der zwei Rollen werden wir hier diese Teilung behalten.

Die Durchführung mit einem Trainer während der ersten zwei Wochen setzt eine große Erfahrung voraus. Ein solcher Kurs ist für einen Trainer allein physisch anstrengend und kann seine erforderliche Disponibilität und Konzentration beeinträchtigen. Die symbolische Kraft einiger Übungen wird reduziert oder geht verloren. Außerdem ist die Veränderung einiger Übungen erforderlich, was mit einem Verlust an Effektivität verbunden ist. Die Arbeit zu zweit erlaubt außerdem eine differenziertere Wahrnehmung der Gruppenprozesse und führt zu einer gegenseitigen beruflichen Bereicherung.

4. Wir machen den Unterschied zwischen Aufwärmübungen (z.B. Gruppenspiegel), die auf eine Hauptübung (z.B. Doppeln) vorbereiten, und Zwischenübungen, (z.B. findet nach zwei oder drei Doppeln eine Zwischenübung statt) die unter anderem zur Alternanz zwischen Individual- und Gruppenarbeit beitragen bzw. von einem anderen Standpunkt bestimmte Spracherwerbsfähigkeiten, -fertigkeiten oder Haltungen entwickeln.

LITERATUR:

BOAL, A.: Das Theater der Unterdrückten. Frankfurt: Suhrkamp, 1989

DUFEU, B.: -La psychodramaturgie linguistique ou l'apprentissage de la langue par le vécu. In Le français dans le monde. Nr. 175 Février-mars 1983, S. 36-45

- Haben und Sein im Fremdsprachenunterricht. In Annedore Prengel (Hrsg.): Gestaltpädagogik. Weinheim: Belz Verlag, 1983, S. 197-217

- Le jeu de rôle: repères pour une pratique. In Le français dans le monde. Nr. 176, avril 1983, S. 43-44

- Techniques de jeu de rôle. In Le français dans le monde. Nr. 176, avril 1983, S. 69-74

- Rhythmus. Melodie und Bewegung: In Dietrich Eggers (Hrsg.): Intonation im Fremdsprachenunterricht für Erwachsene, Mainz, Universität Mainz, 1990 a. S. 53-68

- Imagination und Interaktion im Fremdsprachenunterricht. In B. Dufeu: Interaktive Formen des Fremdsprachenunterrichts mit Erwachsenen. Mainz: Universität Mainz, 1990 b, S. 9-41

- Du psychodrame la pédagogie: la psychodramaturgie. In Le Journal du Psychodrame. Nr.7, 1990 c, S. 57-75

- Psychodrama, Dramaturgie oder Pädagogik: Die Psychodramaturgie. In R. Batz, W. Bufe (Hrsg.): Moderne Sprachlehrmethoden. Darmstadt: Wissenschaftliche Buchgesellschaft, 1991, Bd. 623, S. 372-387

- Sur les Chemins d'une Pédagogie de l'être. Mainz, Editions Psychodramaturgie 1992 (300 Seiten) (Beim Autor bestellen: Rilkeallee 187 D-55127 Mainz).

- Teaching myself. Oxford: Oxford University Press, 1994

– Wege zu einer Pädagogik des Seins. Mainz, Editions Psychodramaturgie, 1996 (Beim Autor bestellen: Rilkeallee 187, D-55127 Mainz).

- Les approches non conventionnelles. Paris: Hachette, 1996.

DUFEU, B., DUFEU, M., FELDHENDLER, D.: Psychodrama und Fremdsprachenerwerb. In Materialien Deutsch. Nr. 33, 1993, S. 203-209

DUFEU, M.: Vers une pédagogie du contact ou vers une approche de l'enseignement des langues à la lumière de la Gestalt. Mayence, Editions Psychodramaturgie. 1989

FELDHENDLER, D.:

- Expression Dramaturgique. In Le français dans le monde. Nr. 176, avril 1983, S.45-51

- Le théâtre journal vivant. In Le français dans le monde. Nr. 220, octobre 1988, S. 56-61

- Aus dem Leben gegriffen. Szenische Darstellung von Zeitungsnachrichten als Unterrichtseinheit. In AZ-Journal. Nr. 2, 1990. München, Goethe Institut, 1990

- Das lebendige Zeitungstheater - Teilnehmeraktivierung im Fremdsprachenunterricht durch relationelle und dramaturgische Arbeitsformen. In Addison, Vogel (Hrsg.): Gesprochene Fremdsprache. Beschreibung, Vermittlung, Bewertung. Bochum: AKS Verlag, 1989

- Dramaturgie et Interculturel. In Le français dans le monde. Nr. 234, 1990, S. 50-60

FRANZKE, Erich: Märchen und Märchenspiel in der Psychotherapie. Bern: Hans Huber, 1985

JUNG, C. G.: Der Mensch und seine Symbole. Olten: Walter-Verlag, 1968

LEUTZ, G.: Psychodrama. Berlin: Springer Verlag, 1974, Mettre sa vie en scène. Paris: Epi, 1985

MORENO, J. L.:
- Einladung zu einer Begegnung. Wien und Leipzig, 1914
- Das Stegreiftheater. Berlin-Potsdam: Gustav Kiepenheuer, 1923
- Die Grundlagen der Soziometrie. Köln-Opladen: Westdeutscher Verlag, 1954
- Gruppenpsychotherapie und Psychodrama. Stuttgart: Thieme, 1959
- The theater of spontaneity. New York: Beacon House, 1973

SHELEEN, Laura: Maske und Individuation. Paderborn: Junfermann, 1987

DRITTER TEIL

Regie, Methode und Haltung des Psychodramatikers

Starthilfe für Anfänger
in der Leitung von Psychodramagruppen

von Carl Woerner

Diese Anleitung ist für Leute gedacht, die eine Psychodramaausbildung zum Psychodramatherapeuten gemacht haben und mit der Methode Psychodrama selbst noch keine Gruppen geleitet haben, oder eine Gruppe bereits geleitet haben, und noch einige Tips für die zweite Gruppe suchen.

1. Prolog

Klar, man hat Lampenfieber, vielleicht hätte man doch noch ein paar Bücher mehr lesen sollen, öfter unter Anleitung/Supervision Gruppen zur „Probe" leiten sollen. Beides und auch noch anderes, z.b. mehr Selbsterfahrung, wäre nicht schlecht gewesen. Doch nun ist es zu spät, die Gruppe wartet. „Es wird schon klappen" oder „Angriff ist die beste Verteidigung", sind zwei der „Schlachtrufe" mit denen man in die Gruppe stürmt, und in der Regel haut's ja dann auch irgendwie hin. Aber bald, so nach ...., ... Sitzungen (hier darf jeder seine Anzahl der Gruppensitzungen eintragen) wird es eng. Man hat seine Spielehits (Gruppenspiele, irgendwelche Smasher aus anderen Methoden) unters Gruppenvolk gebracht, und geht jetzt auf dem Zahnfleisch, weil einem nichts mehr einfällt. Einzelarbeiten werden zur Qual, weil immer die gleichen Hysteriker vortanzen und die, die es so nötig hätten wahrscheinlich eine Spielblockade haben, oder sie bringen solch einen Psychohammer (heutzutage oft sexuellen Mißbrauch), daß die ganze Gruppe einschließlich Leitung hochidentifiziert im Schacht hängt, oder, daß die Gruppe den Protagonisten auf Grund der eigenen Ängste im Regen stehen läßt. Andere Varianten sind möglich. Eine gängige ist, daß man das psychodramatische Bein nicht in die Tür bekommt. Gruppensitzungen verdienen dann ihren Namen, die Gruppe sitzt und es wird nur geredet anstatt gespielt, das Ergebnis ist jedoch immer eine Bruchlandung, neuhochdeutsch: Gruppencrash. Derjenige, dessen Gruppen so etwas nie passieren wird, oder passiert ist, kann hier mit dem Lesen aufhören und sich den Psychodramaorden erster Klasse anheften. Allen anderen sei gesagt, vorausgesetzt, Sie lesen weiter, daß die folgenden Tips nicht garantieren, daß nun alles erste Sahne sein wird, was in Euren Gruppen abläuft, es soll Euch jedoch festeren Boden für Eure zukünftigen Gruppen geben. Manche Bemerkungen und Anweisungen werdet Ihr als Provokation aufnehmen. Provokation soll es im guten und wörtlichen Sinne sein, nämlich ein Hervorrufen der Reflexion eigener psychodramatischer Handlungsstrategien.

2. Ehe die Gruppe anfängt

Wenn Ihr Lohnabhängige einer Institution seid, verschafft Euch einen Überblick hinsichtlich des geschriebenen und des ungeschriebenen Kontraktes mit Eurem Arbeitgeber. Hier gibt es oft extreme Differenzen. Ein Beispiel zum geschriebenen Kontrakt: „Gruppenarbeit mit Zielgestalt Psychotherapie". Ein Beispiel zum ungeschriebenen Kontrakt: „Allen wohl und niemand weh ..., Psychotherapie liegt im Aufgabengebiet des Arztes, sehen Sie zu, daß die Leute bei guter Stimmung bleiben." Dieser Text kommt z.b. aus einer Kurklinik, in anderen Institutionen lautet er natürlich anders. Wichtig ist, daß Ihr vor dem Gruppenbeginn klarstellt, daß Ihr Psychotherapie machen werdet, mit allem was dazugehört. Wie man das macht? Nun, wir sind Psychodramatherapeuten und keine Pausenclowns, noch Fragen?

Größe der Gruppe: Optimal sind acht bis zwölf Gruppenmitglieder. Sind es weniger als acht, seid Ihr bei der Rollenverteilung auf Mitspieler eingeschränkt, über zwölf Gruppenmitglieder bringen z.b. in der Feedbackrunde jede Menge Redundanz, verlorene Zeit, die Euch woanders fehlen wird.

Zeitumfang einer Arbeitseinheit: Eineinhalb bis drei Stunden. Für mich, bei meinem Arbeitsstil, sind zweieinhalb bis drei Stunden nötig. Mit diesem Stundendeputat bestreiten ich und auch andere Ausbilder eine Arbeitseinheit in den Ausbildungsgruppen. In der institutionellen Praxis ist dieser Zeitrahmen nur in Ausnahmefällen gegeben. Anderthalb Stunden sind hier die Regel. Da man drei Stunden internalisiert hat, ergibt sich hieraus meist der erste Praxisschock. Man kommt mit dem Zeitrahmen nicht klar. Hier hilft nur 'abspecken' oder verhandeln, daß man mehr Zeit als sonst üblich zur Verfügung erhält.

Allein eine Gruppe leiten, oder mit einem CO-Therapeuten? Schön wär's schon, eine Frau und einen Mann in der Leitung zu haben. Hebt Euch diese Konstellation aber für später auf. In Institutionen mutieren COs oft zu Undercover Agents oder Patienten. Das Leiten zu zweit erfordert viel Erfahrung und basiert auf eingehaltenen Absprachen. Als Anfänger seid Ihr nach meiner Erfahrung damit überfordert. Leitet am Anfang alleine, und Ihr wißt immer, daß Ihr den Mist selbst gebaut habt!

Gleichberechtigte Leitung von zwei Therapeuten: Luxussituation von freischaffenden Leitern. Dazu kann ich nur raten, sich die Begriffe Leistung, Machtstreben, Konkurrenz und ähnliche auf die Leber zu legen und es sich noch mal zu überlegen. Wenn man schon hinsichtlich der Methode,

Gruppe u. a. unsicher ist, sollte man nicht auch noch eine unsichere Beziehung in Kauf nehmen. Gruppenmitglieder riechen solche etwaigen Schwierigkeiten sofort und werden nichts unversucht lassen, die Leitung zu spalten. Mit dem Beziehungsknatsch der zwei Leiter haben die Gruppenmitglieder die Gewähr, daß in Zukunft nicht *ihre* Schwierigkeiten im Mittelpunkt stehen, sondern die der Leiter. Eine bessere Abwehrstrategie gibt es gar nicht.

Materielles: Ich verstehe darunter nicht nur Geld. Endlich als Gruppenleiter auch im Besitz von Prestige und Status zu sein, hat schon manchen beginnenden Gruppenleiter in die Abhängigkeit von seinen Gruppenmitgliedern gebracht. Ihr sollt Euch in den Gruppen weder verkaufen, noch prostituieren. Ihr sollt psychotherapeutische Arbeit leisten. Die hat selbstverständlich ihren Preis. Auf dem freien Markt sollte diese Arbeit pro Zeitstunde derzeit zwischen DM 80.- und DM 120.- einbringen. In den Institutionen gibt es in der Regel Entlohnung nach dem BAT.

Ich denke, daß der Sinn dieser Vorüberlegungen klar ist. Ihr braucht *vor dem Beginn Eurer Gruppe eine Struktur*, ein Setting, das Euch die Gewähr gibt, möglichst unabhängig und mit genügend Distanz in die Gruppe zu gehen. Dazu gehört neben dem Kontrakt nach außen, z.B. gegenüber einer Institution, natürlich auch ein Kontrakt mit der Gruppe. Pünktlicher Beginn und pünktliches Ende der Gruppensitzung, keine Verbrüderungen, keine gemeinsamen Kneipenbesuche, Extrawürste, keine Tür- und Angelgespräche („Ich wollte das in der Gruppe nicht sagen, ich bin ..."), wenn die Gruppe beendet ist, ist Feierabend. Bis zum nächsten Termin muß alles warten, was nicht in der Gruppe gesagt wurde. Das gilt insbesondere für eventuelle Telefonate, bei denen also nur Formalia besprochen werden sollten, auf keinen Fall irgendwelche Wehwehchen Eurer Gruppenmitglieder. Auch hier der Verweis auf die nächste Gruppensitzung. Solltet Ihr Euch doch für einen CO oder zweiten Leiter entschieden haben, gilt in diesem Fall natürlich auch, daß man sich im Sinne eines Kontraktes abspricht. Alles werdet Ihr natürlich nicht vorab regeln können, macht nichts, so lernt Ihr schon was dazu fürs nächste Mal.

Merke: Psychotherapie geschieht aus der Distanz heraus, nicht über Nähe, schon gar nicht durch Verschmelzung. Ja, ich meine damit natürlich auch eventuelle Liebesbeziehungen.

Vorausplanung: Im vorher Gesagten waren Struktur und Vorüberlegungen angesagt. Was die Vorausplanung einer Gruppensitzung anbetrifft, dürft Ihr, wenn es nach mir geht, völlig unvorbereitet sein. Konzepte, wie: „heute sollte X arbeiten, der hat letztes Mal endlich ein bißchen aufgemacht", „heute machen wir Vignetten, dann kommt wenigstens jeder dran", „heute sollte ein Gruppenspiel mit viel Sex laufen, das Tabu kriegen wir schon geknackt", solltet Ihr lieber lassen. Es passiert ja doch was ande-

res, und Ihr seid frustriert, weil alle Vorarbeit umsonst war. Wichtig in diesem Zusammenhang ist, daß Ihr Euch zum Wahlspruch nehmt: *nicht ich mache das Programm, sondern die Gruppe macht es.*
Hiermit soll es nun genug sein mit den Vorüberlegungen. Eure Gruppe wartet voller Spannung, genauso wie Ihr auf den Beginn Eurer Arbeit. Selbstverständlich habt Ihr auch daran gedacht, Euch einen Supervisor zu suchen, denn gerade, wenn Ihr beginnt, solltet Ihr auf keinen Fall ohne „Kontrollinstanz" arbeiten, aber wem sage ich das?

3. Die Gruppe beginnt

Die ersten zwei, drei Sitzungen solltet Ihr dazu benutzen, die Gruppe mit folgendem bekanntzumachen:
    a) mit dem Leiter
    b) die Gruppenmitglieder untereinander
    c) mit der Methode Psychodrama
    d) mit „Spielregeln"
    e) mit den Themen, die auf die Gruppe zukommen werden

a) Ihr solltet so wenig wie möglich über Euch erzählen. So können Eure Gruppenmitglieder sich ihren Phantasien über Euch hingeben, mit denen man dann vortrefflich arbeiten kann. Euer Alter, Familienstand und Euren Beruf könnt Ihr ohne Bedenken veräußern. Wenn Ihr Kinder habt, solltet Ihr Geschlecht und Alter Eurer Kinder angeben. Die Existenz von Kindern beruhigt die Gruppe ungemein. Es hat was Solides und gibt Euch die Aura von Lebenserfahrung. Letztendlich solltet Ihr darauf hinweisen, daß Ihr Euch als Leiter der Gruppe und als Beziehungstherapeut versteht. Letzteres ist besonders wichtig für Gruppenmitglieder, die noch eine andere Gruppen- oder Einzeltherapie machen wollen. Diese Gruppenmitglieder haben dann mehr als einen Bezugstherapeuten, ob Ihr das gutheißen wollt, solltet Ihr gut überlegen, da es jede Menge Für und Wider gibt. Von Eurer Seite ist für alle Gruppenmitglieder klargestellt, daß Ihr nicht als Kumpel, Alleinunterhalter, Bezugstherapeut zweiter Klasse, etc. herhaltet.
    a, b und c verbindet Ihr miteinander, wenn Ihr den *Zauberladen* gleich am Anfang zur Aufführung bringt. Hier könnt Ihr Euch als Leiter zeigen, könnt mit Euren spielerischen Möglichkeiten Modell stehen, die Gruppenmitglieder können sich als Zuschauer mit Abstand ein Bild von den anderen Gruppenmitgliedern machen, Psychodrama als szenische und handlungsorientierte Methode wird erlebt.
    „Was, gleich den Zauberladen?" Dann macht ihn eben später, oder überhaupt nicht!
    b) Sorgt dann auf andere Weise dafür, daß die Gruppenmitglieder sich kennenlernen. Eine Vorstellung durch eine *„Lügengeschichte über mich", „wer hat mir und warum Vor- und Nachnamen gegeben", ein Gruppen-*

spiel, vielleicht das „*Museumspiel*", Soziometrie und Beziehungsklärungen seien hier als Beispiele genannt.

c) die Methode erklärt sich für die Gruppenmitglieder eigentlich in den Protagonisten- und Gruppenspielen von alleine. Die Techniken des Psychodramas sollten jedoch einen Platz am Anfang der Gruppe finden, an dem sie erklärt werden. Ich mache das mit zwei leeren Stühlen (also keine Demonstrationspersonen aus der Gruppe sollten auf den Stühlen sitzen! Sonst habt Ihr hier gleich einen oder mehrere Protagonisten, die nicht aus eigenem Entschluß zu dieser Rolle gekommen sind). Doppeln, Rollentausch, Monolog und evtl. Spiegeln sollten so der Gruppe nahezubringen sein. Als Ziel und Erfolgskriterium möchte ich Euch empfehlen, daß Eure Gruppenmitglieder in der Lage sein sollten, einer befreundeten Person, die fragt: „Was ist denn Psychodrama?", zumindest die Techniken des Psychodramas erklären (!) können. Wenn es hinsichtlich der Techniken mit dem Verständnis hapert, werdet Ihr als Leiter im Verlauf der Gruppe immer mit Euren Interventionen Schwierigkeiten haben.

d) Es ist immer wieder schön zu sehen, wie gerade die Ängstlichen in der Gruppe aufblühen, wenn sie hören, daß es im Psychodrama auch Spielregeln gibt. Daß es im Psychodrama keine körperliche Gewalt gibt, daß primäre und sekundäre Geschlechtsmerkmale mit einem Berührungstabu verbunden sind, das man sich nicht zum Doppel rumdreht (kann natürlich auch unter c) vermittelt werden), daß die Gruppe pünktlich anfängt und was Euch sonst noch wichtig ist, daß es eingehalten wird, sollte ganz zu Anfang der Gruppe, d.h. in der ersten Sitzung vermittelt werden.

e) Die Themen sind: Aggression
Sexualität
Tod (Abschied) und Trauer
Religion oder Artverwandtes

Mir ist es immer ganz wichtig, den Gruppenmitgliedern schon am Anfang klarzumachen, daß sie sich im Verlauf der Gruppensitzungen mit den oben genannten Themen auseinandersetzen müssen. Hierbei mache ich auch klar, daß ich Angst als Ichschutz akzeptieren kann, aber daß ich Angst auch als Abwehrform kenne.

Zu diesen vier Themen kann man natürlich, wenn man mag, ein Gruppenspiel anbieten. Angebracht wäre dies, wenn die Gruppe Interesse an einem der Themen bekundet und mangels Vorstellung, was für den Einzelnen das jeweilige Thema für einen Stellenwert hat, keine Grundlage für eine Protagonistenarbeit besteht (gruppenzentriertes Verfahren verbunden mit dem themenzentrierten Ansatz). Zur Aggression könnte man das „*Tigerspiel*", zur Sexualität ein Spiel „*im Rotlichtviertel*", zum Tod „*eine Beerdigungsszene*" vorschlagen. Das Thema Religion behandle ich meist verbal, weil am Anfang eine spielerische Umsetzung dieses Themas oft auf große Widerstände in der Gruppe stößt (man stelle sich vor, ein Gruppenmitglied haut dem Jesu erst eine runter und ihn dann zum zweiten Mal ans Kreuz, damit dieser ihn endlich in Ruhe läßt. Da kommt Freude auf in der Gruppe, besonders, wenn Ihr bekennende Christen zu Eurem Klientel zählt). Meiner Erfahrung nach werden am Anfang jedoch nur die Themen Aggression und Sexualität gewählt, weil diese auch im Gruppengeschehen am ehesten wiederzufinden sind.

Das Protagonistenspiel
Die Einteilung des Protogonistenspieles in drei Phasen hat sich als Standard etabliert. Es gibt die tollsten Namen für diese Phasen, wir wollen sie die Anwärmphase, die Spielphase und Auswertungsphase nennen.

Angewärmt wird bei Beginn der Gruppensitzung, z.B., daß man statt der verbalen Anfangsrunde (jeder erzählt „mit was er denn gekommen sei", ich weiß, das klingt unanständig, ist aber die gängige Formulierung), die in der Regel die Anwärmphase darstellt, ein projektives Verfahren wählt. „Das Postkartenspiel" wäre da eine von vielen Möglichkeiten. Angewärmt wird selbstverständlich auch vor dem Protagonistenspiel, wobei zu sagen wäre, daß nicht nur der Protagonist, sondern auch die Gruppe und der Leiter zu Feuer kommen sollten. Das kann durch Explorieren beim Herumlaufen geschehen, mit dem leeren Stuhl, auch ein „Interview" des Leiters mit dem Protagonisten halte ich für vertretbar. Wichtig hierbei ist, daß man als Leiter sicher ist, daß man verstanden hat, um was es dem Protagonisten geht. Dies ist meist nicht das, was dem Protagonisten zuallererst einfällt. Laßt Euch also Zeit!

Mit der Frage: „Hast Du (Protagonist) eine Vorstellung, wie Du einsteigen kannst/willst" wurden wohl die meisten Protagonistenspiele begonnen. Wie gesagt, geht nicht sofort auf die erste Nennung des Protagonisten ein. Einmal mehr Doppeln und schon bringt die Psychodynamik ein anderes Thema, eine andere Sicht. Unter Psychodynamik verstehe ich die Kraft, die uns zwingt, wie ein Satellit um unsere Probleme zu kreisen. Kurzfristig kann jeder dieser Kraft entgegenarbeiten, jedoch unter dem Aspekt der Zeit wird sich die Kraft durchsetzen und dem Leiter den Problemplaneten weisen. Wenn bei weiterem Doppeln keine neuen Gesichtspunkte auftauchen, sollte man mit der Spielphase beginnen. Das Ergebnis Eures Doppelns (dieses Doppeln geschieht beim gemeinsamen „Rundgang" auf der Bühne, oder noch auf dem Platz des Protagonisten in der Gruppenrunde) sollte eine Szene, ein Bild, eine Erinnerung, ein Gefühl, eine Person aus der Biographie Eures Protagonisten, ein Traum, eine Körpersensation (z.B. der berühmte Druck auf den Schultern oder Magen) sein. Es muß vor allem eine konkrete Vorstellung sein, nicht „irgendwie ätzend", oder ein „bißchen verletzend, oder so".

Die Exploration im Interview sollte ohne Doppeln auskommen. Es handelt sich hier um ein Gespräch zwischen Leiter und Protagonisten, ohne die Hilfsfunktion des Doppelns. Empfehlenswert bei Protagonisten, die mißtrauisch sind und bei solchen, die schnell jedes Doppel in sich aufsaugen, obwohl es nicht ihr eigentliches Gefühl ist. Auch für Leiter gedacht, die noch zu starkes Lampenfieber haben und bei dem Gedanken, doppeln zu müssen („Was, schon so früh doppeln"), einem Kreislaufschock nahe sind.

Der leere Stuhl dagegen ist für die Doppelfanatiker das Richtige. Der leere Stuhl kommt als Protagonistenanwärmung zum Zuge, wenn dem potentiellen Protagonisten zwar alles eigen ist (s.u.), was einen solchen ausmacht, nur nicht, daß er eine Einstiegsszene produzieren kann. Diese Leere wird auf einen leeren Stuhl, vis-à-vis dem Protagonisten, gesetzt und dann heißt es geduldig, aber auch beharrlich zu doppeln. Wenn nach 5 bis 10 Minuten keine konkrete Einstiegsszene auf dem leeren Stuhl Platz genommen hat, wird abgebrochen, und nach einem kurzen Gespräch dem verhinderten Protagonisten klar gemacht, daß heute wohl nicht sein Tag sei und daß es kein Gesichtsverlust sein müsse, wenn er jetzt aufhöre. Bitte keine Deutungen! Sollte sich während des anschließenden Gespräches, oh Wunder, dann doch eine Einstiegsszene (meist unter dem Druck der enttäuschten Gruppenmitglieder) ergeben, solltet Ihr nicht schwach werden und noch mal neu beginnen. Es hatte seine Gründe, daß dem verhinderten Protagonisten nichts einfiel, als es drauf ankam.

O.k. - Jetzt die **Spielphase**! Viele Leiter verfallen jetzt dem Irrtum, daß nun ihre kreativste Stunde schlage. Leider produzieren sie meist nur eine 'projektive Identifikation', die macht jede Menge Energie frei. Auch wir Leiter neigen nun einmal dazu, vornehmlich unsere eigenen Wünsche zu inszenieren. Also Gemach, nur mit Ruhe und Geduld hält man den nötigen Abstand zum Protagonisten aufrecht! Benötigt der Protagonist Mitspieler, werden diese gemeinsam mit Euch ausgesucht. (Auch hier lohnt es sich noch mal nachzufragen, ob der/die Gewählte für die Rolle wirklich die beste Darsteller/in ist. Oft werden „Gefälligkeitsrollen" vergeben, oder man wählt als Spieler für die Rolle des brutalen Vaters den Gruppensoftie, um sich möglichst heil aus der Affäre zu ziehen). Auch hier, Geduld, die Rollenzuteilung erfordert Zeit. Wichtig ist auch, daß Ihr nachfragt, ob wirklich alle Beteiligten genannt wurden. Ich habe schon oft erlebt, daß da noch dieser XY war, der aber für die Szene „nicht wichtig" sei und der sich hinterher als äußerst zentrale Figur entpuppte.

Am besten ist es, wenn ihr die Rollenspieler vom Protagonisten „eindoppeln" laßt (wie der gebräuchliche Jargon heißt). Der Protagonist steht hinter dem Rollenspieler und doppelt in Ichform den Spieler ein. Familienstand, Alter und die Beziehung des Rollenspielers zum Protagonisten sind wichtig. Nachfragen der Rollenspieler hinsichtlich ihrer Rolle nach Beendigung des „Eindoppelns" sind möglich. Jetzt geht es an das Einrichten der

Szene. Überlaßt den Protagonisten selbst (nicht dem Leiter oder plötzlich zum Leben erwachten COs) die Aufgabe der Einrichtung. Der Raum, in dem die Szene stattfindet, wird komplett (!) eingerichtet, was oben für den XY galt, gilt auch für das Inventar. Wenn ein Fenster vorhanden ist, laßt den Protagonisten hinausschauen und beschreiben, was er sieht. Über das Einrichten der Szene, den eventuellen Fensterblick, findet der Protagonist die Situation wieder und, was noch wichtiger ist, das Gefühl zu der Situation, die er spielen wird.

Jetzt wird die Szene gespielt. Ist ein Rollenspieler nicht auf der „Höhe" des Spieles, macht einen kurzen Rollentausch und dann die Szene noch mal von vorne. Der Leiter ist jetzt vor allem Regisseur, der darauf zu achten hat, daß die zu spielende Szene möglichst originalgetreu auf die Bühne kommt. Nicht mehr, aber auch nicht weniger. Bei etwaigen Blockaden des Protagonisten, wird der Leiter doppeln, mit der Zielgestalt, daß der Protagonist sich in seiner Spielszene bewegen kann. Das heißt vor allem, daß der Protagonist alles ausdrücken kann, was er fühlt. Gefühlsinhalte, die nicht für die Ohren der Mitspieler sind, werden im Monolog ausgeführt, abgewandt vom Mitspieler, bis der Monolog beendet ist. Den Mitspielern wird erklärt, daß sie die Inhalte des Monologs nicht hören konnten. Daß die Mitspieler natürlich trotzdem darauf reagieren werden, ist klar. Es geht nur darum, daß für den Protagonisten in der ehemaligen Situation Nichtgesagtes, auch in der Spielphase Nichtgesagtes bleibt.

Versucht die erste Szene also möglichst „originalgetreu" auf die Bühne zu bringen, sie jetzt schon zu verändern wäre zu früh, das würde dem Protagonisten nur Verwirrung bringen.

Gegen Ende oder nach der Szene seid ihr dahingehend gefordert, daß Ihr zu einer anderen, früheren, parallelen Szene überleitet. Dies ist möglich, indem Ihr ein „überleitendes Doppeln" (das gibt's tatsächlich, zur Not nachlesen) benutzt, oder den Protagonisten bittet, in sich zu gehen und herauszufinden, woran ihn die vorhergehende Szene erinnert. Diese Szene wird ebenfalls gespielt. Jetzt bitte nicht auf Teufel komm raus bolzen! Auch die vielbesungene Katharsis läßt sich nicht in ein Spiel zwingen. Vergeßt nicht, Ihr seid Regisseur und leitet das, was angeboten wird. Ihr habt nur die Aufgabe, die spielbare Psychodynamik auf die Bühne zu bringen und nicht die, die Ihr mutmaßt. Das wäre vergleichbar mit der „zu frühen Deutung". Also, es hat bis jetzt so gut geklappt, Geduld! Wenn Ihr die zweite Szene im „Kasten habt", ist die Spielphase zu Ende. Ungläubiges Staunen beim Leser. Wieso eigentlich, was wollt Ihr denn noch tun? Jetzt ist Feedbackzeit!

In der Auswertungsphase haltet Ihr Euch an folgenden Ablauf: Rollenfeedback, Identifikationsfeedback, Sharing, Feierabend!

Beim Rollenfeedback hält der Protagonist die Klappe! Jeder Spieler gibt seine Eindrücke aus der Rolle (!) der Gruppe bekannt. Zum Beispiel: „Habe mich als Bruder sehr mächtig gefühlt", usw. Wichtig ist, daß zum Ende des Rollenfeedbacks die Mitspieler „entrollt" sein müssen (wieder so ein Jargon-Ausdruck). Wenn es nicht anders geht, nehmt den nicht entrollwilligen Mitspieler, und dreht ihn solange um die eigene Achse, bis er kapiert hat, daß das Spiel vorbei ist. Auch Ansprechen der eigenen Person des Mitspielers und die seiner Rolle im schnellen Wechsel haben schon Wunder gewirkt.

Beim Identifikationsfeedback hält der Protagonist die Klappe! Jetzt können alle mitteilen, natürlich ausschließlich des Protagonisten, mit welcher Person im Spiel sie sich verbunden fühlten. Das geht nicht nur mit positivem Verbundensein, sondern auch mit negativer Ladung. Schön ist es natürlich, wenn alle auf der Seite des Protagonisten sind, aber - wie gehabt - nichts zwingen! Der Protagonist bekommt ein Feedback auf das hin, was und wie gespielt wurde, d. h. wirklich nur das, was in der Spielphase geschah und nicht irgendwann mal in einer Pause oder einer anderen Gruppensitzung. Bitte auch nicht nach dem Prinzip: „Es gilt das Kommando Nestbau für den Protagonisten", es wird zum Beispiel rückgemeldet: „Du bist mir durch dein Spiel nähergekommen!" Dies ist zwar gut gemeint, aber zu sehr Floskel.

Im Sharing wird eigenes Erlebtes, welches mit dem vom Protagonisten in Szene gesetzten Erlebten vergleichbar ist, ausgetauscht. Jetzt darf der Protagonist natürlich wieder mittun. Achtet darauf, daß Identifikationsfeedback und Sharing nicht vermischt oder verwechselt werden! Jetzt ist auch Zeit, dem Protagonisten klar zu machen, daß sich seine Zeit als Protagonist dem Ende zuneigt und daß nach seinem Schlußwort, das kann auch sein: „das Spiel hat mir überhaupt nichts gebracht", eine Pause fällig ist, bzw. die Gruppensitzung zu Ende ist. Wie Ihr sicher gemerkt habt, war Eure Rolle während des Feedbacks die des Moderators und desjenigen, der für die Einhaltung einer strukturierten Abfolge zuständig ist. Mehr müßt Ihr während des Feedbacks auch nicht leisten, aber auch nicht weniger.

Nachtrag
Was zeichnet einen **Protagonisten** aus? Er ist motiviert zu spielen. Auch mit dem Risiko, das Libretto nicht zu kennen, d. h. er will wirklich etwas verändern. Er muß einen für die Gruppe und den Leiter spürbaren Leidensdruck haben. Das Thema des Protagonisten (auch wenn es nicht klar formuliert werden kann, s.o., leerer Stuhl) muß von der Gruppe getragen werden. Im Falle der Unklarheit der Spielszene muß die Gruppe die Person des Protagonisten tragen. Die Anmeldung zum Spielen muß klar vom potentiellen Protagonisten kommen. Die Anmeldung heißt dann: „Ich will spielen", nicht „vielleicht ganz gut, wenn ich mal arbeite", oder ähnliches.

Der Protagonist darf nicht Lückenbüßer sein. (Beispiel: Eigentlich wäre die gesamte Gruppe der Protagonist. Es wird aber vorgezogen, das brisante Gruppenproblem einem aufzuhalsen oder über dessen Protagonistenarbeit zu verdrängen). Der Protagonist schweigt - wie erwähnt - während der ersten beiden Feedbackanteile, weil er hier am ehesten der Versuchung erliegt, noch ganz unter dem Einfluß seiner Protagonistenarbeit, verändernd ins Feedback einzugreifen. Mal muß ein Familienmitglied verteidigt werden, mal muß weiter ausgeholt werden, damit man das Gespielte auch richtig verstehen kann. Nicht schon wieder Selbstwahrnehmung! Fremdwahrnehmung ist angesagt!

Was zeichnet einen **Leiter** aus? Er hält innerlich Abstand zum Protagonisten und zu der Gruppe. Als Anfänger hält er sich an eine selbstgewählte Struktur, die er im Spiel als Regisseur und im Feedback als Moderator realisiert. In der Anwärmphase ist er Hilfs-Ich oder Interviewer, immer jedoch bemüht, eine saubere Exploration zu leisten. Er hat auch eine fundierte Vorstellung davon zu haben, was psychotherapeutisches Vorgehen heißt.

Grundlegend für psychotherapeutisches Vorgehen erachte ich, daß man genügend Selbsterfahrung oder Eigentherapie gemacht hat, oder flankierend zu den geleiteten Gruppen macht. Nur ein Leiter mit Kenntnis seiner eigenen „blinden Flecken" kann eigenes Erleben und das Erleben seiner Klientel voneinander trennen. Der Leiter muß beileibe nicht 'durchanalysiert' sein, er soll psychotherapeutisch machen, was er will, er muß nur wissen, was er macht. Dazu gehört, daß er um seine „Schokoladenseiten" und um seine „Zitronenseiten" weiß. Nur solche Therapeuten bieten die Gewähr, daß eine psychotherapeutische Methode greifen kann.

Außerdem sollte man über einen Ansatz verfügen, der das therapeutische Handeln fundiert. Das kann der tiefenpsychologische Ansatz sein, das können Standards des Psychologiestudiums, wie Dissonanzreduktion, Einstellungsänderung oder Reaktanz sein. So ein Ansatz unterscheidet uns von Philosophen, Theologen und Leuten mit gesundem Menschenverstand, die auch sehr gute Heiler, sprich: Therapeuten, sind. Unser Ansatz sollte uns in die Lage versetzen, zu explorieren, eine Diagnose und eine Prognose stellen zu können und ein Behandlungskonzept durchzuführen. Dies nur als Anregung, ich denke, daß es auch für Euch selbstverständlich ist, daß Ihr hier *eine Struktur* besitzt.

Psychotherapeutisches Vorgehen im Psychodrama
Im Gegensatz zum pädagogischen Psychodrama habe ich das therapeutische Psychodrama immer als das biographische Drama verstanden. In der Spielphase hatten wir das Überleiten vom aktuellen Hier und Jetzt zu Parallelen in der Protagonistenbiographie. Genau hierauf solltet Ihr Euer

Hauptaugenmerk richten. Die szenische Umsetzung biographischen Materials (jedes zweite bewußt erlebte Mal, ersetzt das erste traumatische Mal) gibt Euren Klienten die spezifisch psychodramatische Verarbeitungsmöglichkeit ihrer Probleme. Dabei vergeßt nie, daß Ihr kein perfektes Protagonistenspiel leiten müßt. Open end ist für Eure Protagonisten eine von vielen Möglichkeiten, selbst die Lösung zu finden. Selbstverständlich führt Ihr Protokoll über Eure Arbeiten, sonst steht Euer Klientel immer vor demselben Spielende. Ihr führt die Klienten nach ihrem Tempo weiter, gebt aber Impulse, wenn es sich immer im Kreise dreht. Ich sehe meine Protagonisten immer als ein komplettes Haus. Viele Zimmer sind bewohnt, doch es gibt viele Räume, die nicht benutzt werden. Zu den Türen dieser Räume führe ich die Protagonisten, die jeweilige Tür müssen sie aber selbst aus freiem Willen öffnen (kein „pushen", auch wenn es schwer fällt). Hinter diesen Türen verbergen sich Dinge, die in den Auswertungsrunden Gruppenthemen schaffen, die wiederum potentielle Protagonisten zum Spielen animieren.

Nicht zu vergessen: die **Surplus-Reality**, die das Psychodrama bietet. Vergangenes einmal anders erleben, Tote wieder auferstehen lassen und mit ihnen kommunizieren zu können, endlich das auszusprechen, was zu Lebzeiten des Toten ungesagt blieb, sich eine Familie nach eigenem Gusto zusammenzustellen und mit ihr etwas Besonderes zu erleben, nur als drei Beispiele für viele andere. Die zuletzt genannte Familienszene als Idealszene, die Ergänzung nach einer schweren Protagonistenarbeit, das hat doch was!

Natürlich verführen solche Möglichkeiten einer Methode auch zum Agieren (im zweifelhaften, weil unprofessionellen Sinne), sowohl auf der Seite des Protagonisten als auch auf der Seite der Leitung. Deshalb nochmals meine Bitte: gebt Euch zu Anfang eine Struktur, die Euren Klienten Schutz angedeihen läßt. Auch in Kleinigkeiten, wie zum Beispiel in der Feedbackrunde, wenn die Gruppe einen Protagonisten, der ehrlich über seine Aggressionsphantasien berichtet hat, in die Pfanne hauen will. Einzige Ausnahme hinsichtlich des Beschützens ist die Situation, daß ein Gruppenmitglied für die Gruppe nicht mehr tragbar ist. Siehe auch: **behind your back** im Spieleanhang.

Zentral sollte sein, daß Eure Klienten sich frei und vor allem sanktionsfrei entfalten können.

4. Unvorhergesehenes und Problemsituationen: Wenn der Leiter während eines Protagonistenspiels Angst bekommt, oder sonstwie auf dem Schlauch steht.

Ihr nehmt eine „Auszeit", soll heißen, Ihr unterbrecht das Spiel und begebt Euch mit dem Protagonisten zurück in die Gruppe und „bilanziert", was bisher gelaufen ist. Benutzt die Gruppe mit ihren Beiträgen als

Korrektiv. Wenn Ihr wieder auf dem Laufenden seid, könnt Ihr das Spiel fortsetzen.

Ist der einzelne Protagonist Ersatz für den Protagonisten Gruppe? Ich betrachte die Gruppe als mein n + 1-tes Gruppenmitglied. Ich habe also immer einen potentiellen Protagonisten mehr, als Gruppenmitglieder anwesend sind. Dieser potentielle Protagonist wird oft sträflich vernachlässigt. Er rächt sich, indem er mir Protagonisten unterjubelt, die gar keine sind. Beispiel: Die Gruppe ist stocksauer auf den Leiter, traut sich aber nicht, das auszusprechen (Autorität, und so!). Also präsentiert mir die Gruppe einen Ersatzprotagonisten, der sogar sämtliche Kriterien (s.o.) erfüllt. Aber dann! Entweder laufe ich ins offene Messer, oder, wenn ich Glück habe, versagt der Protagonist der Gruppe die Katharsis, weil er eben über die Gruppenhemmung, Aggression offen auszutragen, nicht hinwegkommt. Dann bin ich mit einem blauen Auge davongekommen. Besser ist es, in so einem Fall die Gruppe zum Protagonisten zu machen, Gruppenspiel!

Ein Antagonist wird zweiter Protagonist: In der Hitze des Gefechtes kann der Antagonist plötzlich nicht mehr trennen zwischen seiner Rolle und seiner Person. Kommt oft bei Auseinandersetzungen mit körperlichem Kontakt vor. Furchtbarer Gedanke: Der Protagonist will sich endlich mal durchsetzen, der Antagonist kann aber auf Grund seines Scripts nicht verlieren, und haut den ganz auf Sieg eingestellten Protagonisten ungespitzt in den Boden. Auszeit nehmen! Antagonisten und Protagonisten kurz aufklären, dann die Antagonistenrolle neu besetzen.

Co-Leiter greift störend ein:
Unterbinden!

Unvorhergesehenes und Problemsituationen hängen *immer* mit der Person des Leiters zusammen. Wartet nicht, bis irgendwo ein Kriseninterventions- und Präventionsseminar angeboten wird, sondern marschiert schnurstracks zu einem Supervisor Eures Vertrauens und sprecht diese Situationen mit ihm durch.

5. Weiterführende Hinweise

Neben dem triadischen (Anwärmen, Spielphase, Auswertung) Aufbau eines Protagonistenspieles gibt es auch ein tetradisches Psychodrama. Nachzulesen bei Petzold, Angewandtes Psychodrama, Junfermann, 1972, S. 318. Interessant für VT-ler und Leute, die gerne Klienten trainieren.

Die Psychodrama-Spirale, von E. Goldmann und D. Morrison, ein zur Zeit gehandelter Tip, wie man ein Protagonistenspiel aufbaut, kann man als Sonderdruck bei Ulf Klein, c/o Moreno Institut, Schickhardtstraße 49 in 7000 Stuttgart, erhalten.

Zeintlinger, K.E.: Analyse, Präzisierung und Reformulierung der Aussagen zur psychodramatischen Therapie nach J. L. Moreno. Salzburg: Dissertation zur Erlangung des Doktorgrades an der naturwissenschaftlichen Fakultät der Universität Salzburg, 1981. Trotz des komplizierten Titels gute Zusammenfassungen zu den relevanten Themen.

Vokabular der Psychoanalyse, zweibändiges Taschenbuch bei Suhrkamp. Empfehlenswert für Leute, die sich hinsichtlich Abstinenz, Acting out, Projektion, Übertragung/Gegenübertragung usw., fit machen wollen. Nur für harte User, da die Lektüre des Vokabulars der Psychoanalyse unweigerlich weitere, fortführende Lektüre nach sich zieht. Ich empfehle es aber trotzdem, wegen der Grundlagen und des Ansatzes, na, Ihr wißt schon.

Vieles, was Ihr bis jetzt gelesen habt, gab Anlaß zu Kritik, vielleicht auch zu Empörung. Wenn Ihr erst die Kurzbeschreibung der im Text erschienenen Spiele gelesen habt, ist bei manchem die erwünschte und schon erwähnte Provokation, die zu eigenen Überlegungen anregen soll, in blanken Haß auf den Autor umgeschlagen. Recht so! Sollte es doch noch Interesse (Nachfragen, Seminarwünsche) geben, richtet Eure Anfragen bitte an **CAVE**, das Institut für elitäre Betroffenheit, c/o Carl Woerner und Verena Vogelbach, Im Krötenbad 39, in 63571 Gelnhausen.

6. Kurzbeschreibung, der im Text erwähnten Spiele, z.T. auch länger
Ich bin immer wieder darauf hingewiesen worden, daß es bei den Veröffentlichungen zum Thema Psychodrama jede Menge Theorie gibt, aber kaum Hinweise auf Spiele, die man eventuell übernehmen kann. Voilà, hier sind welche! Beim Niederschreiben derselben wurde mir klar, warum so wenig Autoren über ihre Spiele berichten. Man schreibt dabei auch viel von sich selbst hinein. Ich habe Euch ja schon unter Hinweise (s.o.) vorgewarnt, lest mit kritischem Blick und vielleicht auch mal mit einem Schmunzeln um den Mundwinkel. Wenn Provokation recht verstanden wird, kommt Ihr bestimmt auf Eure Kosten. Findet Ihr nichts Passendes, so findet Ihr vielleicht in diametral entgegengesetzten Spielen Eure eigene Art, Psychodrama umzusetzen, oder eben auf eine ganz andere Art!

Lügengeschichte
Einsatz: Kennenlernen der Gruppenmitglieder
Instruktion: Jeder erzählt von sich, wer er ist, was er arbeitet, Familienstand, was ihn in der letzten Zeit beschäftigt. Bedingung: Alles muß erlogen sein. Projektives Vorgehen. In der erlogenen Version erscheinen gewünschte und abgelehnte Anteile des Erzählers.
Wer hat mir Vor- und Nachnamen gegeben?
Einsatz: Kennenlernen der Gruppenmitglieder
Instruktion: Jeder nennt sämtliche Vor- und Nachnamen, die er trägt.

Dazu die jeweiligen Namensstifter und deren Motive. In der Regel ein Streifzug durch die Familien, Hinweise auf Partner, Familienstand, etc., und die Namen der Einzelnen bleiben den anderen Gruppenmitgliedern besser haften.
Museumsspiel
Einsatz: Im Text angeführt zum Kennenlernen der Gruppenmitglieder. Instruktion: Ort der Handlung ist ein Museum. Kein spezialisiertes Museum, ein Museum, das Exponate jeglicher Art ausstellt. Das Museum hat geschlossen, es gibt keinen Publikumsverkehr. Die Gruppenmitglieder sind sämtlich Exponate, tote Dinge, keine Lebewesen. Das Exponat ist die Materialisierung ihrer Person und zwar ihrer „Tagesseite", d.h., wie sie glauben, von ihrer Umwelt eingeschätzt zu werden. Nachdem die Exponate ihren selbstgewählten Platz eingenommen haben, geht der Museumswärter (Leiter) seine Runde und bringt, da er neu im Museum ist, zwecks der Übersichtlichkeit Messingschilder (Pappe, Holz, Neon) neben den Exponaten an. Dazu darf er die Exponate fragen, was sie darstellen, evtl., wer sie geschaffen hat, etc. Wenn der Museumswärter durch ist, schlägt er als Museumsuhr zwölf mal. Es ist Geisterstunde. Wer von den Exponaten will, kann eine neue Gestalt annehmen, auch menschliche. Einzige Bedingung, es muß zur Geisterstunde passen. Kann sehr dynamisch werden, aber auch ein müder Zock (Don't worry). Dieser Geisterstundenteil gibt einen guten Überblick hinsichtlich Spielfreude der Gruppenmitglieder und ihrer Bereitschaft, auch ihre „Nachtseite" einzubringen. Das Schlagen der Museumsuhr um ein Uhr beendet das Spiel. Der Leiter spielt im zweiten Teil nicht mit. Im ersten Teil ist er gehalten, lediglich „experimentelle Stimuli" zu setzen.
Projektives Verfahren.
⇨ Szenogramm

Beziehungsklärungen:
a) Rücken an Rücken
Einsatz: Bei den gängigen Knirschereien zwischen zwei Gruppenmitgliedern.
 Auf zwei Stühlen werden die zwei Kontrahenten (A & B) Rücken an Rücken gesetzt. Hiermit schaltet man das Einbeziehen und die Interpretation der Mimik der beiden untereinander aus. Der Leiter beginnt mit A. Wann hat er B zum ersten Mal bewußt wahrgenommen, wie war sein Eindruck von B? Man geht dann zu B und fragt ihn, ob er zu A's Eindruck etwas hinzufügen will, dann nach seiner ersten bewußten Wahrnehmung von A. A ergänzt dann und berichtet über die weitere Entwicklung seiner Beziehung zu B. So geht das hin und her bis zum jeweiligen Heute. Die Aufgabe des Leiters ist es, durch Doppeln, Monolog oder Interview die komplette Geschichte von A und B zu explorieren. Danach fällt es A und B

meist nicht mehr schwer, ihren Konflikt einzuordnen. Auf jeden Fall hat es die Restgruppe gecheckt, die eh die eigentlichen Leidtragenden von A und Bs Konflikt waren.
b) Behind your back
Einsatz: Einer gegen die Gruppe. Der Einzelkämpfer wird exponiert mit dem Rücken zur Gruppe gesetzt. Er darf nicht reden und sich nicht beteiligen, denn er ist heute nicht in der Gruppe. Eine gute Möglichkeit für die Gruppe, mit ihm abzurechnen, über Abwesende hetzt es sich am besten. Der Gruppenleiter moderiert die Hetzerei und animiert zu größtmöglicher Offenheit. Jetzt oder nie. Wenn alles gesagt ist, wird der Einzelkämpfer wieder in die Gruppe gebeten. Au, weh, er hat alles gehört. Zusammen, unter der Moderation des Leiters, wird die Situation besprochen. Im Extremfall wird hier auch über den Ausschluß des Einzelkämpfers aus der Gruppe beschlossen. (Der Leiter gibt auch jetzt nicht eine Stellungnahme hinsichtlich des Einzelnen ab, auch, wenn dieser nachfragen sollte. Bedeutet ihm im Eventualfall, daß es nicht Eure Aufgabe ist, ihn anzuklagen, da Ihr kein Gruppenmitglied seid, sondern Leiter und ein Leiter kann mit allen. Ihr könnt ja Eurem Supervisor beichten, daß Ihr den Einzelkämpfer auch für schwierig haltet. Der Supervisor wird Euch die Hintergründe für Euren Affekt schon stecken, dann wird es schon wieder gehen).

Tigerspiel
Einsatz: In der Gruppe wird immer nur über Aggressionen geredet, aber als Gruppentabu behandelt.
Instruktion: Alle Gruppenmitglieder sind ausgewachsene, geschlechtsreife Tiger, also keine Baby- oder Großelterntiger. Alle Tiger befinden sich in einem (!) Käfig. Der Leiter wirft mit dem Ruf „Fütterung", einen (!) Fleischbrocken (bitte durch ein Kissen, oder ähnliches, materialisieren) in den Käfig. Dann bringt er sich in Sicherheit und greift nur bei etwaigen Spielregelverletzungen ein. Nach dem Spiel gut lüften!

Rotlichtbezirk
Einsatz: In der Gruppe wird immer nur über Sexualität geredet, das Thema aber als Gruppentabu behandelt.
Instruktion: Jedem Gruppenmitglied wird von den restlichen Gruppenmitgliedern eine Rolle im Puffmilieu zugeteilt. Anschließend wird gespielt. Sollte als Ergebnis herauskommen, daß alle doch sehr verklemmt sind, ist dies auch ein respektables Ergebnis.

Beerdigung
Einsatz: In der Gruppe wird immer nur über Trauer und Abschied geredet, das Thema aber als Gruppentabu behandelt.
Instruktion: Ort der Handlung ist ein imaginärer Friedhof. Die Gruppe

versammelt sich vor einem offenen Grab. Der Pastor/Priester (Leiter) bittet jeden Einzelnen ans offene Grab. Dort wirft das jeweilige Gruppenmitglied eine Schaufel Erde oder eine Blume ins Grab und hält eine kleine Rede für die Sache oder Person, die von ihm gegangen ist. Auch noch lebende Personen sind beerdigungsfähig!
Führt diese Spiel nur durch, wenn Ihr Euch topfit fühlt.

Postkartenspiel
Einsatz: Anwärmspiel für potentielle Protagonisten.
Der Leiter verzichtet auf die gewohnte Eingangsrunde. Er gibt sich als Postbote zu erkennen, der für jedes Gruppenmitglied eine Postkarte in seiner Tasche hat. Er geht reihum und drückt jedem Gruppenmitglied seine imaginäre Postkarte in die Hand. Dann geht er doppelnd oder interviewend reihum, betrachtet mit dem jeweiligen Gruppenmitglied die Vorderseite der Postkarte, auf der sich in der Regel ein Bild befindet. Dann wird die Karte gewendet und die Textseite vorgelesen.
Wenn Ihr nach dieser Runde keinen Protagonisten habt, gebe ich einen aus.

Der Zauberladen
Einsatz: Universell.
Ich benutze ihn hauptsächlich, um das Psychodrama vorzustellen oder um in einer Sitzung mit allen Gruppenmitgliedern eine kleine Einzelarbeit zu machen. Hierbei bekomme ich Aufschlüsse bezüglich Spielfreude, der momentanen Befindlichkeit der einzelnen Gruppenmitglieder und viel biographisches Material. Auch meine eigene Beziehung zu den jeweiligen Gruppenmitgliedern wird mir durch mein Verkaufsverhalten deutlich (streng/großzügig, vertraut/distanziert, usw.).
Instruktion: Im Lande Irgendwo gibt es den Zauberladen. Hier kann man alles (!) bekommen, was man sich wünscht. Man kann aber die Dinge, die man haben will, nicht kaufen. Im Zauberladen basiert alles noch auf Tauschhandel. Die Kunden kommen nur einzeln in den Laden.
 Auf der Bühne entsteht der Laden, man bringt ein imaginäres Firmenschild (Zauberladen) an, geht durch die imaginäre Eingangstür und sortiert die imaginären Regale. Im Verkaufsraum steht ein realer Stuhl. Die Gruppe sitzt im Halbkreis, mit etwas Abstand vor der Bühne. Mit dem imaginären Schild, „der Laden ist geöffnet" in die Eingangstür gehängt, gibt man das Zeichen für den Beginn.
 Gern gekauft werden: Selbstbewußtsein, Aggression, die Fähigkeit, den richtigen Partner sofort als den solchen zu erkennen, sicheres Auftreten, Durchsetzungsfähigkeit, weniger Streß, Gefühle zeigen zu können, keine Gewichtsprobleme mehr, keinen Druck mehr auf Schulter und Brust.
 Ein Beispiel: X will Gefühle zeigen können. Aha! Als ordentlicher Ver-

käufer erkundigt man sich, welche Gefühle, welche nicht. Für welche Gelegenheiten und warum X so versessen darauf ist. X macht geltend, er könne, wo andere Leute Gefühle zeigen, in der Liebe, oder wenn sie ärgerlich oder traurig sind, die Situation immer nur kopfig lösen, er sei so beherrscht, halt so ein rationaler Typ.

Hier hilft nur eine genaue Untersuchung, damit man nachher auch das Richtige anbieten kann. Also: „X, nimm Platz.!" Hinter X stehend, öffnet der Verkäufer, er ist selbstverständlich auch Magier, schmerzlos den Kopf von X. Uii, wie das hier aussieht! Lauter Zahnräder im Kopf, ein ungut vergrößertes Kontrollsystem, usw. Die Frage muß gestattet sein: Hat X das alles selbst installiert, oder ist es gar eine Fremdinstallation? Oh, X hat das schon lange, seit seiner Kindheit, der Vater war auch so ein Kopffreak, es könne schon sein, daß der die Finger mit im Spiel gehabt habe. Usw., hier sind der spielerischen Exploration keine Grenzen gesetzt. Jetzt wird untersucht, warum das mit den Gefühlen nicht klappt. Wo müßten die denn eigentlich sitzen? Im Bauch! Weitere Untersuchung! Ganz klar, der Bauch ist ja in einem ganz desolaten Zustand! Die Gefühlsleitungsbahnen von dort verkümmert und ungepflegt, sogar der Zeigefingerabdruck, der zu dem Satz gehörte: „Das sollst du doch nicht tun" ist noch vorhanden, usw. Ende der Untersuchung, Kopf und Bauch werden wieder verschlossen, es beginnt das eigentliche Verkaufsgespräch.

Verkäufer: „Also Gefühle, bei dieser desaströsen Körperbeschaffenheit zu kaufen, ist nicht sinnvoll. Bei dieser Konstitution kommen Gefühle gar nicht zum Tragen. Besser wäre das hochsensible Leitungssystem eines Softies zu kaufen. Nein? Wie wäre es mit der Bettgarnitur der Mme. Dubarry, welche Gefühle, erotischer Natur, über Nacht im Überfluß überträgt und den Kopfinhalt vernichtet?" „Nein! Bloß nicht!" antwortet X. Der Verkäufer langt in eines seiner Regale und bringt ein imaginäres Etui zum Vorschein. Darin befinden sich diverse Ohrringe. Darunter ein Piratenohrring, der Verwegenheit überträgt, einen, der Durchblick vermittelt, und dann dieser, der getragen folgende Eigenschaft hat: Wenn der Kopf zu stark wird, dreht man den Ring durchs Ohr und stufenlos vermindert oder verstärkt man den Einfluß des Kopfes und gleichzeitig bahnt man die Gefühlsleitung zum Bauch und damit natürlich auch zu den Gefühlen. „Ob der auch funktioniere?", fragt der potentielle Käufer. Eine Anprobe und ein Test überzeugen!

Als Bezahlung läßt er nach hartem Verhandeln einen Teil seiner Rationalität, seiner Übersicht und auch seiner Überlegenheit beim Händler, weil er sie nicht mehr brauche. Der Verkäufer verlangt dann noch etwas Besonderes, und erhält es in Form von Herzlichkeit und Treue. (Es ist schon verblüffend, wie einfach es für die Gruppenmitglieder ist, hier ihre positiven Eigenschaften aufzuzählen, wie genau sie wissen, wieviel sie davon besitzen und wieviel davon sie entbehren können. Dies wird in spielerischer Weise en passant exploriert und in der Gruppe etabliert). Danach verabschiedet man sich und der nächste Kunde wird empfangen.

Ich hoffe, das Prinzip ist klar geworden: man verkauft nicht das Gewünschte als solches (welcher Leiter hat z.b. schon den idealen Partner im Repertoire?), sondern das Gewünschte indirekt. Auch Engagement, Motivation und Entscheidung bleiben in der Hand der Gruppenmitglieder.

Wer den Zauberladen in seiner Ausbildungszeit nie erlebt hat, sollte eine Vorführung dringend nachholen. Schon allein deswegen, weil der Zauberladen als das psychodramatische Spiel überhaupt gilt.

Traumarbeit
Euer Protagonist möchte einen geschilderten Traum zum Thema seines Protagonistenspiels machen.

Ihr richtet auf der Bühne ein Bett ein. Der Protagonist legt sich zum Schlafen nieder. Ihr eruiert kurz die letzten Gedanken, die sich mit dem Verlauf des vorhergegangenen Tages beschäftigen. Ihr bekommt dabei für die spätere Auswertungsrunde eventuelle Hinweise auf im Traum erscheinende Tagesreste. Dann entschlummert der Protagonist. Erst danach bittet Ihr ihn aufzustehen und sämtliche Trauminhalte selbst zu spielen. „Was, keine Mitspieler" ist auch möglich, jedoch hat es nach meiner Erfahrung immer Probleme gegeben, weil die dabei entstehende komplexe Dynamik schwer zu überblicken und für den Leiter zu handhaben ist. Außerdem sind Trauminhalte samt und sonders eigene Anteile und sollten auch als solche erfahren und nicht über Delegation an Mitspieler wieder abgespalten werden. Mit dieser Einstellung und mit der Anleihe bei den Gestalttherapeuten bin ich immer gut gefahren. Wer jetzt meint: „Ich bin Psychodramatiker, was denn sonst?", der soll die Trauminhalte mit Mitspielern besetzen. Jetzt muß aber im Traum ein Rollentausch durchgeführt werden, doch wieder ein Einleben in den eigenen Trauminhalt, dann wieder zurück in die Rolle des Träumers, der Mitspieler entwickelt intuitiv eine verführerische neue Traumvariante, Korrektur. „Nein, so war es auch nicht! Übrigens, war da noch was in meinem Traum". Wahl eines weiteren Mitspielers, so vorhanden. Unter diesen Umständen geht sehr schnell der Effekt eines Traumes (Wandern im Land des Unbewußten) flöten, kein Wunder, bei der Action, der sich der Protagonist eventuell aussetzen muß.

Wenn alles vom Protagonisten gespielt wird, kann der Traumbegleiter (Leiter) hautnah alle Nuancen des Traumes miterleben, ohne unterbrechen zu müssen.

Wichtig: wenn der Traum gespielt ist, unbedingt den Protagonisten zurück ins Bett legen: Durch diesen Rahmen, ins Bett gehen, im Bett aufwachen, ist gewährleistet, daß das Gespielte seinen Traumcharakter behält. Vieles, was wir träumen, ist so brisant, daß eine Begegnung in unserer Wachwelt uns ganz schön aus dem Geleise werfen würde. Bietet Eurem

Protagonisten durch die Rahmenhandlung diesen Schutz! In der Auswertungsrunde werden die Zuschauer ermahnt, keine Traumdeutungen zu geben, sonst bekommt ihr Beiträge wie: „Schwarzer Hengst, ganz klar Sexualität!", „Fliegen, das ist der Wunsch zu vögeln", und diesen restlichen Schweinskram, den Siggis Patienten in ihre Träume gepackt haben. Deutungen werden nur vom Protagonisten selbst erlaubt und vom Leiter, wenn er es sich zutraut. Besser ist aber, auch Ihr haltet Euch raus. Ein Austausch, was die Gruppenmitglieder mit dem gesehenen Traum und dem Protagonisten erlebt haben, ist sinnvoll, hierbei wird dann doch noch gedeutet. Ich bringe dann folgendes Beispiel: von einem Gemälde weiß oft nicht einmal der Künstler, was es darstellen soll. Von den Betrachtern hat jeder seine eigene Vorstellung, was es für ihn darstellt, weil er die Projektionsfläche voll nutzt. Dagegen ein Dialog zwischen Künstler und Zuschauer kann beiden Seiten wichtige Aufschlüsse und Erkenntnisse über den jeweiligen geben, wenn der jeweilige diese Erkenntnis selbst findet. In diesem Sinne!

Traumarbeit gehört zu den schwierigen Anteilen der Psychotherapie, aber versucht von Anfang an, sie in Eure Arbeit zu integrieren!

Nonnenkloster
Einsatz: In der Gruppe wird immer über Mann/Frau gesprochen, aber dabei bleibt es. Instruktion: Irgendwo befindet sich ein Nonnenkloster, die Frauen sind die Nonnen (bitte mit Äbtissin), die Männer wählen sich frei ihre Rollen.

Ich habe es noch nie erlebt, daß das Kloster keine hohen Mauern und kein festes Tor hatte. Die Nonnen hatten dank ihres Solidarpaktes stets die besseren Karten. Die Männer, ob als wilde Ritter, die das Kloster schleifen wollten, Bettler, die um ein Nachtquartier baten, Gärtner und Köche, die um Anstellung baten, lagen irgendwann im Koma (Gift), schmorten im Kerker, oder froren vorm Kloster. Manche wurden gar vergewaltigt.

In der Auswertung kamen wir immer zum Macht/Gewaltthema, Brutalität der Männer, Konkurrenz (auch bei der Wahl der Äbtissin), Sexualität, Solidarität unter Frauen (ab und zu eine Ausreißerin, die zu den Männern überlief), mangelnde Solidarität unter Männern und der generellen Überlegenheit der Frauen auf allen Gebieten. Zu 90 % war es eine solide Grundlage für eine Auseinandersetzung zum Thema Mann/Frau. Nur einmal waren die Männer so frustriert, daß in dem Seminar nichts mehr zu retten war.

Soziometrie
a) Das soziale Atom
Einsatz: Eine Einzelperson stellt ihr soziales Gefüge dar.
Mit Hilfe von Gegenständen (der clevere Gruppenleiter hat ein Behältnis

mit diversen Münzen parat) legt ein Gruppenmitglied sein privates Soziogramm, bezüglich Ursprungsfamilie oder bezüglich der Gruppe, in der es sich aktuell befindet. Die Mitte stellt einen selbst dar, dann folgen die wichtigen Personen, dann die weniger wichtigen, usw.. Unterschiedliche Münzen (Wert, Größe) haben den Vorteil, daß der Soziogrammleger Unterschiede hinsichtlich der Personen in seinem sozialen Beziehungsgefüge darstellen kann.

b) Soziogramm einer Gruppe
Einsatz: Gruppenmitglieder wollen mehr Fakten hinsichtlich ihrer Beziehungen untereinander.
Als Beispiel gebe ich die Form eines Gruppensoziogramms wieder, das eine Oberstufengruppe ausgearbeitet hat: Jedes Gruppenmitglied erhält **zwei Fragebögen mit jeweils 7 Fragen.**
Der erste Fragebogen betrifft die aktive Wahl: Wen würdest Du in dieser Gruppe wählen als ...
1. Leiter einer Safarigruppe durch den Dschungel?
2. Einzigen Gefährten für den Aufenthalt auf einer Insel?
3. Berater bei persönlichen Schwierigkeiten?
4. Diskussionspartner für eine neue, ungewöhnliche Idee?
5. Engen Mitarbeiter zur Erledigung einer wichtigen Aufgabe?
6. Begleiter zu einem Kurs, um ihn besser kennenzulernen?
7. Partner für eine Kissenschlacht?

Bitte schreibe in die erste Spalte den Namen des Gruppenmitgliedes, in die zweite Spalte die Rolle und notiere in der dritten Spalte die Gründe deiner Wahl und formuliere den Grund jeweils so, als ob Du das betreffende Gruppenmitglied direkt ansprichst. (Es folgen die sieben Namen, wobei man ein und dasselbe Gruppenmitglied auch für zwei, oder mehr Rollen wählen kann.)
Der zweite Fragebogen betrifft die passive Wahl: Überlege, für welche Rolle Du Deiner Meinung nach von den anderen Gruppenmitgliedern gewählt worden bist, als ... Es folgen die gleichen sieben Punkte wie oben aufgeführt.
Trage hier zunächst in die linke Spalte den Namen des Gruppenmitgliedes ein, in die zweite Spalte die Rolle, für die Du gewählt worden bist und notiere dann in der dritten Spalte den jeweils vermuteten Grund, als ob das Gruppenmitglied Dich direkt ansprechen würde. (Es folgen nun sieben Namen, wobei man von einem Gruppenmitglied auch für zwei, oder mehr Rollen gewählt werden konnte.)
Diese ausgefüllten Fragebögen werden nun allen zugänglich gemacht. Anpinnen, auf eine Wäscheleine hängen, und gemeinsam betrachten. Bei Bedarf kann man auch zu jeder Frage eine graphische Darstellung erstel-

len: Alle Gruppenmitglieder durch einen Kreis symbolisieren, Pfeile zeigen die Wahlen.
Die Auswertung ergibt sehr genaue Rückschlüsse auf den intellektuellen, den emotionalen, den erotischen (usw.) Star in der Gruppe. Aber auch deutliche Hinweise auf die grauen Mäuse, die Nichtgewählten, die Außenseiter in der Gruppe. Sollte man nur in relativ stabilen (hirnigen) Gruppen durchführen.

Rollerball
Einsatz: Abschiedsspiel
Alle legen sich eng aneinander, Gesicht nach oben, Köpfe auf einer Linie. Der Äußerste links überrollt, indem er sich um die eigene Achse dreht, nacheinander alle anderen. Dabei kann er innehalten, reden, einen Abschiedskuß geben, etc. Wenn er am anderen Ende angelangt ist, macht der jetzt äußerste links weiter. Irgendwann wird rechts der Platz knapp, der Leiter sorgt dafür, daß aufgerückt wird.

So, das war's! Auch ich verabschiede mich, natürlich auch mit einem letzten Ratschlag:
„Tut das, was Ihr nicht tun wolltet, besonders vorsichtig!"

Die Gruppe in Bewegung bringen ...

von Manfred Gellert

Jeder Psychodramatiker sollte über ein kleines Repertoire von Bewegungs- und Interaktionsübungen verfügen, um für die Phase des Rollentrainings in Ausbildungsgruppen oder auch in anderen Seminarsituationen kleine Übungssequenzen anzuleiten. Alle von mir angeführten Übungen sind als Material zu betrachten, das der jeweiligen Gruppensituation entsprechend modifiziert angewendet, ergänzt oder variiert werden kann.

1. Übungen allein

Gehen auf verschiedenen Untergründen
Stellt Euch vor, der Boden des Raumes besteht aus verschiedenen Untergründen, auf denen Ihr Euch mit nackten Füßen bewegt:
Moosboden; Stoppelfeld; von der Sonne erhitzter Sand; ein mit scharfkantigen Ziegeln übersäter Weg; bis zu den Knien reichendes, kühles Wasser; Moor

Überwindung von fiktiven Hindernissen
a) über ein schmales Brett einen Bach überqueren
b) über einen kniehohen Baumstumpf steigen
c) über einen Stacheldrahtzaun klettern
d) durch ein enges Mauerloch kriechen

Schiffspiel
Der Boden des Raumes wird zu einem Floß, das
a) von einer leichten Dünung
b) mäßigem Wellengang
c) sehr hohen Wellen
bewegt wird.

Raumverengung
Die Spieler stellen sich Veränderungen der Raumbegrenzungen vor und reagieren darauf, z.B.
a) die Wände des Raumes ziehen sich immer enger zusammen
b) die Decke des Raumes senkt sich tiefer
c) die Wände entfernen sich wieder

2. Übung mit PartnerIn

Absichten zeigen

A und B sind über eine Raumdistanz voneinander entfernt. A nähert sich B. B versucht zu spüren, in welcher Absicht sich ihm der andere nähert. Er läßt A so nahe heran kommen, wie er meint, ihn in seine Nähe kommen lassen zu dürfen. B versucht sich in dieser Nähe entsprechend seinen Empfindungen zu verhalten. Rollenwechsel. Partnerwechsel.

A versucht nun, seine Absicht deutlich zu zeigen. Er kann sich beispielsweise so nähern, als wenn er
    a) eine freudige Nachricht
    b) eine traurige Nachricht
    c) eine Bitte
    d) eine Drohung
    e) ein Geschenk usw.
überbringen würde.

Er kann sich beispielsweise so nähern, als wäre B
    a) ein guter Freund
    b) ein Nachbar
    c) ein Vorgesetzter
    d) ein Untergebener
    e) ein Fremder
    f) ein Feind usw.

Er kann sich B in einer bestimmten Rolle nähern, beispielsweise als
    a) Kind
    b) Fahrkartenkontrolleur
    c) Zeitungsverkäufer
    d) Polizist
    e) Bettler
    f) Schäferhund usw.

A und B nähern sich nun in verschiedenen Rollen einander. Die Rollen sind ihnen bekannt. So können

a) A als betrunkener Matrose	B als Schäferhund
b) A als fünfjähriges Kind	B als Polizeibeamter
c) A als Sheriff	B als Viehdieb
d) A als Schildkröte	B als Koch
e) A als Schlafwandler	B als Einbrecher
f) A als Bettler	B als Ölscheich
g) A als schüchterner Jüngling	B als heiratswütige Witwe
h) A als Stier	B als Matador
i) A als Roboter	B als Gorilla
j) A als Dompteur	B als Tiger usw.,

in beliebiger Kombination einander näher kommen.

Oder sie nähern sich in der gleichen Rolle, z.B. als zwei
a) Catcher
b) Seiltänzer
c) Hunde
d) Kinder
e) Florett-Fechter
f) Tischtennis-Spieler
g) Roboter
h) Schimpansen
i) Einbrecher
j) Marsbewohner
k) Boxer
l) Panther
m) Wachsoldaten
n) Schlafwandler usw.

Darstellung von Redewendungen

Jemanden umgehen
jemandem auf die Finger sehen
jemandem was pfeifen
sich über jemanden hinwegsetzen
jemandem was vormachen
hinter jemandem herlaufen
jemandem einen Spiegel vorhalten
mit jemandem etwas zu Markte tragen
jemanden links liegen lassen
jemandem auf die Schultern klopfen
jemandem in die Hände geraten
jemandem unter die Arme greifen
jemandem Scheuklappen anlegen
jemandwm seine Grenzen zeigen
jemandem den Rücken stärken
jemanden in die Zange nehmen
jemanden seinen Mund halten lassen
jemanden herunterputzen
jemandem den Mund stopfen
über jemanden hinwegsehen
jemandem etwas vorkauen
jemandem die Stirn bieten
über jemanden hinweggehen
jemanden sitzen lassen
jemandem einen Korb geben
jemanden hochgehen lassen
jemanden an der langen Leine führen
jemanden aufrichten
jemanden festnageln
jemanden umgarnen
von jemandem etwas abwenden
jemandem einen Maulkorb umbinden
jemandem die Fresse polieren
jemandem in die Suppe spucken

hinter jemandem hersehen
vor jemandem die Ohren zuhalten
jemandem über die Schultern gucken
jemandem ein Auge zuwerfen
jemanden laufen lassen
jemanden in die Enge treiben
jemanden um die Ecke bringen
jemanden an der kurzen Leine führen
jemandem auf die Sprünge helfen
jemandem den Rücken kehren
jemandem einen Floh ins Ohr setzen
jemandem den Schwung nehmen
jemandem Honig ums Maul schmieren
jemanden einseifen
über jemanden herziehen
jemanden in die Irre führen
jemandem Läuse in den Pelz setzen
jemandem eine Falle stellen
von jemandem Abstand nehmen
vor jemandem die Augen verschließen
jemandem den Rücken zuwenden
sich mit jemandem auseinandersetzen
jemandem etwas nachmachen
jemandem etwas vorwerfen
jemanden aufs Glatteis führen
mit jemandem ein Hühnchen rupfen
jemanden auf den Arm nehmen
jemanden in Schwung bringen
jemanden an die Kette legen
in jemanden hineinhorchen
jemanden ins Leere laufen lassen
jemandem eine Grube graben
jemandem den Buckel herunterrutschen
jemanden in seine Schranken weisen

jemanden hinters Licht führen
jemandem einen Stoß versetzen
jemandem die Sporen geben
jemanden aus den Augen verlieren

jemandem den Marsch blasen
jemandem die Haare vom Kopf fressen
für jemanden die Suppe auslöffeln
jemandem etwas zuführen

Die Redewendungen können sich auch vom Partner- zum Gruppenspiel entwickeln, indem daraus Spielszenen entstehen; z.B.:

über jemanden zu Gericht sitzen
jemandem das Wasser abgraben
mit jemandem gut fahren
jemanden im Trüben fischen lassen
bei jemandem unter die Räder geraten
jemanden durch die Mangel drehen
jemanden einseifen
jemanden aus dem Spiel nehmen usw.

jemanden in den Himmel heben
jemandem den Wind aus den Segeln nehmen
mit jemandem schlecht fahren
für jemanden die Kastanien aus dem Feuer holen
jemanden aus dem Verkehr ziehen
jemandem die Suppe versalzen
jemandem das Steuer überlassen

3. Gruppenbewegungen

Es können unterschiedliche Möglichkeiten von Gruppenbewegungen erprobt werden, z.B. als Zuschauer bei einem/einer

a) Bei einem Tennisspiel
c) Federballspiel
e) Boxkampf
g) Sechstage-Rennen
i) einem Frosch-Wetthüpfen
k) Tretroller-Rennen
m) Trampolinspringen
o) Kunstflugwettbewerb
q) Speerwurf

b) Tischtennisspiel
d) Fußballspiel
f) Autorennen
h) Ruderregatta
j) Schneckenrennen
l) Sackhüpfen
n) Dressurreiten
p) Stabhochsprung
r) Eiskunstlauf, usw.

oder die Gruppe sieht sich gemeinsam
a) einen Film (z.B. Kriminalfilm, lustiger Film, usw.)
b) ein Theaterstück (z.B. Komödie, Trauerspiel, usw.)
c) eine Fernsehsendung (z.B. Werbesendung, Tagesschau usw.) an.

Die Gruppe wird umkreist, z.B. von
a) einer Fliege
b) einer Biene
c) einem Schmetterling
d) einem Raubvogel
e) einem Hubschrauber
f) einem dicken Mops
g) einem Polizeihund
h) einem wütenden Bullen
i) einem Bettler
j) einem Polizisten
k) einem Mann mit einem Messer
l) einem schüchternen Mädchen, usw.

Die Gruppe befindet sich, z.B. in/auf
a) einer Straßenbahn b) einem Autobus
c) einem Zugabteil d) einem Floß
e) einem Ruderboot f) einem Motorboot
g) einem Schiff, usw.

Die Gruppe bewegt gemeinsam etwas, z.B.:
a) sie zieht etwas (z.B. am Seil einer Glocke)
b) sie schiebt etwas (z.B. ein Auto aus einem Schlammloch)
c) sie hebt etwas (z.B. eine schwere Kiste)
d) sie rollt etwas (z.B. einen großen Schneemann)
e) sie trägt etwas (z.B. eine Glasschcibe), usw.

Geschichtete Begegnung

3 Ebenen im psychodramatischen Spiel- und Arbeitsbündnis

von Rainer Bosselmann

Das Funktionieren von Annäherung und Verständigung in dem von Moreno so lyrisch und tiefgründig als 'Begegnung' gekennzeichneten Prozeß bleibt ein komplexes, rätselhaftes Geschehen, es ist schwer zu 'operationalisieren'. Das biologische Modell der Eiweißstruktur kann als modellhafte Vorstellung vielleicht von Nutzen sein, wenn der Psychodramatiker sich den geheimnisvoll vom Tele gesteuerten Vorgang einer Begegnung in seiner Vielschichtigkeit vor Augen führen will. In jeder Körperzelle vollziehen sich kleine Wunder, wenn aus Sequenzen von Aminosäuren Eiweißmoleküle entstehen, die erst in einer ganz bestimmten räumlichen Anordnung ihre biologische Wirksamkeit erlangen. Der *'pas de deux'* mit einem Protagonisten soll als Illustration der hier angebotenen Metapher dienen:

1. Die Primärstruktur:
Dazu gehören der offizielle Text der Vereinbarung, der zeitliche Rahmen von Dauer und abgesprochenem Rhythmus - die **formale Ebene** der expliziten Absprache. Die Sequenz der Bausteine für den strukturierten Psychodramaprozeß wird miteinander festgelegt, auch im Verlauf kontraktierend ergänzt und aktualisiert.

2. Die Sekundärstruktur:
Diese konstelliert sich auf dem Boden der Persönlichkeitstypen der Beteiligten aus ihren Temperamenten, Eigenheiten, Angst- und Lustdispositionen. So spielen sich Abstände ein, Konsens zu thematischen Schwerpunkten und einvernehmliche Vermeidungen, Lösungs- und Zielphantasien - vgl.: Thomas und Chess 'Temperament und Entwicklung' und Riemanns 'Grundformen helfender Partnerschaft' - Es bahnen sich knisternde *'liaisons dangereuses'* an, produktive Austauschvorgänge oder schmerzliche Unerreichbarkeit - die **Ebene der spezifischen Reaktion** zweier Menschen aufeinander, der strukturbedingten Affinität. In einem geeigneten Umfeld, ähnlich der typischen Faltung, die bestimmte Folgen von Aminosäuren nach sich ziehen; von Sequenzen zu Konsequenzen.

3. Die Tertiärstruktur:
Im Detail der sich einspielenden Zusammenarbeit gibt es kleine Initiativen und Einstellbewegungen, teils intuitiver und teils bewußt überlegter Art. Diese Regie und Gegenregie geschieht im Spannungsfeld umstrittener

Werte und Ziele, auf dem Boden unterschiedlicher Vorstellungen von wünschenswertem Fokus der Untersuchung und produktiver Ebene der Problembearbeitung, im Widerstreit von progressiven Impulsen mit verharrenden oder verlangsamenden Kräften – das ist die **Ebene der** als Prozeß verlaufenden und - hoffentlich - professionell gestalteten **helfenden Beziehung.**

Wie das Eiweißmolekül seine charakteristische Tertiärstruktur zur differenzierten Funktionsfähigkeit im Organismus benötigt, so ermöglicht erst die nuancenreiche Verlaufsdynamik einer methodengeprägten, psychodramatisch aktivierenden Arbeitsbeziehung, daß sich dem Protagonisten wesensgemäße Spielräume eröffnen.

LITERATUR:

RIEMANN, F.: Grundformen helfender Partnerschaft,
J. Pfeiffer, München 1991

THOMAS, A. und CHESS, S.: Temperament und Entwicklung
- über die Entstehung des Individuellen,
Enke Verlag Stuttgart 1980

Das Psychodrama und seine „Heilfaktoren"
über Wirkungen und deren Ort im psychodramatischen Prozeß

von Rainer Bosselmann

Jeder, der im helfenden und heilenden Geschäft sich betätigt, möchte natürlich gerne wissen, was da eigentlich wirkt. „Herr, bin ich's?" fragt sich einer, „ich hab' die effizientesten power-tools in meinem Werkzeugkasten", ist sich ein anderer sicher. „Das läuft doch alles über die richtige Beziehung", denkt sich inzwischen fast jeder.
Nach dieser kleinen Vorrede möchte ich die Aufmerksamkeit der psychodramatisch interessierten Leser auf Irvin Yalom richten, der vor Jahren schon ein dickes Buch darüber geschrieben hat, was in der Gruppentherapie wohl wirksam ist und wie man die verschiedenen Einflüsse in bestimmte Faktorenbündel zusammenfassen könnte (Handbuch der Gruppenpsychotherapie). Der Mann hat sich viel Mühe damit gemacht und einiges an empirischem Material durchgearbeitet, das müßte sich, hoffe ich, doch auch nutzbringend auf das Psychodrama beziehen lassen. Darum also an dieser Stelle eine kurze Übersicht der Faktoren des Heils und ihrer Lokalisation im Psychodrama-Prozeß (die einzelnen Faktoren habe ich so benannt, wie ich sie in ihrer Charakteristik verstehe und in ihrer Wirksamkeit für beobachtbar halte).

1. Altruismus und das Motiv anderen zu helfen: Leiter und Koleiter können dieses Motiv intensiv ausleben, indem sie ihre Rolle der interessierten und wohlwollenden Begleitung des Protagonisten wahrnehmen, ebenso durch die förderliche Einstellung gegenüber der gesamten Gruppe, auch mit Hilfe von „Frechheiten".
Für die Gruppenteilnehmer liegt das altruistische Moment zum einen in der Rollenübernahme, in der Antagonistenfunktion für ihre Gruppenkollegen im Psychodramaspiel. Außerdem hat die Rückmeldephase des Sharing eine ähnliche Bedeutung, indem die Teilnehmer ihr Mitfühlen, ihre Biographie, ihre analogen Erlebnisweisen dem Protagonisten anbieten, zur Hilfe und Orientierung.

2. Gruppenkohäsion und der Wunsch, dazuzugehören und akzeptiert zu sein: Psychodramagruppen entfalten, wenn sie in Gang kommen, durch ihre erlebniszentrierte Arbeitsweise häufig eine rasante Entwicklung der Kohäsion. Durch das lebendige Mitspielen in der Biographie von Gruppenkollegen und -kolleginnen entsteht nach wenigen Spielen schon ein stark vernetztes Geflecht von Interesse, Neugierde, Übertragungsangeboten usw. Der Leiter ist nur begrenzt Teilnehmer der Gruppe und als solcher nur eine unter vielen Personen im kohäsiven Geflecht der Beziehungen. Der oder die Leiter tun aber viel dazu, daß eine Gruppe „zusammenwächst", indem bei der Auswahl des Protagonisten, bei der Art der Inszenierung und beim Einbezug der Gruppenteilnehmer in der Nachbesprechung vielfältige Bezüge und Verständnisangebote gestiftet werden und entstehen.

3. Vergleichbarkeit der Schicksale und „Universalität des Leidens": für die Protagonisten geschieht es am ehesten in der Phase von Sharing und Feedback, daß sie sich „mit ihrem Problem nicht allein fühlen". Die Berichte der Gruppenteilnehmer belegen, wieviel Analoges, Vergleichbares im Leben anderer passiert und überstanden, oft auch produktiv gemeistert werden kann. Die Begleitung des Protagonisten durch die Leiter als Interviewpartner oder in der Doppelgängerfunktion hat ebenfalls in der dabei ausgedrückten Einfühlung die Funktion, das Anrecht auf ein bestimmtes Problem, das Natürliche eines vorgefundenen Leids anzuerkennen und zu vermitteln.

4. Interpersonelles Lernen durch Konfrontiertwerden, mit der Chance, von anderen dabei etwas anzunehmen: dies geschieht am ehesten, wenn der Protagonist in die Rolle des Gegenspielers tauscht und seine Welt mit anderen Augen zu sehen gezwungen ist, auch wenn ihm der passende Antagonist die Argumente und Sichtweise der 'Gegenseite' plausibel vermitteln kann. Weitere Momente der Konfrontation und des Lernens von anderen finden sich auf der Leiterseite schon in der Art, wie beim Interview die Fragen gestellt und die Probleme etikettiert werden. Ebenso liegen - natürlich - zahlreiche Chancen der Konfrontation in den verschiedenen Rückmeldungsrunden.

5. Sich zeigen und für sich selbst geradestehen, auch andere damit konfrontieren: das geschieht in Psychodramagruppen an ganz vielen Stellen: in der Eingangsrunde, als Protagonist und Antagonist, im Gruppenspiel ebenso wie während den verschiedenen Phasen der Rückmeldung.

6. Empfehlungen, Anleitung und Rat: natürlich ist es in allen therapeutischen Veranstaltungen verpönt, mit Tips zu arbeiten. Selbst Eric Berne, der Vater der Transaktionalen Analyse, hat seinen Wunsch, Ratschläge zu erteilen, in die putzige Form der HHH (Handy Household Hints) verkleidet, weil er sich dessen wohl etwas genierte. In nicht-therapeutischer Anwendung ist allerdings das Psychodrama als Untersuchungsinstrument eine sehr taugliche Grundlage, ermittelte Sachverhalte - nach der Klärung einiger Ursachen und möglichst vieler der vorhandenen Ressourcen - so zu verhandeln, daß die perspektivische Phase auch den Charakter einer beratenden Empfehlung entfalten kann. Dies insbesondere dann, wenn die

Gruppenteilnehmer durch besonderes fachliches Wissen oder ihren dazu passenden Erfahrungsvorsprung „aus dem Nähkästchen plaudern können". Aber **Vorsicht:** der Ton und die Dosis entscheiden darüber, ob ein aktivierender, annehmbarer 'Kick' oder ein Schlag mit der pädagogischen Keule dabei herauskommt!

7. Katharsis und Gefühlsbewegung: die Reinigung der Seele durch heftige Bewegungen im Gemüte gilt ja seit Aristoteles als besonderer Wert und Nutzen des Dramas und seit Moreno als das 'primum movens' des Psychodramas. Trotzdem wird die Katharsis m.e. häufig überschätzt. Besonders in ihrer sehr expressiven, hysterisch (modern gesagt: histrionisch) oder stark extrovertiert daherkommenden Form. Die Praxis zeigt leider, daß auch noch so heftige Erregungsabläufe und „tiefe Gefühlserfahrungen" keine Gewähr dafür bieten, daß der betreffende Klient oder Patient einen Fortschritt macht, etwas brauchbares gelernt hat und danach im Leben besser zurecht kommt. Sicher ist, daß die psychodramatische Form von Gruppen- und Einzelarbeit in der Lage ist, starke Gefühle zu mobilisieren und aktuelle Konflikte schnell und heftig erlebbar zu machen. Besonders in der Handlungsphase und insbesondere für den **Protagonisten** gilt die Intensität der Katharsis in Psychodramagruppen weithin als ein Gütekriterium dieser Art zu arbeiten, weil sie zu den beeindruckendsten Phänomenen im Prozeß gehört. Es kann aber durchaus passieren, daß der mitspielende **Antagonist** heftiger ins Erleben kommt als der Protagonist. Auch geschieht es nicht selten, daß **Zuschauer** in der Phase der Nachbesprechung oder während der szenischen Arbeit kathartische Abläufe erleben oder erleiden. Besonders schwer umzugehen ist mit solchen Formen der Katharsis, die konkurrierend auftreten oder wirken, während ein Protagonist die eigentliche Aufmerksamkeit beansprucht und verdient. In einer methodischen Heimat, die - etwas blumig gesagt - kathartische Befreiung auf ihre Fahne geschrieben hat, ist es in der leitenden Funktion besonders delikat, wenn jemand in heftigem Zustand inneren Konflikterlebens quasi „zurückgepfiffen" oder zum Warten verdonnert werden muß, weil er oder sie als Mitspieler eine helfende Funktion übernommen hat bzw. in der Zuschauerrolle noch nicht 'dran' ist...

8. Lernen am Modell: dieser Fortschritt durch Identifikation und übendes Ausprobieren von Verhaltensweisen ist nicht nur im Rahmen der Verhaltenstherapie geschätzt, auch in der Anwendung des Psychodramas ist leicht und oft zu beobachten, wie Gruppenteilnehmer voneinander lernen, daß sie (zum Teil zähneknirschend) im Rollentausch vom Antagonisten oder durch die Verhaltensvariante eines Doppelgängers lernen und auch die Leiter nicht selten in ihren Arten oder Unarten imitieren.

9. *Wiederbelebung von Kindheitserfahrungen:* der Regress auf alte Gefühle oder Erinnerungsstücke von früher gilt als Domäne der Psychoanalyse. Diese tiefenpsychologische Dimension entfaltet das Psychodrama an verschiedenen Stellen ebenso: die Leiter und Gruppengenossen ziehen mannigfaltige Übertragungen auf sich, egal wie sie sich verhalten. Auch die Gruppe insgesamt weckt massive, alte Gefühlsregungen im Gruppenteilnehmer. Wesentliche Ebenen der Bearbeitung solcher Abläufe sind

- Psychodramaszenen, in denen das zugrundeliegende Muster in biographischer Arbeit ermittelt und erneut durchlebt wird.
- Die vielfältigen und wechselseitigen Übertragungsphänomene unter den Gruppenteilnehmern werden sowohl in den Gesprächsphasen, schon in den Eingangsrunden, wie auch in Gruppenspielen reinszeniert und damit der bewußten Bearbeitung näher gebracht.
- Das Zusammenspiel von Gruppenleitung und einzelnem Teilnehmer schließlich hat regelmäßig Aspekte der Wiederholung von Erfahrungen mit den Eltern oder früheren Bezugspersonen.

Dies wird akut und spürbar besonders in der Kontraktphase des Vorgesprächs, im Dialog während der Protagonistenarbeit, aber auch in den verschiedenen Schritten der Nachbesprechung.

10. *Erklärungen und Deutungen annehmen, d.h. Zusammenhänge verstehen von Ursachen und Wirkungen, auch zirkulärer Art(!)*: Evidenz und kognitive Wirklichkeitsdeutung erwachsen im Psychodrama aus sehr verschiedenen Erfahrungen. Die subjektive Konstruktion der Realität und grundlegende persönliche Konstrukte sind in jeder 'Protagonistenarbeit' auf dem Prüfstand und erweisen sich während des *'co-researching'* (Moreno) im Doppelpaßspiel mit dem Psychodramaleiter gewöhnlich als mehr oder minder revisionsbedürftig. Das rationale Verstehen von Ursachen und Zusammenhängen geschieht hauptsächlich durch die differenzierten, subjektiven und ehrlichen Rückmeldungen der mitbeteiligten anderen Gruppenmitglieder in der Phase der Sharings und über Rückmeldungen aus Identifikation oder Rollenerleben. Emotional vermittelte Einsichten sind dagegen eher in der Handlungsphase zu erlangen, besonders wenn der Protagonist aus seiner Rolle heraustritt, sich in die Position der Antagonisten hineinlebt und dabei das eigene Verhalten wie in verschiedenen Spiegeln betrachten kann. Das zieht Selbstdeutung nach sich.

11. *Das Einflößen von Hoffnung und die Eröffnung von Perspektiven*: Hoffnung wird allein schon dadurch geweckt, daß der Protagonist im Interview mit dem Verständnisangebot des Psychodramaleiters und der Aussicht auf die Handhabbarkeit des Problems konfrontiert ist. Dann erwächst Hoffnung daraus, daß verschiedene Gruppenmitglieder sich in Hilfs-Ich-Funktionen wie Antagonistenrolle oder als Doppelgänger bemühen, die Problematik zu verdeutlichen und einer Lösung näher zu bringen.

Perspektiven eröffnen sich schließlich, wenn die Gruppenmitglieder im Sharing ihre eigene, zum Teil vergleichbare Lebenserfahrung einbringen, wenn differenzierende, ermutigende Mitteilungen aus der Biographie glaubwürdiger Anderer ihre orientierende Funktion entfalten. Besonders die Form des von Hilarion G. Petzold so genannten Behavior-Dramas erlaubt es, nach Problemexposition und Vertiefung in biographische Hintergründe eine praktisch übende Szene anzuschließen, die durch konkret inszeniertes Probehandeln den Protagonisten seinen zukünftigen Möglichkeiten und einer realistischen Zielsetzung näherbringt.

12. Existentielle Faktoren, Fragen der Haltung und grundsätzlichen Einstellung: Solche tieferen Effekte therapeutischer Bemühungen lassen sich weder bewußt planen noch gut in Begriffe fassen. Die Erfahrung der Gemeinschaft in der Gruppe, die Öffnung für grundlegende Einstellungen zum Leben, für persönliche Sinnklärungen, Zielorientierungen und Werthaltungen, das alles kann zusammengenommen einen Prozeß von 'Reifung' und persönlichem Fortschritt in Gang setzen, der im günstigen Fall weit über den offiziellen Inhalt von Therapievereinbarung und gängigen Zielvorstellungen hinausgeht. Manchmal geschieht das einfach. Wenn die mannigfaltigen Anstösse aus der Problembearbeitung als Protagonist, aus gruppendynamischer Entwicklung, durch die Mitgestaltung von Psychodramaszenen anderer Gruppenteilnehmer und auf der Grundlage spielerischer Lockerung im eigenen Rollenverhalten in geeigneter Weise zusammenwirken, ergibt sich für den nachdenklichen Gruppenteilnehmer ein „philosophischer Stimulus", der Anlaß dazu gibt, die individuelle Vorstellung vom Lebenssinn und den erstrebenswerten Zielen der Existenz einer persönlich präzisierenden Prüfung zu unterziehen.

LITERATUR:

YALOM, IRVIN D.: Theorie und Praxis der Gruppenpsychotherapie. J. Pfeiffer, München 1989

Krisen im Verlauf einer Weiterbildungsgruppe

Ein Erfahrungsbericht

von Gabriele Pauquet

I. Einführung und Überblick

In diesem Beitrag möchte ich das Thema Krisen im psychodramatischen Prozeß am Beispiel des Entwicklungsverlaufs einer Weiterbildungsgruppe des Moreno-Instituts Stuttgart im 1. Ausbildungsjahr erläutern. Es sollen praktische Beispiele von ausgewählten Krisensituationen im Gruppenprozeß dargestellt und interpretiert werden. In diese Ausführungen geht die Erörterung einiger theoretischer Aspekte zum Thema Krise ein.

Es wird in vorliegendem Beitrag zudem von Bedeutung sein, daß ich als Co-Leiterin der genannten Gruppe fungierte. Diese Tätigkeit beinhaltet die praktische Anwendung des Psychodramas in einem zeitlich limitierten Gruppenverlauf unter Anleitung bzw. Supervision.

Aktueller Anlaß für das Rahmenthema „Krise" war ein für die Gruppe sehr bewegendes politisches Ereignis: der Beginn des Golfkrieges im Januar 1991. Diese „äußere Krise" setzte bei den Teilnehmern gravierende Ängste frei, die eine Bearbeitung in der Gruppe herausforderten und notwendig machten.

Im Gruppenprozeß vollzog sich eine „entscheidende Wendung" (Etymologisches Wörterbuch 1989), da es anläßlich dieser besonderen Bedrohung einigen Teilnehmern jetzt erst möglich wurde, sich zu öffnen. Dadurch wurde in der Gesamtgruppe ein entscheidender Wachstumsprozeß initiiert. Ebenso sollten später auftretende Krisensituationen Impulse für einen produktiven Gruppenprozeß geben.

Auch Cullberg (1980) geht von dem Grundgedanken aus, daß Krisen für die Entwicklung des Menschen notwendig sind und entscheidende Wachstums- und Wandlungsprozesse hervorrufen. In meinem Beitrag will ich zeigen, wie das Psychodrama als handlungsorientierte Methode solche Krisen aufgreift und den konstruktiven Verlauf eines Gruppenprozesses steuert und verstärkt.

Es handelt sich hier um eine Gruppe von vierzehn Teilnehmern (elf weibliche, drei männliche) im ersten Weiterbildungsjahr, von denen insgesamt elf die Weiterbildung zum Psychodrama-Leiter und drei die zum Psychodrama-Therapeuten anstreben. Als Grundlage der Weiterbildung gelten die „Richtlinien" des Moreno-Instituts Stuttgart. Diesen entsprechend zielt das erste Weiterbildungsjahr auf den Erwerb praktischer und theoretischer Kenntnisse und Fertigkeiten im Psycho- und Soziodrama ab sowie auf die Fähigkeit zu differenzierter Selbst- und Fremdwahrnehmung.

Im weiteren gehe ich auf die Rolle der Co-Leitung ein - zum einen aus der persönlichen Sichtweise der Autorin, zum anderen als theoretisches Problem. Unter Bezugnahme auf andere, mit Gruppenarbeit vertraute Autoren wird die Schlußfolgerung gezogen, daß die Zusammenarbeit in einem Leitungsteam ein hohes Maß an Selbstreflexion und Kooperationsbereitschaft erfordert und - wenn dies gelingt - fruchtbringend und beispielhaft auf die Gruppe zurückwirken kann.

Zum näheren Verständnis der speziellen Inhalte einer Weiterbildungsgruppe wird eine Abgrenzung getroffen zur psychotherapeutischen Gruppe, in der es primär um die Veränderung des Individuums geht. Hingegen bleibt bei einer Ausbildungsgruppe der Erwerb von beruflichen Kompetenzen immer übergeordnetes Ziel.

Teil II schließt mit der Vorstellung einer ersten „psychodramatischen Inszenierung", mittels derer die Teilnehmer in einer Art „Interview" Einblick in ihren biographischen Hintergrund sowie ihre Motivation für die Psychodrama-Weiterbildung geben. Es wird auf sich hier schon andeutende spätere Krisenaspekte Bezug genommen.

Teil III liefert einige theoretische Aspekte zum Thema Krise. Verschiedene Arten von Krisen werden aufgezeigt, der Verlauf einer Krise und die Schritte der Krisenintervention erörtert. Es wird dann in einem zweiten Schritt versucht, diese zunächst für den Einzelfall aufgezeigten Grundgedanken auf den Gruppenprozeß zu transponieren.

Der sich anschließende praxisbezogene Teil (IV) liefert verschiedene Beispiele für Krisensituationen in der Weiterbildungsgruppe. Es handelt sich hier um Krisen von einzelnen Gruppenteilnehmern sowie solche der Gesamtgruppe wie auch um Krisensituationen die Gruppenleitung selbst betreffend, wobei die Reihenfolge der entsprechenden Problemsituationen dem Entwicklungsverlauf des Gruppengeschehens entspricht.

Im darauffolgenden Teil V erfolgt eine Zuordnung der an praktischen Beispielen geschilderten Krisensituationen zu dem Phasenmodell von H. Straub. Dieses versteht den psychodramatischen Gruppenprozeß als eine Abfolge von drei der Entwicklung des Menschen analogen Phasen: der Kinderstubenzeit, dem Jugendalter und der Erwachsenenphase. Es wird aufgezeigt, daß spezifische Arten von Krisen typisch für die jeweilige Entwicklungsphase der Gruppe auf ihrem Weg von der Kindheit bis ins psychodramatische Erwachsenenalter, hier übertragen auf ein erstes abgeschlossenes Weiterbildungsjahr, sind.

Abschließend wird in Teil VI die Frage diskutiert, welches spezifische Verständnis im Psychodrama über die Entwicklung von Krisen und den Umgang mit diesen vorliegt. Morenos Persönlichkeitsmodell liefert hier die Grundlage für ein Krisenkonzept, welches sich von anderen Therapieformen im wesentlichen durch das *aktive* Moment in der therapeutischen Begegnung unterscheidet.

Das Psychodrama als handlungsorientierte Methode liefert in Krisensituationen dem in seiner Rollenflexibilität und Verhaltensvariabilität eingeschränkten Menschen die Möglichkeit, Problemlösungen im szenischen Spiel zu erproben.

II. Die Psychodrama-Weiterbildungsgruppe

1. Zusammensetzung der Gruppe und Zielsetzung

Die Gruppe war zunächst konzipiert für vierzehn Weiterbildungskandidaten des Moreno-Instituts im ersten Jahr, davon elf weibliche Teilnehmer und drei männliche. Die meisten Gruppenmitglieder kamen aus verschiedenen Städten der Bundesrepublik, ohne sich zu kennen, einige wenige hatten das Aufnahmeseminar zusammen absolviert. Zwei Frauen hatten in der gleichen Einrichtung zusammen gearbeitet und waren enger befreundet. Elf der Teilnehmer strebten eine Ausbildung zum Psychodrama-Leiter an, drei zum Psychodrama-Therapeuten. Zwei arbeiteten in einer psychotherapeutischen Klinik mit Schwerpunkt Suchtbehandlung, eine Teilnehmerin war seit zwanzig Jahren als Lehrerin in einer Grundschule tätig, ein Gruppenmitglied promovierte im Fach Sozialpädagogik, ein weiterer Teilnehmer lebte in einer Ordensgemeinschaft, zwei Frauen waren nach mehrjähriger Arbeit in einem Mädchenheim arbeitslos. Die restlichen Gruppenmitglieder waren alle in sozialpädagogisch bzw. -therapeutisch ausgerichteten Einrichtungen (zum Beispiel Obdachlosenarbeit, Behindertenarbeit, Erwachsenenbildung) fest angestellt bzw. als Honorarkräfte tätig.

Ausgehend von den zum damaligen Zeitpunkt geltenden Weiterbildungsrichtlinien war die Gruppe auf ein Jahr konzipiert (Unterstufe), um sich dann im zweiten Jahr (Mittelstufe) je nach Weiterbildungsziel neu zu konstituieren (siehe Richtlinien vom 01.01.1987). Ziel des ersten Weiterbildungsjahres ist es, in zehn Wochenendseminaren durch Selbsterfahrung und Literaturstudium praktische und theoretische Grundkenntnisse in Psycho- und Soziodrama zu erwerben (siehe ebenda, S. 6). Ergänzt werden diese „sachbezogenen Lernziele" durch die sogenannten „personenbezogenen Lernziele", die eine Erweiterung bzw. Sensibilisierung des Wahrnehmungs- und Handlungsspektrums in bezug auf die eigene Person wie auch auf andere Personen zum Inhalt haben. Die Fähigkeit zu einer differenzierten Selbst- und Fremdwahrnehmung, kompetenter Umgang mit den eigenen blinden Flecken sowie mit Problemen eines potentiellen Klientels sollen erworben werden (siehe ebenda, S. 14). Die Richtlinien sollten sich dann während des laufenden Ausbildungsjahres verändern, so daß der Gruppe freigestellt wurde, noch ein weiteres Jahr zusammenzubleiben.

2. Zur Rolle der Co-Leiterin

Meine Aufgabe als Co-Leiterin war zeitlich limitiert auf das erste Weiterbildungsjahr der Gruppe, also zehn Wochenenden. Hinsichtlich der Häufigkeit oder Art und Weise der Leitung bestanden keine genaueren Absprachen. Da ich in meiner eigenen Psychotherapeutischen Praxis bisher eigenverantwortlich Gruppen geleitet hatte, mußte ich mich zunächst mit der Rolle der Lernenden vertraut machen. Dies war für mich insofern schwierig, als ich den Ausbildungsleiter als Kollegen und Praxisinhaber kannte und es gelegentlich berufliche Kontakte zwischen uns gegeben hatte. Unser Status war also in diesem Bereich vergleichbar. Auf „psychodramatischem Terrain" fühlte ich mich jedoch, vor allem in einer derart großen Gruppe, unsicher und war angewiesen auf die Vermittlung psychodramatischer Kenntnisse sowie einer begleitenden korrigierenden und stützenden Zusammenarbeit. Diese Konstellation in der Gruppenleitung sollte für mich zu Rollenkonflikten führen.

Besonders evident wurde dies auch an der Stelle, wo es vor der Gruppe zu Uneinigkeiten zwischen dem Leiter und mir kommen sollte. Es stellte sich hier für mich die Frage, ob es richtig und sinnvoll ist, Differenzen im Leitungsteam während der Sitzungen offen auszutragen, ein Vorgehen, das nach Yalom in der Anfangsphase eines Gruppenprozesses erfahrungsgemäß eher verunsichernd wirkt (ebd., S. 399).

Generell sei zur Zusammenarbeit von Leiter und Co-Leiter gesagt, daß diese Methode viele Vorteile hat, aber auch potentielle Gefahren in sich birgt (Yalom 1989). Diese Erkenntnis erscheint zunächst banal, macht aber deutlich, daß mit der Entscheidung für eine gemeinsame Leitung die Aufgabenfelder klar umrissen bzw. eine permanente Verständigung über diese erfolgen muß, ebenso wie die in jeder Zusammenarbeit aufkommenden Spannungen immer wieder zu reflektieren sind. Mit anderen Worten: es ist letztlich unerheblich, für welche Methode man sich entscheidet (in unserem Fall war diese Entscheidung durch die Ausbildungsrichtlinien mitbestimmt), solange die (Co-) Leiter wissen, was sie tun.

3. Unterscheidung von Weiterbildungs- und Psychotherapiegruppe

Im Zusammenhang auch mit der speziellen Thematik des vorliegenden Beitrags will ich noch einmal ausdrücklich auf die Spezifik einer Weiterbildungsgruppe im Gegensatz zur therapeutischen Gruppe hinweisen. Lernprozesse in einer *Weiterbildungs- oder Ausbildungsgruppe* sind immer zu beleuchten auch in bezug auf ein bestimmtes Klientel bzw. auf ein berufliches Umfeld, in dem die erworbenen Kompetenzen hinsichtlich der Wahrnehmung persönlicher innerer Prozesse und äußerer Verhaltensspezifika, auch im Umgang mit anderen, immer wieder reflektiert werden müssen. Dies gilt als Voraussetzung, um sich sensibel in die Probleme von Klienten oder Patienten einfühlen zu können. Hierzu ist von vorne herein eine Bereitschaft bzw. große Akzeptanz gegenüber eigenen Konflikten und Krisen erforderlich. Für das Psychodrama wie für andere Verfahren dynamisch orientierter Psychotherapie ist es charakteristisch, *„daß die Methode durch die Methode erlernt wird. In einem Prozeß der Selbsterfahrung, in dem eigene Probleme bearbeitet werden, erlebt der Ausbildungskandidat die Methode an sich selbst und erwirbt ihre Charakteristik und Technik durch aktives Mitspiel und Imitationslernen. Er durchläuft selbst den komplexen Prozeß der 'therapeutischen Sozialisation' (...) in einem (...) curricular gefaßten Ausbildungstraining von (...) Selbsterfahrung, Theorie und Praxis unter Kontrolle (...), wobei die psychodramatische Methode beständig als Instrument der Therapie, der Didaktik und der Supervision eingesetzt wird"* (Petzold 1985).

Die Tatsache, daß sich die Grenzen zwischen Ausbildungsgruppe und Therapiegruppe immer wieder überschneiden, drückt sich treffend in Yaloms Formulierung aus: *„Eine Ausbildungsgruppe ist zwar keine Therapiegruppe, aber sie ist insofern therapeutisch, als sie Gelegenheit bietet, therapeutische Arbeit zu leisten"* (ders. 1989, S. 499)

Diese therapeutischen Möglichkeiten der Arbeit können von den Mitgliedern einer Gruppe natürlich unterschiedlich umfassend genutzt werden. Als wesentlich für die hier vorgestellte Gruppe kann jedoch im Sinne des Autors gesagt werden, daß der grundlegende Vertrag der Ausbildungsgruppe, ihr Sinn und Ziel Ausbildung und nicht Therapie ist. Jedoch birgt jede intensive Gruppenerfahrung ein großes therapeutisches Potential: *„die Mitglieder können sich nicht auf lebhafte Interaktion einlassen, können die Rolle eines Gruppenmitgliedes nicht ganz und gar übernehmen, ohne daß therapeutische Wirkungen eintreten. Das unterscheidet sie jedoch von einer Therapiegruppe, die zu dem Zweck zusammenkommt, umfassende therapeutische Veränderungen für jedes Mitglied zu bewirken. In einer Therapiegruppe sind das intensive Gruppenerleben, der Ausdruck und die Integration von Affekt, das Erkennen des Hier- und Jetzt-Prozesses lauter wesentliche Bestandteile, aber sekundär gegenüber dem Hauptziel: der Veränderung des Individuums. In einer Ausbildungsgruppe für Angehörige therapeutischer Berufe ist es umgekehrt"* (Yalom 1989, S. 499).

Die „Veränderung des Individuums" ist also nicht primäres Ziel einer Psychodrama-Weiterbildungsgruppe. Ebensowenig kann davon ausgegangen werden, daß krisenhafte Prozesse bezogen auf den einzelnen oder die Gesamtgruppe im Sinne einer klassischen Krisenintervention (siehe Kapitel III) behandelt werden können. In einer Ausbildungsgruppe kann es sich lediglich um ein Akzeptieren und Eingehen auf solche notwendigen phasenspezifischen Vorgänge handeln, auf die der Leiter aber nicht therapeutisch, sondern in der Weise reagieren sollte, daß er auf stützende bzw. weiterführende Hilfsangebote außerhalb der Gruppe verweist.

4. Institutskonferenz - Hinweise auf spätere Krisen

In unserer Nachbesprechung des ersten Weiterbildungswochenendes fiel auf, wie wenig wir als Gruppenleiter bisher über den persönlichen Hintergrund der Teilnehmer wußten. Dies hatte zum einen den Vorteil, daß wir unvoreingenommen in die Arbeit mit den Einzelnen einsteigen konnten. In Anbetracht des begrenzten Zeitraums, in dem wir die Gruppe zusammen leiten würden, war aber auch deutlich, daß uns viel Material zum Verständnis der vor allem in der Einzelarbeit sich herauskristallisierenden Probleme fehlen würde.

Um Einblick in den biographischen Hintergrund der Teilnehmer sowie deren sozialen und beruflichen Lebenszusammenhang zu bekommen, wurde für das folgende Wochenende eine Spielszene konzipiert mit dem Titel „Institutskonferenz". Den Gruppenmitgliedern sollte hier Gelegenheit gegeben werden, in der Rolle ihrer jeweiligen Erstinterviewer[1], die zu einer Konferenz im Moreno-Institut zusammenkommen, sich selbst (als Ausbildungskandidaten) vorzustellen. Schwerpunkte sollten sein: familiärer und beruflicher Hintergrund sowie die Motivation, mit der das erste Weiterbildungsjahr begonnen wurde. Die anwesenden „Konferenzteilnehmer" waren dazu angehalten, den „Kollegen" bei Bedarf Fragen über den Ausbildungskandidaten zu stellen bzw. Kommentare abzugeben. Im folgenden sollen einige, sich in den „Interviews" schon andeutende Problemaspekte herausgegriffen werden, die im nachhinein als Hinweis auf spätere krisenhafte Prozesse verstanden werden können. Aus Gründen des Datenschutzes können die persönlichen Angaben und Themen leider nicht detaillierter ausgeführt, sondern nur allgemein benannt werden.

Bei vier der Teilnehmer fällt auf, daß primär ein berufsbezogenes Interesse an der Weiterbildung ausgedrückt wird: entweder soll das Psychodrama der Verbesserung der beruflichen Kompetenzen dienen oder aber dazu, aus der gegenwärtigen beruflichen Situation „rauszukommen", also mit Hilfe des Psychodramas eine berufliche Verbesserung zu erreichen. Ein Teilnehmer braucht das Psychodrama im „Kampf gegen die Autoritäten". Keines dieser Gruppenmitglieder formuliert ein persönliches Interesse, einer schließt eine persönliche Motivation explizit aus. Außerdem gibt es einen anderen Teilnehmer, der ausschließlich persönliche Schwierigkeiten anbietet und ein berufliches Interesse an der Weiterbildung ausblendet.

In der Spielsituation der „Institutskonferenz" zeigen sich schon frühzeitig Hinweise für später auftauchende „Entwicklungsprobleme" in der Gruppe. Auffallend ist, daß diese Teilnehmer unter unklaren Voraussetzungen die Weiterbildung beginnen, indem sie entweder den Selbsterfahrungsaspekt oder aber den berufsbezogenen Aspekt ausklammern.

---
1) Ausbildungsleiter, die das Auswahlgespräch für die Weiterbildung führen

III. Der Begriff der Krise

1. Theoretischer Hintergrund

Die Autoren Verena Kast und Johann Cullberg geben ihren Büchern zum Thema Krise jeweils Titel, die verdeutlichen, daß Krise von ihnen weniger im Sinne einer Störung verstanden wird, sondern als ein weiterführender, auf Entwicklung und Veränderung bezogener Prozeß, der Chancen in sich birgt, Chancen zur Entfaltung der Persönlichkeit. So gibt Kast (1989) ihrem Buch den Titel: „Der schöpferische Sprung", während Cullberg (1980) die Aussage seines Buches unter die Überschrift setzt: „Keiner leidet ganz umsonst. Menschen brauchen Krisen zur Entwicklung." In diesem Sinne seien auch die Krisen und krisenhaften Momente zu verstehen, wie sie im Laufe des Gruppengeschehens auftauchen und verändernd auf die Entwicklung einzelner innerhalb der Gruppe, aber auch der Gruppe insgesamt eingewirkt haben. Es sei hervorgehoben, daß es sich weniger um große traumatische Krisen handelt, sondern eher um kleinere, abgegrenzte Krisensituationen, soweit dies das Geschehen innerhalb der Gruppe betrifft.

Kast unterscheidet **verschiedene Arten von Krisen**, die wiederum deren Schweregrad kennzeichnen. So nennt sie Entwicklungskrisen mehr oder weniger dramatischen Ausmaßes, die von der Pubertät bis zum Alter auftreten. Des weiteren spricht sie von Anforderungskrisen, wobei sie unterscheidet zwischen äußeren Anforderungen (zum Beispiel Beruf, Familie, Arbeitslosigkeit etc.) und inneren Anforderungen (zu hohe Ansprüche an uns selbst), die häufig in Wechselwirkung miteinander stehen. Diese Anforderungskrisen können auch in Zusammenhang mit gesellschaftlich gravierenden Entwicklungen und Bedrohungen auftreten. Eine dritte Art von Krisen sind die Verlustkrisen, ausgelöst durch Tod, Trennung, Krankheit etc. Die verschiedenen Arten von Krisen sind oft nicht leicht voneinander zu unterscheiden. Häufig verbirgt sich hinter der einen Krise (zum Beispiel sich einer Anforderung nicht gewachsen fühlen) eine tiefergreifende, dahinterliegende Krise (ein notwendiger Entwicklungsschritt ist noch nicht vollzogen worden). Es ist also davon auszugehen, daß das auslösende Moment einer Krise (zum Beispiel erhöhte Anforderung oder Verlust) nicht unbedingt das entscheidende Lebensproblem verkörpert, das sich hinter der Krise verbirgt. Danach zu fragen wäre Aufgabe einer umfassenden Krisenintervention.

Wie aber kommt es zu einer Krise, wie gerät ein Mensch in eine krisenhafte Lebenssituation? Menschen, die eine aktuelle und belastende Lebenssituation nicht verstehen und psychisch nicht bewältigen können, weil ihre bisherigen Erfahrungen und gelernten Reaktionsweisen dafür nicht mehr ausreichen, geraten in einen Krisenzustand (Cullberg 1980).

Es entsteht also ein Ungleichgewicht zwischen der subjektiven Bedeutung des Problems und den Bewältigungsmöglichkeiten, die dem „Kriselnden" bisher zur Verfügung standen. Dieser fühlt sich in seiner Identität, in seiner Kompetenz, das Leben einigermaßen gestalten zu können (ein sehr hoher Wert, der nun in Gefahr geraten ist) bedroht und reagiert mit Angst.

Wenn keine neuen Bewältigungsstrategien für das Problem gefunden werden und die Angst mit den entsprechenden Lähmungs- und Ohnmachtsgefühlen überhand nimmt, dann braucht der Kriselnde Hilfe von außen, das heißt, es muß eine *Krisenintervention* erfolgen. Folgende drei Aspekte präzisieren nach Kast den Krisenzustand und benennen die Ziele der Krisenintervention:

1. Öffnen der Einengung, in der der Mensch in der Krise sich befindet. Der Betroffene muß in inneren Kontakt treten können mit seiner Krise und die verschiedenen Emotionen, die mit ihr verbunden sind, wahrnehmen und akzeptieren dürfen. Der Auslöser der Krise wird herausgearbeitet. Hierdurch kann in die Angst- und Panikstimmung des Betroffenen Erleichterung und Entspannung gebracht werden.

2. Weiterhin geht es um das Verständnis des psychodynamischen Zusammenhangs. Es muß gefragt werden, welche persönliche Bedeutung die eingetretenen Umstände für den Betroffenen haben. Es geht also darum, „den tieferen Sinn der Krise herauszuarbeiten" (Kast 1989, S. 22).

3. Als drittes bedeutet Krisenintervention auch, instrumentelle Hilfe anzubieten, das heißt gegebenenfalls Handlungsalternativen bei der Lösung praktischer äußerer Probleme aufzuzeigen. Mit der psychotherapeutischen Hilfe kann also auch das Angebot instrumenteller Hilfe einhergehen.

Grundsätzliches Problem bei einer Krisenintervention ist die Übertragung der Gefühle des Kriselnden (Ansteckung der Panikgefühle) auf den *Therapeuten*. Eigene Angst- und Ohnmachtsgefühle können dann leicht durch eine schnell einsetzende Anspruchshaltung, eine großartige Lösung finden zu müssen, kompensiert werden. Deshalb muß der Therapeut (in unserem Falle Gruppenleiter) sich gerade in Krisensituationen besonders abgrenzen und deutlich machen, was in seinen Möglichkeiten steckt und was nicht.

2. Krisenkonzept und Gruppenprozeß

Die hier für den Einzelfall aufgezeigten Grundprinzipien bei einer Krisenintervention haben meiner Ansicht nach für Krisensituationen in einer Gruppe gleichermaßen Bestand. Auch hier gelten mit Yaloms Worten zwei der grundlegenden Schritte im Umgang mit Krisen: Erleben (Affektausdruck) und das Verstehen dieses Erlebens (ders. 1989, S. 342). In einer Gruppe, speziell in einer Psychodramagruppe, können dabei sehr ver-

schieden geartete Krisen auftreten (wie im folgenden Kapitel auch an praktischen Beispielen demonstriert werden soll):
- ein Protagonistenspiel kann einem Gruppenmitglied dazu verhelfen, eine krisenhaft erlebte Gegebenheit (außerhalb der Gruppe) zu bearbeiten;
- Krisen können durch die psychodramatische Methode initiiert werden, das heißt, während eines Protagonistenspiels kann eine bei einem Teilnehmer latent vorhandene Krise zum Durchbruch kommen;
- es können Krisen zwischen einzelnen Teilnehmern und der Leitung entstehen, aber auch
- Krisen zwischen der gesamten Gruppe und der Leitung oder
- Krisen zwischen Leitung und Co-Leitung sowie
- Krisen der Gesamtgruppe

Auslöser für Krisen in der Gruppe können jeweils wiederum äußere und innere Faktoren sein, wobei es sich auch hier um Überlagerungen handeln kann, so daß eine klare Bestimmung der auslösenden Faktoren oft nur schwer möglich ist. Im folgenden sollen einige praktische Beispiele für Krisen bzw. krisenhafte Begebenheiten in der Psychodrama-Weiterbildungsgruppe vorgestellt und in deren Auswirkung auf den Gesamtverlauf der Gruppe hin interpretiert werden.

IV. Praktische Beispiele für Krisensituationen in der Psychodrama-Weiterbildungsgruppe

Meine Krise - Rollenfindung in der Gruppe
Am zweiten Tag des ersten Weiterbildungswochenendes macht sich in der Morgenrunde ein allgemeiner Unmut in der Gruppe breit: die Leiter hielten sich zu sehr zurück, die Co-Leiterin beim Wochenend-Seminar, welches jedes Gruppenmitglied für die Zulassung zur Weiterbildung absolviert haben muß, habe immer mitgespielt. Es werden persönliche Fragen an mich gestellt, wer ich überhaupt sei, was ich beruflich mache etc. Ich bin verunsichert, rechtfertige meine Zurückhaltung, indem ich auf den Unterschied von Auswahlseminar und eigentlicher Weiterbildung hinweise.
In dem dann folgenden Gruppenspiel, an dem die Gruppe nach meinem Gefühl nur halbherzig beteiligt ist, spitzt sich ein innerer Konflikt für mich zu. Ich stehe mit dem Leiter am Rand, beobachte das Gruppengeschehen, will eigentlich am Spiel teilnehmen, werde aber gleichzeitig von einer Lähmung erfaßt, die mich an der Beobachterrolle kleben bleiben läßt. Es folgt eine für mich von äußerstem Unbehagen geprägte Mittagspause (Ängste, als Co-Leiterin in der Gruppe nicht anerkannt zu werden), in der ich versuche, mir Klarheit über das Gruppengeschehen und meine innere Befindlichkeit zu verschaffen. Ich habe das Gefühl, daß die Gruppe mit

ihrer Kritik recht hat, daß meine Zurückhaltung weniger aus methodischen Gründen (zum Beispiel die Gruppe erst einmal „kommen lassen"...) als aus einem inneren Konflikt, der meine Rolle anbetrifft, zu tun hat: einerseits befinde ich mich in einem Rivalitätskonflikt mit dem Leiter (wir sind doch auf gleicher Ebene als praktizierende Therapeuten, also machen wir auch das gleiche ...), andererseits will ich meinen eigenen Stil verfolgen, der weniger auf Zurückhaltung aus ist, und habe eigentlich große Lust, bei dem Gruppenspiel mitzumachen. Hier ist es wiederum die abwartende Haltung des Leiters, die mich nach meinem Empfinden davon abhält, die Beobachterebene zu verlassen. Zudem spüre ich den Wunsch der Gruppe an mich, eine von ihnen zu sein - auch eine Frau unter vielen Frauen -, wie dies am Morgen in eher aggressiver Form an mich herangetragen wurde. Ich verspüre Anforderungen von verschiedenen Seiten, reale und projizierte, über die ich mir klar zu werden versuche - insbesondere über meine eigene Anspruchshaltung (die mir bekannt ist), alles besonders gut, das heißt professionell, aber auch lebendig und spritzig und mindestens genauso gut wie der Leiter machen zu wollen. Eine Erkenntnis, auf die ich mich im Laufe meiner Co-Leitungszeit noch oft besinnen sollte.

Meine (Selbst-)Reflexionen in der Mittagspause (mit deren Hilfe ich auch Erfahrungen/Erlebnisse mit den Leitern aus meiner eigenen Weiterbildungsgruppe hervorhole), ermöglichen es mir zunächst, mich aus der Lähmung und Unbeweglichkeit zu befreien. Ich beschließe dann, für mich stärker die Rolle der Co-Leiterin zu akzeptieren, die auch Fehler machen darf, für Kritik offen ist und die Unterstützung des Leiters in Anspruch nehmen kann.

Nachmittags leite ich mein erstes Protagonistenspiel und gewinne darüber ein Stück Sicherheit. Am nächsten Gruppenspiel zum Abschluß des Wochenendes kann ich wesentlich entspannter teilnehmen. In der Abschlußrunde wird noch einmal Bezug genommen auf die Zurückhaltung der Leiter, die jetzt aber eher positiv wahrgenommen wird. Es könne eben doch nicht alles so schnell gehen...

Diese hier aufgezeigte persönliche innere Krise zu Beginn der Weiterbildungsgruppe ist für mich beispielhaft für ähnlich gelagerte Probleme, die im Laufe der weiteren Wochenenden immer wieder auftauchen sollen. Durch das anfängliche „Durcharbeiten" konnte der Konflikt, den ich einmal Rollenkonflikt nenne, aber wesentlich an Schärfe verlieren.

Von der Einzelkrise zur Gruppenkrise [2]
In der Folge ereignet sich eine Einzelkrise mit Auswirkungen auf den Gruppenprozeß, wobei das Krisenhafte der Situation vom Teilnehmer

---
2) Aus Datenschutzgründen muß die Verlaufsbeschreibung der Krisenentwicklung stark gekürzt werden.

selbst nicht wahrgenommen und gleichzeitig von der Gruppe verleugnet wird: Ein Teilnehmer läßt sich erkennbar nicht auf die Gruppe ein. Seine Zurückhaltung löst Ärger aus, der sich jedoch nicht auf den Teilnehmer selbst sondern auf die Leitung richtet. Als dieser Teilnehmer dann ohne Ankündigung der Gruppe fernbleibt, kommt es zu starken Spannungen zwischen einzelnen Gruppenmitgliedern, der Leitung wird vorgeworfen, nicht rechtzeitig interveniert bzw. den Weggang des Teilnehmers nicht verhindert zu haben. Jetzt erst entlädt sich der Unmut in einem gruppendynamischen Eklat, der Teilnehmer selbst ist verschont geblieben.

Von der Gruppenkrise zur Einzelkrise [3]

Aus dieser spannungsgeladenen Atmosphäre heraus gerät jetzt ein weiterer Teilnehmer unter Druck. Gruppe und Ausbildung insgesamt werden in Frage gestellt, der Leitung wird Inkompetenz vorgeworfen. Aus dem Versuch einer Klärung auf der „Hier-und-Jetzt-Ebene" zwischen dem Teilnehmer und der Leitung entwickelt sich eine biographische Protagonistenarbeit zum Thema Enttäuschung durch und Umgang mit Autoritäten. Die Untersuchung und Klärung des Grundproblems im psychodramatischen Spiel führt dazu, daß der Protagonist sich mit der Frage auseinanderzusetzen beginnt, ob eine Weiterbildungsgruppe seiner großen emotionalen Bedürftigkeit gerecht werden kann. Aus dem Eindruck heraus, von der Leitung nicht gesehen zu werden, ist eine akzeptierte persönliche Entwicklungsaufgabe erwachsen.

In der Gruppe ist jetzt eine allgemeine Erleichterung zu spüren. Trotz des sich abzeichnenden Verlustes eines weiteren Teilnehmers konnte die „Gruppenkohäsion" gestärkt werden.

Krise der Leiter - Krise der Gruppe

Das fünfte Wochenende kann erst mit Verspätung beginnen, weil viele Teilnehmer verzögert eintreffen. Nach kurzer Eingangsrunde wird ein Protagonistenspiel angemeldet und auch mit allgemeiner Zustimmung der Gruppe durchgeführt. Es verbleiben für den Rest des Nachmittags noch 2 Stunden. Ich habe die Leitung übernommen. Das vorausgegangene Protagonistenspiel hat viel Zeit und Aufmerksamkeit erfordert, die Gruppe wirkt erschöpft. Nach meinem Eindruck wäre jetzt eine gruppenbezogene Arbeit passend, auch angesichts der noch unverarbeiteten schwierigen Ereignisse am vorausgegangenen Wochenende. Es gibt eine zaghafte Anmeldung für eine weitere Einzelarbeit, auf die die Gruppe mit Zurückhaltung reagiert. Der Leiter spricht von der Seite in die Gruppe herein, daß ein Protagonistenspiel zeitlich durchaus noch möglich sei. Da ich diese Meinung

---

3) Aus Datenschutzgründen muß die Verlaufsbeschreibung der Krisenentwicklung stark gekürzt werden.

nicht teile und auch inhaltlich nicht tragen kann, schlage ich dem Leiter vor, im Falle eines Protagonistenspiels selbst die Leitung zu übernehmen. Er lehnt dies ohne Kommentar ab. Es ist eine deutliche Spannung zwischen uns entstanden. Die Gruppe wirkt irritiert, will jetzt vom Leiter wissen, weshalb er diesen Vorschlag nicht aufgreift. Der Teilnehmer meldet nun erneut seinen Spielwunsch an und beginnt zu insistieren, was wiederum auf starken Widerstand einzelner Gruppenmitglieder stößt, die ihm „Machtspielchen" unterstellen. Andere Teilnehmer unterstützen ihn jetzt, es bilden sich nach und nach zwei Fraktionen mit einer leichten Mehrheit für das Protagonistenspiel heraus. Ich frage den Teilnehmer, ob er sich mit seinem Spielwunsch in der Gruppe getragen fühle. Er bejaht dies, wirkt gleichzeitig aber gekränkt, da er von mir und einigen Gruppenmitgliedern mit seinem Spielwunsch „mal wieder abgewiesen" worden sei. Der Leiter forciert jetzt mit Zwischenfragen die sich abzeichnende Polarisierung in der Gruppe, wohingegen ich zu einer Entscheidung kommen möchte und nach der klaren Mehrheit für den Protagonisten mittlerweile bereit bin, das Spiel zu leiten. Es kommt zu einem Gerangel zwischen mir und dem Leiter, der weiter auf einem „jetzt auszutragenden Gruppenkonflikt" insistiert. Nun schaltet sich ein weiteres Gruppenmitglied ein und macht dem Protagonisten heftige Vorwürfe wegen seiner „subtilen Art" Wünsche anzumelden und sie wieder zurückzunehmen. Es kommt zu einer Auseinandersetzung zwischen dem Protagonisten und seinem Kritiker. Ich selbst bin verärgert und gekränkt, daß der Leiter mir in meine Leitung hineingeredet hat. In unserer anschließenden Besprechung wird deutlich:

1. Protagonist und Kritiker, Rivalen in der Gruppe von Anfang an, stellen zwei polare Positionen stellvertretend für die Gruppe dar. Hier geht es um die Unsicherheit in der Gruppe, inwieweit es erlaubt ist, Forderungen zu stellen und auch Aggressionen zu äußern oder ob es nicht erwünschter ist, vornehme Zurückhaltung zu üben und den Schein der Höflichkeit zu wahren.

2. Auf der Leiterebene stellt sich die Frage, ob ein Dissens zwischen uns vor der Gruppe offen und kontrovers ausgetragen werden soll oder ob wir uns in unseren unterschiedlichen Einschätzungen über den Stand der Gruppe bzw. die weitere Vorgehensweise über die formale Absprache: „*einer* hat die Leitung" pragmatisch verständigen sollten.

Nach Yalom (1989) ist ein Austragen von Differenzen während der ersten Gruppensitzungen nicht sinnvoll, da die Gruppe noch zu instabil und nicht kohäsiv genug ist, um Meinungsverschiedenheiten zwischen den Leitern (stellvertretend für die Elternfiguren) zu ertragen (ders., S. 399). Unsere Gruppe hatte jetzt Halbzeit (fünftes Wochenende). Angesichts der verwirrenden und der Stabilität der Gruppe eher abträglichen Ereignisse am vorausgegangenen Wochenende erschien es mir jedoch nicht sinnvoll, unsere Meinungsverschiedenheit in die Gruppe hineinzutragen. Als Co-

Leiterin empfand ich mich zudem als zu ungeschützt und unsicher, um jetzt auch noch selbst ohne Rückendeckung in das Gruppengeschehen einsteigen zu können. Gleichzeitig war ich verärgert über die als Eingriff erlebten Interventionen des Leiters und deutete dies als Konkurrenzproblem zwischen uns. Das zu klären erschien mir *außerhalb* der Gruppe angebrachter.

Wir einigten uns im nachhinein dann noch einmal auf eine klare Aufteilung bezüglich der Leitung der jeweiligen Sitzungen mit der Implikation, gegebenenfalls gegenseitig stützend zu intervenieren, ohne jedoch vor der Gruppe strukturelle Veränderungen einzubringen. Eine solche Absprache war mir an dieser Stelle noch einmal wichtig. Ich wollte Klarheit bezüglich meiner Rolle, das heißt Unterstützung oder auch Korrektur, wenn es erforderlich sein sollte, jedoch keine grundsätzliche Diskussion meiner Arbeit vor der Gruppe - eine Möglichkeit, die bei einem eingespielten Leitungsteam durchaus angebracht sein kann, mich aber in der Rolle der Lernenden überforderte.

3. Auf den Gruppenprozeß insgesamt bezogen hatte sich gezeigt, daß die Differenzen zwischen dem Leiter und mir zu einer Spaltung der Teilnehmer führte. Diese entzündete sich an der Frage der weiteren Vorgehensweise, die sich wiederum zu einer Machtfrage entwickelte. Protagonist und Kontrahent hatten dabei jeweils eine der beiden Positionen inne und trugen diese stellvertretend für die Gruppe in offener und aggressiver Weise miteinander aus. Die Krise der Leiter ist hier zu einer Krise innerhalb der Gruppe geworden.

Der Golfkrieg - Auslöser einer Gruppenkrise

„Ich ersticke schier in meinen Widersprüchen (...) und kann nur noch wie Hiob jammern: ich will reden von der Angst meines Herzens, und will heraus sagen von der Betrübnis meiner Seele." (Senger 1991, S. 95)

Das siebte Psychodrama-Wochenende fand unmittelbar nach Ausbruch des Golfkrieges statt. Zu Beginn der Freitagssitzung, die mit einer Runde anfängt, wirkt die Gruppe sehr bedrückt. Einzelne weinen. Es breitet sich eine Art „Weltuntergangsstimmung" aus, der Sinn der Weiterbildung wird in Frage gestellt angesichts der Ohnmacht gegenüber der gegenwärtigen weltpolitischen Bedrohung. Ich selbst fühle mich zusehends hilfloser durch die depressive Stimmung, die mittlerweile die ganze Gruppe erfaßt hat.

Nach kurzem Austausch mit dem Leiter über unsere eigene Befindlichkeit im Zusammenhang mit der äußeren Krise (politische Lage) sowie der aktuellen Stimmung in der Gruppe kommen wir zu dem Entschluß, die bei den Teilnehmern vorherrschenden Gefühle von Ohnmacht und Angst psy-

chodramatisch darstellen und damit greifbarer werden zu lassen - ein Versuch, aktiv mit der Hilflosigkeit umzugehen und wieder handlungsfähig zu werden. Es wird vorgeschlagen, daß jedes Gruppenmitglied, sich in einer Art Vignette mit zwei Fragen auseinandersetzen kann:
1. Wer oder was ist mir angesichts der Bedrohung, die ich empfinde, in meinem Leben besonders wichtig? Welche Klärungen stehen an?
2. Was kann ich angesichts der politischen Lage tun? Welche Einflußmöglichkeiten habe ich?

Fünf Teilnehmer nehmen dieses Angebot wahr. In sehr eindrucksvoller und bewegender Weise klärt zum Beispiel eine Frau noch einmal die Beziehung zu Mann und Kindern. Es wird ihr möglich, ihren durch einige Gruppenteilnehmer dargestellten „Familienmitgliedern" Gefühle ins Gesicht zu sagen, zu denen ihr bisher der Mut gefehlt hat. Die Familie, die sonst eher als belastend und einschränkend dargestellt wurde, erscheint plötzlich in einem neuen, positiveren Licht. Die Protagonistin selbst wirkt weniger diffus und sehr viel offener im Umgang mit ihren Gefühlen, hier ihrer Trauer. Sie ist es dann, die am nächsten Tag in der Mittagspause den Anstoß für die Teilnahme an einer politischen Kundgebung gibt und die sich in der folgenden Zeit zum Thema Golfkrieg publizistisch engagieren wird.

Auch bei den anderen Teilnehmern, die „auf die Bühne" gehen, zentriert sich die Vignette vor allem auf die aktuelle persönliche Situation. Bisher zurückgehaltene Gefühle von starker Wut oder auch tiefer Zuneigung werden jetzt ungeschminkt gezeigt. Aber auch der eigene Standort, die eigene Kraft angesichts äußerer, nicht steuerbarer Ereignisse kommt zum Tragen.

Im Anschluß an die Vignetten, die abwechselnd vom Leiter und mir geleitet werden - eine sich als sinnvoll erweisende Absprache angesichts der geballten Emotionen, die auf uns einstürmen - wirkt die Gruppe entlastet. Das Gefühl des Ausgeliefertseins ist einer Art Erneuerung der Kräfte gewichen. Die Gruppe ist jetzt auf eine konstruktive und nicht, wie zu Beginn, herunterziehende Weise enger zusammengerückt. Einzelne haben sich emanzipiert und erscheinen mir in einem völlig anderen Licht. Die angewandte Technik hat deutlich Ich-stützende Funktion gehabt in einer von außen erzeugten Gruppenkrise, die wiederum verdeckte Krisenmomente bei einzelnen in Schwingung gebracht hat. Durch die individuelle Bearbeitungsmöglichkeit ist auch die Handlungsfähigkeit der Gruppe wiederhergestellt. Ich selbst bin ebenfalls erleichtert und entlastet. Die Gefahr der Identifikation mit der Gruppendepression ist gebannt.

Die Gruppe kann jetzt weiterarbeiten, ohne daß das Krisenthema im Verlauf des Wochenendes ausgeblendet werden muß. In anschließenden Pausengesprächen wird politisch diskutiert, Möglichkeiten des Engagements werden erörtert. Die Gruppe ist mit diesem Ereignis „aus dem Nest gefallen".

V. Krisen und Phasen des Gruppenprozesses

1. Phasen der Gruppenentwicklung nach H. Straub

H. Straub (1973, 1975) unterteilt den psychodramatischen Gruppenprozeß in drei Phasen, die sie in Anlehnung an Morenos Persönlichkeitsmodell (ders. 1959) als Entwicklungsphasen kennzeichnet. Die Strukturierungs- und Interventionstechniken werden entsprechend dem Entwicklungsstand der Gruppe variiert. Damit verleiht Straub gleichzeitig ihrer Zielsetzung - der Entwicklung zum spontanen und kreativen Menschen - Ausdruck.

Die erste Phase bezeichnet sie als „Kinderstubenzeit" oder auch als Phase des „Es". Das Verhalten des Leiters sollte eher strukturierend und auf vertrauensbildende Maßnahmen ausgerichtet sein. Die Gruppe gewinnt so an notwendiger Sicherheit, um sich auf spontanes Spiel und die damit verbundenen Möglichkeiten der Regression einzulassen. In dieser Phase nimmt der Leiter gleichsam der Gruppe etwas von der Verantwortung ihres Tuns ab.

Die zweite Phase wird als „Jugendzeit" oder als Phase des „Ich" bezeichnet. Das Verhalten des Gruppenleiters sollte weniger aktiv direktiv sein und auf die Selbstauseinandersetzung sowie die Mitverantwortung bei der Gestaltung des fortlaufenden Gruppenprozesses abzielen. Diese Entwicklung fördert einerseits das Zutrauen der Gruppenmitglieder in die Fähigkeit zur Auseinandersetzung, andererseits aber erleben sie auch Verunsicherung durch die fortschreitende Zurückhaltung des Leiters. Dies führt unter anderem zu einer Zunahme von Aggressionen, die jetzt - auf dem Boden größerer Ich-Stärke - offen zwischen den Gruppenmitgliedern und in bezug auf den Leiter geäußert werden. Die Gruppe durchläuft ihre mehr oder weniger stürmische Pubertätszeit.

Damit wird die dritte Phase der Entwicklung eingeleitet, die „Erwachsenenphase" oder auch Phase des „Du" oder „Wir". Maßgeblich hat das Verhalten des Gruppenleiters nun die Selbständigkeit der Gruppenmitglieder - auch in der Gestaltung der Sitzungen - und damit die Ablösung vom Leiter zum Ziel. Von dem Grundgedanken ausgehend, daß Krise Veränderung, Entwicklung, Umschlag bedeutet, sind dann die schwierigen Ereignisse in unserer Gruppe kreative Wendepunkte auf dem Weg von der Kindheit bis ins psychodramatische Erwachsenenalter.

2. Zuordnung der Krisen

Krise 1: Zu Beginn der „Kinderstubenzeit" der Gruppe (erstes Wochenende) werden starke Wünsche an mich herangetragen, mich aktiver am Gruppengeschehen zu beteiligen, doch mehr von mir zu zeigen. Es werden persönliche Fragen an mich gestellt. Ausgehend von dem Paradigma der

„Gruppe als Primärfamilie", wie es insbesondere bei Therapeuten verschiedenen Geschlechts zum Tragen kommt (Yalom 1989, S. 398), ist die Gruppe nach meiner Einschätzung von der Zurückhaltung der „Eltern" enttäuscht. Strukturierende Momente werden dann von mir als Co-Leiterin - die ich qua Rolle von den Teilnehmern weniger weit entfernt bin als der Leiter - gesucht und auf fast aggressive Weise eingefordert. Ich verstehe die Fragen der Gruppe, insbesondere der Frauen an mich sowohl als einen Wunsch nach mütterlicher Zuwendung oder Hilfestellung, aber auch auf einer zweiten Ebene als den Versuch, mich zu einer der ihren zu machen und meine Rolle doch nicht so ernst zu nehmen, also auf die „Kinderseite" überzuwechseln. Die Gruppe erfaßt damit unbewußt den zentralen Konflikt in mir, nämlich einmal meine reale Unsicherheit als Co-Leiterin an der Seite eines hier erfahreneren Ausbilders, die selbst Struktur und Anleitung braucht, zum anderen meine eher erzwungene Zurückhaltung, um mich in diesem Neuland zu schützen und meine Erwachsenenrolle an der Seite eines eher reservierten Leiters zu demonstrieren. Insofern reagieren die Teilnehmer adäquat auf eine mangelnde Strukturvorgabe, die zu diesem Zeitpunkt für die Gewinnung von Sicherheit und nötigem Vertrauen angebracht gewesen wäre.

„Meine Krise" verstehe ich dann resultierend aus einer Art Rollenkonfusion: einerseits lag bei mir, ähnlich wie bei der Gruppe, ein Wunsch nach Sicherheit vor, andererseits hatte ich den Anspruch, schon endgültig in der psychodramatischen Erwachsenenphase angekommen und für die Gruppe voll verantwortlich zu sein.

Krise 2: Die oben beschriebene Krisensituation, ausgelöst durch den Gruppenaustritt eines Teilnehmers, der sich nicht wirklich einlassen konnte, findet am dritten Ausbildungswochenende statt, sozusagen gegen Ende der Kindheitsphase der Gruppe. Die Gruppe reagierte mit Enttäuschung und Ärger bzw. mit dem Vorwurf an die Leitung, nicht für den nötigen Zusammenhalt zu sorgen.

Krise 3: Daß an diesem dritten Wochenende ein Übergang von der Kindheitsphase der Gruppe in die Pubertätszeit stattfindet, wird einmal mehr deutlich an deren Umgang mit der sich jetzt anschließenden Krise. Auch hier geht es einerseits wiederum um das Bedürfnis nach stärkerer Strukturierung, andererseits zeigt der Wunsch nach direkter Konfrontation mit dem Leiter, dem sich auch andere Teilnehmer anschließen, daß die Gruppe beginnt, das Geschehen aktiv mitzubestimmen und ihre Vorstellung von der „heilen Familie" (mittlerweile ein geflügeltes Wort unter den Gruppenmitgliedern) abzubauen beginnt. Die Gruppe ist am Ende des Wochenendes ein Stück zusammengewachsen. Die beiden kritischen Zuspitzungen konnten verstanden und in das Gruppengeschehen integriert werden.

Krise 4: Die vierte beschriebene Krise (Leiterkrise) am fünften Weiterbildungswochenende kann als ein weiterer in die Pubertätszeit überleitender Schritt angesehen werden. Es fällt zunächst auf, daß viele Teilnehmer an diesem Wochenende zu spät kommen, was als eine Form von Protest gegen uns Leiter verstanden werden könnte. Es werden dann polare Positionen in der Gruppe deutlich. In der oben geschilderten Sitzung beginnen einzelne in der Gruppe klarer Position zu beziehen und die bisher eher vorherrschende „Bitte-nach-Ihnen-Haltung" in Frage zu stellen. Das Austragen von Meinungsverschiedenheiten erfolgt vor dem Hintergrund der Auseinandersetzung zwischen den rivalisierenden Leitern. Die bisherigen Harmonisierungstendenzen in der Gruppe werden abgelöst von jetzt kontrovers vorgetragenen Interessenansprüchen. Auch einzelne, bisher eher zurückhaltende Gruppenmitglieder beginnen Position zu beziehen und auch negative Gefühle zuzulassen. Die „Gruppengeschwister" rivalisieren jetzt offen um ihren Platz im „Familiengefüge". Ihre Kinderstubenzeit ist endgültig vorbei.

Krise 5: Diese letzte angeführte Krise zu Beginn des siebten Psychodrama-Wochenendes stößt die Teilnehmer gewissermaßen von außen in das Erwachsenenleben hinein. Die Gruppe sucht unter dem Einfluß der Kriegsereignisse nach Möglichkeiten, die bedrohlichen Gefühle psychodramatisch der Bearbeitung zugänglich zu machen. Die Teilnehmer haben die Initiative in die Hand genommen, wir Leiter übernehmen dabei eine stützend begleitende Funktion. Es hat ein weiteres Stück Loslösung von uns stattgefunden. Die Gruppe hat entscheidend an Selbständigkeit gewonnen und reagiert im Sinne politischer Verantwortung und Handlungsfähigkeit.

Es soll an dieser Stelle noch erwähnt werden, daß in den jetzt folgenden Gruppenspielen die Teilnehmer eher als bisher in der Lage waren, mit konflikthaften Situationen umzugehen. So gelang es am darauffolgenden Wochenende bei einem Gruppenspiel mit dem Thema „68er Kommune organisiert sich auf einer abgelegenen Insel" die verschiedenen, aufeinanderprallenden antiautoritären Tendenzen psychodramatisch auszuleben, um sich dann vom Chaos weg zu Untergruppen zu organisieren, die über ihre divergierenden Vorstellungen im Gespräch bleiben konnten.

Ein weiteres Zeichen für die fortschreitende Selbständigkeit der Gruppe war die Gestaltung des Abschlußfestes (zugleich mein Abschied) am Ende des Jahres. Dieses wurde in liebevoller und phantasievoller Weise von den Teilnehmern unter ausdrücklichem Ausschluß der Leitung organisiert.

VI. Ausblick - Auf dem Weg zu einem psychodramatischen Krisenkonzept?

Zum Schluß möchte ich auf die Frage eingehen, was denn nun eigentlich das Spezifische ist am Psychodrama-Krisenkonzept. Gibt es überhaupt ein solches und wenn ja, wie unterscheidet sich der Umgang mit Krisensituationen von dem anderer Therapiekonzepte?

Moreno legt mit seinem Konzept des sozialen Atoms und der Rollenveränderung den theoretischen Hintergrund für eine Krisentheorie, die Krisen als Vorgang der „role transition" sieht (Petzold 1985, S. 336). Nach Morenos Vorstellung ist der Mensch vor allem definiert durch seine sozialen Beziehungen und durch den Wunsch, sich die Welt durch spontanes und kreatives Handeln anzueignen. Kernstücke seines Theorieentwurfs sind (daher auch) die Soziometrie, die Rollentheorie und die Annahme eines primären Aktionshungers (Leutz 1974). Die Persönlichkeitsentwicklung des Menschen wird als Rollenentwicklung aufgefaßt, wobei sich die Persönlichkeit aus allen Rollen zusammensetzt, die ein Individuum in seinem bisherigen Leben eingenommen hat. Psychische Störungen und damit auch krisenhafte Entwicklungen entstehen durch Störungen in der Rollenentwicklung, die eine Spontaneitätshemmung sowie eine [je nach Störung mehr oder weniger langfristige, d. A.] Antriebslähmung beinhalten.

Gut entwickelte Spontaneität bedeutet nach Moreno, in sehr verschiedenartigen Situationen über viele Verhaltensmuster zu verfügen und damit, falls die Situationen Probleme enthalten, über Problemlösungsmöglichkeiten. Diese Fähigkeit zum konstruktiven Umgang mit Problemen, welcher immer auch ein gewisses Maß an Kreativität innewohnt, ist in Krisensituationen nicht mehr verfügbar. Das Psychodrama als eine Aktionsmethode bietet hier die Möglichkeit, in erstarrte Strukturen einzugreifen und die in ihnen gefangenen Menschen zu Spontaneität und neuer Kreativität zu erwecken (Leutz 1974). Dem in seiner „Verhaltensvariabilität" und „schöpferischen Gestaltungskraft" (Straub 1975) eingeschränkten Menschen wird im Psychodrama Gelegenheit gegeben, über das Verbalisieren hinaus Situationen, Konflikte, Träume und Phantasien spontan in szenisches Spiel umzusetzen, um sie deutlicher, wiedererlebbar und damit veränderbar zu machen. Nach Potts liegt die Wirkung des „Krisenpsychodramas"
1. in der spontanen Kraft der Katharsis,
2. in der Kanalisierung emotionaler Erregung durch Dramatisierung und Ausagieren,
3. in den vielfältigen Möglichkeiten der Rolleneinnahme, um das Problem auszuleben und zu integrieren und
4. schließlich in der Hilfe und Stütze, die durch die komplexen Tele- und Übertragungsbeziehungen zum Therapeuten und den 'auxiliary egos' dem Patienten zuteil werden (ders., in: Petzold 1985, S. 335).

Wesentliches, im psychodramatischen Prozeß selbst verankertes Moment ist hierbei die *Begegnung* mit der Gruppe, den auxiliary egos, dem Therapeuten. Der Mensch ist nicht nur „actor, he is an interactor" (Moreno 1934, in: Petzold 1985, S. 44). Deshalb ist er auf die Interaktion mit anderen Menschen angewiesen, die ihm die Begegnung mit sich, mit der Gruppe, mit der Gesellschaft, mit der Welt eröffnet (Petzold 1985, S. 44). Psychodrama ist dann eine Therapie und auch eine Krisentherapie, in der „Heilung aus der Begegnung" geschieht (Leutz 1974).

Morenos allumfassender Anspruch, mit seinen gruppenpsychotherapeutischen und psychodramatischen Bemühungen zu einer weltweiten kreativen Revolution (Straub 1975) beizutragen bzw. über die in ihrer Begrenztheit akzeptierten üblichen therapeutischen Methoden hinaus eine „Therapie der Menschheit" entwickelt zu haben, ist vielfach auf Kritik gestoßen und insbesondere auch aus psychoanalytischer Sicht als unwissenschaftlich abgelehnt worden (vgl. hierzu: Leutz und Rohde-Dachser, in: Psychodrama, 1980). Wenn ich, um mit Heika Straub zu sprechen, in dieser Hinsicht auch eher „nüchterne Skepsis" verspüre und nicht wie Moreno den „Schwung des Sendungsbewußtseins", so erscheint mir das Psychodrama dennoch als eine überzeugende Methode, mit der erstarrte Verhaltensmuster aufgebrochen und die schöpferische Gestaltungskraft und damit persönliche Autonomie und soziale Kompetenz gesteigert werden können. Es scheint mir nicht die Frage zu sein, ob das Psychodrama aus dem Vergleich mit anderen Therapiemethoden als die bessere und wirksamere hervorgeht oder gar weltrevolutionierend wirkt. Umgekehrt glaube ich, daß Begriffe wie Spontaneität, Kreativität, Katharsis, schöpferische Gestaltungskraft oder auch Begegnung durchaus auch als wesentliche Momente wenn auch in anderer Formulierung in andere Therapieformen eingehen (siehe Kast 1989, u.a.). Das Spezifische am Psychodrama bleibt jedoch das aktive Moment in der therapeutischen Begegnung, welches es mit Morenos Worten dem Protagonisten ermöglicht, die 'Wahrheit der Seele durch Handeln' zu ergründen. Daß dieses Handeln über das ernsthafte psychotherapeutische Arbeiten hinaus viel spielerisch Lustvolles, Humorvolles und damit sehr viel Menschliches beinhaltet, soll als ein weiteres zentrales Anliegen der psychodramatischen Konzeption hervorgehoben werden.

In dem geschilderten Gruppenprozeß hat mir eben dieses menschliche Moment über die schwierigen Krisenzeiten und -phasen hinweg Mut gemacht und zur Relativierung beigetragen. Mir selbst war hierdurch die Möglichkeit gegeben, meine eigene Rolle immer wieder aus der Distanz zu betrachten.

Da mir während meines oft von Vorbehalten geprägten psychodramatischen Werdegangs eben jenes spielerische Element letztlich den Zugang zu dieser Therapieform ermöglicht hat, möchte ich schließen mit dem folgenden Schiller-Zitat:

„Denn um es endlich einmal herauszusagen, der Mensch spielt nur, wo er in voller Bedeutung des Wortes Mensch ist, und er ist nur da ganz Mensch, wo er spielt."

Literatur:

BUER, F.: Morenos therapeutische Philosophie, Opladen 1991
CULLBERG, J.: Keiner leidet ganz umsonst. Menschen brauchen Krisen zur Entwicklung, Gütersloh 1980
GREBE, P. (Hrsg.): Der große Duden. Herkunftswörterbuch Etymologie, Mannheim 1963
KAST, V.: Der schöpferische Sprung. Vom therapeutischen Umgang mit Krisen, München 1989
LEUTZ, G. A.: Übertragung, Einfühlung und Tele im Psychodrama, in: LEUTZ, G. A. und OBERBORBECK, K. (Hrsg.): Gruppenpsychotherapie und Gruppendynamik, Band 15, S. 206-221
LEUTZ, G. A.: Psychodrama. Das klassische Psychodrama nach J. L. MORENO, Berlin-Heidelberg-New York 1974
MORENO, J. L.: Who shall survive? Washington 1934, in: Petzold, H., Psychodrama-Therapie, Paderborn 1985
MORENO, J. L.: Gruppenpsychotherapie und Psychodrama. Einleitung in Theorie und Praxis, Stuttgart 1959
PETZOLD, H.: Angewandtes Psychodrama, Paderborn 1978
PETZOLD, H.: Psychodrama-Therapie. Theorie, Methoden, Anwendung in der Arbeit mit alten Menschen, Paderborn 1985
POTTS, F.: Relief of an anxiety state by a single psychodramatic session, 1958, in: PETZOLD, H.: Psychodramatherapie, Paderborn 1985
RICHTLINIEN für die Weiterbildung zum Psychodrama-Therapeuten und Psychodrama-Leiter, Stuttgart 1987
ROHDE-DACHSER, CH.: Loslösungs- und Individuationsprozesse in der psychoanalytisch orientierten Psychodrama-Therapie, in: LEUTZ,. A. und OBERBORBECK, K. (Hrsg.), Gruppenpsychotherapie und Gruppendynamik, Bd. 15, S. 271-306
SCHILLER, F.: Die ästhetische Erziehung des Menschen, in: Sämtliche Werke, Band 12, 15. Brief, Stuttgart 1973
SENGER, V.: Die Angst meines Herzens, in: Luchterhand Flugschrift, „Ich will reden von der Angst meines Herzens", Autorinnen und Autoren zum Golfkrieg, Frankfurt am Main 1991
STRAUB, H.: Über Strukturierungs- und Interventionstechniken in der psychodramatischen Gruppenarbeit, in: Sonderdruck aus Gruppentherapie und soziale Umwelt, Stuttgart 1973
STRAUB, H.: Was ist Psychodrama. Einführungsreferat (erstmals veröffentlicht auf den Lindauer Psychotherapiewochen 1975)
YALOM, I. D.: Theorie und Praxis der Gruppenpsychotherapie. Ein Lehrbuch, München 1989

Bedeutungsrekonstruktion im Psychodrama als ein Element des Leiterhandelns

Gregor Terbuyken

1. Diskussionszusammenhang

Der folgende Text ist entstanden aus einem gewissen Unbehagen über den Eindruck, daß die Diskussion über das Psychodrama immer weniger mit Psychologie zu tun hat, sondern mehr bestimmt ist von anthropologischen, philosophischen ... Themen (vgl. z. B. Theorieinhalte der Psychodrama-Weiterbildung 1988[1]; Buer 1989[2]; s. dagegen aber auch Schneider-Düker 1991[3]; Ottomeyer 1987[4]). Ich muß gestehen, diese Aspekte haben mich bisher nur am Rande interessiert, als Momente einer hagiographischen Annäherung an den großen alten Mann J.L. Moreno, die mit meinen praktischen Bedürfnissen, das Psychodrama anzuwenden, wenig zu tun hatten und haben.

Mich interessiert das Psychodrama als ein brauchbares therapeutisches Setting, und mein Job als theoretisch interessierter Psychologe, der mit dem Psychodrama vertraut wurde aus einer von kommunikationspsychologischen Forschungsthemen bestimmten Arbeitssituation, ist es, mit Ergebnissen psychologischer Forschung, die wir heute haben, zu „kapieren", warum das Psychodrama denn nun funktioniert - nicht zuletzt deswegen, um es dadurch auch lehrbarer zu machen. Mein Interesse galt als Ausbildungskandidat der rationalen, nachvollziehbaren Begründung von Leiterentscheidungen. Das Thema diskursiver Erarbeitung von Leiterentscheidungen hat meine Arbeit in Weiterbildungsveranstaltungen entsprechend geprägt. Und so ist dieser Text bestimmt vom Nachdenken darüber, was ich selbst in der Psychodramaausbildung erfahren habe, und was mir in der Lernzeit mit dem Psychodrama beim Arbeiten als Psychotherapeut hilfreich war und geblieben ist. Dabei ist mir in den letzten zwanzig Jahren ein Thema immer wieder als faszinierender Aspekt psychologischer Analyse treu geblieben: Wie bekommt etwas Bedeutung für jemanden, und wie gelingt es, etwas Gemeintes auch verstehbar für andere zu machen? Das Psychodrama bot mir die Möglichkeit, spannender als in Laborexperimenten beide Prozesse in all ihrer Komplexität im Einzelfall zu untersuchen.

Bei dem Versuch, für mich Wesentliches des Psychodramas zu verdeutlichen, möchte ich damit beginnen, einmal die Regeln des Psychodramas, wie Moreno sie 1975 noch einmal formulierte, vorzustellen. Ich nehme diesen Zugang, weil er meinem Interesse am nächsten kommt, nämlich zu sehen, was Moreno seiner eigenen Darstellung nach als Richtlinien seines Handelns formulierte. Daran möchte ich dann deutlich machen, welche grundlegende Interventionsstrategie das Arbeiten Morenos prägte und dazu ein paar theoretische Bemerkungen machen.

Eine Zwischenbemerkung sei gestattet: Moreno war von seiner theoretischen Orientierung her nicht zuletzt Sozialpsychologe, interessiert an der aktuellen Diskussion in seinem Fach, er würde sicher - möglicherweise wieder in einer selbstgebastelten, mehr oder weniger verständlichen Terminologie - an dieser aktuellen Diskussion teilnehmen. Es ist kaum verständlich, daß die heutigen Moreno-Nachfolger sich so sehr aus der sozialpsychologischen Diskussion ausblenden, wie es zumindest die deutsche Literatur auszuweisen scheint. Natürlich gibt es auch hier Ausnahmen: z.B. Abele 1989[5].

2. Morenos Handlungsleitlinien

Nach Moreno (1975[6], S. 233 - 238) gibt es ein paar Grundregeln, die als Handlungsleitlinien (im weiteren Text abgekürzt als HL) für den Praktiker, der das Psychodrama anwendet, lebensnotwendig sind. Er fand es damals schon notwendig, auf diese Regeln noch einmal ausdrücklich hinzuweisen. Am Rande möchte ich darauf hinweisen, daß die Versuche, das Psychodrama auch für die Einzeltherapie zu vereinnahmen, mit dem in diesen Regeln vorgestellten Setting und den vermuteten Wirkfaktoren kaum in Einklang zu bringen sind.

Die folgenden Punkte 1 - 15 sind eine Übertragung des oben genannten Morenoschen Textes durch den Verfasser ins Deutsche:
1. Das im Psychodrama therapeutisch arbeitende Subjekt (Protagonist) trägt seinen Konflikt in der unmittelbaren Darstellung handelnd vor, statt darüber zu reden. Dazu braucht man einen eindeutig abgegrenzten Handlungsraum, einen Leiter und nach Möglichkeit mindestens ein trainiertes Hilfs-Ich (jemand, der eine vorgestellte Rolle, die des Protagonisten oder einer anderen wichtigen Person oder Sache, übernehmen kann).
2. Der Protagonist handelt immer im „Hier und Jetzt", unabhängig davon, ob das dargestellte Ereignis stattgefunden hat, stattfinden könnte, ob es phantasiert ist; oder er befindet sich in der Zeit, wo ein die fragliche Situation auslösendes Ereignis geschah. Das ist völlig unabhängig davon, ob Situationen geschehen konnten oder geschehen können. Auch ob die Situation „richtig" gespielt ist, spielt keine Rolle. Wichtig ist, was aktuell geschieht. Der Akteur soll handeln, als geschähe alles jetzt, nur dann kann er fühlen, wahrnehmen und handeln, als widerfahre es ihm zum ersten Mal.
3. Der Protagonist muß in seiner Wahrheit, wie er sie fühlt und wahrnimmt, in einer vollständig subjektiven Weise handeln (wie immer verdreht diese Wahrheit einem objektiven Beobachter auch erscheinen mag). Das Darstellen ist das Wichtigste, das Neustrukturieren des Handelns ist der zweite Schritt.

4. Der Protagonist wird viel eher ermutigt, seine Ausdrucksmöglichkeiten, sein Handeln und Sprechen bis an seine Grenzen zu treiben, als daß er gebremst wird. Halluzinationen, Ideen, Phantasien, Wahrnehmungstäuschungen, Projektionen, Selbstgespräche - alles kann im Handeln realisiert werden. Auch hier wieder: Schrankensetzen, Eingrenzen kommt nach der Aktion - aber es darf auch nicht fehlen !
5. Der Anwärmprozess bewegt sich von peripheren Inhalten zu den zentralen. Es wäre Unsinn, mit den traumatischsten Ereignissen im Leben eines Protagonisten zu beginnen. Man beginne auf einer eher oberflächlichen Ebene und gelange über das zunehmende Beteiligtsein eines Protagonisten mit ihm zum Kern. Das Können eines Leiters zeigt sich darin, wie gut es ihm gelingt, dieses Beteiligtsein eines Protagonisten über den Aufbau einer Szene und die treffende Auswahl von Mitspielern, Objekten und Inhalten zu fördern.
6. Aber: Wann immer es möglich ist, bestimmt der Protagonist Zeitablauf, Ort, Szenen und Hilfs-Iche, die er bei seiner psychodramatischen Aktion braucht.
Der Leiter steht ihm als Dramaturg bei, Leiter und Protagonist sind Partner. Folgende Handlungsmöglichkeiten gibt es in einer Situation, in der der Protagonist Widerstand gegen den Leiter oder den Entwicklungsprozeß zeigt:

1. Frag den Protagonisten, ob er mit einem anderen Leiter weiterarbeiten will, falls jemand anderes diese Funktion übernehmen kann.
2. Bitte den Protagonisten, sich hinzusetzen und ein Spiegelhandeln seines Handelns durch ein Hilfs-Ich zu beobachten.
3. Gib die Leitung an den Protagonisten selbst ab, der andere Gruppenteilnehmer für sich als Hilfs-Iche heranziehen mag.
4. Frag den Protagonisten, ob er in eine andere Szene einsteigen will.
5. Erkläre dem Protagonisten, warum Du als Leiter eine bestimmte Szene ausgewählt hast, damit Dein Handeln für ihn transparent wird - auch wenn die Szene jetzt nicht ausgeführt werden sollte. Der Protagonist sollte Dein Handeln immer verstehen können!
6. Komm später auf eine solche Szene zurück, wenn Du weiterhin meinst, daß die Szene für den Protagonisten wichtig ist.
7. Als letztes: Der Leiter besteht auf der Darstellung, wenn er sieht und für sich gut begründen kann, daß der für den Protagonisten aus dem Spiel mögliche Fortschritt größer ist als die Widerstandserfahrung.

7. Das Psychodrama kennt das Schrankensetzen genausogut als Methode wie die subjektive, expressive Aktion. Methoden wie Rollenwechsel und Rollenübernahme, die Zurückhaltung verlangen, Verhaltenstraining und Rekonditionieren von Überreaktionen sind weit unterschätzte und mißachtete Formen psychodramatischer Arbeit.
8. Der Protagonist darf so wenig spontan und gehemmt sein, wie er es eben

zur Zeit ist. Das scheint nur ein Widerspruch zur vierten Regel zu sein: Der Leiter muß erst einmal diese Unfähigkeit des Protagonisten akzeptieren und ihm helfen, sich selbst zu akzeptieren, dann kann er ihn allmählich aus seinen Fesseln lösen, wobei die verschiedenen Techniken hilfreich sind: Zur-Seite-Sprechen, Monolog, Doppel, Rollentausch, Spiegel usw. .

9. Deutungen und das Vermitteln von Einsichten sind im Psychodrama etwas anderes als in verbalen Psychotherapien. Im Psychodrama sprechen wir von Einsicht durch Handeln, Lernen durch Handeln, Katharsis durch Handeln. Psychodrama ist eine äußerst interpretative Methode, gehen doch die Deutungen des Leiters ein in seine Handhabung und Gestaltung der Spielszenen. Das macht sie sehr viel redundanter und direkter als rein verbale Äußerungen.

10. Auch wenn es durchaus Deutungen im Psychodrama gibt, das Handeln ist immer primär. Deutungen ohne vorhergehende psychodramatische Aktion kann es nicht geben.

Deutungen sind immer gefärbt durch unterschiedliche, theoretische Bezugssysteme nach Freud, Adler ... . Handlung dagegen spricht aus sich selbst. Das macht die Deutungen einfach weniger bedeutsam. Dazu kommt nicht zuletzt, daß der Protagonist manchmal keine Analyse oder Deutung, sondern die emotionale Identifikation durch den Leiter braucht.

11. Die Anwärmphasen des Psychodramas können so verschieden sein wie das Leben in verschiedenen Kulturen und Subkulturen auch. Nicht **wie**, sondern **was** wir anfangen, ist entscheidend.

12. Psychodramasitzungen bestehen immer aus drei Abschnitten: Anwärmen, Handeln und Sharing. Störungen in einem Teil wirken sich sofort auf den gesamten Prozeß aus.

Jedoch kann das Sharing auch durchaus nonverbal sein: emotionsgeladenes Schweigen, gemeinsames Kaffetrinken oder Pläneschmieden ... .

13. Der Protagonist sollte nie mit dem Eindruck aus einer Sitzung gehen, daß er in der Gruppe der einzige mit einem Problem seiner Art ist.

Der Leiter muß nach der Handlungsphase Identifikationen mit dem Protagonisten erzielen. Wenn das nicht geschieht, fühlt sich der Protagonist u. U. vor der Gruppe entblößt, in seinen tiefsten Gefühlen bloßgestellt. In dieser Situation ist der Leiter gefordert, nicht nur Sympathie zu zeigen, sondern deutlich zu machen, daß er diese Belastung miterlebt. Hier ist dann nicht der Platz für Analysen, sondern für Warmherzigkeit und einfühlende Mitteilung von sich selbst. Ein Ausgleich für die sehr persönliche Öffnung im psychodramatischen Spiel kann nur große Freundlichkeit im Umgang sein. Das erleichtert es auch anderen in der Gruppe, sich in ähnlicher Weise einzulassen, und es verstärkt die Gruppenkohäsion.

14. Der Protagonist soll lernen, die Rolle (Perspektive) der Menschen, die ihm etwas bedeuten, zu übernehmen; er soll - mit sich experimentierend – herausfinden, welches Beziehungsgeflecht zwischen ihm und den anderen

in seinem „sozialen Atom" wirkt. Die Methode des Rollentausches ist sehr mächtig, zu lehren, was alles in den sozialen Situationen wirkt: Wahrnehmungsverzerrungen, Motive, wechselseitige Ängste, zugelassene und abgewehrte Attraktivität usw. . Sie hilft sehen, neu auszubalancieren und sozial kompetenter handeln zu lernen.
15. Der Leiter muß - leitend und entscheidend im therapeutischen Prozeß - der psychodramatischen Methode trauen. Wenn der Leiter mit seiner Spontaneität und offenen Wahrnehmung der Bedürfnisse des einzelnen und der Gruppe präsent ist, andersherum: wenn es keine Angst bei der Arbeit gibt, ist das Psychodrama eine Methode, die ein sehr anpassungsfähiges und umfassendes Medium darstellt und direkt ins Zentrum von Leid und Kummer beim Protagonisten führt. Das Psychodrama befähigt Leiter, Protagonisten und Gruppenmitglieder, in der Arbeit zusammenzuwachsen und in gemeinsam erfahrener Emotionalität zu lernen.«

3. Aspekte des Handelns

Als Hintergrund für eine vergleichende Diskussion dieser Handlungsleitlinien mit handlungstheoretischen Überlegungen will ich ein paar Grundannahmen nennen, die in der Handlungstheorie für die Analyse von Handeln mittlerweile relativ unstrittig sind (vgl. z.B. Oesterreich 1981[7]; Dörner 1985[8]); Kleiber 1988[9]:

1. Menschliches Handeln wird verstanden als grundsätzlich sozial bestimmte und eingebundene Tätigkeit.
2. Handeln wird verstanden als bewußt und zielgerichtet, es ist zeitlich und inhaltlich abgrenzbar.
3. Als Grundelemente menschlichen Handelns werden zyklische Einheiten angesehen, in denen Analyse, Handeln und Bewertung jeweils Funktionsganze bilden. Handeln entwickelt sich aus ganz einfachen zyklischen Einheiten durch Zusammenfassung und Bilden jeweils höher integrierter Einheiten zu komplexen Strukturen, deren Gegenstandsbereich, auf den sich Handeln beziehen kann, sich entsprechend erweitert.
4. Zu sinnvollem Handeln braucht der Mensch Orientierung durch eine innere Repräsentation der Handlungssituation. Diese Repräsentationen enthalten die Menge situationsspezifischen Wissens einer Person über ihre Handlungsmöglichkeiten, ihre sozialemotionalen Beziehungen, Handlungsbedingungen, eigene und fremde Kompetenzen, Störungsmöglichkeiten, Erwartungen, Konsequenzen u.a.m.
5. Emotionen sind wesentlicher Teil der Orientierung in der Handlungssituation und werden verstanden als ganzheitliche Bewertung und Sich-in-Beziehung-Setzen des handelnden Subjekts zu anderen Subjekten, zur Situation, den Objekten und Zielen seines Handelns.
6. Motive werden verstanden als handlungsrelevante Orientierungen auf mögliche Handlungsziele.

In den Morenoschen Handlungsleitlinien (HL) finden wir vieles davon wieder: Die soziale Dimension des Handelns ist in der psychodramatischen Gruppe und in der szenischen Rekonstruktion des Handelns

Grundlage psychodramatischer Arbeit, ebenso wie die Annahme räumlich, zeitlich abgegrenzter Handlungseinheiten (HL 1,13,14), die Thema psychodramatischer Arbeit sein können. Die Selbstbestimmtheit und Bewußtheit der Leiterin[1] und der Gruppenmitglieder in der Gestaltung der Arbeitssituation (HL 3,6) machen einen wesentlichen Teil des psychodramatischen Arbeitsbündnisses aus. Die darstellende Rekonstruktion der handlungsleitenden Orientierungen und Pläne auf den verschiedenen Ebenen und Komplexitätsniveaus sind zentraler Teil der psychodramatischen Rekonstruktions-, Verstehens- und Selbstverstehensarbeit (HL 2,3,4,8). Lernen im Psychodrama geschieht in der komplexen Situation, die immer Regulativ für die deutende, reduktionistische Verbalisierung bleibt (HL 9,10). Die heute systemisch oder sonstwie beschworene Ganzheitlichkeit oder das handlungstheoretisch geforderte Sich-Einlassen auf unübersichtliche Komplexität ist für das psychodramatische Arbeiten von Anfang an konstitutiv gewesen über das Handeln in Situationen und deren verstehender Rekonstruktion (HL 2,3,14). Bei dieser Rekonstruktionsarbeit stehen Protagonistin und Leiterin in einer gemeinsamen, sozialen Handlungssituation mit allerdings unterschiedlichen Perspektiven, in der die Strukturierung nach handlungstheoretischen Aspekten für die Betrachtung des Handelns beider gilt (HL 4,6,8,13): Wichtigste Aufgabe bei der psychodramatischen Arbeit des rekonstruierenden Darstellens (HL 3) ist das Erreichen einer von möglichst allen Beteiligten geteilten, kommunikativ hergestellten und kommunikativ überprüfbaren Situationsdefinition (in der Realsituation der Gruppe, wie in der psychodramatischen Aktion), wobei »kommunikativ« alle, nicht nur die verbalen Möglichkeiten umschließt. Hieraus allein läßt sich die Vielfalt psychodramatischen Spiels entfalten, vorgegebene Spiele und Themen sind da eher hinderlich. Aus dem erarbeiteten Situationsverständnis lassen sich die Ziele für eine Neustrukturierung des Handelns und für ein mögliches anderes, alternatives Situationsverständnis entwickeln (HL 5, 6, 8, 11, 12), die von der Gruppe getragen sind, und die der Leiterin eine sichere Basis für dramaturgisches Leiterhandeln (HL 6,8) verschaffen.

Im Mittelpunkt des Psychodramas steht das handelnde Subjekt in seiner Situation - bei Moreno (HL 3) heißt es: „Der Protagonist... in seiner Wahrheit, wie er sie fühlt und wahrnimmt." (s.S. 4) In der Handlungstheorie geht es ebenfalls um dies handelnde Subjekt; der Handlungsansatz bietet hier für die Leiterin die integrative Basis, um theoretische Beiträge unterschiedlicher Provenienz (kognitive, sozialpsychologische, motivationstheoretische, tiefenpsychologische ...) problemorientiert in dem Rahmen der oben kurz dargestellten Grundannahmen zusammenzubringen.

---

1) Um den Text nicht unlesbarer zu machen, aber auch um den Rechtschreibproblemen mit dem großen „I" in LeiterIn usw. zu entgehen, benutze ich generell die weibliche Form und bitte den Leser, sich mitgemeint zu fühlen.

Er entspricht so auf der theoretischen Ebene der Vielfalt szenischen Geschehens in der psychodramatischen Aktion, die von der Leiterin differenziertes theoretisches Wissen und reflexiv verarbeitete Erfahrung zum Verstehen und zur Analyse verlangt.

Für die Protagonistin bietet die psychodramatische Spielsituation die Möglichkeit der handelnden Darstellung als kommunikativen Akt, für die Psychodramaleiterin geht es darum, 1. diese Darstellung zu ermöglichen, 2. sie zu verstehen, wobei »Ermöglichen« »Verstehen« immer auch schon voraussetzt. »Ermöglichen« heißt, daß vor Beginn des protagonistenzentrierten Handelns die Startsituation im Warm-Up-Prozess soweit explorierend (s. HL 5 und 11) geklärt ist, daß es für Protagonistin, Leiterin und Gruppe einen Minimalkonsens gibt, der Ausgangspunkt und vorläufiges Thema beinhaltet.

Wir haben es also mit gemeinsamer hermeneutischer Arbeit zwischen Protagonistin und Leiterin im Gruppenkontext zu tun. Diese Arbeit ist gleichzeitig die Selbstdarstellung des erlebten, erfahrenen Probleminhalts durch die Protagonistin, sie ist Kommunikation an Leiterin und Gruppe, und sie ist häufig schon in der Darstellung ein Schritt zu einem neuen Selbstverstehen für die Protagonistin. Die Leiterin begleitet diese Rekonstruktion ermutigend und strukturierend. Sie entwickelt dabei ihr (Fremd)verstehen der Situation dialogisch - eingebettet in und beeinflußt durch die aktuelle gruppendynamische Situation.

Aus dieser Beschreibung werden die Schwierigkeiten für Leiterinnen deutlich, simultan auf mehreren Ebenen sich orientierend eine für das Leiterhandeln brauchbare Repräsentation dieser Situation zu entwickeln: Die erste Ebene ist dabei die reale Beziehungs- und Vertragssituation zwischen Leiterin und Gruppenmitgliedern, die zweite Ebene die aktuelle Gruppensituation, die dritte Ebene die Problem-/Spielsituation der Protagonistin, die vierte Ebene die eigene professionelle Arbeitssituation der Leiterin. Beim Versuch einer halbwegs vollständigen Abbildung dieser Lage wird man bald schwindelig, und es wird deutlich, daß drastische Reduktion auf Wesentliches vonnöten ist, um sich aus der Vielfalt möglicher Fortsetzungen der aktuellen Situation auf der zweiten und/oder dritten Ebene für eine zu entscheiden.

4. Situation als Zentralkategorie

Ich beschränke mich in der weiteren Analyse auf diesen Aspekt des Leiterhandelns, der mich besonders fasziniert hat: Verstehen der für die Fortsetzung der Gruppensituation relevanten Bedeutung einer Situation und Hilfe zum Selbstverstehen der Beteiligten. Denn einen wesentlichen Teil der im Psychodrama zu leistenden Leiterarbeit könnte man nach dem bisher Vorgetragenen als Bedeutungsrekonstruktionsarbeit verstehen: Die Rekonstruktion des Sinns, den eine Handlung, ein Ereignis in der aktuellen Gruppensituation für jemanden hat. Dieser Sinn ist wesentlicher Teil der in unseren handlungstheoretischen Grundannahmen genannten inneren Repräsentation der Handlungssituation: in der Alltagskommunikation gehen wir davon aus, daß die Alltagserfahrungen von Situationen, in denen wir uns gemeinsam mit anderen bewegen, zumindest so weit ähnlich erlebt und organisiert werden, daß die resultierenden Handlungsmöglichkeiten aller Beteiligten relativ widerspruchsfrei zusammen passen, daß wir uns in einem gleichen Rahmen bewegen (vgl. Goffmann 1977 [10]). Je weniger Situationen aber konventionalisiert sind (ein Beispiel für konventionalisierte Situationen: Straßenverkehr), desto stärker ist die Notwendigkeit eigener Konstruktionsarbeit, um Situationen zu verstehen und z.B. passive Kontrollkompetenz aufrechtzuerhalten: Ich kann mich sozusagen dann selbst in sinnstiftende Rahmen hineinstellen. Je mehr mögliche Rahmen für eine Situation möglich werden, desto unsicherer wird das gemeinsame Bezugssystem, ohne daß diese Unsicherheit auch unbedingt bewußt ist. Zur Auswahl eines für das handelnde Subjekt passenden Rahmens werden bei zunehmendem Fehlen objektivierbarer Bestimmungsstücke die subjektiven Anteile bestimmender: emotionale Orientierungen, Hypothesen über das Handeln anderer, Gewichtung von situativen Elementen, Erwartungen an die Situation und Personen in ihr, Machtstrategien, Motive, Zielsetzungen, Hypothesen über eigene und fremde Ressourcen, Vorurteile, auf Wissen basierende Strukturierungen... .

Wenn es gelingt, die für eine vorgestellte Problemsituation einer Protagonistin handlungsleitende Situationsrepräsentation zu rekonstruieren, dann lassen sich die für diese Situation geltenden Handlungsmöglichkeiten und Orientierungen ableiten, aber auch die alternativ möglichen Situationsbedeutungen mit ihren Handlungskonsequenzen spielerisch erkunden.

Es interessiert uns hier nun insbesondere der Teil der Arbeit, der von der Leiterin geleistet werden muß: gemeinsame Klärung, Verstehen und Ermöglichen von Selbstverstehen der Protagonistin durch Klärung des je eigenen Sinns der Handlungssituation.

Zum besseren Verständnis der folgenden Gedanken möchte ich ganz kurz den Hintergrund umreißen, auf dem meine Überlegungen entstanden sind:

Es soll hier nicht der Situationsbegriff aufgearbeitet werden, der Anfang der 70er Jahre in Arbeiten von Mischel, Rotter, Endler, Magnusson, Bowers u.a. in der persönlichkeitstheoretischen Diskussion Konjunktur hatte. Wir verfolgen eher eine kommunikationstheoretische Linie, wie sie bei Schmidt (1973, z.B. S. 104 f.) [11] diskutiert wurde. Schmidt stellte ein Forschungsparadigma vor, dessen Ziel es war, „Modellskizzen der Inter-

aktion von Texten, Kommunikationsakten und Kommunikationssituationen zu entwerfen, um das Faktorenschema eines idealisierten sprachlich-sozialisierten Kommunikationsmodells zu gewinnen."
Unter etwas anderer Perspektive findet sich ein ähnlicher Ansatz bei Hörmann (1976, Kap. XIII „Die Ichzentriertheit des Äußerungsfeldes") [12] auch im Aufgreifen Bühlerscher Ideen. Hörmann führt einen auch für die psychodramatische Verstehensarbeit wesentlichen Begriff ein: „Sinnkonstanz", der neuerdings bei Bock 1990 [13] wieder aufgegriffen wurde. Dieser meint, daß Menschen in Kommunikationssituationen versuchen, das, was ihnen mitgeteilt wird, so zu ordnen, daß sie es auf ein Netz von Annahmen und Möglichkeiten, die für diese Situation einschließlich der in ihr handelnden Personen gelten könnten, beziehen können und diese Situation verstehbar, nachvollziehbar wird: das, was in einer Situation wahrgenommen und angenommen wird - einschließlich der eigenen Personmerkmale und Befindlichkeiten - wird passend gemacht. Das gilt in gleicher Weise für eine Folge von Situationen, die, wenn sie zum gleichen Rahmen gehören, zueinander passen müssen. Den Horror vor der Bedeutungsleere einer Situation oder dem Bedeutungsverlust in Situationen kennen wir alle aus vielen Alltagssituationen: jedem wird vermutlich ein mißglückter Versuch einfallen, für sich einen Sinn in einer Situation zu finden und dementsprechend für die anderen an der Situation Beteiligten auch sinnvoll zu handeln.

Vieles, was im Gruppengeschehen unter den Konzepten „Abwehr" oder „Rationalisierung" gefaßt wird, ist nichts anderes als der Versuch der Herstellung eines Sinns für eine Situation oder der Vermeidung eines Sinnverlusts im oben beschriebenen Sinn.

So versucht z.B. jemand, dessen Partnerin schon längst aus einer Beziehung ausgestiegen ist, sein Gesamtkonzept einer Liebesbeziehung aufrechtzuerhalten, weil es für ihn undenk- und fühlbar ist, daß eine Frau ihn verlassen könnte. Diese Möglichkeit des Selbstverständnisses der Situation paßt nicht. Wenn zu seinem Konzept von sich oder zu seinem generelleren Konzept „Mann" hinzugefügt werden könnte „Frauen können aus Beziehungen aussteigen wie Männer auch", entstehen dann neue Möglichkeiten die Gesamtsituation angemessener wahrzunehmen, zumindest in der psychodramatischen Als-ob-Realität diese neuen Möglichkeiten zu erkunden oder nur einmal wahrzunehmen, wie eine Landschaft, die unter einer anderen Beleuchtung ganz anders aussieht, obwohl sie gleich geblieben ist.

Als weitere Arbeit aus bedeutungstheroretischer Ecke, die diese Sichtweise unterstützt, soll noch Fischer (1987, vgl. S. 158 f.) [14] genannt werden, der den für uns wesentlichen Begriff der Kontextualität in der Wittgenstein-Tradition einführt: Isolierte Zeichen und Sätze haben danach keine Bedeutung, sie bekommen sie erst durch ihre Funktion im Gebrauchs- bzw. Interaktionskontext. Dieser Kontext kann allerdings nicht beliebig sein. Kommunikativer Akt und Kontext müssen zueinander passen - sonst wird die Sinnverleihung nicht möglich, die Kommunikation wirkt verrückt.

Die Schaffung eines gemeinsamen Kontextes, in dem Verstehen möglich wird, finden wir z.B. bei Geulen 1982 [15] als Prozeß der Perspektivenübernahme beschrieben. Er beschäftigt sich mit den kommunikativen Prozessen, durch die handelnde Subjekte zu ihrem Konsens über die Situationsdefinitionen, die ja zunächst voneinander abweichen können, kommen. Er hält dies für ein notwendiges Kernstück sozialer Handlungstheorie. Für unsere weiteren Überlegungen gehen wir davon aus, daß auch für die handelnden Subjekte ihr eigener Kontext nicht immer klar ist, sondern im Prozeß des Selbstverstehens in der dramatischen Aktion auch für sie selbst klärbar wird. Hier geht es insbesondere darum, das emotionale Sich-in-Beziehung-Setzen darzustellen und reflexiv zu klären, z.B. bei der Bearbeitung von (Gegen-) Übertragungsreaktionen, die letztlich auch nichts anderes sind als ein untauglicher Versuch der Sinnstiftung für die konkrete Situation.

Das oben verwendete Bild einer Landschaft weist schon darauf hin, daß Situationen, auch wenn sie z.T. sprachlich abgebildet werden können, doch immer Ganzheiten sind, in denen Veränderungen nicht sukzessiv stattfinden, sondern in denen sich durch Veränderung eines Bestandteils das gesamte Bedeutungsgefüge (oder: semantische Struktur des Netzwerkes) »Situation X« schlagartig ändern kann, wenn es sich um ein zentrales Merkmal handelt.

Insofern gelten für Situationen die Bestimmungsstücke für Systeme (z.B. Dörner 1989 [16], Kap. 3) wie Komplexität, Dynamik, Intransparenz, und es gelten für die Psychodramaleiterin bei der Erkundung von Situationen ebenso die Regeln für den Umgang mit Systemen, wie Dörner (1989, S. 305-309) sie treffend formuliert hat. Stichworte dazu sind: Zielsetzung, Schwerpunktbildung, Antizipation von Neben- und Fernwirkungen, Bemühung um die richtige Korngröße der Analyse, Vermeiden vorschneller Reduktion auf eine als zentral gedachte Ursache, Gefahr des unreflektierten Methodismus vermeiden und noch einige mehr.

Das Psychodrama zeichnet sich nun genau dadurch aus, daß es neben sprachlicher Interaktion gespielte Szenen, Bilder und handelnden Umgang mit Symbolen verwendet, was die simultane Darstellung möglichst vieler relevanter Situationsmerkmale und ihrer vielfältigen Verknüpfungen ermöglicht. Auf die Bedeutung der Wirksamkeit anderer kommunikativer Ebenen hat Susan Langer [17] schon früh hingewiesen, wie im folgenden Zitat deutlich wird. Ihre Überlegungen haben mich sehr zur Beschäftigung auch mit Symbolen und - dem zugeordnet - ihrer Verwendung in Situationen angeregt.

Sprache im strengen Sinne ist ihrem Wesen nach diskursiv; sie besitzt permanente Bedeutungseinheiten, die zu größeren Einheiten verbunden werden können; sie hat festgelegte Äquivalenzen, die Definition und Übersetzung möglich machen; ihre Konnotationen sind allgemein, so daß nichtverbale Akte, wie Zeigen, Blicken ... nötig sind, um ihren Ausdrücken spezifische Denotationen zuzuweisen. Alle diese hervorstechenden Züge unterscheiden sie vom wortlosen Symbolismus, der nichtdiskursiv und unübersetzbar ist, keine Definitionen innerhalb seines eigenen Systems zuläßt und das Allgemeine direkt nicht vermitteln kann. Die durch die Sprache übertragenen Bedeutungen werden nacheinander verstanden und dann durch den als Diskurs bezeichneten Vorgang zu einem Ganzen zusammengefaßt; die Bedeutungen aller anderen symbolischen Elemente, die zusammen ein größeres, artikuliertes Symbol bilden, werde nur durch die Bedeutung des Ganzen verstanden, durch ihre Beziehungen innerhalb der ganzheitlichen Struktur. Daß sie überhaupt als Symbole fungieren, liegt daran, daß sie alle zu einer simultanen, integralen Präsentation gehören. Wir wollen diese Art von Semantik »präsentativen Symbolismus« nennen, ...
(1984/1942, S. 103)

Wenn nun „Situation" so als zentrales Konzept verstanden wird, ist dem als zentrale Kompetenz eines Psychodramaleiters „Verstehen" zugeordnet, ein Verstehen, das „durch die gegenständliche Referenz der Aussagen hindurchgeht und zu ihrem situationalen Sinn vordringt" (Fellmann 1992[18], S. 141 im Anschluß an Langer). Fellmann plädiert für eine Wiederentdeckung geisteswissenschaftlich, hermeneutischen Verstehens. Er begründet die Notwendigkeit, an einer „semiotischen Selbständigkeit der Bilder" (S. 212) festzuhalten und sie nicht in Begriffe aufzulösen, da dadurch ihre präsentative Symbolik zerstört würde. Das genau leistet das Psychodrama durch die Möglichkeit, sich in den Bildern und Symbolen handelnd zu bewegen, die in der psychodramatischen Verstehensarbeit als bedeutsame Situationen oder Symbole in Situationen erarbeitet werden.

5. Aspekte des Leiterhandelns

Jede psychodramatische Szene ist im Langerschen Sinn Symbol aus symbolischen Elementen und hat ganzheitliche Bedeutung, die es zu erschließen gilt. Die Ganzheitlichkeit dieser szenischen Darstellung und darin die Klärung der Beziehung zwischen den einzelnen Elementen ist Ausgangspunkt psychodramatischer Arbeit. Deutlich wird das z.B. in der Erfahrung, daß jemand anscheinend Belangloses über seine Familie zu erzählen beginnt, bei der szenischen Weiterführung des Themas aber auf einmal für Leiterin und Gruppe unmittelbar sinnenfällig wird, welch pathogene Struktur diese Familie beherrscht - eine Erkenntnis, die vermutlich ohne das „Umschalten" in den präsentativen Darstellungsmodus rein diskursiv kaum so schnell und anschaulich hätte gewonnen werden können.

Die Ausgangsgeschichte, das Ausgangsbild, das jemand erzählt, oder auch die Gruppenphantasie, die sich entwickelt, stellen - mit allen Merkmalen der diskursiven Beschränkung - eine erste Auswahl der als relevant in der subjektiven Wahrheit erachteten Merkmale, Elemente vor. Diese Auswahl kommt zustande in einem Selektionsprozeß, der dem Aktualisieren und Präsenthalten kognitiver Bestände bei Kaminski (1970, Kap. 8)[19] vergleichbar ist. Im psychodramatischen Prozeß ist allerdings das Präsenthalten nicht intrapsychisch, sondern es geschieht szenisch. In einem allmählichen Verdichtungsprozeß (HL 5) werden die Elemente explorierend erkundet und im Raum in all ihrer lebendigen oder auch bedrohlichen Emotionalität materialisiert. In dieser Externalisierung bekommen Geschichte, Szene oder Bild einen Gegenübercharakter für Protagonistin und Leiterin, die sich beide im Bühnenraum darin bewegen können. In dieser Erkundung werden dann die sinnstiftenden Relationen zwischen den Elementen erforscht, die alle möglichen Relationsformen umfassen können. Dieser erste diagnostisch-explorative Schritt endet im besten Fall damit, daß die kommunikative Verständigung über die Ausgangssituation, die sowohl zu klärende (Problem)situation für die Protagonistin als auch Teil der Arbeitssituation der Leiterin ist, gelungen ist. Bis hierhin ist die Leiterin verstehend rekonstruierende Begleiterin durch die Szene, die durch ihr angstfreies Miteintauchen in die Szene Hinschauen, Erleben und Selbstexploration ermöglicht (HL 5). Am Ende dieser explorativen Phase ergeben sich Ziele (Richtungen von Veränderungen, Ergänzungen der Szene, Alternativen zu Relationen zwischen den vorgestellten Elementen) über die auch wieder eine kommunikative Versicherung zwischen Protagonistin/Leiterin und Gruppe diskursiv notwendig ist. Beidem, der Klärung der Ausgangssituation und der Bestimmung der Ziele, wird m.E. nicht immer ausreichend Raum gegeben. Verwirrung, »Nebel«, aggressive Reaktionen treten dann häufig auf, wenn die Protagonistin nicht lange und intensiv genug ihre Szene erfahren kann, bzw. wenn die Begleitung nicht ein aktiver Verständigungsprozeß, sondern eine oberflächliche Übernahme von Bildern ... ist. Dann erfolgt auch die Entwicklung von Handlungszielen eher nicht mehr abgeleitet, sondern zufällig nach Bildern, Erfahrung ... der Leiterin (HL 3). Häufig ist auch zu beobachten, daß allein ein sorgfältiger Klärungsprozeß so viel bewegt und neue Perspektiven des Selbstverständnisses produziert, daß eine dann folgende diskursive Bearbeitung und ein Sharing zu diesem szenischen Klärungsprozeß die psychodramatische Sequenz abschließen kann.

Im nächsten Schritt erst (HL 4,8,9) wird eine als starr erlebte Ausgangssituation auf alternative Bedeutungen hin untersucht: Die Relationen zwischen den Situationselementen werden überprüft, Unsicherheiten, Ambivalenzen zugelassen, Leerstellen in der Situation erforscht und ausgefüllt. Wenn wir uns erinnern, daß die Gesamtbedeutung der Situation letztlich die Menge möglicher Handlungen bestimmt, dann heißt das Spielen mit Bedeutungsmöglichkeiten: Erforschen des Möglichkeitsraums für eine gegebene Situation. Diesen Prozeß könnte man als szenisches Durcharbeiten bezeichnen. Es ergibt sich dabei der wesentliche Effekt, daß andere Bedeutungen überhaupt für möglich gehalten, formuliert und erlebt werden können. In dem Prozeß der kommunikativen Klärung wird auch deutlich, daß die selbstverständlich angenommenen Situationsbedeutungen anderer für die gleiche Situation ganz andere - genauso möglich und normal - sind.

Die Möglichkeiten, neue Situationselemente einzuführen und mit Bedeutungen von Situationen zu spielen, verlangt vom Leiterpaar präzises Verstehen und enge kommunikative Verbindung untereinander, zur Protagonistin und zur Gruppe. (Wie schwierig das ist, wird manchmal deutlich, wenn z.b. der Koleiter als Doppel oder Hilfsich in eine Szene miteinsteigt, die Leiterin verdutzt oder aufgeschreckt merkt, daß sein Handeln mit ihrem Konzept von der Situation nicht zusammenpaßt und es mühsam wird, die Entstehung der Diskrepanz in der Situationswahrnehmung nachzuvollziehen.)

Beim szenischen Durcharbeiten ist nur produktiv einsetzbar, was Protagonistin und/oder Gruppe verstehen und aushalten können. Die Leiterin setzt hierbei neben dem Vorwissen für die Arbeitssituation, dem durch die explorative Phase gewonnenen Situationswissen (Spielsituation plus Gruppensituation) und ihrem Erfahrungswissen auch allgemeines, psychologisches Struktur- und Dynamikwissen ein und gibt darauf gegründete und begründbare Anregungen zur Anreicherung der Situation mit neuen Elementen und Relationen. Die Protagonistin überprüft die Stimmigkeit dieser Anregungen im situativen Handeln. Die Übernahme einer neuen Perspektive für die Problemsituation durch die Protagonistin als Möglichkeit, neue Handlungsmöglichkeiten zu gewinnen, ist dabei das entscheidende Kriterium für die Angemessenheit einer szenischen Deutung (HL 9, 10). Eine wichtige Bedingung für das Gelingen dieses Prozesses ist es dabei, daß es der Leiterin gelingt, eine Gruppenatmosphäre zu schaffen, die auch im quälenden, mühsamen oder erschreckenden szenischen Durcharbeiten die Akzeptanz der Gruppe erhält. Dazu muß sie auf der Ebene der Gruppensituation gruppendiagnostisch einschätzen können, was diese Gruppe mittragen kann (HL 13).

Da die angenommenen Relationen zwischen den Situationselementen in den bisherigen Überlegungen die Bedeutung einer Situation konstituieren und die Veränderungsarbeit demgemäß auch bei ihnen ansetzt, sollen sie noch genauer betrachtet werden: Diese Relationen lassen sich kaum in mathematisch/systemtheoretischen Ausdrücken angeben, sondern werden abgebildet in der Regel in Verbrelationen. Beispiele dafür sind: gehören zu, abhängig sein von, geboren von, eingeschlossen in, ausgeschlossen von, Lebensgefährte sein von, Kind von, Macht haben über, bemächtigt sein von, jemanden lieben, hassen oder fürchten. Aus all diesen immer auch emotionalen Relationen entwickeln sich handlungsleitende Orientierungen, die sich besonders dann auf die allereinfachste Motivdimension „HIN – WEG" abbilden lassen, wenn die emotionalen Relationen für eine Situation dominant sind. Das sind sie in der Regel dann, wenn „eine Verhaltensunsicherheit bzw. mehrere Verhaltensmöglichkeiten in einer bestimmten Situation für das Individuum gegeben sind." (Rost 1990[20], S. 12). Solche Situationen können eine ungeheure Vielfalt von sich dem Diskursiven sperrenden Differenzierungen aufweisen, die sich aus den beiden primären Gefühlen der Wollust (fortpflanzungsorientiert) und Angst (überlebensorientiert) im Laufe des Zivilisationsprozesses entwickelt haben. Diesen beiden Grunddimensionen begegnet man auch in der szenischen Bearbeitung von Situationen immer wieder. Das Psychodrama scheint mir durch die Chance zur handelnden Exploration von bedeutsamen Situationen eine phantastische Möglichkeit zu bieten, die wie auch immer differenzierten emotionalen Relationen in ihrer Wichtigkeit für das menschliche Handeln auch wieder zuzulassen, ohne sie vorschnell und krankmachend kognitiv zu zähmen, den Menschen aber auch durch die diskursiven Anteile psychodramatischer Arbeit eine Lernmöglichkeit zu geben, mit den emotionsfeindlichen Strukturen oder verlangten Anpassungsleistungen alltäglicher Lebenswelt umgehen oder sich wehren zu können. (HL 2, 4)

6. Zusammenfassung

Es war mein Ziel, deutlich zu machen, daß Lernen im Psychodrama verstanden werden kann als gemeinsamer Prozeß der Bedeutungsrekonstruktion der Bedeutung, die eine Situation für ein handelndes Individuum hat. Dieser Prozeß wird gesehen als ein kommunikatives Erarbeiten des Verstehens einer Problemsituation durch die Psychodramaleiterin, das zum Ziel das Selbstverstehen der Gruppenmitglieder hat, aus dem dann ein kognitives und emotionales Neu-Sich-In-Beziehung-Setzen zu sich selbst, anderen Personen und Ereignissen entwickelt werden kann. Als letzter Lernschritt wird die Erarbeitung eines neuen, notwendigen Handlungsrepertoires für die Handlungsmöglichkeiten, die sich aus der neu erschlossenen Situation ergeben, vorgestellt. Es soll deutlich gemacht werden, daß diese Überlegungen, die gemeinhin nicht psychodramaüblich sind, viele Ideen Morenos aus seinen eigenen Handlungsleitlinien aufgreifen und theoretisch fundieren können. Eingebettet wird diese Sichtweise in einen handlungstheoretischen Rahmen, in dem bedeutungstheoretische Überlegungen als eine Möglichkeit gesehen werden, das Problem der handlungsleitenden Situationsrepräsentationen anzugehen. Dieser Ansatz bietet auch spannende Möglichkeiten einer weiter differenzierten Betrachtung der Symbol- und Traumarbeit und macht deutlich, wie zentral Symbolarbeit im Psychodrama ist.

LITERATUR:

Sektion Psychodrama des Deutschen Arbeitskreises für Gruppenpsychotherapie und Gruppendynamik (Hrsg.): Theorieninhalte der Psychodrama-Weiterbildung. Grundrisse des klassischen Konzepts nach J.L. MORENO. Eigendruck 1988.

BUER, F.: Die Philosophie des J.L. Moreno - die Grundlage des Psychodrama. Integrative Therapie, 15, 2/1989, S. 121 - 139

SCHNEIDER-DÜKER, M.: Psychodrama als Forschungsmethode und als Forschungsgegenstand. Empirische Perspektiven für die klinische Psychologie. In: Vorwerg, M. & Alberg, T. (Hrsg.): Psychodrama. Leipzig: Barth 1991.

OTTOMEYER, K.: Lebensdrama und Gesellschaft. Szenisch materialistische Psychologie für soziale Arbeit und politische Kultur. Wien: Deuticke 1987

ABELE, A.: Psychodrama and Social Psychology. A theoretical analysis with respect to cognitive restructuring. International Journal of Small Group Research. 1989, 5 (1), 29 - 46

MORENO, J. L. (In collaboration with Zerka.T. MORENO): Psychodrama. Third Volume - Action Therapy and Principles of Practice. Beacon, N.Y.: Beacon House 1975.

OESTERREICH, R.: Handlungsregulation und Kontrolle. München usw.: Urban & Schwarzenberg 1981

DÖRNER, D.: Verhalten und Handeln. In: DÖRNER, D. & SELG, H. (Hrsg.): Psychologie. Eine Einführung in ihre Grundlagen und Anwendungsfelder. Stuttgart usw.: Kohlhammer 1985

KLEIBER, D.: Handlungsfehler und Mißerfolge in der psychosozialen Praxis: Probleme im Umgang mit komplexen Systemen. In: KLEIBER, D. (Hrsg.): Handlungsfehler und Mißerfolge in der psychosozialen Praxis. Tübingen: DGVT 1988

GOFFMANN, E.: Rahmen-Analyse. Ein Versuch über die Organisation von Alltagserfahrungen. Frankfurt: Suhrkamp 1977 (amerik. Orig. 1974)

SCHMIDT, S. J.: Texttheorie. München: Fink 1973

HÖRMANN, H. : Meinen und Verstehen. Grundzüge einer psychologischen Semantik. Frankfurt: Suhrkamp 1976

BOCK, H.: Semantische Relativität. Beiträge zu einer psychologischen Bedeutungslehre des Sprachgebrauchs. Göttingen: Hogrefe 1990

FISCHER, H. R.: Sprache und Lebensform. Wittgenstein über Freud und die Geisteskrankheit. Frankfurt: Athenäum 1987

GEULEN, D.: Soziales Handeln und Perspektivenübernahme. In: GEULEN, D. (Hrsg.): Perspektivenübernahme und soziales Handeln. Frankfurt: Suhrkamp 1982

DÖRNER, D.: Die Logik des Mißlingens. Strategisches Denken in komplexen Situationen. Reinbek: Rowohlt 1989

LANGER, S. K.: Philosophie auf neuen Wegen. Das Symbol im Denken, im Ritus und in der Kunst. Frankfurt: Fischer TB 1984 (amerik. Original 1942 ff)

FELLMANN, F.: Symbolischer Pragmatismus. Hermeneutik nach Dilthey. Reinbek: Rowohlt TB 1992

KAMINSKI, G.: Verhaltenstheorie und Verhaltensmodifikation. Entwurf einer integrativen Theorie psychologischer Praxis am Individuum. Stuttgart: Klett 1970

ROST, W.: Emotionen - Elixiere des Lebens. Berlin: Springer 1990

VIERTER TEIL

Familie, Kinder und Jugendliche im Psychodrama

Psychodrama in der Arbeit mit Familien

von Andreas Fryszer

1.0 Einleitung

Der vorliegende Aufsatz beschäftigt sich mit den Möglichkeiten, das Psychodrama in die Beratung und Therapie von Familien einzubringen. Dabei gehe ich davon aus, daß es so etwas wie eine eigenständige psychodramatische Familientherapie nicht gibt. Andererseits lassen sich in ein familientherapeutisches Vorgehen psychodramatische Arbeitsstrukturen sehr sinnvoll und mit Gewinn für die Familien einbeziehen. Ausgangspunkt der Überlegungen sind dabei nicht psychodramatische oder familientherapeutische Theorieansätze, sondern die praktische Arbeit mit Familien. Aus diesem Grund wurde auch auf den Versuch einer Beweisführung, daß Moreno ein früher Systemiker oder daß das systemische Denken eine Weiterentwicklung von Morenos Ideen sei verzichtet.

Ich arbeite in einer Erziehungsberatungsstelle. In diesem Feld ist in vielen Fällen die Arbeit mit der ganzen Familie oder der Teilfamilie das angebrachteste Setting. Bei der Einbeziehung des Psychodramas in diese Arbeit ergeben sich - neben vielen Vorteilen - auch eine Reihe von Fragen: Welche Strukturen und welche psychodramatischen Techniken eignen sich für die Arbeit mit Familien? Welche Ergebnisse bringen sie für einzelne Familienmitglieder und für die Familie als Ganzes? Welche Unterschiede ergeben sich bei der Anwendung des Psychodramas in diesem Setting im Vergleich zu einer psychodramatischen Therapiegruppe? Diese Fragen stellen sich in der Arbeit mit Familien zwangsläufig, weil das Psychodrama in erster Linie eine Gruppenpsychotherapieform ist, die mit künstlich gebildeten Gruppen arbeitet. So wird es auch in der Ausbildung weitervermittelt. Die Arbeit mit einzelnen Familien stellt aber im Vergleich zu einer solchen Therapiegruppe ein sehr anderes Setting dar.

Der Aufsatz möchte vor allem durch Beispiele aus Familiensitzungen Einblick und Anregung für die Anwendung des Psychodramas in der Arbeit mit Familien geben (Abschnitt 2). Einige der eben aufgeworfenen Fragen, die beim Einsatz psychodramatischer Strukturen in der Arbeit mit Familien auftauchen, sowie die Möglichkeiten psychodramatischer Arbeit in diesem Feld werden im Anschluß (Abschnitt 3) diskutiert.

1.1 Einige Gründe für den Einsatz des Psychodramas in der Arbeit mit Familien

In Familiensitzungen fielen mir als Psychodramatiker bestimmte Situationen auf, in denen mir eine psychodramatische Aktionsphase mehr zu versprechen schien, als ein Verbleib auf der reinen Gesprächsebene:

– In manchen Familiensitzungen ist deutlich, daß die ausschließlich verbale Ebene keine echte Beteiligung der Kinder zuläßt und diese überfordert, oft mit dem zusätzlichen Effekt, daß den Kindern die Situation auf Dauer unangenehm wird, sie sich vom Prozeß zurückziehen oder sogar Abneigung gegen die Familiensitzungen entwickeln.

– Mittelschichtsfamilien, die der „Psychoszene" gegenüber aufgeschlossen sind, bringen oft eine Reihe eigener psychologischer Hypothesen über ihre Familie mit. Fortschritte sind hier oft schwierig, weil die emotionalen Konflikte intellektuell diskutiert werden und neue Erfahrungen und Sichtweisen im Gespräch während der Therapiesitzung wenig Raum bekommen.

– Einigen Familien fällt es offensichtlich schwer, an dem differenzierten Beziehungsgeflecht der Familie mittels Sprache befriedigend zu arbeiten.

– Anderen Familien scheint das Gespräch zwar größere Klarheit über das familiäre Geschehen zu geben, aber nicht genügend Anregungen, tatsächlich Neues auszuprobieren oder mit möglichen Lösungen zu experimentieren.

Solche Situationen veranlaßten mich psychodramatische Arbeitsstrukturen und damit zwangsläufig auch psychodramatische Sichtweisen in die Arbeit mit Familien einzubeziehen. Der vorliegende Aufsatz konzentriert sich auf den praktischen Einsatz des Psychodramas in der Familientherapie. Trotzdem möchte ich zwei grundsätzliche psychodramatische Sichtweisen voranstellen, da sie m.E. für die Zielsetzung, den Einsatz und die Auswertung psychodramatischer Aktionsphasen in der Familie von besonderer Bedeutung sind.

So ist die grundsätzliche Idee des Psychodramas, menschliche Konflikte nicht nur im Gespräch mit Worten, sondern im gemeinsamen Spiel, in der gemeinsamen Aktion zu untersuchen. Moreno sieht die heilsame Wirkung des Spiels darin, daß die beteiligten Menschen in der gemeinsamen Spielhandlung einen verstärkten Zugang zu ihrer Spontaneität und Kreativität finden. Dadurch, daß Raum für spontane Impulse und Ideen geschaffen wird, diese wahrgenommen, zugelassen und in Aktionen umgesetzt werden, entstehen kreative Lösungen. Die Beteiligten werden sich so der eigenen Befindlichkeit gewahr und kommen gleichzeitig in stärkeren Kontakt zu ihren Ressourcen.

Die zweite mir wesentliche psychodramatische Idee in der Arbeit mit Familien ist Morenos Vorstellung, daß wir alle über eine Vielzahl von Rollen verfügen. Psychodramatische Therapie untersucht das Rollenrepertoire eines Klienten in seinen verschiedenen Lebenskontexten. Welche Rollen er hat und beherrscht, aber auch welche Rollen erstarrt und dysfunktional sind oder über welche Rollen er nicht verfügt. Familientherapie beschäftigt sich auch mit Rollen und Kommunikationsmustern, allerdings in einem bestimmten Kontext: der Familie.

Psychodramatische Therapie bleibt aber nicht bei dieser Bestandsaufnahme, dem bloßen Gewahrwerden des Rollenrepertoires stehen, sondern hat eine Lösungsidee: Situationen schaffen, in denen der Klient in der Lage ist, neue Rollen für sich zu gestalten bzw. alte Rollenmuster zu erweitern und zu variieren. Moreno spricht von starren, festgefahrenen Rollenkonserven und vom Gestalten und Schaffen neuer Rollen (role-creating).

Auf die sozialen Rollen in der Familie, wie Vater, Mutter, Ehemann, Sohn, Tochter, Bruder, Stiefvater usw., bezogen bedeutet dies, die Familienmitglieder über Spiel und Gespräch anzuregen, rigide, starre und dysfunktionale Rollenkonserven zu erkennen und zum anderen die Familienmitglieder zu ermuntern, mit Variationen und Neugestaltungen ihrer Rollen zu experimentieren.

Dabei ist in der Arbeit mit Familien natürlich der Blick auf das Konzept der sozialen Rolle sehr naheliegend. Aber auch Morenos Idee von den psychischen Rollen, (z.B. der Wütende, der Liebende, der Ratlose) und die Arbeit am psychischen Rollenrepertoire der Familienmitglieder kann eine Orientierung für die psychodramatische Arbeit in der Familie sein.

2.0 Beispiele für die Verwendung von psychodramatischen Strukturen in der Arbeit mit Familien

Im folgenden sind vier Familiensitzungen beschrieben in denen verschiedene psychodramatische Strukturen Verwendung gefunden haben. Die Beschreibungen enthalten den Ablauf der psychodramatischen Aktionsphase, deren Einbettung in den Verlauf der gesamten Sitzung, sowie einige Aspekte dessen, was die Familienmitglieder mit der jeweiligen psychodramatischen Sequenz anfangen konnten und Hypothesen des Therapeuten über den Nutzen der jeweiligen psychodramatischen Aktionsphase. Bei der Auswahl wurden bewußt grundlegende Strukturen ausgewählt, wie sie in psychodramatischen Therapiegruppen üblich sind. Auf diese Weise können übertragbare und abweichende Momente im Vergleich der beiden unterschiedlichen Settings sichtbar werden.

2.1 Rekonstruktion einer familiären Situation

Alltagsszenen aus der Familie, besonders aber der Ablauf der zentralen Konfliktsituation selbst, wegen der die Familie die Beratung aufsucht, lassen sich in der Regel leicht mit der Familie in kleinen Szenen aufführen. Anders als bei wortreichen Beschreibungen kann man sich hier der Aufmerksamkeit und Beteiligung auch der Kinder ab dem 4. Lebensjahr recht sicher sein. Differenzen über den „wirklichen" Hergang der Szene, sowie Unterschiede im inneren Erleben zwischen den Familienmitgliedern, können im anschließenden Gespräch wichtige Impulse für die Familienmitglieder im Sinne von Komplementierung des eigenen Erlebens um andere Sichtweisen geben.

Der folgende Bericht über eine Familiensitzung beinhaltet die Rekonstruktion einer Konfliktsituation.

Familie A. bestehend aus Mutter, Vater, Claudia (4 Jahre) und Peter (7 Jahre) kommen in die Beratungsstelle, da die Eltern sich Sorgen um Peter machen. Peter sei insgesamt ängstlich, habe besonders Angst vor der Schule und einigen Jungen in der Klasse. Schon im Kindergarten habe er vor wilderen, aggressiveren Jungen Angst gehabt. In der letzten Zeit seien Angstträume dazugekommen und auch die Weigerung, in die Schule zu gehen. Er wache nachts auf, schreie so laut, daß die ganze Familie wach werde.

Im Laufe der ersten Sitzung interessiert sich der Therapeut für den Hergang der nächtlichen Szene und bittet die Familie, diese mit seiner Hilfe im Beratungszimmer zu rekonstruieren.

Kinder- und Elternschlafzimmer samt Betten werden mittels Sessel und Decken aufgebaut. Die Familienmitglieder liegen in ihren Betten und tun so als schliefen sie. Nachdem Peter schreit, steht die Mutter aus dem Ehebett im Elternschlafzimmer auf und eilt an sein Bett im Kinderzimmer. Sie setzt sich an sein Bett und Peter kuschelt sich in ihren Arm. Dabei hält er sich ganz fest. Claudia schaut aus ihrem Bett zu. Der Vater bleibt im Ehebett wach liegen. In der Szene führt der Therapeut mit jedem Familienmitglied ein Interview-zur-Seite. Claudia findet es blöd, daß sie allein daliegen muß und daß die Mama nachts immer nur den Peter im Arm habe. Peter fühlt sich sicher und wohl. An den Traum erinnert er sich nicht mehr. Die Angst lasse jetzt in Mamas Arm nach. Frau A. findet es einerseits schön Peter im Arm zu haben und zu spüren, wie er sich beruhigt. Anderseits ist es ihr aber auch zuviel und sie möchte wieder zurück ins Ehebett. Herr A. findet es gut, daß seine Frau sich um Peter kümmert, gleichzeitig möchte er eigentlich mal wissen, was nebenan passiert. Er fühlt sich vom Geschehen ausgeschlossen. Er nimmt den Vorschlag des Therapeuten an - anders als in der Realität, in der er im Elternschlafzimmer bleibt - diesem Impuls nachzugehen und im Kinderzimmer nachzuschauen. Als er in der Tür des Kinderzimmers steht und auf die Mutter und Peter zugehen will, schaut Peter ihn böse über die Schulter der Mutter an. Beim Näherkommen des Vaters beginnt Peter zu schreien: „Ich will nicht, daß du kommst. Der soll abhauen." Anders als sonst ist Peters Stimme dabei klar, fest und laut. Vater und Mutter sind sichtlich erstaunt über seine Reaktion. Der Vater bleibt unsicher stehen. Wieder interviewt der Therapeut den Vater in der Szene. Der Vater äußert Unsicherheit, ob er weitergehen soll und findet sein Gefühl ausgeschlossen zu sein bestätigt.

Es reize ihn sich einzumischen, aber er spüre eine stärkere Tendenz sich wieder zurückzuziehen. Auf Nachfragen des Therapeuten in der Szene findet Claudia es schön, daß der Papa dazukommt. Er solle doch zu ihr kommen. An dieser Stelle wird das Spiel beendet.

Im anschließenden Gespräch werden die Kinder gefragt, was ihnen im Spiel gefallen habe und was nicht. Peter sagt, bei der Mama im Arm zu sein und den Papa laut anzuschreien habe ihm gefallen. Claudia stellt fest, daß es schön war als der Papa dazu kam. Vorher allein im Bett sei es nicht so schön gewesen.

Das weitere Gespräch findet im Wesentlichen zwischen Frau und Herrn A. und dem Therapeuten statt. Beide Eltern sind überrascht, aber auch irgendwie froh über Peters ungewohntes Auftreten und den plötzlichen Wechsel von ängstlich-weinerlich zu aggressiv. Sie haben im Spiel spüren können, daß Peter nicht nur schwach ist, sondern auch sehr bestimmend auf das familiäre Geschehen Einfluß nimmt. Der Vater, der beruflich oft mehrere Tage weg sein muß, erzählt, daß er durch das Spiel Anhaltspunkte für sein diffuses Gefühl in der Familie nicht dazuzugehören gefunden hat. Außerdem sei der Wunsch sich einzumischen für ihn selbst klarer geworden. Er habe aber auch seine Bereitschaft gespürt sich sehr schnell wieder zurückzuziehen, um nichts falsch zu machen. Für beide Eltern war es neu, in der Szene die Eifersucht von Claudia zu erleben. Am Ende der Beratungsstunde ist Frau A. sich nicht mehr so sicher, ob sie wie bisher auf Peters Wünsche eingehen will. Herr A. nimmt sich vor, sich mehr in das Geschehen zwischen Peter und der Mutter einzumischen.

Sowohl für die Familie, als auch für den Therapeuten wurde deutlich, daß das Symptom von Peter im familiären Zusammenleben recht große Auswirkungen hat. Dadurch ist zunächst die Mutter ins Nachdenken über ihren Umgang mit Peter gekommen. Aber auch der Vater hat konkrete Anhaltspunkte für sein Gefühl nicht dazuzugehören bekommen. Für ihn wurde zudem spürbar, wie seine Bereitschaft sich schnell wieder zurückzuziehen dieses „Nichtdazugehören" zur Familie stabilisiert. Beide Eltern wurden so zu einer Auseinandersetzung darüber angeregt, wie sie ihre soziale Rolle als Mutter und Vater gestalten und wo sie die Notwendigkeit zur Veränderung sehen.

Dadurch wurde bei der Familie die grundsätzliche Bereitschaft geweckt, weiter mit der ganzen Familie zu arbeiten und das Problem nicht nur als Individualproblem von Peter zu sehen. Im Sinne einer familientherapeutischen Behandlung ist damit ein wesentliches Ziel des Erstkontaktes erreicht.

Peters spontane Reaktion im Spiel zeigt, daß er sich seiner Wünsche deutlich gewahr wurde und diese auch ausdrücken konnte. Er genießt es, die Mutter für sich allein zu haben. Die Nähe des Vaters stört ihn dabei und er will ihn lieber fernhalten. Ist ein kleiner Junge auf eine solche Position im Dreieck mit den Eltern innerlich sehr fixiert, kann dies durchaus zu großen Ängsten bei ihm führen. Außerdem hat diese Position zur Folge, daß der Vater als männliches Identifikationsobjekt, von dem der Junge ja lernen könnte, wie man mit wilden, aggressiven Jungen umgeht, weitgehend verlorengeht. Die berufsbedingte häufige Abwesenheit des Vaters begünstigt zudem diese innere Haltung des Jungen.

An psychodramatischen Techniken in der Sitzung wurde angewandt: die Rekonstruktion einer häufig auftretenden familiären Konfliktsituation, das Interview-zur-Seite der Familienmitglieder durch den Therapeuten in der Szene und die Inszenierung einer möglichen zukünftigen Szene.

Das Interview-zur-Seite ähnelt sehr einer anderen psychodramatischen Technik, dem Monolog-zur-Seite. Bei diesem spricht der Klient während der Szene zur Seite, was er innerlich während der Szene empfindet, in der Realität aber für sich behält. Im Interview wird diese Form der Selbstexploration nur stärker durch den Therapeuten unterstützt und strukturiert. H. Straub (1981) sieht bei der Verwendung des Monologs-zur-Seite in der Arbeit mit Paaren vor allem zwei positive Effekte. Diese lassen sich auf die Arbeit mit der ganzen Familie und das Interview-zur-Seite nach meinen Erfahrungen voll übertragen:
1. Das Verfahren hilft den Spielern, sich in die Situation wieder hineinzuleben und sich gefühlsmäßig und gedanklich intensiv auf das Problem zu konzentrieren. Damit hat es für den Spieler den Effekt eines Warm-up. Ebenso erleichtert es dem Therapeuten, sich in die verschiedenen Familienmitglieder einzufühlen und Zugang zu den bei ihnen vorherrschenden Stimmungen und Anliegen zu bekommen.
2. Es ist ein Zwischenschritt im Lernprozeß offen und klar miteinander zu kommunizieren. Es werden Dinge ins Gespräch gebracht, welche sich die Familienmitglieder bisher nicht gesagt haben. Dieses bisher Verschwiegene sagt man sich dabei zunächst nicht offen ins Gesicht, sondern es wird zur Seite gewandt, ohne den anderen anzusehen, ausgesprochen. Trotzdem wird es in diesem Moment Bestandteil der Kommunikation der Familienmitglieder.

Ergänzend läßt sich feststellen, daß diese Technik den einzelnen Familienmitgliedern ermöglicht, sich in höherem Maße über eigene Empfindungen, Bedürfnisse, Sichtweisen und die Unterschiede zu denen der anderen Familienmitglieder in Bezug auf eine wichtige gemeinsame erlebte Situation klar zu werden.

Nach meiner Erfahrung nehmen Klienten, auch wenn sie der psychodramatischen Arbeit zunächst eher reserviert gegenüberstehen, gerade die Technik des Monologs- und des Interviews-zur-Seite erstaunlich bereitwillig an. Dies berichtet auch Gerstenberg (1980) aus seiner Arbeit mit Familien und Teilfamilien.

Das Interview-zur-Seite im beschriebenen Fallbeispiel führte unter anderem zum Einsatz einer weiteren psychodramatischen Arbeitsform, der Inszenierung einer fiktiven, möglichen Situation in der Zukunft, in der ein Familienmitglied etwas neues ausprobiert. In dieser Zukunftsprobe geht der Vater seinem Bedürfnis nach, zu den anderen Familienmitgliedern ins

Kinderzimmer zu gehen und nachzuschauen, was dort eigentlich geschieht. Gerade in der Arbeit mit Familien liegt in einer solchen Zukunftsprobe die große Chance, eigenes Erleben und die möglichen Reaktionen der anderen Familienmitglieder für den Fall zu erforschen, daß ein Familienmitglied sich anders als bisher üblich verhält. Ein anderer, wichtiger Einsatz der Zukunftsprobe in Familiensitzungen kann darin bestehen, gravierende zukünftige Veränderungen der Familie und ihre möglichen Auswirkungen im Spiel vorwegzunehmen. Dies kann das Weggehen eines Kindes oder Elternteils sein, oder auch die Geburt eines Kindes. Eventuell kann es der Familie helfen, Situationen realistischer einzuschätzen und entsprechende Entscheidungen zu treffen, z.B. in der Frage, ob ein Kind in ein Heim oder Internat gehen soll. In anderen Situationen können Familienmitglieder mittels der Zukunftsprobe notwendige neue Ausgestaltungen ihrer Rolle entwickeln und diese ausprobieren. Einschneidende Familienereignisse haben ja extreme Auswirkungen auf die Balance der gesamten Familie und die Situation jedes Familienmitgliedes. Gerade das Anspielen von einschneidenden Veränderungen der Familie kann zur Klärung von Ressourcen und Grenzen der Familie und ihrer Mitglieder bedeutsam sein, schon bevor das Ergebnis in der Wirklichkeit stattgefunden hat. Dadurch, daß das gesamte „System" anwesend ist, findet die Zukunftsprobe in einem sehr realistischen Rahmen statt.

Insgesamt unterstützt der Therapeut durch die Inszenierung von Zukunftsproben die Familie darin, zukunftsorientiert neue Lösungen zu suchen und mit möglichen Konsequenzen von Lösungsideen - im Rahmen des Spiels - zu experimentieren.

Das Fallbeispiel zeigt, daß die Inszenierung auf Grund der psychodramatischen Techniken nicht bei einer bloßen Wiederholung des tatsächlichen Geschehens bleibt, sondern ein vertieftes und umfassenderes Erleben und Verstehen für die Beteiligten ermöglicht. Lassen die Familienmitglieder eine innere Beteiligung im Spiel zu, so können Lust und Ideen entstehen, eigenes Rollenverhalten neu zu sehen und neues Rollenverhalten auszuprobieren. Hier kann der Therapeut unterstützen und ermutigen.

2.2 Psychodramatechniken ins Gespräch eingestreut

Spiegeln, Doppeln, Rollentausch oder auch die Arbeit mit dem leeren Stuhl müssen im Psychodrama nicht notwendigerweise Bestandteil einer umfassenden szenischen Arbeit sein. Diese Formen können auch in einer normalen Gesprächssituation sinnvoll eingesetzt werden. Mit einem solchen Vorgehen in der Familie beschäftigt sich dieser Abschnitt. Der folgende Bericht aus einer Sitzung mit einer Teilfamilie zeigt die Verwendung des Doppelns im therapeutischen Gespräch.

Es ist die Sitzung mit einem 18-jährigem Jungen und seiner Mutter (34 Jahre). Beide sind Italiener. Eine 13-jährige Tochter lebt in einem Internat. Die Kinder haben verschiedene Väter. Die Mutter lebt seit langem allein, hat aber wechselnde Freunde. Der Sohn wurde einige Wochen zuvor aus einem Heim entlassen. Er hatte den größten Teil seiner Kindheit in Heimen zugebracht. Jetzt lebt er bei der Mutter. Im Zusammenleben ergeben sich massive Schwierigkeiten. Es kommt zu aggressiven Auseinandersetzungen mit gegenseitigen Anklagen. Das gemeinsame Wohnexperiment scheint zu scheitern. Das Gespräch wird von einer italienischen Psychologin und einem deutschen Psychologen geführt.

Im Gespräch wechseln beide Klienten sich mit impulsiv vorgetragenen gegenseitigen Angriffen ab und versichern sich gegenseitig wie hoffnungslos unfähig der jeweils andere zu einem guten Zusammenleben sei. In der Beratungsstunde wiederholt sich so nur der alltägliche Kampf. Versuche der Berater, aus diesem Kommunikationsschema herauszukommen, scheitern immer wieder an leidenschaftlich durchgeführten verbalen Attacken.

Nach einiger Zeit schlagen die Berater vor, daß sie einmal das wiedergeben möchten, was sie bisher von den beiden mitbekommen hätten. Ein Berater stellt sich hinter den Sohn und bittet diesen, sich anzuhören, was er von ihm bisher verstanden habe und jeweils zu sagen, ob dies zutreffe oder nicht. Berater im Doppel: „Ich habe so darauf gewartet und mich gefreut nach Hause zu kommen. Wenigstens einmal in meinem Leben möchte ich ganz normal mit meiner Mutter leben. Es ist so wichtig für mich zu beweisen, daß wir miteinander leben können. Ich bin bereit viel dafür auszuhalten, daß es klappt. Ich wünsche mir von ihr...." Der Sohn stimmte den Sätzen jeweils zu und ergänzte jetzt: „... daß regelmäßig Essen zu Haus ist, daß sie nicht dauernd in mein Zimmer kommt, daß sie nicht gegen meine Freundin hetzt, usw."

In ähnlicher Weise wird die Mutter gedoppelt: „Ich bin verzweifelt, daß es mit ihm so schief geht. Alle meine Beziehungen sind immer wieder gescheitert. Daß mein Sohn und ich einige Jahre zusammen leben können, wünsche ich mir so sehr. Von ihm wünsche ich mir im Zusammenleben, daß er..." Auch sie stimmt jeweils zu und ist bereit zu ergänzen: „...daß er die Musik nicht so laut aufdreht, daß er sagt wohin er geht und wann er kommt, daß er pünktlich zum Essen kommt... usw ..."

Zu Beginn der Doppelsequenz zeigen beide durch leichtes Lachen und unruhiges Hin- und Herrutschen im Sessel Irritation. Wahrscheinlich ist dies durch die ungewohnte Situation bedingt, daß jemand hinter ihnen steht und Empfindungen von Trauer und Enttäuschung ausspricht. Nach einigen Sätzen werden sie ruhiger und konzentrierter. Sie bestätigen und korrigieren das Doppel und ergänzen die Aussagen schließlich auch, um ihre Wünsche an den anderen.

Im weiteren Gespräch geht es um die Bedeutung des Wohnexperiments für beide und um konkrete Erwartungen aneinander im gemeinsamen Alltag. Die beiden treffen verbindliche Abmachungen.

Am Ende des Gesprächs stellen beide fest, daß sie das Gefühl haben, es sei ihnen zugehört worden und, daß es sich lohne das Gespräch fortzusetzen.

Das Doppeln ermöglichte ein Durchbrechen des eingefahrenen Kommunikationsschemas von Angriff und Gegenangriff. Ein „Dritter" durfte Trauer und Wünsche ausdrücken.

Das Gespräch kommt auf die Ebene der Bedeutung, die dieses Wohnexperiment für beide hat. Konkrete Erwartungen an den anderen und Regelungen für den Alltag können besprochen werden. Ein Ansatz für ein konstruktives Gespräch jenseits des „Krieges" war gemacht.

Die Stärke des Doppelns liegt darin, daß es zum üblichen Gesprächsritual ein deutlich anderes und davon abgehobenes eigenes Ritual setzt. Damit unterbindet es das eingefahrene Streitritual mit der Tendenz zur symmetrischen Eskalation zwischen den Beziehungspartnern. Es setzt eine sehr klare andere Struktur und erspart damit dem Therapeuten eine Menge Kraft. Denn diese kostet es in der Regel, ein solch verhärtetes Kommunikationsmuster zu unterbrechen, wenn die involvierten Partner anwesend sind.

Darüber hinaus schafft Doppeln einen Raum für genaueres Zuhören, Verstehen und damit Raum für die Befindlichkeiten der Beteiligten. Wird das Doppeln in einer Familiensitzung eingesetzt, bezieht sich das vertiefte Verstehen und Raum schaffen für die Befindlichkeit und Sichtweise der Situation nicht nur auf das Familienmitglied, das gedoppelt wird. Die anderen Familienmitglieder werden angeregt, sich mit dem Erleben ihrer Partner auseinanderzusetzen. Da dies nicht im direkten Dialog geschieht, müssen sie nicht - wie im realen Streit - sofort widersprechen oder bestätigen, um die eigene Position zu sichern. Sie sind einfach Zuschauer und Zuhörer des Geschehens zwischen dem anderen Familienmitglied und dem Therapeuten. So haben sie die Freiheit, wahrnehmen zu können, was der Andere tatsächlich anders erlebt und wie er erlebt, ohne daß ein Kampf um die Richtigkeit einer Sichtweise notwendig ist. Dies kann der erste Schritt auf der Suche nach Lösungen sein, die den verschiedenen oft gegensätzlichen Sichtweisen in der Familie gerecht werden. Gerade wenn die involvierten Streitpartner in der Beratung anwesend sind, kann Doppeln so helfen, daß sie die unproduktive Form ihres Streits verlassen und die Suche nach konstruktiven Wegen, jenseits des „ich oder du", möglich werden.

2.3 Soziometrische Arbeit oder Skulpturarbeit mit der Familie

Zu Morenos Grundideen gehört die Vorstellung, daß die Befindlichkeit eines Menschen wesentlich von seiner Stellung, seiner Position in seinem jeweiligen sozialen Kontext abhängt. Ausgehend von diesem Gedanken entwickelte er soziometrische Verfahren mit denen sich das soziale Geflecht einer Gruppe erfassen und in Soziogrammen darstellen läßt (Moreno 1967).

Die Übertragbarkeit dieser Idee auf die besondere Gruppe Familie liegt nahe: Eben das Beziehungsgeflecht der Familie zu erfassen, abzubilden und als Erklärung für die Befindlichkeit der Familienmitglieder zu nehmen.

Bei der Verwendung dieser Arbeitsform in der Familie wird in der Regel von einem oder von mehreren Familienmitgliedern ein „Perzeptionssoziogramm" erstellt, indem ein Mitglied aus seiner Sicht die Beziehungen in der Familie einschließlich seiner eigenen Position abbildet. Dies ist je nach Situation mittels verschiedener Materialien möglich: Münzen, Holzklötzchen, Tierfiguren, der Stühle des Beratungszimmers oder auch indem aus den anwesenden Familienmitgliedern eine Skulptur aufgebaut wird. Gerade die Skulptur ist in verschiedenen Schulen der Familientherapie ein gängiges Verfahren (Satir 1988, Andolfi 1985). Schweitzer und Werner (1962) beschreiben sehr verschiedene Möglichkeiten der Arbeit mit Skulpturen. Dabei muß es nicht beim statischen Bild bleiben. Die Skulptur läßt sich auch in Bewegung oder eine Szene überführen.

Der folgende Bericht enthält ein Beispiel für Skulpturarbeit, die später in einer Szene fortgesetzt wird.

Der Ausschnitt stammt aus einer ersten Sitzung mit Familie C. Die Familie besteht aus Vater, Mutter, Clara (8 Jahre) und Lisa (4 Jahre). Als Anmeldungsgrund nennen die Eltern, daß Clara immer wieder Phasen hat, in denen sie leicht einkotet. Inzwischen sei sie in einem Alter, indem es sie selbst und auch die Eltern beunruhige. Ärztliche Untersuchungen haben keinen organischen Befund erbracht. Beide Eltern wollen sich zudem mit der Situation in der Familie auseinandersetzen, weil es öfters zwischen ihnen zu Meinungsverschiedenheiten in Bezug auf die Kinder kommt. Dann ist wenig Verständigung zwischen ihnen möglich.

Nach Kontaktaufnahme, Klärung der Anliegen und Verabredung des Kontraktes schlägt der Therapeut der Familie ein gemeinsames Spiel vor. Ob Clara sich vorstellen könne, daß die Familienmitglieder in Tiere verwandelt würden und welche Tiere sie dann ihrer Meinung nach wohl sein würden? Sie solle doch die Tiere so zueinander stellen, wie sie es sich für ihre Familie vorstellen könne. Dabei ergibt sich folgendes Bild, indem die Pfeile die Blickrichtungen angeben:

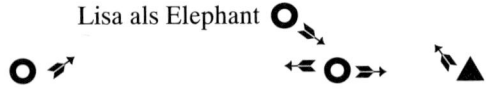

Mutter als Katze   Clara als Pferd   Vater als Affe, der wackelig auf einem Bein steht

Der Therapeut interviewt jedes Familienmitglied, wie es ihm in seiner Position geht. Clara findet ihre Position sehr anstrengend, weil sie den Kopf nicht bewegen könne. Sie müsse immerzu geradeaus den „Elephanten" und gleichzeitig aus den Augenwinkeln den „Affen" und die „Katze" beobachten. Sie fühle sich so nicht wohl, aber das Bild stimme für sie. Auch die Mutter findet ihre Position unbequem, weil sie zum „Elephanten" aufsehen müsse. Außerdem könne sie den „Affen" gar nicht sehen, und das würde sie vermissen. Daß sie eine Katze sei, gefalle ihr. Der Vater fühlt sich von allen zu weit weg. Es stört ihn, daß er die „Katze" nicht sehen kann. Außerdem fühle er sich doch sehr wackelig auf einem Bein. Lisa fühlt sich als „Ele-

phant" sehr wohl. Ihr gefalle auch, daß alle zu ihr schauen. Sie möchte gern auch ein Bild stellen.

Beide Eltern haben Ideen, wie sie gern die Familie hätten. So bekommt zunächst Frau und dann Herr C. die Möglichkeit, ihre Wunschbilder zu stellen. Die Eltern stellen ihre Bilder allerdings ohne daß den Familienmitgliedern Tiere zugeordnet werden. Frau C. wünscht sich einen Kreis, auf dessen Kreisbahn sie links und rechts ein Kind hat und so ihrem Mann gegenübersteht. So fühle sie sich frei, zu jedem Kontakt aufzunehmen.

Herrn C. ist der Abstand zu seiner Frau zu groß. Er stellt ein Bild, indem er und seine Frau dicht nebeneinander stehen. Ihnen gegenüber steht, mit deutlich größerem Abstand, das Geschwisterpaar, das die Eltern anschaut. Herr C. ist zufrieden mit seinem Bild. Frau C. empfindet, daß sie zu dicht bei ihrem Mann stehe und dadurch weniger Freiraum habe als in ihrem eigenen Bild. Die Kinder fühlen sich in beiden Skulpturen der Eltern ganz wohl. Lisa besteht jetzt darauf, auch mal dran zu sein. Dabei entsteht folgende Skulptur:

Lisa ist eine Königsmaus, die ganz bequem auf einem Sessel liegt und jedem auf den Rücken springen kann

Die Mutter ist ein Hahn und hockt auf dem Boden.

Der Vater ist ein Schwein und soll auf allen Vieren auf dem Boden stehen.

Clara ist ein Zebra und steht ebenfalls auf allen Vieren auf dem Boden.

Clara meldet sich spontan zu Wort und sagt, daß ihr das Bild nicht gefalle. Die Maus solle vom Stuhl. Der Therapeut schlägt vor, daß die Tiere dies in einem Spiel untereinander ausmachen könnten. Vielleicht mit dem Unterschied zu richtigen Tieren, daß diese Tiere sich mit Sprache untereinander verständigen könnten. Die Familie ist einverstanden.

Das „Zebra" versucht die „Maus" zu überreden vom Stuhl zu kommen. Aber die „Maus" will nicht. Sie sei die „Königsmaus" und es sei ihr Thron. Auch „Hahn" und „Schwein" versuchen mit Aufforderungen und Lockungen die „Maus" vom Sessel zu holen. Beiden ist es aber wohl nicht so dringend wie dem „Zebra". Dies steht nach einiger Zeit recht hilflos da. Der Therapeut sagt dem „Zebra", daß er den Eindruck habe, die Königsmaus werde nie freiwillig von ihrem Sessel gehen. Das „Zebra" geht zur „Maus" und versucht sie mit der Nase herunterzustupsen. „Maus" und „Zebra" rangeln einige Zeit. Dann bleibt das „Zebra" auch einfach auf dem Sessel hocken und sagt, daß es ihm dort gefalle und es dort bleiben wolle. „Hahn" und „Schwein" sind einverstanden. Die „Maus" ist überrascht und nicht einverstanden.

Die Zeit reicht nur noch für eine kurze Gesprächsrunde über das Spiel. Clara sagt nur, daß es ihr Spaß gemacht habe, vor allem der Kampf mit Lisa als Maus. Lisa hat es auch Spaß gemacht, nur zum Schluß nicht mehr. Das weitere Gespräch findet zwischen den Erwachsenen statt, während die Kinder im Raum auf dem Boden spielen.
Die Eltern sind vor allem von dem Eindruck bewegt, wie hilflos und schwach sie die große Tochter und wie mächtig und dominant sie die kleine erlebt haben. Ihnen sei dabei deutlich geworden, wie schwierig Claras Situation in der Familie sei. Daß Clara so offen mit Lisa gekämpft habe, erschien den Eltern ungewöhnlich und neu für Clara. Für das erste Bild, in dem Clara zwischen ihnen beiden stand und alles im Auge zu behalten versucht habe, fallen ihnen verschiedenen Situationen, aus dem Familienleben ein. Clara übernähme viel Verantwortung für das Geschehen in der Familie. Dies vor allem in Situationen, in denen sich die Eltern nicht einig wären. Auch daß Lisa mehr Aufmerksamkeit erhalte, stimme und sei ihnen in der Stunde noch einmal deutlich geworden. Beide sind der Meinung, mehr auf Ausgleich zwischen den Geschwistern achten zu müssen und darauf, nicht so oft dem Charme der kleinen Tochter zu erliegen. Hier hätten sie Interesse weiter daran zu arbeiten, wie sie ihre Aufgabe als Eltern gestalten könnten.
Außerdem beschäftigen beide Eltern die Unterschiede ihrer eigenen Wunschbilder. Dabei gäbe es tatsächlich die Unterschiede zwischen beiden, wie sie sich in den Bildern deutlich gezeigt hätten: Die Frage wieviel Paar man in der Familie sein könne (Bild des Mannes) oder wie stark sich das Paar im Familienkreis (Bild der Frau) auflöse. Wie es bei ihnen in Zukunft damit weitergehen solle, wäre nach Ansicht der beiden auch ein Thema für die Beratung.
Da die Skulpturen und das Spiel viele Anregungen und Ideen gebracht haben, für die die Eltern mehr Zeit im Gespräch bräuchten, wird eine nächste Sitzung ohne die Kinder vereinbart, um weiter auszuwerten.

Über die Skulpturarbeit konnte in der ersten Stunde so ein Konsens zwischen den Eltern und dem Therapeuten erarbeitet werden über die Themen, die momentan für die Familien von Bedeutung sind. Die schwierige Situation Claras ist für die Eltern, Clara selbst und den Therapeuten sehr anschaulich erfahrbar geworden. Einmal steht sie als ältere in der Rivalität zu einer jüngeren, charmanten und vitalen Schwester, die die Aufmerksamkeit aller sehr auf sich zu ziehen weiß. Außerdem gerät sie in die Position zwischen die Eltern in einer Phase, in der diese durchaus Differenzen in ihren Vorstellungen über die Gestaltung von Familie und Partnerschaft haben.
Darüber hinaus löste die Skulptur von Lisa bei Clara einen spontanen Impuls aus, dem sie in der Szene nachgehen konnte. Dabei läßt sich Clara auf eine Auseinandersetzung mit ihrer Rolle der ruhigen, einsichtigen und vernünftigen älteren Schwester ein. In ihrem Versuch, sich nicht zufriedenzugeben mit dieser Rolle und für ihre Interessen einzutreten und aktiv einen Konflikt mit der Schwester zu machen, probiert Clara neues Rollenverhalten aus. Auch diese fiktive Szene stellt eine psychodramatische Zukunftsprobe dar. Hier ist der Rahmen des Spiels nicht eine reale Familiensituation - wie bei der Zukunftsprobe im Abschnitt 2.2 -, sondern eine mär-

chenhafte Tierwelt. Aus therapeutischer Sicht schien es mit Rücksicht auf die Spielbereitschaft der Eltern in einer ersten Stunde sinnvoll, den Tieren menschliche Sprache anzubieten, anstelle einer Interaktion nur auf der Körperebene und mit Tierlauten. Ein solcher fiktiver Rahmen ist Kindern wie Eltern durchaus aus Märchen und Parabeln vertraut, in denen die Tiere auch über eine menschliche Stimme verfügen.

Während die Eltern sich in der Gesprächsrunde nach der Aktionsphase mit möglichen Veränderungen ihres Rollenverhaltens auseinandersetzen, geschieht Claras Auseinandersetzung damit ausschließlich auf der Handlungsebene. Dadurch, daß spielerische Handlung und Gespräch Elemente der Familiensitzung sind, können Kinder und Erwachsene, jeder seiner Auseinandersetzungsebene angemessen, teilnehmen - ohne daß sich die Kinder dazu ganz auf die verbale Ebene der Erwachsenen begeben müssen.

Durch die verschiedene Aufgabenstellung haben die Skulpturen der Kinder und die der Eltern einen unterschiedlichen Inhalt. Die Skulptur der Kinder gibt deren jeweilige subjektive Sicht der Familienbeziehungen und der eigenen Position darin - im Sinne eines Perzeptionssoziogramms - wieder. Darüber besteht für die Familie und für den Therapeuten die Möglichkeit, Ideen zu der von den Eltern eingangs formulierten Fragestellung nach der Belastung von Clara innerhalb der Familie zu entwickeln. Die Skulpturen der Eltern dagegen sind Wunschskulpturen und drücken die jeweilige Idealvorstellung aus, wie sie als Paar innerhalb der Familie sein wollen. Damit konnten die Unterschiede beider Eltern in ihren Vorstellungen, wie Familie gestaltet werden sollte, konkretisiert werden. Dies wurde ja von den Eltern als zweiter Grund für eine Beratung genannt.

Die Verwandlung der Familienmitglieder in Tiere in den Skulpturen der Kinder ist in der Nachbesprechung nicht thematisiert worden. Offensichtlich ist der Familie zunächst anderes wichtiger gewesen. Gerade für die Kinder ist dieser fiktive, ans Märchen erinnernde Spielrahmen eine Möglichkeit, eigene Spontaneität eher zuzulassen, weil sie sich so ferner von einer eventuell belasteten Familienrealität befinden. Natürlich beinhalten die konkreten Symbolisierungen zusätzliche Erkenntnismöglichkeit über das familiäre System, ähnlich wie der psychodiagnostische Test „Familie-in-Tieren".

Da Skulptur- und Soziogrammarbeit zunächst statisch und sehr durch den Therapeuten angeleitet ist, stellt sie weniger Ansprüche an die Spontaneität des Klienten als das Nachspielen von Szenen oder improvisiertes Spiel. Andererseits haben Soziogramme und Skulpturen nach meiner Erfahrung einen ausgesprochen anregenden, erwärmenden Effekt auf Familien. Sie stellen oft Warm-ups für die weitergehende szenische Arbeit dar. So hat die erste Skulptur von Clara die Eltern erwärmt, ihre eigenen Vorstellung zu konkretisieren. Alle Skulpturen der Stunde haben Clara wohl für die szenische Arbeit an ihrer Rolle erwärmt.

Dieser anregende Effekt auf Familienmitglieder führt oft zu einer sehr dichten Atmosphäre in der Beratungsstunde. Diese ermöglicht den Familienmitgliedern, ihre Sicht der Familienbeziehungen oder ihre Wünsche an die Familienbeziehungen in einer Stimmigkeit und Klarheit auszudrücken, wie dies über Sprache allein nicht möglich wäre. Darin liegt m. E. die große Stärke dieser Verfahrensweise.

Schweitzer und Werner (1982) führen aus, daß Kommunikation und Interaktion analoge und ganzheitliche Vorgänge sind, die sich nur unvollkommen mittels Sprache beschreiben lassen, aber sich oft angemessener und effektiver über Skulpturen, Bilder und Metaphern - also ebenfalls analoge Formen- erfassen und ausdrücken lassen:

„*Familienprozesse sind (wie Lebensvorgänge überhaupt) gleichzeitig, ganzheitlich und kreisförmig. Das bedeutet: Viele Prozesse in einer Familie laufen simultan und nebeneinander ab; jeder einzelne Vorgang bekommt seine Bedeutung erst im Kontext der anderen gleichzeitig ablaufenden Vorgänge. Es gibt keine isolierten Ursache-Wirkungs-Zusammenhänge, sondern ein Prozeß ist zugleich Ursache und Folge anderer, gleichzeitig ablaufender Prozesse. Formuliert der Therapeut das, was er beobachtet, in Sprache, so muß er interpunktieren, die Zusammenhänge zerlegen und hintereinander anordnen. Dies wird der Natur eines lebendigen Systems nicht gerecht. Anstatt diese Prozesse nacheinander sprachlich zu beschreiben, kann man sie räumlich in einer Skulptur bzw. um den zeitlichen Aspekt mit einzubeziehen, in einem Film oder in einem Tanz in ihrer Gleichzeitigkeit und Kreisförmigkeit einfangen.*"

Dies scheint mir die Erklärung für die Intensität, Dichte und das Gefühl von Stimmigkeit, das meist entsteht, wenn Familienmitglieder ihre Familie in einem Soziogramm, einer Skulptur oder anderen analogen, metaphorischen Formen darstellen.

2.4 Gruppenspiel mit der Familie

Anders als bei Rekonstruktionen von Alltagszenen aus dem Leben der Klienten, in denen die Interaktionen und die Beziehungsmuster zwischen den Mitspielern vorgegeben sind, werden im psychodramatischen Gruppenspiel lediglich der thematisierte Rahmen (z.B. Märchenwald) und die Rollen der Mitspieler festgelegt. Welche gemeinsame Geschichte und welche Beziehungen dabei entstehen, bleibt dem spontanen Spiel der Gruppe überlassen, ist abhängig von jedem einzelnen Mitspieler und der Gestaltung seiner Begegnungen mit den anderen Mitspielern im Spiel. Der folgende Bericht beschreibt eine Familiensitzung, in der eine solche Arbeitsstruktur eingesetzt wurde.

Familie D. besteht aus Vater, Mutter, Bettina (6 Jahre), Karl (5 Jahre) und Paul (ca. 20 Monate). Beide Eltern haben sich entschlossen wegen Bettina etwas zu unternehmen. Bettina habe Ängste. Sie mag nachts nicht mehr allein schlafen, sei sozial sehr zurückgezogen und habe kaum Freunde. Bettina und Karl gingen in den gleichen Kindergarten. Beide Eltern hätten soziale Berufe. Die Mutter arbeite nicht. Vor einem Jahr sei die Familie umgezogen und Bettinas Probleme seien seitdem verstärkt da. Seitdem sei außerdem die Mutter an heftigem Rheuma erkrankt. Im folgenden wird das zweite Treffen mit der Familie in der Beratungsstelle beschrieben.

Der Therapeut sagt zu Beginn, daß er heute mit der Familie gern spielen wolle und nicht nur reden wie beim letzten Mal, schließlich seien ja Kinder und Erwachsene zusammen hier. Eltern und Kinder sind einverstanden. Der Therapeut fragt, ob die Kinder Schiffe kennen und es entwickelt sich ein kurzes Gespräch, ob und wo die Familie Schiffe gesehen hat und damit gefahren ist. Danach schlägt der Therapeut der Familie vor, gemeinsam Schiff zu spielen. Zunächst solle die Familie aus den Polstern, Sesseln und Decken im Raum ein Schiff bauen und danach untereinander ausmachen, wer welche Funktion an Bord habe.

Die Familie beginnt mit dem Aufbau des Schiffes. Die Eltern arbeiten mit den beiden älteren Kindern zusammen. Paul vergnügt sich zwischen den Polstern, ist aber nicht wirklich am Aufbau beteiligt. Herr D. bezieht sich fast nur auf Karl. Greift dessen Ideen auf und setzt sie um. Bettina bezieht sich deutlich auf Frau D., die aber selbst sehr damit zu tun hat, beim Aufbau mitzureden. Was die Gesamtkonzeption des Schiffes angeht, sind die „Männer" in ihren Vorstellungen wesentlich bestimmender.

Jetzt werden die Rollen verteilt. Herr D. setzt Karl auf einen Turm im Schiff und sich daneben. Er bestimmt, Karl solle der Kapitän sein und er selbst sei Passagier. Paul, der vorn im Bug des Schiffes rumturnt, sei ebenfalls ein Passagier. Frau D. setzt sich hinter ihren Mann und sagt, sie sei Passagierin. Bettina ist unruhig und springt hin und her. Sie weiß nicht, welche Rolle sie übernehmen soll. Nach kurzem Dialog mit dem Therapeuten, sagt sie, sie wäre die Frau, die das Essen bringt. Der Therapeut fragt die Familie, ob sie ihm eine Aufgabe auf dem Schiff geben wolle. Die Eltern überlassen den Kindern die Entscheidung. Karl ist dafür. Bettina möchte das nicht. Auch als die Eltern sie zu überreden versuchen, bleibt sie dabei, daß der Therapeut keine Rolle auf dem Schiff erhalten soll. Karl ändert daraufhin seine Meinung. Damit ist die Entscheidung gefallen. Der Therapeut entschließt sich die Rolle des Leuchtturmwärters zu übernehmen, der die Schiffe in der Nähe der Küste mit dem Fernglas beobachtet. Damit sind alle einverstanden.

Dann beginnt die Spielphase. „Passagier 1" (Herr D.) nimmt zum „Kapitän" (Karl) Kontakt auf und unterstützt den gut dabei, in seiner Rolle zu bleiben. Die beiden tauschen sich über das Ziel der Reise, das Steuern des Schiffes und technische Probleme aus. „Passagier 2" (Paul) turnt munter allein vorn im Bug des Schiffes rum. Die „Passagierin" (Frau D.) sitzt genau hinter „Passagier 1" und beobachtet interessiert die Verhandlungen vor sich. „Kapitän" und „Passagier 1" kümmern sich überhaupt nicht um das, was hinter ihnen passiert. Karl geht in der Rolle des Kapitäns auf. Die „Serviererin" springt ziemlich orientierungslos auf dem Schiff herum. Ab und zu haben die „Serviererin" und die „Passagierin" Kontakt. Dabei geht es um Bestellungen von Getränken und Speisen. Der „Leuchtturmwärter" kommentiert für sich, was für ein schönes stolzes Passagierschiff da ganz nahe der Küste seinen Leuchtturm passiert.

Die „Passagierin" erhält nicht so, wie von ihr geordert die Getränke und Speisen, da die „Serviererin" zwischendurch gern ein wenig über das Schiff tobt. Da kündigt die „Passagierin" an, daß ihr schlecht werde. Niemand auf dem Schiff reagiert darauf. „Passagier 1" und „Kapitän" sind mit wichtigen Aufgaben in Bezug auf das Steuern und den Motor des Schiffes beschäftigt. Der „Passagierin" geht es immer schlechter und die „Serviererin" stürzt sich auf die „Passagierin" und ist sichtlich verärgert. Sie schlägt der „Passagierin" auf den Mund und attackiert die kranke „Passagierin". Die „Passagierin" ist offensichtlich irritiert über das Verhalten der „Serviererin", protestiert verbal dagegen, sinkt dann allerdings vollkommen entkräftet aufs Deck. Dort bleibt sie liegen und läßt die Attacken über sich ergehen. Dann springt die „Serviererin" über Bord und läuft zu einem Kletterturm im anderen Teil des Zimmers. Die anderen beiden „Passagiere" und der „Kapitän" bleiben weiter intensiv in ihrem Spiel und beachten das Geschehen gar nicht. Die „Passagierin" bleibt an Deck liegen.

Der Therapeut unterbricht das Spiel kurz, geht zur „Serviererin" und fragt sie, wie sie denn über das Wasser laufen könne und wo sie jetzt sei. Sie erzählt das Wasser sei gefroren und sie sei über das Eis weggelaufen. Jetzt wäre sie in einer Turnstunde. Sie wolle aber gleich wieder zurück auf das Schiff gehen. Damit ist die Spielunterbrechung beendet und alle machen in ihren Rollen weiter.

Tatsächlich läuft die „Serviererin" über das Eis zurück auf das Schiff. Dort stürzt sie sich sofort auf den „Kapitän", zieht den von seinem Turm herunter und beginnt eine Rauferei mit ihm. Die „Passagiere" kümmern sich nicht um die Rauferei in der Mannschaft. „Passagier 1" hebt „Passagier 2" auf den Kapitänsturm und stellt fest, dieser sei jetzt „Kapitän". Es gibt keinen Widerspruch auf dem Schiff und er beginnt den neuen „Kapitän" einzuarbeiten, während die „Mannschaft" weiter kämpft und die „Passagierin" krank auf dem Deck liegt. Der „Leuchtturmwärter" drückt seine Sorge um die Sicherheit des Schiffes im Selbstgespräch aus. Er informiert über Funk den Notdienst und die Küstenwache, da offensichtlich eine Meuterei an Bord ausgebrochen sei und außerdem eine Kranke auf dem Schiff sei.

Nachdem die „Serviererin" und der alte „Kapitän" einander loslassen, eilt der alte „Kapitän" zu seinem Kommandoturm. „Passagier 1" tauscht die „Kapitäne" wieder aus. An dieser Stelle wird die Spielphase beendet.

In der Nachbesprechung sagt Bettina, daß es ihr nicht gefallen habe, daß sogar der kleine Paul Kapitän gewesen sei. Das habe sie geärgert. Sonst habe ihr das Spiel gut gefallen. Karl hat fast alles Spaß gemacht, nur daß die Serviererin ihn angegriffen habe, sei blöd gewesen.

Die weitere Nachbesprechung fand nur zwischen den Erwachsenen statt. Die Kinder spielten für sich im gleichen Raum.

Beide Eltern stellten im Gespräch fest, daß das Spiel Momente hatte, die sie aus der familiären Situation kennen. Es waren allerdings unterschiedliche Punkte, die sie jeweils berührt hatten.

Für Frau D. war es vor allem die spontane Idee im Spiel, krank zu werde. Erst jetzt im Gespräch erinnere es sie an ihr tatsächliches Krankwerden in der letzten Zeit. Vor allem die Reaktionen der anderen Familienmitglieder seien in der Realität eigentlich wie im Spiel. Ihr Mann reagiere wenig auf die Krankheit, ähnlich auch Karl. Bettinas unmittelbare Reaktion im Spiel habe sie etwas schockiert. Ihr sei nicht klar gewesen, wie stark ärgerlich Bettina auf das Krankwerden von ihr sei. In Wirklichkeit reagiere Bettina zwar mit Interesse und Anteilnahme darauf, aber nicht mit Ärger. Der Ärger sei jedoch im Spiel deutlich spürbar gewesen. Herr D. bestätigt, daß das Bild des Spiels in Bezug auf sein Verhältnis zur Krankheit der Frau stimme: Die Passagierin könne ruhig einige Zeit hinten auf dem Deck liegen und langsam wieder gesund werden, er kümmere sich um den Kurs des Schiffes. Stärker möchte und könne er auch real nicht auf die Krankheit seiner Frau eingehen. Frau D. drückt aus, wie unzufrieden sie mit der Situation sei. Wie in der Rolle als Passagierin werde sie aber nicht von Bord gehen. Das Wasser sei ihr zu bewegt und sie liebe die Menschen an Bord. Sie werde abwarten.

Herrn D. beschäftigt mehr, daß er bewußt keine Verantwortung tragende Rolle im Spiel übernommen hat und letztlich dann doch als Passagier über den Kapitän allen Einfluß hatte. Er stellt fest, daß dies für ihn typisch sei. Oft übernehme er nicht die Chefrolle, regiere aber aus dem Hintergrund. Herr und Frau D. beginnen sich darüber zu unterhalten, wer in der Familie für gemeinsame Situationen die Verantwortung übernimmt. In der Regel sei es Frau D. Herr D. sei öfter verärgert, wie seine Frau dies dann mache. Er übernehme aber auch dann nicht die Verantwortung für die Situation. Beide überlegen, wie er selbst mehr Verantwortung in solchen Situationen tragen könne. Frau D. stellt fest, daß es ihr nicht leicht falle, Verantwortung für die Kinder an ihren Mann abzugeben.

Beide haben bemerkt, wie schwer es für Bettina war, ihren Platz im Spiel zu finden. Sie, als Älteste, wird von Karl, dem Jüngeren, überflügelt. Dieser wird stark vom Vater unterstützt. Sie hat keine vergleichbare Unterstützung. Die Eltern sind an diesem Punkt nachdenklich, können das Spiel aber nicht direkt auf die reale familiäre Situation übertragen. Sie wollen bis zum nächsten Mal stärker darauf achten, in welchem Umfang das Spiel auch in diesem Punkt etwas vom realen Familiengeschehen abgebildet habe.

Dem Therapeuten ermöglichte das Spiel in der zweiten Stunde ein leichteres und ergiebigeres Arbeiten mit der ganzen Familie, als das Gespräch in der ersten Sitzung. Beide Eltern neigten in der ersten Stunde dazu, fertige Konzepte mitzubringen und sich nur innerhalb dieser zu bewegen, ohne daß dies für sie neue Erkenntnisse oder Veränderungsimpulse gebracht hätte. Durch das Spiel der zweiten Stunde war es möglich, Kinder und Eltern in einen gemeinsamen Prozeß einzubeziehen. Das Spiel erlaubte den Eltern zudem jenseits ihrer bisherigen und inzwischen wohlbekannten eigenen Hypothesen Neues vom Familiengeschehen und der eigenen Rolle darin wahrzunehmen. Dadurch wurden vor allem auch die Schwierigkeiten von Bettina für die Eltern und den Therapeuten deutlich. In der ersten Stunde gab es eigentlich kaum plausible Anhaltspunkte für die Probleme von Bettina, die zur Anmeldung in der Beratungsstelle führten.

Was sich in Bezug auf Bettinas Position in der Familie im Spiel gezeigt hatte, war offensichtlich für die Eltern unmittelbar nach dem Spiel nicht völlig einzuordnen. Beide waren direkt nach der Spielphase noch sehr mit ihren eigenen Rollen und dem Erleben der Beziehung zwischen ihnen im Spiel beschäftigt. Bettinas Ausbrechen aus dem Familienschiff im Spiel, ihre Schwierigkeit, eine passende und befriedigende Rolle für sich einzunehmen, sowie ihr Ärger auf das konsequente Übergangenwerden durch den Vater (wie z.B. bei der Kapitänsauswahl) und auch der Ärger auf die Schwäche der Mutter gaben erste Hinweise, welche Hintergründe Bettinas nächtliches „Beunruhigtsein" haben könnte.

Bettinas Ausflug über das Wasser in die Turnstunde - aus dem Kontext der aktuellen Szene in der sie die kranke „Passagierin" gerade geschlagen hatte - kann als Ausbruch aus einer Spielsituation verstanden werden, die Schuldgefühl oder Angst verursacht haben. Immerhin hatte sie, aus einem spontanen Impuls heraus, sehr aggressiv auf die kranke „Passagierin", die von ihrer wirklichen, kranken Mutter gespielt wurde, reagiert. Familienrealität und Spiel lagen hier sehr dicht beieinander. Kinder neigen dazu, in solchen für sie zu realitätsnahen Situationen, die zudem mit Schuldgefühlen und Ängsten verbunden sind, durchaus aus dem Spiel auszusteigen. Hier brauchte Bettina die Unterstützung durch den Therapeuten, um wieder in die „so-tun-als-ob"-Welt des Spiels zu finden. Damit ist auch eine Entlastung für sie selbst verbunden: Es wird deutlich gemacht, daß alles Geschehen - also auch ihre Aggression - in einer klaren Spielsituation ein „so tun als ob" ist und bleibt. Dadurch wird die Trennung zwischen Spiel und Realität aufrechterhalten, die sich bei ihr für einen Moment zu vermischen drohte.

Der Effekt, den ein solches Gruppenspiel mit der Familie hat, ist ganz ähnlich dem eines Soziogramms oder einer Skulptur. Das „Produkt" des Gruppenspiels könnte man als Film, Geschichte oder Theaterstück betrachten, in dem die Familienbeziehungen in einer metaphorischen Form abgebildet werden. Das Besondere dieser Abbildung ist, daß sie von allen Familienmitgliedern gemeinsam geschaffen wird. Während die Skulptur oder das Soziogramm die subjektive Sicht der Familie durch eines ihrer Mitglieder darstellt, entsteht die Abbildung im Gruppenspiel durch das gleichzeitig improvisierte Spiel jedes Familienmitglieds und des Therapeuten von Szene zu Szene. Die so entstehende Geschichte bildet alle Beziehungen ab, die die am Spiel teilnehmenden Personen untereinander haben. Diese Abbildung wird mittels Improvisation aus den Rollen heraus immer genauer ausgemalt.

Das so entstandene Bild ist zum einen für Familie und Therapeut von diagnostischem Wert, zum anderen ist es häufig emotional sehr beeindruckend für Familienmitglieder. Dies führt dazu, daß sie auch im folgenden Gespräch gern weiter in dieser Metapher bleiben, um schwierige Aspekte ihrer Beziehungen auszudrücken. In der oben beschriebenen Sitzung tut Frau D. dies, wenn sie über Bleiben oder Verlassen der Familie spricht.

Die Eindringlichkeit des Bildes entsteht hier - neben den Gründen, die Schweitzer und Weber für die Arbeit mit Metaphern, wie oben zitiert, aufführen -, weil die Kreativität und die Sichtweise aller Beteiligten eingeflossen sind. Dadurch ist eine umfassende und genaue Abbildung entstanden, die zudem stark emotional besetzt ist, weil sie das eigene gemeinsame Produkt der ganzen Familie ist.

Für einige Familien ist für dieses Erlebnis einer gemeinsamen Produktion im Spiel von großer Bedeutung.

3.0 Besonderheiten psychodramatischer Arbeit mit Familien

Ambulante Beratung und Therapie mit einer Familie unterscheidet sich in ihren Rahmenbedingungen erheblich von einer psychodramatischen Therapie- oder Selbsterfahrungsgruppe. Da das Psychodrama aber in solchen Gruppen entwickelt wurde und in der Ausbildung weitergegeben wird, sollten bei einer Übertragung auf die Arbeit mit Familien die Unterschiede der beiden Settings und die notwendige Anpassung an das andere Feld besondere Aufmerksamkeit verdienen. Einige mir wesentlich erscheinende Unterschiede sind dabei:

- Eine psychodramatische Therapiegruppe setzt sich ausschließlich aus Erwachsenen zusammen, während an einer Familiensitzung vom Säugling bis zu den Urgroßeltern alle Altersgruppen teilnehmen können. Damit ist die Zusammensetzung der Teilnehmer in Bezug auf ihre Fähigkeiten, Interessen und ihre Art der Wahrnehmung extrem heterogen.

- Die Mitglieder einer psychodramatischen Therapiegruppe stehen in der Regel außerhalb der Gruppe in keinem gemeinsamen Lebenszusammenhang. Die Gruppe ist ein künstliches Gebilde, daß zu dem Zweck der gemeinsamen Selbsterfahrung bzw. Therapie ins Leben gerufen wurde. Die Familie dagegen stellt in diesem Sinne einen natürlichen Lebenskontext dar. In der Therapie der Familie sollen die Probleme zwischen den Familienmitgliedern bearbeitet werden, d.h. alle beteiligten Konfliktpartner sind in der Therapie auch anwesend. Dieser Unterschied zu einer Therapiegruppe wirkt sich auf die therapeutische Arbeit unmittelbar aus. Moreno sieht in der Gruppe ein zentrales, therapeutisches Wirkungselement. Wenn ein Mitglied der Gruppe an seinen Problemen arbeitet, können die anderen Gruppenmitglieder es als Außenstehende unterstützen, korrigieren und spiegeln. Moreno mißt dem Wirkungselement Gruppe sogar eine größere Bedeutung zu als dem Therapeuten. Die Familie kann in diesem Sinne nicht mit einer künstlich gebildeten Gruppe von Erwachsenen gleichgesetzt werden.

- Da die psychodramatische Therapiegruppe in der Regel über einen längeren Zeitraum zusammenarbeitet, kann ein langsames Vertrautwerden mit psychodramatischen Techniken erfolgen. Zudem sind die einzelnen Sitzungen üblicherweise länger als eine Stunde, sodaß ausreichend Zeit für warm-ups und Gesprächsrunden zur Integration des in der Aktionsphase Erlebten vorhanden ist. Familiensitzungen dauern in der Regel ca. 1 Stunde. Den Familienmitgliedern sind psychodramatische Techniken nicht vertraut. Wenn Eltern wegen der Probleme ihrer Kinder therapeutische oder beraterische Hilfe suchen, kann nicht vorausgesetzt werden, daß sie zu weitergehender Arbeit an der eigenen Person und an den eigenen Beziehungen in der Familie motiviert und bereit sind. Oft erwarten sie zu Beginn gar nicht, daß ihnen so etwas vorgeschlagen werden könnte.

Einige der Konsequenzen, die sich aus diesen Unterschieden im Setting für den Einsatz des Psychodramas in der Familie ergeben, möchte ich im folgenden diskutieren.

3.1 Kinder und Erwachsene

Der augenfälligste Unterschied ist sicher, daß in der Familie Kinder und Erwachsene gemeinsam an Entwicklungsfragen arbeiten. Gerade, wenn die Kinder klein sind und die Erwachsenen sehr erwachsen sind, führt dies dazu, daß die am Therapieprozeß Beteiligten extrem verschiedene Formen haben, sich mit der Welt auseinanderzusetzen. An dieser Stelle soll nicht detailliert auf die unterschiedlichen Formen der Auseinandersetzung mit der Welt in den verschiedenen Stufen kindlicher Entwicklung im Vergleich zu der von Erwachsenen eingegangen werden. Vereinfacht läßt sich die kindliche Auseinandersetzungsform als spielerisch und handlungsbetont beschreiben. Die Form der Erwachsenen dagegen ist im wesentlichen verbal-begrifflich und kausallogisch begründet.

Grundsätzlich liegt m.E. hier der Vorteil einer Einbeziehung von psychodramatischen Strukturen in die Arbeit mit Familien. Das Spiel und die Handlung als Arbeitsmittel entsprechen der kindlichen Verarbeitung und Ausdrucksform. Gleichzeitig liegt darin für die beteiligten Erwachsenen eine Chance, auf ganzheitliche Weise an den Beziehungen in der Familie und den eigenen Rollen darin zu arbeiten. Dies geschieht, um entsprechend der eingangs geschilderten psychodramatischen Auffassung, die Spontaneität und Kreativität der Erwachsenen zu aktivieren. Psychodramatische Aktionsphasen in der Familienberatung ermöglichen Kindern und Erwachsenen eine gemeinsame Arbeitsebene - die sonst oft nur mit Mühe gefunden werden kann. Meines Erachtens läßt sich das Stören, Aussteigen und Verweigern von Kindern in Familiensitzungen häufiger auf die für sie inadäquate Form der Auseinandersetzung im Gespräch als auf die Inhalte der Beratung zurückführen.

Trotz des Vorteils einer gemeinsamen Arbeitsebene in Handlung und Spiel brauchen Kinder und Erwachsene während der Teilnahme an der psychodramatischen Aktionsphase unterschiedliche Unterstützung durch den Therapeuten.

Erwachsene brauchen mehr Hinführung, warm-up und einfach Zeit, um ins Spiel zu kommen. Dies kann über den sorgsamen Aufbau der Szene, den langsamen Aufbau einer Skulptur oder das gründliche gemeinsame Gestalten der Spielfläche für eine Szene geschehen. Die Kinder sind in der Regel sehr schnell erwärmt, wenn es um das Spiel geht. In dieser Phase müssen sie eher gebremst werden, weil die beteiligten Erwachsenen noch nicht spielbereit sind.

Kinder brauchen dagegen die Unterstützung des Therapeuten dabei, sich an den vorgegebenen Rahmen zu halten und trotz intensiver innerer Beteiligung in diesem Rahmen zu bleiben. Dazu gehört in erster Linie, den Unterschied zwischen Realität und Spiel, trotz lebhafter Beteiligung am Spiel, zu akzeptieren. Gerade mit Kindern im Vorschulalter passiert es häufig, auch außerhalb der Therapie, daß sich Spiel, Phantasie und Realität vermischen. Der Therapeut kann hier durch klares Kenntlichmachen des Spielbeginns, der Rollenübernahme („So-tun-als-ob"), dem Ende des Spiels sowie einer deutlichen „Entrollung", gerade die Kinder dabei unterstützen, das Spiel von der Realität zu unterscheiden. Vor allem das Akzeptieren, daß das Spiel zu Ende ist und daß die Rolle wieder abgelegt werden muß, ist für viele Kinder nicht einfach.

Kinder neigen dazu, in kritischen Situationen aus dem Spiel auszusteigen oder die Logik ihrer Rolle zu verlassen (z.B. als Mensch über Wasser laufen wie das kleine Mädchen im Fallbericht des Abschnittes 2.4). Hier können dann Interventionen des Therapeuten nötig werden, damit der Rahmen des Spiels erhalten und klar von der sonstigen Realität unterschieden bleibt. Vor allem ist dies wichtig, wenn es um Aggression und Ablehnung im Spiel geht und sich daraus möglicherweise Schuldgefühle ergeben können. Für alle Familienmitglieder ist es entlastend, wenn gerade in solchen Situationen der Rahmen des Spiels erhalten bleibt und damit gleichzeitig deutlich ist, daß alles, was geschieht, sich in der „So-tun-als-ob" Ebene des Spiels ereignet. Dadurch wird betont, daß nicht die realen Personen gehandelt haben, sondern jeder aus seiner Rolle heraus. Im Beispiel des Gruppenspiels in Abschnitt 2.4 hat nicht Bettina ihre kranke Mutter geschlagen, sondern eine „Serviererin" auf einem Schiff eine „Passagierin", weil diese sich auf Deck erbrach. Auch in der Nachbesprechung der Aktionsphase kann es für die ganze Familie, aber besonders für die Kinder entlastend sein, wenn diese Rahmung ganz deutlich herausgestellt wird.

An dem Gespräch nach der Aktionsphase beteiligen sich jüngere Kinder (unter 10 Jahren) häufig nur kurz. Bei ihnen bleibt die Bearbeitung des Konflikts fast ganz auf der Ebene des Spiels. Die beteiligten Erwachsenen haben in der Regel das Bedürfnis, länger und ausführlicher über das in der Aktionsphase Erlebte zu reden. Bei ihnen ist die kognitive Integration stärker ein Bedürfnis und Bestandteil von Selbstentwicklungsprozessen. Gerade, wenn es um Veränderungen und Erweiterungen der eigenen Rolle geht, ist dieser Unterschied sehr deutlich. Erwachsene haben oft im Dialog nach der Aktion Ideen für neues Rollenverhalten. Kinder erweitern ihr Rollenrepertoire fast immer in der direkten Handlung und ganz selten über Einsicht und Plan. Bei Rollenerweiterungen während der Aktionsphase sind sie dagegen schneller und flexibler als Erwachsene.

Diesem Unterschied zwischen Kindern und Erwachsenen hinsichtlich der Länge, Intensität und Bedeutung verbaler Phase in der Beratung sollte in der Arbeit mit Familien entsprochen werden. Dies kann z.b. dadurch geschehen, daß die Kinder nur kurz berichten, was ihnen im Spiel gefallen hat und was sie gestört hat und dann die Möglichkeit haben, im Beratungszimmer zu spielen.

In diesem Zusammenhang möchte ich auf die Frage eingehen, wie alt Kinder für eine Teilnahme an psychodramatischen Spielen sein sollten. Im Beispiel des Abschnitts 2.4 wurde der 20 Monate alte Paul ins Gruppenspiel der Familie einbezogen.

Der Bericht zeigt aber die sehr begrenzte Möglichkeit der Teilnahme von Paul am Spiel. Von sich aus ist ein Kind in diesem Alter noch nicht zu einer aktiven Rollenübernahme in der Lage. Eine entsprechende Fähigkeit zur Symbolbildung ist in diesem Alter noch nicht entwickelt. Im Beispiel wird er aber passiv durch die anderen Familienmitglieder - hier vor allem dem Vater - ins Spiel einbezogen. Damit wird seine Stellung und Funktion im Familiensystem, wie sie ihm von den anderen Familienmitgliedern zugewiesen wird und in die er hineinwächst, deutlich. Da das gesamte Gruppenspiel eine metaphorische Abbildung des Familiengeschehens darstellt, wird diese Abbildung durch die passive Einbeziehung von kleinen, noch nicht „spielfähigen" Kindern für die Familie und den Therapeuten erst stimmig und vollständig. Für diese passive Einbeziehung gibt es natürlich keine untere Grenze.

Bei der aktiven Teilnahme stellt sich die Frage von welchem Alter an ein Kind an komplexen Rollen-Symbol-Spielen teilnehmen kann und kognitiv anspruchsvolle psychodramatische Techniken für ein Kind angemessen sind.

Moreno (1988, S. 185 ff) beschreibt sehr ausführlich psychodramatische Inszenierungen mit einem Vater, einer Mutter und einem Jungen zwischen dessen 24. und 36. Lebensmonat. Dabei ist das Kind nicht nur zur aktiven Übernahme von anderen Rollen in der Lage, sondern auch zum Rollentausch - sogar mit der Rolle der Eltern in Konfliktsituationen - sowie zur Arbeit mit einem Doppelgänger. Der Junge kann diese Inszenierungen nutzen, um eigenes Verhalten in Konfliktsituationen zu verändern. Solche Verhaltensänderungen nach einer Inszenierung mit Rollentausch beobachtet Moreno nicht nur beim Kind, sondern auch bei dessen Eltern. Dieser Bericht zeigt beeindruckend, wie psychodramatische Inszenierungen mit Eltern und Kleinkindern in der Lage sind, sowohl Kinder wie auch Eltern dabei zu unterstützen, adäquateres Verhalten für Konfliktsituationen zu finden. Zu etwas längeren Rollen-Symbol-Spielen mit mehreren Beteiligten sind m.E. Kinder erst gegen Ende des 3. Lebensjahres fähig.

3.2 Probleme mit psychodrama-unerfahrenen Familien, der Zeit und dem Warm-up

In der Regel haben Familien, die in die Beratung kommen, keine Vorerfahrungen mit dem Psychodrama. Der Arbeitskontrakt mit der Familie bezieht sich meist auf eine kleinere Anzahl von Sitzungen. Zudem geht der in diesem Aufsatz vorgestellte Ansatz davon aus, daß nicht in jeder Stunde psychodramatisch gearbeitet wird.

Das bringt die Schwierigkeit mit sich, daß den Familienmitgliedern die psychodramatische Arbeit nicht vertraut ist und sie auch nur kurz „hineinschnuppern". Der Therapeut kann so nicht auf die Möglichkeiten zurückgreifen, die eine länger laufende Therapiegruppe bietet, der die Methode vertraut ist und bei der durch zurückliegende Spiele die Spielbereitschaft und die Spielfreude in größerem Maße geweckt ist.

Der Aufbau einer Psychodrama-Gruppensitzung sieht zudem kürzere warm-ups vor, bevor die konfliktzentrierte Arbeit erfolgt. Diese warm-ups sollen die Teilnehmer zum einen zu ihren persönlichen Themen hinführen, zum anderen sollen sie die Teilnehmer aber auch für die psychodramatische Arbeitsform erwärmen. Sie sollen Erwachsene bereitmachen, wieder zu spielen und sich in stärkerem Maße ihrer Spontaneität und Kreativität zu bedienen.

In der Arbeit mit Familien haben explizite psychodramatische warm-ups in der Regel keinen Raum. In Bezug auf ein Hinführen zu Konfliktbereichen ist dies bei Familien auch kaum nötig. In der Regel kommen die Familien sehr erwärmt für ihr Problem in die Sitzung. Für die Familienmitglieder ist es dagegen oft eine große Anforderung, in die psychodramatische Arbeit an einer Konfliktsituation einzusteigen, ohne mit der Methode näher vertraut zu sein und für die Methode erwärmt zu sein.

Vom Therapeuten sind von daher in besonderer Weise Geduld, sowie aktives Hinführen und Unterstützen der Familienmitglieder nötig, damit diesen ermöglicht wird auch tatsächlich in eine Spielhandlung zu kommen. Dazu gehört auch die Bereitschaft des Therapeuten, Zögern und anfängliches Abwehren eines Spielvorschlages nicht als Abwehr im psychoanalytischen Sinne - gegenüber konflikthaftem, unbewußtem oder vorbewußtem Material - zu verstehen, sondern als Unsicherheit, natürliche Befangenheit und Unkenntnis gegenüber einer Arbeitsform, in der körperliche Darstellung und Spiel verlangt wird.

Gerstenberg (1980) stellt das gleich Problem in der psychodramatischen Arbeit mit Familien und Teilfamilien dar. Er nennt drei Faktoren, die notwendig sind, damit sich die Familienmitglieder auf eine psychodramatische Bearbeitung einlassen: Eine fundamentale Vertrauensbeziehung zum Therapeuten, eine hohe Intensität der Gesprächssituation sowie die

Sicherheit und Überzeugungskraft des Therapeuten für die psychodramatische Methode.

Daneben zwingt das hier diskutierte Problem den Therapeuten dazu, besonders sorgfältig abzuwägen, wieviel Spielfreude und Spontaneität er einer Familie zutraut. Die verschiedenen psychodramatischen Strukturen stellen ja durchaus unterschiedliche Anforderungen in Bezug auf diese Kriterien.

In diesem Sinne verlangt z.B. ein vorsichtiges Doppeln durch den Therapeuten in einer Gesprächssituation weniger Spielbereitschaft vom Klienten als das Interview eines Familienmitglieds in der Rolle eines anderen Familienmitglieds durch den Therapeuten. In der Arbeit mit Soziogrammen stellt ein Tischsoziogramm der Familie mit Figuren oder Klötzchen weniger Anforderungen, als eine Skulptur mit den tatsächlichen Familienmitgliedern. Ein Rollentausch in einer Skulptur, bei dem ein Familienmitglied sich lediglich in die Stellung und Position eines anderen Familienmitglieds begibt und darüber berichtet, wie sich dies anfühlt, erfordert weniger, als der Übergang von der Skulptur in eine Szene. In der Arbeit mit dem Psychodrama können dabei einfachere Strukturen gut als Erwärmung für anspruchsvollere genutzt werden.

Neben einer bewußten Hinführung zum Spiel kann für die Familie, die zum ersten Mal psychodramatisch gearbeitet hat, eine intensive Auswertung, im Anschluß an die Aktionsphase, notwendig sein. Verarbeitung und Integration des ungewohnten Erlebnisses, die Übertragung von Symbolisiertem auf reales Familiengeschehen und der Vorgang einem Spiel Bedeutung zu geben, stellen sich beim „methodenunerfahrenen" Klienten nicht unbedingt von allein ein. Hinter dem – für den Therapeuten frustrierenden – Kommentar eines Familienmitgliedes („Was soll das Ganze denn jetzt?") nach einem Spiel, kann die Ungewohntheit stehen, Bezüge zwischen Spiel- und Lebensrealität herzustellen und bewußt zu erfassen. Hier spielen außer der psychischen Struktur der Klienten auch Ausbildung, Schichtzugehörigkeit und kultureller Hintergrund (vor allem bei ausländischen Klienten) eine Rolle.

Findet diese Sinngebung und Interpretation der Aktionsphase nicht statt, ist der Sinn der psychodramatischen Aktion für den Klienten u.U. nicht sichtbar und Abwertungen gegenüber der Therapie oder zumindest der psychodramatischen Aktionsphase sind die natürliche Folge.

In einem solchen Auswertungsgespräch haben die verschiedenen Elemente einer psychodramatischen Nachbesprechung ihren Platz: Rollen-Feed-Back (In meiner Rolle ging es mir...), Identifikations-Feed-Back (Wenn ich mich in deine Rolle versetze, geht es mir...), Sharing (Ich kenne etwas ähnliches von mir...) und Interpretationen. Hier kann der Therapeut durch Fragen die Familienmitglieder unterstützen, sich untereinander Rückmeldungen über die verschiedenen Aspekte des Erlebten zu geben.

Außerdem kann er eigene Beobachtungen und eigenes Erleben beisteuern. Im gemeinsamen Gespräch kann die Bedeutung des Spielgeschehens für die familiäre Realität erarbeitet werden.

Zum Schluß sei noch darauf hingewiesen, daß all diese Prozesse Zeit brauchen. Gerstenberg (1980) stellt fest, daß eine 50 Minuten Sitzung für psychodramatische Arbeit mit Familien und Teilfamilien sehr knapp ist. Meine Erfahrungen decken sich mit denen von Straub (1981), die davon ausgeht, daß für diese Arbeitsform eine Sitzungsdauer von 90 Minuten sinnvoll ist.

3.3 Psychodrama mit dem Lebenskontext Familie

Im Gegensatz zu einer Therapiegruppe erübrigt sich bei der Rekonstruktion einer Familienszene mit der betroffenen Familie die Rollenbesetzung und die Rekonstruktion des Hergangs der Szene.

Wenn in und mit der Familie ein familiärer Konflikt im Beratungszimmer inszeniert wird, entsteht die Situation, daß die tatsächlichen Konfliktpartner ihren tatsächlichen Konflikt noch einmal aufführen. Dabei besteht durchaus die Gefahr, daß das Spiel zur bloßen Wiederholung der Wirklichkeit wird und auf diese Weise u.U. in der Therapie nur noch einmal die bekannten Kränkungen ausgetauscht und das gemeinsame Scheitern noch einmal erlebt wird. Eine solche Inszenierung dürfte kaum therapeutisch wirksam sein.

Hier liegt ein Problem in der psychodramatischen Arbeit mit der Familie als einem natürlichen Lebenskontext. Die Frage ist, welches die Voraussetzungen dafür sind, daß das gespielte zweite Mal im Beratungszimmer nicht zur bloßen Wiederholung des tatsächlichen Geschehens in der Familie gerät.

Die Theorie des Psychodramas geht davon aus, daß das gespielte zweite Mal zur Bearbeitung des ursprünglichen realen Erlebnisses - des ersten Males - wird. Bearbeitung geschieht dadurch, daß das Nachspielen der Realität unter Verwendung der psychodramatischen Techniken (z.B. Monolog- oder Interview-zur-Seite, Doppel, Rollentausch, Spiegeln) zu einer Sur-Plus-Realität wird. Sur-Plus-Realität meint eine erweiterte Realität, in der es möglich ist, das Geschehen neu, umfassender, aus verschiedenen Perspektiven, mit den verschiedenen Gefühlen und Bedeutungen, die es in einem selbst und auch bei den anderen Beteiligten auslöst, zu erleben. Über ein solches Erleben, zu dem auch Verstehen gehört, ist es möglich, das reale Erlebnis zu verarbeiten und zu integrieren.

Bei Inszenierungen mit dem natürlichen Lebenskontext Familie ist demnach vom Therapeuten besonderes Augenmerk darauf zu richten, daß unter sensiblem Einsatz der psychodramatischen Techniken das Spiel zur Sur-Plus-Realität für die Familienmitglieder werden kann.

Eine weitere Voraussetzung zum Gelingen einer psychodramatischen Aktionsphase ist natürlich, daß die Familienmitglieder innerlich offen für den Prozeß sind. Gerade in chronisch verhärteten, aggressiven Konflikten mit der Tendenz zur symmetrischen Eskalation besteht die Gefahr, daß die beteiligten Familienmitglieder innerlich nicht offen genug für ein psychodramatisches Spiel, im oben beschriebenen Sinne sind. Das Spiel droht eher zu einer weiteren Bühne der Auseinandersetzung zu werden. In einer solchen Situation kann eine psychodramatische Inszenierung kontraindiziert sein. Hier ist der Therapeut sehr auf sein Empfinden angewiesen, ob die innere Offenheit und Bereitschaft der Familienmitglieder groß genug für ein produktives psychodramatisches Spiel ist.

Vor allem der Rollentausch kann in der Arbeit mit Familien problematisch werden. Den beteiligten Familienmitgliedern ist es u.U. gar nicht möglich, sich einfühlend in die Position des Konfliktpartners hineinzubegeben. Seidel (1989) beschreibt diese Schwierigkeit auch in der Arbeit mit Paaren. Auch dort kann der Rollentausch „zu einer anderen Möglichkeit der „Kriegführung" mit anderen, differenzierten Mitteln" entarten. Zunächst brauchen die Betroffenen das Verstehen für sich selbst in ausreichendem Maße, bevor die Bereitschaft da ist, auch einmal für einige Momente in einer Inszenierung die Welt aus den Augen des „Gegners" zu betrachten. Berthold Brecht spricht davon, daß den anderen zu verstehen die Gefahr beinhaltet, sich selbst zum Feind zu werden. Ein mißlungener bzw. verweigerter Rollentausch in der Arbeit mit Familien legt m.E. den Verdacht nahe, daß die Betroffenen sich in der eigenen Position noch zu wenig verstanden, akzeptiert und letztlich zu gefährdet erleben. Die Situation ist dann insgesamt noch zu verhärtet, als daß eine solche Öffnung möglich wäre.

Grundsätzlich enthält aber gerade die psychodramatische Arbeit mit dem natürlichen Lebenskontext Familie eine große Chance. Bei den Inszenierungen sind alle beteiligten Spieler Protagonisten oder die Familie als Ganzes ist der Protagonist. Dadurch besteht die Chance, daß die Bedeutungen der Szene für jedes Familienmitglied, sowie auch die Lösungswünsche und -ideen von allen Familienmitgliedern präsent sind. Damit hat jedes Familienmitglied die Gelegenheit, sich mit seiner Rolle und mit seinem Beitrag zum bisherigen Familiengeschehen auseinanderzusetzen. Zum anderen hat jedes Familienmitglied die Möglichkeit nach Veränderungen seiner Rolle zu schauen. In Spielsituationen, die den Charakter von Zukunftsproben haben, können für jeden selbst und auch für die anderen die möglichen Folgen von Veränderungen erfahrbar werden. Kommt ein solcher Prozeß in der Familie in Gang, kann zwischen den Familienmitgliedern auch die Lust entstehen, spontane Ideen zuzulassen und so neue Rollenausgestaltungen zu kreieren. Damit wären die Ressourcen der Familie aktiviert, adäquatere Lösungen in Bereichen zu entwikkeln, in denen bisher Stagnation und inadäquate Lösungen vorherrschten.

Literatur:

ANDOLFI, Maurizie: Familientherapie - Das systemische Modell und seine Anwendung. Lambertus - Verlag. Freiburg 1985.
GERSTENBERG, Wolfgang: Psychodrama mit Eltern und Kindern in der Sozialpsychiatrischen Ambulanz. Sozialpsychiatrische Information März 1980. Themenhaft Psychodrama 1980.
MORENO, Jakob: Die Grundlagen der Soziometrie - Wege zur Neuordnung der Gesellschaft. Dritte Auflage. Westdeutscher Verlag GmbH, Opladen 1967.
MORENO, Jakob, L.: Gruppenpsychotherapie und Psychodrama - Einleitung in die Theorie und Praxis. Dritte Auflage. Thiema Verlag, Stuttgart, New York, 1988.
SATIR, V. und BALDWIN, M.: Familientherapie in Aktion. Die Konzepte von V. Satir in Theorie und Praxis. Jungferman-Verlag, Paderborn, 1980.
SCHWEITZER, J. und WEBER, G.: Beziehung als Metapher - die Familienskulptur als diagnostische, therapeutische und Ausbildungstechnik. In: Familiendynamik 7, 1982.
SEIDEL, Ulrich: Psychodrama ohne Gruppe - Basistechniken in der Einzelarbeit. In: Psychodrama. 2. Jahrgang, Heft 2. Dezember 1989.
STRAUB, Heika: Das Psychodrama in der Eheberatung und -therapie. Referat im Rahmen der Jahrestagung der kath. Ehe-, Familien- und Lebensberatung im April 1981 in Bad Nauheim. Veröffentlicht im Informationsdienst der kath. Bundesarbeitsgemeinschaft für Beratung e.V., Freiburg, 1981.

Zurück zum Ursprung
Abweichungen von der klassischen Psychodramamethode in der therapeutischen Arbeit mit Kindergruppen.

von Alfons Aichinger

I. Die Entwicklung des Psychodramas aus dem Kinderspiel

Moreno sah in den Spielen seiner Kindheit und in den Erlebnissen seiner Jugend den Ursprung des Psychodramas. Er erzählte gern von zwei entscheidenden Anstößen für seine Arbeit: Der eine kam aus einem Kinderspiel, bei dem der fast fünfjährige Jakob Moreno Levy und seine Freunde „Gott und Engel" spielten. Mit großer Begeisterung bauten die Kinder im Keller mit Kisten und Stühlen auf einem großen Tisch den Himmel. Ganz oben, auf dem Thron Gottes, nahm der kleine Moreno Platz. Die anderen Kinder flatterten als Engel um ihn herum. Als plötzlich ein Engel rief: „Warum fliegst Du nicht auch? Du bist doch der liebe Gott!", zögerte Moreno nicht lange, breitete seine Arme aus und lag Sekunden später mit gebrochenem Handgelenk auf dem Boden (Moreno 1982; S. 70).

Den zweiten wesentlichen Anstoß erfuhr Moreno als junger Mediziner vor dem ersten Weltkrieg. Auf seinen Spaziergängen in den öffentlichen Gärten Wiens erzählte er den dort spielenden Kindern Geschichten, die diese rasch ins Spiel umsetzten und auch abwandelten. Dabei fiel ihm auf, welche Freude und Freiheit die Kinder in den Rollen zeigten, wie sie sich im Laufe dieser Spiele wandelten, wie schüchterne Kinder sich freispielten, aggressive Kinder sich ins Spiel einfügten und in Rollen Ventile für ihre Aggressionen fanden, wie Kinder im Rollentausch Ängste ablegten und in Rollen neue Verhaltensweisen lernten. Diese Beobachtungen führten ihn zur Entwicklung des Psychodramas (Leutz 1974, S. 29).

Obwohl aber Moreno wesentliche Anregungen für die Entwicklung seiner psychodramatischen Methode aus dem kindlichen Spiel gewonnen hat, entwarf er dann das Psychodrama nur für die Therapie mit Erwachsenen. So versuchten wir zunächst, als wir 1976 an der Psychologischen Beratungsstelle für Eltern, Kinder und Jugendliche des Caritas-Verbandes in Ulm mit Psychodrama-Kindergruppen begannen, das klassische Psychodrama mit geringen Abwandlungen auf die Kindertherapie zu übertragen (ähnlich wie es in der amerikanischen Psychodrama-Literatur beschrieben ist: vgl. z.B. Drabkova 1966; Lockwood u. Harr 1973; Shearon 1980; Stockvis-Warnaar u. Stockvis 1962; Zacharias 1965). Diesem Versuch widersetzen sich die Kinder entschieden. Schwierigkeiten, mit denen wir konfrontiert wurden, waren u.a.:

1. Der Versuch, konflikthafte Lebenssituationen der Kinder zu rekonstruieren, bedeutete für die Kinder eine erhebliche Belastung, der sie auszuweichen versuchten. Sie wollten nicht nochmals durchleiden, was sie in der Realität schon erlitten hatten.
2. Forderten wir bei der Konfliktbearbeitung ein Kind auf, die Rolle mit der Person zu tauschen, die maßgeblich den inneren Konflikt verursacht hatte, so konnte es entweder, um nicht in Loyalitätskonflikt zu geraten, die lieblose Behandlung oder Bestrafung des Vaters oder der Mutter nicht darstellen, oder es spielte ein Monster von Vater oder Mutter.
3. Kinder, die für eine Antagonistenrolle gewählt wurden, spielten trotz Rollentausch und stützendem Doppel ihre inneren Bilder oder Klischees von Erwachsenen als gnadenlose, brutale Verfolger und hielten sich nicht an die Vorgaben des Protagonisten.
4. Kinder, die im protagonistenzentrierten Spiel nur eine Nebenrolle oder gar keine Rolle bekamen, blödelten, rauften, störten, so daß ein Leiter meist damit beschäftigt war, sie am Eingreifen ins Spielgeschehen zu hindern.
5. Viele Kinder konnten mit dem Doppeln in seiner Funktion als Zwiegespräch mit dem alter ego nicht umgehen. Sie erlebten den Doppelgänger oft als Über-Ich, als bedrohlichen Eindringling, so daß sie manchmal flohen oder nach uns schlugen, wenn wir in ihre Nähe kamen. Oft war es auch technisch schwierig zu doppeln, weil die Kinder nicht innehalten konnten und wollten, um in inneren Dialog zu treten, sondern ständig in Bewegung waren.
6. Dazu kam, daß die Kinder in der Sicherheit der Gruppe ihren Autoritätskonflikt im Widerstand gegen die Anweisung des Spielleiters ausagierten, indem sie Regeln übertraten (z.B. aus dem Raum gingen), sich nicht an Spielanweisungen hielten, nicht spielen, sondern raufen wollten u.ä. (vgl. Straub 1972, S. 220f).

In einem mühsamen Prozeß mußten wir uns von den Kindern zu einer ihnen angemessenen Methode führen lassen. Dabei lernten wir von ihnen, Morenos Weg vom Kinderspiel zum klassischen Psychodrama zurückzugehen, und mußten einige Abwandlungen der klassischen psychodramatischen Methode vornehmen, um die therapeutische Methode der Welt der Kinder anzupassen.

II. Therapeutische Praxis

1. Auswahl der Gruppenteilnehmer
Bei der Auswahl der Kinder für die Gruppe beachten wir die Kriterien, die Slavson und Schiffer (1976, S. 101 ff) für die Gruppentherapie mit Kindern aufgestellt haben. Wesentlich für die Aufnahme in die Gruppe sind die Fähigkeiten eines Kindes, auf andere Kinder eingehen und durch korrigierende Erfahrungen Einstellungen und Verhalten verändern zu können.

2. Zusammensetzung der Gruppe

2.1. Kinder

Um eine Überforderung für Kinder und Therapeuten zu vermeiden, nehmen wir in unsere Gruppen höchstens 6, bei Vorschulkindern meist sogar nur 4 Kinder auf. Bei der Zusammenstellung der Gruppe suchen wir Kinder mit gleichem psychosozialen Entwicklungsstand aus, damit die gespielten Themen für alle Kinder eine ähnliche Bedeutung haben. Da der Erfolg der Gruppentherapie wesentlich auf einer ausgeglichenen Zusammenstellung der Gruppe beruht, wählen wir die Kinder für die Gruppe sehr sorgfältig aus und achten darauf, daß ein Gleichgewicht zwischen aggressiven und gehemmten Kindern besteht. Damit die Kinder voneinander profitieren können und durch gegenseitigen Einfluß eine korrektive Identifizierung möglich wird, nehmen wir Kinder mit unterschiedlicher Symptomatik in die Gruppe auf. Wir bevorzugen eine heterogene Zusammenstellung der Gruppe. Da aber an unserer Beratungsstelle doppelt so viele Jungen wie Mädchen angemeldet werden, läßt es sich nicht vermeiden, daß immer wieder reine Jungengruppen zusammengestellt werden müssen.

2.2. Das Therapeutenpaar

Geleitet wird die Gruppe immer von einem weiblichen und einem männlichen Therapeuten. Die Co-Therapie erleichtert den Therapeuten, den Gesamtprozeß der Gruppe im Auge zu behalten sowie Funktionen aufteilen zu können. So werden die Kinder immer mit einem Therapeutenpaar unterschiedlichen Geschlechts konfrontiert, was besondere Übertragungsmodalitäten zur Folge hat. Die Konstellation „Therapeutenpaar und mehrere Kinder" stellt eine familienähnliche Situation dar, die das Auftauchen und Ausspielen von Familienszenen begünstigt. Die Dreieckskonstellation lädt zu ödipalen Projektionen und zur Mobilisierung der damit verbundenen Abwehr ein. Auch die Abwesenheit eines der beiden Therapeuten hat großen Einfluß auf die vorgeschlagenen Spielthemen. Spiele, die vom ödipalen Sieg, von Schuld und Wiedergutmachung, aber auch von Verlassenheit handeln, werden inszeniert und machen die unbewußten Wünsche und Ängste der Kinder deutlich. Außerdem wird durch die Anwesenheit eines Therapeutenpaares die Spaltung der Übertragung erleichtert. Jeder der Therapeuten kann zum „guten" oder „bösen" Objekt werden.

2.3. Vorbereitung

Bevor ein Kind in die Gruppe aufgenommen wird, versuchen wir, ihm das Psychodrama zu erklären und machen es mit den Spielregeln vertraut. Wir erzählen ihm, daß die Kinder sich zu Beginn jeder Stunde auf ein Spiel einigen sollen, jedes Kind sich dann aber selbst die Rolle aussuchen könne, die es in der Geschichte spielen möchte. Außerdem machen wir das Kind mit der Abstinenzregel des „So-tun-als-ob" bekannt und erklären ihm, daß alle Handlungen nur simuliert werden.

Fünf Probesitzungen, die wir grundsätzlich mit jedem Kind vereinbaren, zeigen, daß uns seine Bereitschaft wichtig ist. Sie ermöglichen ihm, sowohl die Methode als auch die anderen Kinder besser kennenzulernen und sich dann bewußter für eine Teilnahme an der Gruppe entscheiden zu können. Diese Probestunden geben den Therapeuten auch die Möglichkeit, die Zusammensetzung der Gruppe zu überprüfen. Nach diesen 5 Stunden muß sich jedes Kind, das weiter teilnehmen will, verpflichten, ein Jahr lang regelmäßig einmal in der Woche zur Gruppe zu kommen. Wir bemühen uns, ihm und den Eltern verständlich zu machen, warum eine regelmäßige Teilnahme wichtig ist.

Auch Eltern erklären wir die Grundzüge des Kinderpsychodramas. Wir bitten sie, ihr Kind nicht über die Gruppenstunde auszufragen, sondern dem Kind zu überlassen, ob es darüber sprechen will oder nicht. Dem Kind gegenüber verpflichten wir uns, den Eltern nichts über das Spiel zu erzählen.

Wichtig ist außerdem, sorgfältig abzuklären, ob die Eltern genügend motiviert sind, ihr Kind regelmäßig zur Therapiestunde zu bringen oder zu schicken und selber an Eltern- oder Familiengesprächen teilzunehmen.

2.4. Setting (Raum und Zeit)

Unser Gruppenraum bietet den Kindern genügend Bewegungsfreiheit. Die Ausstattung des Raumes haben wir auf ein Minimum beschränkt, um die Kinder auf ihre Phantasie und die Interaktionen zu zentrieren. Vorhanden sind Schaumstoffpolster, die sich gut zum Bauen eignen, Kissen und Decken. In einem Schrank sind einige Tücher und Hüte. Eine reichhaltige Ausstattung verleitet eher zu Spielereien mit dem Material und geht zu Lasten des dramatischen Spiels.

Die Sitzungsdauer haben wir auf 60 Minuten festgelegt. Die Gruppen dauern meist 1 1/2 bis 2 Jahre.

3. Ablauf der Sitzung

3.1. Initialphase

Wie im klassischen Psychodrama dient die Initialphase der Vorbereitung von Kindern und Leitern auf die nachfolgende Spielphase. Ziel dieser „Erwärmungsphase" ist es, zu einer Entscheidung zu kommen, was in der Spielphase geschehen soll. Da aber Kinder im Unterschied zu Erwachsenen meist nur in der Anfangsphase der Gruppe Spielhemmungen haben und angewärmt werden müssen, ist diese Phase bei Kindern meist kurz.

3.1.1. Themenwahl

Wir lassen Kinder unter 14 Jahren ihre Konflikte wie in der französischen Psychodramarichtung (vgl. Anzieu 1984; Lebovici 1969, 1971, 1972; Lebovici, Diatkine, Kestemberg 1958; Widlöcher 1974) nicht auf der Real-, sondern auf der Symbolebene darstellen und bearbeiten. (Auch Moreno arbeitete mit Kindern auf der Symbolebene, wie seine einzige Veröffentlichung einer Kindertherapie zeigt, vgl. Moreno 1922). Daher eröffnen wir die Sitzung nicht mehr mit der Frage, wer ein Problem im Spiel darstellen möchte. Wir fragen vielmehr zu Beginn jeder Stunde, mit Ausnahme der ersten und letzten, im Kreis sitzend, was die Kinder heute zusammen spielen möchten. In der ersten und letzten Sitzung beschreiben wir die Anfangs- bzw. Abschiedssituation mit einem Bild, das zu einem Spiel anregen soll.

Hat nun ein Kind nach unserer Anfangsfrage eine Spielidee, so können die anderen Kinder das vorgeschlagene Thema aufnehmen, modifiziern oder ablehnen. Findet ein Thema in der Gruppe Anklang, dann ermuntern wir die Kinder, den Handlungsablauf etwas auszuphantasieren. Wir gehen dabei von der Annahme aus, daß sich das Thema durchsetzen wird, das im Unbewußten der anderen Kinder Resonanz findet, mit dem sich die Mehrzahl der Kinder identifizieren kann.

Haben die Kinder ein Thema gefunden, kommt es häufig vor, daß dieses über viele Sitzungen hinweg variiert wird. Die Kinder einigen sich oft schon im Wartezimmer, das Spiel fortzusetzen, und die Initialphase geht dann schnell in die Spielphase über. Wird aber Konkurrenz in der Gruppe zum vorherrschenden Thema, kann dieser Einigungsprozeß länger dauern.

Den Therapeuten geben die Themenvorschläge und der Einigungsprozeß wichtige Erkenntnisse über die Psychodynamik des einzelnen Kindes und die Gruppendynamik.

Kinder warten aber im Unterschied zu Erwachsenen nicht ruhig auf ihren Stühlen sitzend die Themenfindung ab. Sie drücken vielmehr ihre Vorstellungen und Gefühle motorisch aus und wollen schnell in Aktion und Interaktion treten. Hier bietet gerade das Psychodrama den Therapeuten reichhaltige Interventionsmöglichkeiten, um die Aktionen der Kinder in ein gemeinsames Spiel überzuführen.

3.1.2. Initialtechniken

Mit Hilfe der Initialtechniken kann das für die Gruppe relevante Thema gefunden und im psychodramatischen Spiel behandelt werden.

3.1.2.1. Interventionen auf der verbalen Ebene.

Wir gehen bei unserem gruppenzentrierten Ansatz vom aktuellen Gruppengeschehen und der aktuellen Interaktionsdynamik der Kinder aus und

versuchen die unterschiedlichen Beiträge und die ablaufenden Prozesse szenisch zu erfassen und zu verstehen (vgl. Petzold 1986, S. 142). Indem wir die Handlungen der Kinder und den ablaufenden Gruppenprozeß in ein Bild zu fassen versuchen, regen wir die Kinder zu einer Spielszene an und schaffen einen symbolischen Hintergrund.
Beispiel:
Zu Beginn der 2. Stunde setzen sich die 7-jährigen Kinder voll innerer Anspannung verkrampft auf die Polster im Gruppenraum. Als ein Kind damit beginnt, von einem Polster auf das andere zu hüpfen, schließen sich die anderen sofort an, so daß es zu einer motorischen Entladung der Spannung kommt. Die Therapeuten beschreiben diese Szene: Es komme ihnen vor, als ob Frösche an einem See aufgeregt und ängstlich herumhüpfen. Die Kinder nehmen das Bild auf und sagen, sie seien Wasserfrösche, die Therapeuten Giftschlangen an Land. Nachdem die Kinder dann See und Ufer aufgebaut haben, hüpfen sie als Frösche im See herum, während die Therapeuten als Schlangen vom Land aus nach ihnen zu schnappen versuchen. Als die Spannung steigt und die Angst vor den Schlangen zunimmt, verändern die Kinder das Spiel: Sie seien jetzt starke Frösche, die keine Angst zu haben brauchen. Ein Junge schlägt vor, sie könnten giftige Frösche sein. Die Kinder nehmen diese Idee begeistert auf: Die Therapeuten sollen nach ihnen beißen und sich an ihnen das Maul verbrennen. Jetzt lassen sich die Frösche beißen und freuen sich, wenn die Schlangen vor Schmerz aufheulen. Nach einiger Zeit vergiften sie die Schlangen und sagen, diese würden nun ganz steif und unbeweglich werden. Sie tragen sie dann in ihre Speisekammer und fressen sie auf.

3.1.2.2. Interventionen auf der Handlungsebene

Die Therapeuten können in der Symbolsprache der Kinder auf das Gruppengeschehen einwirken, indem sie eine Position beziehen, die sie entweder aus therapeutischen Überlegungen heraus aufsuchen oder sich aus den Rollenerwartungen der Kinder zuweisen lassen (vgl. Heigl-Evers u. Heigl 1972; Krüger 1982).

(1.) Ein Therapeut interveniert aus der Position des Beobachters, des Berichterstatters und Kommentators in Rollen wie Zeitungs-, Rundfunk- oder Fernsehreporter.

Die Therapeuten beschreiben die Aktionen der Gruppenmitglieder nicht wie in der Erwachsenentherapie aus der Distanz der teilnehmenden Beobachtung, sondern spielen eine Beobachterrolle, berichten, was sich in der Gruppe abspielt, und kommentieren das Geschehen.
Beispiel:
In einer Gruppe von 10-jährigen Jungen nahm die Rivalität immer mehr zu. In der 26. Sitzung blockieren sie sich gegenseitig mit ihren Spielvorschlägen, denn jeder möchte sich mit seinem Spiel durchsetzen. Als keine Einigung zustande kommt und die Therapeuten die Rivalität ansprechen, trumpfen die Jungen mit ihrer angeblichen Stärke auf und werten sich gegenseitig ab. Rasch geht diese Auseinandersetzung ins Raufen über. Die Therapeuten unterbrechen den Kampf nicht. Der Therapeut geht vielmehr in der Rolle eine Rundfunkreporters, der eine Direktübertragung dieses Ringkampfes ankündigt, zu den Kämpfenden. Als die Jungen daraufhin verdutzt in ihrem Kampf innehalten, fragen die Therapeuten sie, ob sie unter diesem

Thema weiterspielen möchten. Die Kinder sind davon begeistert. Nachdem die Reihenfolge der Ringkämpfe ausgelost ist, lassen die Therapeuten die Kinder die Rollen wählen. Die zum ersten Ringkampf antretenden Kinder geben sich machtvolle Namen wie „Kung Fu" und „King Kong" und suchen sich ihre Betreuer aus. Danach lassen die Therapeuten die Kinder, die als zweite oder dritte in den Ring treten, Rollen wählen, in denen sie sich am Geschehen beteiligen können, wie z.B. Ringarzt oder Ringrichter. Zuletzt weisen die Kinder der Therapeutin die Rolle der Krankenschwester zu. Nachdem dann die Kinder den Ring aufgebaut haben, können sie über dieses Spiel in geregelter Weise ihre Kräfte messen. Es muß gekämpft werden bis die Rangordnung feststeht. Als Reporter hat der Therapeut die Möglichkeit, die Wünsche und Hoffnungen der Kämpfer auszudrücken, ihren Mut und ihre Tapferkeit zu bewundern, die Stärken jedes einzelnen Kindes hervorzuheben, die Freude des Siegers und die Enttäuschung des Verlierers auszusprechen und über die positive, aufbauende Berichterstattung die Kränkung zu lindern.

(2.) Ein Therapeut interveniert aus der Position des Interviewers in Rollen wie Zeitungsreporter oder Arzt.

Während in der Erwachsenentherapie durch explorierendes Doppeln die einem Verhalten zugrunde liegenden Motive herausgearbeitet werden können, übernimmt in der Kindertherapie ein Therapeut eine Rolle, z.B. die eines Zeitungsreporters, in der er die Kinder interviewen und laut Überlegungen zu einem bestimmten Verhalten anstellen kann.

Beispiel:

Im Gegensatz zu den vorhergehenden Stunden, in denen die 10-jährigen Kinder lebhaft gespielt haben, sitzen sie in der 10. Stunde untätig herum. Es kommt kein Spiel zustande. Die Kinder wirken ganz zurückgezogen. Der Therapeut schlüpft in die Rolle des Arztes, geht auf die Kinder zu, befragt sie, was ihnen fehlt, und überlegt laut, was ihnen wohl die Lust am Spiel genommen habe. Die Kinder greifen die Spielidee auf und sagen, sie möchten Irrenhaus spielen. Als Verrückte übertreiben die Kinder nun genau das Verhalten, weswegen sie an der Beratungsstelle vorgestellt wurden. Als Ärzte überlegen die Therapeuten laut, welche Ängste und Nöte hinter diesem Verhalten stecken könnten. In der Abschlußrunde können die Kinder dann sogar offen von der Angst sprechen, andere Kinder könnten sie zur Beratungsstelle gehen sehen und denken, sie seien nicht normal.

(3.) Die Therapeuten intervenieren in komplementären Rollen, die ihnen von den Kindern unbewußt zugewiesen oder aufgedrängt werden.

Indem die Therapeuten die in der komplementären Identifizierung in ihnen ausgelösten Gefühle wahrnehmen, können sie derzeit in der Gruppe vorherrschende Wünsche und Spannungen erfassen und auf die von den Kindern intendierte Wechselbeziehung eingehen. Sie müssen Rollen suchen, um diesen Erwartungen zu entsprechen und um das zu verkörpern, was in der Übertragungsfrage von den Kindern an sie herangetragen wird.

(a) Um die positive Übertragung aufzunehmen, übernehmen die Therapeuten Rollen wie die der guten Mutter und des guten Vaters, des Tierpflegers, der guten Fee u.ä., die der Wunscherfüllung der Kinder dienen. In der Rolle des „guten Objektes" können die Therapeuten, besonders in der Anfangsphase einer Gruppe, Vertrauen schaffen, den Aufbau eines Arbeitsbündnisses unterstützen und die Regression der Kinder fördern.

Beispiel:
In der 1. Stunde sind die 6-jährigen Kinder noch sehr verängstigt. Sie kennen sich noch nicht, sitzen ganz isoliert auf ihren Sesseln und sind sehr auf die Therapeuten bezogen. Wir nehmen diese Situation in einem Bild auf und sagen, es sei jetzt so, wie wenn jeder auf einer Insel säße. Wir fragen sie, ob sie sich das vorstellen können. Als die Kinder zustimmen, helfen wir ihnen mit detaillierten Fragen, ihre Inseln zu beschreiben. Nachdem jedes Kind von seiner Insel erzählt hat, stellen wir uns vor: Wir seien ein Fährschiff, das die Verbindung zwischen den Inseln herstelle und auch, wenn gewünscht, Nahrung bringe. Jeder, der uns brauche, könne uns über Funk erreichen. Wenn ein Kind ein anderes Kind auf dessen Insel besuchen möchte, kommen wir mit unserem Schiff (ein großes Tuch) und tragen und schaukeln das Kind. Mit diesem Bild möchten wir den Kindern vermitteln, daß wir eine „holding function" übernehmen, daß wir ihnen beim Aufnehmen von Beziehungen helfen und sie beim Abgrenzen schützen.

(b) Bei negativer Übertragung und wenn der Gruppenkonflikt sich zunehmend zwischen den Therapeuten und der Gruppe abspielt, kann ein Therapeut eine negative Gegenübertragungsrolle annehmen und die Aggression, die er durch Versagungen ausgelöst hat, auf der Symbolebene ausspielen lassen.

Beispiel:
Die Kinder aus einer Gruppe mit 8-jährigen kommen mit großem Geschrei in den Gruppenraum gerannt. Als die Therapeuten sich fragen, welche wilde Horde da reingestürmt kommt, sagen die Kinder, sie seien Cowboys, verweigern aber jede weitere Strukturierung des Spiels. Sie springen einfach durch den Raum, stoßen wilde Schreie aus und bedrohen uns. Da übernehmen wir die Rollen von Sheriffs und beschweren uns über die randalierenden Cowboys, die unsere Stadt unsicher machen. Sofort fallen die Cowboys über uns her und sperren uns ins Gefängnis. Sie geben uns Schokoladentorten zu essen, die aber mit Stecknadeln und Scherben gefüllt sind, so daß unser Magen zerschnitten wird. Dann werden wir über Kakteen gezogen, mit Beton abgefüllt und zum Schluß verbrannt. Das ganze Geschehen wird noch von einem Cowboy gefilmt, damit die ganze Welt über unsere Ohnmacht lachen kann.

(4.) Die Therapeuten intervenieren aus der Gegnerposition, um die Gruppenkohäsion zu stärken.

Die Einnahme der Gegnerposition ist dann ratsam, wenn die Gruppe bei Konkurrenzkonflikten wegen starker gruppeninterner Aggressionen auseinanderzubrechen droht. Indem ein Therapeut gezielt eine Rolle übernimmt, mit der er die Aggressionen auf sich lenken kann (Autoritätsrollen wie die des Polizisten eignen sich besonders gut dafür), zieht er die Aggressionen gleichzeitig von der Gruppe ab. Die Bedrohung durch den Therapeuten verbindet die Kinder untereinander. Der Gruppenzusammenhalt wächst, die Gruppenspannung sinkt, konstruktive Interaktionen unter den Kindern können wieder in Gang kommen, richten sich aber zunächst gegen die Bedrohung durch den Therapeuten.

Beispiel:
Eine Gruppe 7-jähriger spielt seit einigen Stunden Astronauten. Die Konkurrenz und der Kampf um die Rolle des Chefpiloten nimmt von Stunde zu Stunde zu. In dieser Stunde können die Kinder nicht weiterspielen, weil sie sich gegenseitig mit Spielvorschlägen blockieren. Die Stimmung wird immer gereizter, die Kinder fangen an sich zu beschimpfen. Zwei Kinder drohen, sie kämen das nächste Mal nicht mehr in diese blöde Gruppe. Als die Kinder dann anfangen zu raufen, übernehmen die Therapeuten die Rollen von „Außerirdischen" und äußern laut ihre Freude, daß die Astronauten sich gegenseitig bekämpfen. Da hätten sie leichtes Spiel und könnten ihre Rakete erobern. Sofort hören die Kinder mit Raufen auf, schließen sich zusammen, bauen eine schwerbewaffnete, mit Laserkanonen ausgerüstete Rakete, greifen die Außerirdischen an und nehmen sie gefangen.

Die Gruppenkohäsion kann auch dadurch gestärkt werden, daß ein imaginärer Außenfeind eingeführt wird, gegen den die Kinder dann ihre Aggressionen richten können.

Beispiel:
Eine Gruppe 8-jähriger Jungen spielt Indianer. Dabei kämpft jeder gegen jeden, die Auseinandersetzungen häufen sich, und die Stimmung wird immer aggressiver. Da interveniert der Therapeut und bringt als Old Shatterhand die Nachricht, er habe Schurken belauscht, die den Indianerstamm angreifen und vernichten möchten. Die Kinder bauen schnell eine Höhle, in die sie flüchten können. Von diesem Versteck aus greifen die Indianer dann die imaginären Schurken an und bekämpfen sie. Der Therapeut bewundert ihre Tapferkeit und ihren Mut von der Höhle aus, und die Therapeutin pflegt als Indianerin die Verwundeten.

3.2. Aktionsphase

Die Erwärmungsphase fließt bei Kindern meist schnell in die Aktionsphase über.

3.2.1. Rollenwahl und Rollenverteilung

Haben sich die Kinder auf ein gemeinsames Spiel geeinigt, lassen wir sie den Handlungsablauf bzw. den Spieleinstieg grob skizzieren. Doch haben die Kinder im Spiel die Freiheit zu improvisieren. Spiel und vorgeschlagene Geschichte müssen nicht übereinstimmen, da die Interaktionsdynamik oft zu einem anderen als im Spielentwurf vorgesehenen Ablauf führt. Die Kinder müssen sich aber, um einen gemeinsamen Handlungsablauf aufrechtzuerhalten, über die Änderungen in der dramatischen Abfolge einigen und ihre Rollen aufeinander abstimmen.

Danach lassen wir sie die Rollen, die sie im Spiel übernehmen möchten, wählen und kurz beschreiben. Über die Rollenbefragung (z.B. Wie sieht deine Ritterrüstung aus? Welche Waffen trägst du?...) versuchen wir die Rollen möglichst plastisch herauszuarbeiten. Diese Rollenbefragung kann auch spielerisch erfolgen. So versuchte z.B.: der Therapeut bei 12-jährigen, die sich auf ein Königsspiel geeinigt hatten, als Schreiber der königlichen Chronik durch seine Fragen die Prinzessinnen und Ritter in ihre Rolle zu bringen.

Bei der Rollenwahl achten wir darauf, in welcher Rolle jedes Kind das gewählte Thema aufnimmt.

Möchte ein Kind andere Kinder in Rollen drängen, die seiner Spielintention entgegenkommen, dann weisen wir auf unsere Regel hin, daß jedes Kind selbst entscheiden kann, welche Rolle es übernehmen möchte. Jedes Kind hat auch die Möglichkeit, seine Rolle während des Spiels abzulegen. Es kann sich eine neue Rolle suchen, muß sich in dieser aber vorstellen. Zuletzt entscheiden die Kinder, welche Rollen die Therapeuten übernehmen sollen. Wünschen sie es, spielen beide Therapeuten mit, damit Elternübertragungen oder Spaltungswünsche voll ausgespielt werden können. Um in den Rollen die Projektionen der Kinder darstellen zu können, holen wir uns genaue Angaben über die zugeteilten Rollen ein. Auch während des Spiels fragen wir immer wieder nach, wie das Spiel weitergehen soll und wie wir uns verhalten sollen. Meist geben die Kinder aber von sich aus Regieanweisungen, indem sie sagen: „Jetzt täten Sie ...".

3.2.2. Einrichten der Szenerie

Ist die Rollenverteilung abgeschlossen, lassen wir, ähnlich wie in der Erwachsenentherapie, die Kinder mit den Polsterelementen und den Kissen den Ort der Handlung einrichten. Diese Bauphase nehmen die Kinder sehr wichtig, sie verwenden einige Zeit und Mühe darauf. Während die Kinder bauen, gehen wir bei den Kindern herum und informieren uns über ihre „Kulissen". Durch Nachfragen (z.B. Wie sieht es auf deiner Insel aus? Was wächst dort? Welche Tiere leben dort? Wo beginnt das Meer?...) helfen wir den Kindern, daß ihre Symbolwelt Plastizität gewinnt. Sind die Kinder mit Bauen fertig, beschreiben wir, bevor wir mit dem Spiel beginnen, den Spielraum. Dadurch bekommen alle Kinder die „Kulissen" mit und wissen, was die Bauten der einzelnen Kinder bedeuten. Sie können sich so im Raum bewegen, als ob die beschriebenen Einrichtungen tatsächlich vorhanden wären.

Da dieses Einrichten vor allem der weiteren Erwärmung der Kinder für das Spiel dient, muß es um so detaillierter und sorgfältiger erfolgen, je weniger „warm" die Kinder sind.

3.2.3. Einsatz psychodramatischer Handlungstechniken

Die Handlungstechniken sind „Inszenierungshilfen", die Handlungsabläufe strukturieren, das symbolische Spielgeschehen intensivieren und emotionale Erfahrungen und Einsichten ermöglichen.

Während des Spiels stehen den Therapeuten neben den schon beschriebenen Initialtechniken, die auch als Handlungstechniken während des Spielgeschehens eingesetzt werden können, weitere Interventionsmöglichkeiten zur Verfügung.

3.2.3.1. Einstimmung

Obwohl Kinder meist leicht den Übergang von der Realität zur Semirealität des psychodramatischen Spiels schaffen, brauchen sie, besonders in der Anfangsphase, Hilfen, um sich Ort und Zeit der Spielszenen imaginieren zu können. Um Atmosphäre zu schaffen, kann ein Therapeut zu Beginn des Spiels die Eingangsszene möglichst plastisch und lebhaft schildern. Dieses Einstimmen kann gerade unruhigen Kindern helfen, sich Zeit zu lassen und nicht gleich mit der Handlung zu beginnen.

Beispiel:

6-jährige Kinder entscheiden sich, wilde Tiere im Urwald zu spielen. Nachdem sie alle ihre Höhlen und Nester gebaut haben, fordert die Therapeutin sie auf, sich in ihre Nester und Höhlen zu legen und beginnt, sie auf das Spiel einzustimmen: „Es ist noch finstere Nacht, alle Tiere schlafen tief und fest. Kein Laut ist im Urwald zu hören. Langsam beginnt es zu tagen. Leben erwacht, Vögel fangen an zu pfeifen, Affen kreischen, und die wilden Tiere erwachen zu neuem Leben". Nach dieser Einstimmung, mit der die Kinder auch in den nächsten Stunden ihr Spiel beginnen, kommen sie als wilde Tiere aus ihren Behausungen gekrochen, und das Spiel kann beginnen.

3.2.3.2. Anstiftung

Besonders in der Anfangsphase ist es nötig, daß die Therapeuten mitspielen, um ein Spiel in Gang zu setzen oder ein Spiel in Gang zu halten. Da die meisten Kinder, die in die therapeutische Gruppe kommen, in ihrer Spontaneität gehemmt sind, müssen sie erst wieder spielen lernen. Durch das Beispiel, das die Therapeuten im Spiel geben, durch die Ernsthaftigkeit, mit der sie ihre Rollen spielen, durch die Betonung der Mimik, Gestik und Motorik zeigen sie den Kindern, was im psychodramatischen Spiel, in diesem „So-tun-als-ob" möglich ist, und stiften so zur Imitation an. Besonders kleinen Kindern und Kindern, die wenig Kreativität besitzen und schnell mit ihrem Spiel am Ende wären, müssen die Therapeuten durch ihr Mitspielen helfen, das Spiel und ihre Rollen auszuschmücken und so in Gang zu halten. Um Leben in das dramatische Spiel der Kinder zu bringen, sollten die Therapeuten in der Lage sein, jede Rolle zu übernehmen. Doch dürfen sie dabei nicht in ihren Rollen aufgehen, sondern müssen bei allem lebhaften Mitspielen genau auf die Kinder achten.

3.2.3.3. Strukturierung

Damit ein Spiel nicht schnell versandet oder chaotisch ausufert, sind Kinder, vor allem Vorschulkinder, auf die Strukturierung der Therapeuten angewiesen. Die Therapeuten können Struktur schaffen, indem sie die Kinder auf die Grenzen ihrer gewählten Rollen (z.b. kann ein Kind, das die Rolle des Löwen gewählt hat, in dieser Rolle nicht zugleich fliegen) und auf die Realität der Kulissen (z.b. wenn ein Kind als Bär mit den Polstern eine Höhle gebaut hat, kann ein anderes Kind als Tiger diese Felsenhöhle nicht einfach einwerfen) hinweisen. Bei Grenzüberschreitungen werden die Kinder an die Regel des „So-tun-als-ob" erinnert. Die Therapeuten sorgen dafür, daß die Kinder sich nicht wehtun und Grenzen einhalten. Auch während des Spiels strukturieren sie, indem sie nachfragen, wie das Spiel weitergehen soll oder wie sie sich in den ihnen übertragenen Rollen verhalten sollen. Wenn ein Kind einen Vorschlag macht, holen sie das Einverständnis der anderen Kinder ein (z.b. wenn ein Kind sagt, jetzt sei der Therapeut tot, fragt dieser, ob das die anderen Kinder auch wollen, und wie lange er tot sein solle).

Strukturieren können die Therapeuten, indem sie aus den Rollen kurz heraustreten und als Spielleiter eingreifen, aber auch in den Rollen, die sie gerade übernommen haben.

Beispiel:
Eine Gruppe von 13-jährigen hat sich geeinigt, Königshof zu spielen. Die Therapeuten werden zu Dienern gemacht. Zwei Jungen, die in ihrer Kreativität sehr eingeengt sind und ein geringes Rollenrepertoire haben, möchten Ritter spielen, tun sich aber sehr schwer, die Rollen auszufüllen. Da sie kaum Ideen haben, was sie in diesen Rollen tun könnten, fangen sie an zu stören. Als Diener wundert sich der Therapeut, laut zur Seite sprechend, über das sonderbare Verhalten der Ritter. Und indem er vor sich hin redet, was er an anderen Höfen an ritterlichem Verhalten gesehen hat, bietet er Verhaltensalternativen an.

3.2.3.4. Abwandlungen der wichtigsten psychodramatischen Grundtechniken

(1) Rollentausch: Während in der Erwachsenentherapie der Protagonist aufgefordert wird, mit seinem Gegenüber die Rolle zu tauschen, vollziehen die Kinder in der Kindertherapie spontan und von sich aus den Rollentausch. Sie setzen aktiv um, was sie passiv erlebt und erlitten haben. Sie weisen den Therapeuten meist die Rollen zu, die sie sonst im realen Leben innehaben, und fügen ihnen das Unangenehme zu, das ihnen selbst widerfahren ist. Sie teilen so ihre Konflikte mit und bewältigen sie, indem sie die schlimmen Szenen, die sie erlitten haben, im Rollentausch wiederholen.

Wenn die Therapeuten mit den Kindern die Rollen tauschen und in diesen Rollen ihre Ohnmacht, Ängste, Abhängigkeiten u.ä. nachempfinden, erfüllen sie nach Moreno das erste Gesetz des Psychodramas: „... versetzt Euch in die Lage des Opfers einer Ungerechtigkeit, teilt mit ihm das Unrecht. Wechselt die Rolle mit dem Opfer" (Moreno, 1964, Zit. nach Friedemann, 1972, S. 261).

Beispiel:
Nachdem der Therapeut in einer Kindergruppe mit 8-jährigen zweimal gefehlt hat, entscheiden sich die Kinder in der darauf folgenden Stunde, Matrosen zu spielen. Die Therapeutin soll Köchin an Land sein, der Therapeut Hubschrauberpilot, der die Matrosen auf hoher See mit dem Essen versorgen soll. Zu Beginn des Spiels segeln die Matrosen mit ihrem Schiff auf hoher See. Als der Therapeut mit dem Hubschrauber auf dem Schiff landet, liegen sie wie tot an Deck. Als Pilot zeigt der Therapeut sein Erschrecken und fragt sich, was hier wohl passiert sei. Da antworten die Kinder, er sei viel zu spät gekommen, erst nach einem Jahr, und sie lägen jetzt im Sterben. Der Therapeut macht sich daraufhin große Vorwürfe, daß er sie so lange allein gelassen und nicht versorgt hat. Da attackieren ihn die Kinder plötzlich mit großer Heftigkeit, nehmen ihm den Hubschrauber weg und setzen ihn auf einer Insel aus. Er ruft nach Hilfe und beklagt seine mißliche Lage, ohne Versorgung allein gelassen zu werden. Die Kinder sitzen im Hubschrauber zusammen und lachen über den Piloten. Als er sich fragt, warum er so schlecht behandelt wird, ruft ein Kind voller Wut, das sei die Vergeltung, weil er sie so lange allein gelassen habe.

Kinder tauschen nicht nur mit dem Therapeuten die Rollen, sie können selber während eines Spiels zwischen der Rolle des Aktiven und der Rolle des Passiven hin und her wechseln.

Beispiel:
In der achtzehnten Stunde einer Kindergruppe stellt die 13-jährige Anna, die nach ihrer Geburt in ein Säuglingsheim und dann zu wechselnden Pflegestellen kam, ihre traumatische Erfahrung dar. Die Kinder hatten seit einiger Zeit Mäuse gespielt, die Therapeuten waren Mäuseforscher. In dieser Stunde kommt es zu einer Szene, die von Anna bestimmt wird. Die anderen Kinder schauen als Mäuse aus ihren Höhlen gespannt zu: Anna spielt, sie sei eine ganz kleine Maus, die vom Mäuseheim entflohen sei. Als Mäuseforscher versuchen wir, sie zu pflegen und zu füttern. Sie ist aber zunächst sehr scheu und zeigt uns gegenüber große Angst. Erst langsam wird sie zutraulicher, läßt sich streicheln und versorgen. Dann tauscht sie plötzlich die Rolle und sagt, sie sei jetzt die Besitzerin des Tierheims, die die entflohene Maus wieder einfangen möchte. Sie mache Tierversuche und habe den Tieren Gift eingespritzt, so daß sie morgen eingehen werden. Wir empören uns und möchten sie daran hindern, die Tiere wieder einzufangen. Sie geht aber gegen uns vor und sagt, sie sei auf ihrem Grundstück, da könne sie tun und lassen, was sie wolle. Außerdem habe sie eine Erlaubnis der Polizei. Unter unserem Protest legt sie wieder eine neue Falle aus. Dann wechselt Anna erneut die Rolle. Als kleine Maus tappt sie in die Falle, kann dann aber wieder entfliehen. Diese Szene wiederholt sie mit wechselnden Rollen. Ein Junge, ebenfalls ein Pflegekind, fügt sich in ihr Spiel ein und läßt sich auch in der ausgelegten Schlinge fangen. Gespannt verfolgen die anderen Kinder das Spiel und versuchen, die kleinen Mäuse zu warnen. In der folgenden Stunde bekommt dann die Therapeutin die Rolle der Tierheimbesitzerin, und die Kinder lassen ihre ganze Wut an ihr aus.

Einen Rollentausch vollziehen Kinder außerdem spontan bei der Bearbeitung eines unbewußten Konflikts zwischen Trieb und Abwehr.

Beispiel:
10-jährige Kinder übertragen zunächst dem Therapeuten die Rolle eines strengen, verurteilenden inneren Objekts, indem sie ihn zum Polizisten machen. Sie

selbst übernehmen die abgewehrte Triebseite in der Rolle von Räubern, die Schätze rauben. Nach einigen Stunden nehmen sie einen Rollentausch vor und spielen als Polizisten ein toleranteres Über-Ich.

(2) Doppeln und Doppelgänger: Anders als in der Erwachsenentherapie, wo der Therapeut als Doppel hinter den Protagonisten tritt, seine Körperhaltung einnimmt, sich in seine Befindlichkeit einfühlt und dann die nachempfundenen Gefühle verbalisiert, übernehmen die Therapeuten in der Kindertherapie Rollen, in denen sie einfühlendes, stützendes oder explorierendes Doppel der Kinder werden können, und stützen so das Ich der Kinder.

(a) Einfühlendes Doppeln: Kinder, die zu uns kommen, sind meist nicht imstande, über ihre Gefühle zu reden. Sie geben aber den Therapeuten im Rollentausch die Rollen, die sie selbst in ihrem realen Leben haben. Die Therapeuten werden dadurch zum „symbolischen Doppelgänger" der Kinder (Anzieu 1984, S. 102) und können in diesen Rollen die in ihnen aufkommenden Gefühle der Wut, Trauer und Ohnmacht verbal widerspiegeln. Über die Therapeuten lernen die Kinder zu verbalisieren, was sie innerlich bewegt, quält und ihr Wohlbefinden stört und machen dadurch einen großen Schritt zur Realitätsgewinnung.

Beispiel:
Als die Therapeuten einer Kindergruppe von 8-jährigen ankündigen, daß die Gruppe nach fünf weiteren Stunden beendet werde, reagieren die Kinder zunächst nicht darauf, sondern spielen das Spiel der letzten Stunde weiter. Sie sind Tiere im Zoo und die Therapeuten Tierpfleger. Als die Therapeuten als Tierpfleger die Tiere füttern möchten, fallen diese plötzlich über sie her und sperren sie in einen engen Turm. Sie mauern sie mit den Polsterelementen so ein, daß sie sich die ganze Stunde kaum bewegen können. Im Turm sprechen die Therapeuten laut aus, wie schlimm es ist, so ohnmächtig ausgeliefert zu sein und keinen Spielraum zu haben. Die Kinder amüsieren sich draußen sehr darüber. In der Abschlußrunde am Ende der Stunde sprechen die Therapeuten an, daß sie über den Rollentausch am eigenen Leib gespürt haben, wie schlimm es ist, wenn über einen verfügt wird. Den Kindern sei es wohl ähnlich ergangen, als die Erwachsenen einfach über sie hinweg das Ende der Gruppe festgelegt haben. Darauf meint ein Junge: „Genau! So ist es, und wir kommen einfach noch ganz lang hier her!"

(b) Stützendes Doppeln und stützender Doppelgänger: Hat ein Kind beim Ausprobieren von neuem Rollenverhalten noch Schwierigkeiten, so kann ein Therapeut in der Rolle, die er gerade spielt, das Kind bei seinen Versuchen durch stützendes Doppeln stärken, so seine Intention aktiv unterstützen und damit zur Entwicklung der Ich - Funktionen beitragen.

Beispiel:
Ein sehr schüchterner 8-jähriger Junge, der in den Stunden zuvor immer Affenbaby gespielt hat, möchte in dieser Stunde Löwe sein. Als während des Spiels ein an-

deres Kind in seine Höhle eindringt, ruft er mit weinerlicher Stimme nach dem Therapeuten. Der Therapeut greift aber nicht als Spielleiter ein, sondern bleibt in seiner Rolle als Tierpfleger und wundert sich laut, warum der starke Löwe nicht sein mächtiges Brüllen ertönen läßt und sein Revier verteidigt. Nach diesem „stützenden Doppeln" faucht der Junge laut und wehrt sich gegen den Eindringling.

Die Ich-stützende Technik des Doppelgängers kann in der Kindertherapie so eingesetzt werden, daß die Therapeuten eine Rolle übernehmen, in der sie als stützendes Doppel, als Verbündeter der verdrängten Triebregungen dem gehemmten Kind Halt geben.

Beispiel:

In einer Kindergruppe von 6-jährigen spielten die Kinder einige Zeit Schiffsabenteuer. Um die Kapitänsrolle gab es immer wieder Kämpfe zwischen vier lebhaften Jungen. Als in dieser Stunde ein gehemmter Junge plötzlich Anspruch auf die Rolle erhebt, sind die anderen so überrascht, daß sie zustimmen. Im Spiel hat der Junge aber keine Ideen, was er als Kapitän machen könnte und gerät zunehmend unter Druck. Um ihm im Rollenwechsel die korrigierende Erfahrung zu vermitteln, daß er in seinem Handeln noch andere Möglichkeiten zur Verfügung hat, als er bisher praktizierte, geht der Therapeut als Matrose ins Spiel. Durch Fragen wie: „Was wünscht der Herr Kapitän heute zu speisen? Einen Haifisch oder einen Seeteufel?" oder „Befiehlt der Herr Kapitän, daß ich dem Steuermann sage, er solle nach Osten oder Westen segeln?" oder „Befiehlt der Herr Kapitän, daß ich dem Schiffsoffizier auf dem Ausguck sage, er solle auf die gefährlichen Haie achten?" regt er ihn an, die Rolle zu füllen. Außerdem versucht er, ihm durch unterwürfiges, dienstfertiges Verhalten das Gefühl zu vermitteln, ein „richtiger" Kapitän zu sein.

Eine weitere Möglichkeit ist, als Hilfs-Ich beim unkontrollierten Kind die unterentwickelten Ich-Funktionen zu stärken.

Beispiel:

Bei einer Kindergruppe von 13-jährigen können zwei Jungen mit geringer Selbstkontrolle in der Anfangsphase ihre Rolle als Ritter nicht durchhalten. Mangelnde Kreativität und Steuerungsmöglichkeit führen dazu, daß sie bald blödeln und raufen. Die anderen Kinder ärgern sich über die Störung, zumal die beiden wenig auf die „Kulissen" achten und den Thronsaal der anderen Kinder umwerfen. Da bringt sich der Therapeut als Knappe in das Spiel ein und äußert seine Verwunderung über das ungezügelte und unangemessene Verhalten der Ritter. Bei seinen früheren Dienstherren hätten die Ritter ihre Stärke in der Jagd gegen Bären und Wildschweine gezeigt, ihre Geschicklichkeit in Turnieren und ihren Mut im Kampf gegen den Feind. Dieses „Einflüstern" des sich ängstlich und unterwürfig gebenden Knappen hilft den Jungen, auf Spielideen zu kommen. Statt zu raufen, machen sie sich nun auf zur Jagd gegen Bären und Elche und fügen sich so wieder in das gemeinsame Königsspiel ein.

Die Technik des Doppelgängers kann auch eingesetzt werden, wenn sich die Gruppe noch nicht traut, gegen das frustrierende „böse" Objekt, das einer der Therapeuten verkörpert, vorzugehen.

Beispiel:

Die 5-jährigen wollen in der neunten Stunde Teufel spielen. Die Therapeutin machen sie zum lieben Gott, den Therapeuten zum bösen Ritter, der lügt und stiehlt. Zunächst bauen sie ein großes Podest mit Thron, auf dem die Therapeutin als lieber Gott Platz nehmen muß und legen ihr ein großes blaues Tuch als Mantel um. Dann hüpfen die Kinder als kleine Teufel um den Thron des lieben Gottes und beschimpfen ihn, er sei blöd und gemein, weil er alles sehe. Sie versuchen, ihm den Mantel wegzureißen und ihn vom Thron zu stürzen, trauen sich aber nicht recht, ihren Wunsch nach Entmachtung umzusetzen. Als böser Ritter freut sich der Therapeut über das Treiben der Teufel und feuert sie an. Da locken sie ihn zu sich in die Hölle und machen ihn auch zu einem Teufel. Nachdem er ihnen einen Trank gekocht hatte, der sie ganz stark und groß macht, stürmen sie in den Himmel, reißen den Thron und den Himmel ein und schleppen den lieben Gott in die Hölle. Dort trinken sie sein Blut und braten ihn. Nachdem sie ihn gefressen haben, bauen sie ein Grab, legen ihn hinein, decken ihn zu und verstopfen jede Ritze, daß er nichts mehr sehen und hören kann.

(c) **Explorierendes Doppeln:** Das explorierende Doppeln ermöglicht, die Intentionen oder die Erlebnisinhalte der Kinder zu erfragen. Indem ein Therapeut sich laut in seiner Rolle in einer Art Selbstgespräch fragt oder beide Therapeuten im Zwiegespräch erörtern, warum sich ein Kind oder die Gruppe in einer bestimmten Weise verhalten, was wohl in ihm (ihr) vorgeht, regen sie die Kinder an, sich mit der Frage auseinanderzusetzen und sich vielleicht auch über das Gefragte zu äußern.

Beispiel:
5-jährige Kinder spielen Affenfamilie. Die Therapeuten sind die Eltern und die Kinder die kleinen Affenkinder. Als Affenkinder äußern sie ununterbrochen Wünsche an die Mutter. Obwohl die hin und her hetzt, schafft sie es nicht, alle Wünsche zu erfüllen. Als der Affenvater in den Urwald weg geht, um Nahrung zu suchen, werden die Kinder der Mutter gegenüber frech. Sie gehorchen nicht mehr, fallen schließlich über sie her und schlagen sie. Als diese jammert und sich fragt, warum ihre Kinder so mit ihr umgehen, ruft ein Junge voller Ärger: Sie habe ihnen schlechte Ananas gegeben und keine guten Bananen. Die anderen Kinder stimmen zu und beschließen dann, die Affenmutter gefangen zu nehmen und aufzuhängen, da sie eine ganz böse Mutter sei. Der Vater soll im Urwald schlafen und nichts davon mitkriegen

Neben der Möglichkeit, daß die Therapeuten in ihren Rollen das Verhalten der Kinder hinterfragen, können die Therapeuten auch eine explorierende Rolle als Arzt, Reporter o.ä. übernehmen und in dieser Rolle Fragen an die Kinder richten.

Beispiel:
8-jährige Kinder spielen Astronauten. Sie bauen ein großes Raumschiff und wollen zum Mars, können sich aber nicht einigen, wer im Raumschiff bestimmen darf. Ein Kind sagt, es sei der Chef, das Zweite will der Kapitän sein, das Dritte dann der Boß. Der vierte Junge hält sich zurück. Jeder hat andere Vorstellungen, und schließlich fangen sie an zu schreien. Jetzt gehen die Therapeuten als Außerirdische ins Spiel, beobachten die Astronauten an ihren Überwachungsschirmen, beschreiben, was sie sehen, und fragen sich, was bei den Menschen vor sich gehe, warum sie wohl so schreien. Die Kinder nehmen die Frage auf und erklären den „Unwissenden", sie seien wütend. Jeder wolle mit seiner Spielidee durchkommen. Als die Außerirdi-

schen sich dann erkundigen, ob die Menschen immer streiten müssen, sagen sie, nein, manchmal würden sie sich auch abwechseln, dann dürfe jeder mal bestimmen.

(d) Ambivalenz-Doppeln: Statt wie in der Erwachsenentherapie rechts und links hinter den Potagonisten zu treten und die widerstreitenden Tendenzen zu vertreten, halten die Therapeuten in der Kindertherapie in den Rollen, die ihnen die Kinder zugewiesen haben, ein Zwiegespräch, wobei ein Therapeut die progressive, der andere die regressive Tendenz vertritt.

Beispiel:

Nachdem die 13-jährigen längere Zeit Tiere im Zoo gespielt haben, stehlen sie in dieser Stunde den beiden Wärtern, den Therapeuten, die Schlüssel und brechen aus dem Zoo aus. Sie bauen sich aus den Polstern ein Gebirge, springen über die Felsen und zeigen ihre Geschicklichkeit und ihren Mut. Als es aber Abend wird, kehren sie in den Zoo zurück und wollen von den Wärtern gefüttert und gestreichelt werden. Nach getaner Arbeit unterhalten die Wärter sich über die Tiere. Der Therapeut spricht dabei den Wunsch der Tiere nach Freiheit, Unabhängigkeit und Eigenständigkeit an, die Therapeutin den Wunsch, doch noch versorgt und gehalten zu werden.

(3) Die Spiegeltechnik: Auch die Spiegeltechnik der Erwachsenentherapie, bei der ein Hilfs-Ich den Protagonisten mit seinem Verhalten konfrontiert, indem er es nachahmt und der Protagonist sich so als Zuschauer wie in einem Spiegel sieht, muß bei der Arbeit mit Kindern verändert werden. Um einem Kind sein Verhalten und dessen interpersonelle Auswirkung bewußt zu machen, spielen die Therapeuten die Spiegelrolle, z.B. als Rundfunk- oder Fernsehreporter, und vermitteln dem Kind auf der symbolischen Ebene ein Bild von sich selbst. In der Spiegelrolle haben die Therapeuten auch die Möglichkeit, die aktuell ablaufenden gruppendynamischen Prozesse zu beschreiben und den Kindern vorzuhalten.

Beispiel:

Eine Jungengruppe von 10-jährigen spielte seit einiger Zeit Piraten. Ein sehr aggressiver Junge übernahm immer die Kapitänsrolle und dominierte die anderen Kinder stark. Auch in dieser Stunde beansprucht dieser Junge bei der Rollenwahl sofort wieder die Kapitänsrolle. Die Therapeuten fragen die anderen Kinder, ob sie damit einverstanden seien. Obwohl ihr Widerstand zu spüren ist, stimmt sie zu. Im Spiel versuchen sie nun aber, die Befehle des Kapitäns zu überhören, und sabotieren heimlich seine Anweisungen. Die Therapeuten beobachten als Kaufleute von ihrem Handelsschiff aus durch das Fernrohr das Treiben auf dem Piratenschiff und beschreiben laut, was sie an heimlichem Widerstand sehen. Sie sprechen aus, daß die Mannschaft wohl gern gegen den Kapitän meutern würde, sich aber nur heimlich zu widersetzen traut. Auch das Verhalten des Kapitäns, der auf den Widerstand der anderen mit zunehmender Heftigkeit reagiert, kommentieren die Therapeuten als Kaufleute. Der Kapitän merke wohl, daß die Mannschaft mit seiner Führung unzufrieden sei, er könne aber darauf nur so reagieren, daß er noch lauter werde und noch härter mit der Mannschaft umgehe. Er befürchte wohl, abgesetzt zu werden, wenn die anderen keine Angst mehr vor ihm haben. Doch die Mannschaft werde immer unzufriedener mit seiner strengen Führung und möchte ihn dann erst recht los sein.

Die Spiegelrolle bietet außerdem die Möglichkeit, Bewunderung auszudrücken, den „Glanz im Auge der Mutter" (H. Kohut) zu zeigen und in der symbolischen Wunscherfüllung das angeschlagene Selbstwertgefühl wieder aufzuwerten. Vor allem bei kleinen Kindern ist das bewundernde Eingehen auf ihre Größenphantasien wichtig.

Beispiel:
Eine Kindergruppe von 6-jährigen spielt Urtiere auf einer unentdeckten Insel. Die Therapeuten landen als Tierforscher zufällig auf dieser Insel und filmen, hinter einem Felsen versteckt, die Tiere. Als Urtiere demonstrieren die Kinder ihre gewaltigen Kräfte. Sie springen über hundert Meter lange Schluchten, stürzen von riesigen Felsen, ohne sich zu verletzen, schleppen Felsblöcke durch die Gegend u.ä.. Aus der Beobachterposition heraus bestaunen und bewundern die Therapeuten halblaut die Urtiere und freuen sich über ihre sensationelle Entdeckung. Die ganze Welt werde staunen, wenn sie diesen Film zeigen. Die Kinder genießen die Bewunderung sehr und spielen ihre Größenphantasien immer mehr aus.

3.2.3.5. Interaktionelle und soziodynamische Interventionen:

Mit diesen Interventionen können die Therapeuten den aktuell ablaufenden gruppendynamischen Prozeß offenlegen, in den Interaktionsprozeß der Gruppe eingreifen und den Kindern bei der Überwindung von Konflikten, die aus dem hic et nunc der Gruppe erwachsen sind (z.B. Rivalität, Streitigkeiten, Spaltungen), helfen. Die Therapeuten haben wieder die Möglichkeit, entweder in ihren übertragenen Rollen die Konflikte zu benennen und Lösungsmöglichkeiten aufzuzeigen, oder in selbstgewählten Rollen in das Geschehen einzugreifen und es in eine andere Richtung zu lenken. Besonders bei Streitigkeiten brauchen die Kinder Hilfen, mit ihrer Aggression umzugehen, um die Auseinandersetzung auf eine konstruktive Ebene zu bringen.

Beispiel:
In einer Kindergruppe von 7-jährigen bauen die Kinder mit den Polstern Flugzeuge. Beim Bauen kommt es zwischen Peter und Franz zu einem Streit, dessen Ursache die Therapeuten nicht mitbekommen. Peter nimmt Franz ein Polster weg und möchte es in sein Flugzeug einbauen. Franz ruft klagend, Peter habe ihm ein Polster weggenommen und möchte Hilfe von den Therapeuten. Diese versuchen, auf der Symbolebene zu bleiben. Daher kommt der Therapeut als Flughafenpolizist ins Spiel, um die Sabotage zu untersuchen. Das Aufnehmen eines Protokolls ermöglicht ihm, die beiden Streitenden und die anderen Kinder, die den Streit mitbekommen haben, über den Zwischenfall zu befragen und nach Lösungen zu suchen.

3.2.3.6. Deutende Interventionen:

Indem die Therapeuten die ihnen - im doppelten Sinn des Wortes - übertragenen Rollen, die „guten" oder „bösen" Objekte spielen, haben sie ein ausgezeichnetes Mittel, den Kindern lebendig und anschaulich ihre Übertragungen, ihre unbewußte Rollenbeziehung aufzuzeigen und auch bewußt zu machen. Daher ist die kontrollierte Übernahme der Rollen, die die Kinder den Therapeuten auferlegen, ihr Mitspielen aktionale Deutung, Deutung durch das Spiel (Rubner u. Rubner, 1982, S. 21). Die Therapeuten reden im Spiel direkt in der Symbolsprache des Unbewußten mit dem Kind und vermitteln ihm so, daß sie das Bedrohliche und Bedrückende, das es im Spiel ausgedrückt hat, verstanden haben.

Da Kinder zur Behandlung geschickt werden, bringen sie gegenüber den Therapeuten zunächst meist eine negative Einstellung mit und projizieren auf sie dann oft alle negativen Erfahrungen mit „bösen" Erwachsenen. Daher begegnen sie in der Anfangsphase den Therapeuten oft mit Angst und Mißtrauen. In der Sicherheit und Geborgenheit der Gruppe und durch ihre Verstärkerwirkung schaffen sie es aber schnell, ihre Aggressionen angst- und straffrei zur Darstellung zu bringen. Da es entscheidend für den psychischen Gesundungsprozeß ist, in welchem Maße Kinder gerade ihre negativen Gefühle wie Wut, Ärger, Neid und Eifersucht zur Darstellung bringen und verarbeiten können, müssen sich die Therapeuten diese negative Übertragung lange gefallen lassen und ihre Gegenübertragung kontrollieren. Gerade in der Kindergruppe, wo aggressive Impulse verstärkt auf die Therapeuten gerichtet werden, ist die Gefahr groß, daß die Therapeuten die negative Projektionen abwehren und sich statt dessen lieber den Kindern als gute Spielkameraden oder gute Eltern anbieten. Sie schränken dann zugunsten eines „schönen Spiels" über pädagogische Eingriffe die aufsteigenden inneren Bilder und Projektionen ein.

(1) Die „agierte" Deutung: Da Kinder in der Übertragung Wünsche zu befriedigen oder Unlust und Angst durch Abwehrmechanismen abzuwehren versuchen, müssen die Therapeuten das Spiel der Kinder durchschauen, ohne das Spiel der Kinder zu spielen (Lebovici, 1971, S. 331). Sie müssen unter Umständen einen anderen als von den Kindern gewünschten oder befürchteten Ausgang einer Szene herbeiführen und die Kinder mit sich selbst konfrontieren. Bei dieser „agierten Deutung" (Anzieu, 1984, S. 139 f) nehmen die Therapeuten im Spiel eine andere als die von den Kindern gewünschte Haltung ein und halten sie konsequent durch, bis die Kinder ihre Haltung ändern.

Beispiel:
In einer Gruppe von 14-jährigen, in der alle Jungen eine sehr enge Mutterbindung haben, sprechen die beiden Therapeuten an, daß die Gruppe nun bald zu Ende gehe

und die Jungen, die inzwischen groß geworden seien, ja auch im Leben ganz gut zurecht kommen. Das erinnere sie an die Ritterweihe, bei der die Knappen zu Rittern geschlagen werden und dann ausziehen, um Abenteuer in der Welt zu bestehen. Die Jungen nehmen das Bild auf, wollen aber vor dem Ritterschlag noch ein Festessen veranstalten. Sie decken die Tafel und bedienen dann die Königin, die Therapeutin, freundlich, dem König aber, dem Therapeuten, werfen sie das Essen auf den Tisch und machen sich über die Proteste des „alten Knackers" lustig. Als Königspaar sprechen die Therapeuten darüber, daß die Ritterweihe bevorstehe, die zukünftigen Ritter sich in der Fremde bewähren müßten, vielleicht später heiraten u.ä.. Darauf sagt Martin, der seiner geschiedenen Mutter als Partnerersatz dient, er brauche nicht zu gehen, er habe hier im Schloß zwei bis dreimal mit dem Dienstmädchen geschlafen. Das Königspaar äußert sein Erstaunen über die rasche Entwicklung seines Sohnes. Da sagt Martin, er habe in des Königs Bibliothek, in einem Buch verborgen, Präservative gefunden und dann auch benützt. Doch habe er gemerkt, daß der Vorrat kleiner werde. Deswegen habe er dann den König heimlich verfolgt und gesehen, daß er mit dem Dienstmädchen schlafe. Drei Stunden lang sei er das letzte Mal bei ihr gewesen. Die anderen Jungen äußern erstaunt, das hätten sie dem alten Knacker gar nicht zugetraut. Die Königin ist entsetzt und stellt den König zur Rede. Der sagt, die Ritter wollten sich mit den Verleumdungen nur zwischen ihn und die Königin drängen. Doch die Kinder beharren auf ihren Vorwürfen und bringen Beweise vor. Sie zeigen der Königin Dias, die den König beim Seitensprung zeigen. Martin rät der Königin, sie solle sich scheiden lassen, zumal der König bei ihr ja impotent sei, und beteuert ihr, er werde sie nicht verlassen, sogar heiraten könne er sie, wenn sie es wolle. Die anderen Jungen halten ihn aber zurück und meinen, der König sei wohl ein Ekel, die Königin soll sich aber lieber nicht scheiden lassen, sonst könne sich ja jeder Buschtrommler an der Ecke an sie heranmachen.

Da der Ödipuskonflikt nur überwunden werden kann, wenn die Parentifizierung aufgelöst wird, interveniert die Therapeutin strukturell. Sie spielt nicht das Spiel der Jungen mit, die die besseren Geliebten der Mutter sein wollen und vom ödipalen Sieg träumen, sondern grenzt sich als Eltern ab. Um die Jungen zu frustrieren und ihnen zu zeigen, daß sie nicht zu haben ist, und die Jungen sich daher den Gleichaltrigen zuwenden müssen, zieht sie sich mit dem König ins Schlafgemach zurück und redet leise mit ihm. Nach einer Weile kommen die beiden wieder in den Saal zurück, wo die Königin den Rittern sagt, sie hätten den Konflikt besprochen und bereinigt. Sie würde selbst damit zurecht kommen und brauche nicht die Hilfe der Ritter.

(2) Die verbale Deutung im Spiel: Konträr wird die Frage diskutiert, ob es in der Kindertherapie ausreicht, wenn das Kind seinen inneren Konflikt über die symbolische Gestaltung ausspielt oder ob echte Heilung erst erreicht wird, wenn das Problem reflektiert und bewußt gemacht wird. Wir führen die verbale Deutung im Spiel erst dann ein, wenn die Sprache für das Kind als Ausdrucksmittel größere Bedeutung gewonnen hat. Diese Deutungen erfolgen dann im Spiel, indem ein Therapeut in seiner Rolle im Selbstgespräch Überlegungen anstellt und das Verhalten eines Kindes oder der Gruppe zu erklären versucht. Eine weitere Möglichkeit ist, daß die Therapeuten sich im Dialog über das Kind unterhalten, sein Verhalten hinterfragen und unterschiedliche Erklärungen dafür überlegen. Deutungen müssen der Sprache und dem emotionalen und kognitiven Entwicklungsstand der Kinder angepaßt sein, damit die Kinder nicht aus Widerstand das Spielen aufgeben. Sie sollten nur sparsam gegeben werden und behutsames Abtasten der Oberfläche sein.

Beispiel:

In einer Kindergruppe von 13-jährigen spielen zwei Kinder Hundebabys auf einem Bauernhof, die vier anderen Kinder Feldmäuse in der Nähe dieses Hofes. Die Therapeuten sind Bauern, die die Hundebabys zu verpflegen und zu versorgen haben. Mark beobachtet als Feldmaus einige Zeit gespannt, wie die beiden Hundebabys sich streicheln und füttern lassen. Da ändert er seine Rolle und sagt, er sei jetzt auch ein Hundebaby, ein viel kleineres aber als die beiden anderen, und die Bauern würden ihn in der Scheune finden. Die Bauern freuen sich über das zugelaufene Hundebaby und setzen ihm eine Schale Milch vor. Da entreißen die beiden anderen ihm die Schale, trinken sie selber schnell aus und drängen ihn knurrend und zähnefletschend aus dem Hof. Die Bauersleute wundern sich, daß ihre kleinen Hunde so wütend auf das neue Baby reagieren und fragen sich, ob die Hunde es wohl deshalb vertreiben wollten, weil sie ihren Platz zu verlieren fürchten und sich gar nicht vorstellen können, daß Milch und Platz für mehrere Hunde vorhanden sei. Da sagen die beiden, das sei ganz normal, daß Hunde ihr Revier verteidigen.

3.3 Abschlußphase

Die Spielphase beenden wir etwa 10 Minuten vor Sitzungsende. Wir fordern die Kinder zunächst auf, ihre im Spiel angenommene Rolle wieder abzulegen. Bei diesem „De - rolling" müssen die Therapeuten sehr bestimmend auftreten, da die Kinder, besonders wenn sie in ihren Größenphantasien leben, ihre Rollen festhalten und sich nicht mit der Realität konfrontieren lassen wollen.

Um die Spielsituation mit der Symbolebene aufzuheben und die Realitätsebene wieder herzustellen, lassen wir die Kinder außerdem die „Kulissen" abbauen und fordern sie dann auf, sich im Kreis zusammenzusetzen. Dieses Endritual hilft, das emotional sehr angeheizte Gruppenklima abzukühlen und zu beruhigen.

Die sich anschließende Gesprächsphase hat im Vergleich zur Erwachsenentherapie eine geringe Bedeutung. Wir fordern die Kinder nur auf, sich zu äußern, was ihnen im Spiel gefallen und nicht gefallen habe. Wir nützen diese Gesprächsphase zu einem kurzen Rollenfeedback, in dem wir neu gewagte Haltungs- und Handlungsalternativen der Kinder positiv hervorheben und so zu verstärken versuchen (z.B. „ihr ward heute ja ganz wilde und gefährliche Tiere und habt euch trotzdem gar nicht weh getan, das fand ich ganz toll!"). Auch können wir kurz ansprechen, wie es uns in unseren Rollen ergangen ist, und fragen, wenn es sich anbietet, ob die Kinder ähnliche Erfahrungen gemacht haben, um sie so zu einem Sharing einzuladen.

Ziel dieser Abschlußphase ist es, die Handlung abzuschließen, die emotionalen Prozesse der Aktionsphase zur Ruhe zu bringen und eine kurze Rückschau auf das Geschehen zu ermöglichen.

4. Elternarbeit

Moreno hat mit seiner Theorie der sozialen Netzwerke und seinem anthropologischen Konzept des „sozialen Atoms" schon sehr früh eine systemische Sichtweise psychischer Störungen entworfen und vom Therapeuten die Einbeziehung des jeweils relevanten Kontextes und die Wiederherstellung des geschädigten sozialen Atoms gefordert (Petzold, 1982). Daher arbeiten wir parallel zur Kindergruppe psychodramatisch mit dem Beziehungsnetz der Familie. Unter Einsatz psychodramatischer Grundtechniken wie Doppeln, Selbstgespräch, leerer Stuhl und Rollentausch, aber auch über symbolische und erlebniszentrierte Arbeit mit der Familie in einer Art Familienspieltherapie versuchen wir, die Familienprobleme zu bearbeiten (vgl. Bosselmann, 1986).

LITERATUR:

AICHINGER, A. (1987): Psychodrama-Gruppentherapie mit Kindern. In: Petzold, H. u. Ramin, G. (Hrsg.): Schulen der Kinderpsychotherapie, 271 - 293, Paderborn (Junfermann).
ANZIEU, D. (1984): Analytisches Psychodrama mit Kindern und Jugendlichen. Paderborn (Junfermann).
BETTSCHART, W. (1984): Psychodrama mit Kindern und Jugendlichen. In: Remschmidt, H. (Hrsg.): Psychotherapie mit Kindern, Jugendlichen und Familien, Bd. 1, 195 - 201, Stuttgart (Enke)
- (1988): Das analytische Psychodrama bei Kindern und Jugendlichen als Untersuchungs- und Therapieinstrument. In: Klosinski, G. (Hrsg.): Psychotherapeutische Zugänge zum Kind und zum Jugendlichen, 133 - 142, Bern (Huber)
BOSSELMANN, R. (1986): Wie sich Psychodrama und Familientherapie ergänzen. Gruppenpsychother. Gruppendynamik 21, 278 - 284.
BOSSELMANN, R., MARTIN, M. (1979): Psychodrama mit Kindern und Jugendlichen im Heim. Praxis der Kinderpsychologie und Kinderpsychiatrie 28, 272 - 276.
DRABKOVA, H. (1966): Experiences resulting from clinical use of psychodrama with children. Group Psychotherapy and Psychodrama 19, 32 - 36.
GERSTENBERG, W. (1979): Psychodrama in der ambulanten psychotherapeutischen Arbeit mit Eltern und Kindern. Praxis der Kinderpsychologie und Kinderpsychiatrie 28, 293 - 302.
HEIGL-EVERS, A., Heigl, F. (1972): Rolle und Interventionsstil des Gruppenpsychotherapeuten, Gruppenpsychother. Gruppendynamik 5, 152 - 171.
KÖNIG, Ch. (1981): Psychodrama mit schwer gestörten Jugendlichen. In: Biermann, G. (Hrsg.) Handbuch der Kinderpsychotherapie Bd. IV. 226 - 235, München (Reinhardt).
KLOSINSKI, G. (1988): Möglichkeiten und Grenzen der Gruppenpsychodramatherapie im Rahmen stationärer Behandlung von Adoleszenten. In: Remschmidt, H. (Hrsg.): Psychotherapie mit Kindern, Jugendlichen und Familien, Bd. 1, 172 - 177, Stuttgart (Enke)
KRÜGER, R.T. (1982): Analytisch-orientierte Psychodramatherapie mit Kindern, Vortrag gehalten bei der 3. wissenschaftlichen Arbeitstagung der Sektion Psychodrama im DAGG, Saarbrücken, vom 29. - 31.10.1982.
LEBOVICI, S. (1969): Das Psychodrama mit Kindern und Jugendlichen. In: Biermann, G. (Hrsg.): Handbuch der Kinderpsychotherapie Bd. II, 771 - 777, München (Reinhardt).
- (1971): Eine Verbindung von Psychodrama und Gruppenpsychotherapie. In: de Schill, St. (Hrsg.): Psychoanalytische Therapie in Gruppen, 312 - 339, Stuttgart (Klett).
- (1972): Das psychoanalytische Psychodrama. In: Petzold, H. (Hrsg.): Angewandtes Psychodrama in Therapie, Pädagogik, Theater und Wirtschaft, 118 - 127, Paderborn (Junfermann).

LEBOVICI, S., DIATKINE, R., KESTEMBERG, E. (1958): Bilan de dix ans de thérapeutique par le psychodrame chez l'enfant et l'adolescent, Psychiatrie de l'enfant 1, 63 - 179.
LEUTZ, G. (1974): Psychodrama: Theorie und Praxis, Heidelberg, (Springer).
LOCKWOOD, J., HARR, B.J. (1973): Psychodrama: a therapeutic tool with children in group play therapy, Group Psychotherapy and Psychodrama 26, 53 - 67.
MATHIAS, U. (1982): Die Entwicklunstheorie J.L. Morenos. In: Petzold, H., Mathias, U.: Rollenentwicklung und Identität, 191 - 256, Paderborn (Junfermann).
MORENO, J. L. (1922): Psychodramatische Behandlung neurotischen kindlichen Verhaltens. In: ders.: Gruppenpsychotherapie und Psychodrama, 201 - 203, 2. Aufl. Stuttgart 1973, (Thieme).
- (1954): Die Grundlagen Soziometrie, Opladen 2. Aufl. 1967 (Westdeutscher Verlag).
- (1964): Scuola e città, Firenze XI, Zit. nach Friedemann, A.: Vorbereitung von Kindertherapeuten zur Spieltherapie über das Psychodrama. In: Petzold, H.: Angewandtes Psychodrama, 259 - 264, Paderborn 1972 (Junfermann).
- (1982): Gedanken zu meiner Gruppenpsychotherapie, In: Petzold, H.(Hrsg.): Dramatische Therapie, 70 - 79, Stuttgart (Hippokrates).
PETZOLD, H. (1979): Psychodrama-Therapie. Paderborn (Junfermann).
- Der Mensch ist ein soziales Atom. Integrative Therapie 8, 161 - 165.
PETZOLD, H., SCHNEEWIND, U. (1986): Konzepte zur Gruppe und Formen der Gruppenarbeit in der Integrativen Therapie und Gestalttherapie. In: Petzold, H., Frühmann, R. (Hrsg.): Modelle der Gruppe, Bd. I 109 - 255, Paderborn (Junfermann).
RUBNER, A., RUBNER, E. (1982): Das zurückgebliebenen Kind und das analytische Psychodrama. Berlin (Marhold).
SHEARON, E.M. (1980): Psychodrama with children, Group Psychotherapy and Psychodrama 33, 142 - 155.
SLAVSON, S.R., SCHIFFER, M. (1976): Gruppenpsychotherapie mit Kindern, Göttingen (Vandenhoeck und Ruprecht).
STOCKVIS-WARNAAR, J., STOCKVIS, B. (1962): Psychodrama of enuresis nocturna in boys, Group Psychotherapy and Psychodrama 15, 179 - 196 und 285 - 303.
STRAUB, H. (1972): Über die Anfangsphase psychodramatischer Kinderbehandlung mit Puppenfiguren. In: Petzold, H. (Hrsg.): Angewandtes Psychodrama, 218 - 231, Paderborn (Junfermann).
- Psychodramatische Kindertherapie mittels Puppen. In: Petzold, H., Ramin, G. (Hrsg.): Schulen der Kinderpsychotherapie, 257 - 269, Paderborn (Junfermann).
WIDLÖCHER, D. (1974): Das Psychodrama bei Jugendlichen, Olten (Walter).
ZACHARIAS, J. (1965): Psychodrama with teen-agers, Goup Psychotherapy and Psychodrama 18, 262 - 266.
ZEINTLINGER, K.E. (1981): Analyse, Präzisierung und Reformulierung der Aussagen zur psychodramatischen Therapie nach J.L. Moreno. Salzburg (Dissertation).

Einige Einsatzmöglichkeiten des Psychodramas im therapeutischen Heim

von Rainer Bosselmann, Ellen Kindschuh-van Roje und Matthias Martin

Einleitung

In der Mitte der siebziger Jahre ergab sich für uns die Gelegenheit, im Rahmen eines Kinder- und Jugendheims mit heilpädagogischer und psychotherapeutischer Zielsetzung das Psychodrama in reichem Maß anzuwenden. Dazu waren wir besonders durch Heika Straub angeregt und ermutigt worden, als sie uns ihren Ansatz der psychodramatischen Kindertherapie in einer Fortbildung näherbrachte. Im Überschwang der frisch erlebten und schrittweise besser beherrschten psychodramatischen Methode machten wir uns daran auszuprobieren, was sich in diesem Praxisfeld alles konstruktiv in Bewegung setzen ließe und welche Mittel des Psychodramas für welches Vorhaben die geeigneten sein könnten.

Wenn wir hier einzelne unserer Psychodramaprojekte mit zwanzig Jahren Abstand betrachten und kurz beschreiben, so wollen wir damit sicher nicht zur Nachahmung in allen Punkten anregen. Trotzdem wäre es durchaus nach unserem Geschmack, wenn manche Leser sich von der experimentellen und neugierig forschenden Grundhaltung unserer damaligen Erkundungen anstecken ließen, selbst in ihrem beruflichen Arbeitsfeld vergleichbar aktiv zu werden.

Das 'Heilpädagogische Heim Leppermühle' in Buseck versorgte damals eine große und recht heterogene Schar von Kindern und Jugendlichen, bei denen in der Vorgeschichte (oft in Kombination) frühe Vernachlässigung, hirnorganische Beeinträchtigung, neurotische Konfliktverarbeitung, Teilleistungsstörungen und familiäre Belastungen der unterschiedlichsten Art gegeben waren. Dieser 'bunten Mischung' entsprechend waren sich die Eltern, Sozialarbeiter, Erzieher, Ärzte und Psychologen selten einig, wie eine geeignete Förderung der betreffenden Kinder und Jugendlichen auszusehen hätte. Von den einen wurde Therapie idealisiert und in unkritischer Weise für fast alle Auffälligkeiten des Verhaltens als geeignete Kur angesehen, anderen war jede Art von Therapie verdächtig. Vor dieser nicht gerade ideologiefreien Kulisse der damaligen 'Heimkampagne' griffen wir hoffnungsvoll nach den methodischen Möglichkeiten des Psychodramas, um im Grenzland zwischen Pädagogik, Verhaltenspsychologie, Psychotherapie mit Kindern und Jugendlichen sowie Erwachsenenbildung das Mögliche an Aufklärung, Fortschritt oder gar Heilung zu bewirken. Ausgangspunkt und erster Schwerpunkt dieser psychodramatischen Projektarbeit war die Behandlung von Kindern im Grundschulalter.

Kindertherapie
Die Behandlung von Kindern fingen wir immer mit Probesitzungen an, um zunächst die Indikation und aktuelle Therapie-Motivation zu untersuchen. Andererseits dienten diese vorbereitenden Sitzungen der Kontaktstiftung, dem Heranführen an das psychodramatische Spiel mit Handpuppen und der Vorbereitung einzelner Kinder auf die Situation der Therapiegruppe. Wir boten meistens mehrere Medien der gestaltenden Aktivität an, neben den erwähnten Handpuppen aus dem Repertoire des Kasperle-Theaters oft auch Sceno-Puppen, Malen, Kneten mit Ton oder Spiel mit Playmobil-Material. So entstand ohne Einengung auf ein bestimmtes Mittel der Darstellung ein erster Kontakt. Diagnostisch achteten wir dabei besonders auf zentrale Konfliktbereiche, Aktivitätsgrad und Gehemmtheit sowie auf Fähigkeiten der Verarbeitung von Konflikten. Nach drei bis sechs solcher Einzelsitzungen trafen wir im Team der Mitarbeiter dann die Entscheidung, ob im konkreten Fall eine Gruppen- oder Einzeltherapie angezeigt erschien, oder statt Therapie eher pädagogische Förderung im Rahmen der Wohngruppe, zusammen mit Elternarbeit.

Für die Zusammenstellung kleiner Therapiegruppen wurde unser leitendes Kriterium, daß diese zwei oder drei Kinder in der Lage sein sollten, mit etwas Unterstützung eine kurze Szene mit Handpuppen zu spielen. Außerdem ergab sich als soziale Mindestanforderung, daß die Kinder als Zuschauer dem Spiel anderer über kurze Zeit ohne große Störmanöver folgen konnten. Wenn diese Form der Gruppentherapie zustande kam, fand sie möglichst ein- oder zweimal pro Woche statt, dauerte jeweils nur etwa eine halbe Stunde und lief über den Zeitraum von drei bis zwölf Monaten. Nach anfänglichen Experimenten mit einer sehr weiten Indikationsstellung gelangten wir bald (durch Sachbeschädigungen und manchmal groteske Tumultszenen mit heftig angewärmten Kindern dazu genötigt) zu der Ansicht, daß es für einen erheblichen Teil von expansiv ausagierenden Kindern nützlicher und therapeutisch effektiver ist, wenn sie in der Einzelsituation mit verschiedenen Medien konfrontiert werden und im Umgang damit genügend strukturierende Begleitung erhalten können.

Konkret gingen wir ähnlich vor, wie es auch Sarah Kirchknopf (im Interview im Anhang dieses Buchs) beschreibt. Gewöhnlich ging ein Kind mit einem Therapeuten zusammen hinter den Vorhang der Puppenbühne, wo kurz der Entwurf einer möglichen Spielhandlung ermittelt wurde, indem der Therapeut sich von Wünschen und Ideen des Kindes leiten ließ. Nach der Auswahl der Puppen, bei der wir intuitiv das Interesse verfolgten, durch unsere Rollenauswahl dem Wunsch des Kindes nach eigenem Ausdruck zu dienen, folgte dann die gemeinsame Spielgestaltung. Es ergaben sich meistens kurze, nur wenige Minuten dauernde kleine Geschichten.

Der andere Therapeut saß derweil mit den übrigen Kindern im Publikum, wo er - scheinbar nur assistierend - weitere wichtige Funktionen erfüllte:
- er beobachtete die spontanen Reaktionen der kleinen Zuschauer und bemühte sich, in geeigneter Weise darauf einzugehen,
- er reagierte selbst auf die Aktionen der Puppenspieler und versuchte, sich wesentliche Abläufe für die Nachbesprechung einzuprägen,
- er beteiligte sich aus dem Publikum heraus an der Regie.

Die Hilfs-Ich-Funktionen von Interviewer und Doppelgänger waren also in der Weise aufgeteilt, daß sie zum Teil vom 'Assistenten' aus dem Zuschauerraum kamen, zum Teil vom Therapeuten hinter dem Vorhang. Während im Psychodrama mit Erwachsenen der Doppelgänger am inneren Monolog des Protagonisten teilnimmt, geschieht das Doppeln mit Kindern gewöhnlich in dialogischer Form, als Anfrage, Kommentar oder Provokation.

Bei der hier skizzierten Arbeitsweise spielte sich nach der Eingewöhnungsphase eine Praxis des Zusammenspiels ein, die sich als Kombination von Co-Therapie mit z.t. simultan erfolgender, wechselseitiger Supervision bezeichnen läßt. Durch kurze Vorgespräche, längere Auswertungen und die Aufzeichnung von Protokollen versuchten wir, als Lernende kooperierende Teampartner zu sein, unser methodisches Handwerkszeug zu verbessern und zugleich in einer Weise therapeutisch hilfreich zu sein, die sich ergänzend mit den Bemühungen der Gruppenerzieher zusammenfügte. Den entscheidenden Durchbruch in der Verbesserung von Kooperation der Therapeuten und reflektiertem Einsatz der psychodramatischen Mittel erbrachte in unserer Arbeitsgruppe der Einsatz regelmäßiger Selbstkontrolle durch Videoaufzeichnungen. So kamen wir dazu, das für diese intensive Zusammenarbeit nötige, geklärte und vertrauensvolle Verhältnis miteinander zu entwickeln.

Die zum Teil sehr gering ausgeprägte Fähigkeit der emotional gestörten Heimkinder zur Selbststeuerung erforderte es, daß die Therapeuten selbst relativ viel zur Orientierung der Kinder und Strukturierung des Ablaufs der Sitzungen tun mußten. Die Absprache der gewünschten Reihenfolge der Spieler, die Einhaltung zeitlicher Vereinbarungen, Einigung über die Frage, welches Kind heute mit welchem Therapeuten zusammenspielt, all das erforderte immer wieder klare Vorgaben durch uns, um nicht einer wilden Gruppendynamik zu erliegen. Es blieb in unserem Konzept vorrangig, daß wir mit dem psychodramatischen Handpuppenspiel im Dienste der kindlichen Wunscherfüllung zu arbeiten haben. So gab es keine Bewertung noch so 'dissozialer' Spiele, auch versagten wir es uns weitgehend, eine 'pädagogische' Veränderung der Szenen in Richtung eines erwünschten Verhaltens anzusteuern. Wirklicher Wandel kommt spontan.

Die Inhalte der Spielszenen variierten stark, oft schienen sich erlittene Benachteiligungen und Kränkungen darin drastisch abzubilden, häufig auch aufgestauter Ärger oder Racheimpulse. Daneben standen idealisierte und wunscherfüllende Szenen der Harmonie, manchmal klischeehafte Darstellungen in Anlehnung an Kasperletheater und Fernsehfilme.

Ein Beispiel (M.M.):

Ein 7-jähriger, früh und schwer neurotisch gestörter Junge kam in das Heim mit den Symptomen Zündeln, massive Aggressivität, Angstanfälle und erhebliche Störung im Kontakt. In der ersten Therapiephase war er wochenlang damit beschäftigt, jeden brutal abzuschlachten, der ihm beim Puppenspiel in die Quere kam. Ein erster Wandel in seinen Spielen deutete sich an, als die anfangs nur Sekunden dauernden Destruktionsszenen länger wurden. Die vorher ignorierte Natur der verschiedenen 'Gegner' wurde auf einmal wahrgenommen. Nach etwa acht Wochen kam es - zu unserer Überraschung und ohne erkennbaren Übergang - zu langen Spielszenen, die bis zu einer halben Stunde dauern konnten. Er setzte sich mit seinen Angstvorstellungen auseinander, böse Hexen fielen in tiefe Löcher, wurden eingemauert und konnten sich doch wieder befreien. In der Wohngruppe war bereits nach vier Wochen aufgefallen, daß der Junge viel weniger verstört wirkte, nicht annähernd so verspannt und aggressiv wie zuvor.

Gerade in der Behandlung solcher massiv gestörten Kinder bewährte es sich,. die übliche Trennung von pädagogischen und therapeutischen Arbeitsbereichen aufzugeben. In dem genannten Beispiel war eine mit dem Jungen vertraute und von diesem akzeptierte Erzieherin von Anfang an in die Therapie einbezogen. Sonst beschränkte sich die Beteiligung der Gruppenerzieher meistens darauf, daß vor der Therapiestunde die aktuelle Situation der jeweiligen Kinder kurz besprochen und in gewissen Abständen zusammengefaßt über die Entwicklung in Wohn- und Therapiegruppe miteinander geredet wurde. Wenn wir diesen Austausch vernachlässigten, waren Spannungen, Rivalitäten oder Entwertungen in der Regel die Folge. Erst im Lauf der Zeit wurde uns klar, wie bedeutsam es ist, daß die Erzieherinnen und Erzieher Möglichkeiten erhalten, Hintergründe, Ziele und Folgen der 'psychodramatischen Aktivierung' bei den von ihnen betreuten Kindern zu verstehen.

Nach der eher vorsichtigen, explorierenden Anfangsphase der Behandlung folgte gewöhnlich eine wildere, expansive, wenn die Kinder sich erlauben konnten, intensiver und ungehemmter ihre Impulse und Emotionen auszuleben. Inhaltlich zeigte der Verlauf häufig ein Fortschreiten von traumatischen, schmerzhaften und unlustbetonten Szenen in Richtung von Größenphantasien und manchmal überschäumender Wunscherfüllung - ganz im Sinne von Dr. Morenos 'Megalomania normalis', die er als natürliches kindliches Erleben auch manchen Erwachsenen zur Behandlung rezeptierte. Konflikte verkleideten die Kinder zunächst oft in Symbolgestalten, sie kamen als wilde Tiere, Geister und Gespenster daher. Später geschah es dann häufiger, daß Auseinandersetzungen in weniger verschlüsselter Form mit menschlichen Handpuppen auf die Bühne kamen.

Im weiteren Verlauf der psychodramatischen Kindertherapie stellte es einen wesentlichen Schritt dar, wenn nach hinreichender Durcharbeitung die quälend oft wiederholten, traumatischen Szenen verlassen werden konnten und andere Themen ins Blickfeld rückten. Das ereignet sich weitgehend von selbst, vorsichtige Regieversuche hatten eher Test- als Lenkungsfunktion. Ein direktes Ansteuern von Zukunftsperspektiven, pädagogischen Intentionen, realistisch prüfender Sicht der Wirklichkeit erzeugte nach unseren Erfahrungen in der Kindertherapie nur 'Widerstand'. In einzelnen Fällen hatten wir den Eindruck, daß durch vermehrten Einsatz des Rollentauschs und den Entwurf von Alternativszenen in der Schlußphase der Therapie Lerneffekte anzuregen waren, oft wurde übendes oder stärker zielgerichtetes Vorgehen von den Kindern aber strikt abgelehnt. Für gewöhnlich stellte die psychodramatische Spielecke eine besondere Realität dar, abgetrennt vom üblichen Alltagsverhalten, näher an den Träumen angesiedelt. Dort waren mehr Freiheiten als in der Gruppe erlaubt, archaische und magische Formen des Denkens und Handelns am Platze.

Je jünger das Kind, umso zurückhaltender wurden wir hinsichtlich regieführender, manipulativer Eingriffe in das spontane kindliche Spiel. Beeinflussung direkt auf der Symbolebene schien uns in ihren möglichen Effekten zu wenig abschätzbar, vielleicht auch riskant zu sein. Inzwischen würden wir wohl mutiger sein, Herausforderungen und Belastungselemente in die Spielsituation einzuführen. Eine individuell konzipierte Heilpädagogik erscheint aber nach wie vor als geeigneter Rahmen, wenn junge Kinder erhebliche Beeinträchtigungen bewältigen sollen und der familientherapeutische Zugang nicht möglich ist. Für uns bedeutete psychodramatische Kindertherapie in diesem Kontext die weitgehend gewährende Vorbereitung emotional gestörter Kinder auf eine geeignete pädagogische Förderung.

Im Kontrast zur großen inhaltlichen Freiheit ließen wir formal eine gewisse Strenge walten, die auch von jüngeren Schulkindern gewöhnlich gut akzeptiert wurde. Kein Kindertherapeut im Heim kann sich der Aufgabe entziehen, die Gruppenerzieher verhaltensauffälliger Kinder dabei zu unterstützen, daß sie elementare Regeln des Umgangs zu vermitteln haben (Pünktlichkeit, Regelmäßigkeit der Teilnahme, Verbot von Personen- oder Sachbeschädigungen).

In der Zeit vor der breiten Anwendung familientherapeutischer Ansätze hatte die psychodramatische Kindertherapie für uns noch den besonderen Wert, daß wir in mehr oder minder verschlüsselter Form die Wahrheit des familiären Hintergrunds aus kindlicher Sicht präsentiert bekamen. Damit erhielten Therapeuten und Gruppenerzieher einerseits Verständnishilfen für die Entstehungsbedingungen der kindlichen Verhaltensweisen, andererseits ließen sich im Elterngespräch (in überlegter Form und an passender Stelle) die einfachen, prägnanten Geschichten aus dem Handpuppenspiel ihrer Kinder anführen, um familiendynamische Anstöße zu vermitteln. Die unmittelbare Evidenz und symbolische Kraft einer Spielszene scheint oftmals mehr Erkenntnis zu transportieren und Nachdenklichkeit zu erzeugen, als unser „elaborierter Code" und unsere (Hoch)-Schulweisheit auszudrücken in der Lage wären.

Einzeltherapie mit Jugendlichen

Gruppentherapie mit Jugendlichen macht Spaß und ist aufregend. Wir haben auf der Leppermühle und in anderen Heimen des gleichen Trägers zahlreiche Erfahrungen damit gemacht, die an anderer Stelle einmal ausführlicher dargestellt werden sollten, leider kam es nie dazu. Oft ist aber keine geeignete Gruppe vorhanden, andererseits ist der überzeugte Psychodramatiker nicht an länger andauernden, reinen Sitz-und-Sprech-Veranstaltungen interessiert. Der eigene Aktionshunger hat ihn oder sie in die Gefilde der Handlungsmethode Psychodrama geführt. Was also tun?

Als Mittel der Konkretisierung und Bearbeitung konfliktbeladener Themen hat sich das Psychodrama auch in der Einzelsituation angeboten und bewährt. Den Möglichkeiten der Sprache sind oft enge Grenzen gesetzt, besonders Jugendliche sind häufig sehr vorsichtig in der Mitteilung innerer Vorgänge. Durch einzelne Elemente der psychodramatischen Methode lassen sich junge Leute bildlich direkter ansprechen, konfrontieren und auch zu aktiver Bewältigung ihrer Probleme ermuntern, ohne daß sie alles in gesprochener Form ausdrücken und erklären müssen.

Zum Psychodrama sind in der Regel Mitspieler nötig, in der Einzelsituation kann man sich aber mit dem Einsatz verschiedener Medien ganz gut helfen, um diesen Mangel einer fehlenden Gruppe auszugleichen. Wenn ich als Therapeut irgendwelche sozialen oder innerpsychischen Gegebenheiten mit Hilfe von Münzen, Stühlen oder bunten Bauklötzen konkretisiere, ist es weitgehend bedeutungslos, ob ich von einer Aussage, einem Traum, einem Bild des Jugendlichen oder meinem spontanen Einfall ausgehe. Wesentlich ist die prägnante und experimentelle Konkretisierung dessen, was als Vorstellung im Raum ist und nach Klärung drängt. Der Schritt vom Denken zum Handeln, vom theoretischen zum praktischen Probehandeln, das ist das Entscheidende. Und diese Herausforderung, manchmal auch Aktivierung des Jugendlichen bewerkstelligen wir mit den Grundtechniken des Psychodramas. Es ist eher eine Mut- und Spontaneitätsprobe als eine Frage des methodischen Know-how.

Eine besondere Form der Einzeltherapie, die der Bewegungsfreude und dem Freiheitsdrang der Jugendlichen gerecht wird, läßt sich als psychodramatischer Waldspaziergang bezeichnen. Dabei werden nach einer behutsamen und geduldigen Anwärmphase durch Gespräche über wenig belastende Themen relativ unvermittelt Aktionen angeregt, wenn sich konflikthafte Inhalte, Spannungen und Handlungsimpulse zeigen. Das geschieht in der freien Natur, ohne weitere Zeugen und ohne die Begrenzungen eines Therapieraums.

Dazu ein Beispiel (R.B.):

Ein fünfzehnjähriger, im Wesen recht spröder Junge kam mit sich, seiner Familie, den Gruppenkollegen und den Erziehern schlecht zurecht. Er wirkte über lange Zeit sanft und angepaßt, ehe er seine Umwelt mit plötzlichen Ausbrüchen massiver Aggressionen erschreckte. Im Einzelgespräch neigte er zu kraftvollen, gewalttätigen Phantasien und Bildern, ein Halbwüchsiger in der Klemme. Auf meine Anregung hin gingen wir in den nahe gelegenen Wald, wo er bald einen dicken Knüppel ergriff und damit herumfuchtelte. Ich ermutigte ihn, damit gegen die dicken Bäume zu hauen und sich die meistgehaßten Kontrahenten dazu vorzustellen. Mit grimmigen Gebärden fing er an zu kämpfen, stieß dabei wilde Kampfeslaute aus, verwünschte alle seine Feinde. So ging das weiter, bis er ruhiger und etwas erschöpft war. Danach veränderten sich Zugänglichkeit und Gesprächsbereitschaft, er näherte sich einer realistischeren Sicht seiner Lage an, verließ die Position des 'armen Opfers'. Ähnliche Spaziergänge wiederholten wir mehrfach, wenn der Junge wieder unter massiven aggressiven Spannungen litt und dadurch ganz eingeschränkt war in seiner Flexibilität und Kontaktfähigkeit. Wie ein beherztes Durchlüften wirkten auf ihn die Kämpfchen im Wald, bei denen ich mich manchmal auch als Kontrahent anbot. Der junge Mann nahm eine erfreuliche Entwicklung, soweit ich das weiter verfolgen konnte.

Noch ein weiteres Beispiel dieser open-air-Psychodramen, mit einem jüngeren Knaben (R.B.):

Ein sehr ernster, etwa zwölfjähriger Junge litt unter massiver Zwangssymptomatik, in einer überweisenden Klinik war von beginnender Psychose die Rede gewesen. Die Eltern des Jungen waren ungeheuer korrekt in ihrer Art, sie trugen beide penible Züge. Meine Möglichkeiten des Zugangs in Familiengesprächen erschöpften sich recht bald, mein Eindruck war, daß ich diese äußerst ordentliche Familie kaum erreichen konnte. Der zurückhaltende Junge, der unter seinen Zwangsgedanken erkennbar litt, tat mir leid, weil er in einer Art Gefängnis lebte. Zeitweise schien er die Zwangsimpulse schon wie befehlende Stimmen zu hören. So entschloß ich mich zu einer eher unüblichen therapeutischen Lockerungsübung, ich ging in den Therapiestunde regelmäßig mit ihm ins Gelände hinaus. (Das Beratungszimmer ist mir anscheinend damals zu eng geworden). Beim Gehen über die Felder und am Waldrand kamen wir beide in Bewegung. Er wirkte aber lange ganz verhalten auf mich, wie ein verschrecktes Hühnchen. Dann, nach vielen Berichten über verzwungene Gedankengänge und magische Rituale, nach zermürbenden Verstehensversuchen und einer drückenden Hilflosigkeit auch in meiner Brust, in dieser Situation startete ich einen Versuch zu 'unserer Befreiung' aus den Fängen der Zwangsphänomene: Wir standen vor einem großen Apfelbaum voller lockender Früchte, waren fast eine Stunde flott gegangen und durstig geworden an diesem sonnigen Tag. Meinen Ent-

schluß zum Mundraub nahm ich gleichzeitig wahr mit seiner Hemmung, diese Sünde zu begehen. Ich kam mir vor wie der Versucher, wie der Leibhaftige, als ich ein Äpfelchen probierte und mit Engelszungen versuchte, den gar zu artigen Jungen zu verleiten, sich auch eine Frucht zu nehmen. Sein übermächtiges Gewissen rebellierte, es war ein längeres inneres Ringen erforderlich, bis er, noch voller Skrupel, sich tatsächlich auch einen Apfel genehmigte. In den nächsten Tagen war ich besorgt, weil ich den Rückschlag der ordnenden Mächte fürchtete. Der Junge stabilisierte sich aber; als die Birnen und später die Zwetschgen reif wurden, war er sogar schon etwas auf den Geschmack gekommen und konnte beim Kauen ein bißchen schmunzeln, was er sich früher nie erlaubt hätte. Was nach seiner Entlassung (auf Druck der Eltern vorzeitig) mit ihm geschah, konnte ich leider nicht in Erfahrung bringen. Hoffentlich mußte er nicht wieder krank werden.

Diese Beispiele sollten zeigen, wie das Rollenspiel als 'pas de deux' funktioniert und die teils intuitive Regiearbeit, ohne Gruppe und außerhalb des Behandlungszimmers möglich ist; auch das ist Psychodrama.

Psychodrama in der Elterngruppenarbeit

Ein letztes Beispiel beleuchtet einen ganz wesentlichen Bereich der Aufgaben im Behandlungsheim: die aufklärende und beratende Arbeit mit den Eltern. Auch hier - wie tatsächlich fast überall - kann das Psychodrama als Untersuchungs- und Überzeugungsinstrument zum Einsatz kommen und hat im vorliegenden Fall verblüffende Effekte hervorgerufen (E. KvR.):

Eine alleinerziehende Mutter wirkte in der Gruppe stets milde gestimmt, freundlich und sanft. Hinter ihrem duldsamen und friedfertigen Auftreten war das stille Leiden über ihren ablehnenden Sohn deutlich zu spüren, die anderen Eltern reagierten mit aggressiver Anspannung auf sie. Es war ihr völlig unverständlich, warum ihr fünfzehnjähriger Sohn sich so militant von ihr abgrenzte, die Tür verschloß, verstummte. Sprachliche Angebote zur Verständnishilfe sowohl von anderen Eltern wie von Erziehern und Therapeuten fruchteten nicht, „er ist doch immer so lieb und zugänglich und hilfsbereit gewesen". Wir boten ihr in der Elterngruppe schließlich den 'leeren Stuhl' an, auf dem der geliebte Sohn Platz nehmen sollte (in der Vorstellung). Sofort fing die Mutter an zu klagen, zu jammern und zu weinen. Sie überhäufte den leeren Stuhl mit drängenden Fragen. Nachdem sie in die Rolle ihres Sohnes wechselte und die eigenen Klagen und Fragen zu spüren bekam, vollzog sich eine verblüffende Verwandlung in dieser Frau: Als verstockter Jugendlicher war sie nicht wiederzuerkennen, aggressiv in Haltung, Wortwahl und Aussagen, kompetent in der Abgrenzung und im klaren Analysieren der Interaktion. Dieser Umschwung wirkte auf alle Anwesenden dramatisch entlastend. In ihre eigene Rolle zurückgekehrt war die Protagonistin ebenso tief bewegt wie maßlos erstaunt durch die aktiv angeeignete Erkenntnis. Sie war von diesem Tage an in ihrem Verhalten dem Sohn gegenüber von erkennbar mehr Respekt und Verständnis für dessen Individualität und Wunsch nach gesunder Distanz geprägt.

Schluß

Es ist nach all der Zeit nur eine knappe Auswahl aus einer üppigen Empirie übriggeblieben, obwohl das Projekt der Videogruppe mit Jugendlichen, die zahlreichen Rehabilitationsgruppen für jugendliche Psychotiker, die Psychodramaarbeit in Fallbesprechungen und Erzieherfortbildung auch eine Darstellung verdienten. Trotz dieser Beschränkung sollten die Leser aus den hier angebotenen Überlegungen und Beispielen entnehmen können, daß die vitale, motivierende und dynamisierende Wirkung des Psychodramas in der pädagogisch-therapeutischen Institution viele Anwendungsmöglichkciten vorfindet; es braucht nur etwas Mut, genügend Neugier und die richtigen Mitstreiter dazu.

Fort- und Weiterbildung, Supervision und Organisationsentwicklung

Psychodrama - Soziometrie

Ein Supervisionskonzept

von Kersti Weiß

Moreno hat seine Ideen zur Entwicklung des Psychodramas und der Soziometrie aus vielfältigen Quellen und Handlungsfeldern herauskristallisiert, die auch für Supervision bedeutsam sind:
- aus der Beobachtung von Kinderspielen und deren spontanem Ablauf
- aus dem Engagement als Arzt in Flüchtlingslagern zur Lösung von Krisen des Zusammenlebens
- aus der Erforschung von betrieblichen Strukturen durch Soziometrie
- aus der Entwicklung von Forschungen z.b. in einem großen Kinderheim, bei denen es im Prozeß der Untersuchung bei den Beteiligten zu Veränderung ihrer Einstellungen, Verhaltensweisen und von Strukturen kam
- aus der Lust am Theater - zu den Brettern, die die Welt bedeuten -, was sich für ihn in seiner Haltung „die Welt ist eine Bühne und der einzelne Mensch ein Schöpfer darin" ausdrückt. Das beschreibt auch sein Ziel: Menschen behilflich zu sein, aus erstarrten Rollen (Rollenkonserven) zum kreativen Umgang mit Situationen zu finden.
- aus der Begleitung und (Be)Handlung von Straffälligen, Prostituierten, PsychotikerInnen, Heimkindern etc., also dem klassischen Klientel der Sozialarbeit heute, unter Einbeziehung ihrer sozialen Lebenswelt.
(Vgl. Moreno, J. L.,1949, 5.1977, IIIf)

Mir liegt es nicht daran, hier den Streit um das beste Supervisionskonzept zu schüren. Es geht mir vielmehr darum, denjenigen, die PsychodramatikerInnen sind, ein nicht-therapeutisches Arbeitsfeld zu verdeutlichen und SupervisorInnen für psychodramatisches-soziometrisches Erkennen und Handeln zu erwärmen. Nicht zuletzt ist es eine gute Gelegenheit, meine vielfältigen Erfahrungen etwas zu systematisieren.

Ich will den Versuch unternehmen, sowohl psychodramatisches und soziometrisches Erkennen und Verstehen, als auch das entsprechende Handwerkszeug zu beschreiben.

Moreno begreift den Menschen als soziales Wesen, als „Verbindung von Körper, Psyche und Sozietät". Der Bezugsrahmen einer Person ist sein soziales Atom.

Diese sozialen Beziehungen sind geprägt durch das gesellschaftliche Umfeld, die Zeit in der wir leben.

Die Darstellung von Morenos Überlegungen und Ausführungen zur Entwicklung der psychischen, psychologischen Rollen einer Person, seiner

Beziehungsrollen und sozialen, offiziellen Berufsrollen sprengt den Rahmen eines solchen Aufsatzes. Ich möchte hier auf die Ausführungen von G. Leutz (1974, S. 36-54) verweisen.

Das soziale Atom
Bekanntschaftsvolumen, d. h.
Bekanntschaften ohne persönliche
Bedeutung für das Individuum

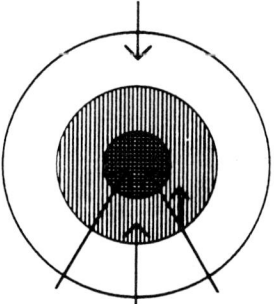

Innerer Kern
der Beziehungen
die das Individuum
umgeben

Innerer und äußerer
Kern der Beziehungen,
die das Individuum
umgeben

Kern bestehend aus Personen,
die in einer emotionalen Beziehung
zum Individuum stehen.

Abb.5. Aus: Moreno, J.L.: Sociometry, Experimental
And The Science of Society. An Approach to a New Political Orientation. Beacon
(N.Y.): Beacon House 1951

aus: Leutz, 1974 S. 11

Die Netzwerke sozialer Beziehungen erforscht und beschreibt Moreno in seiner Theorie und Soziometrie. Untersuchungsgegenstand sind die sozialen Beziehungen in Gruppen, das Meßinstrument ist der soziometrische Test. (Vgl. Riegels/Schmitz-Hambrecht 1981)

Im Mittelpunkt des Erkenntnis- und Theoriebildungsinteresses steht für Moreno weniger der intrapsychische Prozeß von Individuen als vielmehr die interpersonelle Dynamik, die Interaktion von Individuen, ihr Erleben und Handeln in ihrer sozialen Situation, in der Welt. Intrapsychische Konflikte sind für ihn Ergebnisse mißglückter Begegnungen von Menschen, die wiederum multidimensional bestimmt sind.

Ziel sowohl der Therapie als auch der Beschäftigung mit Arbeits- und

Lebenszusammenhängen, mit Organisationen ist es, mit den Beteiligten durch das Erkennen und Bearbeiten von geronnenen oder aktuellen Konfliktkonstellationen Kreativität und Spontaneität zur Entwicklung von den Aufgaben adäquaten Veränderungen von Beziehungs- und Verhaltensmustern zu erreichen. Es geht dabei immer um das Zusammenwirken von innerer und äußerer Realität. Es handelt sich um eine systemische Sichtweise von Konstellationen.

Für mich als Psychodramatikerin, die u.a. als Supervisorin tätig ist, heißt das, die reizvolle und anspruchsvolle Aufgabe zu lösen, mit den jeweiligen SupervisandInnen in den Blick zu bekommen und zu behalten, was alles in einem Geschehen eine Rolle spielt.

Zur Verdeutlichung nehme ich die Darstellung von W. Weigands vier Faktoren, die Supervision bestimmen (Vgl. Supervision Heft 11, 1987, S. 27), als Ausgangspunkt für die Erweiterung aus psychodramatischer Sicht. (Abb. siehe S. 306)

Dieses Modell kann sowohl zur Verortung von Konflikten behilflich sein, zur Diagnose, als auch Ziel und Verlauf eines Supervisonsprozesses verdeutlichen.

Das beschreibe ich im folgenden zunächst allgemein an Überlegungen zu Erstkontakten und am Supervisionsprozeß. Die folgenden Praxisbeispiele beziehen sich darauf als Grundorientierung.

Erstkontakte

Auch wenn wahrscheinlich in allen Supervisionskonzepten ähnlich, möchte ich hier anhand einer Skizze umreißen, worauf mein Augenmerk im Erstkontakt (ersten Sitzungen) liegt.

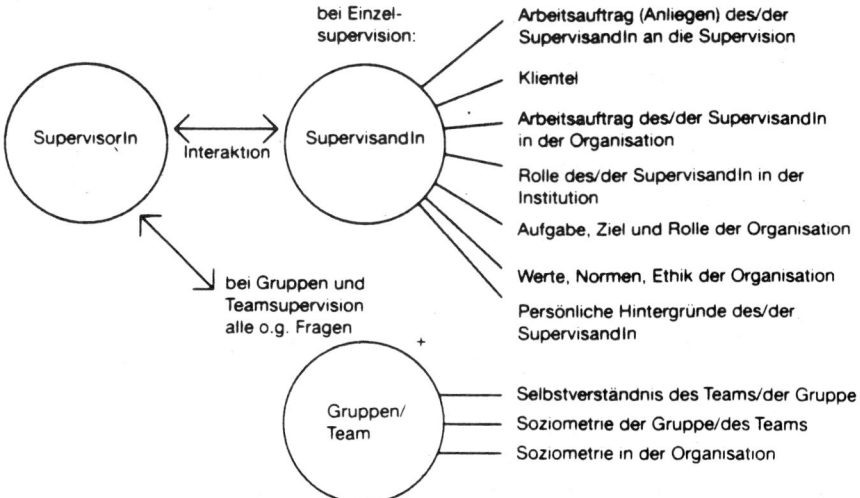

Wirkfaktoren in der Supervision

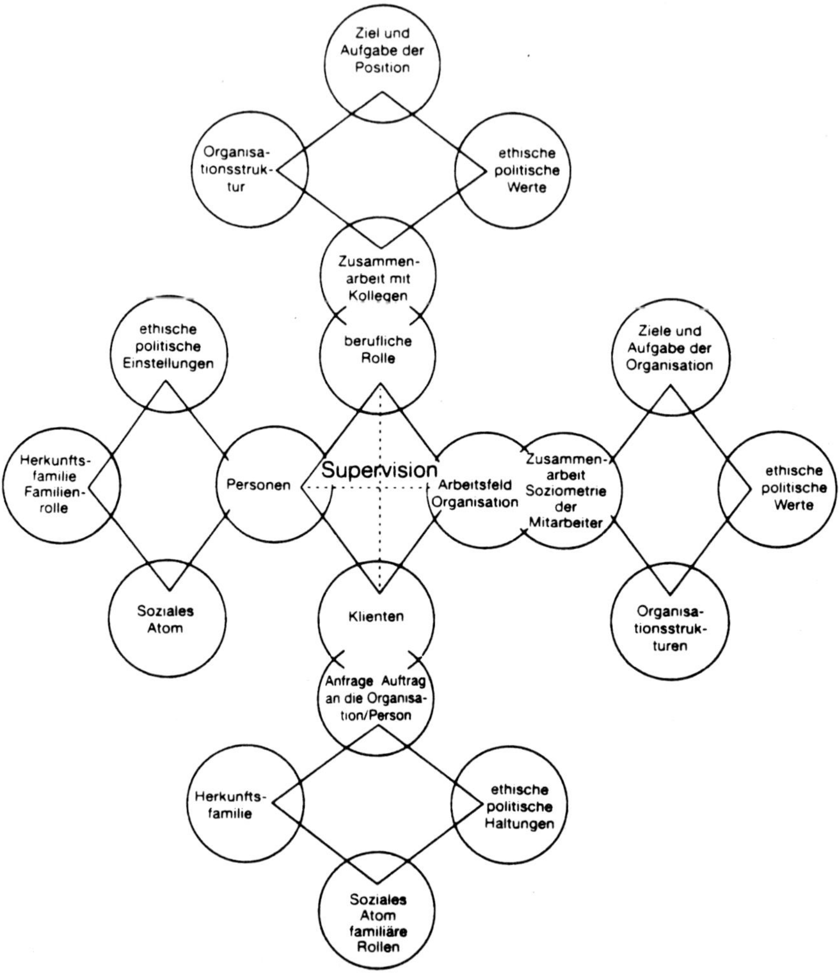

Interaktion im Supervisionsprozeß

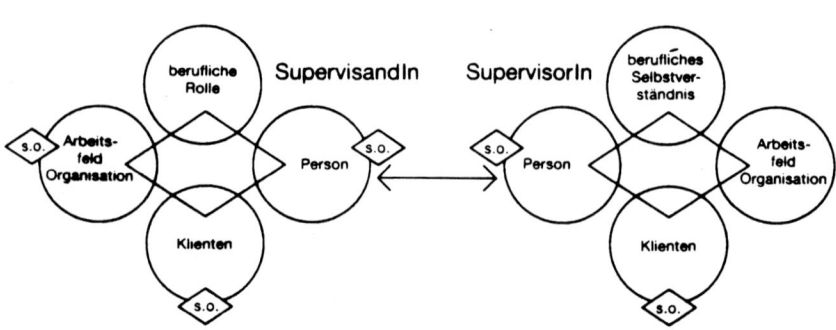

Die psychodramatische und soziometrische Darstellung der obengenannten Aspekte in den Erstgesprächen ermöglicht es mir als Supervisorin, dem/der SupervisandIn/ Gruppe/ Team sich eine gemeinsame Grundlage des Einblicks in die Vernetzung von vorhandenen Konflikten zu schaffen.

Zur soziometrischen Darstellung der Organisation und der eigenen Position und Aufgabe darin, biete ich verschiedenen Materialien (Holzklötze, Münzen, verschiedenste Gegenstände) an.

Symbolische Darstellung eigener Werte, Normen, Ziele und die der Organisation mobilisiert das bewußte und vorbewußte Wissen der SupervisandInnen über Organisationsinhalte. Im psychodramatischen Rollentausch mit Klienten können die Probleme, Erwartungen an die Institution bzw. die konkrete Person verdeutlicht werden.

Es kristallisiert sich im Laufe des Prozesses dieser Arbeit der genaue Auftrag an die Supervision heraus. Gleichzeitig lernen die SupervisandInnen mich in meiner Arbeitsweise kennen und können nun entscheiden, ob es ihnen und ihrem Anliegen entspricht.

Verlauf der Supervision

Je nach aktueller Fragestellung und Auftrag an die Supervision werden Klienten/Klientinnen, die Organisation und die eigene Rolle darin, das Team mit seinem Arbeitsauftrag und Arbeitsstörungen im Vordergrund stehen. Die eigene Beteiligung der Person/en des/der SupervisandInnen wird im Unterschied zur Therapie nur unter dem Aspekt seiner oder ihrer Arbeitszusammenhänge zum Thema. Sowohl in der ersten gemeinsamen Diagnostik als auch auf dem Weg des Verstehens im Supervisionsprozeß ist es eine immer wiederkehrende Erfahrung, daß in Einzel-, Gruppen- oder Teamsupervisionen ein wesentliches Konfliktpotential liegt, daß Probleme nicht an den ursächlichen Orten ver- und behandelt werden, sondern an abgeleiteten. Konflikte von Klienten wirken sich auf die Zusammenarbeit im Team oder bei einzelnen MitarbeiterInnen aus, die es für persönliche Krisen mit sich oder untereinander halten; ein Leitungskonflikt wird als Loyalitäts- und Beziehungsproblem der Teammitglieder verhandelt; ein Organisationsaspekt den Klienten angelastet. Diese Verlagerungen werden mit Hilfe psychodramatischer und soziometrischer Darstellungen zurechtgerückt.

Themenschwerpunkt: KlientInnen

Ist die Grundlage für einen adäquaten Umgang mit KlientInnen das Einfühlungsvermögen des/der Angefragten, bietet sich über den psychodramatischen Rollentausch die Chance, die Lage aus der Sicht der Betroffenen zu sehen. Aus dieser Position kann die gedachte innere Wirklichkeit, die soziale Situation, die Kontaktaufnahme, das Anliegen und die Interaktion mit dem/der BeraterIn, selbst als Lösungspotential erlebt und beschrieben werden. Im Wechsel in die eigene Rolle werden Knotenpunkte der Interaktion deutlich, bei Schwierigkeiten z.b. bei der Rollenübernahme, Konflikte der eigenen Person.

Themenschwerpunkt: Institution und die eigene Rolle darin
Organigramme können gestellt und gespielt werden, Aufgabenschwerpunkte in einem Soziogramm sichtbar werden, die eigene Rolle im soziometrischen Gefüge der Einrichtung erlebt werden, gewünschte und gedachte Veränderungen werden im Spiel ausprobiert und auf ihre Wirkung auf die eigene Person und das soziale Gefüge hin untersucht.

Themenschwerpunkt: Team
Die Soziometrie der Gruppe im Bezug auf die Position in der Organisation, Aufgabenstellungen, Werte, Klienten ist als Erkenntnis- und Veränderungsinstrument von Bedeutung. Methodisch gibt es dazu reichhaltige Möglichkeiten. Wird der/die ProtagonistIn für eine Fallsupervision im Team durch ein Soziogramm ermittelt, garantiert es die maximale Aufmerksamkeit der Gruppe, die damit auch ihre Möglichkeiten und ihre Grenzen der Bearbeitung in den jeweiligen Phasen klarmacht. Es wird z.B. über einen stark ängstigenden Klienten so lange nicht gesprochen, bis das Vertrauens- und Arbeitsklima der Gruppe es trägt. Die Beschäftigung mit einem so ausgewählten Klienten kann in der dem Spiel anschließenden Prozeßanalyse auch als Thema des Teams verstanden werden.

Folgende Beispiele aus der Einzel-, Gruppen- und Teamsupervision sollen das Vorausgegangene plastisch machen:

Einzelsupervision

Schwerpunkt Erstkontakt und Organisation
Frau K. und ich kennen uns aus einem Fortbildungsprogramm, in dem ich im Leitungsteam war. Sie hat eine Leitungsfunktion in einer Einrichtung eines freien Trägers übernommen. Sie möchte Supervision als Begleitung in der Anfangsphase ihrer Tätigkeit. Im Erstgespräch wird ihre Unsicherheit über ihre Position und Aufgabe in der Einrichtung deutlich. Eine Kiste Holzspielzeug, von meinem Sohn dort vergessen, steht noch in meinem Arbeitsraum. Ich bitte Frau K., die Institution, in der sie lebt, anhand der vorhandenen Bauklötze darzustellen und für sich darin einen Platz zu finden. Sie verwendet verschiedene Größen und Farben des Materials. Positionen werden gelegt und wieder verrückt, bis für sie subjektiv die Verhältnisse stimmen. Im Verlauf dieses Prozesses begreift sie, wer die Macht hat,

institutionell und informell, wer Koalitions-, wer AnsprechpartnerIn ist, wo Klippen liegen und wo die Unstimmigkeiten in der Zuständigkeit für bestimmte Fragen sind. Sie erlebt sich im Spiel und der Nachbesprechung als handelnder Teil dieser Institution und entdeckt Hindernisse zur Erfüllung ihres Arbeitsauftrages und ihrer Ziele. Lösungswege werden sichtbar.
Nach mehrstündiger Supervision stellt sich Frau K. folgendes Problem: Sie hat entgegen aller institutioneller Grenzen Vertreter zweier strukturell konkurrierender, gleichwohl für einen Bereich verantwortlicher Institutionen zu einem gemeinsamen Treffen bewogen. Ziel ist es, die finanzielle und personelle Verantwortlichkeit für einen Bereich zu klären. Sie ist zugleich stolz darauf, dieses Treffen arrangiert zu haben, und ängstlich, als sei das Gelingen des Gesprächs eine Prüfung ihrer Kompetenz und ihrer Position.
Ich bitte sie, dieses Gespräch nun im Vorgriff auf die Wirklichkeit zu spielen. Sie benutzt die im Raum vorhandenen Stühle, um allen wesentlichen Personen, auch der eigenen, in der Runde einen Platz zuzuweisen. Sie stellt nacheinander die Personen in ihren Funktionen kurz dar und übernimmt dann zur Vorstellung die Rolle der/des Betreffenden. Aus den verschiedenen Rollen werden ihr die unterschiedlichen Interessen, Vorerfahrungen und Erwartungen an das Gespräch erlebbar. Das Gespräch wird gespielt, in dem sie die eigene Rolle einnimmt und ich die anderen Personen hinter dem Stuhl doppele. Der Verlauf des Gesprächs zeigt, daß sie sich mit ihrem Anliegen auf eine zwar informell mächtige, aber letztendlich nicht entscheidungsbefugte Person konzentriert und ihre Koalitionspartner aus dem Auge verliert. Hier beende ich das Spiel.

In der Nachbesprechung klärt sich folgendes: In der Gesprächsrunde werden unabhängig von dem anstehenden Konflikt jahrzehntealte Institutionsrivalitäten verhandelt; die unterschiedlichen Interessen der Personen werden sehr deutlich. Das relativiert u.a. Frau K.'s Eindruck, es liege nur an ihr, das zu verhandelnde Anliegen erfolgreich zum Abschluß zu bringen.
Die Konzentration auf den einen oben genannten Vertreter hat neben den institutionellen Quellen eine persönliche. Sie wird, soweit es das Arbeitsanliegen nötig macht, besprochen.

Gruppensupervision

Bearbeitung einer Beziehungsstörung
Eine Gruppe MitarbeiterInnen von Beratungsdiensten für AusländerInnen fragt Supervision bei mir an.
Es sind Männer und Frauen aus Italien, Vietnam, Portugal und der Türkei. Ihre unterschiedlichen soziokulturell geprägten persönlichen Erfah-

rungen, ihre Zugehörigkeit zu verschiedenen institutionellen Trägern und Sprachschwierigkeiten prägen die gemeinsame Arbeit nicht nur in der Supervision. In der Arbeitsbeziehung zwischen einer türkischen und deutschen Mitarbeiterin kriselt es nach langer produktiver gemeinsamer Arbeit.

Sie leiten eine türkische Frauengruppe. Die Supervisionsgruppe entscheidet sich, soziometrisch gewählt, für die Bearbeitung dieses Konfliktes. In dieser Sitzung sind die zwei Männer der Gruppe aus verschiedenen Gründen nicht erschienen. Es wird spürbar, daß die Frauen die Chance nutzen, um über intimere Dinge zu sprechen.

Nachdem in der Schilderung der beiden Frauen zunächst organisatorische Querelen im Vordergrund stehen, konzentriert sich die Aufmerksamkeit auf mehrere jüngere Teilnehmerinnen (ca. 18 Jahre alt) der Frauengruppe. Es geht um sexuelle Neugier, Entdeckungen und Freiheiten mit den hier in Deutschland bestehenden anderen Normen und Werten. Die beiden Kursleiterinnen sind konträrer Meinung und streiten sich normativ. Ich bitte sie, mit Hilfe der anderen Gruppenteilnehmerinnen der Supervisionsgruppe kurze Szenen aus der Situation zu spielen, als sie selbst 18 Jahr alt waren. Eine Szene in einer Familie und eine unter Jugendlichen wird gespielt. Den Protagonistinnen und allen Beteiligten wird so deutlich, wie verschieden das kulturelle und familiäre Klima der beiden in der Zeit war und wie es bis heute ihre Einstellung prägt. Der nur persönlich scheinende Konflikt wurde als soziokulturell erlebbar. Die Furcht war, daß die „deutschen" Normen und somit auch die jüngere deutsche Kursleiterin für die heranwachsenden Mädchen attraktiver sein könnte, daß diese Mädchen die „türkischen Werte" und damit auch die türkischen Mitarbeiterin ablehnen könnten. Dieser Streit war auch Ausdruck des Konflikts zwischen Müttern, bzw. Vätern und Töchtern von Ausländern, die mit Kindern in Deutschland leben. Die beiden hatten sich stellvertretend für diesen Reibungspunkt in der Teilnehmerinnengruppe und das alltägliche Leben von Ausländern in einem fremden Land gestritten. Über das Verstehen der jeweiligen anderen Hintergründe und Rollenkonflikte wurde eine Versöhnung und kreative Lösungen für eine Weiterarbeit möglich.

Teamsupervision

Thematischer Schwerpunkt: Das Team
Das Team einer psychotherapeutischen Klinik fragt mich um Supervision an. In dieser Klinik hat Team- und Fallsupervision Tradition. Sie ist Bestandteil des Konzepts, auch von Konfliktregelungen im Team. Ziel ist die Herstellung und der Erhalt eines therapeutischen Klimas für die PatientInnen.

Nach einem Vorgespräch mit der Leitung und dem Betriebsrat werde ich um eine Probesupervision gebeten. Meine zentrale Frage für diese Sitzung ist, kann ich mir eine Arbeit mit dieser großen Gruppe von MitarbeiterInnen vorstellen, bekomme ich einen Kontakt zu den einzelnen Menschen und einen Einblick in die Problemstellungen.

Die Frage der MitarbeiterInnen war, können sie sich eine produktive Begleitung bei den Konfliktlösungen durch mich vorstellen. Nicht zuletzt galt es auch auszuprobieren, ob meine Methode der Supervision für alle akzeptabel ist. Die MitarbeiterInnen aus der Hauswirtschaft, der Medizin, der Verwaltung, des therapeutischen Teams (Psychotherapie, Sport-, Arbeits- und Beschäftigungstherapie) sowie die therapeutische und Verwaltungsleitung haben sich zu dieser Sitzung komplett versammelt. Ich bitte die MitarbeiterInnen der verschiedenen Organisationseinheiten, sich zunächst in einer Gruppe darüber zu verständigen, was ihre spezifischen Anliegen, Ziele, Vorerfahrungen und Ängste bezüglich der Supervision sind. Überrascht über die ungewohnte Intervention finden sich die Beteiligten in den Untergruppen zusammen. Für mich ergibt sich so ein erster Einblick, welche Menschen zu dem jeweiligen Arbeitsbereich gehören und damit in die innere Organisation, wie sich die MitarbeiterInnen in den Gruppen zueinander verhalten (Soziometrie in den Gruppen). In dem anschließenden Plenum zu den gestellten Fragen wird neben den Inhalten zudem die Dynamik zwischen den Gruppen deutlich. Eine Befürchtung, die vor allem von MitarbeiterInnen aus den nichttherapeutischen Untergruppen besteht, ist, daß in der Supervision einzelne Personen zum Angelpunkt und Buhmann/frau werden.

Im Verlauf des weiteren Gesprächs kristallisiert sich heraus, daß die Gruppe deutlich unter der Spannung des Weggangs einer Mitarbeiterin steht. Alle damit verbundenen Diskussionen und Probleme schienen sattsam bekannt und eher destruktiv gelöst zu werden.

Durch das Vorgespräch und das Erleben in der Gruppe erschien mir jedoch das Thema Abschied und Neubeginn in verschiedener Hinsicht für die Gruppe wichtig: Abschied von einem alten Leitungsmodell und Neubeginn mit einer Institutionshierarchie, Abschied vom alten Supervisor und Neubeginn evtl. mit mir, Abschied von einer Kollegin, die am Aufbau der Klinik wesentlich beteiligt war.

Nach dieser Thematisierung in der Gruppe wächst der Wunsch, doch entgegen aller Hoffnungen, einen Versuch zu machen, den Weggang der Kollegin (Frau A.) produktiver zu verarbeiten.

Eine Mitarbeiterin beschreibt Frau A. als diejenige, die Konflikte im Team immer angesprochen habe, gleichsam Lokomotive für den Widerstand gegen die von den meisten abgelehnten organisatorischen Neuerungen. Ich greife dieses Bild auf. Die Bilder, die bei Einzelnen oder in einer Gruppe entstehen, sind in unterschiedlichsten Settings ein wichtiger Ausgangspunkt psychodramatischer Arbeit.

Da Frau A. sich in diesem Bild gut wiedererkennt, bitte ich sie, sich im Raum einen Platz für die Lokomotive zu suchen. In der Gruppe werden nun gemeinsam die dazugehörigen Rollen und Konstellationen assoziiert. Frau A. wird Lokführerin, Frau Z. Heizer, Frau K. Bremser, die anhängenden Wagen: Gepäck, 1. und 2. Klasse mit Reisenden aus der Gruppe besetzt. Alle sind beteiligt. Ein kurzes Stegreifspiel beginnt.

Eine Bahnwärterin koppelt schließlich die Lok ab, die weiterfährt, Heizer und Bremser verlassen die Lok.

Im Rollenfeedback können alle Beteiligten ihre Position und Rollen und Koalitionen in dem Institutionskonflikt sehen und zu verstehen beginnen und sie können der scheidenden Kollegin ein Feedback über die Bedeutung ihres Engagements und der Beziehung zu ihnen geben. Frau A. spürt im Nachhinein noch einmal die Anstrengung ihres Kampfes, die Verbundenheit mit einzelnen Kolleginnen und Kollegen und die Trauer des Abschieds.

Neben der vorhandenen Kritik an Frau A. konnte jetzt auch die Wertschätzung und die Trauer über den Weggang in der Gruppe Raum finden. Die Arbeit hatte sich gelohnt, ein Neubeginn nach einem gelungenen Abschied. Die psychodrama- und spielunerfahrene Gruppe hat sich für diese Art der Supervisionsarbeit erwärmt. Die bis dahin für viele undurchschaubaren Verwirrungen von institutionellen und persönlichen Konflikten wurden sichtbar erlebt und damit auch ein kreativer Umgang mit der Situation möglich.

Das Team in seinen Strukturen und Aufgaben war mir erkennbar, und ich hatte eine Ahnung von den Menschen in ihren kleinen Organisationseinheiten und deren Zusammenspiel bekommen. Wir vereinbarten eine gemeinsame Arbeit für die kommende Zeit, je 2 Stunden Team- und 2 Stunden Fallsupervision mit allen MitarbeiterInnen alle 4 Wochen.

Thematischer Schwerpunkt: Fallsupervision
In demselben Team gibt es zu Beginn des Teiles Fallsupervision mehrere Anmeldungen, über Patienten oder -gruppen sprechen zu wollen. Ich habe es zur Regel gemacht, daß die Auswahl der zu besprechenden Anliegen soziometrisch geschieht. Die KollegInnen gruppieren sich nach einer kurzen Problembeschreibung um die sie am meisten interessierenden Patienten/Mitarbeiterkonstellationen. Das garantiert, wie oben beschrieben, einmal die höchstmögliche Aufmerksamkeit der Gruppe und macht bewußte und unbewußte Zusammenhänge von verschiedenen Patientenkonstellationen sichtbar und mit meiner Hilfe verständlich.

Frau K. stellt Herrn S. vor, den sie seit 6 Wochen in Einzeltherapie hatte. Herr S. hat sich entschieden, die Klinik vorzeitig zu verlassen. Sie und, wie sich herausstellt, noch 3 andere KollegInnen, die Gruppentherapeutin, der Arbeitstherapeut und der Koch, sind darüber verunsichert, fragen sich, was sie falsch gemacht haben. Ich bitte die vier, sich in die Mitte des Raumes zu setzen und auf jemanden zu einigen, der die Rolle von Herrn S. spielen kann. Die Wahl ist eindeutig, Kollege B. spielt den Patienten mit äußeren Daten vor. - Ein schlanker Mann, Mitte 30, der seit Jahren unter psychosomatischen Magenbeschwerden leidet. Nach mehreren normalen Klinikaufenthalten, die zu keiner wesentlichen Verbesserung des Symptoms führten, ist ihm vom Arzt der Aufenthalt in einer psychotherapeutischen Klinik empfohlen worden. Er ist Metzger von Beruf, verheiratet und stammt aus einer kinderreichen Familie. Hier in der Klinik ist er immer freundlich, lächelt meistens. Die 4 Kolleginnen schildern nun in kurzem Rollentausch die Beziehung des Patienten zu den Mitarbeitern, seine Hoffnungen, Enttäuschungen und den Grund des Abbruchs. „Das Vertrauen zu den TherapeutInnen sei zerstört. Er verstehe die plötzlichen Zurückweisungen nicht, es sei, als hätten sich alle gegen ihn verschworen. Er habe hier keinen Platz mehr. Einzig zum Kollegen in der Küche stimme die Beziehung noch."

In ihre eigenen Rollen zurückgekehrt, sprechen die KollegInnen nun über den Patienten und ihre Haltung zu ihm. Kollege B. in der Rolle von Herrn K. hört von außen zu. Die beiden Frauen schildern ihre Impulse und Verhalten gegenüber Herrn K., eher verwöhnend, so als hätten sie die eigentliche Arbeit zu tun. Herr K. ist folgsam und brav. Die Dynamik entspricht seiner Konstellation in der Familie. Als häufig krankes Kind war er umsorgter Mittelpunkt. Die Frauen haben nach dem ersten Aufbau einer vertrauensvollen stützenden Beziehung, Abgrenzung und Frustration des Patienten vermieden und damit auch eine Auseinandersetzung. Der Grund wird im Gespräch deutlich.

Schilderungen des Patienten von seiner Tätigkeit als Metzger, die sehr sadistisch erschienen, hatten sie erschreckt und gleichzeitig bewirkt, mit niemand anderem darüber zu sprechen, weil es so beschämend sei.

Mit der Struktur dieser Beziehung unzufrieden, hatte sich eine von ihnen entschlossen, den Patienten mit seiner geringen Bereitschaft zur Selbstreflexion zu konfrontieren und sich dafür anschließend im Team Rückendeckung geholt. Die zweite Therapeutin schwenkte entgegen ihrer Überzeugung in diesen Kurs ein. So verhielten sich beide zunächst in der Rolle der verwöhnenden, grenzenlosen Mutter, der aber schließlich der Kragen platzt: Für den Patienten völlig unvermittelt und unverständlich. Das Team schließlich drohte Sanktionen an. Nur der Koch hatte zum Patienten einen Kontakt von Kollegen zu Kollegen, Kooperation und Abgrenzung waren Teil einer Arbeitsbeziehung. Der Sporttherapeut hatte mit ihm begonnen, eine Wahrnehmung von Körperfunktion zu schulen und schildert den Kontakt als behutsam forschend.

In der Nachbesprechung des Spiels konnten die Therapeutinnen verstehen, daß sie im Team Schutz und Unterstützung der Kollegen gesucht haben, um sich zuzutrauen, mit den aggressiven, sadistischen Impulsen von Herrn K. in der therapeutischen Beziehung produktiv umgehen zu können. Statt dessen hatte das Team mit Strenge Herrn K. gegenüber reagiert und damit seine unbewußten Impulse agiert.

Methoden des Psychodramas und der Soziometrie in der Supervision

Fallsupervision
Kurze Schilderung der KlientIn/PatientIn und des Beratungs/Therapierahmens (Setting)
- Herausarbeiten der Fragestellung für die Supervision (Arbeitskontrakt)

Verlauf:
- Herstellen der Spielsituation; Bühne; Einrichtung des Raumes der Begegnung (zur Erwärmung der ProtagonistIn und ggf. der Gruppe)
- in einer Gruppe: Wahl von Antagonisten (Patientenrollen); für Einzelsupervision ein leerer Stuhl
- Beschreibung der Person des/der KlientIn/PatientIn von außen (Aussehen, Auftreten, etc.)
- Rollentausch mit dem/der PatientIn, Ziel: Einführung des/der AntagonistIn in die Rolle und Einfühlung in das Erleben des/der PatientIn
- Interaktion im Spiel zwischen Supervisand und KlientIn/PatientIn Möglicherweise: Aufbau des Interaktionsnetzes (soziales Atom, familiäre Konfliktsituationen des/der ratsuchenden KlientIn/PatientIn)
- Entwicklung im Spiel: Durch Rollentausch in verdichteten Situationen im Spiel - Wahrnehmen des eigenen Erlebens und das des Patienten
- Spiegeln: Der/die ProtagonistIn schaut sich aus der Ferne in einer erhöhten Position das Beratungsgeschehen zwischen sich und dem Patienten quasi als eigene/r SupervisorIn an und entwickelt so neue Verstehens- und Lösungsmöglichkeiten
- Möglicherweise erproben neuer Verhaltensweisen nach gewonnenen Einsichten
- Abschluß des Spiels: Verlassen der Bühne, Entlassen der Antagonisten aus den Rollen

Auswertung:
- *sharing:* Die Mitglieder der Supervision teilen dem/der SpielerIn mit, welche der im Spiel gemachten Erfahrungen sie aus ihrer Praxis, ihrem Erleben kennen und teilen können. Das verhindert vorschnelle Interpretation und Besserwisserei, reduziert die Beschämung des Protagonisten über mögliche Fehler in der Behandlung, erhöht die Gruppenkohäsion ...
- *Rollenfeedback:* Der/die ProtagonistIn berichtet über sein/ihr Erleben

in der Patientenrolle, der/die AntagonistIn schildern ihre Eindrücke aus den Rollen. Erlebtes wird auch kognitiv verarbeitet.
- *Prozeßanalyse:* Aus der Reflexion der Auswahl des Falles, der Antagonisten, des Spielverlaufs, der Interventionen kann Aufschluß über das Beziehungsgeschehen SupervisorIn/SupervisandIn, SupervisandIn/Ratsuchende/r, Falldarstellung / Gruppe / Team gemeinsam gewonnen werden.

Teamsupervision
Beim Verstehen und Klären von Konflikten in Teams geht es außerdem im anfänglichen Modell Beschriebenen um folgende Ebenen:

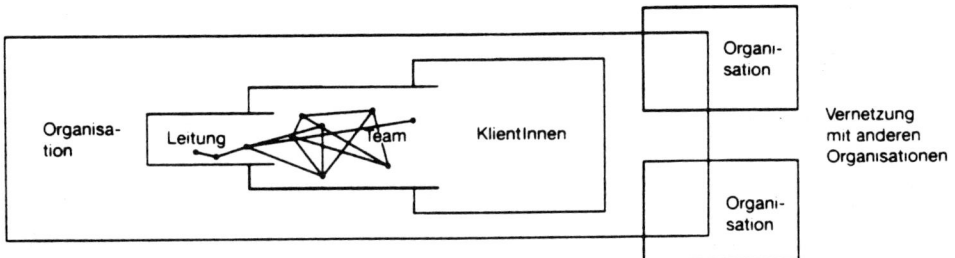

1) Die Aufgabenstellung und Bedeutung des Teams in der Organisation
- aus der Sicht der Organisation
- aus Sicht des Teams/einzelner Teammitglieder.
In diesem Bereich können mit Hilfe dargestellter Organigramme, Symbole und Bilder, durch Rollentausch mit der Organisation, der Leitung etc. Ziele, Aufgaben, Strukturen und Interessenkonflikte psychodramatisch und soziometrisch verstanden und verdeutlicht werden.

2) Die Beziehung des Teams untereinander
Die Analyse aufgabenorientierter Rollenbeschreibungen der MitarbeiterInnen und fehlender Rollenbesetzungen, die Wahrnehmung der Soziodynamik des Umgangs miteinander und der bisher gewählten Konfliktlösungen, sind Grundlage des Verstehens, der Zusammenarbeit eines Teams.

Methodische Möglichkeiten:
- Erstellen eines Rollendiagramms
- Soziometrische Darstellungen von Teamkonstellationen und spezifischen Fragestellungen
- Bearbeitung von Beziehungsstörungen u.a. durch Rollentausch
- Veränderungsideen und -potentiale auf ihre Realisierbarkeit und Auswirkung im Alltag durch Probehandeln in der (gespielten) Zukunft zu überprüfen.

3) Die Interaktion Team/KlientInnen

Die Kultur, das psychische Befinden, der soziale Status eines Teams und der einzelnen KollegInnen wird neben der Organisation und der persönlichen Verquickung wesentlich über die KlientInnen, ihre Psychodynamik und ihren gesellschaftlichen Status bestimmt.

Die am Beginn des Aufsatzes genannten Wirkfaktoren im Sinn, können Wiederholungen von KlientInneninteraktionen in Teamkonstellationen und Verflechtungen von Aufgabenstellungen in Bezug auf die KlientInnen auf die darin enthaltenen Rollenkonstellationen und soziometrischen Auswirkungen hin untersucht, psychodramatisch dargestellt und bearbeitet werden.

Zum Abschluß möchte ich noch einige Überlegungen zur Rolle des/der SupervisorIn in dem Supervisionskonzept machen.

Er/sie ist Beobachterin und Handelnde/r, ForscherIn und AkteurIn, LeiterIn von mißglückten und gelungenen Begegnungen. Die Wirksamkeit des/der SupervisorIn liegt nicht in der Bearbeitung der Übertragungen und Interaktionen in Bezug auf sie/ihn. Übertragungen, im Psychodramaterminus „gestörtes Tele" (Tele-Erkennen der wahren Person), sollen in den jeweiligen Interaktionen belassen und dort bearbeitet werden. Nach psychodramatischen und soziometrischen Supervisionskonzepten arbeitende KollegInnen versuchen, Übertragungen auf ihre Person so zu minimieren, daß sie die anliegenden Prozesse im Spiel leiten können, ohne gestörte Kommunikationsvorerfahrungen durch die Interaktion LeiterIn - SupervisandIn auf der Bühne zu wiederholen. Dazu muß der/die SupervisorIn als Person deutlich erkennbar werden.

Supervision erinnert mich häufig an ein kompliziertes Puzzlespiel. Als Supervisorin behalte ich das Gesamtbild im Auge, helfe beim Sortieren und dem Entwurf von Neuem.

Literatur:

BINSWANGER, R.: Widerstand und Übertragung im Psychodrama. Gruppenpsychotherapie und Gruppendynamik, 1980, 15, 222-242
GELLERT, M./WEIß, K.: Rollenspiel, Psychodrama und Soziometrie als Methoden in der Fort- und Weiterbildung. Gelnhausen: Unveröffentlichtes Manuskript, 1983
GNEIST, J.: Der Einsatz psychodramatischer Techniken im Rahmen der Fortbildung und Supervision einer Laienhelfergruppe des Sozialpsychiatrischen Dienstes München-Nord - Erfahrungsbericht. In: Oberborbeck, K.W. (Hg.): Psychodrama 1980. Sozialpsychiatrische Informationen. Rehburg-Loccum: Psychiatrie-Verlag, 1980
KÖSEL; E. (Hg.): Persönlichkeitsentwicklung in beruflichen Feldern auf der Grundlage des Psychodramas, Freiburg 1989
LEUTZ, G. A.: Das klassische Psychodrama nach J.L. Moreno, Heidelberg: Springer, 1974
MORENO, J. L.: Psychodrama, Vol. I. Beacon, N.Y.: Beachon House, 1949
MORENO, J. L.: Gruppenpsychotherapie und Psychodrama, Stuttgart: Thieme, 1959 (a)
MORENO, J. L.: Psychodrama, Vol. II. Beacon, N.Y.: Beacon House, 1959 (b)
MORENO, J. L.: (Ed.): The sociometry reader. Glencoe, III: The Free Press, 1960
MORENO, J. L.: Psychodrama Vol. III. Beacon, N.Y.: Beacon House, 1969
MORENO, J. L.: Soziometrie als experimentelle Methode, Paderborn; Junfermann, 1981
RIEGELS, V./SCHMITZ, HAMBRECHT, A.: Soziometrie - Eine Einführung, in: E. Engelke, Psychodrama in der Praxis, München 1981
SCHWINGER, T.: Zur Funktion der Supervision für Mitarbeiter psychosozialer Einrichtungen - am Beispiel therapeutischer Wohngemeinschaften. Gruppenpsychotherapie und Gruppendynamik, 1984, 19, 334-344
Dieser Artikel ist zuerst erschienen in der Zeitschrift: Supervision, Heft 19, Mai 1991

Überprüfungen und Entscheidungen im Supervisor

- eine Auswahl zur Rollengestaltung
für praktizierende Psychodramatiker -

von Rainer Bosselmann

Wie ist meine Tagesform, wie mein aktuelles Befinden, ist meine Neugier heute wach?
Welche Stimmung weht mir entgegen, wie werde ich empfangen?
Ist mir der Zeitrahmen klar und so genehm, dem Team auch?
Wird mir das Problem langsam deutlicher? Und dem Supervisanden, der Gruppe?
Warte ich ab, sammle ich aktiv nach meinem Interesse oder laß ich sie gemächlich kommen?
Wann rege ich psychodramatische Konkretisierung oder Aktion an?
Welches Mittel der Darstellung könnte mich gerade reizen und würde dem Team guttun?
Welchen Einbezug der Gruppenteilnehmer und welchen Fokus finde ich passend? Wem „verpasse" ich welche Rolle?
Ist Zoom-Bewegung nötig, Tele oder Weitwinkel?
Wie 'therapienah' entwickelt sich die Aufgabe? Und mein fachlicher Gegenzug auf diese Erwartung?
Oder heißt heute mein Auftrag eher 'coaching', wäre dazu eine Settingvariante sinnvoll?
Welche Art und Fülle von Rückmeldungen ist dem Team/dem Supervisanden jetzt zuträglich, Sharing, Identifikationen oder Informationen?
Habe ich passende Erfahrungen beizusteuern?
Muß ich denn noch was (an)bieten für mein Honorar?
Sind Warnungen nötig, wegen Leichtsinns oder methodischer Mängel?
Wären strukturelle Kommentare und organisatorische Anregungen sinnvoll?
Wie lange brauchen die Leute mich überhaupt noch?
Hab ich denn noch genügend Lust, noch Einfälle und Biß dafür, oder gehöre ich schon ganz zum System?
Was fehlt noch, um hier entbehrlich zu werden?
Wie lassen sich Eigenverantwortung, selbstgeregelte Zusammenarbeit und Weiterentwicklung der Einrichtung durch Anstöße hervorlocken?

Erst Feuer und Flamme, dann ausgebrannt

- Das Burnout Syndrom -

Beispiele aus der Supervision mit Lehrerinnen und Lehrern

von I. Gotlind Kasper

Strohfeuer und kalte Asche

1. Problemdarstellung

Burnout ist ein bildhafter Begriff, der ursprünglich technologisch gebraucht wurde und das Nachlassen einer einst intakten Energiequelle bis zum Erlöschen beschreibt. Dies passiert nicht plötzlich, sondern prozessual, in mehreren Stadien, was auch an der grammatischen Form ablesbar ist; Burnout ist der Prozeß, burned-out wäre der - irreparable - Endzustand.

Ich möchte mich der Erklärung des Burnout-Syndroms zunächst auf der theoretischen Ebene nähern und benutze dazu die psychodramatische Technik des Interviews. Aus der Vielzahl der Soziologen, Sozialpsychologen und Pädagogen, die sich mit dem Thema auseinandergesetzt haben, wähle ich stellvertretend zwei aus, denen ich jeweils Fragen zur Definition, Äthiologie und Symptombeschreibung des Burnout stellen werde.

Die Interviews haben den Charakter eines in Surplus-Reality vollzogenen Rollentauschs (vgl. Leutz, S. 137), den ich mit den Burnout-Autorinnen/-Autoren vollziehe. Textstellen, in denen ich die „Befragten" real zitiere, sind als solche kenntlich gemacht.

1.1 Interviewpartnerin Ditsa Kafry

Ditsa Kafry ist Professorin für Arbeitspsychologie an der Berkley Universität in Kalifornien. Sie ist Mitautorin des 1985 erschienen Standardwerkes „Ausgebrannt - Vom Überdruß zur Selbstentfaltung" (New York, 1981).
IGK: Mrs. Kafry, was verstehen Sie unter „Burnout"? Sie grenzen diesen Begriff ja gegen den des „Tedium" ab.
DK: „Das Ausbrennen ist das Resultat andauernder oder wiederholter emotionaler Belastung im Zusammenhang mit langfristigem, intensiven Einsatz für andere Menschen." (Pines/Aronson/Kafry, S. 25). Wir verwenden den Begriff „Burnout" nur im Zusammenhang mit den sogenannten helfenden Berufen, ansonsten sprechen wir von Überdruß oder „Tedium".
IGK: Sie haben Burnout-Untersuchungen mit nahezu 4000 Probanden durchgeführt. Welches sind Ihrer Meinung nach die Hauptursachen für die Entstehung des Syndroms?

DK: Lassen Sie mich mit einem Fallbeispiel antworten: Ein Lehrer sagte mir, daß er ausbrannte, als ihn der 313. Schüler um Abänderung einer Abiturnote bat. „Dieser Junge erzählte mir, daß seine Mutter ernstlich krank sei, weshalb er zur Zeit der Prüfung nervös und konfus gewesen sei und die Frage mißverstanden habe, diese drei Extrapunkte aber dringend nötig hätte, um nicht durchzufallen." (Pines et al., S. 72). Der geplagte Lehrer fühlte, daß sein Blick „ganz glasig" wurde, änderte die Note nicht, mit der Begründung, das liefe den Richtlinien zuwider. Er verringerte seine eigene emotionale Überlastung durch den Rückzug auf eine unpersönliche Regel.

IGK: Sie sprechen damit einer der drei häufigsten Ursachen an, die zu Burnout führen.

DK: Ja, neben der emotionalen Überlastung sind gewisse Persönlichkeitsmerkmale, die zur Berufswahl führten, und eine klientzentrierte Orientierung zu nennen. „Diese drei Charakteristika schaffen die klassischen Ausgangsbedingungen für das Ausbrennen" (Pines et al., S. 60).

IGK: Nun liegt der Fokus unserer Interviews auf dem Burnout bei Lehrerinnen/Lehrern, der in den letzten Jahren bei Ihnen in den USA und auch in Deutschland stark in den Blickpunkt des öffentlichen Interesses gerückt ist.

DK: „Lehrer haben auch vielfachen geistigen und emotionalen Streß zu bewältigen. Auf allen Stufen des Ausbildungsgangs sehen sie sich mit uninteressierten, nicht motivierten Schülern konfrontiert. Sie fühlen sich allein in ihrem Kampf um Disziplin und einen minimalen Bildungsstandard, wenn sie nicht durch die Eltern der Schüler und die Schulverwaltung unterstützt werden" (Pines et al., S. 62).

IGK: Mrs. Kafry, könnten Sie uns abschließend noch etwas über die Erscheinungsformen bei Betroffenen sagen?

DK: Wir diagnostizieren Erschöpfungsformen unterschiedlichen Ausmaßes im körperlichen, emotionalen und geistigen Bereich. Die körperlichen Symptome sind Energiemangel, chronische Ermüdung, Schwäche und Überdruß. Ausgebrannte Menschen berichten von Unfallträchtigkeit, von erhöhter Anfälligkeit für Krankheiten, Übelkeit, Verspannung der Hals- und Schultermuskulatur, Rückenschmerzen, Veränderungen der Eßgewohnheiten, des Körpergewichts und dergleichen mehr. „'Am Abend kann ich nur noch vor dem Fernsehapparat zusammenbrechen und Riesenportionen Eis essen', sagte uns eine ausgebrannte Lehrerin" (Pines et al., S. 28).

Wer emotional erschöpft ist, fühlt sich niedergeschlagen, hilflos und sieht keinen Ausweg. In extremen Fällen können diese Gefühle zu psychischer Krankheit oder Selbstvernichtungsgedanken führen. Emotionale Erschöpfung kann zu unbeherrschbarem Weinen oder zum Versagen der Bewältigungs- und Kontrollmechanismen führen. „'Mir war, als sterbe meine Seele', erinnerte sich eine Fürsorgerin" (Pines et al., S. 29).

„Für den Zustand geistiger Erschöpfung ist charakteristisch, daß die Betroffenen negative Einstellungen zum Selbst, zur Arbeit und zum Leben im allgemeinen entwickeln. Menschen, die vom Ausbrennen bedroht sind, entwickeln nicht nur negative Einstellungen zu sich selbst und ihrer Arbeitsleistung, sondern auch anderen Leuten gegenüber. Sie entdecken in sich selbst Grade von Kälte und Niedrigkeit, die sie nie für möglich gehalten hätten" (Pines et al., S. 29). Dazu kommen dehumanisierende Einstellungen zu den Menschen, denen sie helfen sollen. Herbert J. Freudenberger, ein Psychoanalytiker, der 1974 den Burnout-Begriff prägte, „nennt Symptome wie Zynismus, Negativismus und eine Tendenz zum Verlust der Flexibilität" (Pines et al., S. 31). „'Sie sind wie Tiere' sagte ein Gefängniswärter" (Pines et al., S. 30).

Wir haben gefunden, daß gerade Menschen mit anfänglichen hohen Berufsidealen betroffen werden. „Das ist eine der ernstesten Folgen des Ausbrennens: Auf diese Weise macht es uns alle ärmer" (Pines et al., S. 14). IGK: Vielen Dank, Ditsa Kafry.

1.2 Interviewpartner Georg E. Becker
Prof. Dr. Georg E. Becker hat einen Lehrstuhl für Schulpädagogik und Allgemeine Didaktik an der Pädagogischen Hochschule in Schwäbisch Gmünd inne.
IGK: Herr Prof. Becker, Sie sind der Verfasser des BOT, des Heidelberger Burnout-Tests für Lehrerinnen/Lehrer, und einer der führenden Wissenschaftler, die sich in Deutschland mit der Burnout-Problematik auseinandersetzen. In Ihren Arbeiten folgen Sie weitgehend dem Phasenmodell von Edelwich/Brodsky, schieben allerdings zwischen die pathologischen Phasen die gesunde des Realismus.
GEB: Ein solches Modell ist nur brauchbar, wenn neben krankhaften Erscheinungsformen auch der gruppenspezifische Normwert angegeben ist, unabhängig davon, ob er eine Bezugsgröße oder eine Zielfindung darstellt. Wir kommen so zu einem Modell mit folgenden fünf Phasen: Die erste Phase, die des Idealismus, ist geprägt von einem hohen Begeisterungsgrad der jungen Lehrerin oder des jungen Lehrers, von intensiven Bemühungen um die Schülerinnen und Schüler, regem Austausch mit Kolleginnen und Kollegen und Eltern, von einem Leben, das fast ausschließlich der Schule gilt. Dann kommt die von Ihnen genannte Phase des Realismus. Da arbeitet eine engagierte Lehrerin/ein engagierter Lehrer nüchtern mit Schülern zusammen, interessiert an ihrer Persönlichkeit, an ihrer intellektuellen Entwicklung, und bemüht sich um Ausgewogenheit von Distanz und Anteilnahme. Kooperative Zusammenarbeit im Kollegium, Offenheit für kreative Projekte und neue pädagogische Ansätze kennzeichnen diese Phase. Im Stadium der Stagnation oder der Desillusionierung nehmen Leistungsbereitschaft und persönliches Interesse deutlich ab. Der Kontakt zu

Schülerinnen und Schülern wird reduziert auf Wissensvermittlung und unterrichtliche Tätigkeit. Kollegengespräche werden oft als lästig empfunden oder dienen nur der Bestätigung und Rückversicherung des eigenen Abwehrverhaltens. Lehrerinnen und Lehrer in der Phase der Frustration ziehen sich noch stärker zurück. Schülerinnen und Schüler werden abqualifiziert, ein negativer Wandel der „Schülerschaft" oder des „Schülermaterials" konstatiert. Der Unterrichtsstil schwankt zwischen hilflos permissiv und autoritär. Sinnlosigkeit und Leere, Rückzug von Kollegiumsaktivitäten prägen das Bild. Eigenes Können und der Sinn des gesamten Schulsystems werden angezweifelt.

Im Endstadium, der Apathie bzw. des Burnouts, beschränken sich die Interaktionen zwischen Lehrern und Schülern auf ein Minimum. Unterricht wird schematisch abgehalten. Stillarbeitsphasen nehmen einen breiten Raum ein, das Klima ist feindselig. Kolleginnen und Kollegen werden gemieden, der Lehrer verbringt nur noch die unabdingbar notwendige Zeit in der Schule. Er verweigert jede Diskussion oder Aktivität zur Veränderung des status quo und versucht, sich dagegen abzusichern.

IGK: Wo liegen Ihrer Ansicht nach die Ursachen für ein solches Verhalten, wie kann es so weit kommen?

GEB: Wir haben in einer Untersuchung, die wir von September 1988 bis Februar 1989 vorgenommen haben, herausgefunden, daß in erster Linie der Umgang mit Problemschülern zur Entstehung von Burnout führt. Danach rangieren Schulaufsicht und Rahmenbedingungen. Probleme mit Kollegen, Eltern oder der Schulleitung kommen noch hinter Persönlichkeitsmerkmalen, sind also nachgeordnet zu sehen.

IGK: Ich danke Ihnen, Herr Prof. Becker.

2. Burnout und Rollentheorie

„... Burnout is a vivid image for the phenomenon"... which ... „might profitably be conceptualized from the perspective of role theory"[1] (Barbour/Moreno Z.T., S. 185). Moreno[2] sah „Rolle" als funktionale Einheit von Verhalten, die sowohl individuelle als auch kollektive Elemente einschließt, als ein Bindeglied zwischen dem Selbst und anderen (vgl. Moreno, 1962). Er sagt, daß das Handeln in Rollen vor der Entwicklung des Selbst geschieht. Das Selbst entwickelt sich aus den Rollen und kann als Rollensystem verstanden werden.

Die Entwicklung erfolgt hauptsächlich in zwei Stadien, dem der Rollenerkenntnis und dem der Rollenausgestaltung. Unsere Selbstwahrnehmung ist an die Rolle gebunden, die wir einnehmen, und unser Selbstwert-

---

1) Burnout ist ein lebendiges Bild für das Phänomen; die Rollentheorie kann ein brauchbares Konzept dafür erstellen.
2) Wenn ich im folgenden nur den Nachnamen gebrauche, meine ich J. L. Moreno.

gefühl hängt davon ab, wie gut wir sie ausfüllen. Es ist nur allzu verständlich, daß ein Mensch, dessen Selbsteinschätzung dadurch angegriffen ist, daß sie/er sich in ihrer/seiner Berufsrolle als Versagerin/Versager erlebt, psychomatisiert und emotionale Probleme bekommt.

Jede Rolle, also auch die soziologische der Lehrerin oder des Lehrers, ist Teil eines Rollenclusters, eines Rollenkonglomerates des Selbst. Bei Störungen in einer der unterschiedlichen Dimensionen gerät das ganze System in Gefahr.

Da Rollen Bindeglieder, "bridges", zwischen uns und den anderen darstellen, nehmen Rollenkonflikte Einfluß auf das gesamte soziale Netz einer Person. Unsere Selbstwahrnehmung ist eng an unsere Rollen gebunden, und Selbsteinschätzung hängt davon ab, wie gut oder schlecht wir unsere Rollen ausfüllen. Wenn wir uns in der einen oder anderen Rolle schlecht beurteilen, sinkt unser Selbstbewußtsein. Eine dem Menschen immanente Tendenz zum Aushalten veranlaßt ihn, obwohl er zunehmend desillusioniert ist, "role fatique" oder "role burnout" auszuhalten.

Diese Erscheinungsformen beziehen sich keineswegs nur auf die Berufsrolle, sondern können sich auch in religiösen, sozialen, familiären Rollen gleichermaßen zeigen. Ich verweise auf das Aushalten vieler Frauen und Männer in unglücklichen Beziehungen aus Angst vor Veränderungen im Rollensystem.

Es scheint leichter, die Qual bekannter Höllen zu ertragen, als sich zu unbekannten Himmeln aufzumachen.

Außerdem beinhalten selbst schwierige Rollen häufig auch noch attraktive Teile, was zu einer Rollenambivalenz und damit zu einer Handlungsblockade führen kann. ("Ich bin es leid, anderer Leute ungezogene Kinder zu unterrichten, aber ich habe keinen anderen Beruf gelernt und brauche die Sicherheit"). (Lebens-) Entscheidungen sind selten eindeutig positiv oder negativ. Meistens beinhalten sie beide Aspekte, was als "approach-avoidance" (Annäherungs-Ablehnungs)-Dilemma bezeichnet wird.

Menschen in unbefriedigenden und belastenden Verhältnissen erscheinen oft blockiert, unbeweglich oder, in der Terminologie Morenos, "konserviert". Selbst wenn sie erkannt haben, daß "irgend etwas verändert werden müßte", erscheinen sie unfähig, kreative Alternativen zu ihrer Situation zu entwickeln oder gar umzusetzen. Der Zerfall des Wertes einer Rolle führt zur Rollenermüdung und Rollenburnout.

Wenn wir annehmen, daß role burnout seine Ursache in überlebten Vorstellungen und unerfüllten Rollenerwartungen hat, könnte eine Reflexion der Berufsrolle und eine Korrektur der Erwartungen, die Voraussetzungen schaffen für eine neue Entscheidungs- oder Zielfindung.

Wichtig ist, daß die/der Betroffene es überdrüssig ist, eine oft wiederholte Reihe von Aufgaben in einer Berufsrolle wieder und wieder zu erledigen, selbst wenn andere ihre/seine Arbeit würdigen. Wenn eine einmal einstudierte Rolle ständig abgespult wird, verkommt sie zur tödlichen Routine.

Selbst eine noch so befriedigende Rolle hat eine Grenze der Wiederholbarkeit, was ein Biologiekollege kürzlich so ausdrückte: „Seit zwanzig Jahren mache ich im siebten Schuljahr: Die Katze, der Hund!"[3]

Unterstufe
auf dem Schulweg
sagt Klaus:
in Biologie
mach ich jetzt zwanzig Jahre fast
die Katze
der Hund

und ich verrat ihm:
wir kommen da
nicht mehr
lebendig
raus
                Hans C. Schneider, 1991

Wenn es stimmt, daß Rollen in zwei Stadien, dem der Erkenntnis und dem der Ausgestaltung, entstehen - siehe S. 14 und vgl. Barbour/Moreno, Z.T., S. 187 - dann müßte role burnout auch in diesen beiden Dimensionen auftreten.

Das Individuum beginnt, eine alte Rolle differenzierter wahrzunehmen, vielleicht als sozial weniger erwünscht als früher, zumindest im Vergleich zu anderen Rollen. Dies kann zu Aktionshunger und damit zu Veränderungen innerhalb der Rolle oder zu einer Rollenveränderung führen.

Nach Elwood Murray ist jede Theorie eine Form von Therapie. Wenn nun mit Morenos Rollentheorie das Phänomen des Burnout beschrieben werden kann, dann müßte sie auch bezüglich seiner Behandlung anwendbar sein.

Eine solche Behandlung könnte folgende Elemente enthalten, die sowohl durch psychodramatische Handlung als auch soziometrisch exploriert und bearbeitet werden können (vgl. Barbour/Moreno, Z.T., S. 189) :
1. Rededefinition der Sichtweise
2. Die Rolle auf unterschiedliche Art psychodramatisch erforschen und aus der Perspektive von signifikant anderen Rollen durch Rollentausch erleben.

---

3) Dies inspirierte einen poetischen Kollegen zu dem zitierten Gedicht.

3. Je nach Indikation wird die Rolle ausgedehnt, reduziert oder neu definiert.
4. Rollenerwartungen neu festsetzen
5. Rollengestaltung neu bewerten
6. Alternative Rollen in Betracht ziehen
7. Alternative Rollen trainieren

Die Glut neu entfachen

3. Burnout-Intervention

Neben bildungspolitischen Forderungen, wie großzügigen Verfahrensweisen bei Beurlaubungen, größerer Freiräume im Entscheidungsbereich der Kollegien, Einführung des Sabbatjahres u.a. mehr, ist es für Betroffene äußerst wichtig, daß ein profundes Supervisionsangebot über Lehrerfortbildungsinstitute und andere Institute gemacht wird.

Leider erschöpft sich Supervision meistens im Pragmatischen, d.h. sie wird genaugenommen zu einem Instrument der Anpassung, wenn sie die kreativen Möglichkeiten, die im Klienten liegen, nicht in eine real-utopische Dimension führt. Diese Zukunftprojektion ist der Anspruch einer politischen Supervision, die Wirklichkeit als veränderbar ansieht. „Erst der Horizont der Zukunft,...mit der Vergangenheit als Vorraum, gibt der Wirklichkeit eine reelle Dimension" (Bloch, zitiert nach Weiß, S. 97). Für die supervisorische Arbeit im Rahmen der Burnout-Intervention heißt das, neben der Erarbeitung einer realistischen Einstellung zum Beruf sollten Strategien für die Veränderung systemimmanenter Strukturen entwickelt werden, die sich als Burnout begünstigend erwiesen haben.

Als Psychodramatikerin erscheint es mir zwingend, einer Berufskrankheit, die sich in Rollenunsicherheit (Stadium des Idealismus, vgl. S. 177), starrer Rollenkonformität (Stagnation, vgl. Leutz, S. 49), Rollenrigidität (Frustration, vgl. Leutz, S. 165) bis hin zu Rollenatrophien und sekundären Rollendefiziten (Apathie/Burnout, vgl. Leutz, S. 162) manifestiert, mit Techniken des Psychodramas, also des Rollenlernens, des Rollentrainings und der Rollentherapie zu begegnen.

Die Behandlung des Endstadiums sprengt meiner Ansicht nach den supervisorischen Rahmen und bedarf der therapeutischen Intervention, da es sich nicht mehr auf Störungen eines Rollenclusters bezieht, sondern die ganze Persönlichkeit betrifft.

In der Regel laufen Gruppensitzungen nach einem dreigliedrigen Schema ab: Nach der Erwärmungsphase, die der Auflockerung und Themenfindung dient, kommt die Handlungsphase, in der Problemsituation oder Wunschvorstellungen oder vorgezogene konfliktreiche Gespräche szenisch dargestellt werden, und schließlich die Gesprächsphase, in der

die bearbeiteten Inhalte für und von alle/n Beteiligten analysiert und integriert werden.
Die Erwärmungsphase ist von der Psychodramaleiterin/dem Psychodramaleiter vorstrukturiert. Sie/Er bietet bestimmte Erwärmungstechniken (Vorstellung im Rollentausch, gelenkte Phantasie, Aufbau einer Statue, Stegreifspiel, Bewegungsübungen, etc.) an, die durchaus einen thematischen Bezug haben können.
Trotz dieser Vorgabe ist der eigentliche Inhalt der Sitzung noch offen, er erwächst aus den mitgebrachten Themen der Teilnehmerinnen/Teilnehmer, die sich in einer anschließenden Gesprächsrunde herauskristallisieren. Aus Kenntnis der Ursachenforschung des Burnout können folgende Schwerpunkte erwartet werden:
- Problemschüler
- Isolation im Kollegium
- gestörtes Verhältnis zu Vorgesetzten
- emotionale Erschöpfung
- somatische Beschwerden (vor allem Hals- und Rückenbeschwerden)
- Schwierigkeiten mit Eltern
- wenig Autonomie, einengende Rahmenbedingungen

Die Handlungsphase kann vielfältig gestaltet werden: Neben Protagonistenspielen, soziometrischen Untersuchungen, Beziehungserklärungen innerhalb der Gruppe oder mit außenstehenden Personen des schulischen Arbeitsfeldes, Soziodramen, Stegreifspielen, Vignetten kann - fast - jede Guppenaktivität, die tragfähig ist, stattfinden. Einheitlicher sieht die Nachbesprechung aus: Hier werden - bei Protagonistenspielen - im Sharing Erinnerungen aus der eigenen Biographie, die durch das Spiel ausgelöst wurden, mitgeteilt, was für die Protagonistin/den Protagonisten eine sehr entlastende Funktion hat. Im anschließenden Rollenfeedback und Identifikationsfeedback wird die Einbettung der Erfahrung abgerundet, die Integration neuer Handlungsweisen aus der Semi-Realität in den Alltag der Protagonistin/des Protagonisten eingeleitet und die Betroffenheit von Mitspielern und Zuschauern in Relation zu eigenem Erleben gebracht.
Die Reflexion von Gruppenspiel unterliegt modifizierten, aber ähnlichen Feedback-Regeln.

3.1 Darstellung zweier Supervisionssitzungen
Die Gruppe besteht aus sechs Frauen und drei Männern, zwei Teilnehmerinnen fehlen an diesem Tag. Als Anwärmung erzählt jede/r im Rollentausch mit ihrem z.Zt. schwierigsten Schüler ein Erlebnis aus der letzten Woche, das eine angenehme Begegnung mit diesem Kind widerspiegelt. Danach kommt die übliche Befindlichkeitsrunde.
B. erzählt - wie immer - wortreich davon, daß ihre Schule demnächst Be-

treuungsschule für Kinder Berufstätiger werden soll und erläutert das Konzept. Ich unterbreche und fordere sie auf darzustellen, was sie an dieser Maßnahme betrifft bzw. sie berührt. Sie hat Angst, wieder von vornherein gegen das Projekt zu „schießen" und sich unbeliebt zu machen, wenn sie beim Schulrat dagegen argumentiert. Ich spüre große Angst vor der Veränderung in der Schule durch die Neuerung und frage sie, ob sie sich auch positive Auswirkungen auf ihre Arbeit dadurch vorstellen kann.
H. ist genervt, daß die Schülerinnen/Schüler immer so an ihr „ziehen", und meldet an, darüber arbeiten zu wollen. Manchmal reagiert sie mit „Schlägen unterhalb der Gürtellinie" und schämt sich hinterher.
M. kennt das gut und ist auch an dem Thema interessiert.
I. hat es sich neben dem Dauerbrenner 11c auch noch mit seiner Lieblingsklasse verdorben und ist sehr an der Aufklärung einer Szene interessiert, die sich vor drei Tagen ereignet hat.
D. fühlt sich müde und kraftlos. Ihre häuslichen Probleme beschäftigen sie so, daß sie in der Schule nur noch bemüht ist, die Schülerinnen/Schüler ruhig zu halten.
U. ist parallel zu dieser Gruppe in eine Erziehungsberatung gegangen. Sie will herausfinden, warum sie in der Schule und zu Hause (sie hat zwei Kinder von drei und fünf Jahren) nur verhaltensgestörte Kinder hat.
Ch. geht es in der Schule ganz gut, ihn beschäftigt die Frage: „Will ich überhaupt Lehrer sein?"
Ich fasse die einzelnen Beiträge zusammen und schlage vor, Vignetten zum Thema „Wie verhindere ich, daß Schülerinnen/Schüler andauernd meine Grenzen überschreiten?" zu erstellen.
H. möchte eine Szene spielen, in der sie Milchgeld von Schülerinnen/ Schülern einsammelt. Sie sitzt am Pult, neben ihr steht eine Schlange von Achtjährigen. Drei Nervensägen (B., M., D.) stehen vor dem Tisch und wollen irgend etwas anderes von ihr. Es gelingt ihr nicht, die drei an ihre Plätze zu schicken, schließlich brüllt sie: „Wenn ihr zu blöd seid, mit euren Hausaufgaben klarzukommen, wartet wenigstens mit der Fragerei, bis ich das Milchgeld kassiert habe!" Im Rollentausch verläßt B. spontan die Vorlage und dirigiert die Kinder klar und bestimmt durch eine Handbewegung. H. greift diese Möglichkeit begeistert auf.
Das Sharing enthält, neben vergleichbaren Situationen aus der eigenen Lehrtätigkeit, viele Hinweise darauf, daß Schülerinnen/Schüler früher nicht so „nervig" waren und man auch selbst nicht so schnell „aus der Haut fuhr". Im Rollenfeedback erfährt H., daß die drei sich sehr stark gefühlt haben und gewußt hätten, sie setzen ihren Anspruch nach Aufmerksamkeit durch.
U. teilt sehr erregt mit, eine solche Handbewegung wie B., also sich jemanden gestisch vom Leib zu halten, könne sie nie machen.
Ich schlage ihr als Übung vor, sich mit mir an einem Ende des Raums auf-

zustellen: Sie soll die anderen Teilnehmerinnen/Teilnehmer einzeln, dann in Gruppen langsam auf sich zukommen lassen und dann mit einer Handbewegung stoppen. Die Vorstellung dieser Übung schreckt sie, sie ist extrem blaß, zittert, führt die Übung aber durch. Anschließend wirkt sie erleichtert („Das geht ja!"), fast erlöst und bedankt sich bei der Gruppe für die intensive Erfahrung.

I. und M. wollen beide noch eine Vignette zum Thema zeigen. Ich weise daraufhin, daß nur noch Raum für eine ist. Die Gruppe, einschließlich M., einigt sich auf I.s Spiel.

Er ist einige Tage zuvor wegen Glatteis 20 Minuten zu spät in die Schule gekommen. Es ist ihm sehr peinlich, den Klassenraum leer vorzufinden. Die Schülerinnen/Schüler sind im Aufenthaltsraum. Er geht dorthin, nimmt Blickkontakt mit einigen Schülern auf und bedeutet ihnen gestisch zu kommen. Er geht in den Klassenraum, die Schülerinnen/Schüler folgen ihm nicht nach. Er sitzt wie erschlagen am Lehrertisch, fassungslos, daß ihn seine Lieblingsklasse hängen läßt. Ich lasse ihn zur Seite sprechen, wie er sich hier fühlt. Er weiß nicht, was er weiter tun soll. Die einzige Klasse, mit der er noch gut zurecht kam, hat sich auch noch von ihm abgewandt. Jetzt könne er ganz einpacken, meint er, wenn auch die ihn nicht mehr ernst nähmen. Außer Sanktionen massiver Art fallen ihm keine Lösungsmöglichkeiten ein. Im Protagonistenspiel würde ich ihn jetzt aus der Szene nehmen, damit er einem Hilfs-Ich von außen Alternativen raten kann. Wegen der Begrenzung als Vignette, brechen wir hier ab.

Einige Teilnehmerinnen/Teilnehmer geben als Sharing, das Gefühl von Abgelehntsein durch Schülerinnen/Schüler zu kennen und darunter zu leiden. Es bewirke aber ein neues Aktiv-auf-sie-Zugehen.

Im Rollenfeedback wird deutlich, daß keine/r der Schülerinnen/Schüler ihn kränken wollte, alle wollten nur die willkommene Abwechslung auskosten. Durch die angedrohten Sanktionen verhärtete sich allerdings die Lage. „Wenn Du noch einmal in den Aufenthaltsraum gekommen wärst oder vorher etwas gesagt hättest, wären wir sofort gekommen", ist Ch.s Rollenfeedback.

Die beiden Vignetten und die nonverbale Übung zeigen, daß Lehrerinnen/Lehrer oft sehr reduziert in ihrem Repertoire sind, sich Raum zu schaffen oder mit Kränkungen umzugehen. Die einzige Möglichkeit nach einigen Dienstjahren scheint Rückzug und Leiden.

In allen drei Fällen hat die Arbeit spürbare Erleichterung im Umgang mit den Schülerinnen/Schülern gebracht. U. setzt begeistert ihre neu erlernten Handbewegungen ein und hat Erfolg damit. H. sagt klarer, was sie stört, ohne die Schülerinnen/Schüler herabzusetzen, und I. hat mit seinen 16 - 17 jährigen Schülern die Situation und seine Kränkung angesprochen und geklärt.

In einer anderen Sitzung stelle ich fünf Stühle auf die Bühne und fordere Teilnehmerinnen/Teilnehmer auf, die sich einem der fünf Burnout-Stadien eindeutig zuordnen können oder eines davon verdeutlichen wollen, sich auf die Stühle zu setzen und zu versuchen, durch Körperhaltung und Mimik den Zustand, der das Stadium repräsentiert, zu vermitteln.

Abschließend können andere Teilnehmerinnen/Teilnehmer die Rollenträger doppeln und damit ihre empathische Wahrnehmung ausdrücken. Die eindrucksvolle Darstellung erzeugt eine nachdenkliche und ernsthafte Stimmung.

Einige Beispiele des Doppelns:

Idealismus:
Die Jugend ist die Zukunft unseres Landes, und ich gestalte diese Zukunft mit!
Ich sehe nicht, was rechts und links um mich geschieht.
Realismus:
Mein Beruf ist meistens schön. Schule bewirkt doch etwas.
Stagnation:
Ich beginne zu versteinern. Es bringt doch alles nichts.
Frustration:
Erst dachte ich, ich ruhe mich so aus, aber dann wurde es sehr anstrengend. In 41 Tagen beginnen die nächsten Ferien.
Apathie/Burnout:
Mir ist nicht mehr zu helfen. (Ein Teilnehmer stellte sich seitlich hinter den Stuhl, stand stumm da und ging wieder.)

Die Nachbesprechung macht deutlich, daß die Position 5 kaum auszuhalten ist, die Kollegin muß entrollt werden, so lähmend ist die Erfahrung auf dem Stuhl für sie gewesen. Der Kollege, der die Frustration dargestellt hat, erlebt die Rolle „glücklicherweise als fremd", weil sie ihm sehr zugesetzt hat. Er beschreibt, eine Mischung aus Resignation und Auflehnung gespürt zu haben und einem starken Impuls wegzulaufen. Die Vertreterin der Stagnation beschreibt, ihr sei kalt geworden, sie habe sich leer und plötzlich sehr alt gefühlt. Die idealistische Kollegin ist ständig auf dem Sprung, angespannt und eingeengt in ihrer Wahrnehmung. Lediglich der Kollege auf dem realistischen Stuhl gibt an, noch stundenlang dort sitzen zu können und sich „sauwohl" gefühlt zu haben.

Die Feedbacks aus der Gruppe möchte ich in einem zusammenfassen: „Wenn wir mit den Stühlen 'Reise nach Jerusalem' gespielt hätten, hätte ich immer versucht, den zweiten zu erwischen."

Da ist noch Feuer unterm Eis ...

4. Resümee und Prognose

Die Erfahrungen mit dem beschriebenen Ansatz sind ermutigend. Die Teilnehmer waren sensibilisiert für die Möglichkeit, belastende Situationen zu analysieren, zu verändern und damit neue Zielperspektiven für die eigen Arbeit zu entwickeln. Gesprächskreise und Supervisionsgruppen entstanden, Organisationsstrukturen in Kollegien sind verändert und Formen kollegialer Beratung und Zusammenarbeit praktiziert worden.

Die häufig vernachlässigte Bereitschaft zur Auseinandersetzung mit neuerer Fachliteratur und innovativer Ansätze stieg, was zu einer höheren Arbeitszufriedenheit und Selbstakzeptanz führte.

Diese Ergebnisse sind punktuell aus Rückmeldungen ablesbar, empirische Beweise fehlen noch.

Wenn es gelingt, den beschriebenen Ansatz in Lehrerfortbildungsveranstaltungen institutionell zu verankern, stellt er einen bildungspolitisch wichtigen, dabei kostensparenden Beitrag zur Psychohygiene von Lehrerinnen/Lehrern und damit effizienterem Unterricht und erfolgreicherer Erziehung der nächsten Schülergeneration dar.

LITERATUR

BARBOUR, A. / MORENO, Z. T.: Role Fatique, in: Group Psychotherapy, Psychodrama and Sociometry 1980, (33), S. 185-190

BECKER, G. E. / GONSCHOREK, G.: Kultusminister schicken 55 000 Lehrer vorzeitig in Pension, in: Pädagogik 6/1989

Das Burnout-Syndrom, in: Pädagogik 10/1990

LEUTZ, G.: Psychodrama - Theorie und Praxis, Berlin 1986

PINES, A. M. / ARONSON, E. / KAFRY, D.: Ausgebrannt - Vom Überdruß zur Selbstentfaltung, Stuttgart 1990

SCHNEIDER, H. C.: Unterstufe, in: Neue Hanauer Zeitung 66/1991, S. 29

WEISS, R.: Bühne frei für eine Politische Supervision, München 1985

Psychodrama und Soziometrie in der Supervision und Fortbildung von Aids- und Drogenberatern

Ein Werkstattbericht

von Manfred Gellert und Werner Heinz

Seit etwa 1983/1984 wurden, zunächst in den Therapie-Einrichtungen für Drogenabhängige, dann auch in den Drogenberatungsstellen, erste Fälle von HIV-Infektionen bei intravenös Drogenabhängigen bekannt. Die 1984 beginnenden HIV-Antikörper-Testreihen ergaben Infektionsraten zwischen 15% und 30% in der Risikogruppe der i.v. Drogenabhängigen. In vereinzelten Schwerpunkten der großstädtischen offenen Drogenszenen mit einem hohen Anteil langjährig Abhängiger wurden Infektionsraten bis zu 50% festgestellt.

Die Einrichtungen und Mitarbeiter[1] der Drogenhilfe sahen sich durch diese Entwicklung vor gänzlich neue Anforderungen gestellt: Die „Langzeittherapien" mußten lernen, infizierte Klienten mit dem Stigma und der schleichenden Lebensbedrohung HIV in ihre „Lebensgemeinschaften auf Zeit" zu integrieren. Die Mitarbeiter der stationären Therapie- und Nachsorge-Einrichtungen wie auch der ambulanten Drogenberatung mußten sich mit einer neuen Qualität der therapeutischen Begleitung von infizierten Klienten auseinandersetzen: Panik, Depression und Suicid-Phantasien, die Angst vor einer schleichenden Vergiftung des Körpers mit dem Virus, die Angst vor sozialer Isolation; Hoffnungslosigkeit und Perspektivlosigkeit und endgültiges Scheitern der Bemühung um einen Platz in der Normalität - diese und weitere existentielle Themen prägten viele Beratungsgespräche mit Klienten, bei denen sich im Laufe der Zeit schließlich auch Symptome der beginnenden Erkrankung einstellten bzw. zum Vollbild Aids ausprägten. Begleitung durch die Krankheit und letztendlich auch Begleitung von Sterbenden wurden neue, in dieser Ausprägung bisher nicht gekannte Aufgaben der Drogenhilfe.

Viele Mitarbeiter in den mit der HIV-/Aids-Problematik konfrontierten Einrichtungen haben die neuen Beratungs- und Betreuungsaufgaben couragiert angenommen und mit ihnen zunehmend Erfahrungen gewonnen - häufig auch an der Grenze zur persönlichen Überforderung. Es wurde ein Bedürfnis nach spezifischer Supervision und nach spezifischer Fortbildung für die Arbeit am Schnittpunkt von Suchtproblematik und HIV-/Aids-Komplex deutlich.

Die hier vorgestellte Veranstaltungsreihe zur Supervision und Fortbildung von Mitarbeitern der Drogenhilfe, die HIV-Infizierte und aidskranke abhängige Klienten betreuen, wurde 1990 konzipiert und veranstaltet von

---
1) Im folgenden Text verwenden wir die männliche Form und bitten die Leserin, sich mitgemeint zu fühlen.

der Beratungsstelle „Drogen und Aids", Frankfurt. Diese Einrichtung war 1987 als Fachberatungsstelle und Modelleinrichtung des Bundesprogramms „Aids und Drogen" gegründet worden und hatte den Auftrag, therapeutische und lebenspraktische Hilfen für HIV-Infizierte und aidskranke Anhängige zu entwickeln und spezifische Fortbildungen für Mitarbeiter der Drogenhilfe durchzuführen.

Fortbildung durch Supervision

Die Veranstaltung sollte eine Verbindung von Fallsupervision und themenzentrierter Praxisreflexion herstellen und auf diese Weise Praxisbegleitung und Fortbildung verknüpfen.

Als Arbeitsform haben wir dabei die Gruppensupervision gewählt. In einer frei zusammengestellten und ausgeschriebenen Gruppe treffen sich Teilnehmer aus unterschiedlichen Institutionen, die mit den gleichen Klienten arbeiten. Die ideale Größe für solche Gruppen liegt zwischen acht und zwölf Teilnehmern. Diese Gruppengröße gewährt genügend Anregungen durch Kollegen; andererseits ist sie überschaubar und bietet allen Mitgliedern Gelegenheit, ihr Anliegen umzusetzen.

Die hier beschriebene Teilnehmergruppe (9 Frauen, 1 Mann) setzte sich aus Mitarbeitern verschiedener stationärer und ambulanter Einrichtungen der hessischen Drogenhilfe zusammen. Differenziert nach Berufsgruppen ergab sich folgende Zusammensetzung: eine Ärztin, zwei Krankenschwestern, sieben sozialtherapeutische Mitarbeiter (Diplompsychologen, Diplompädagogen und Sozialarbeiter). Alle Gruppenmitglieder betreuten in ihren Einrichtungen Abhängige mit HIV-Infektionen bzw. bereits erkrankte Klienten. Das Spektrum der Hilfeeinrichtungen war mit 3 stationären Therapieeinrichtungen („Langzeitprogramme"), einer Nachsorge-Wohngemeinschaft, einer Schule für ehemalige Drogenabhängige und zwei Beratungsstellen vertreten. Eine Psychologin war als Aids-Fachkraft in einer Frankfurter Justizvollzugsanstalt tätig und dort für die Betreuung von drogenabhängigen inhaftierten Frauen zuständig.

Die Mehrzahl der Teilnehmer hatte sich bereits bei anderen Seminaren und Vorträgen zum Themenkreis „Drogen & Aids" kennengelernt.

Kontrakt und Setting

Es wurden sechs eintägige Gruppensupervisionstreffen à sechs Stunden angeboten. Das Arbeitskonzept sah jeweils eine Arbeitseinheit mit themenzentriertem Zugang am Vormittag und für die Nachmittagseinheit Möglichkeiten zur offenen Fallsupervision vor. Dabei sollte sich die themenzentrierte Arbeit orientieren an dem von Hilarion Petzold entwickelten Modell der „Fünf Säulen der Identität"[2].

---
2) Petzold, H.: Vorüberlegungen und Konzepte zu einer integrativen Persönlichkeitstheorie. Integrative Therapie 1-2/84, S. 73-115.

Zu den Kontraktbedingungen gehörten Vertraulichkeit über die persönlichen Daten der vorgestellten Klienten, regelmäßige Teilnahme an allen Supervisionstreffen sowie die Bereitschaft, eigenes Fallmaterial in die Arbeit einzubringen.

Die Gruppensupervision wurde von zwei männlichen Leitern durchgeführt.

Einer der Leiter ist von seinem institutionellen Hintergrund her Leiter der veranstaltenden Fachberatungsstelle „Drogen & Aids" und von daher Garant der Feldkompetenz in der Leiterdyade. Seine Aufgabe bestand darin, am Modell der „Fünf Säulen der Identität" entwickelte Inputs zum Problemkreis Drogenabhängigkeit und HIV-Infektion einzubringen und die psychodramatische Vorstellung und Bearbeitung von Falldarstellungen anzuleiten, in denen die thematischen Vorgaben und Vorübungen aufgegriffen wurden.

Der zweite Leiter ist ausgebildeter Psychodramaleiter und Supervisor und war verantwortlich für die Bereitstellung psychodramatischer und soziometrischer Verfahren für die Arbeit in der angebotenen offenen Fallsupervision.

Schon nach dem ersten Supervisionstreffen stellte sich heraus, daß auch in der offenen Fallsupervision die Darstellung und Analyse von Klientenbildern eine starke Akzentuierung unter der Perspektive des jeweiligen themenzentrierten Zugangs erfuhren. Einzelne Fallgeschichten wurden im Verlauf der Gruppensupervisionsreihe wiederholt vorgestellt und dabei vor dem Hintergrund der jeweils thematisierten „Säule der Identität" neu betrachtet.

Dieser (von den Leitern zunächst nicht geplante, aber gerne aufgegriffene) Verlauf bot Gelegenheit zu einer umfassenden und komplexen Darstellung der Konfliktlagen und Entwicklungsaufgaben einzelner Klienten, fortlaufend über mehrere Sitzungen. Dabei konnten aktuelle Entwicklungen in der beraterischen und therapeutischen Arbeit mit diesen Klienten aufgenommen werden, während gleichzeitig die Orientierung an den thematischen Anregungen des Petzold'schen Modells eine produktive Strukturierung der Praxisreflexion anbot.

Sharing und vergleichende Betrachtungen in der Gruppe boten den Gruppenmitgliedern weitere Anregungen für Transfergedanken in die eigene Praxis.

Supervision unter psychodramatischem Focus

Den Mittelpunkt der Theorie MORENOS bilden die beiden Begriffe „Spontaneität" und „Kreativität". Die psychodramatische Kreativitätstheorie versucht, Antworten zu geben auf Fragen der Strukturbildung von Individuen, Beziehungen, Gruppen oder Institutionen. Die Spontaneitätstheorie bemüht sich, die Dynamik von Strukturen zu erfassen und Antworten zu geben auf die Frage: „Was fördert und was verhindert eine Lösung von Konflikten?"

KRÜGER[3] sieht einen Zusammenhang zwischen dem Spontaneitätsbegriff des Psychodramas und den Zielen von Supervision, die den Einzelnen zu angemessenen Reaktionen auf eine neue Situation oder zu neuen Reaktionen auf eine alte Situation befähigen soll. Psychodrama als ein Verfahren, das mit seinen spezifischen Techniken Spontaneität in Beziehungen fördert und wiederherstellt, kann also spezifisch als Supervisionsmethode angewandt werden.

KRÜGER führt für die Verwendung als Supervisionsmethode folgende Punkte an:
1. Psychodramatische Supervision löst Behinderungen in Beziehungen nicht durch Deutungen auf, sondern zunächst psychodramaimmanent im Spiel durch Einsatz von Psychodramatechniken.
2. Psychodrama-Supervision zielt darauf ab, nicht verfügbare oder behinderte Interaktionsfunktionen durch den Einsatz der spezifischen analogen Psychodramatechnik in Aktion zu bringen, dadurch den Wiederholungszwang aufzulösen und die Spontaneität wiederherzustellen.
3. Psychodrama ergänzt das Prinzip Deutung aus der Psychoanalyse durch das Prinzip Handlungserfahrung im konkreten Evidenzerlebnis im Spiel.
4. In der Supervision mit Psychodrama lernen die Teilnehmer auch als Zuschauer: Sie identifizieren sich konkordant mit dem Supervisanden oder komplementär zu ihm mit dem Gegenspieler während des psychodramatischen Spiels.

Für unsere Gruppensupervisionsarbeit waren auf der Grundlage dieses Spontaneitäts- und Kreativitätsverständnisses weiterhin die Einbeziehung und Umsetzung von Elementen aus der Soziometrie, insbesondere die Arbeit mit dem „Sozialen Atom", von Bedeutung.[4]

Als Zielsetzung für die Kompetenzerweiterung der Teilnehmer durch die Gruppensupervision läßt sich folgendes formulieren:
- Erkennen der Zusammenhänge zwischen der jeweils beobachteten Auseinandersetzung mit der HIV-Infektion und den erarbeiteten Anteilen im Identitätssystem, ihren Mängeln und besonderen Ausprägungen.
- Wahrnehmung von Veränderungen im Klientenbild über Rollenidentifikationen mit dem Identitätssystem der Klienten.
- Verknüpfung der eigenen biographischen Erfahrungen als Spiegel für therapeutisches Handeln und Nicht-Handeln in der Arbeit mit den Klienten.

---
3) Krüger, R.T.: Psychodrama als Supervisionsmethode, in: Pühl, H. (Hrsg.): Handbuch der Supervision, Berlin.
4) Weiß, K.: Psychodrama-Soziometrie. Ein Supervisionskonzept, in: Supervision, Heft 19, 1991, S. 38-52.

– Weiterentwicklung und Ausbau der eigenen Erlebnisfähigkeit durch psychodramatisches Handeln und damit Eröffnen eines besseren Zugangs zur Erlebniswelt der Klienten.

Themenzentrierter Zugang: Das Petzold'sche Modell der 5 Säulen:

Für den themenzentrierten Zugang zu ausgewählten Aspekten der Beratung und Therapie mit HIV-Infizierten und aidskranken Abhängigen haben wir das von Hilarion Petzold entwickelte Bild von den „Fünf Säulen der Identität" als Vorlage und Folie aufgegriffen.

Dieses Modell bietet sich als Raster zur Wahrnehmung und Beschreibung der leiblich-seelischen Lage der Klienten in ihrem Rehabilitationsprozeß an, und es wird als pragmatisches diagnostisches Instrument u.a. in der Drogenberatung eingesetzt.

Die Thematik unserer Veranstaltung - die Frage nach dem „Angriff des Virus" auf die leib-seelische Integrität und nach den damit verbundenen besonderen Krisen - forderte gewissermaßen einen doppelten Eintrag in dieses Raster: verschränkt mit den Befunden zu den somatisch-psychisch-sozialen Auswirkungen der Drogenabhängigkeit waren jeweils auch die Zerstörungen durch die „Zeitbombe HIV" sowie die Anstrengungen und Entwicklungsaufgaben bei der Wiederherstellung bzw. Errichtung eines neuen Gleichgewichtszustandes einzutragen.

Wir haben uns dabei eine gewisse Freiheit in der Verwendung der Petzold'schen Anregungen erlaubt und das von ihm vorgeschlagene Raster für unsere Fragestellungen erweitert.

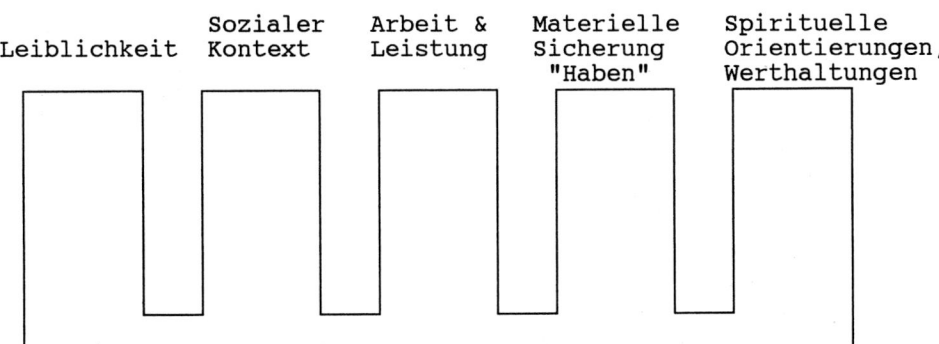

Abb. 1
Die hier dargestellten Säulen stehen für verschiedene Aspekte der Identität.

1. Der Körper und seine Integrität, die Körperwahrnehmung, das Verhältnis zum eigenen Körper - und bezogen auf die HIV-Infektion: der „Angriff des Virus" auf die Gesundheit; bereits erfahrene oder erwartete körperliche Handicaps infolge der fortschreitenden Krankheit; die Begrenzung der Chancen sexueller Befriedigung und Erlebensmöglichkeiten; das Verhältnis zum Körper als Träger und Wirt eines lebensbedrohenden Virus.
2. Das Geflecht sozialer Beziehungen (psychodramatisch: das soziale Atom); die Qualität des sozialen Kontextes - Einbettung und Abgrenzungen. Bezogen auf die HIV-/Aids-Thematik: Die Bedrohung des sozialen Kontextes durch das Stigma der HIV-Infektion; die Entwicklung eines Selbstkonzeptes als stigmatisierter und isolierter Virusträger; die Bedeutung und Entwicklung von schützenden sozialen Zusammenhängen - aber auch die Rationalisierung und Instrumentalisierung der Infektion im Sinne eines „HIV-Bonus" in bestimmten sozialen Kontexten und bei der Vermeidung von sozialen Entwicklungsaufgaben.
3. Die Arbeit und die Arbeitsfähigkeit, die Überzeugungen über die eigene Leistungsfähigkeit, die Erwartungen und die Perspektiven hinsichtlich der zukünftigen Stellung im Arbeitsleben. Bezogen auf die Auseinandersetzung mit der HIV-Infektion: Aktuelle Erfahrungen mit Handicaps und Beschränkungen und die Angst vor künftigen, unabwendbaren Begrenzungen; das Leben mit eingeschränkten Erwartungen und Perspektiven in einer Situation, die mit der Drogentherapie neuen Aufbruch ermöglicht und zwingend erfordert.
4. „Haben" im Sinne von materieller Sicherung und materiellem Vermögen zur Befriedigung von Bedarf und Bedürfnissen, aber auch im Sinne von „Ressourcen" des Lebens, Sicherheiten und Gewißheiten (z.B. die materielle Versorgung mit Wohnung - die Qualität des Wohnens - die Gewißheit einer Heimat).
5. Normen und Werthaltungen - im Kontext der Drogen-„karriere" häufig geprägt von devianten Subkulturen und kriminellem Milieu und ihr Wandel im Prozeß der Therapie. Spiritualität, Sinnfragen und ihre wachsende Bedeutung in der Konfrontation mit den körperlichen und sozialen Grenzen und Handicaps, mit der Verzweiflung und dem Leiden an der HIV-Infektion.

Das hier skizzierte Modell erschien uns für das Vorhaben aus verschiedenen Gründen geeignet:
- es bietet eine Folie zur Untersuchung und Beschreibung der *Ressourcen und der Defizite* der Klienten im Prozeß der Rehabilitation;
- es bietet ein Raster zur Verständigung der Bezugspersonen - Berater und Sozialtherapeuten - über ihre Wahrnehmung bzw. zur Entdeckung „blinder Flecke" in der gemeinsamen Problemdefinition von Beratern und Klienten;

- es bietet eine Struktur zur Beschreibung und Untersuchung der psychisch-sozialen Auswirkungen einer HIV-Infektion und zur Diskussion geeigneter Hilfen und Interventionen;
- bezogen auf die hier behandelten Klienten wurde die Fragestellung erweitert: welche Wirkungen haben die Drogenabhängigkeit mit ihren biographischen Spuren, die HIV-Infektion und die therapeutische und beraterische Intervention auf die aktuelle Auseinandersetzung der Klienten mit sich und ihren Entwicklungsaufgaben.

Angesichts der Herkunft der Supervisionsteilnehmer aus verschiedenen Einrichtungen der Drogenhilfe mit unterschiedlichen Arbeitskonzepten und Behandlungs-Settings bot sich das Modell der „Fünf Säulen" als gemeinsames Bezugssystem und Untersuchungsinstrument an:
- es ermöglicht Darstellungen auf der beschreibenden und reflexiven Ebene ohne vorausgehende tiefgreifende Selbsterfahrung;
- es besitzt „quer" zu unterschiedlichen Verfahren und Schulen der Beratung und Therapie eigenständige diagnostische Qualitäten;
- ein unkomplizierter Transfer in die Praxis der Supervisanden und Fortbildungsteilnehmer ist möglich;
- und schließlich bietet es Möglichkeiten der Verwendung in der direkten Arbeit mit den Klienten in der gemeinsamen Bestandsaufnahme und bei der gemeinsamen Definition von Arbeitsschritten und Entwicklungsaufgaben.

Zur thematischen Gliederung der Supervisions- und Fortbildungsreihe

Die Supervisionsreihe wurde im Frühjahr und Herbst/Winter 1990 als Folge von sechs Tagesseminaren in jeweils einmonatigem Abstand (unterbrochen von einer Sommerpause) im Burkhardthaus Gelnhausen durchgeführt.

Für jeden Supervisionstag wurde, orientiert an dem Petzold'schen Modell der „Fünf Säulen", ein themenzentrierter Zugang und Untersuchungsschwerpunkt gewählt. Neben einem Einführungsreferat zum jeweiligen Themenschwerpunkt wurden Reflexionen und Übungen zur Anwendung der Untersuchungsfrage der Fallsupervision vorangestellt.

1. Tag: HIV/Aids, ihre Bedeutung in der Auseinandersetzung mit der Drogenabhängigkeit und die Wirkungen im sozialen Atom der Klienten.
2. Tag: Fortsetzung zum Themenkreis „Soziales Atom"; die Dynamik von Stigmatisierungs- und Selbststigmatisierungsprozessen.
3. Tag: HIV/Aids, die aktuelle Auseinandersetzung mit der Drogenabhängigkeit und das Fundament des „Habens". Materielle und immaterielle Ressourcen, Sicherheiten und Auffangstrukturen, mit denen der HIV-Infektion bzw. im Sinne der HIV-Erkrankung begegnet wird.

4. Tag: HIV/Aids, die biographischen Spuren der Drogenabhängigkeit und das Erleben des eigenen Leistungsvermögens bzw. seiner suchtbedingten oder infektionsbedingten Begrenzungen.
5. Tag: Spirituelle Orientierung, Sinnfragen, Werthaltungen und Normen.
6. Tag: Der „Angriff des Virus" auf den Körper, auf das Körpererleben und das Verhältnis zum Körper.

Auf diese Weise waren die Untersuchungsfragen und die fallbezogene Supervision der Tagesseminare jeweils thematischen Schwerpunkten zugeordnet, deren innerer Zusammenhang über das Petzold'sche Modell hergestellt war. Da einige Teilnehmer sich entschieden, einen Klienten „fortlaufend" unter den unterschiedlichen thematischen Akzenten in die Supervision einzubringen, wurde eine Beleuchtung der jeweils individuellen HIV- und Suchtproblematik aus verschiedenen Blickwinkeln möglich.

Methodische Zugänge und psychodramatische Arbeitsformen

Als methodische Zugänge wurden psychodramatische Sichtweisen und Arbeitsformen angeboten, in die Bilder aus dem Tarot, Anregungen aus der Logotherapie und verschiedene Darstellungshilfen aufgenommen wurden.

Skulpturen

Insbesondere in den themenzentrierten Arbeitseinheiten haben wir zur Darstellung und Befragung von Klientenbildern vorrangig mit Skulpturen gearbeitet. Dabei werden äußere und innere Anteile der darzustellenden Problemkonstellation als Rollen besetzt und zu einem lebenden Bild gruppiert. Zentrale Botschaften, charakteristische Eigenschaften, Korrespondenzen zwischen verschiedenen Elementen oder deren Funktionen und Bedeutungen werden durch Haltungen, charakteristische Sätze, Blick- und Bewegungsrichtungen ausgedrückt. Das Modellieren des lebenden Bildes durch den Supervisanden, sein Rollentausch mit Elementen der Skulptur, das Rollenfeedback der an der Skulptur beteiligten Gruppenmitglieder sowie die Beobachtungen der Gruppe gehören zu den wichtigsten Erkenntnisinstrumenten dieser Arbeit mit Skulpturen.
Beispiel: *Arbeit mit einer Skulptur zur Frage: Wie erlebt und verarbeitet der Klient die Konfrontation seines Körpers mit dem HIV-Virus?*
Die Funktionen, Leistungen und Fähigkeiten des Körpers, auch Organe, die der Klient in besonderer Weise von der HIV-Infektion betroffen erlebt, werden als Rollen besetzt; ebenso das „Virus" und die „Drogenabhängigkeit".
In unserer Supervisionssitzung interessiert besonders die Position des „Virus" in der Skulptur: Welche Elemente werden vom Virus (bereits) be-

rührt? Dominiert das Virus die Skulptur - oder wartet es versteckt im Hintergrund? Greift es den Körper als Ganzen an - oder hängt es sich an bestimmte Funktionen oder Organe? Welche Eigenschaften, Organe, Kräfte und Schwächen werden berührt von dem Wissen um die Infektion bzw. werden bereits beeinträchtigt von den Symptomen der Erkrankung?

Indem er die Skulptur erstellt und modelliert, konkretisiert der Berater/Therapeut das Bild, das er sich über das Erleben seines Klienten in der Konfrontation mit der HIV-Infektion gemacht hat. In der Skulptur verbindet er seine Eindrücke, seine einfühlende Wahrnehmung, seine Beobachtungen und Hypothesen zu einem bildhaften Zusammenhang.

Aber nicht nur der Protagonist der Supervision klärt und bearbeitet sein Verständnis von der Problemlage seines Klienten. Die Skulptur bietet den an ihr beteiligten Rollenträgern und den zuschauenden Teilnehmern eigene Wahrnehmungsmöglichkeiten. Denn in der Korrespondenz ihrer einzelnen Elemente bildet sie innere Zusammenhänge des dargestellten Konfliktes bzw. Erlebens ab.

Wie reagieren die vom „Virus" berührten Elemente der Skulptur - z.B. die „Sexualität", die „Kraft", die „Attraktivität", die „Gefühle des Bauches", der „Verstand"? In welchem Maße realisieren sie die Macht des Virus? Lähmungen oder Trotz, Übermacht der Bedrohung oder Eigensinn? Entsteht eine Allianz von „Virus" und „Abhängigkeit" - haben die Therapie und die mit ihr verbundenen Orientierungen irgendeinen Einfluß in der Kraftkonstellation der Skulptur?

Die Impulse und Wahrnehmungen der Gruppenmitglieder, die Rollen in der Skulptur übernommen haben, werden in der Rollenfeedbackrunde ausgetauscht; die Beobachtungen und Eindrücke der Zuschauer werden in einer Feedbackrunde eingebracht und tragen bei zur Erörterung der Problemlage und zur Untersuchung des Systems des Klienten.

Schließlich tritt auch der Berater/Therapeut in Interaktion mit der Skulptur: Im Rollentausch mit einzelnen Elementen der Skulptur kann er sich identifizierend einfühlen in Haltungen, Ängste und Hoffnungen. Die Position im Innern des von ihm gestellten Klientenbildes vergegenwärtigt und verstärkt seine Einfühlung in das Erleben des Klienten.

In der eigenen Position als Berater und Therapeut, außerhalb der Skulptur und ihr als Ganzem begegnend, werden die Gefühle, Impulse und Haltungen, die Belastungen, Zweifel und Fragen, die er selbst in der Arbeit mit dem Klienten erlebt, zum Thema.

Arbeit mit Symbolen und Bildern
Die Arbeit mit Skulpturen bietet die Chance, komplexe Eindrücke und Systeme bildhaft zur Darstellung zu bringen. Ihre Auswertung in der Gruppe bündelt die Wahrnehmungen und Potentiale der Beteiligten und der Zuschauer. So gelingen hochdifferenzierte Beschreibungen von Situationen und Systemen.

Wir haben darüber hinaus die Karten des Tarot in der Arbeit mit Bildern und Symbolen eingesetzt.

Das dritte Treffen der Supervisionsgruppe wird gestaltet unter dem Themenschwerpunkt des „Habens" im Petzold'schen Modell der „Fünf Säulen".

Einführung zum Thema
„Haben" wird in einem materiellen **und** einem über die materiellen Sicherheiten hinausreichenden Sinn gefaßt.

Die *materiellen* Aspekte: Versorgung mit Obdach und Wohnung und ihr Niveau, Einkommen und Schulden, Ausbildungsstand und Stellung auf dem Arbeitsmarkt...

Die *immateriellen* Aspekte, z.B.: gibt es eine Zugehörigkeit zu einem Zuhause, einer Heimat? Gibt es „Themen" und Beschäftigungen, die als „wesentlich" für die eigene Persönlichkeit erlebt werden (z.B. Freizeitaktivitäten im Spektrum zwischen „Hobby" und der Selbstverwirklichung in künstlerischer oder technischer Kreativität)?

Stille Reflexion der Teilnehmer über die eigenen materiellen und immateriellen Fundamente und Sicherheiten
- Worauf kann ich zurückgreifen in Krisen und Verunsicherung?
- Was bleibt mir auf alle Fälle?
- Was hält mich?
- Von welcher Basis gehe ich los - welches Ziel strebe ich an?

Reflexion über die in die Supervision eingebrachten Klienten:
- Wie beantworte ich diese Fragen mit Blick auf meinen Klienten - was weiß ich über ihn in dieser Hinsicht?
- Was weiß der Klient in dieser Hinsicht über sich selbst?
- Welche Dynamik gewinnt die HIV-Infektion - oder die Auseinandersetzung mit der Infektion - in diesem Gefüge?

Als Anregung und Tiefung dieser Reflexion werden die Bildkarten des „Rider-Tarot" offen ausgelegt. Die Teilnehmer werden aufgefordert, ihren Klienten, mit Blick auf den Themenschwerpunkt „Haben", drei Bildkarten zuzuordnen.

Hier zwei Beispiele für die Wahl von Tarot-Bildern:

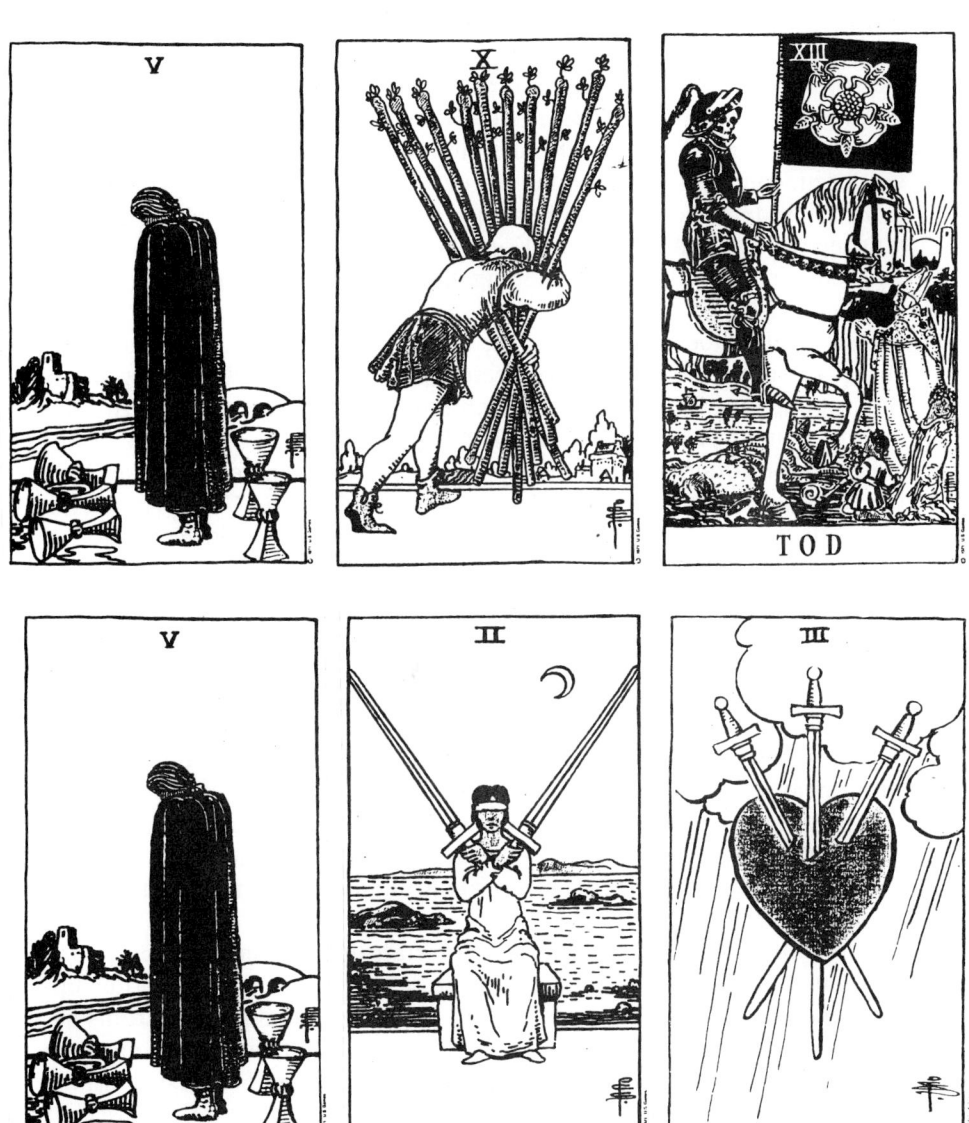

Abb. 2
Wesentlich ist dabei nicht eine Kenntnis oder Anwendung des Kanons von Tarot-Interpretationen. Vielmehr sollen sich die Teilnehmer von den Bildkarten inspirieren lassen. Die Gruppe hat die Möglichkeit, eigene Ein-

fälle zu den ausgewählten Bildern einzubringen. Die Karten werden also als Projektionsfläche und Anregung zu Assoziationen eingesetzt. Und in der Tat hat dieser Arbeitsvorschlag die Gruppe zu einer produktiven Fülle von Wahrnehmungen und Assoziationen angeregt, die meist von den Bezugstherapeuten aufgenommen und bestätigt wurden.

Aufgefallen ist uns dabei die hohe Übereinstimmung in der Auswahl von Tarotkarten. Alle Teilnehmer haben unabhängig voneinander ihre Bilder zu ihren Klienten ausgewählt. In der anschließenden Fallvorstellung stellte sich dann heraus, daß bestimmte Bilder besonders häufig gewählt worden waren. Abb. 2 zeigt die Kombination dreier Karten aus einer Fallvorstellung - es sind dies gleichzeitig die drei insgesamt am häufigsten gewählten Bilder.

Diese hohe Übereinstimmung ist sicher auch daraus zu erklären, daß Bilder von derart starker Symbolkraft in besonderem Maße korrespondieren mit den eigenen tiefen Haltungen und Vorstellungen, die die Auseinandersetzung mit Krankheit und Tod begleiten.

Eigene Betroffenheit und der Blick auf die Klienten verschränken sich hier in besonderer Weise. Wie auch dieser Aspekt in der Gruppensupervision aufgenommen wurde, soll an der abschließenden Skizze aus der Arbeit mit dem Sozialen Atom verdeutlicht werden.

Soziales Atom
Für die Beschreibung und Untersuchung der Säule „Sozialer Kontext" bietet sich in einer psychodramatisch orientierten Supervision die Arbeit mit dem „Sozialen Atom" an. Wir haben den Themenkomplex „Sozialer Kontext" mit unterschiedlichen Übungen und Darstellungen zum Sozialen Atom bearbeitet:

Vorstellung der Moreno'schen Konzeption des Sozialen Atoms. Die Supervisanden erstellen zunächst das eigene Soziale Atom.

Die Teilnehmer zeichnen das Soziale Atom ihres Klienten. Austausch in Zweiergruppen.

Vorstellung von Klienten mittels einer **Skulptur** zum Sozialen Atom. Die Personen wie auch Institutionen, die das soziale Netz des Klienten bilden, werden auf der Bühne als Rollen im Modell des Sozialen Atoms besetzt. Wie schon in der Skulptur zum Thema „HIV-Infektion und der Körper" werden auch die „Drogenabhängigkeit" und das „HIV-Virus" in die Skulptur aufgenommen. Position, Haltung, Ausdruck, charakteristischer Satz oder Botschaft der einzelnen Elemente dieser Skulptur ergeben ein Bild über die Wirkungen der HIV-Infektion im Sozialen Kontext des Klienten.

Befragung und Untersuchung des Bildes im Rollentausch des Beraters/ Therapeuten mit Elementen der Skulptur.

Rollenfeedback und Identifikationsfeedback. Rückmeldungen der Zu-

schauer über ihre Wahrnehmungen. Gemeinsame Reflexion zum System des Klienten.
Fortsetzung der Arbeit mit der Skulptur zum Sozialen Atom - nun mit dem Schwerpunkt: Beraterische und therapeutische Interventionen. Welche Rolle nimmt der Berater/Therapeut im System des Klienten ein? Wie wird der Berater affiziert vom dargestellten System? Welche Interventionen werden vorgeschlagen?
Erprobung der vorgeschlagenen Interventionen in ihrer Wirkung auf die Elemente der Skulptur: Rollenfeedback, Identifikationsfeedback und Wahrnehmungen der Zuschauer über Veränderungen im System.

Notizen aus der Arbeit mit einer Skulptur zum Sozialen Atom

Der in dieser Arbeit vorgestellte männliche Klient, er wird hier Leo genannt, ist zwischenzeitlich, etwa ein Jahr nach der hier beschriebenen Supervision, im Alter von 30 Jahren an Aids verstorben.
Vorgestellt wurde der Fall von einer Teilnehmerin, die den Klienten als Sozialarbeiterin und Suchttherapeutin an einer Schule für ehemalige Drogenabhängige betreute.

1. Rollen im Sozialen Atom von „Leo":

Doppelrolle „Das Virus" und die „WG für HIV-Infizierte", in der Leo lebt.
Eng angeschmiegt an Leos Rücken, eine symbiotische Einheit mit ihm bildend. Doppeldeutig in seiner Aktivität: Leo packend und ihm Halt gebend.
Es kommt in dieser Konstellation zum Ausdruck, daß das Virus in der Tat identitätsbildende Funktionen in Leos Leben übernommen hat. Leo hat sich, aufgrund seiner HIV-Infektion mit größter Entschiedenheit in die WG für HIV-Infizierte begeben. Hier findet er Halt und Zugehörigkeit, Geborgenheit und die Gewißheit, aufgefangen zu werden, wie groß auch immer die Angst vor einer Zukunft mit dieser Krankheit wird. Point of no Return - auch in der Haltung zur Drogenabhängigkeit: Leo findet hier den absoluten Grund, nicht mehr rückfällig zu werden.

„Die Mitschüler" - ein gegensätzliches Paar.
„Anja": *Ich mag Leos Witz und seinen Galgenhumor. Ich bin selbst positiv und beeindruckt davon, wie er mit seiner Infektion umgeht. Wenn er nicht gut drauf ist, ziehe ich mich zurück von ihm. „Komm Leo, laß uns irgendwas losmachen!"*
„Illona": *Leo erschreckt mich. Dieser Altjunkie, seine sichtbare Krankheit. Am liebsten wär mir, er wäre gar nicht hier. „Ich mag dich gar nicht ansprechen!"*

Die Lehrer: *Am Anfang war er gut hier und leistungsstark. Sehr motiviert, sehr entschieden. Er ist sympathisch. Aber beim besten Willen: je weiter die Krankheit fortschreitet, desto weniger ist er den Anforderungen der Schule gewachsen. Als Schüler gehört er schon lange nicht mehr hierher - wir müssen ihn entlassen. Er ist schwer krank, er wird sterben - aber dafür sind wir nicht zuständig. „Wir sind eine Schule, wir sind kein Sterbeheim".*
Die Ärzte: *Unsere Möglichkeiten sind begrenzt - wir können nur noch wenig helfen. Der folgt nicht, der setzt eigenmächtig die Medikamente ab. Aber er ist ein unheimlicher Kämpfer. „Schon wieder da?"*
Die Sozialtherapeutin: *(die Protagonistin besetzt ihre eigene Position mit einem Gruppenmitglied)*
Ich bin die einzige, die ihn im Kollegium noch hält - aber ich werde ihn nicht mehr lange in der Schule halten können. Ich kämpfe für ihn im Kollegium, weil ich glaube, daß die Schule ihm den letzten Halt bietet. Die Lehrer und meine Sozialarbeiter-Kollegen werfen mir vor, ich sei mit ihm übermäßig identifiziert. Obwohl auch ich sehe, daß er wegen seiner Krankheit (Fehlzeiten und wahrscheinlich auch bereits neurologische Ausfallserscheinungen) den Anforderungen längst nicht mehr gewachsen ist: wenn er jetzt entlassen würde, wäre das noch ein Tritt in den Hintern für ihn. Ich habe Schuldgefühle. Ich bin verunsichert. Am liebsten wäre ich gar nicht beteiligt - aber er hat sehr viel Vertrauen zu mir.

2. Rollentausch:

Rollentausch der Protagonistin/Supervisandin mit „Leo" und Monolog aus dieser Position: *Das einzig Sichere ist mein Virus und meine WG. Aus der WG können sie mich nicht rauswerfen!* Im Bezug zu seiner Sozialtherapeutin: *Sie hat Angst vor mir.*
In der eigenen Rolle als Sozialtherapeutin: *Irgendwann werde ich mich dem Kollegium anschließen müssen - ich kann Leo nicht alleine durchschleppen. Und ich entdecke auch Ärger in mir: ich hätte erwartet, daß er das selbst einsieht. Ich hab mich so sehr für ihn eingesetzt - jetzt hängt das ganze Gewicht dieser Entscheidung an mir.*
Aus einer Position außerhalb der Skulptur, das ganze Bild überblickend: *Meine Aufgabe in der Arbeit mit Leo ist, diese Grenze, die seine Krankheit ihm nun setzt, nicht zu verleugnen. Ich kann ihm durch mein Engagement und meinen Einsatz dieses Leid nicht ersparen; ich kann ihn darin nur begleiten.*

3. Aus dem Rollenfeedback:

Leo: *Die Krankheit gibt mir das Recht zu fordern. Gegenüber der Krankheit bin ich verzweifelt und machtlos; nichts geht mehr, nicht bleibt mir zu* *tun. Aber meine Umgebung nehme ich in die Pflicht - das ist das einzige, was mir noch bleibt. Und in meinen Forderungen bin ich stark. - Ich bin schwer krank, will aber noch unter Gesunden leben! Ich will doch nur ganz einfach noch unter Euch leben dürfen. Ihr könnt mich doch nicht ganz wegschieben! Eure Gründe haben dagegen doch gar kein Gewicht! Zorn und Wut auf die Gesunden, die ihren Zielen einfach weiter nachgehen können.*

4. Aus den Sharings und aus der Auswertungsrunde:

Im Sharing sprechen mehrere Gruppenmitglieder ihre Überforderung durch die Erwartungen der erkrankten Klienten und die Schuldgefühle an, die mit der Wahrnehmung und Anerkennung der Grenzen verbunden sind, die die Krankheit den Klienten und den eigenen Hilfemöglichkeiten setzt.

Charakteristisch an dem hier dargestellten Sozialen Atom ist die doppelte soziale Verarmung, der die erkrankten Klienten ausgesetzt sind: Infolge langjähriger Drogenabhängigkeit (und auch aufgrund spezifischer Beziehungsstörungen, die sich mit der Suchtproblematik verschränken) sind die sozialen Beziehungen außerhalb der Drogenszene häufig vollständig abgestorben. Und die fortschreitende Erkrankung verringert die Chancen, neue Beziehungen aufzubauen. Die Berater und Therapeuten werden dem sozialen Atom einverleibt und erhalten dort zentrale Rollen, die den Mangel eines eigenständigen sozialen Kontextes kompensieren sollen. Nicht selten rekrutiert sich das gesamte Soziale Atom dieser Klienten aus Professionellen unterschiedlicher Therapie- und Hilfe-Einrichtungen. Da das Beziehungssystem dieser Klienten kaum Peers und kaum Ankerpunkte für verwandtschaftlichen und freundschaftlichen Halt und Hilfe enthält, verstärkt dies die Symbiose von Therapeut und Klient. Entsprechend brisant gestalten sich für die Mitarbeiter des Hilfesystems die Abgrenzungsproblematik und die damit verbundenen besonderen Überforderungen und die daraus resultierenden Schuldgefühle.

Skulpturen wie die hier skizzierte zum Sozialen Atom der Klienten erlauben es, diese „objektiven" Hintergründe der Überforderungsproblematik herauszuarbeiten und sie neben den subjektiven, in Übertragung und Gegenübertragung begründeten Faktoren wahrzunehmen.

Lebendige Soziometrie in Gruppen und Organisationen

von Dr. Manfred Gellert

1. Soziometrie - der ungel(i)ebte Anteil?!

In meiner jetzt ca. 12 Jahre zurückliegenden Psychodramaausbildung nahm die Soziometrie in der Trias Psychodrama - Soziometrie - Gruppenpsychotherapie einen Platz ein, der sich als „Mauerblümchendasein" beschreiben läßt. Neben einem Sonderseminar, das sich explizit dieser Thematik widmete, spielte sie in der Unterstufenausbildung eine absolut periphere Rolle, in der Oberstufenausbildung kam sie - dank des breiten Erfahrungshintergrundes der Oberstufenleiterin - in der übenden Leitung und als Teil des processings öfter vor. Viele Supervisanden und Teilnehmer von Sonderseminaren bestätigen meine eigene Ausbildungserfahrung in dieser Hinsicht.

Ich habe mich oft gefragt, worin wohl die Distanz vieler Psychodramatiker zu diesem Moreno'schen Ansatz begründet ist. Zum einen ist es sicher das Primat des Protagonistenspiels, das in seiner karthartischen Dimension dem Leiter/der Leiterin zu hoher fachlicher Anerkennung verhilft, und dem von daher in vielen Ausbildungsgruppen der Vorrang gegeben wird. Die „Wahrheit der Seele" d.h. das Einzelschicksal durch Handeln zu ergründen, wird der Erkundung der „Gruppenseele" vorgezogen. Zum anderen hat dies sicher auch etwas mit der jeweiligen Leiterhaltung und der eigenen Risikobereitschaft zu tun. Bin ich im Protagonistenspiel oft als wärmender und vor Verletzlichkeiten schützender Leiter/Leiterin gefragt, so verlangt die Soziometrie in ihrer aufdeckenden und begründenden Vorgehensweise eine eher konfrontative und fordernde Leiterhaltung; und ich habe es eben nicht mehr nur mit einem Protagonisten, sondern mit dem Gesamtgefüge der Gruppenmitglieder zu tun. Drittens ist die Grundfrage der Soziometrie, die Frage nach der sozialen Messung, in den Köpfen vieler Psychodramatiker etwas Technisches, Statistisches, das dem oftmals feucht-schwülen Beziehungsklima vieler Gruppen eher kontraproduktiv gegenüber zu stehen scheint. So werden soziometrische Verfahren eher weggelassen, als störend, gruppensprengend und aus der Sicht von Leiter/Leiterin bedrohlich für den eigenen Status und die Akzeptanz erlebt.

Ein weiterer Grund für die mangelnde Einbeziehung soziometrischer Verfahren in die psychodramatische Gruppenarbeit liegt meines Erachtens in der unzureichenden und schlecht lesbaren Literatur zu diesem Thema. Neben dem Standardwerk Morenos, Die Grundlagen der Soziometrie[1]), das den lernenden Psychodramatiker durch eine Vielzahl von

Diagrammen und Formeln schon beim Querlesen meistens abschreckt, gibt es wenig praxisrelevante Abhandlungen. Interessante Beiträge zum Thema finden sich seit kurzem in dem Einzelheft „Soziales Atom" der Zeitschrift Psychodrama[2]).

Die dort veröffentlichten Titel geben einen guten Einblick in diesen Ansatz aus der Soziometrie und veranschaulichen praxisnah die Umsetzung des sozialen Atoms in die Gruppenarbeit.

Der vorliegende Artikel geht auf Anregungen vieler AusbildungskandidatInnen zurück, die in den vergangenen 10 Jahren an Sonderseminaren zum Thema Soziometrie bei mir teilgenommen haben und die mich zur Veröffentlichung gerade der methodischen Ansätze, die es in dieser Form als Zusammenstellung nicht gibt, ermuntert haben.

2. Zum Grundverständnis der Soziometrie

Moreno beschreibt die Soziometrie folgendermaßen:

„Meine erste Definition der Soziometrie stammt von der Etymologie des Wortes her, das eine lateinische und eine griechische Wurzel hat. Dabei wurde nicht nur die zweite Hälfte des Wortes, also „metrum", was Maß bedeutet, sinngemäß erfaßt, sondern auch die erste Hälfte des Ausdrucks, „Sozius", was zu deutsch Mitmensch oder Gefährte heißt. Es schien mir, daß bis jetzt beide Prinzipien vernachlässigt worden waren; der Soziusaspekt wurde jedoch noch weniger einer tieferen Analyse unterzogen als der Metrumsaspekt. Sogar in der Problemstellung wurde der Mitmensch nicht berücksichtigt. Was kann aber noch an der Gesellschaft untersucht werden, wenn den Individuen an sich und den Beziehungen zwischen Ihnen nur in fragmentarischer, oberflächlicher Weise Beachtung geschenkt wird? Positiv ausgedrückt: die Individuen selbst und die Beziehungen zwischen ihnen müssen in das Studium sozialer Situationen miteinbezogen werden."

Die Bezeichnung Soziometrie hat eine sprachliche Verwandtschaft zu anderen traditionellen wissenschaftlichen Bezeichnungen wie Biologie-Biometrie, Psychologie-Psychometrie, Anthropologie-Anthropometrie. Vom systematischen Gesichtspunkt aus kann man sagen: die Soziometrie erforscht die Voraussetzungen und die gemeinsamen Grundlagen von Gebieten wie Soziologie, Anthropologie, soziale Psychologie und soziale Psychiatrie. Sie befaßt sich mit den elementarsten „Sozius- und metrischen" Problemen und Strukturen, die allen sozialen Wissenschaften gemein sind.[3]) Die Soziometrie läßt sich heute grob in drei Richtungen unterteilen:

a) Die soziometrische Theorie der Gesellschaft:
Damit ist ein Teil der Theorie Morenos angesprochen, die als triadisches System konzipiert ist, d.h. die Soziometrie wird ergänzt durch Gruppenpsychotherapie und Psychodrama. Die therapeutische Konzeption Morenos beschränkt sich nicht nur auf Mitglieder einer kleinen Gruppe, sondern bezieht sich auf die „ganze Menschheit" und will „Wege zur Neuordnung der Gesellschaft" aufzeigen.[4])

b) Die soziometrische Diagnostik und Therapie:
Sie wird in Gruppen angewandt mit dem Ziel, die soziometrischen Probleme Einzelner im Interaktionsgefüge der Gesamtgruppe abzubilden. Die Therapie soll die Integration des Einzelnen in die Gruppe fördern und bedeutet somit über die Individualbehandlung hinaus eine Therapie der gesamten Gruppe.

c) Die empirische Soziometrie:
Hier hinein gehören empirische Untersuchungen, in denen soziometrische Daten eine Rolle spielen. Sie werden in Beziehung gesetzt zu Variablen der Persönlichkeit, des Sozialverhaltens usw.

2.1. Das Soziogramm

Das Soziogramm ist eine graphische Darstellung von Gruppenbeziehungen. Es stellt in leicht erkennbarer und übersichtlicher Form eine Anzahl von typischen Eigenschaften einer soziometrischen Gruppenstruktur dar.

Die Entwicklung der Gruppen

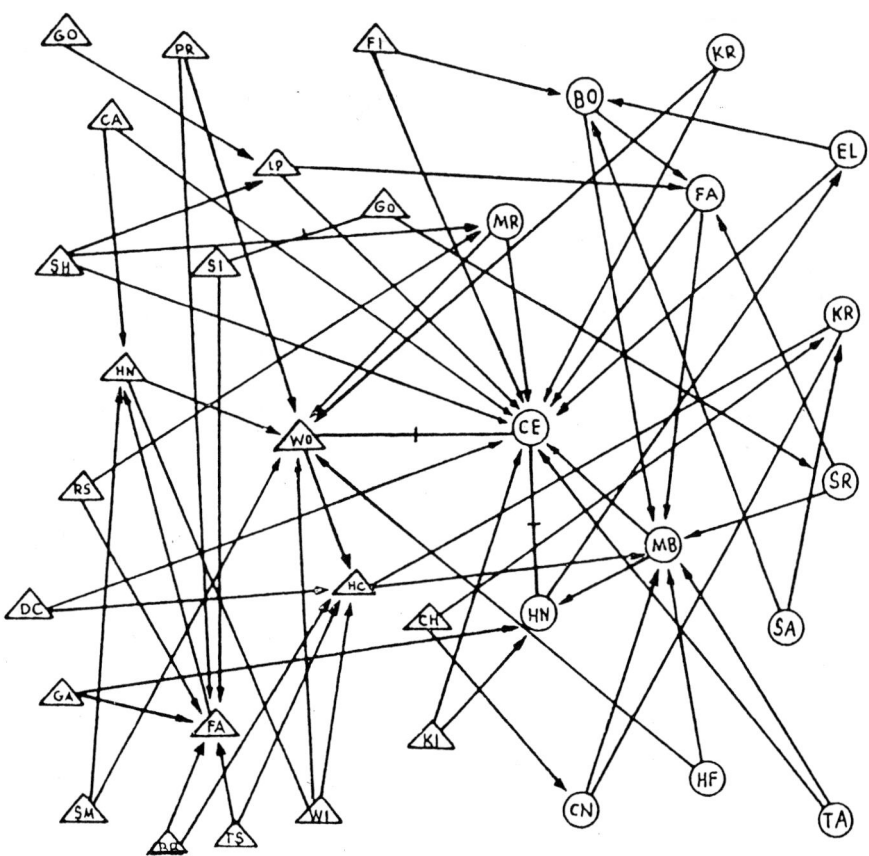

Die einzelnen von Moreno vorgegebenen Symbole und Bedeutungen werden unter „Mein berufliches soziales Atom" (S. 351) in diesem Artikel erläutert.

2.2. Typische soziometrische Konfigurationen

1. Das Paar:
   A und B wählen sich gegenseitig.
2. Das Dreieck:
   A, B und C wählen sich gegenseitig.
3. Die Kette:
   Graphisch A ⇨ B ⇨ C
   (auch mit gegenseitigen Wahlen möglich).
4. Der Stern:
   Eine Person wird sehr häufig von anderen Personen gewählt, die sich untereinander nur wenig wählen.
5. Die Clique:
   Eine bestimmte Anzahl von Personen wählt sich untereinander sehr häufig, nicht jedoch andere Gruppenmitglieder und empfängt von ihnen auch nur wenige Wahlen.
6. Der Star:
   Eine oft gewählte Person, der Mittelpunkt eines Sternes, d.h. eventuell die beliebteste, tüchtigste, erfolgreichste Person.
7. Der/die Isolierte:
   Eine Person, die keine Wahlen empfängt und selbst auch niemanden wählt.
8. Der/die Vergessene:
   Eine Person, die zwar andere wählt, aber selbst von niemandem gewählt wird.
9. Der/die Abgelehnte:
   Eine Person, die nur Ablehnung empfängt.
10. Die graue Eminenz:
    Eine isolierte Person, die nur eine gegenseitige Beziehung zum Star besitzt.

2.3. Das soziale Atom

Moreno[5]) beschreibt das soziale Atom mit folgender Definition:
  „Das soziale Atom besteht als die kleinste Einheit des sozialen Beziehungsgefüges aus allen Beziehungen zwischen einem Menschen und jenen Mitmenschen, die zu einer gegebenen Zeit in irgendeinem sozialen Verhältnis zu ihm stehen."

Nach Leutz[6]) umhüllt das soziale Atom den Menschen wie eine Aura der Anziehungen und Abstoßungen, die ihrer Konfiguration nach eine soziale Einheit bilden. Jeder Mensch ist von Geburt an von einer solchen Einheit umgeben. In seinem sozialen Atom spielt sich das konkrete Leben ab. Während des späteren Lebens sind weniger Beziehungspartner im sozialen Atom blutsverwandt. Die jeweilige Wahlverwandschaft kann sich auf ganz verschiedene Kriterien wie Liebe, Arbeit, kulturelle Interessen usw. beziehen. Durch ihre Wahlverwandtschaft, d.h. durch ihre sozioemotionalen Beziehungen, unterscheiden sich die Angehörigen des sozialen Atoms eines Menschen von seinen Bekannten. Die Summe aller Bekannten eines Menschen nennt Moreno Bekanntschaftsvolumen.

Das soziale Atom
Bekanntschaftsvolumen, d. h.
Bekanntschaften ohne persönliche
Bedeutung für das Individuum

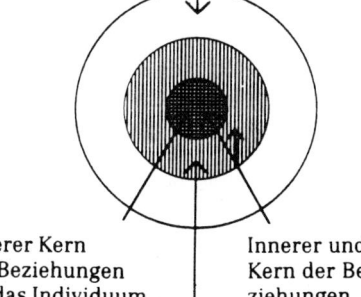

Innerer Kern
der Beziehungen
die das Individuum
umgeben

Innerer und äußerer
Kern der Beziehungen,
die das Individuum
umgeben

Kern bestehend aus Personen,
die in einer emotionalen Beziehung
zum Individuum stehen.

Abb.5. Aus: Moreno, J.L.: Sociometry, Experimental
And The Science of Society. An Approach to a New Political Orientation. Beacon
(N.Y.): Beacon House 1951

aus: Leutz, 1974 S. 11

3. Anfangssoziometrie in Gruppen

In Soziometriesonderseminaren, in Anfangsphasen von Ausbildungs- oder Trainingsgruppen bietet sich als auflockernder und in Aktion bringender Zugang eine Aktionssoziometrie an, die es LeiterIn und Gruppe ermöglicht, schnell und spielerisch Informationen von einander zu bekommen.

3.1. Mein rechter Platz ist leer
Dieses alte Kinderspiel ermöglicht zu Beginn einer Sitzung mit Bewegung und Wahlpräferenzen frühzeitig wichtige Daten über die GruppenteilnehmerInnen zu sammeln.

Die Gruppe sitzt im Kreis, ein Stuhl ist frei. Das Gruppenmitglied, dessen rechter Stuhl leer ist, spricht die Formel aus dem Kinderspiel: „Mein rechter Platz ist leer, ich wünsche mir .... her."

Der/die Herbeigeholte kommt auf den freien Platz und der Wähler darf eine Frage an ihn/sie stellen. Nach Beantwortung geht es dort weiter, wo wieder ein rechter Stuhl leer ist usw.

Bei dieser Übung stellt sich nach mehreren Durchgängen heraus, nach welchen Wahlmustern die Gruppenmitglieder wählen. Ist noch in der ersten Runde aufgrund der relativ hohen Nichtbekanntheitsgrade eine Tendenz vorhanden, höflich, d.h. „es sollen möglichst alle dran kommen", zu wählen, so werden folgende Runden nach und nach wesentlich differenzierter. Einzelne Gruppenmitglieder werden häufiger gewählt, andere kommen gar nicht mehr dran; eventuell trauen sich ganz Mutige den Gruppenleiter zu wählen, die Fragen werden spezieller und direkter.

Nach drei bis vier Durchgängen werden die TeilnehmerInnen gebeten, ihre Gründe für die Wahl im einzelnen zu benennen. Schon in dieser Runde werden die Korrelate des Wahlstatus benannt und lassen sich theoretisch anhand dieser Übung beschreiben:

Korrelate des Wahlstatus:
Man tendiert dazu Gruppenmitglieder zu wählen,
1. mit denen man Gelegenheit zur häufigen Interaktion hat,
2. die Eigenschaften besitzen, die nach den Normen und Werten der Gruppe wünschenswert sind,
3. die einem am ähnlichsten sind in Einstellungen, Werten und den Eigenschaften des sozialen Hintergrundes,
4. die einen so sehen wie man sich selber sieht,
5. in deren Gesellschaft man eine Befriedigung seiner Bedürfnisse erlangen kann oder schon hat.

3.2. Die Gruppe als lebendiges Aktionsfeld

Die im nachfolgenden beschriebenen kleinen Übungen ermöglichen es LeiterIn und Gruppe in schneller und transparenter Weise sich miteinander zu erwärmen, die Namen zu lernen und Einblicke in die Struktur der Gruppe anhand verschiedener Kriterien zu bekommen.
Während der verschiedenen Schritte bleibt die Gruppe im Raum stehen, der Leiter beteiligt sich mit an den vorgegebenen Kriterien:
- Wer kennt wen am längsten - erklären woher und dabei den Namen nennen wie ich hier genannt werden möchte.
- Wer kennt wen am zweitlängsten - nur abbilden durch Auflegen einer Hand.
- Wen kenne ich länger als heute (aus welchen Bezügen, privat oder beruflich) - jeder stellt die Gruppenmitglieder vor - dabei werden auch Einzelpersonen sichtbarer.

- Psychodramaerfahrung: wer ist in einer Ausbildungsgruppe, wer nicht - wann war meine erste Psychodramaerfahrung - dabei nach Jahreszahlen aufstellen.
Bei diesem Schritt ist es auch möglich, daß jede(r) Teilnehmer/in neben sich einen Stuhl stellt, auf dem er/sie kurz im Rollentausch seine/ihre psychodramatischen Väter und Mütter vorstellt. So füllt sich der Raum nach und nach durch ein Psychodramatikernetzwerk.
- Aufstellung nach Berufs- und Studienabschlüssen,
- Aufstellung nach Arbeitsfeldern, in denen die TeilnehmerInnen heute arbeiten,
- Alphabetische Kette der Vornamen,
- Abbildung des „Kinderdaseins": Einzelkind, ältestes, mittleres oder jüngstes Geschwisterkind,
- Beschreibung des Gruppenraumes als Deutschlandkarte
- jede(r) stellt sich an seinen/ihren Geburtsort, anschließend an den derzeitigen Wohnort.

Anforderung an die TeilnehmerInnen, einmal still für sich durchzugehen, wieviel Orte sie bis heute in ihrem Leben durchlaufen haben.

Im Anschluß an den letzten Teil dieser Übung ergibt sich aus der soziometrischen Abbildung heraus auch die Möglichkeit der psychodramatischen Einzelarbeit.

3.3. Der Soziometrische Lebenszug

Dem Protagonisten werden acht Stühle angeboten, die immer zu zweit nebeneinander wie im Zug aufgestellt werden. Der Protagonist wählt zunächst einen Platz für sich und legt dafür ein Symbol von sich auf diesen Stuhl. Es ist sinnvoll, ca. 5-6 Altersstufen mit dem Protagonisten durchzugehen, z.B.:
- 4 Jahre - Kindergartenalter
- 8 Jahre - Schulzeit
- 14 Jahre - Pubertät
- 20 Jahre - Studium
- 30 Jahre - Familiengründung
- heutiges Alter
- ein Bild 10 Jahre später als Zukunftsvision.

In jedem Durchgang durch die Altersstufen wählt der Protagonist sich bis zu sieben Personen aus, die in dem jeweiligen Alter für ihn eine Rolle gespielt haben und plaziert sie (die Antagonisten) seinem Gefühl entsprechend in seinen Lebenszug. Anschließend wird jeder Antagonist durch den Protagonisten situativ mit einem Satz in direkter Rede an den Protagonisten eingedoppelt. Spürt der Leiter bei einer Person im Zug eine besondere Berührtheit des Protagonisten, so läßt sich durch Rollentausch und Leiterinterview weiter und tiefer explorieren. Es kann vorkommen, daß durch eine der Lebenszugsituationen ein Protagonistenspiel in Gang kommt. Nach dem situativen Eindoppeln schließt der Protagonist die Augen und hört sich anschließend die von ihm vorgegebenen Sätze an. Auch bei diesem Anhören kommt es oft zu erinnerten Situationen, die sich in eine Vignette oder eine vertiefende Einzelarbeit überleiten lassen.

In der Anfangsphase von Organisationsberatungen oder bei größeren Organisationsentwicklungsmaßnahmen verwende ich häufig folgende Form:

3.4. Soziometrischer Jahresring der Organisation
In der Organisationsberatung für ein großes sozialtherapeutisches Zentrum mit den Bereichen Ambulanz, Tagesklinik, Beratungsstelle, Nachsorgeeinrichtung und Übergangswohnheim mit ca. 50 MitarbeiterInnen bat ich die TeilnehmerInnen in der ersten Sitzung sich im Raum nacheinander aufzustellen, wann sie in der Organisation zu arbeiten begonnen hatten. Es kristallisierte sich bald eine sog. 1968'er Gruppe heraus, die den Kern bildete; viele der anderen MitarbeiterInnen waren erst vor kurzer Zeit dazu gekommen. In einem Leiterinterview befragte ich einzelne Personen in den Jahresringen, was ihre damaligen Ziele für die Arbeit in der Institution gewesen seien und wie sie diese Ziele aus heutiger Sicht bewerten würden. Diese Runde war emotional sehr dicht und aus den Schilderungen der MitarbeiterInnen in den einzelnen Jahresringen wurde die Geschichte der Institution und auch die Trauer über die verlorengegangenen Ziele und Werte der Gründungsväter und -mütter deutlich, die in der Alltagsrealität der Zusammenarbeit mit den „Neuen" zu mancherlei Konflikten geführt hatten.

Mit diesem Ansatz arbeite ich auch in workshops für Abteilungen oder Bereiche in der Industrie. Auch hier wird oft durch die Abbildung der Zugehörigkeitsdauer und die Exploration der Wünsche und Ziele für die Arbeit schon sehr schnell und frühzeitig vorhandenes Konfliktpotential sichtbar.

4. Weitere soziometrische Arbeitsformen in Lern- und Arbeitsgruppen
4.1. Meine lebensgeschichtlichen Rollenmuster in Gruppen
Bei dieser Übung werden die TeilnehmerInnen gebeten, sich in drei im Gruppenraum benannte Ecken nach ihrer Selbsteinschätzung zu begeben.

Die Anweisung lautet: „Wenn Du Deine Biographie noch einmal durchgehst und überlegst, welche Rolle hast Du in Gruppen überwiegend eingenommen: Führer, Mitläufer oder Einzelgänger, zu welcher Wahlentscheidung kommst Du dann?"

Nachdem sich die TeilnehmerInnen in den drei Gruppen zusammengefunden haben, erhalten sie ca. 45 Minuten Zeit, sich über ihre jeweils individuellen Erfahrungen in diesen Rollenmustern auszutauschen und eventuelle Gemeinsamkeiten herauszuarbeiten. Das Gruppenergebnis wird dann in Form einer Szene oder eines Standbildes ins Plenum zurückgebracht. Nach der Darstellung erfolgen zunächst nur Assoziationen der Zuschauer und danach eine kurze Rückmeldung der jeweiligen Spielgruppe. Natürlich spiegeln sich der Erfahrungsprozeß der einzelnen Gruppen und die dabei entwickelten Grundhaltungen oft schon in der Entscheidung, welche Gruppe dann nach der Kleingruppenphase anfängt: Führer, Mitläufer oder Einzelgänger.

Die in den Gruppen gemachten Erfahrungen bieten oftmals sehr dichtes Material für Protagonistenspiele, insbesondere zum Thema der Ambivalenz der einzelnen Rollen und zum soziometrischen Status in Gruppen in der Biographie, z.B. Status in Schulklassen, peer-groups usw. Oft wird gerade im Anschluß an diese Übung Protagonistenarbeit zum Außenseiterthema angemeldet.

Als Erweiterungsform für diese Selbsteinschätzungsübung bietet sich an, einzelne Gruppenmitglieder zu bitten, nach ihrer ersten Wahrnehmung die TeilnehmerInnen in die drei Gruppen zu plazieren und dabei jeweils ihre Assoziation für die Einordnung zu veröffentlichen.

Zur theoretischen Vertiefung erläutere ich nach der Übung die „Soziodynamische Grundformel" nach Schindler[7]) und bespreche mit der Gruppe die Leiterhaltung im Zusammenhang mit dem jeweiligen Status des Protagonisten bei der psychodramatischen Einzelarbeit.[8])

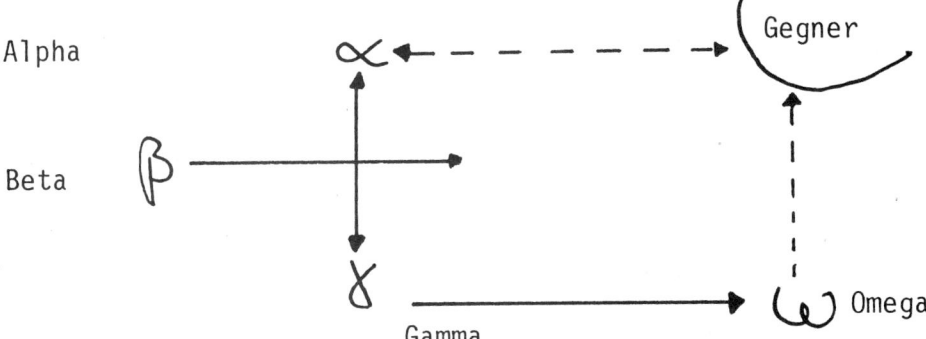

Die Alpha-Position kennzeichnet den „Führer", d.h. denjenigen, der die Bedürfnisse einer Gruppe am besten erkennt und danach handeln kann. Möglicherweise differenziert sich diese Position in Alpha 1, der Beliebteste und Alpha 2, der Tüchtigste (z.b. Klassensprecher und Klassenprimus).

Die Gamma-Position kennzeichnet die Mitläufer, die Anhänger von Alpha. Aus Ihnen ist der Alpha-Typ herausgewachsen, und nun identifizieren sich die Gammas mit allen positiven Eigenschaften von Alpha; er verkörpert quasi ein Ideal, alle positiven Projektionen von Gamma gehen in die Richtung von Alpha.

Die Omega-Position: So wie alle Projektionen von Macht, Stärke und Beliebtheit von Gamma auf die Alpha-Position gerichtet werden, lenken sich die negativen Projektionen auf die Omega-Position. Hier finden wir den Prügelknaben in einer Klasse, den Außenseiter und Sündenbock, dessen Fehler schon feststeht, bevor er überhaupt mit einer Handlung angesetzt hat. Es ist der negative Exponent der Gruppe und erscheint ängstlich als Versager oder aggressiv als Querulant (in einem Volk z.b. Juden, Gastarbeiter, Studenten).

Die Beta-Position kennzeichnet den „Fachmann", den Spezialisten. Er hat eine Sonderstellung in der Gruppe, ist in den emotionalen Kreislauf nicht so stark einbezogen und hat in seiner Funktion eine neutrale Stellung der Gruppe gegenüber, dabei meist ein gutes Verhältnis zu Alpha. Falls er den notwendigen Leistungsnachweis nicht erbringen kann, läßt Alpha ihn fallen.

Er kann zu einer Konkurrenz für Alpha werden (z.b. der beste Mathematiker in einer Klasse, der Schulpsychologe, Schularzt etc.).

Diese Strukturierung wird sich um so schneller ergeben, je stärker eine Gruppe einem Gegner ausgesetzt ist. An die Stelle des Gegners kann auch die in Angriff genommene Aufgabe, - etwa das Lernziel - treten, evtl. auch der Lehrer als Klassengegner.

Der Gegner seinerseits wird am ehesten zu dem gruppeninternen Gegner (in der Omega-Position) eine gute Beziehung haben, wie z.b. der Prügelknabe in einer Klasse, der einen Streich der anderen dem Lehrer verpetzt, oder in einem Volk die Unterprivilegierten, die sich am ehesten zu Spionagediensten ausnutzen lassen können.

Wichtig für den Gruppenleiter/Lehrer ist die Tatsache, daß in einer gut funktionierenden Gruppe diese Positionen nicht starr bleiben, sondern wechseln können, daß die Führerschaft je nach Situation weitergegeben wird. Wo sich die Positionen allerdings verfestigt haben - besonders die Situation des Prügelknaben - ist anzunehmen, daß sich eine emotionale Blockade eingestellt hat, die sich letztlich negativ auf den Lernprozeß auswirken kann.

4.2. Lebendiges Übertragungssoziogramm

Diese Übung setze ich z.b. in der ersten Phase eines Sonderseminars zum Soziometriethema ein, wenn die TeilnehmerInnen noch über wenig Informationen voneinander verfügen.

Die Gruppe setzt sich im Kreis zusammen und die TeilnehmerInnen werden gebeten, sich vor diejenigen Personen zu stellen, die sie an Personen aus ihrer eigenen Lebenswelt erinnern. Dabei kann die Beziehung in drei Richtungen charakterisiert werden:

- offen ausgestreckte Hände   = positives Gefühl
- abweisende Hände   = negatives Gefühl
- eine Hand offen, eine Hand abweisend = ambivalentes Gefühl

Bei den einzelnen TeilnehmerInnen wird aufgedeckt, an wen sie die Person erinnert und welche Situationen damit verbunden sind.

4.3. Arbeit mit sozialem Atom und Soziogrammen

Zu Beginn dieser Arbeitseinheit werden auf dem Flipchart die Grundlagen des sozialen Atoms und des Soziogramms im Lehrgespräch erarbeitet. Ich möchte in diesem Artikel ein Verfahren vorstellen, das ich in der Zusammenarbeit mit meiner Kollegin Ildikó Mävers kennengelernt habe und das speziell für die Arbeit in Führungskräftetrainings von ihr entwickelt wurde:

Mein berufliches soziales Atom

Bitte zeichnen Sie auf ein leeres DIN-A-4-Blatt Ihr berufliches soziales Atom.

Das berufliche soziale Atom zeigt alle die Menschen auf, die für Sie selbst in Ihrer beruflichen Umgebung **subjektiv wichtig** sind, zu denen Sie in einer beruflichen Beziehung stehen und die Ihnen dabei auch **emotional etwas bedeuten.**

Das soziale Atom soll im einzelnen über folgende Merkmale Auskunft geben können:
1. Kennzeichnen Sie die Personen Ihres sozialen Atoms durch **Symbole!** Weibliche Personen werden durch einen Kreis, männliche durch ein Dreieck dargestellt.
2. Drücken Sie durch die Entfernung des Symbols einer Person von Ihrem eigenen Symbol aus, wieviel **emotionale Nähe oder Distanz,** Vertrautheit oder Fremdheit Sie zwischen sich und dieser Person empfinden.
3. Drücken Sie durch Pfeile zwischen den Symbolen der Personen die Art und Qualität Ihrer gegenseitigen **Beziehung** aus.

Dabei bedeuten:
- ─────➤ - Positive Beziehung (Anziehung, Sympathie)
- ─ ─ ─ ─➤ - Negative Beziehung (Ablehnung, Antipathie)
- ─ ─ ─┼─➤ - Ambivalente Beziehung (mal so... mal so...)
- ○────➤○ - Einseitige Wahl
- ○⇄○ - Gegenseitige Wahl
- ○⇄○ - Gegenseitige gegensätzliche Wahl

4. Stellen Sie - soweit es Ihnen möglich ist - auch solche Personen in Ihrem sozialen Atom dar, zu denen Sie sich eine **Beziehung wünschen**, ohne sie bisher verwirklichen zu können. Vielleicht gibt es nach Ihren Phantasien oder Beobachtungen auch Personen in Ihrer sozialen beruflichen Umgebung, die sich Ihrerseits eine Beziehung zu Ihnen wünschen; stellen Sie bitte auch das dar!
5. Versuchen Sie, auch die **Beziehung zwischen den anderen Personen** Ihres sozialen Atoms durch Pfeile zu kennzeichnen, soweit sie Ihnen bekannt sind oder Sie darüber Vermutungen haben.
6. Schreiben Sie zu jedem Symbol den **Namen der Person** bzw. die Abkürzung des Namens.

Weitere Anwendungsmöglichkeiten der Arbeit mit dem sozialen Atom werden, wie bereits erwähnt, in Heft 2/1991 der Zeitschrift Psychodrama dargestellt, hier insbesondere in den beiden Artikeln von Heika Straub: „Das soziale Atom als Mittel zur Diagnose und Therapie von Partnerkonflikten" und von Uwe Seeger: „Die Angst des Drachentöters - Praxis und Konzept des sozialen Atoms in der psychodramatischen Therapie."[9])

4.4. Der soziometrische Test

Durch den soziometrischen Test sollen die Zu- und Abneigungen innerhalb einer Gruppe (= sozio-emotionale Struktur der Gruppe) erfaßt werden, die in der Regel den Beteiligten verborgen sind und sich zumeist in der Gruppen- bzw. Arbeitsatmosphäre manifestieren. Mittels der Soziometrie können diese verborgenen Konfigurationen untersucht werden, indem Aussagen eines jeden Gruppenmitglieds über andere Mitglieder der Gruppe betrachtet werden. In der Soziometrie existieren verschiedene Verfahren zur Erhebung, Darstellung und Auswertung der Daten.

Eine soziometrische Wahl ist immer auf ein bestimmtes Kriterium bezogen, das sich aus der Interventionssituation in der Gruppe ableitet. In der Anfangsphase einer Gruppe, die für einen längeren Weiterbildungskurs in einer Tagungsstätte untergebracht wurde, haben sich die Leiter für das Kriterium: „mit wem möchtest Du in ein Doppelzimmer ziehen?" entschieden; in der Schlußphase der Psychodramaausbildung am Beurteilungswochenende könnte das Kriterium sein: „zu wem in der Gruppe würdest Du in eine Psychodramatherapie gehen" oder „mit wem möchtest Du als Co-Leiter zusammenarbeiten?" Diese Art der Erhebung wird horizontale Untersuchung genannt. Eine Befragung, die die Gründe für bestimmte Wahlen ausfindig machen will, nennt man dagegen vertikale Untersuchung.

Riegels und Schmitz-Hambrecht geben folgenden Überblick über die verschiedenen Erhebungsinhalte:[10])
1. Die Selbstschätzung des Wählers
   a) seine Wahlwünsche
   b) seine Wahlmotive
   c) seine Meinung über seinen Wert in der Rangordnung
2. Die Selbstschätzung des Gewählten
   a) Schätzung erhaltener Wahlen von anderen
   b) Schätzung der Wahlmotive seiner Wähler
   c) Sein Status im Spiegel der anderen Gruppenmitglieder
3. Die Schätzung von fremdbezogenen Wahlbeziehungen
   a) Schätzung der Wahlen zwischen anderen Personen
   b) Schätzung der Motive für Wahlen zwischen anderen Personen
   c) Der Status anderer Personen im Spiegel der anderen Gruppenmitglieder.

Eine besondere Form der soziometrischen Erhebung soll hier noch kurz vorgestellt werden:

4.5. Das Sexogramm
Im Sexogramm wird die sexuelle und erotische Attraktivität in einer Gruppe gemessen. Es erweist sich besonders als effektive Interventionsmöglichkeit, wenn durch pairing Abspaltungsprozesse in die Gruppe getragen werden.
Beim Sexogramm erhält jedes Gruppenmitglied 3 Knäuel Garn in drei Farben.

Rot   = sexuelle/erotische Attraktivität
Schwarz   = sexuelle/erotische Unattraktivität
Gelb   = Sexuelle/erotische Ambivalenz

Jede(r) hat nun die Möglichkeit, von sich aus die Farben zu den gewählten Gruppenmitgliedern im Kreis zu legen. Daß sich aus dieser Offenlegung der Attraktivitäten bzw. Nichtattraktivitäten viel Stoff für die Weiterarbeit ergibt, versteht sich wohl von selbst.

4.6. Gruppenmärchen mit soziometrischer Rollenwahl
Besonders geeignet hierfür sind Märchen, die eine große Anzahl von Rollen aufweisen und die archetypischen Rollen beinhalten. Ich arbeite bei diesem Verfahren gern mit dem Grimmschen Märchen „Der Froschkönig oder der eiserne Heinrich", weil es eine große Rollenvielfalt aufweist und auch die Symbole gut besetzt werden können.

1. Auf dem Flip-chart werden die Rollen aufgeschrieben:

	8	3	4
König	Peter	Ulf	Bernd
Jüngste Tochter			
Frosch/Prinz			
Eiserner Heinrich			
Hofstaat			
Schwestern			
Pferde			
Brunnen			
Sonne			
Eiserne Bande			

2. Jedes Gruppenmitglied braucht Papier und Kugelschreiber um die getätigten Rollenwahlen aufzuschreiben.
3. Aus der Gruppe dürfen für jede Rolle 3 Personen vorgeschlagen werden (inkl. Selbstvorschlag). Die jeweils gewählte Person scheidet aus den Wahlvorschlägen für weitere Rollen aus.
4. Auf dem Flipchart wird jeweils vermerkt, wieviel Wahlen eine Person aus der Gruppe erhalten hat. Die Gruppenmitglieder notieren sich mit, wen sie in welche Rolle gewählt haben.
5. Das Märchen wird mit Requisiten aus dem Fundus gespielt.
6. In der Nachbesprechung erfolgt nach dem Rollenfeedback und einem processing des Spiels folgender Auswertungsschritt:
7. Begründung der Rollenwahl nach der Abfolge der aufgeschriebenen Rollen:
Warum habe ich xy gewählt? Welche Wünsche, Erfahrungen, Bilder sind in diese Wahl eingeflossen?
8. Analyse der Rollenwahlen unter Einbeziehung von
- bisherigem Gruppenprozeß
- soziometrischem Status der Rollenträger in der Gruppe
- Symbolbedeutungen der Märchenrollen

In einer längerfristigen Gruppe habe ich natürlich auch die Möglichkeit, das zu spielende Märchen aus Vorschlägen der Gruppenmitglieder soziometrisch wählen zu lassen. Oft ist der Inhalt des sich dann durchsetzenden Märchens ein Hinweis auf schwelende kollektive Gruppenthemen.

4.7. Einfluß- und Vertrauenskarten

In diesem soziometrischen Test wählen die Gruppenmitglieder im Hinblick auf die Kriterien 'Einfluß' und 'Vertrauen'.
Dieses Verfahren ist sehr konfrontativ und sollte dann eingesetzt werden,

wenn für die Nachbesprechung und weitere Bearbeitung genügend Zeit vorhanden ist - dies gilt im übrigen für alle soziometrischen Verfahren.
Ablauf:
1. Jedes Gruppenmitglied erhält 3 rote Karten (Einfluß) und 3 blaue Karten (Vertrauen).
2. Jede(r) schreibt auf die Karten in die linke obere Ecke zunächst seinen/ihren Namen und in die Mitte den Namen des Empfängers.

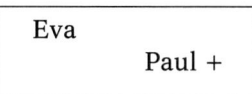

Die Kriterien sind:
- Wer hat am meisten Einfluß in der Gruppe? (positiv oder negativ wird mit angegeben)
- Zu wem habe ich am meisten/wenigsten Vertrauen in der Gruppe?
3. Wer seine Karten aufgeschrieben hat, legt sie vor sich hin.
4. Alle stehen zur gleichen Zeit auf und legen ihre Karten auf die Stühle der von ihnen gewählten Gruppenmitglieder. Während dieser Phase darf nicht mehr geschrieben werden.
5. Jede(r) legt seine/ihre erhaltenen Karten sichtbar vor sich auf den Boden.
6. Blitzlichtrunde zur Zahl der erhaltenen/nicht erhaltenen Karten.
7. Ausführliche Nachbesprechung
- Was bedeuten für mich die Karten?
- Wem habe ich Karten gegeben - von wem hätte ich Karten erwartet?
- Wie ist die Gewichtung zwischen Einfluß und Vertrauenskarten?
- Gegenseitige Wahlen - Begründungen dafür.
- usw.

Es ist bei dieser Übung ganz besonders wichtig, die Anweisungen für das Ausfüllen der Karten und die weiteren Arbeitsschritte langsam und präzise zu geben, da sich oftmals in der Gruppe ein Phänomen der „affektiven Verdummung" einstellt: Anweisungen des Leiters werden überhört, Hektik bricht aus, die Karten werden falsch ausgefüllt, es gibt 1000 Nachfragen, ehe die Arbeitsanweisung klar ist, usw. Dieses Phänomen läßt sich in der Nachbesprechung aufgreifen, da damit wichtigen Hinweisen für das Verhalten in Wahlsituationen, wie z.B. Angst vor dem Nichtgewähltwerden, deutlich nachgespürt werden kann. Es ergeben sich auch daraus viele Möglichkeiten für protagonistzentrierte Psychodramen. Anhand der Wahlsituation bietet sich als theoretischer Input die Tabelle der soziometrischen Terminologie an[11]):

Isoliert:	Das Individuum wählt nicht und wird nicht gewählt.
Ungewählt:	Das Individuum wählt, wird aber nicht gewählt.
Nichtwählend:	Das Individuum wählt nicht, wird aber gewählt.

Extrovertierte Stellung: Das Individuum wählt hauptsächlich
Individuen außerhalb der eigenen Gruppe
Angezogen: Das Individuum wählt andere Individuen.
Anziehend: Das Individuum wird von anderen Individuen gewählt.
Abgestoßen: Das Individuum wird von anderen abgestoßen.
Abstoßend: Das Individuum stößt andere ab.
Gleichgültigkeit: Das Individuum steht der Mehrzahl der Individuen, die von ihm angezogen oder abgestoßen werden, gleichgültig gegenüber.

4.8. Das soziometrische Gefängnisspiel

Bei dieser Übung werden die TeilnehmerInnen aufgefordert, auf der Bühne schweigend für 15 Minuten umherzugehen. Der Leiter gibt folgende Anweisung in die Gruppe: „Stellt Euch vor, Ihr seid zu fünf Jahren Gefängnis verurteilt worden. Die Gefängnisleitung bietet Einzel-, Zweier- und Dreierzellen an.

Während der fünf Jahre Haft kann nicht gewechselt werden. Da es im Gefängnishof keine Sprecherlaubnis gibt, habt Ihr jetzt die Möglichkeit, Euch nonverbal zu entscheiden bzw. Eure Partner für die Haftzeit zu suchen." Nach den 15 Minuten muß die Entscheidung sichtbar abgebildet sein.

In der Nachbesprechung stellen sich folgende Auswertungsfragen:
- Nach welchen Kriterien habe ich gewählt?
- Welche Erfahrungen, Fähigkeiten der Gruppenmitglieder sind in meine Wahl bzw. Nichtwahl eingeflossen?
- Mit wem konnte ich mir überhaupt keine gemeinsame Zelle vorstellen?
- Wie war es mit gleich- und gegengeschlechtlichen Wahlen?

4.9. „Symbolschieben"

Jede/r TeilnehmerIn legt einen persönlichen Gegenstand von sich in die Mitte der Runde auf den Boden. Dieser Gegenstand ist das Symbol für das betreffende Gruppenmitglied. Ca. 1 1/2 Stunden lang können die Symbole durch den Eigentümer in Beziehung zu den anderen Symbolen gesetzt werden. So entstehend wechselnde Beziehungsbilder. Jede/r TeilnehmerIn hat dadurch die Möglichkeit, Wünsche nach Nähe und Distanz auszudrücken. In den letzten 10 Minuten kann nach Blickkontakt mit dem/der anderen, der ebenfalls nonverbal seine Zustimmung ausdrücken muß, dessen Symbol bewegt und zu dem eigenen in Beziehung gesetzt werden. Nach dem Spiel ist eine Auswertungsphase erforderlich, in der die Gefühle der einzelnen Teilnehmer besprochen werden. Das Spiel bietet gute Möglichkeiten, das situative Beziehungsgefüge der Gruppe zu erkennen.

4.10. „Ich bin ein Haus in einer Siedlung"

Bei dieser Übung stellt sich jede/r TeilnehmerIn als ein von ihm/ihr vor Augen kommendes Haus vor und beschreibt sich als dieses Haus. Dabei setzen sich die Teilnehmer nacheinander im Raum auf den Platz, den sie ihrer Einschätzung nach in der Gruppe einnehmen wollen. Sie bilden damit gleichzeitig Nähe und Distanz zu den anderen Gruppenmitgliedern ab. Die Übung bietet sowohl die Möglichkeit, etwas über die derzeitige psychische Befindlichkeit der Teilnehmer zu erfahren, da in der symbolischen Darstellung des Hauses viele Hinweise auf die Person selbst enthalten sind, als auch über die soziometrische Struktur der Kursgruppe.

Diese Übung setze ich oft auch als Abschlußübung in einem Fortbildungswochenende ein.

5. Ermutigung zur Soziometrie

Ich hoffe sehr, daß dieser Artikel dazu beiträgt, bei Psychodramatikern die Lust auf das Einbeziehen soziometrischer Verfahren zu steigern. Die beschriebenen Übungen, Erhebungs- und Darstellungsverfahren verstehen sich als Sammlung von in der Praxis bewährten Handlungsansätzen, die natürlich immer im Kontext von Zielgruppe, Klientensystem, Dynamik der Gruppenentwicklung, Belastbarkeit der Gruppensituation, Erfahrung des Leiters usw. situationsadäquat eingesetzt werden sollten. Der unreflektierte Einsatz dieser Verfahren ist natürlich dann kontraindiziert, wenn man sie einsetzt, um „die Gruppe mal aufzumischen!" Der Leiter/die Leiterin sollte sich über die konfrontative Tragweite dieses Instrumentariums im klaren sein und die beschriebenen Verfahren im Rahmen der eigenen Ausbildung durch Selbsterfahrung kennengelernt haben.

So angewendet, könnte die Soziometrie neben der Gruppenpsychotherapie und dem Psychodrama das bewirken, was J. L. Moreno in der Einleitung zur Deutschen Ausgabe seines Buches „Who shall survive" schon 1954 schreibt:

„Wir müssen überall in Europa, besonders in den deutschen Ländern, jedem einzelnen Menschen die Möglichkeit geben, sich selbst und seinen unmittelbaren Angehörigen, Freunde und Nachbarn auf soziometrische Weise zu helfen. Dadurch geht nichts von den herrlichen Gütern der Menschheit verloren; denn alle Kultur- und Volkswerte sind in den kleinsten sozialen Zellen verankert.

In Zeiten großer sozialer Wirren hängt alles von der Selbstbesinnung kleiner Gruppen ab.

Soziometrische Methoden haben gemeinsam, daß sie sich allen Lebenslagen voll und ganz anpassen können. Die sozialen Probleme werden von innen heraus gelöst, nicht von Gesetzgebern und der Obrigkeit, sondern von den betroffenen Menschen selbst. Es bleibe dem Leiter überlassen, sich vorzustellen, welche großen Möglichkeiten für das Verständnis gegenwärtiger Probleme und die Neuordnung Europas sich aus den soziometrischen Methoden ergeben."[12])

Dem ist aus heutiger Sicht nichts hinzuzufügen; es gilt auch hier die Kästner'sche Devise: „Es gibt nichts Gutes außer man tut es."

Anmerkungen:

1) MORENO, J. L.: Die Grundlagen der Soziometrie, Köln und Opladen 1954
2) Psychodrama: Zeitschrift für Theorie und Praxis von Psychodrama, Soziometrie und Rollenspiel, Heft 2, 1991
3) MORENO, J. L.: Die Grundlagen der Soziometrie, a.a.O., S. 29
4) ebenda S. 4 ff
5) ebenda S. 79
6) LEUTZ, G.: Das klassische Psychodrama nach J. L. MORENO, Berlin, Heidelberg, New York 1974, S. 11
7) SCHINDLER, R.: Grundprinzipien der Psychodynamik in der Gruppe, in: Psyche 9, 1957/58, S. 308-314
8) KRÜGER, R. T.: Gruppendynamik und Widerstandsbearbeitung im Psychodrama, in: LEUTZ, G. und OBERBORBECK, K.: Psychodrama, Themenheft der Zeitschrift Gruppenpsychotherapie und Gruppendynamik, Band 15, 1980, S. 243-270
9) Beide Artikel in: Zeitschrift Psychodrama, Heft 2 1991, S. 221-228; S. 229-253
10) RIEGELS, V. und SCHMITZ-HAMBRECHT, A.: Soziometrie - eine Einführung, in: ENGELKE, E.: Psychodrama in der Praxis, München 1981, S. 33-45
11) MORENO, J. L.: Die Grundlagen der Soziometrie, a.a.O., S. 110
12) ebenda S. XXIII/XXIV

Neun wesentliche Dimensionen einer effektiven Psychodrama-Weiterbildung

wie sie derzeit im Psychodramainstitut „Szenen" in Bonn praktiziert wird

von Agnes Dudler und Rainer Bosselmann

Ein junges Institut wie „Szenen" bietet die Möglichkeit - und wurde unter anderem deshalb gegründet -, langjährige Erfahrungen aus der Weiterbildungstätigkeit und der eigenen Ausbildung auszuwerten. Die Ergebnisse haben zu einer etwas anderen Konzeption der Psychodrama-Weiterbildung geführt, deren wesentliche Dimensionen hier kurz skizziert werden.

1. Zeiteinteilung

Die Gruppe wird darauf vorbereitet, in ihren Zeiterwartungen variabel zu sein. Ein Teil der Weiterbildung findet ambulant freitags nachmittags statt; dazu gibt es 1- bis $1^1/_2$-tägige Seminare in einem Tagungshaus, Wochenenden und sogar ganze Wochen als Block in Klausur.

In der Psychodrama-Weiterbildung überwiegen, wie bei anderen humanistischen Methoden, mehrtägige Arrangements. Dies geschieht oft aus rein organisatorischen Gründen, sei es, daß regional keine Gruppe zustandekommt, sei es, daß die Trainer von auswärts anreisen. Aus der Vergangenheit ist uns nur Ella Mae Shearon bekannt, die 1975 in Köln mit ambulanten, wöchentlichen Terminen ihre ersten deutschen Gruppen begann. Zur Zeit führt unseres Wissens nur Wolfgang Gerstenberg in Berlin die Oberstufe mit wöchentlichen Treffen durch.

In der Praxisanwendung der jungen PsychodramatikerInnen, die nur mehrtägige Seminare kennengelernt haben, zeigt sich regelmäßig das Problem, mit den in Klinik und Praxis üblichen 1 1/2- bis maximal 3-stündigen Sitzungszeiten zurechtzukommen. Sie haben das Psychodrama in einem Rahmen kennengelernt, der in der Praxis außerhalb des Weiterbildungsbereichs selten ist. Die eigenen Lernerfahrungen und die durch mehrtägige Seminare geprägten Erwartungen machen es schwer, in kürzerer Zeit effektiv zu arbeiten oder den Wert des jeweils Möglichen wahrzunehmen.

Mit der variablen Zeiteinteilung versuchen wir von Beginn der Weiterbildung an, den Sinn für die Arbeit in einem ökonomischen Zeitrahmen zu entwickeln, ohne auf die Intensität und die umfassenderen Regressionsmöglichkeiten bei mehrtägigen Seminaren zu verzichten.

Die Erfahrungen mit diesem Modell bestätigen seinen Wert. Es erforderte allerdings Umstellung bei der Gruppe wie bei der Leitung. Manchen 'passierte' anfangs zu wenig, sie fühlten sich gerade warm, als die Sitzung zuende war; die Leitung sah sich ebenfalls unter Druck, in der kurzen Zeit möglichst viel zu leisten. In der Entwicklung der Gruppe zeigten sich aber deutliche Vorteile gegenüber Gruppen, die nur Wochenend-Seminare gewohnt sind. Diese Vorteile sind natürlich nicht nur durch die andere Zeiteinteilung bedingt; sie werden aber hier im Zusammenhang der ersten Dimension dargestellt:

Die Gruppe lernt schnell, mit der vorhandenen Zeit effektiv umzugehen. Die TeilnehmerInnen entwickeln den Sinn für Wesentliches und sind klarer in ihren Anmeldungen und Mitteilungen. Die manchmal langatmige und in ihrer Breite auch für längere Treffen nicht immer angemessenen Eingangsrunden werden straffer, und das weitgehend von der Gruppe selbst reguliert.

Einzelarbeiten bleiben überschaubar und prägnant, da sie häufig wegen des Andrangs mehrerer Protagonisten an einem Nachmittag kleiner portioniert sind. Auch dies geschieht mit gutem Effekt für die Entwicklung von Zeitökonomie und Eigenverantwortlichkeit aller Beteiligten. Hier wird die Leitung nicht ausgenommen, denn Zeitgrenzen einzuhalten gehört nicht unbedingt zu den Tugenden der Psychodrama-Zunft.

Das passive Abwarten in der Hoffnung, durch einen 'Anwärmungsschub' im Verlauf der Arbeit anderer angeregt zu werden, ohne zum eigenen Anliegen stehen zu müssen oder gar mit anderen um einen Platz zu konkurrieren (was nicht immer, aber häufig notwendig und sinnvoll ist), nimmt ab; dies schließt den flexiblen Umgang mit Themen, die im Prozeß auftauchen und aktuell Bedeutung erhalten, nicht aus.

Die Beziehung der Gruppenmitglieder untereinander, der Entwicklungsstand der Gruppe und das Verhältnis zur Leitung sind von Anfang an häufiges Thema; die Bearbeitung stärker regressiver Themen entwickelt sich entsprechend erst nach einer größeren Anzahl von Treffen. Ereignet sich schon am ersten Wochenende eine tiefgehende biographische Arbeit, so weckt dies allzu leicht große Wünsche oder Ängste und einen überzogenen Respekt vor den Fähigkeiten der Leitung, die erst viel später in der Gruppengeschichte eine realistische Auseinandersetzung und Kritik mit bzw. an der Leitung ermöglichen.

Die Gruppe arbeitet mehr als uns sonst bekannt ist daran, sich und die Leitung gegenseitig kennen und einschätzen zu lernen. Sie entwickelt so ganz organisch eine Basis, die von relativ vertrautem Boden aus 'Tiefbohrungen' erlaubt und verkraftet, ohne daß die erwachsenen Anteile der Gruppe auf lange Sicht verschwinden. Kollektiv-regressive Phänomene längerer Treffen mit Widerstandscharakter treten deutlich seltener auf.

2. Inhaltliche Mischung
Von Anfang an werden alle Inhalte der Psychodrama-Weiterbildung einbezogen:
- das Kennenlernen psychodramatischen Arbeitens am eigenen Leib, protagonistisch, durch Anschauung und Miterleben,

- die konkrete Praxiskunde und das Verstehen der grundlegenden Regeln durch wiederholtes und variiertes 'processing',
- der theoretische Hintergrund und 'Überbau' ergänzt durch 'lectures', Referate und didaktische Einheiten, die zum Teil in kleinen Arbeitsgruppen vor- und nachbereitet werden.

Die Gewichtung dieser Schwerpunkte verschiebt sich über die vier Jahre fortschreitend von den mehr persönlichen zu den mehr fachlichen Kompetenzen, von der Selbsterfahrung zur praktischen Erprobung und berufsbezogenem Arbeiten. Vom zweiten Jahr an erfolgt die inhaltliche Differenzierung auf berufsfeldspezifische Notwendigkeiten, die ebenfalls zunächst mehr persönlich und von ihren theoretischen Grundlagen her behandelt werden, um in der zweiten Hälfte der Weiterbildung, in der Oberstufe, mehr zu den methodisch-technischen Kompetenzen überzugehen.

Im Gegensatz zu den Gegebenheiten anderswo wird, wie bereits erwähnt, bewußt keine kollektiv-regressive Kultur erzeugt; 'Abhängigkeitssümpfe', in denen die Gruppe als Heer von Erniedrigten und Beladenen erscheint, oder überbordende 'Hawaii-Syndrome', die bei Gruppenungewohnten in Klausur leicht auftreten, behalten ein sinnvolles Ausmaß und unterhöhlen oder überspülen nicht die Arbeitsatmosphäre. Dazu ist die entsprechende Klarheit in der Leitung und manchmal ein bewußtes Zumuten von kognitiven Leistungen erforderlich, auch wenn belastende Erfahrungen aus früher Kindheit zur Bearbeitung kommen.

Die konsequent methodische Ausrichtung der Leitung, die nicht aus dem Auge verliert, daß sie eine Gruppe erwachsener Ausbildungsteilnehmer vor sich hat, hält sich die Waage mit entwicklungsfördernder und aufdeckender Arbeit und läßt gleichwohl genügend Raum für Erlebensprozesse und ausgelassene Gruppenspiele. Die Erfahrung zeigt, daß die Spur von Wahnsinn und Anarchie, die unseres Erachtens zum Psychodrama dazugehört, dabei keinesfalls verloren geht.

So lernt die Gruppe in einer Art Pendelbewegung den flexiblen Umgang mit verschiedenen Dimensionen psychodramatischen Erlebens, Handelns und Denkens. Wie eine tiefgehende Einzelarbeit oder die überraschende Wendung eines Spiels Verständnisfragen auslösen können, so rührt die Prozeßbetrachtung und theoretische Reflexion manche Eigenthematik an und dient somit als Anwärmung für das nächste Kapitel Selbsterfahrung. Es scheint uns trotzdem sinnvoll, in einer weiteren Erprobungsphase auch reine Theorieseminare mit fremder Leitung einzubeziehen.

3. Soziometrie

Im Verlauf der Gruppenentwicklung bleiben soziometrische Erfahrungen von grundlegender Bedeutung. Sie werden durch spielerische und experimentelle Aktionen, durch Beleuchtung der Wahlen in psychodramatischen Arbeiten und in Art der klassischen Soziometrie vermittelt. Das heißt, von Anfang an wird jede Gelegenheit genutzt, die Soziometrie der Gruppe bewußt zu machen. Fragen des Ver- oder Mißtrauens, Anfangsängste, Befremden und Affinität können zum Anlaß von Bewegungssoziometrie werden oder ein Gruppensoziogramm aus Sicht Einzelner auslösen. Neben Gruppenskulpturen, die auf die Hier-und-Jetzt-Interaktionen der Gruppe bezogen sein können oder das Übertragungsgeschehen miterfassen, wird die Gruppe zu klaren Wahlen angehalten. Das Wahl-Vermögen erscheint uns als eine wesentliche persönliche Kompetenz, die im Psychodrama umfassend gefördert werden kann und sollte, denn es gibt kaum eine andere Methode, in der so viel gewählt wird.

Von Zeit zu Zeit, beginnend in der zweiten Hälfte des ersten Jahres, wird eine aktuell bedeutsame soziometrische Fragestellung von den Teilnehmern schriftlich beantwortet (inklusive der perzeptiven Fragerichtung), um ein Gruppensoziogramm zu erstellen. Der aktive und passive Umgang mit eindeutigen positiven, negativen oder neutralen Wahlen und deren Begründung sind zentrale Lern- und Entwicklungsschritte für angehende PsychodramatikerInnen. Der Anfangswiderstand gegen schriftliche Fixierung, mathematische Auszählung und Visualisierung der Wahlen im Soziogramm legt sich und weicht in der Regel intensivem Interesse, wenn die Gruppe und die Einzelnen dazu angehalten werden, nicht in Kränkung oder Erschrecken zu verharren, sondern den geschützten Raum der Gruppe für offene und ehrliche Rückmeldungen zu nutzen.

PsychodramatikerInnen erfahren so am eigenen Leib, wie scheinbar eingefahrene Strukturen in Bewegung geraten und wie ablehnende Wahlen Kontakt schaffen können. Allerdings erfordert gerade das soziometrische Instrumentarium eine Halt gebende und herausfordernde Leitung, die mit dem, was sie aufdeckt, auch umgehen kann. Feingefühl für Dissonanzen ist erforderlich, Taktempfinden und das Anschlagen des richtigen Tons. Die Kunst ist eben nicht, wie ein Geigenlehrer es treffend ausdrückte, jemanden aus dem Schlaf, sondern jemanden in den Schlaf zu geigen.

4. Gruppendynamik

Ohne die biographische Arbeit zu vernachlässigen, finden in der Gruppe wiederholt Klärungen der aktuell bedeutsamen Interaktionsdynamik statt; biographische Arbeit wird dagegen nicht gefördert, wenn sie zur Ablenkung von aktuell klärungsbedürftigen Störungen benutzt werden soll. In manchen Gruppenkulturen trifft man nämlich auf die Gewohnheit, bei aktuellen Konflikten als erstes nach Verantwortlichen der jeweiligen Biographien zu fragen. Dahinter verbirgt sich oft Konfliktscheu und Angst vor der Gefährdung der Gruppe. Daher wird versucht, Beziehungskonflikte soweit wie möglich und sinnvoll in der aktuellen Interaktion der Beteiligten und durchaus mit psychodramatischen Techniken zu verhandeln und zu behandeln. Auch wenn Versöhnungs- und Harmoniewünsche frustriert werden, indem z.B. Differenzierung und klare Abgrenzung gefordert werden, so ist dieses Vorgehen eher entwicklungsfördernd, oft gerade deshalb.

5. Körper/Leib

Besonders in den Anwärmphasen, aber auch während der Psychodramaarbeit, werden zur Mobilisierung, zur Lockerung und auch als 'Lockungen' im Hinblick auf tieferliegende Affekte verschiedene Körperübungen eingesetzt. Sie schulen den Sinn für Haltung und Körperbewußtsein, für somatisierte Konflikte und leibhaftige Erinnerung.

Bei den mehrtägigen Seminaren wird von verschiedenen Ansätzen her der ganze Körper angewärmt, geübt und die Beweglichkeit trainiert. In systematischer Variation des Übungsprogramms wird versucht, Achtsamkeit für die eigene Körperlichkeit und Verständnis für körperliche Empfindungs- und Ausdrucksweisen zu entwickeln. Die Übungen finden einzeln, in Paaren oder kleinen Gruppen statt. Sie wechseln zwischen Spannung und Entspannung, Anstrengung und Erholung, lauter, ausgelassener Expressivität und Meditativem, Spielerischem und Ernstem, Aggressivem und Sanftem. Sie dienen der allgemeinen Auflockerung und Energetisierung oder der Konzentration auf bestimmte Themen. Sie regen zu einem ganzheitlichen Verständnis leiblicher, seelischer und geistiger Zusammenhänge an, indem die differenzierte Selbst- und Fremdwahrnehmung von körperlichen Empfindungen, Gefühlen und Gedanken geschult wird; die Unterscheidung, die gegenseitige Abhängigkeit dieser Erlebnisbereiche voneinander und die Wechselwirkungen werden erfahrbar.

Der Übergang vom Übenden ins Psychodramatische ist oft fließend. Die reflektierende Einordnung der Übungen und der Erfahrungen damit schafft gleichzeitig ein Basiswissen für psychosomatisch bedeutsame Rollen, z.B. des Gürtels, der das Zwerchfell blockiert, oder des Drucks auf der Brust, der Halt bei starken Gefühlen gibt. Es wächst auch der Sinn für die leib-seelische Bedeutung von Redewendungen wie 'jemanden im Rücken haben', 'hartnäckig sein', 'auf eigenen Füßen stehen' u.Ä.. Der übende, zum Teil sehr nahe Umgang miteinander macht Abgrenzungsprobleme bewußt und baut Angst vor Nähe und Berührung im ganz konkreten Sinn ab.

6. Selbstverantwortliches Arbeiten

Durch häufige Kleingruppenarbeit zur Exploration bedeutsamer Fragen wird eine fortschreitende Vernetzung der Bezüge der Männer und Frauen in der Gruppe gefördert und gleichzeitig auch die Verantwortlichkeit der Teilnehmer und Teilnehmerinnen für sich selbst gestärkt. Eine 'kindliche' Fixierung auf die Leitung wird so bewußt und aktiv begrenzt (selbst wenn dadurch die zuvor so angenehme Leiter-Bewunderung einen Dämpfer erfährt). Von Anfang an erproben die TeilnehmerInnen in diesen wechselnden Kleingruppen auch ihre psychodramatischen Fähigkeiten. So wird der

Übergang zur Übernahme kleinerer und später größerer Leitungsaufgaben 'spielerisch' eingeleitet und ganz nebenbei die interkollegiale Supervision vorbereitet.

7. Arbeitsgruppen

Die Erarbeitung von theoretischen Grundlagen und konzeptionellen Hintergründen des Psychodramas wird ebenfalls von Anfang an in Arbeitsgruppen, die sich 'privat' treffen, geplant und durchgeführt. Referate sind für alle Pflicht; persönliches Nacharbeiten zu spontan bedeutsamer Thematik wird vereinbart und erwartet. Für jedes Jahr gibt es Pflichtlektüre zu den theoretischen Grundlagen. Vom zweiten Jahr an werden themenzentrierte Seminare eingeführt. Hier hat es sich bewährt, den unterschiedlichen beruflichen Bedingungen der Einzelnen entsprechend, Anregungen und Spezialisierungshinweise zur Nacharbeit zu geben. Denn Fragen, die aus der konkreten Erfahrung erwachsen, werden mit ganz anderer Motivation verfolgt als reine Muß-Literatur.

Nach Möglichkeit tagen die Arbeitsgruppen während eines der Blockseminare parallel, damit die Leitung zur Beantwortung von Fragen zur Verfügung steht.

Diese Gruppenarbeiten stärken das Selbsthilfeprinzip und bereiten ebenfalls auf die Supervision unter Kollegen in Peergruppen vor, in die die Teilnehmer und Teilnehmerinnen hineinwachsen sollen.

8. Leitung

Die Weiterbildungsgruppe hat über die gesamte Weiterbildungszeit eine hauptverantwortliche Leitung. Für die mehrtägigen Seminare kommt jeweils - ebenfalls möglichst konstant - ein Leiter dazu, damit die Gruppe in wesentlichen Selbsterfahrungsblocks ein Leiterpaar zur Verfügung hat. Diese hauptverantwortliche Leitung wird vom zweiten Jahr an immer häufiger durch andere Leiter abgelöst. Zu bestimmten Pflichtthemen kommen Gast-Leiter in die Gruppe, die für die entsprechende Thematik besonders qualifiziert sind. Parallel dazu gibt es vom zweiten Jahr an Wahlseminare bei anderen Leitern und in anderer Gruppenzusammensetzung. Die gemeinsame Zeit von Stammgruppe und Leitung sinkt von anfangs hundert Prozent auf knapp ein Viertel der Gesamtzeit im vierten Weiterbildungsjahr.

Das Leitungspaar ist gleichqualifiziert und arbeitet gleichberechtigt. Dies hat zur Folge, daß nicht nur eine Leiterin oder ein Leiter idealisiert (oder dämonisiert) wird als überragende Elternfigur im Psychodrama. Auch läßt sich so vermeiden, daß ein assistierend Nachgeordneter von den Gruppenteilnehmern bei Konflikten mit der Leitung stellvertretend 'auseinandergenommen' wird, wie dies beim verbreiteten Co-Leitungs-Modell nicht selten geschieht.

Dieses Modell ist gruppen- und leiterfreundlich. Die Gruppe hat von Anfang an mehr als ein Identifikationsmodell. Sie lernt einen Mann und eine Frau in gleichberechtigter Leitung kennen sowie verschiedene Arbeitsweisen, so daß es später leichter ist, den eigenen Stil zu finden.
Für die Leiter ist die Arbeit entspannter und anregender. Austausch, Reflexion und Interventionsplanung sind ergiebiger und machen mehr Spaß als beim üblichen Co-Leiter-Modell, das für die hauptverantwortliche Leitung in der Regel nicht nur in den Pausen eine zusätzliche Arbeitsbelastung bedeutet.

9. Perspektive

Obwohl viele Gruppenleiter einen Schwerpunkt entweder in Richtung individueller Entwicklung oder auf den gruppendynamischen Prozeß legen, wird in diesem Weiterbildungstyp der Versuch unternommen, gleichzeitig den Gruppen- und die Einzelprozesse der Entwicklung wahrzunehmen und als interdependent im Blick zu behalten. Mit steigendem Niveau werden diese Entwicklungen immer wieder gemeinsam mit den Teilnehmern reflektiert. Die enge Verbindung von Gruppen- und Einzelarbeit in Handlung, Spiel und Nach-Denken ist eine besondere Stärke des Psychodramas, auf die hier viel Wert gelegt wird.

Um den eigenen Prozeß, den der Anderen und die Entwicklungsphasen der Gruppe als Ganzes über eine längere Zeit verfolgen und verstehen zu können, wird versucht, die Gruppe und ihre Leitung mit einer 'Kerngruppenzeit' bis in das letzte Weiterbildungsjahr lebendig zu erhalten. Diese Kontinuität bietet mindestens zwei Vorteile.
- Die Gruppe bleibt als vertrauter Rahmen bestehen, in dem die eigene Thematik kontinuierlich weiter bearbeitet werden kann. Gerade bei den eigenen Leitungsversuchen tauchen für jeden noch einmal zentrale Konflikte auf, die neben den stärker beruflich und kognitiv ausgerichteten Seminaren und der Supervision zur Bearbeitung drängen.
- Angeregt durch die Erfahrungen in fremder Umgebung wird der Blick für das 'Heimatliche' differenzierter. So lassen sich der diagnostische Blick und das nuancenreiche Verständnis für die Psychodynamik Einzelner wie der ganzen Gruppe immer wieder am selben Modell bzw. Personenkreis erproben, überprüfen und schulen.

10. Ausblick

In all seiner Vielfalt und Lebendigkeit entpuppt sich das Psychodrama für die AusbildungskandidatInnen spätestens beim Schritt von der Weiterbildungsgruppe in die eigene Praxisanwendung als nicht ganz einfaches Verfahren. Nicht wenige wenden sich in dieser Phase ab. Wieso, läßt sich oft nur vermuten.

Wünschenswert und notwendig scheint uns eine stärkere Evaluation und Reflexion der Weiterbildung. Können die zertifizierten PsychodramatikerInnen das, was sie können sollen und was sie für ihre Praxis brauchen? Sind die Weiterbildungscurricula so organisiert, daß sie das, was als Ziel formuliert ist, auch wirklich ermöglichen? Klare Anforderungen sind an die Qualität der Weiterbildung gestellt. Qualifikation und Kompetenz von Weiterbildungsleitung und SupervisorInnen sind dabei ein ebenso entscheidender Faktor wie die persönliche Eignung der TeilnehmerInnen. Es gibt aber auch in Aufbau, Inhalten und Durchführung der Weiterbildungsgänge einiges zu überdenken, weiterzuentwickeln und zu erproben, ohne daß die Weiterbildung und damit die Abhängigkeit der KandidatInnen unbedingt verlängert werden muß. Diesem Prozeß wäre eine (weitergehende) partielle Aufweichung bzw. Durchlässigkeit der jeweiligen Institutsgrenzen sicher bekömmlich.

… SECHSTER TEIL

Psychodrama in speziellen Themen- und Zielsetzungen

Spielarten des Bibliodramas

von Doris Immich und Christian Gremmels

I.

Das „Bibliodrama-Zentrum Reinhardswald" bietet in Verbindung mit dem „Burckhardt-Haus Gelnhausen" Bibliodrama-Fortbildungskurse an, die sich an Interessentinnen und Interessenten richten, die in Kirche, Schule und Bildungseinrichtungen mit Erwachsenen, Jugendlichen und Kindern zu tun haben: Pfarrerinnen und Pfarrer, Religionslehrerinnen und Religionslehrer - ein Klientel, für deren Angehörige es charakteristisch ist, daß sie in einem Bereich tätig sind, den man „Religion als Beruf" nennen kann. Außer dieser professionell interessierten Mehrheit nehmen an den zweijährigen Bibliodrama-Fortbildungskursen immer wieder auch einzelne Personen teil, die an der Aufarbeitung der Rolle der Religion in ihrem Leben interessiert sind.

Der Begriff „Bibliodrama", die durch Verleiblichung vollzogene Wiederbelebung und Vergegenwärtigung biblischer Texte, wird von uns im Rahmen dieser Skizze stets vor dem Hintergrund dieser Bezugsgruppe verwandt,[1]) die sich hinsichtlich ihres besonderen Profils durch bestimmte Eigenschaften beschreiben läßt. Nach unseren Erfahrungen ist es für diejenigen, die Religion als ihren Beruf ausüben, kennzeichnend, daß sie geprägt sind durch:

1. *eine Fehleinschätzung der Leiblichkeit,* die von einer Nichtbeachtung des Leibes über Leibverachtung bis zu einer „ausgesprochenen Leibfeindlichkeit" reicht [2]); das „taboo against touching" (B. Forer)[3]) ist in professionell interessierten Bibliodrama-Fortbildungsgruppen in besonderer Weise in Kraft;

2. *eine eingeschränkte Kommunikationsfähigkeit,* die - für Angehörige der evangelischen Konfession mit der protestantischen Vorrangstellung des „Wortes" zusammenhängend - Kommunikation vornehmlich als verbale Kommunikation begreift und als sinnvoll gelten läßt; entsprechend geschieht die Aneignung biblischer Texte vorwiegend im „Verstehen" eines damaligen „Wortes" und im „Bereden" seiner heutigen Bedeutung. Vertraut ist der Gedanke, daß einem so etwas wie „die Wahrheit der Seele" allenfalls geschenkt werden kann; für Morenos Einsicht, daß sie „durch Handeln ergründet" wird,[4]) muß ein Verständnis allererst angebahnt werden;

3. *eine bestimmte Konventionalisierung christlichen Verhaltens:* Stets auf dem Sprung, für andere hilfreich da zu sein, werden selbst gezielte Verletzungen dem Bemühen untergeordnet, aufkommenden Ärger durch Beschwichtigung und Minimalisierung seiner Ursachen zu neutralisieren. Statt Ablehnungen auszudrücken und Zuneigungen zu bekunden, werden Konflikte durch den Austausch von Nettigkeiten überspielt. Wer „Religion" als Beruf ausübt, bewegt sich in einem Klima freundlichster Unaufrichtigkeit. Dieses konventionell gewordene Verhalten desinteressierter „Nächstenliebe" hat auch Folgen für das bibliodramatische Spiel; es schränkt durch eine Bevorzugung „harmonischer" Texte die Textauswahl ein und führt nicht selten dazu, daß bestimmte Textpartien durch Nichtbesetzung von Rollen und subjektive Textabänderungen übersehen oder übersprungen werden (z.B.: Matthäus 2,13-18: Der Kindermord des Herodes).

Vor dem Hintergrund solcher Erfahrungen, vor allem aber im Blick auf den zuletzt genannten Punkt, haben wir uns bei Langzeitgruppen zur Aufgabe gemacht, Beziehungsklärungen innerhalb der Gruppe den Vorrang vor dem bibliodramatischen Spiel durch die Gruppe zu geben - und dies unbeschadet des Umstands, daß gerade bei aufsteigenden Konflikten die Bereitschaft besonders groß ist, „jetzt endlich" mit dem Spiel zu beginnen; offenkundig ist man gerade dann in besonderer Weise willens, sich auf einen **biblischen Text** einzulassen, wenn es darum geht, sich untereinander - von Angesicht zu Angesicht - die Wahrheit zu sagen.

II.

Über „Spielarten des Bibliodramas" zu berichten, könnte heißen, eine katalogartige Aufstellung einer möglichst großen Anzahl bibliodramatischer Spielmöglichkeiten zu bieten; angesichts des zur Verfügung stehenden beschränkten Umfangs könnte dieser Katalog jedoch allenfalls eine stichwortartige Auflistung sein. Wir haben uns daher entschlossen, im inhaltlichen Nachzeichnen einer Bibliodramaeinheit eine bestimmte Anzahl miteinander verknüpfter Spielarten zu beschreiben, und zwar so, daß auch die Gründe nachvollziehbar werden, die die Entscheidung für die jeweilige Spielart veranlaßt haben. Um unsere Darstellung zu strukturieren, orientieren wir uns an den drei Phasen des klassischen Psychodramas (Erwärmungsphase, Spielphase, Integrationsphase) [5], die auch unserer psychodramatisch orientierten Bibliodramaarbeit zugrunde liegen. Und schließlich verfolgen wir mit der nachstehenden Darstellung das besondere Interesse, im Verhältnis von „Psychodrama" und „Bibliodrama" sowohl „Zusammenhänge" wie auch „Unterschiede" erkennbar werden zu lassen.

1. Erwärmungsphase

Sehr rasch und sehr intensiv kann das „warming-up" einer Gruppe mit Hilfe des „leeren Stuhls" in Gang gesetzt werden. Die „Bühne" wird geöffnet; mit Blick auf den dort bereitstehenden „leeren Stuhl" fragt die Leiterin bzw. der Leiter (im folgenden = L.; Teilnehmerin bzw. Teilnehmer im folgenden = T.):

L.: „Mit welcher Figur aus der Bibel identifizierst Du Dich?"
(Häufig vorkommende Identifizierungen sind, bei Frauen: Maria, die Mutter Jesu; Maria Magdalena, die große Sünderin; Maria und Martha; Miriam; Ruth. Bei Männern: Johannes der Täufer; Judas; Petrus; Moses; David).

L.: „Steh' auf, setze Dich auf den Stuhl und werde die Figur, mit der Du Dich identifizierst". (Da die T. von Bibliodrama-Fortbildungskursen, die „Religion" zu ihrem Beruf gemacht haben, über biblisches Hintergrundwissen verfügen, kommen sie in der Regel auch sehr rasch in Kontakt mit der von ihnen ausgewählten historischen Figur).

T.: „Ich bin Judas; und was ich mich frage ist: Hat Jesus mich noch lieb?"
Mit dieser Antwort ist nach unserem Verständnis eine „Kreuzweg"-Stelle erreicht; an einem solchen Ort gibt es für die Leitung zwei Möglichkeiten (A / B), die wir kurz skizzieren wollen:

A. Fortsetzung der Erwärmungsphase.

L.: „Verlaß' die Rolle. Du kannst jetzt wieder Deinen Platz in der Gruppe einnehmen."

Es kann sich eine kurze Rückmeldung aus der Rolle des „Judas" anschließen, ehe dann die „Bühne" wieder freigemacht wird, durch Besetzung des „leeren Stuhls" die Erwärmungsphase für andere Gruppenmitglieder fortzusetzen.

B. Verlassen der Erwärmungsphase und Übergang in die Spielphase.

Unter der Voraussetzung, daß die Leitung spürt, mit dem Satz: „Ich bin Judas. Hat Jesus mich noch lieb?" ist eine Lebensfrage angesprochen, ist - nach Einholung der Zustimmung der Gruppe - an dieser Stelle ein direkter Übergang in die bibliodramatische Spielphase möglich: L. fordert T. auf, einen zweiten Stuhl für die „Jesus"-Rolle zu holen:

L.: „Stelle jetzt Deine Frage direkt an Jesus."
(Im Unterschied zum Psychodrama bleibt der Stuhl im folgenden leer; er dient dem inneren Dialog, die Imagination vollzieht sich in inneren Bildern).

Nach der Wiederholung der Frage des Judas an Jesus und der Aufforderung zum Rollentausch verläßt T. den ersten Stuhl und wird auf dem zweiten Stuhl „Jesus". L. tritt hinter den ersten Stuhl („Judas"-Stuhl) und leiht dem T. ihre bzw. seine Stimme zur Wiederholung der Frage: „Hast Du mich noch lieb?"

T., in der „Jesus"-Rolle, hört die Frage des „Judas" und antwortet als „Jesus": „Ja - Dich brauche ich doch auch !"
L. (unter Aufforderung zum Rollentausch): „Geh' zurück in die 'Judas'-Rolle und höre Dir jetzt noch einmal die Antwort von 'Jesus' an." Zu diesem Zweck tritt L. hinter den zweiten Stuhl („Jesus"-Stuhl) und wiederholt mit ihrer bzw. seiner Stimme die von „Jesus" gegebene Antwort: „Ja - Dich brauche ich doch auch!" T., in der „Judas"-Rolle, hört diese Antwort und fängt bitterlich an zu weinen.
L.: „Wer ist es, der jetzt weint?"
T.: „Das ist nicht Judas; ich bin das."
L.: „Verlaß den Stuhl." (L. steht jetzt mit T. auf der „Bühne").
L.: „Was fällt Dir bei Deinem Weinen ein?"
T.: „Das hat mein Vater nie zu mir gesagt."

Mit dieser Antwort ist nunmehr eine weitere „Kreuzweg"-Stelle markiert; auch hier gibt es wieder zwei Möglichkeiten (A/B), zwischen denen die Leitung sich entscheiden kann. Die Entscheidung ist eins mit der zwischen „Bibliodrama" oder „Psychodrama".

A. Bibliodrama.
Der „bibliodramatische" Weg wird durch eine dreifache Anweisung angebahnt: T. wird aufgefordert, die „Bühne" zu verlassen; die Gruppe wird gebeten, sich in den Kreis zu setzen; T. wird daraufhin eingeladen, von den Erfahrungen zu berichten, die er in den beiden Rollen gemacht hat und die ihm dazu verhalfen, sich wieder an den Vater und das mit ihm verknüpfte Leid zu erinnern. Es folgt eine „Nachbesprechung" in Gestalt eines „sharing" durch die Gruppenmitglieder. Das „sharing" wird angeleitet durch eine Vorgabe. L.: „Was hat Dich angerührt und an Deine eigene Lebensgeschichte erinnert?" Nach Abschluß des „sharing" ist T. wieder in die Gruppe integriert, der Übergang in die Spielphase ist abgeschlossen. Jetzt kann die „Bühne" neu eröffnet werden. Die Erwärmungsphase wird fortgesetzt.

B. Psychodrama.
Der „psychodramatische" Weg, den wir im Rahmen der zweijährigen BibliodramaFortbildung, und zwar während des ersten Jahres zur Vertiefung der Selbsterfahrung, auch verfolgen, wird durch ein psychodramatisch vertrautes Setting angebahnt: T.: „Das hat mein Vater nie zu mir gesagt."
L.: „Wähle Dir jemanden aus der Gruppe, der Dein Vater sein könnte."
Für unsere Zwecke ist es jetzt nicht nötig, den „psychodramatischen" Weg weiterzuverfolgen, also die „Familienszene" zu beschreiben, bei der sich herausstellt, daß der Vater von T. in der Tat niemals zu seinem Sohn gesagt hat: „Ich brauche Dich!"

Zwar werden die Teilnehmerinnen und Teilnehmer an unseren Fortbildungskursen schon in einem „Zulassungsseminar" damit bekannt gemacht, daß die von uns vertretene Konzeption die eines psychodramatisch orientierten Bibliodramas ist; dennoch wird für jeden psychodramatischen Anteil die Zustimmung der Gruppe stets neu eingeholt.

2. Spielphase

In der „Erwärmungsphase" haben sich die Gruppenmitglieder jeweils mit einer Figur aus dem Alten oder Neuen Testament identifiziert; im Rollentausch hat eine erste Rollenbegegnung stattgefunden, so daß - darauf aufbauend - die Anleitung zu einem „Stegreifspiel" sinnvoll ist. Während dieses Spiels kommt es zu Begegnungen, vor allem auch zu „überraschenden" Begegnungen, wenn die historische Differenz und Distanz zum Alten Testament und Neuen Testament aufgehoben wird, indem z.b. „Miriam" und „Maria, die Mutter Jesu" sich begegnen oder „Moses" und „Petrus" aufeinandertreffen. „Überraschen" mag freilich auch die Erfahrung, daß ein alttestamentlicher „Prophet" einem „Jünger" Jesu mit aller Entschiedenheit widerspricht, wenn dieser behauptet, sein Herr sei der Messias, der von den Propheten des „alten Bundes" geweissagt sei. Das „Stegreifspiel" endet nach der vorweg verabredeten Zeit.

L.: „Vergewissert Euch: Wo war Dein Ort zu Beginn des Spiels und mit wem bist Du jetzt, am Ende des Spiels, zusammen?"

Die T. bedenken diese Frage schweigend und werden danach gebeten, noch aus der Rolle heraus auf der „Bühne" einen Satz laut werden zu lassen.

3. Integrationsphase

Nachbesprechung, eingeleitet durch folgende Fragen: (1) „Hast Du in der von Dir gewählten Rolle etwas gemacht, was Du immer machst?" (2) „Hast Du etwas Neues ausprobiert?" (3) „Ist Dir in der biblischen Rolle etwas besonderes begegnet?" Diese Fragen haben ein gemeinsames Moment in der konzentrativen Absicht, mit der sie die T. dazu bewegen wollen, sich bei ihren Rückmeldungen auf das für sie Wesentliche zu beschränken. (Wird die „Nachbesprechung" dagegen mit der Frage eingeleitet: „Was hast Du alles erlebt in Deiner Rolle?", so ist einem uferlosen Sich-Ausbreiten Tor und Tür geöffnet).

Die genannten drei Fragen haben jedoch noch ein weiteres gemeinsames Moment; es besteht darin, daß sie durchgängig biographisch formuliert sind. Durch die Antworten, die sie hervorrufen, tritt nach unseren Erfahrungen jedoch eine Änderung ein: Während die ersten beiden Fragen auch biographisch beantwortet werden, ist es bei den Antworten auf die dritte Frage kennzeichnend, daß hier zum ersten Mal auch theologische Einsichten auftauchen.

Zugleich geben die T. jedoch zu erkennen, daß sie unter dem Eindruck des gefühlsmäßig Erlebten jetzt nicht bereit sind, diese theologischen Einsichten durch die Gruppe diskutieren zu lassen. Aus diesem Grunde haben wir innerhalb der Wochenendfortbildungseinheiten die theologische Bearbeitungsphase in zeitlicher Versetzung zu den Spieleinheiten, die in der Regel am Samstagabend enden, auf den Sonntagvormittag gelegt.

III.

Für die künftige Entwicklung des psychodramatisch orientierten Bibliodramas wird viel davon abhängen, ob es weiterhin gelingt, sich nicht in die falsche Ecke einer „religiösen Heilslehre" abdrängen zu lassen - ein Versuch, der immer wieder auch von Teilnehmerinnen und Teilnehmern bibliodramatischer Gruppen unternommen wird. Dabei muß keineswegs in Abrede gestellt werden, was ja ohnehin am Tage liegt: Selbstverständlich kommt auch dem Bibliodrama jene Hinwendung zur Subjektivität zugute, die mit den Sinnkrisen im postmodernen Zeitalter der Beliebigkeit zusammenhängt. Dabei entbehrt es nicht einer gewissen Ironie, wenn dieser Subjektivitätswunsch von psychoanalytischer Seite wie folgt beschrieben wird: „Wieder und wieder möchte man die 'feelings' und 'vibrations' evozieren, die Gefühle des Selbstseins und Ganzwerdens erleben und treibt, auf der Jagd nach immer exotischerem Gefühlskitzel von Wochenend- zu Wochenendseminar. Auch die Ferien sind längst verplant: Gestalttherapie, Bioenergetik und Psychodrama am Meer und in den Bergen, im Norden, Süden und bald auch im Osten. Gegenüber dieser Psychowelt, in der das 'eigentliche Leben' und die 'echten Beziehungen' stattfinden, ist der Alltag nur ein trister, kaum lebenswerter Zustand." [6])
    Wollte das Bibliodrama eine solche Flucht vor den alltäglichen Lebenswelten befördern, so stünde es in der Tat im Dienste menschlicher Illusionsbedürfnisse, statt sich als Anwalt der Realität in einem Verfahren zu erweisen, in dem es mit Blick auf den Alltag nicht um Fliehen, sondern um Standhalten geht. Wir wollen diesen Anspruch anhand eines kleinen Beispiels verdeutlichen, mit dem zugleich gezeigt werden soll, daß es über die Vergegenwärtigung biblischer Texte hinaus auch noch andere Themen und Felder gibt, deren Bearbeitung das Bibliodrama zu leisten vermag - „Bibliodrama" hier also in einer erweiterten Bedeutung dieses Begriffs [7]). Unser Beispiel ist der Ritus des „Segens", ein alltäglicher Vorgang in der sonntäglichen Gottesdienstberufspraxis der Geistlichen.

„Segen" im Gottesdienst: Die im Bereich „Religion als Beruf" Tätigen gehen nicht nur professionell mit Riten und Symbolen um; sie haben es auch gelernt, die berufsspezifischen Symbolhandlungen mit theologischem und historischem Hintergrundwissen zu belegen und sich bei der Frage nach der Bedeutung kirchlicher Riten und Symbole sprachlich differenziert auszudrücken. Was aber empfinden Pfarrerinnen und Pfarrer leiblich-gefühlsmässig beim Vollzug der Segenshandlung? Vor dem Hintergrund dieser Frage bitten wir die Teilnehmerinnen und Teilnehmer, für eine Weile ihr „Wissen" um dieses Symbol zu vergessen und die Geste des Segens (die erhobenen Arme) nachzuempfinden, ohne dabei die Segensworte zu sprechen. Einige lassen sich auf diesen Vorschlag ein und gehen - nacheinander - an den „Altar", indem sie dort für eine kurze Zeit in der Geste des Segens ausharren. (Nur nebenbei: Die Zeit, die die Pfarrerinnen und Pfarrer mit dieser Geste vor dem Altar verbringen, ist für sie selbst keineswegs „kurz", für manche ist sie unerträglich lang). Auf die Aufforderung hin, laut zu denken, kommt es u.a. zu folgenden Antworten:

a) „Ich mache ganz schnell, dann gehen die Leute endlich..."
b) „Ob ich diesmal wieder so kurz gepredigt habe...?"
c) „Es steht mir noch nicht zu; ich bin zu jung, den Segen zu erteilen..."

Im Nachgespräch bestätigt sich, wie sehr diejenigen, die Sonntag für Sonntag den Segen erteilen, den Vollzug des Segens von ihrer Person abgetrennt haben. Von wenigen Ausnahmen abgesehen - zum Beispiel: „Ich spüre etwas von 'Vater' / 'Mutter' in mir; ich behüte etwas mit meinen Händen" - waren die Betreffenden, als sie den Segen erteilten, entweder bei einer anderen Sache (a; b) oder konnten sich mit der Sache, die sie ausübten, nicht identifizieren (c). In solchen Fällen gilt: Es wird Segen erteilt, aber es teilt sich nichts mit; alles andere ist Ausrede, also auch: Segen geschehe, wenn er nur ordnungsgemäß ausgeführt werde. „Fundamentalistische" Mißverständnisse dieser Art stehen für eine Tendenz, die über dieses Beispiel hinaus weit verbreitet ist. So werden z.B. die großen Worte der biblischen Botschaft - Segen, Heil, Versöhnung - von den Positionsinhaberinnen und -inhabern des Systems „Religion als Beruf" auffällig oft in einer Weise verwandt, als sei man der Meinung, sie wirkten auch ohne innere Beteiligung der sie vermittelnden Person. Die Ursachen einer solchen Einstellung lassen sich bis in die Ausbildungsgänge der Theologie und Religionspädagogik zurückverfolgen, die zur Ausübung von „Religion als Beruf" qualifizieren; in ihnen steht die Vermittlung „technischer" Fertigkeiten (es wird nicht so genannt, aber es läuft darauf hinaus) so sehr im Mittelpunkt, daß die Frage nach dem subjektiven Wahrheits- und Empfindungsbewußtsein ungestellt bleibt; es wird nicht beachtet, daß erst das Selbstbeteiligtsein, das sichtbar gemacht wird, das Mitbeteiligtsein derer sichtbar werden läßt, mit denen in Gemeinde und Schule zu tun hat, wer „Religion" zu seinem Beruf macht.[8])

Anmerkungen:

1) Neuere Literatur zum „Bibiliodrama": A. KIEHN, S. LAEUCHLI, H. LANGER u.a. (Hg.), Bibliodrama, Stuttgart 1987; S. LAEUCHLI, Das Spiel vor dem dunklen Gott. „Mimesis" - ein Beitrag zur Entwicklung des Bibliodramas, Neukirchen-Vluyn; 1987; A. H. ANDRIESSEN, N. DERKSEN, Lebendige Glaubensvermittlung im Bibliodrama. Eine Einführung, Mainz 1989; H. LANGER, Vielleicht sogar Wunder. Heilungsgeschichten im Bibliodrama, Stuttgart 1991. (Dazu: U. BACH, Mit Essen spielt man nicht! Kritische Anfrage an Heidemarie LANGERs bibliodramatische Auslegung neutestamentlicher Wundergeschichten, in: Berliner Theologische Zeitschrift 9/1992, 277-294). J. BOBROWSKI, Bibliodramapraxis. Biblische Symbole im Spiel erfahren (Diss. theol., Hamburg 1990), Hamburg 1991.

2) H.PETZOLD, Psychodrama als Instrument der Pastoraltherapie, der religiösen Selbsterfahrung und der Seelsorge, in: Wege zum Menschen 24/1972, 41-56,43.

3) Vgl. dazu: H. PETZOLD, Ebd. Zum Problem: Meredith B. McGUIRE, Religion and the Body: Rematerializing the Human Body in the Social Sciences of Religion, in: Journal for the Scientific Study of Religion 30/1990, 283-296.

4) J. L. MORENO, Gruppenpsychotherapie und Psychodrama, Stuttgart 1973, 77.

5) Vgl. zu diesen Begriffen und ihren Varianten: Karoline E. ZEINTLINGER, Analyse, Präzisierung und Reformulierung der Aussagen zur psychodramatischen Therapie nach J.L. Moreno, Salzburg 1981.

6) A. GAERTNER, Psychoanalyse und Psychoboom, in: freud und leid. die psychoanalyse im sozialen feld (fragmente. schriftenreihe zur psychoanalyse, Nr. 26), Kassel, o.J., 88-98,88.

7) YORICK SPIEGEL hat die „Bearbeitung von Ritualen, Sinn-Bildern...und Symbole(n)" dem von ihm so genannten „Hagiodrama" zugewiesen, das er „als eine Weiterentwicklung des Bibliodramas" verstanden wissen will. (Y. Spiegel, Bibliodrama als Hagiodrama, in: A. Kiehn u.a., Bibliodrama, 141-153,151f.).

8) „Teacher educators are being asked to give more attention to who the teacher is rather than what the teacher does because personality characteristics are more enduring than teaching methods and approaches." (J.CARROLL/N. HOWIESON, Psychodrama in Teacher Education, in: Group Psychotherapy, Psychodrama and Sociometry 32/1979,94-99,94).

Einzelarbeit in Bibliodramagruppen

von Franz-Josef Knist

„Die psychodramatische Antwort auf die Behauptung,
daß Gott tot ist, besteht darin, daß er leicht wieder
zum Leben erweckt werden kann."
(Moreno)

1. Zum eigenen Bibliodrama-Verständnis

Hinter dem Begriff Bibliodrama verbergen sich inzwischen sehr unterschiedliche Erfahrungen, Methoden, Ansätze. Gemeinsam ist allen Ansätzen, daß sie eine Begegnung ermöglichen wollen zwischen einem biblischen Text und dem heutigen Menschen und daß diese Begegnung im Rahmen einer Gruppe stattfindet. Die einen versuchen dabei, einen Bibeltext durch verschiedene Formen der Darstellung und Gestaltung (Imagination, Körperarbeit, Malen, Rollenspiel) mit der Gruppe zu erschließen; andere - vor allem PsychodramatikerInnen - lassen aus dem Selbsterfahrungsprozess einer Gruppe die Wahl eines biblischen Textes erwachsen, den die Gruppe dann spielt. Man würde sich um Erfahrungsmöglichkeiten beschneiden, wollte man unter Bibliodrama nur das eine oder nur das andere gelten lassen.

Für mich persönlich ist Bibliodrama mehr als Psychodrama mit biblischen Geschichten; ich verstehe die Texte nicht nur als Vehikel für Selbsterfahrung, sondern als „Heils-Geschichten". In ihnen haben menschliche Grundthemen, d.h. existentielle Erfahrungen mit Mitmenschen, Welt und Gott, ihren Niederschlag gefunden; insofern bergen sie eigene Botschaften in sich. Da der Text für mich einen eigenen Stellenwert hat, spreche ich ihn vor einer Veranstaltung mit der Gruppe ab, bereite mich persönlich und exegetisch darauf vor und versuche, ihn durch methodische Vielfalt mit der Gruppe im Hier und Jetzt zu erschließen.

Im Rahmen meiner Bibliodramapraxis hat sich im Laufe der Zeit für mehrtägige Veranstaltungen ein Dreischritt als grobes Strukturraster herauskristallisiert. Dabei nehme ich mich mit jeder Phase bezüglich Leitervorgaben zurück und lasse zunehmend Raum für eigene Themen mit dem Text. Zunächst greife ich mosaikhaft Elemente des biblischen Textes heraus - Symbole, Wörter, Gesten u.ä. - und lasse sie z.B. in Körperarbeit erfahren; der Text als Gesamtkomposition bleibt dabei noch im Hintergrund. In einem zweiten Schritt lasse ich die Teilnehmenden nach Lesen des Textes, Rollenwahl und kurzen Rolleninterviews ein Gruppenspiel inszenieren. In der dritten Phase biete ich Raum, Themen und Fragen der

Teilnehmenden, die sich aus der Begegnung mit dem Text ergeben, in Form kurzer Einzelarbeiten in Szene setzen zu lassen. Dabei arbeite ich in der Regel mit Standbildern, je nach zur Verfügung stehender Zeit auch mit Vignetten.

2. Charakteristika bibliodramatischer Einzelarbeit

Während die Einzelarbeit im Psychodrama in der Form des ProtagonistInnenspiels oder der Vignette eine zentrale Rolle spielt, fällt ihr in der Bibliodrama-Praxis und Fachliteratur kaum eine Bedeutung zu. Einige BibliodramatikerInnen wollen sogar im Fehlen der Einzelarbeit einen wichtigen Unterschied zwischen Bibliodrama und Psychodrama sehen. War das Psychodrama mit den Möglichkeiten des Gruppenspiels ein wichtiger Impuls für die Entwicklung des Bibliodramas, so kann es m.E. mit den Möglichkeiten der Einzelarbeit und insbesondere denen des Rollentauschs mit sogenannten „transzendenten Rollen" (Leutz) einen weiteren Beitrag für die Weiterentwicklung des Bibliodramas leisten.

Unter bibliodramatischer Einzelarbeit in Gruppen verstehe ich dabei jene ProtagonistInnenarbeit, die einerseits auf der Textebene, d.h. im Bezugssystem des biblischen Textes bleibt, und andererseits die innere Welt der Teilnehmenden in der Begegnung mit dem Text sichtbar macht, ordnet und bereichert. In der bibliodramatischen Einzelarbeit setzen die ProtagonistInnen sich und ihr Leben in Bezug zu einer vorgegebenen, biblischen Szene, ihren Symbolen oder einer sich aus der Textvorlage ergebenden fiktiven Interaktion biblischer Personen. Man kann grundsätzlich zwischen zwei Typen der Einzelarbeit unterscheiden:

Bei der Einzelarbeit des ersten Typs begegnet der/die ProtagonistIn zunächst einem Symbol, einem Bildpaar oder einer Szene des biblischen Textes sozusagen als einem Gegenüber. Ein persönlich wichtiger Aspekt wird z.B. in einem Standbild aufgegriffen und im Lebenskontext des/der Teilnehmenden konkretisiert. Am ehesten kann man diesen Typ bibliodramatischer Einzelarbeit mit der psychodramatischen Arbeit mit Traumbildern vergleichen, in denen der/die Träumende selber als Person - objektstufig betrachtet - nicht vorkommt, sondern die Szene nur von außen sieht. Dennoch ist der/die ProtagonistIn - subjektstufig betrachtet - in allen Teilen des Traumes mit eigenen Anteilen vertreten.

Der zweite Typ bibliodramatischer Einzelarbeit entspringt einer starken Identifikation mit einer biblischen Person. Oft ergibt sich nach einem Gruppenspiel bei einzelnen der Wunsch, noch einmal in eine biblische Rolle der Textvorlage hineinzugehen. In solchen Fällen ist die Sequenz nicht ein Gegenüber, sondern der/die ProtagonistIn agiert - was für die psychodramatische ProtagonistInnenarbeit völlig unüblich ist - aus einer biblischen Rolle heraus. Erfahrungsgemäß werden in bibliodramatischen

Einzelarbeiten gerade des zweiten Typs immer wieder Gottesbeziehungen biblischer Personen aufgegriffen, die die Teilnehmenden beschäftigten. Zentrales Anliegen solcher Einzelarbeiten ist, Gott als eigenständiges Gegenüber ernstzunehmen. Während im psychodramatischen ProtagonistInnenspiel Gott sehr schnell als Projektionsfläche für Vater- oder Mutterübertragungen angesehen und durch die entsprechende Rolle ersetzt wird, bleibt die bibliodramatische Einzelarbeit bei Gott als transzendenter Rolle. Ihr geht es vorrangig um Beziehungsklärung zwischen Gott und Mensch, nicht um Aufarbeitung gestörter Beziehungen zu den Eltern; letztere können aber angesprochen werden, wenn es der Situation des/der ProtagonistIn und der der Gruppe entspricht.

Zu Beginn jeder bibliodramatischen Einzelarbeit ist also abzuklären, ob das betreffende Gruppenmitglied einem Aspekt der Textvorlage als Gegenüber begegnen will (Standbild, Playback) oder ob es im Rahmen einer bestimmten Rolle selber in eine Szene treten will (Vignette). Ich möchte die beiden Typen der Einzelarbeit im folgenden anhand von zwei Fallbeispielen näher vorstellen.

3. Standbild zum Gleichnis vom Unkraut unter dem Weizen

Bei einer Bibliodrama-Wochenendveranstaltung zum Gleichnis vom Unkraut unter dem Weizen (Mt 13,24-30) genießen die Teilnehmenden in einer Körperarbeit zum Wachstum von Unkraut und Weizen vor allem das Unkrautsein. Die Sympathie für das Unkraut schlägt sich im späteren Gruppenspiel nieder: An der Stelle, wo im Bibeltext das Verbrennen des Unkrauts ansteht, stellt eine Knecht-Spielerin eines der Unkräuter in eine Vase, um es vor der Vernichtung zu schützen. Im Nachgespräch stoßen die Erfahrungen der Feind- und der Weizen-Darstellenden, für die das Unkraut lebensbedrohliche Bedeutung hatte und vernichtet werden mußte, auf die allgemeine Sympathie der restlichen GruppenteilnehmerInnen für das Unkraut. Im Blitzlicht zu Beginn der nächsten Sitzung wird von den meisten die Diskrepanz zwischen den positiven Erfahrungen mit Unkraut (Körperarbeit und Gruppenspiel) und der Aussage des Textes (Unkraut verbrennen) thematisiert. Fragen sind: was ist denn nun eigentlich mit dem Unkraut des Gleichnisses gemeint, während Unkraut von uns positiv erlebt und gesehen wird? Wie steht es um seine Existenzberechtigung? Warum soll es laut Gleichnis vernichtet werden? Ist es nicht sinnvoll, Unkraut auszureißen, wenn es Leben bedroht? Was bedeutet Weizen und Unkraut im konkreten Leben? Einige TeilnehmerInnen wollen daraufhin im Rahmen einer Einzelarbeit „ihre persönlichen - positiv und negativ - erlebten Unkräuter und Weizen" ordnen. Es kommt u.a. zu folgenden Einzelarbeiten:

Gudrun bekommt im Alltag oft das Feedback, dominant zu sein; sie ist oft die erste in einer Gruppe, die etwas sagt. Einerseits gibt sie viel von sich preis, andererseits bekommt sie auch wieder etwas für sich zurück. Beide Anteile formiert sie zu einem Standbild und stellt fest, daß dies für sie zwei wichtige „Unkräuter" sind, die sie nicht aufgeben, sondern pflegen möchte; im Gleichnis werden sie Weizen genannt. Dann thematisiert sie noch ihr Problem mit dem Rauchen: einerseits symbolisiert für sie die Zigarette ihre hart erkämpfte Freiheit gegenüber den Eltern, andererseits schadet das Rauchen aber ihrer Gesundheit und ist Dauerthema ihrer Partnerschaft. Beide Aspekte lasse ich in Form eines weiteren Standbilds formieren. Sie wählt je eine Antagonistin für „Freiheit" und „Schädlichkeit" und stellt sie mit Armen und Beinen eingehakt nebeneinander. Als sie sich das Standbild anschaut, ordnet sie der Freiheit den Weizen zu, dem Rauchen das zu entfernende Unkraut. Ihr geht auf, daß für sie persönlich die Zeit noch nicht reif ist, ihr konkretes Unkraut (= Rauchen), das sie irgendwann einmal vernichten will, vom Weizen zu trennen.

Felicitas stellt ihre vier Unkräuter zu einem Standbild auf. Als erstes stellt sie ihre Sensibilität (gegenüber ihren Eltern); bei der Rolleneinführung per Rollentausch hält sie sich dabei die Augen zu. Dann stellt sie als weitere Unkräuter: ihre Mutter, ihren Vater und ihre Angst vor einer Auseinandersetzung. Während sie den Vater ihrer Sensibilität gegenüberstellt, stehen sich spalierbildend Mutter und Angst gegenüber und halten Vater und Sensibilität nieder. Als sie sich das Standbild aus der Distanz anschaut, ordnet sie dem Vater sowohl Weizen- als auch Unkrautanteile zu, ihrer Mutter ausschließlich ihr Leben bedrohende Unkraut-Anteile, der Angst sowohl Unkraut-(Flucht) als auch Weizen-Anteile (Schutz). Bezüglich ihrer Sensibilität legt sie sich nicht fest. Das Standbild läßt auf eine durch die Mutter und durch die eigene Angst vor der Auseinandersetzung unterdrückte Beziehung der Protagonistin zu ihrem Vater schließen. Die Sensibilität steht für die Protagonistin in ihrer Gesamtpersönlichkeit im Erleben dieser Situation. Das Nichthinsehen in der Begegnung mit der Familienkonstellation wird durch das Standbild ansatzweise aufgebrochen. Sie spürt, daß dies für sie ein Thema der nächsten Zeit werden wird. Hier könnte sich eine tiefergehende psychodramatische ProtagonistInnenarbeit anschließen, damit würden aber die Textebene verlassen und ausschließlich therapeutische Interessen verfolgt.

In der Auswertung der Standbilder wird der Zeitaspekt des Gleichnisses weiter beleuchtet: Die Zeit der Ernte richtet sich nicht nach dem Unkraut, sondern nach dem Weizen; es gibt Zeiten zum Ruhenlassen des Samens, Zeiten zum Wachsenlassen und Zeiten der Trennung und des Abschieds; das „Himmelreich" umfaßt laut Gleichnis den gesamten Prozeß. Bei der abschließenden Prozeßreflexion in der Gruppe äußern einige, daß ihnen gerade durch die Standbildarbeit klarer geworden sei, was mit dem Unkraut im Gleichnis gemeint ist. Sie können nun besser unterscheiden zwischen dem lebensbedrohlichen Unkraut, das wirklich verbrannt werden muß, und dem eher sympathischen Unkraut, das für die eckigen und kantigen Anteile ihrer selbst steht. Durch die Einzelarbeit hat sich für sie sowohl auf Text- wie auf persönlicher Ebene etwas geordnet.

4. Vignette zum Esau-Segen

Bei einem Gruppenspiel zur Geschichte vom Erstgeburtssegen (Gen 27) hält sich die Gruppe im großen und ganzen an den Bibeltext: Angestiftet durch seine Mutter Rebekka, erschleicht sich Jakob durch eine vorsätzliche Täuschung seines Vaters den sog. Erstgeburtssegen, der rechtlich Esau zusteht. Als der Vater den Betrug mitbekommt und seinem Sohn Esau einen anderen Segen geben will, verläßt Esau (textabweichend) verärgert seinen Vater und will mit ihm nichts mehr zu tun haben. In der Nachbesprechung äußert die Esau-Darstellerin und spätere Protagonistin ihren Ärger und ihr Unverständnis gegenüber Gott, der diese ganze Betrugsgeschichte und solche Ungerechtigkeiten zuläßt. Für die Esau-Darstellerin steht aufgrund ihres Esau-Erlebens die Glaubwürdigkeit Gottes in Frage; offensichtlich ist sie noch voll in ihrer Esau-Rolle bzw. den „Esau-Anteilen" ihrer eigenen Person. Ich eröffne der Teilnehmerin in Absprache mit der Gruppe die Möglichkeit, in einer Einzelarbeit eine fiktive Begegnung zwischen Gott und Esau stattfinden zu lassen.

Die Esau-Darstellerin will noch einmal in ihre Rolle gehen und Esaus - und wohl auch ihre eigene - Beziehung zu Gott klären. Als weitere Rollen wählt sie: Gott, Bruder Jakob, eine Mauer zwischen Gott und Esau. Es kommt zu folgender Szene: Esau sitzt gesenkten Hauptes und sprachlos auf dem Boden; seine Trauer und Wut haben keinen Adressaten. Weit weg, am anderen Ende des Raumes, postiert die Protagonistin Gott, der segnend seine Hand über Jakob hält. Gott und Esau sind getrennt durch eine Mauer, die direkt vor Gott aufgestellt wird. Gott, Jakob und Mauer werden per Rollentausch von der Protagonistin in ihre Rollen eingeführt. Esau kann Gott nicht ansprechen. Ich frage die Protagonistin, was aus ihrer Frage nach der Gerechtigkeit Gottes geworden sei; sie entgegnet, die stünde im Raum. So lasse ich die im Raum stehende Frage als Rolle besetzen. Während Esau noch immer am Boden kauert, kommt die Frage mit Gott ins Gespräch; die Frage klagt Gott an, der nun hinter seiner Mauer äußerst hilflos wird. Ärgerlich mischt sich Esau in das Gespräch zwischen Gott und Frage ein: „Gott, wenn du schon Jakob segnest, kannst du wenigstens die Mauer zwischen uns wegnehmen". Erstmals kommt es zum Blickkontakt zwischen Gott und Esau, tastend kommen sie ins Gespräch. Im Rollentausch mit Gott hört die Protagonistin nochmals die Worte Esaus, geht nach einigem Zögern auf Esau zu, richtet ihn auf und geht auf den ursprünglichen Platz Gottes zurück. Als Esau erfährt sie dann, wie Esau von Gott aufgerichtet wird. Bei Spielende steht Jakob zwar immer noch näher bei Gott, doch Esau steht aufrecht vor Gott, seine Person hat wieder „Ansehen" bekommen.

Aufgrund der sehr starken Identifikation der Teilnehmerin mit der biblischen Gestalt schlug ich ihr als Arbeitsform eine Vignette vor. Wichtig ist, zu Beginn für das „Ich" der Protagonistin einen leeren Stuhl auf die Bühne zu stellen, auf dem sie nach der Szene Platz nehmen kann, während für ihre Esau-Rolle ein/e PlatzhalterIn eingesetzt wird. Durch diese Intervention wird die Protagonistin einerseits „entrollt", andererseits ermöglicht sie nun den Einsatz der Spiegeltechnik. Von ihrem Stuhl aus kann die Protagonistin noch einmal die Szene oder das Schlußbild gespiegelt anschauen, evtl. im Rahmen eines „kollegialen Bündnisses" die Szene beurteilen oder/und mit Esau kurz in Kommunikation treten. Statt dieser Vignette, in der die fiktive Folgeszene der biblischen Geschichte aufgegriffen wurde, wären auch eine Standbildarbeit und die Playbacktechnik möglich gewesen.

5. Chancen bibliodramatischer Einzelarbeit

In der bibliodramatischen Arbeit dienen die Heils-Geschichten der Bibel mit ihren durchaus auch unheilen und dunklen Erfahrungen als Folie für eigene Lebensthemen. Die Teilnehmenden treten im Bibliodrama in das Bezugssystem dieser Heils-Geschichten ein und können durch die Darstellung biblischer Personen Einsichten gewinnen und bisher unbekannte Erfahrungen machen, die dem eigenen Leben eine neue Wendung geben.

Wir bewegen uns bei der bibliodramatischen Arbeit hauptsächlich auf der Symbolebene eines Textes. Personen und Gegenstände der Textvorgabe sind Angebote, in denen sich die Teilnehmenden wiederfinden können, und die sie mit ihrem eigenen Fühlen, Denken und Handeln füllen können. Während wir uns im Gruppenspiel hauptsächlich auf der Symbolebene eines biblischen Textes bewegen, kann die bibliodramatische Einzelarbeit dazu beitragen, das im Gruppenspiel aus einer Rolle heraus Erlebte zu öffnen hin auf
a) eine Konkretisierung des Textes und seiner Botschaften für die eigene biographische Situation und
b) ein subjektstufiges Erleben und Verstehen einer biblischen Szene.

Einerseits trägt also die Einzelarbeit dazu bei, die Situation der Teilnehmenden auf der Folie der Textvorgabe zu erhellen. Sie hat dann eine situationsklärende Funktion und vermag symbolische Wahrheit konkret werden zu lassen im biographischen Kontext der Teilnehmenden und auf das biographisch Er- und Gelebte hin zu erweitern. Das Fallbeispiel aus dem

Bibliodrama zum Gleichnis vom Unkraut unter dem Weizen verdeutlicht, wie z.b. Standbildarbeiten zu Bildpaaren hinter der Symbolebene konkret erlebte Spannungsfelder deutlich machen und so eine für die Protagonistin klärende Funktion bekommen können.

Andererseits trägt bibliodramatische Einzelarbeit dazu bei, die Komplexität und Tiefe einer Textvorgabe zu entfalten. Sie hat dann eine exegetische, d.h. eine textauslegende Qualität. Immer wieder habe ich die Erfahrung gemacht, daß sich in der Einzelarbeit nicht gespielte, überspielte, zu kurz gekommene oder verdrängte Elemente des biblischen Textes ihre Bahn brechen. Das im Gruppenspiel überspielte drängt geradezu danach, thematisiert zu werden und sich der Gruppe zu erschließen. Einzelarbeit gibt diesen bewußt oder unbewußt unterschlagenen Aspekten des Textes Raum, ohne daß sie vom Leitenden aufgezwängt werden. In der Einzelarbeit kann sich das eben noch nicht Fertige eines Textes weiterentwickeln. Durch Einzelarbeiten kann ich der inneren Dynamik eines Textes mehr Raum geben, als dies in einem nur verbalen Nachgespräch zu einem Gruppenspiel der Fall ist.

Mit der oben beschriebenen Vignette nach dem Gruppenspiel zum Jakobssegen vollzieht sich markanterweise jenes Element der Textvorgabe, das im Gruppenspiel keinen Platz hatte: die „Segnung" Esaus. Erst im Rahmen der Vignette geschieht auf der Handlungsebene der Gruppe das, was auf der Textebene unverständlich blieb: „Fern vom Fett der Erde mußt du wohnen, fern vom Tau des Himmels droben. Von deinem Schwert wirst du leben. Deinem Bruder wirst du dienen. Doch hältst du durch, so streifst du ab sein Joch von deinem Nacken" (Gen 27,39b.40). In der Vignette wird erfahrbar, wieviel Mühe und Durchhaltevermögen es Esau kostet, das Joch seines Bruders Jakobs von seinem Nacken abzustreifen. Die Begegnung als Esau mit Gott ist ebenso wichtig und heilsam für den Menschen, der Leben und Erfüllung sucht, wie die Begegnung Jakobs mit Gott; wir sind Jakob und Esau zugleich, Gott fern und nah, begnadet und vernachlässigt. Im Bibliodrama im allgemeinen und in der bibliodramatischen Einzelarbeit im speziellen werden die Schattenseiten des Menschen und seiner Gotteserfahrungen gerade nicht geleugnet; es wird vielmehr Raum eröffnet, sich ihnen auszusetzen.

6. Gott spielen -
Das spezifisch Psychodramatische bibliodramatischer Einzelarbeit in Gruppen

Im Rahmen seiner Rollentheorie unterscheidet Moreno in der Entwicklungsgeschichte des Kindes zwischen dem 1. und dem 2. Universum. Im 1. Universum erlebt das Kleinkind seine Mutter als Teil seiner selbst, es lebt in einer „All-Identität" mit ihr. Zunehmend nimmt das Kind aber die

Mutter als fremden Teil seiner selbst wahr („All-Realität"). Diesen beiden Phasen des 1. Universums entsprechen die psychodramatischen Techniken des Doppelns/Doppelgängers und des Spiegelns. Im 2. Universum (etwa ab dem 3. Lebensjahr) kann sich das Kind aktiv in andere Rollen hineinversetzen und schließlich im Spielen des/der anderen sich aus einer inneren Distanz zu sich selbst erleben. Diesem Stadium entspricht die psychodramatische Technik des Rollentauschs. Leutz spricht in Anlehnung an Morenos Termini des 1. und 2. Universums und auf dem Hintergrund seines philosophischen Werks von einem weiteren 3. Universum, in dem der Mensch nicht nur Rollen anderer Menschen, sondern auch transpersonale Rollen übernehmen kann, wie z.B. die Rolle Gottes, des Propheten, der Prophetin, der/des Gesegneten, der/des Berufenen, der/des Leidenden.

Während sich das Psychodrama in der Praxis vornehmlich im 1. und 2. Universum des menschlichen Erlebens bewegt, zielt die bibliodramatische Einzelarbeit bewußt dieses 3. Universum an. Sie lädt in besonderer Weise zum Rollentausch mit transzendenten Rollen ein. Der Mensch, der eine solche transzendente Rolle übernimmt, erlebt eine Verbundenheit und „Identität mit dem transpersonalen Sein" (Leutz) und integriert sich ganz bewußt in größere Seinszusammenhänge. Bibliodramatische Einzelarbeit, die den Rollentausch mit transzendenten Rollen fördert, ist also eine Arbeit im Sinne Morenos, dessen Anliegen es war, die „Göttlichkeit im Menschen durch Rollentausch lebendig zu machen" (Geisler). Moreno selbst formulierte es so: „ich möchte ihnen (den Menschen; der Verf.) Mut zu neuen Träumen geben. Ich bringe den Menschen bei, wie sie Gott spielen können." Und damit meint Moreno die Selbsterfahrung göttlicher Anteile, insbesondere die der Kreativität und Spontaneität.

Vielmehr noch als das bibliodramatische Gruppenspiel ermöglicht die Einzelarbeit Begegnung mit der Rolle Gott. Während im Gruppenspiel alle RollenträgerInnen ihren Part gleichberechtigt spielen können, liegt der Fokus der Einzelarbeit oft auf der Beziehung zwischen einer biblischen Person, mit der sich der/die ProtagonistIn identifiziert, und Gott. Neben die Selbst-Erfahrung durch Übernahme einer biblischen Rolle tritt in diesen Begegnungen die „Du-Erfahrung" (Leutz) in Bezug auf Gott. Im Rollentausch mit Gott können die ProtagonistInnen für kurze Zeit ihre eigene Identität ablegen und sich in die Zuwendung Gottes für die biblische Person, mit der die Identifikation stattfindet, einfühlen. Die ProtagonistInnen machen dabei die wichtige Erfahrung, daß „Gott ... immer in uns und um uns (ist), wie bei den Kindern. Statt vom Himmel herabzusteigen, tritt er durch die Bühnentür ein" (Moreno). Persönliche Begegnung wird möglich zwischen Gott und - indirekt - dem Gruppenmitglied. Durch die biblische Rolle wird zugleich die Intimität der Beziehung zwischen ProtagonistIn und Gott geschützt, die ich mit der Intimität dessen gleichsetzen möchte, was theologisch „Gebet" genannt wird. Da es sich gerade in unserer Zeit bei der Beziehung des/der einzelnen zu Gott um einen sehr intimen Bereich handelt, kann die Einzelarbeit auf der Symbolebene eines biblischen Textes diese Intimität schützen. Sofern die Gruppenatmosphäre es zuläßt, ist eine direkte Begegnung zwischen ProtagonistIn und Gott der Begegnung auf der Symbolebene vorzuziehen.

Gerade die bibliodramatische Einzelarbeit ermöglicht, daß die einzelnen ihre Gottesbilder lebendig werden und andere daran partizipieren lassen. „Jeder kann seine Version Gottes durch seine Handlungen darstellen und seine Version auf diese Weise anderen mitteilen." (Moreno).

Literatur:

E. BARZ, Selbstbegegnung im Spiel - Einführung in das Psychodrama, Zürich 1988

U. BUBENHEIMER, Bibliodrama - Selbsterfahrung und Bibelauslegung im Spiel, in: I. Baumgartner (Hg.), Handbuch der Pastoralpsychologie, Regensburg 1990, 33-46

F. GEISLER, Judentum und Psychodrama, in: F. Buer (Hrsg.), Morenos therapeutische Philosophie. Die Grundlagen von Psychodrama und Soziometrie, Opladen 1989, 45-68

A. KIEHN u.a., Bibliodrama, Stuttgart 1987

F.J. KNIST, Wenn Gott ins Spiel kommt. Einzelarbeit im Bibliodrama. Abschlußarbeit beim Moreno-Institut Überlingen 1992

G. LEUTZ, Psychodrama. Theorie und Praxis. Das klassische Psychodrama nach J.L. Moreno, Berlin/Heidelberg/New York/London/Paris 1986

J.L. MORENO, Psychodrama und Soziometrie. Essentielle Schriften (ausgew. von J. Fox), Köln 1989

Plädoyer für den Antagonisten

von Ildikó Mävers und Karl-Heinz Jacobs

Das Psychodrama bedient sich in seiner Begrifflichkeit der Theatersprache: Szene, Rolle, Bühne, Protagonist, Katharsis. Es ist aber kein Theater; unter anderem deshalb, weil Psychodrama-Inszenierungen nicht wiederholbar sind.

Eine Erfahrung in der langjährigen gemeinsamen Psychodrama- und Theaterarbeit der Autoren heißt:
- Psychodrama und Theater gewinnen durch Annäherung beider Bereiche.
- Speziell das Psychodrama, das von der Kraft der Imagination lebt, kann durch Beachtung von Körpersprache und Bühnenästhetik nur noch wirksamer werden.

Bei genauerem Hinsehen erweist sich, daß im Psychodrama auch theatergemäß gearbeitet wird, nur wird diese Tätigkeit wegen des therapeutischen Anspruchs gewöhnlich nicht als Theaterarbeit erkannt. Viele Psychodramatiker kommen aus therapeutisch-pädagogischen Bereichen; ihnen dürfte der Theater-Aspekt eher fremd sein. Dabei könnten gängige Einschätzungen von Theater eine Rolle spielen: es zeige eine Scheinwelt, in der Darstellung gebärde es sich lustvoll, chaotisch, exhibitionistisch, die Grenzen sprengend, kurz: es erscheint therapeutisch schwer handhabbar. Das muß nicht so sein. Theater wirkt zwar oft ungebärdig und „im Fluß", doch gibt es in der Theaterarbeit gewichtige Seiten, die mit Handwerklichem, mit dem trainierenden Einstudieren, kurz: mit Ein-Arbeiten zu tun haben. Wie sonst käme Theater, das ja von der Reproduktion lebt, zustande?

Und was wäre das Psychodrama ohne den Gegenspieler des Protagonisten: den Antagonisten, von dem ebenfalls Reproduktion erwartet wird? Hier liegt eine wichtige Verbindung zum Theater. Vereinfacht gesagt: Antagonist und Schauspieler haben sich auf vorgegebene Rollen einzulassen, wobei die Antagonistenrolle beim Psychodrama in den Anforderungen noch über eine Schauspielerrolle hinausgehen dürfte:
- Der Antagonist spielt ohne Kenntnis des „Textbuches". Allenfalls kennt oder ahnt er Themen und Gefühlslagen.
- In der speziellen Wahl des Antagonisten werden in ihm Persönlichkeitsanteile gewählt und mobilisiert, die „zugunsten" des Protagonisten verwendet werden, während sie beim Antagonisten oft unbearbeitet bleiben.
- Er muß, damit Psychodrama gelingen kann, die Vorgabe (das Textbuch) des Protagonisten genau umsetzen. Dafür hat er keine Probenzeit wie

beim Theater. Einfühlung, Spontaneität, Kreativität, die Fähigkeit zur Nachahmung sind erwünscht.
- Ständiger Rollentausch wird erwartet.
- Feedbacks in der Antagonisten- und Protagonistenrolle werden vom Antagonisten erwartet, d.h. Einfühlung und Distanz in beiden Rollen.
- Disziplin ist gefragt, wie beim Theater.
- Im Idealfall sollte der Antagonist seinen geringen Spiel-Raum im Dienste des Protagonisten ausschöpfen, z.b. durch körperbetonte Darstellung und eine focussierende Wiedergabe als Spiegel der Seele.

Fazit: Die Antagonistenrolle hat es in sich! Der Antagonist übernimmt einen so schwierigen Part, daß es sinnvoll erscheint, durch „Training" Hilfen anzubieten, damit das Drama sich voll entfalten kann.

So forderte beispielsweise Moreno[1] für sein Stegreif-Theater, daß der Schauspieler Spontaneität, Zusammenspiel-Technik, Körperbewußtsein und das Timing der Stegreif-Aufführung trainieren müsse. Um noch einmal die Notwendigkeit und auch Nützlichkeit einer auch am Theater orientierten Psychodrama-Grundhaltung zu skizzieren, soll das „Bühnenpersonal" im klassischen Psychodrama unter die Lupe genommen werden:
- Natürlich gibt es den Leiter, der die aktuellen Gegebenheiten der Gruppe und/oder die Einfälle des Protagonisten aufgreift und für die Umsetzung in eine psychodramatische Szene sorgt. Neben gruppendynamischen und tiefenpsychologischen Kenntnissen muß der Leiter über das Handwerk „Inszenierungstechniken" verfügen.
- Da ist der leidende, belastete, vom Leiter angenommene und von der Gruppe getragene Protagonist.
- Und es gibt die vom Protagonisten gewählten Rollenträger mit ihren anfangs beschriebenen vielfältigen Aufgaben: die dienenden Antagonisten. Die Rollenwahlen finden auf der Grundlage der Tele-Fähigkeit beider Spieler statt. Unter Tele verstehen wir (in Kürze!) die realitätsgerechte, situationsbezogene gegenseitige Einfühlung.

Was bedeutet diese Rollenverteilung?
Der Protagonist steht unbestritten im Mittelpunkt, und das muß er auch: Er erlebt seine Geschichte neu, „zum zweiten Mal", er erarbeitet sich gewissermaßen eine Erleichterung; das ist meist ein leidvoller Weg. Seine Leidensgeschichte wird weder durch Interventionen und Zeitbegrenzung noch durch eine „Schmerzgrenze" bei den Teilnehmern gemildert. Im Gegenteil! Gerade das emotionale Aufgewühltsein, das Aufspüren und Wieder-Erleben z.B. eines Traumes ist das Ziel der Arbeit. Ein derart beanspruchter Protagonist kann sich des Mitgefühls und der Würdigung aller

---

1) Moreno, J.L.: Das Stegreiftheater, 2. Auflage, Beacon House, Beacon, New York, 1970

sicher sein. Der Antagonist hingegen - wer sieht ihn nicht vor sich? - sitzt nach dem Spiel oft zerknirscht in der Runde: Die Rolle sitzt ihm noch in den Knochen, die er für den Protagonisten hingehalten hat. Durch sein ständiges Bereitsein, dem Protagonisten bei seiner Reise ins Unbekannte zu dienen, kann dieser seine Reise fortsetzen und bestehen. Das heißt aber: Die Psychodrama-Szene kann nur gelingen, wenn der Antagonist in seinem Mitleiden nicht die Kontrolle verliert, sondern *dient* und *leistet*.

Und das ist Theaterarbeit! Es kann hier nicht vertieft werden, daß auch das Dienen und Leisten beim Theater Opfer produziert, da die persönlich-emotionale Beteiligung des Schauspielers oft nicht gesehen wird. Festzuhalten bleibt, daß es beim Theater im Gegensatz zum Psychodrama keine behüteten Hauptspieler gibt, wenn man einmal von sogenannten Stars absieht. Die Bühnenakteure arbeiten gemeinsam mit dem Regisseur an ihren Rollen. Die Rückmeldungen des Regisseurs für alle Beteiligten sind notwendiger Bestandteil der Theaterarbeit.

Fazit: Der Antagonist beim Psychodrama kommt emotional und seine Leistung betreffend oft zu kurz. Das ist ihm nicht anzulasten; diese „Unterbelichtung" liegt am Setting und der gängigen Einschätzung des sogenannten Nebenspielers innerhalb eines protagonistenzentrierten Psychodramas. Die Rolle des Antagonisten muß daher stärker gesehen, gewürdigt und mit mehr Kompetenz ausgestattet werden. Das Theater bietet dabei geeignete Methoden (siehe: Praxis-Teil).

Also: Wünschenswert ist eine Theaterarbeit, mindestens bei der Psychodrama-Ausbildung, welche die Ausdrucksfähigkeit und Spielmächtigkeit aller Beteiligten fördert, was letztlich der Wahrheit der psychodramatischen Szene dient: das Psychodrama-Spiel gewinnt durch einen am Theater orientierten, ästhetischen Anspruch im Hinblick auf Bühne, Requisiten und Kleidung.

Auch ein Leiter mit „Theaterantennen" wäre wünschenswert! Was nimmt er auf? Was läßt er weg? Wählt er die sattsam bekannte Mittagstisch-Szene, oder entscheidet er sich für weniger alltägliche Szenen? In welcher Weise würdigt er Objekte durch Rollenbesetzung?

Ein Psychodrama-Leiter mit Theaterblick wird Zeitlupe und Zeitraffer nach Bedarf anwenden können, und er wird - frei nach Morenos Stegreif-Dramaturgie - ein gutes Timing der Szenen beachten.

Er kann außerdem besonders eindrucksvoll die bild- und symbolhaften Teile der Geschichte des Protagonisten herausfiltern und auf der Bühne sichtbar machen. So könnten der „Klotz am Bein", die „zugeschnürte Kehle", die Irritation beim Anblick eines Kreuzes, das Erschrecken bei Stiefelschritten, der selige Zustand beim Hören eines Kinderliedes von ihm anschaulich inszeniert werden.

Wenn man sich vergegenwärtigt, daß Morenos Weg zum Psychodrama beim Stegreif-Theater begann und diese Quelle bestimmend wurde für das Psychodrama, dann erscheint nur berechtigt, an diese Ursprünge anzuknüpfen.

Vorhang auf für die Praxis!

Praxis:
Es gibt eine Reihe von bewährten theaterspezifischen Übungen und Spielen, die u. a. dem Ziel dienen, Ausdrucksfähigkeit und Spielmächtigkeit zu wecken, zu entwickeln und zu trainieren. Die folgenden Beispiele stellen eine spezielle Auswahl für eine Gruppengröße von 12 Personen dar:
- Die Übungen und Spiele sind von den Autoren erprobt.
- Sie sind gezielt anwendbar.
- Sie sind gut zu variieren und zu ergänzen.
- Sie sind zeitlich kalkulierbar.

(Die Zeitangaben machen deutlich, daß die Schwerpunkte bei der Theaterarbeit anders liegen, als beim herkömmlichen Psychodrama.)

Stille Maske:
Dauer: 2,5 - 3 Stunden
Ablauf:
1) Technische Anleitung (Umgang mit Theaterschminke, Konturenstiften, Abschminke, Korrekturmöglichkeiten)
2) Kurze Anwärmung
3) Auftragen der Maske als Einzel- oder Paarübung: 30-45 Min.
4) Spiel, Improvisation: 90 Min.
5) Auswertung (Erfahrungen: erlebnisorientiert, Wirkung: ästhetisch-theatralisch)

Bewährte Anwärmübungen für die „Stille Maske":
- Gesicht „freimachen": abschminken vom Alltags-Make-up, Stirnband benutzen, Umgang mit Bärten ...
- Gesichts-Meditation[2] – Gesicht entspannen
- Gesicht des Partners eincremen
- Blick in den Spiegel mit dem „neuen" Gesicht

Die Teilnehmer tragen ihre Maske nach Anleitung auf: es ist eine weiße Pantomimenmaske mit neutralem Ausdruck. Die Ausdrucksträger des Gesichtes, Augen und Mund, werden durch Umrandung betont, aber im Ausdruck nicht verändert. Durch den Schwarz-Weiß-Kontrast und die Reduzierung auf Augen und Mund ist dies Maskengesicht in mehrfacher Weise bühnenwirksam:

---
2) Mävers/Jacobs: „Psychodrama und Theater", Integrative Therapie Nr. 5.

- Es ist aus größerer Entfernung gut zu erkennen.
- Die Maske ermöglicht eine breite Skala von Ausdrucksmöglichkeiten, auch bei zurückhaltender Darstellung; so wirkt das kleinste Anheben der Braue wie ein gewaltiger mimischer Akt.
- Die Maske führt hin zu körperbetontem, oft komödiantischem Spiel.
- Die Ästhetik der Maske im Zusammenspiel mit dem Körper erlaubt eine expressive Darstellung von Gefühlen und Situationen; es entstehen Körperbilder von großer Eindringlichkeit.

Psychodramatisch gesehen haben die Masken eine paradoxe Wirkung: Der Spieler hat die Illusion eines „uniformierten" Gesichtes, da alle Masken technisch gleich sind. Tatsache ist aber, daß die individuellen Züge erheblich verstärkt werden; das Gesicht wird durch die Maske „geöffnet", „zur Wahrheit geschminkt".

Es entstehen spontane Spiele, die gekennzeichnet sind von der Freude an der Selbstdarstellung und der meist derb-lustvollen Begegnung. Die Sprache ist stark reduziert bzw. überflüssig.

Improvisationen zu ausgewählten Themen führen in kürzester Zeit zu beeindruckenden, frischen Kurz-Szenen. Hierbei sammeln die Teilnehmer Erfahrungen im körperbetonten, ausdrucksvollen Spiel.

Hinweis für den Leiter:
Die „Unschuld der freien Darstellung" nicht zu früh durch Feedbacks und Selbstreflexion disziplinieren!
Wozu dient die Maske?
- Förderung des ganzheitlichen Körperausdrucks, z.B. bei stark verbal fixierten oder spielgehemmten, bzw. „seßhaften" Gruppen.
- Überwindung von Spielhemmnissen unter dem „Schutz der Maske".
- Die Maske schafft einen bislang nicht ausgeschöpften mimischen Spielraum.

Stäbe:
Dauer: 45 Min. - 3 Stunden
Ablauf:
1) Grundübungen mit Variationen 30-45 Min.
2) Weiterführende Übungen 60-90 Min.
3) Feedback 30 Min.
Medien: Bambusstäbe (1 - 1,20 m, 1 cm ø)

Drei bis vier Teilnehmer stellen sich im Kreis auf. Statt sich anzufassen, verbinden sie sich mit den Stäben, die in die Handflächen „gesteckt" werden. Es entstehen Druck-Kontakte. Die Gruppe bewegt sich nach Lust und Vermögen möglichst wortlos zu einer einfachen Spielregel:
Bei allem, was die Mitspieler tun, dürfen die Stäbe nicht zur Erde fallen. Will ein Spieler sich auf den Boden setzen, legen ..., wird er das nur im Zu-

sammenspiel mit den anderen können - man ist ja miteinander verbunden. Das Gleiche gilt für jede Art von Aktivität: schneller und langsamer werden, aktiv und passiv sein, im Raum herumgehen, den Raum verlassen, individuelle Spiel-Räume erleben: tanzen, verrückt spielen, über Tische und Bänke gehen ... immer sind die Spieler miteinander verbunden.
Durch Ansagen kann die Übung strukturiert werden:
- Stop: „Einfrieren" der Gruppe
- Blind: mit geschlossenen Augen spielen
- Zeitlupe

Techniken:
- mit Musik
- mit Rollenkarten
- mit allen Teilnehmern spielen
- Ausreizen der Möglichkeiten in Richtung Artistik

Wirkung:
- Es entstehen Bewegungs-Bilder von starker körperlicher Ausdruckskraft: oft sind die Arme weit ausgebreitet, die Standfestigkeit in extremen Körperpositionen wird spürbar, Körper und Blicke signalisieren Wachheit und Reaktionsbereitschaft.
- Ein großer ästhetischer Reiz geht von der Zeitlupen- und Blind-Bewegung aus. Bei Stop! zeigt sich ein reizvolles Körpergebilde, das - wie eine Plastik - zu besichtigen ist: Spannung und Harmonie, Verkrampfung, Opferhaltungen und Machtpositionen sind sichtbar.
- Die Alltags-Bewegungen sind „aufgebrochen"; oft entsteht eine Lust an der „großartigen" Darstellung: der Körper entfaltet sich, er sucht sich im Spiel seine Größe und Lockerheit.

Psychodramatisch gesehen, bieten die Stabspiele viel „Stoff": Das Verständigungs-System (das Spiel) funktioniert nur dann, wenn kein Stab fällt. Um das zu erreichen, gibt es sehr unterschiedliche Methoden: Einfühlung und Anpassung, Dominanz und Abhängigkeit, spielerisches Erproben von Möglichkeiten, den Überblick, die Kontrolle zu behalten. Wer setzt sich durch, kommt zum Zuge? Wer opfert sich, damit das Spiel funktioniert? Bei welchen Spielern fallen die Stäbe runter? Wie werden die Spielzüge erlebt?
„Mich zerreißt es fast."
„Ich hatte überhaupt keinen Überblick mehr."
„Ich bin beim Ausflippen voll auf meine Kosten gekommen."
„Immer, wenn ich was Eigenes machen wollte, fiel ein Stab herunter."
Diese Aussagen zeigen, daß der Schritt zum Psychodrama nicht weit ist. Auch eine systemische Betrachtungsweise im Sinne von „vernetzt" ist möglich. Besonders die Variante mit Rollenkarten hat sich als „systemträchtig" erwiesen:

Beispiel:

Drei Karten liegen verdeckt am Boden (Adjektive wie z.b. einfühlsam - stur - ausgeflippt stehen darauf). Die Spieler ziehen je eine Karte, ohne den Mitspielern und Zuschauern etwas zu verraten und legen die Karte wieder verdeckt in die Mitte. Das Spiel beginnt. Zunächst stellen sie sich, kreisförmig mit Stäben verbunden, ihrem Wort entsprechend, als Statuen auf. Dann ist die Bühne frei: es passiert, was passiert: wortlos, körper- und gestenreich, ab und zu als Skulptur (Stop!) zu betrachten, oder in der Zeitlupenfassung.

Sichtbar und erlebbar für die Gruppe/Zuschauer entsteht ein lebendiges Beziehungs-System-Spiel, „wie im Leben". Der Einfühlsame fühlt sich als Opfer, die Sture und die Ausgeflippte kommen auf ihre Kosten; der Einfühlsame hat ihnen einen schönen Spiel-Raum ermöglicht. *Oder:* Die Sture fühlt sich gestört. - *Oder:* Die Flippige bekommt einen Mit-Streiter durch den Einfühlsamen. - *Oder:* Die Sture fühlt sich angegriffen und provoziert. - *Oder:* Es gibt viele Varianten ... Die Rückmeldungen (in der Reihenfolge: Zuschauer, Spieler) können weitere Spielwünsche provozieren:
- „Ich will auch einmal stur sein."
- „Ich bin mal einfühlsam, aber nicht als Opfer ..."
- „Unter welchen Bedingungen kommen wir alle drei auf unsere Kosten?"
Eine Abschlußszene „Familie als System" bietet sich an.

Marionetten -Theater - Ein Beziehungsklärungs-Ritus -
Dauer: 60 - 90 Min.
Das Spiel beginnt, nachdem die Bedingungen für die Auseinandersetzung in der Gruppe geklärt worden sind:
- Die Konfliktpartner sind bereit, sich aufeinander einzulassen.
- Die Gruppe gibt „grünes Licht".

Spielregeln:
- Im Unterschied zum Psychodrama findet das Spiel inmitten der Gruppe statt.
- Verständigung: nonverbal
- Die Konfliktpartner suchen sich eine Marionette für ihre eigene Rolle aus.
- Die Konfliktpartner (Marionetten-Spieler) spielen die Geschichte der Entstehung des Konflikts in einem Zug-um-Zug-Bilderdialog.
- Der Leiter entscheidet über die Anzahl der Spielzüge (Bilder).

Ablauf:
- A und B sind Konfliktpartner.
- Sie stehen sich in einem selbst gewählten Abstand gegenüber, vor sich die Marionette, die sie „Zug um Zug" modellieren.
A A1 ⇨ ⇦ B1 B

Marionettenspieler A modelliert A1 z.B. unter dem Thema „Unsere erste Begegnung. Gedanken, Gefühle, Eindrücke, Hoffnungen ..."
B modelliert B1 als Antwort auf das erste Körper-Marionetten-Bild.

Da die Geschichte des Konfliktes in einer begrenzten Zahl von Marionetten-Bildern gezeigt wird, müssen diese markant und aussagekräftig sein. Um diesen Eindruck zu erzielen, müssen Gefühle wie Zorn oder Enttäuschung in Körperbilder übersetzt (modelliert) werden. Und das ist wiederum Theaterarbeit: „Gefühle sind machbar".

Psychodramatisch gesehen, ist für den Konfliktträger die Modellierarbeit eine Art Übertragung (im wörtlichen Sinne) seiner Gefühle auf die Marionette. Sie wird „Träger" der Emotionen bis hin zu kathartischen Erlebnissen. Dabei wirkt der künstlerische Akt der Gestaltung wie ein Katalysator: die Ursprungsgefühle des Konfliktpartners werden in der Skulptur „untergebracht". Es entstehen beim Gestalten freie Valenzen im Hinblick auf eine Aufhellung des Konfliktes.

Ein Beispiel soll diesen Prozeß veranschaulichen: A und B können nicht miteinander reden; sie „sehen rot". Nun hat aber A durch die Spielregel die Aufgabe, gerade diese blockierenden Gefühle in einer Figur, seinem Alter Ego, darzustellen, zur Form werden zu lassen. Dies ist erstens entlastend; er braucht diese Gefühle nicht mehr so stark zu erleben, denn sie sind ja in der Skulptur repräsentiert. Zweitens bekommt er durch diese Entlastung den Blick frei für seinen Konfliktpartner, der diesen Prozeß ebenfalls durchläuft. Am Ende des Skulpturen-Dialogs kann der Leiter ein zukunftsweisendes Wunschbild für beide anbieten.

Nachbereitung:
1. Rückmeldung der Marionetten als „Träger" des Konfliktes.
2. Wahrnehmungen der Gruppe.
3. Rückmeldungen der Konfliktpartner.
4. Die Aufarbeitung umfaßt sowohl ästhetische als auch emotionale Kategorien.

Stimme - Sprache
Für den Schauspieler ist die Stimme Handwerkszeug, für den Psychodramatiker Spiegel der Seele: die Stimme versagt, sie bricht hervor, sie kippt, sie flüstert, sie zittert, sie überschlägt sich. Nicht immer ist zu verstehen, welche Worte/Sätze vom Protagonisten gesagt werden. Seine Gefühlslage hingegen wird erfaßt. Dem Protagonisten muß es bei starker Betroffenheit gestattet sein, unverständlich, leise ... zu sein. Als Unsitte hingegen erscheint es den Autoren, wenn in der sogenannten Gruppenphase einer Psychodrama-Sitzung gleichermaßen unverständlich gesprochen wird als Zeichen des Mitempfindens. Gerade in dieser Phase sind die Teilnehmer darauf angewiesen, von allen verstanden zu werden. Die Gefahr besteht,

daß diese Unsitte (säuseln, tonlos sprechen, hauchen, piepsen) als Gruppennorm angenommen wird.

Außerdem ist zu beobachten, daß Antagonisten öfter die Vorgaben des Protagonisten stimmtechnisch nicht bewältigen können: sie verwenden ihre Umgangslautstärke, um einen brüllenden Vater, ein klagendes Kind, einen höhnischen Vorgesetzten wiederzugeben.

Die folgenden Anregungen können dazu beitragen, der Stimme auf der Psychodrama-Bühne zu besserer Geltung zu verhelfen.

- Tonleitern singen: gemeinsam in der Gruppe, am besten im Freien.
- Atemtechnik-Übungen
- Klangteppich: Die Gruppe liegt im Raum verteilt entspannt auf dem Boden, Töne (Vokale) entstehen, dissonant oder harmonisch, als eine Zufalls-Komposition.
- „Überdrehte" Sprache: Durch überpointierte Sprache wird die Lust am theatralischen Sprechen geweckt. Texte: beliebig (sehr schön: Loriot und Schiller!)
- Kinderlieder, Schlaf- und Wiegenlieder, Gesang bei Feiern, Protestlieder, sakrale Musik: Litaneien, Choräle, Marienlieder, ...: singen und szenisch improvisieren.
- Telefonbuch-Dialog: Die Dialog-Partner improvisieren mit Rollen-Vorgaben wie z.B. Mutter/Schwiegermutter, König/Narr einen Telefonbuch-Dialog: sie lesen, den Rollen entsprechend, die zufälligen Telefonbuch-Texte. Dabei stellt sich heraus, daß nicht die Worte an sich Bedeutungen vermitteln, sondern die Art und Weise, wie sie gesagt werden (Gefühlslage, Lautstärke, Tempo, Pausen).

Schlußbemerkungen

Bei der Konzeption dieses Artikels wurden die Autoren inspiriert von einem besonderen Moment der Psychodrama-Arbeit:

Der Protagonist hat seine Geschichte angedeutet, und es geht jetzt darum, den Hauptantagonisten auszuwählen. Sein Blick streift die Teilnehmer, er ist im Begriff, eine spezielle Auswahl zu treffen. Während er sucht, herrscht oft eine gespannte Stille. Viele Teilnehmer blicken zu Boden oder in die Ferne, sie signalisieren, daß sie Angst haben, tatsächlich gewählt zu werden. Sie befürchten, emotional überfordert zu werden, Gewalt anwenden oder laut werden zu müssen, an ihre Schamgrenze zu stoßen... Abgesehen von seltenen begründeten Ausnahmen, übernehmen vereinbarungsgemäß die Antagonisten ihre oft schwere Bürde. Dabei wird wenig berücksichtigt, daß Antagonisten hier Hilfe brauchen.

Unsere Arbeit ist ein Versuch, diese unterbelichtete Stelle der Psychodrama-Arbeit aufzuhellen. Möge der Leser unseren Beitrag als eine Einladung betrachten, den Antagonisten einmal mit neuen Augen zu sehen.

Selbsthilfe in der Peergruppe -

ein Anreiz zu langem und oft lustvollem Lernen *)

von Rainer Bosselmann

1. Ausgangspunkte

Im folgenden berichte ich kurz von Erfahrungen, die einige Kollegen und ich im Verlauf von nahezu zwanzig Jahren in drei unterschiedlichen, kollegial erfreulich unterstützenden Gruppierungen sammeln konnten. Kollegengruppen von Psychodramatikern oder Familientherapeuten z.B. finden sich zwar aus verschiedenen Anlässen zusammen, nach wenigen Treffen lassen sich aber oft ähnliche, charakteristische **Intentionen und Bedürftigkeiten** erkennen:
- Es besteht lebhaftes Interesse an Kontakt und Austausch unter Kollegen mit vergleichbarer Kompetenz und aus angrenzenden Arbeitsbereichen.
- Viele wünschen sich, neben genauerer Kenntnis vergleichbarer Praxisbereiche auch lebendigen Einblick in die bereits angewandten Ansätze - z.B. des Psychodramas oder der Familientherapie - zu gewinnen.
- Die offizielle Begründung solcher 'Arbeitsgruppen' ist gewöhnlich die Supervision von Problemfällen oder Problemgruppen, die den einzelnen belasten oder verwirren. Der Wunsch, in schwierigen Beratungen oder Therapien bei möglichst erhaltener Autonomie vorwärtszukommen, ist in einer funktionierenden kollegialen Gruppe eher zu erfüllen als in Abhängigkeit von einzelnen Experten oder gar Vorgesetzten.
- Persönlicher sind die Beweggründe, die der Überwindung in ihrer Ursache noch nicht geklärter Unsicherheiten und Selbstzweifel dienen sollen. Der Gruppenteilnehmer sucht für sich gewissermaßen eine kompetente und respektvolle 'Sortierhilfe' im Bemühen, besser unterscheiden zu können, welches die wesentlichen Ursachen von Problemen im Beratungs- und Behandlungsalltag sind: Kommt der Zweifel aus dem 'schwierigen Fall'? Deuten sich in meiner Unsicherheit diagnostische oder methodische Unzulänglichkeiten an? Spielen mir persönliche Eigenheiten - sei es ein markanter Wesenszug oder die vielgerühmte 'neurotische Ecke' - einen Streich?

So kommt es, daß sich derartige Selbsthilfegruppen am ehesten als 'kollegiale Supervisionsgruppe' oder stärker themenbezogene 'Arbeits- und Projektgruppe' verstehen, auch wenn sie - zunächst nicht so offen deklariert - dem fachlich und persönlich stützenden Rückhalt dienen.

---
*) Der Psychodrama-Regionalgruppe Hessen-Rhein, den Freunden und Freundinnen der Familien-AG in Gießen und den Kollegen der Beratersozietät B.E.A.T. Hamburg in Dankbarkeit gewidmet.

Die Qualität der gesuchten Unterstützung erinnert an die Arbeit der nach Michael Balint genannten Gruppen, wo allerdings ursprünglich der leitende Arzt seine 'apostolische Funktion' wahrnahm und sich selbst als Medizin (die 'Droge Arzt') verabreichte. Bei Vorbildern denke ich eher an D. W. Winnicotts 'holding function', hier als Aufgabe von einer Gruppe übernommen, oder an den unvergleichlichen amerikanischen Familientherapeuten Carl Whitaker, der jedem Therapeuten eine 'cuddle group' wünscht, was mit 'Kuschelgruppe' nur sehr unzulänglich übersetzt ist. Es war übrigens Whitaker, der es, unter dem lebendigen Eindruck von J.L. Moreno und seinen Gruppenmethoden, als Dekan der Medizinischen Fakultät in Atlanta allen Medizinstudenten zur Auflage machte, daß sie sich durch Teilnahme an einer therapeutischen oder Selbsterfahrungsgruppe mit ausreichendem Wissen über sich selbst und über Gruppenprozesse auf ihre ärztlichen Aufgaben vorbereiteten!

2. Voraussetzungen

Auf jeden Fall muß genügend **Neugier** vorhanden sein, mehr über Gruppen/Familien, über Verstrickungen und eigene Reaktionsweisen sowie von den in der Arbeit mit Gruppen und Familien wirksamen Kräften zu erfahren.

Das hinreichend heftige **Leiden** an eigener Naivität und an Ohnmacht gegenüber 'widersetzlichen' Hilfesuchenden oder Weiterbildungskandidaten gehört unbedingt dazu, als Grundausstattung gewissermaßen.

Gut wirkt auch als Triebfeder, wenn sich zumindest zeitweilig das Leid in kräftigen **Ärger** gewandelt hat: auf 'undankbare' Gruppen, Klienten, Familien und vor allem auf sich selbst - z.B. wegen unrealistischer Zielsetzungen oder heimlichen Helferhochmuts.

Gesunde (Über)-**Lebenslust** und der Wunsch, sich in Zukunft als Helfer, Fortbildner oder Berater besser und lebendiger zu fühlen als bisher, auch das gehört zum Inventar gut motivierter Gruppenkollegen.

Neben diesen persönlichen Bedürfnissen und Regungen wirkt, als 'interpersonelle Würze', etwas **Konkurrenz**, durchaus belebend auf das Peer-Gruppengeschäft.

Wenn in der Gruppe unterschiedliche Temperamente und Variationen des Vorgehens respektiert und experimentelle Anregungen immer erwünscht bleiben, dann wirkt ein gefestigter **methodischer Grundkonsens** über den geeigneten Einsatz der psychodramatischen Mittel sehr erleichternd auf Verständigung und wechselseitige Akzeptanz.

Schließlich erweist sich als wertvoll und für den längeren Bestand der Gruppe entscheidend, daß die Gruppenmitglieder für sich und die Kollegen den 'peer'-Status als gegeben ansehen und gutheißen, nur so läßt sich eine **Gruppenkultur ohne Leiter** festigen, in der jeder zu seinem Recht kommt.

3. Arbeitsweise und Nutzen

3.1 Ihre **supervisorischen Möglichkeiten** entfaltet die Peergruppe
- hauptsächlich durch das wechselseitig geltende Angebot, der Kollegin/ dem Kollegen als Interviewer, Regisseur oder Antagonist bei der Konkretisierung aktuell bedeutsamer Fragen oder Probleme zur Verfügung zu stehen, spontan oder auf Anfrage;
- in fallbezogenen Fragen, Einfällen und Echos, in assoziierten Bildern, Phantasien und Impulsen sowie
- durch differenzierte Reaktionen auf die jeweilige Wesensart des einzelnen Kollegen, die im Lauf der Zeit durch Anreicherung und Pointierung einen großen Wert als professionelle Selbsterfahrung entfalten können.
- Unter dem Einfluß der genannten Wirkungen - und darüber hinaus - spiegelt die Gruppe jedem Gruppenteilnehmer ein Spektrum von charakteristischen 'Übertragungslagen', von vielfältigen und häufiger anzutreffenden Reaktionen und Empfindungen der 'Gegenübertragung', empfindlichen Stellen und Bereichen der Hornhaut; sie geben handlungsleitende Anstöße: sowohl warnende Signale zu gebotener Vorsicht wie auch genügend entlastende und ermutigende Bestätigung.

3.2 In **gemeinsamen Projekten** wie z.B. Studienreisen und wechselseitiger Co-Therapie, Publikationen und Klausurtreffen zu fachlichen Fragen oder gemeinsam geplanten und durchgeführten Veranstaltungen schlägt sich Erreichtes nieder und eröffnen sich weitere Perspektiven der Zusammenarbeit.

3.3 Orientierenden **Halt und Bestärkung** kann die Gruppe dem einzelnen Teilnehmer natürlich erst dann vermitteln, wenn Sensibilität und Gruppenklima dies erlauben. Das kann von großem Wert sein, wenn z.B. für einen Teilnehmer Fragen der beruflichen Veränderung und Weiterentwicklung anstehen, wenn für eine Teilnehmerin der institutionelle Kontext zur ärgerlichen Last geworden ist, oder bei aktuellen Krisen, wenn in zugespitzter Lage ein Kollege gerade fürsorgliche Ansprache nötig hat.

4. Entwicklungszyklen

Eine solche Bezugs- und Arbeitsgruppe zeigt in ihrem Verlauf, gerade wenn sie familienähnliche Langlebigkeit entwickeln sollte, im Hinblick auf den Zusammenhalt und ihre Bedeutung für den Einzelnen, auf die Offenheit der Mitteilungen und die Intensität der 'Inanspruchnahme' erhebliche Schwankungen:
- Am Anfang stehen vorsichtige Annäherung und dosierte Öffnung im Vordergrund, für manche Psychodramatiker auch der spontane 'Sprung in die Mitte' als Protagonist.

- Gewisse Rangeleien um Profil, Platz und Bedeutung in der Gruppe werden fallzentriert und in Etappen abgehandelt, dabei spielen die Grundberufe samt verinnerlichter Berufsrolle und die Treue zur methodischen 'Heimat' der Teilnehmer eine wichtige Rolle.
- Wenn das erledigt und überstanden ist, stellen sich Erleichterung und mehr Sicherheit in der Gruppe ein.
- Je nach Treuebindungen an Institutionen und Weiterbildungsgänge, nach Temperament, Lektüre oder Fortbildungseinflüssen, kann zeitweise eine Debatte um die 'richtige Linie' aufflackern, so entsteht die gemeinsame, schrittweise differenzierte, konzeptuelle Basis und zugleich für jede/n ein reflektierterer Hintergrund des eigenen beratenden oder therapeutischen Handelns. Missionarischer Eifer wird auf den Prüfstand genommen und wo nötig gestutzt.
- Die verbale und szenische Vorstellung von (problematischen) Beispielen eigener Beratungsarbeit und die Konkretisierung der Problemfamilie, des schwierigen Klienten, der Sorgen bereitenden Gruppe im Psychodrama stellt den wesentlichen, Kohärenz und Dialog stiftenden Kern im Prozeß der Entwicklung einer solchen kollegialen Selbsthilfegruppe dar - zusammen mit wiederholten Sharings aus dem Kollegenkreis.
- Über Sinn und Ziele der Gruppe muß zeitweilig erneut verhandelt werden, aus Gründen der inneren und äußeren Legitimation. Zu unspektakulären Zwischenzeiten sind Gewöhnungs- und Ermüdungseffekte unvermeidlich; das Setzen veränderter Schwerpunkte, die Aktualisierung des Kontrakts miteinander, das programmatische Anzetteln von Projekten wirkt unmittelbar motivierend - oder die Blütezeit der Gruppe geht dem Ende zu. (Über den angemessenen Zeitpunkt und die geeignete Form der Beendigung einer solchen Gruppierung liegen mir noch keine mitteilenswerten Beobachtungen oder Erfahrungen vor. Dieses Thema verdiente aber, auch auf 'therapeutische Verhältnisse bezogen', gelegentlich eine ausführliche Behandlung). Wenn der Kompost eine gute Gare entwickelt hat, ist die Verteilung des Humus im Garten an der Zeit.

Eine konstant bleibende Teilnehmerschaft gewährleistet zwar viel Sicherheit und Vertrautheit miteinander, verhindert aber weder mögliche degenerative Prozesse der Gruppe noch den natürlichen Schwund aus äußeren Gegebenheiten; so taucht früher oder eher später die Frage von Erweiterung oder Nachrückern für den Zirkel auf. Wer später dazustößt, stellt eine Herausforderung, vielleicht eine Bereicherung der Gruppe dar, andererseits wird ihr oder ihm der grundlegende Teil der Gruppengeschichte als Erfahrung und Konsens immer fehlen. So scheint aus meiner Sicht in dieser Frage personeller Wechsel einige Vorsicht angemessen zu sein. In einigen Fällen scheint es die bessere Alternative zu sein, aus den Anfragen von Interessenten den Anstoß zur Gründung einer neuen regionalen Peer-Selbsthilfegruppe zu geben.

5. Ausblick

Aus dem Gesagten wird deutlich, daß regionale Unterstützungsgruppen für interessierte Kollegen aus verschiedenen helfenden Berufen in persönlicher und professioneller Hinsicht sehr nützliche Wirkungen entfalten und langfristig anbieten können:
- so wird der Vereinzelung in Institutionen oder sog. freien Praxen effizient entgegengewirkt.
- fachbezogen geben Peergruppen Erleichterung und Anstöße, Einsichten und Spaß mit ähnlich betroffenen und ernstzunehmenden Kollegen. Das bedeutet Hilfe zum Transfer des Gelernten und Anregung zum Experimentieren, also Weiterqualifikation in der Methodik.
- über aktuelle berufliche Vorhaben und Aufgaben hinausweisend entstehen also förderliche Gemeinschaften, die zugleich der Selbstfürsorge wie der individuellen Klärung beruflicher Perspektiven und der verständnisvollen Begleitung bei der Weiterentwicklung jeder beteiligten Person dienen können; auf diese Weise wird dem gefürchteten Ausbrennen vorbeugend begegnet und die Ausgeglichenheit im Berufsleben nahezu zwangsläufig gesteigert.

Hier sollte - in der Hoffnung auf weitere Verbreitung - an das vielfach erprobte, kostenneutrale und über lange Jahre bewährte Mittel der kollegialen Unterstützungsgruppen als Selbsthilfe-Initiativen erinnert werden, die ihren Wert sowohl integriert in bestimmte Ausbildungsgänge für Psychodramatiker wie auch berufsbegleitend für Familientherapeuten unter Beweis gestellt haben. Eine modernere Bezeichnung dafür lautet 'selbstgesteuerte Arbeitsgruppen'.

Wesentliche Passagen dieses Aufsatzes wurden in der Zeitschrift FAMILIENDYNAMIK; Heft 1/1993 veröffentlicht.

Leitbilder weiblicher Führung

Der Einsatz des Psychodramas in der Fortbildung
von Frauen in Führungspositionen

von Eva Lüffe-Leonhardt und Gabriele Birth

Seit einigen Jahren arbeiten wir in der beruflichen Weiterbildung mit dem Schwerpunkt „Frauen in Führungspositionen". Zugegeben, ein Trend in der beruflichen Fort- und Weiterbildung. Sind die Themen „Führung" und „Frauen" schon längst ein Muß in jedem Fortbildungskatalog, so verspricht die Kombination aus beidem erst recht, den Zeitgeist und die Bedürfnisse einer großen Population getroffen zu haben. Aber warum? Was können Seminare bieten, die das Thema „Führung" speziell für Frauen aufbereiten und mit den Schlagwörtern „Spezielle Stärken", „Weibliche Führung" oder „Frauen führen anders" etc. Unterstützung anbieten? Männerausschluß als Allheilmittel? Das kann's doch nicht gewesen sein.

Bevor wir uns dem Inhalt unserer Führungsseminare und dem Einsatz des Psychodramas in genau diesem Bereich zuwenden, vorab noch einige Sätze zur Gruppe der Teilnehmerinnen, ihren Voraussetzungen und Erwartungen an unser Seminarprogramm.

Die Seminargruppe setzt sich in der Regel aus Frauen zusammen, die ihren beruflichen Standort im klinischen, sozialen oder wirtschaftlichen Bereich haben. Praktisch treffen hier Pflegedienstleitung und Geschäftsführerin, Heimleitung und Abteilungsleiterin zusammen, um in Gesellschaft von „Gleichgesinnten" ihre Fähigkeiten in der Mitarbeiterführung und in der Organisation ihrer vielzähligen Tätigkeiten zu überprüfen, und wünschen sich „handfeste" Konzepte und Modelle, um den eigenen Führungsstil einzuordnen und ggf. zu verändern.

Die Mehrzahl der Frauen hat sich bereits über innerbetriebliche Schulungen mit dem Thema „Führung" auseinandergesetzt und im Rahmen themenbezogener Führungsseminare ihre Fähigkeiten in der Kommunikation (z.B. Rhetorik), Arbeitsorganisation (z.B. Zeitmanagement) fortgebildet. Auffallend ist ihr hoher Wissensstand über Methoden, Techniken und Theorien aus dem Arsenal der Fortbildungsbestände zum Thema „Führung".

Die Anfangsphase der Seminare weist oft typische Merkmale auf: Die Teilnehmerinnen beginnen schon früh im Gruppenprozeß den offenen Austausch über ihre berufliche Situation. Die Gespräche über Führungserfolge und -probleme, über Anforderungen und Entlastungen sind in der

Regel durch Offenheit und gegenseitige Wertschätzung gekennzeichnet. Ihre Fähigkeiten im „Miteinanderreden und Zuhören" und im „Atmosphäre schaffen" entsprechen zum großen Teil ihrem Führungsstil und spiegeln einige der charakterischen Merkmale weiblicher Führungsqualitäten wider, wie sie in der Literatur beschrieben sind (z.B. Belenky, 1986). „Aber was suchen sie eigentlich wirklich hier?" ist eine Frage, die wir uns oft gestellt haben.

Fassen wir noch einmal zusammen:
Die Teilnehmerinnen haben solide Grundlagen in Sachen Führungstheorien und -techniken, kennen das Repertoire der Kommunikationspäpste und zeigen spontane Gruppenfähigkeit.

Könnte es sein, daß hier im Zuge einer an männlichen Interessen orientierten Führungsschule an den Bedürfnissen, ja Schwächen, des anderen Geschlechts vorbeitrainiert wird? Wie sonst ist zu erklären, daß weibliche Führungskräfte auf ihrer steten Wanderung durch den Fortbildungspark noch immer suchend umherirren, an Wissensfülle zunehmen, aber offensichtlich nicht das finden, was sie wirklich brauchen.

Aber was brauchen sie dann?
Aus heutiger Sicht wußten wir es auf unseren ersten Seminaren auch noch nicht so genau. Die vielleicht wichtigste Beobachtung machten wir bei einer Psychodramaübung, bei der die Teilnehmerinnen ihre Vorstellungen von Führung (nennen wir sie „innere Leitbilder") in Form von Statuen auf die Bühne brachten. Die damalige Protagonistin wählte ihre Leitfiguren aus Familie, Freundes- und Bekanntenkreis und aus der Welt der Märchen und Fabeln. Nach Auswahl und Rollenbesetzung durch Gruppenteilnehmerinnen war die Bühne mit ca. sieben Mitspielerinnen besetzt: ein Onkel, ein ehemaliger Lehrer, Sartre, Albert Schweitzer, Fidel Castro und einige mehr. Die Aufzählung läßt ahnen, daß ausschließlich männliche „Vorbilder" ins Spiel gebracht wurden. Diese ließen sich in der weiteren Arbeit nur schwerlich zu einem weiblichen Leitbild von Führung zusammensetzen. Beobachtungen in dieser Richtung häuften sich.

Wir mußten erkennen, daß den Frauen ein inneres Bild fehlt, das geeignet ist, ihre verschiedenen Führungseigenschaften zu integrieren und ein positives Leitbild von Führung darstellt.

Betrachten wir das Problem noch einmal von einer anderen Seite:
Daß der Unterschied im Denken und Handeln zwischen den Geschlechtern vorhanden ist, bedarf hier keiner weiteren Erläuterung. Ebenso die Tatsache, daß das Rollenrepertoire zur Bewältigung von Führungsaufgaben zwischen den Geschlechtern sehr divergiert. Ihren unterschiedlichen Strukturen entsprechend, finden sie Formen der Problemlösung, wie jede für sich ihr Ziel erreichen könnte. Schwierig wird es nun, wenn dieses vorhandene Repertoire durch „falsche" Vorbilder geschmälert wird.

Frauen sind in der Entfaltung ihrer Führungseigenschaften behindert, wenn sie versuchen, für ihre geschlechtstypischen Herangehensweisen männliche Vorbilder zu wählen. Natürliche Dominanz, Ausstrahlung und Charme (um nur einige Eigenschaften zu nennen) bleiben auf der Strecke. Ganz zu schweigen von der Mühsal, typisch männliche Stärken bei sich anzulegen und auszubauen. Das Ergebnis wäre eine Führungskraft, die außen sucht, was sie innen nicht haben kann und Teile ihrer Persönlichkeit und damit wichtige Quellen der Kraft und Spontaneität einbüßt.

In der einschlägigen Literatur der 90er Jahre wird die Bedeutung *eigener* Werte und Vorstellungen für eine erfolgreiche und überzeugende Führung ausführlich beschrieben. Eine zu ihrem Führungsalltag interviewte Managerin drückte das so aus: „Was erschöpft, ist nicht die harte Arbeit, sondern die Unterdrückung der wahren Persönlichkeit" (Helgesen, 1991, S. 202). Sollte es stimmen, daß in den „Teppichetagen" zunehmend auch „weibliche" Führungsprinzipien gefragt sind, ist die Frage nach einer Struktur, die die damit verbundenen Werte und Eigenschaften zu einem Leitbild von Führung verbindet, nicht unberechtigt.

Frauen, die hier Vorbild sein können, sind rar. Es scheint notwendig, selbst auf die Suche zu gehen und Werte, Ideale und persönliche Stärken ausfindig zu machen, die den Selbstwert der weiblichen Führungskraft stabilisieren und weiterentwickeln, und auf diesem Boden ein Leitbild von Führung zu entdecken.

Um die Suche nach individuellen Leitbildern von Führung einzuleiten, gilt es, den Fokus nach innen zu richten und bei den Teilnehmerinnen die Fähigkeiten zur Selbstbetrachtung und -darstellung zu fördern.

Einfacher gesagt als getan. Wie oben erwähnt, befinden sich die Frauen der Seminargruppe zunächst in einem Zustand von „Außenorientiertheit", d.h. sie sind sehr auf die Gruppe bezogen.

Beim näheren Hinsehen wird deutlich, daß die spontane Gruppenbezogenheit und Kommunikationsbereitschaft der Teilnehmerinnen auch eine Art Suche beim Gegenüber bedeutet, ein Suchen nach Modellen und Vorbildern und nach Maßstäben, um die eigenen Fähigkeiten kalkulierbar zu machen. Die „heimlichen Konkurrenzen" sind ein deutliches Zeichen für das Dilemma, in denen sich weibliche Führungskräfte, vor Ort, und auch im Seminar befinden. Es läßt sich erklären als eine Ambivalenz zwischen dem Wunsch nach frauensolidarischer Unterstützung und der „Haifisch-Ideologie" der Arbeitswelt, die mit dem Thema „Führung" unmittelbar verbunden ist (Barber u. Watson, 1991).

Die Frauen wirken gebremst im Umsetzen eigener Anliegen und Bedürfnisse und zeigen eine verstärkte Orientierung an vermeintlichen Gruppenregeln und -normen, die offensichtlich die Wahrnehmung eigener Impulse und Bedürfnisse erschweren. In Bewegungsübungen zeigen die Teilnehmerinnen meist eine schlechte „Erdung" und Standfestigkeit und eine undifferenzierte Körperwahrnehmung. Ein weiteres Zeichen, daß sie nur wenig mit sich im Kontakt sind.

Kommen wir nun zu der Frage des „Wie?":

Ziel unserer psychodramatischen Herangehensweise ist die Einleitung einer inneren Spurensuche, d.h. bei den Teilnehmerinnen die Suche beim Gegenüber zu unterbrechen und Zugang zu Gefühlen und unbewußten Wünschen zu schaffen. Der „Schürfprozeß" wird durch die Arbeit auf symbolischer Ebene erleichtert.

Zum Einstieg setzen wir eine Auswahl von Postkarten ein, die wir themenspezifisch zusammenstellen. Auf den Karten sind Personen und Gegenstände abgebildet, die in ihrer Darstellung Raum lassen für Phantasien und Projektionen. Die Karten werden in ihrer Vielzahl auf den Boden gestreut und die Teilnehmerinnen sind aufgefordert, drei Karten zu ziehen. Die erste stellt - auf symbolischer Ebene - ihre reale Situation in der Führungsrolle dar, die zweite ihre Wunschrolle und die dritte Karte, eine Zufallskarte, die verdeckt gezogen wird und deren Bedeutung für die Teilnehmerinnen erst am Ende des Seminars geklärt wird.

Die Auswahl der Karten geschieht möglichst spontan und intuitiv, um unbewußte Anteile wirken zu lassen. Nach dieser Sequenz leiten wir zum Rollentausch mit der abgebildeten Person, Gegenstand etc. auf der Wunschkarte an. Die Teilnehmerinnen sprechen aus der Rolle ihrer Wunschfigur zum Thema Führung und treten in Kontakt mit ihren heimlichen Wünschen, Idealvorstellungen und Phantasien. In der Rolle der „Starken" entwickeln sie Standpunkte, beschreiben, wie Führung ihrer Meinung nach funktionieren kann und welche Persönlichkeitseigenschaften von Bedeutung sind.

Der Rollentausch erlaubt ihnen genügend Abstand von der realen Person und ihrem selbstkritischen Blick auf Schwächen und Defizite.

Erfahrungsgemäß sind die Teilnehmerinnen sehr schnell in der Identifikation. Fragen von Seiten der Leitung unterstützen den Prozeß der Exploration wichtiger Aspekte von Führung. In anschließenden dyadischen Einheiten besteht die Möglichkeit die „Wunschfiguren" genauer zu erklären und die Verbindung zur eigenen Person herzustellen.

Ergebnis der Übung ist häufig ein Stimmungswechsel in der Gruppe. Der Prozeß der Suche beim Gegenüber scheint unterbrochen. Der erste Kontakt mit dem eigenen (Wunsch)bild von Führung hat Stärkung und Konzentriertheit zur Folge. Um den Kontakt mit dieser, nennen wir sie „kraftvollen" Seite der Person, weiter zu fördern und das Mosaik „Leitbild von Führung" entstehen zu lassen, greifen wir den Faden unter Einsatz der verschiedenen Spielarten des Psychodramas (z.B. Statuenarbeit, Vignetten oder ausführliche Protagonistenarbeiten) auf.

Die Statuenarbeit mit einer Teilnehmerin, nennen wir sie Karin, zeigt eine Form der methodische Umsetzung. Wir wählen ihr Beispiel, weil die psychodramatische Einzelarbeit typische Prozesse in der Entwicklung und Ausgestaltung frauenspezifischer Führungsqualitäten aufzeigt. Es stützt unsere Beobachtung, daß Frauen, die in puncto Managementtechniken gut gerüstet sind, häufig ein inneres Leitbild fehlt, das erlaubt, persönliche Werte und Persönlichkeitsanteile zu einem eigenen Konzept von Führung verschmelzen zu lassen. Da die Einzelarbeit von biographischen Elementen überlagert ist, zeigt sich das Problem fokussiert, fast bilderbuchhaft.

Karin nimmt an einem Führungsseminar für Frauen teil, das in Form einer fünftägigen Veranstaltung an einem externen Fortbildungsinstitut angeboten wird. Die Gruppenkonstellation ist ähnlich wie oben beschrieben; die Arbeit am Führungsthema eine Mischung aus psychodramatischer Selbsterfahrung, pädagogischem Psychodrama, persönlicher Beratung und theoretischen Inputs.

Karin ist 33 Jahre alt und Tochter eines Großunternehmers. Sie arbeitet seit vier Jahren eigenverantwortlich für den internen Fortbildungsbereich im Unternehmen ihres Vaters. Nach ihrem Management-Studium in den USA war sie zunächst verantwortlich für die interne Fortbildung der unteren Führungsebene. Ihre Leitungsaufgaben wurden mit der Zeit ausgeweitet. Sie arbeitet heute als Fachvorgesetzte von 30 Ausbildern und ist, obwohl der Personalabteilung angegliedert, im wesentlichen ganz auf sich gestellt. Zitat: „Ich habe mehr Verantwortung, als mir eigentlich zusteht."

Im ersten Eindruck wirkt Karin sehr selbstbewußt und lebendig. Sie ist sicher im Auftreten und offensichtlich gewohnt, sich in Gruppen zu bewegen. Ihre persönliche Vorstellung in der Gruppe ist souverän und geschliffen. Sie beherrscht das Vokabular ihrer Geschäftsbranche perfekt und zögert nicht, ihre Kompetenzen als Führungskraft offen darzustellen, alles in einer sehr sachlichen und sympathischen Art und Weise. Karin ist sehr leger gekleidet, sportlich bis alternativ. Neben der souveränen, fast coolen Note, die sie umgibt, zeigt sie hier etwas Kindlich-Suchendes; ein Anteil, der - ebenso wie ihr ursprünglicher Berufswunsch (Bäuerin) - wenig in ihr Bild einer Managerin integriert ist.

Ihre Erwartungen an das Seminar formuliert sie als „Suche nach mehr Linie und innerer Konsequenz". Sie will lernen, im Führungsalltag ihre Macht als Vorgesetzte zu stärken und in Zukunft Ohnmachtsgefühle zu vermeiden.

In einer modifizierten Form der oben beschriebenen **Anwärmübung** mittels Postkarten wählt Karin ebenfalls eine Real- und eine Wunschkarte. Die erste, als Symbol für die aktuelle Führungssituation, stellt ein aufgeschlagenes Buch dar, dessen Buchstaben herausgefallen sind und neben dem Buch verstreut auf der Tischplatte liegen. Ihre Karte zum Thema „Wunschbild von Führung" stellt im Motiv eine Gruppe von Frauen dar, die in einer strengen Formation (schwarz gekleidet) eine Treppe hinaufgehen. Die vier Frauen sind von hinten zu sehen, ihre Gesichter bleiben verborgen. Eine Frau wirkt von der Restgruppe abgespalten, sie geht durch ein Geländer getrennt, links neben der Dreiergruppe. In der ersten Bildbeschreibung deutet Karin an, daß sie sich besonders mit der „Einzelgängerin" identifiziert.

Die verdeckt gezogene Zufallskarte zeigt einen Mann, der seinen Kopf schutzsuchend in den Armbeugen versteckt. Verzweiflung und Hilflosigkeit sind für Karin typische Assoziationen zu diesem Bild. Das Spannungsverhältnis zwischen Real- und Wunschbild wirft für Karin die Frage auf: „Wie kann ich mein Leben beschreiben, ohne mich ohnmächtig zu fühlen?"

Karin meldet im Laufe des Seminars eine Protagonistenarbeit an. Bevor sie beginnt, formuliert sie den Anspruch an die Leitung, „ihr nicht auf den Leim zu gehen". Was sie damit meint, wird im Prozeß verständlicher.

Das Interview im Go-Round ist wenig fruchtbar. Karin erklärt viel und ausschweifend, analysiert sich, läßt dabei ihre Befindlichkeit völlig im Nebel.

Die Leiterin (in Folge in der 1. Person) entscheidet, das Spiel mit dem „Aufbau" der Postkarten zu beginnen, um für beide mehr Zugang zum Thema zu schaffen.

Die Protagonistin wird mit Betreten der „Bühne" sofort aktiv. Sie ist psychodramaerfahren und „managt" die **Inszenierung** fast alleine. Sie entscheidet, auch die Zufallskarte zu explorieren.

Sie besetzt die Frauengruppe (Wunschkarte), das Buch (Realkarte) mit den herausgefallenen Buchstaben und den „Verzweifelten" (Zufallskarte) und stellt die Bilder als separate Statuen auf die Bühne. Die Mitspielerinnen bekommen klare Anweisungen zu Position und Haltung. Besonders bei der Frauengruppe nimmt sich die Protagonistin sehr viel Zeit für einen sorgfältigen Aufbau.

Im Rollentausch mit der Gruppe findet eine erste Form der **Integration** statt: Karin identifiziert sich nicht mehr mit der Frau, die alleine links vom Geländer die Treppe hinaufgeht, sondern stellt im Rollentausch alle vier Frauen als Anteile ihrer Person vor (Mütterlichkeit, Kindlichkeit, Ehrgeiz und Kontrolle). Die ehemalige Einzelgängerin verwandelt sich in den Anteil „Mütterlichkeit", der Anschluß an die Gruppe findet und zusammen mit der „Kontrolle" deutlich übermächtig erscheint. Sie werden entsprechend durch körperlich große Frauen repräsentiert, die auf Karins Wunsch hin eine aufrechte, gestreckte Haltung einnehmen.

Im Aufbau bleibt wenig Platz für den Anteil „Kindlichkeit", ihr Synonym für Kreativität und Spontaneität. Auf der Bühne wird der kindliche Anteil von den drei anderen Frauen sehr im Zaum gehalten. Die einzige Verbindung und Einflußmöglichkeit der Kindlichkeit auf die Restgruppe besteht in einem spärlichen (Körper)kontakt zur Mütterlichkeit. Die Statue gibt wieder, was Karin (laut) denkt: „...daß der kindliche Anteil in meinem Führungsmodell eigentlich nichts zu suchen hat".

Die Interaktion zwischen Leitung und Protagonistin geht bis zu diesem Zeitpunkt ihre eigenen Wege. Ich spüre deutlich Karins Wunsch, selbst Regie zu führen und auf symbolischer Ebene „ihr eigenes Buch" zu schreiben. Im Kontakt mit mir als Leiterin wird neben der Bühnenarbeit zum Thema „Führung" auf der Beziehungsebene das Thema „Macht und Konkurrenz" bearbeitet. Ich respektiere ihren Wunsch nach Führung und Kontrolle und lasse sie austesten, wie weit sie ihr Spiel selbst bestimmen kann. Obwohl mir ihre versteckte Konkurrenz auch Unlustgefühle macht, überlasse ich sie weitgehend ihrer selbstauferlegten Kontrolle und Selbständigkeit. Konfrontation meinerseits wäre ein unpassender Versuch, ihre Form von Widerstand zu attackieren.

Für Karin scheint der Prozeß des selbstorganisierten Bühnenaufbaus wichtiger als das Erleben. Sie arbeitet alleine, holt sich keine Unterstützung und übernimmt Verantwortung an Punkten, wo sie es gar nicht nötig hätte.

Der Wunsch, sich selbst zu leiten ist bei weiblichen Führungskräften nicht gerade selten. Er ist Ausdruck einer inneren Haltung, die die Inanspruchnahme von Entlastungssystemen in der Führungsrolle erschwert und im beruflichen Alltag von Frauen oft im Mangel an 'Socialsupport' ihren Niederschlag findet.

Die Protagonistin ändert ihr Verhalten, als sie die Rolle der Kindlichkeit einnimmt und aus dieser Rolle spricht. Sie gibt unverzüglich ihre kontrollierende Haltung auf, spricht offen über ihre Bedürfnisse und spielt mit viel Authentizität ihre Lebendigkeit aus. Danach geht sie in die Rollen „Ehrgeiz" und „Kontrolle". Aus der letzten Rolle spricht sie den Satz: „Wenn ich nicht aufpasse, geht alles drunter und drüber, und das Kind bekommt zuviel Einfluß." Die Schärfe ihrer Stimme und die angenommene Körperhaltung zeigen viel von ihrer inneren Haltung zur Kindlichkeit. Im psychodramatischen Prozeß wird ihr ursprüngliches „Wunschbild von Führung" zu einem Realbild, das in Gestalt der vier Frauen immer mehr ihr aktuelles Führungskonzept lebendig werden läßt.

Als Buch steht die gewählte Antagonistin aufrecht und mit ausgebreiteten Armen (aufgeklappt) auf der Bühne. Die herausgefallenen Buchstaben werden durch eine Teilnehmerin, seitlich vor dem Buch stehend, dargestellt. Karin nähert sich „dem edlen Stück" fast ehrfurchtsvoll und bezeichnet es zunächst als ihr Tagebuch. Im Rollentausch erfährt das Buch einen Bedeutungswandel. Aus dem Tagebuch für vertrauliche Eintragungen wird eine gebundene Sammlung der Chronik eines Familienunternehmens. Hier finden sich „die zehn Gebote der familiären Unternehmensführung" niedergeschrieben. Karin nimmt in der „Buchrolle" die strenge und machtvolle Haltung ein, die sie schon in der Rolle der „Kontrolle" (Frauengruppe) zeigte. Ihr Verhalten zeigt deutlich, wie sehr sie sich in puncto „Führung" mit den 10 Geboten identifiziert: Hier findet sie „Garantien für beruflichen Erfolg" und die Möglichkeiten, sich in einer männlich geführten Betriebslandschaft als Frau erfolgreich durchzusetzen.

Im Rollentausch mit dem Buch werden auch ihre Ambivalenzen deutlich. Sie hält die männlichen Führungsleitbilder ihrer Familie hoch, nähert sich ihnen fast ehrfurchtsvoll, streut aber gleichzeitig die Inhalte des Buches (Buchstaben) „auf die Tischplatte" und gibt einen deutlichen Hinweis für Trennung und Veränderung. Ihr Profil als Führungskraft scheint sehr mit dem Buch verbunden zu sein. Mit dem „Rausschmiß der 10 Gebote" sind die Seiten nun leer und unbeschriftet. Karin zeigt im Hinblick auf die herausgefallenen Buchstaben zaghafte Gefühle von Leere und von Verlust.

Die verlorenen Buchstaben nehmen im Rollentausch die Gestalt einer ehemaligen Mitarbeiterin an. Sie arbeitete in enger Anlehnung an die familiären Unternehmensnormen und ließ Karin wenig eigenen Entwicklungsspielraum im Ausfüllen ihrer Berufsrolle. Um neue Ideen verwirklichen zu können, trennte sich Karin von ihrer „Gouvernante" und der eingespielten Zusammenarbeit.

Ich verweise auf die Möglichkeit, „die Bühne" für eine Beziehungsklärung mit der ehemaligen Kollegin zu nutzen und die Entscheidung zu überprüfen. Karin geht auf den Vorschlag ein. Im Gespräch verbindet sie die Ebene der sachlichen Argumente mit einer Ebene der Beziehung, auf der sich Gefühle des Bedauerns über die Trennung von einer vertrauten Mitarbeiterin äußern können. Stimme und Körperhaltung sind lebendig. Sie läßt sich mehr Zeit und wirkt, wie bereits in der Rolle der Kindlichkeit, sehr authentisch. Für mich ein deutliches Zeichen, daß die Integration in der ersten Phase des Spiels (Aufnahme der Mütterlichkeit in die Frauengruppe) hier im konkreten Mitarbeitergespräch ihren Niederschlag findet.

Dann lenke ich ihre Aufmerksamkeit auf die dritte Figur und bitte sie in den Rollentausch mit der eingerollten Gestalt, die beide Hände zum Schutz über den Kopf gelegt hat. In der Haltung der Schutzsuchenden zeigt Karin Gefühle von Erschöpfung und Einsamkeit. Durch den unterstützenden Einsatz des Doppelns kann sie auch Gefühle von Trauer und Schutzlosigkeit zulassen. Mir ist wichtig, daß sie in der Rolle nicht über ihre Gefühle erschrickt, sondern lange genug in derselben bleibt, um die volle Intensität ihrer Gefühle wahrzunehmen und sie als Teil ihrer Persönlichkeit anzunehmen. Darüber hinaus wird deutlich, daß sie durch das Spüren und Aussprechen ihrer Empfindungen auch Entlastung erfährt.

Die vielbenannte Einsamkeit in der Führungsrolle findet hier anschaulich ihre Gestalt.

Anschließend bitte ich die Protagonistin, die Rolle wieder zu verlassen und durch die Antagonistin zu besetzen. Ich nehme sie als Expertin zu meiner Seite. Der Rollenwechsel, von der Verzweifelten zur Expertin, ermöglicht die Erfahrung, daß das Erleben starker Gefühle nicht zu Kontrollverlust und Handlungsunfähigkeit führt und daß Gefühle von Hilflosigkeit nicht unbedingt Passivität bedeuten, sondern ein Wechsel zwischen den Welten möglich ist.

Die Spiegeltechnik ermöglicht der Protagonistin, aus der Rolle der Schwachen in die der Starken zu wechseln und wieder aktiv zu werden. In der Rolle der „Expertin" fordere ich Karin auf, die Bühne zu betrachten und, während die Antagonistinnen ihre zentralen Sätze wiederholen, die Szenerie auf sich wirken zu lassen.

Ich frage Karin, wie es ihr geht. Sie spürt Energie und möchte die verschiedenen Statuen auf der Bühne zu einem „Gerüst" zusammenbauen, das ihr ein stimmiges Leitbild von Führung bietet. Sie versucht die Verbindung der verschiedenenen Teile und entscheidet, daß der schutzlose Teil in der Frauengruppe seinen Platz finden soll. Sie probiert in mehreren Variationen den Anteil „anzukoppeln" und überprüft mit größter Sorgfalt die Abstände.

Die Gruppe der Frauen steht symbolisch für ein Führungskonzept, mit dem sie arbeiten will. Meiner Einschätzung nach kontrolliert sie sehr realitätsgerecht, inwieweit das, was sie mit ihren weichen, sie nennt sie auch „weiblichen", Anteilen der Persönlichkeit verbindet, in der Welt der Führung überleben kann. Besondere Sorgfalt erfährt der Anteil „Kindlichkeit". Sie koppelt das Symbol für Kreativität aus dem Viererblock aus, um ihm mehr Spielraum und Schutz vor negativen Einflüssen zu gewähren.

Die Arbeit an ihrem persönlichen Leitbild nimmt einige Zeit in Anspruch. Karin arbeitet konzentriert und ruhiger als zu Beginn der Inszenierung. Als sie fertig ist, wendet sie sich dem Buch zu. Es steht für die vom Vater geprägte Unternehmenskultur.

Ich frage, ob sie etwas hineinschreiben will. Karin „beschriftet" die erste Seite mit dem Satz „Ich bin mir wichtig" und bricht, symbolisch, mit dem Tabu, Einfluß zu nehmen auf überkommene, altgewachsene Unternehmenstrukturen. Die hier beschriebene Integration ist eine Brücke, über die Karin Gefühle von Ohnmacht und Angst vor der Aufgabe mühsam erkämpfter Machtpositionen zulassen kann und in filigraner Kleinarbeit so zu einem Mosaik zusammenbaut, daß es für das eigene Führungsverhalten ein „*persönlichkeitsnahes Fundament*" bietet.

Die stärkende Wirkung der psychodramatischen Einzelarbeit wird einerseits durch die Rolle der aktiv Handelnden hervorgebracht, andererseits durch die Rolle der Expertin, die, von der eigenen Wahrnehmung geleitet, die Stärken und Schwächen ihres Leitbildes von Führung aufspürt und so an Profil gewinnt.

Im weiteren Seminarverlauf bringen die Teilnehmerinnen ihren Führungsalltag in kurzen Szenen auf die Bühne. In konkreten Situationen mit Mitarbeitern, Kollegen und Vorgesetzten können sie verschiedene Spielarten „weiblicher Führung" ausprobieren und die Beweglichkeit in der neu definierten Führungsrolle erproben. Authentizität und Lebendigkeit in der Führungsrolle werden zu wichtigen Indizien für die gelungene Umsetzung eigener Leitbilder.

Das psychodramatische Gruppenspiel bietet die „Spielwiese" für alle Variationen des spontanen und kreativen Rollenspiels. Die meisten psychodramatischen Einzelarbeiten zum Thema „Führung" bieten den Einstieg in eine tief-biographische Arbeit. Wie auch in Karins Spiel deutlich wurde, ist der Einstieg in die „psychodramatische Spirale" möglich, wenn nicht sogar verführerisch. Entsprechend unserer Zieldefinition, „Integration persönlicher Anteile in ein Modell von Führung", ist die Erarbeitung der biographischen „Wurzeln" in diesem Rahmen überflüssig.

Es reicht aus, die Protagonistin für die Wahrnehmung eigener Stärken und Schwächen zu sensibilisieren und den kreativen Prozeß zu unterstützen - und hier genau so viel Raum anzubieten, daß sie sich langsam, ihrer individuellen Zutaten entsprechend, die richtige Mixtur zur Ausgestaltung ihren Führungsrolle zusammenstellt.

Am größten scheint die Gefahr, den weiblichen Führungskräften mit fertigen Kochrezepten zu winken, d.h. den unzähligen Leitungsvorbildern ein weiteres hinzuzufügen und wider bessere Vorsätze, die berühmten Eulen nach Athen zu tragen.

Literatur:

BELENKY, M.F., CLINCHY, B.M., GOLDBERGER, N.R., TARULE, J.M.: Womens' Ways of Knowing. New York 1986. (Dt.: Das andere Denken. Übersetzt von N. Löw-Beer. Frankfurt/M. 1989)

GILLIGAN, C.: In a different voice. Cambridge 1982. (Dt.: Die andere Stimme. Übersetzt von B. Stein. München 1984.)

HELGESEN, S.: Frauen führen anders: Vorteile eines neuen Führungsstils. Frankfurt 1991.

BARBER, J., WATSON, R.: Frau gegen Frau. Hamburg 1991.

MORENO, J.L.: Psychodrama und Soziometrie. Essentielle Schriften. Köln 1989.

416

ANHANG

Der Spiegel am Fenster zum Innenhof

Ein psychodramatischer Museumsbesuch in Wien,
Berggasse 19

von D. Gutermuth-Lissner

Einem Witz zufolge, den Psychodramatiker gern zum Besten geben, soll Sigmund Freud auf einem Wiener Ärztekongreß Jacob Levy Moreno begegnet sein und ihn befragt haben, was denn das Psychodrama von der Psychoanalyse unterscheide. Moreno habe spontan geantwortet, daß der Psychodramatiker die Couch hochkant gegen die Wand stelle, um die Bühne frei zu machen...

Als ich mich im Mai 1989 in Wien aufhielt - damals war die Mauer noch nicht gefallen - führte mich mein Weg in das Freud-Museum in der Berggasse 19. Der erste Eindruck vom unmöblierten Behandlungs- und Arbeitszimmer löste zunächst mehr ein Bedauern um das Auseinandergerissene aus - die Räume in Wien, die Einrichtung in London - als daß sich mir die leeren Räume wie eine freie Bühne präsentierten.

Heute, mit den aktuellen Bildern von ausgebrannten Wohnungen ausländischer Familien und fluchtartig verlassenen Asylantenunterkünften in Deutschland vor Augen, erinnern und ermahnen mich die leerstehenden Räume im Freud-Museum eindringlicher denn je an den faschistische Gewaltherrschaft im Dritten Reich. In lebensbedrohlicher Lage waren Freud und seine Familie 1938 gezwungen, ihre Wohnung zu verlassen und die Flucht ins Londoner Exil anzutreten. So gesehen, sind es gerade die leeren Räume im Freud-Museum, die sich für den Betrachter unweigerlich als Gedenkstätte für die Verfolgung und Vertreibung der Juden während des Nationalsozialismus ins Bewußtsein drängen.

Rückblickend fehlte mir diese schmerzvolle Vergegenwärtigung. Der eiserne Vorhang war zu dem damaligen Zeitpunkt noch nicht gefallen und versperrte mir diese Sichtweise. Der Besuch im Freud-Museum sollte mich damals mit einem Schmerz von ganz anderer Qualität konfrontieren:

Ich erinnere mich, wie ich die Räumlichkeiten an Hand der Fotos und Schrifttafeln, die an den Wänden hängen, zu rekonstruieren versuchte, um die Atmosphäre - hier also hat Freud gelebt und gearbeitet - auf mich wirken zu lassen. Als Psychodramatikerin sollte mir das nicht schwerfallen, wenngleich die Lebensräume z.B. unserer Kindheit nicht im realen Kinderzimmer selbst, sondern auf einer Psychodrama-Bühne eingerichtet und damit zur neuen, zur schöpferischen Realität werden.

Es sollte so kommen, daß ich in Freuds realem Lebensraum eine sehr eindrucksvolle Beziehung zu ihm herstellen konnte, die ich nie vergessen werde. Ich verdanke dieses Erlebnis der Begegnung mit einer Museumspädagogin, die an diesem Freitag morgen ihren Dienst versah, und die mir - vermutlich ohne es zu wissen - einen psychodramatischen Museumsbesuch ermöglichte.

Sie entdeckte mich bei meinem Bemühen, mir die Stellfläche der Couch an Hand der aushängenden Fotos zu vergegenwärtigen, um den ungefähren Sitzplatz Freuds hinter der Couch auszumachen. Vermutlich hat mein Versunkensein in die gestellte Aufgabe die Aufmerksamkeit dieser Frau auf mich gezogen. Vielleicht war es aber auch der Umstand, daß ich mir im leergeräumten Zimmer den Freiraum nahm und so tat, als würde ich auf einem Sessel sitzen, da, wo Freud eben früher gesessen hatte. Sie kam auf mich zu und bot mir an, die Räume gemeinsam zu erkunden. Ein Angebot, das ich ohne Umschweife annahm. Es entwickelte sich zwischen mir und dieser Frau, die im Verlauf unseres Rundgangs Paula Fichtl[15] immer ähnlicher wurde, eine Beziehung besonderer Art. Ich bemerkte es daran, daß sie nicht mehr die Fotos für Erklärungen heranzog, sondern den Behandlungsraum mit bedeutungsvollen Einrichtungsgegenständen anfüllte, die wir uns dann an Ort und Stelle imaginierten. Schließlich blickte ich sitzend von der Ecke des Zimmers, so wie Freud es getan hatte, von hinten auf die Couch und nahm den Raum in Augenschein. Danach schritten wir nicht mehr über blankes Parkett, sondern über Teppiche.

Auf diese Weise erwärmt, erreichten wir Freuds Arbeitszimmer. Sie lenkte hinüber zur Wand und fuhr fort: „Hier, sein Bücherregal...", und deutete dabei auf die erlesene Literatur, „hier, sein Schreibtisch...", auf dem sich die Manuskripte stapelten und die ägyptischen Statuetten ihren Platz hatten, „und dahinter sein Stuhl...", der mich zum Platznehmen einlud. Ich schaute zum Fenster, das die Einsicht zum Innenhof freigab und entdeckte einen Spiegel[16] mit silberner Jugendstileinfassung, der an der Fensterrahmung befestigt war.

Auf meinen fragenden Blick antwortete sie: „Da hat der Professor mehrmals am Tag hineingeschaut. Denken Sie nicht, er sei eitel gewesen! Nein, er hatte doch so viel Mühe mit seiner Kieferprothese..., die saß oft schief und dann hat er immer nachkontrolliert, ob sie auch richtig sitzt und sein Gesicht nicht entstellt..., besonders dann, wenn ihm Besuch angemeldet wurde oder ein Patient zur Behandlung kam."

---

15) Paula Fichtl war von 1929 bis zum Tod Anna Freuds im Jahr 1982 Dienstmädchen, später Haushälterin der Familie Freud.

16) Der Spiegel am Fenster ist auf einer Fotografie zu sehen, die in BERTHELSEN, D. (1987): Alltag bei Freud, Hoffmann und Campe, Hamburg, auf den Fotoseiten zwischen Seite 40-41 zu finden ist. Die Fotographie ist mit folgendem Text beschrieben: „Rechts: Jofie, die Chow-Chow Hündin, ist Sigmund Freuds großer Liebling. Sogar bei der Behandlung von Patienten ist sie stets dabei."

Kenntnisreich informierte sie mich weiter: „Es ist Paula Fichtl zu verdanken, daß der Spiegel bei der Eröffnung des Freud-Museums wieder an seinen angestammten Platz kam."

Eissler schreibt in einer biographischen Skizze über Freud: „Im Februar 1923 entdeckte Freud an der rechten Seite seines Gaumens eine Geschwulst, die entfernt werden mußte. Dem ersten chirurgischen Eingriff folgten zweiunddreißig weitere Operationen... Kiefer und Gaumen der erkrankten Stelle wurden entfernt. Es war ein furchtbarer Eingriff, der chronische Folgen zeitigte und die Vitalsphäre berührte. Der Knochendefekt erforderte eine Prothese von erschreckender Größe. Sie erhielt den Namen „das Ungeheuer", und der Patient befand sich in einem ständigen Kampf mit ihr: es war schmerzhaft, sie zu entfernen und wieder einzusetzen. Sie mußte festsitzen, um den durch die Operation entstandenen Hohlraum abzuschließen; dadurch reizte sie aber das umliegende Gewebe, setzte Wunden und verursachte manchmal unerträgliche Schmerzen." Eissler (1989) S. 29.

Ich sah mich im Spiegel - von der Position, wie Freud es so oft getan hatte - berührte mit beiden Händen meine Kieferknochen, prüfte mein Gesicht, erhob mich aus der sitzenden Körperhaltung und ging in das Behandlungszimmer; bewegte mich in Richtung Sessel hinter der Couch. Was ich in diesen Augenblicken empfand, ist nur schwer mit Worten zu sagen. Es schien, als könnte ich erstmals annähernd ermessen, unter welchen ungeheuerlichen Schmerzen Freud zu leiden hatte - unter welchen Qualen er seiner täglichen Arbeit nachging. Das, was ich zuvor über seine Krebserkrankung gelesen hatte, stand in keinem Verhältnis mehr zu dem, was ich in der Rolle des kranken Freud unweigerlich empfinden mußte.

Freud in einem Brief an Eitingon vom 22. März 1924:

„Auch sie gehören ja zu denen, die nichts davon wissen wollen, daß ich nicht mehr derselbe bin. Ich bin aber in Wirklichkeit müde und ruhebedürftig, schlage kaum die 6 Stunden Analyse heraus, halte alles Weitere von mir fern. Das Richtige wäre, Arbeit und Verpflichtungen aufzugeben und in einem stillen Winkel auf das natürliche Ende zu warten ... Ich bin auch beständig durch irgend etwas gequält... Es stellt sich so einfach vor, ein Stück Kiefer durch eine Prothese ersetzen und alles ist in Ordnung. Aber die Prothese selbst ist nie ganz in Ordnung, die Versuche zu ihrer Verbesserung auch noch nicht abgeschlossen..." Schur (1982) S. 447 f.

Hatte ich mir noch beim ersten Platznehmen auf seinem Sessel vorgestellt, wie Freud seine Patienten analysierte, wie er seine Deutungen formulierte, so blieb ich jetzt im Schmerzerleben gefangen; es wollte mir buchstäblich nichts mehr über die Lippen kommen. Aus dieser qualvollen Rolle entließen mich die freundlichen Abschiedsworte der Museumspädagogin und einige Gedankensplitter, die meine ganze Aufmerksamkeit beanspruchten:

„Freuds Schweigen, eine Grundvoraussetzung zur freien Assoziation in minimal strukturierter Situation - aber auch ein Ausdruck seiner schmerzvollen Behinderung im Sprechen?", entspann sich als Gedankengang.

„Freuds Mundhöhlenkarzinom und sein Einfluß auf das Schweigen des Psychoanalytikers in der psychoanalytischen Behandlung", formulierte ich in Gedanken eine erste Überschrift.
Freud in einem Brief an Eitingon vom 2. August 1924:
„...Noch immer ist mir Essen, Trinken und Sprechen eine mit bewußter Anstrengung zu lösende Aufgabe. Der Mißempfindungen sind so viele, sie wechseln Örtlichkeit und Qualität so ausgiebig, daß genug Raum bleibt für dumpfe Befürchtungen hinter ihnen und sie nehmen mich so in Anspruch, daß mir nur ein Bruchteil von Interesse übrig bleibt für die Eindrücke des Tages. Am besten, wenn Sie mich also niemals fragen, wie es mir geht. Von einer entscheidenden Änderung, die in einigen Wochen nicht wahrscheinlich ist, würde ich selbst nicht schweigen." Schur (1982) S. 452.

Ich war sehr aufgewühlt bei diesen Gedankengängen und erinnerte mich an eine Textstelle aus Abram Kardiners Buch: „Meine Analyse bei Freud", die mich damals - ich stand am Anfang meiner analytischen Ausbildung - herzlich zum Lachen gebracht hatte. Zu Hause angekommen, griff ich nach dem Buch und fand nach kurzem Suchen die Zeilen, die mich nun, beim erneuten Lesen, nicht mehr zum Lachen bringen konnten.

Kardiner schreibt: „Der Umstand, daß Freud mit mir sprach, erregte in Wien ziemlich viel Aufsehen, soviel, daß ich eines Tages die Ehre hatte, von James Strachey und John Rickman (*beide, wie Kardiner, Analysanden bei Freud,* Anm. d. Verf.) zum Tee eingeladen zu werden. Ich hatte keine Ahnung, was sie von mir wollten - das Gerücht, Freud rede mit mir, war bis zu ihnen vorgedrungen. Als ich sie fragte, worum es denn bei unserem Treffen gehe, sagte Rickman zu mir: „Ich höre, Freud redet mit Ihnen."
Ich sagte: „Ja, die ganze Zeit." Sie sagten: „Wie machen Sie das bloß?" Ich antwortete: „Ich weiß es nicht genau. Vielleicht liegt es an der Tageszeit, vielleicht erwecke ich sein Interesse, vielleicht lasse ich ihm keine Ruhe. Wie ist es denn bei Ihnen?"
Sie sagten beide: „Er sagt kein einziges Wort." (...) Weiter unten fährt Kardiner fort:
„Ich glaube nicht, daß diese Zusammenkunft ein großer Erfolg war, aber ich nehme an, daß Freuds Verhalten gegenüber diesen britischen Schülern zur Entstehung der „englischen Schule" der Psychoanalyse geführt hat, wo der Analytiker außer „Guten Morgen" oder „Auf Wiedersehen" niemals etwas sagt. Und das kann bis zu vier, fünf oder sechs Jahre lang so weitergehen. Ich weiß dies, weil bei mir mehrere Leute waren, die von englischen Analytikern vom Jahrgang der Rickmans und Jones analysiert worden waren, von denen keiner jemals ein Wort sagte." Kardiner (1979) S. 92 f.

Es ist bedeutsam, diese Textstelle um Freuds Sprechen und Schweigen in den zeitgeschichtlichen Kontext seiner Krebserkrankung zu stellen: Kardiner und seine genannten Kollegen hatten ihre Analyse bei Freud schon vor dem Auftreten der Geschwulst und seiner ersten Kiefer-Operation beendet. Freud war damals noch nicht durch Krankheit und Prothese am Sprechen gehindert.

Daß Freud als Psychoanalytiker auch schon vor dem Ausbruch seiner Erkrankung oft auf das Sprechen verzichtete, ist vorstellbar.

Daß er nach seinen Operationen und durch das Tragen einer unzureichenden Prothese im Sprechen behindert war, ist evident.

Daß sich Freuds Lehranalysanden - insbesondere seit 1923 - mit seinem Schweigen identifizierten und später als psychoanalytische Haltung an ihre Ausbildungskandidaten bzw. Patienten weitergegeben haben, ist anzunehmen.

Ob es sich bei Freuds Schweigen in der analytischen Behandlung um die Haltung eines großen Gelehrten, um bewußt eingesetzte Technik, oder nach 1923 auch um die qualvolle Notlage eines chronisch Kranken handelt, sei hier als Fragestellung erlaubt. Jedenfalls macht es einen Unterschied, ob ein Lehranalysand bei einem schweigenden Analytiker auf der Couch liegt, der nichts veröffentlicht, oder bei einem schweigenden Freud, der vieles, was er nicht sagt bzw. nicht sagen kann, umfassend beschreibt und publiziert.

Der Witz vom Anfang findet somit seine Fortsetzung und sein Ende:
...Sigmund Freud hörte Jacob Levy Moreno zu, dachte nach und schwieg lange. Dann soll er Moreno gefragt haben, warum er denn Wien verlassen und in die Staaten gehen wolle. Moreno habe freundlich aber bestimmt entgegnet, daß Wien zwei Genies zur gleichen Zeit nicht verkrafte.

LITERATUR:

EISSLER, K.R. (1989): Eine biographische Skizze. In: FREUD, E., FREUD, L. und GRUBRICH-SIMITIS, I. (Hrsg.) Freud. Sein Leben in Bildern und Texten. Insel, Frankfurt/Main, S. 10-39.
KARDINER, A. (1979): Meine Analyse bei Freud. Kindler, München.
SCHUR, M. (1982): Sigmund Freud. Leben und Sterben. Suhrkamp, Frankfurt/Main.
Anschrift der Verfasserin: Dipl.-Psych. Doris Gutermuth-Lissner, Leuschnerstr. 33, 34143 Kassel

„Die Prinzessin tät die Königin ins Klo schmeißen!"

Sarah Kirchknopf
im Gespräch mit Rainer Bosselmann und Manfred Gellert

R: Sarah, Du warst mir in der Frühzeit des Psychodramas eine sehr wichtige, vitale Bezugsperson, und zusammen haben wir ja damals den Manfred eingeführt, sind quasi seine psychodramatischen Eltern. Was ist fürs Psychodrama aus Deiner Sicht das Wichtigste?
S: Erstmal braucht man dazu wirklich **Handwerkszeug**. Jemand, der sein Handwerk nicht beherrscht, ist ein Dilettant! Was das ist, das ist ja bekannt: bestimmte Abfolgen einer Sitzung, Techniken usw. Das, denk ich, muß man ganz gründlich lernen. Und dann ist eben die Frage, wie jeder Psychodramatiker und jede Psychodramatikerin **die eigene Handschrift** findet, das ist nicht so einfach.
R: Kann einem dabei überhaupt jemand helfen?
S: Wirklich helfen kann einem dabei niemand, glaub ich. Die eigene psychodramatische Handschrift hängt ja eng zusammen mit der Persönlichkeit des Psychodramatikers, wie man seine Schwerpunkte setzt und woran man Spaß hat, es muß einem ja wirklich auch **Spaß** machen! Wir sind ja nicht irgendwelche Therapeuten, die die Patienten am Fließband bedienen. Also Spaß an der Sache und ein Gespür dafür, was **Spielen** überhaupt ist. Wenn man mit Leuten zusammenkommt, die zum erstenmal Psychodrama machen, dann betrachten das viele als eine Aufgabe: „Müssen wir schon wieder spielen?"
M: Das wird wie ein pädagogisches Curriculum aufgefaßt.
S: Und bis die sich das selber mal getrauen, **daß man** da eigentlich **alles darf**, außer wirklich echt zuzuhauen, jemanden totzuschlagen, zu verletzen oder Sexualverkehr auf der Bühne...
R: Man darf ja wirklich alles machen. Uns ist das so vertraut und selbstverständlich geworden!
S: Ja, in diesen freien Spielen denke ich schon, man darf seine ganze Phantasie und Kreativität entfalten, und auch **Lust dabei empfinden.**
R: Nach seiner Lust und seinem Spaß sich zu richten, das ist wohl eher was für Gesunde, könnten manche meinen. Aber geht das denn mit Patienten auch, diese lustvolle Seite so zu betonen?
S: Ja, ja, das glaub ich schon, das dauert dann vielleicht ein bißchen länger, sich etwas in einer freien Spielszene zu erlauben, was man sich sonst nicht erlaubt. Das ist doch **gerade für Patienten**, besonders wenn sie gehemmt sind, sehr wichtig.
R: Du fängst ja an mit dem freien Spiel, aber für viele ist die Vorstellung vom Psychodrama weitgehend eingeengt auf die Arbeit mit dem einzelnen Protagonisten.

S: Das ist nicht mein Psychodrama! Es ist doch **eine Gruppenmethode**, es ist ja die **Therapie der Gruppe** mit ihrem **Prozeß**. Und der Prozeß hat bestimmte, typische Erscheinungsformen - der Prozeß der Gruppe spült die Protagonisten hoch an die Oberfläche des Gruppengeschehens. Dann mach ich eine Protagonistenarbeit im Vertrauen darauf, daß dies mit dem Prozeß wesentlich zu tun hat.
M: Aber da bewegst Du Dich doch sehr heilsam jenseits der gängigen Ausbildungskonzepte!
S: *lacht*
M: Ich erleb das jedenfalls oft in Supervisionen, daß die Ausbildungskandidaten nur fixiert sind auf die Arbeit mit dem Protagonisten. Die sehn ja nichts drumherum!
S: Also das wär' dann nicht mein Stil.
R: Das gefällt mir, daß Du so eindeutig den Akzent auf die Gruppe, ihren Prozeß und das gemeinsame freie Spiel legst. Manchmal habe ich schon an mir gezweifelt und gedacht: ist das meine 'persönliche Meise', daß mir das so wichtig ist, bin ich denn ein Spiellüstling, dem es immer nur auf das Eine, nämlich „Spielen", oder das Andere, d.h. die „Gruppe" ankommt? Denn es kommen uns ganz andere Normen entgegen in den Feldern, für die wir schon so viele Leute ausgebildet haben: problembezogene, ernste Arbeit und therapeutisches Werkeln am einzelnen werden fast ausschließlich erwartet.
S: Wenn wir von Ausbildungsgruppen reden, so kommt es sehr darauf an, in welchem Stadium eine solche Gruppe ist. Das ist natürlich so im ersten Jahr, im zweiten wird es schon etwas anders - nach neueren Richtlinien. Da wird auch theoretisch und an Konzepten gearbeitet, aber ich weiß auch nicht, wer das so macht. Da habe ich vor einiger Zeit einen Co-Trainer gehabt, nach drei Jahren Ausbildung, der meinte, sowas hätte er überhaupt noch nicht erlebt, daß die Gruppe auch was mit dem Prozeß zu tun hat... und wie man das rausarbeitet. Ich meine, das bleibt ja nicht dabei stehen, daß die Teilnehmer da nur einfach spielen, damit gespielt wird, sondern sie sollen ja **auch begreifen lernen, was sich da abspielt,** womit das zusammenhängt, was das jetzt bedeutet in der Gruppe. Das bleibt ja dann nicht ungesagt!
M: An der Stelle wage ich die Hypothese, daß viele gängige Ausbildungskonzepte der Institute Moreno in seiner Perspektive und seinem sozialen Anliegen hintergehen, wenn ich mir vor Augen führe, daß **die Gruppe** als gruppenpsychotherapeutisches Handlungsfeld **die zentrale Bedeutung** hat. Ich denke oft - damit bin ich schon ziemlich heftig angeeckt - daß sich das 'coming-out' des Leiters im Protagonistenspiel manifestiert. Da schöpft er ab, kriegt das große Erfolgserlebnis, die Gruppe ist gerührt, der Protagonist ist gerührt, alle sind sie gerührt. Dann macht man, sozusagen weil es so schön ist, eine Protagonistenarbeit nach der anderen, und der Rest der Methode wird vernachlässigt! Das finde ich einen Verrat an der genuinen Gruppenmethode Psychodrama.

S: Ja, das find' ich auch!
M: Diesen Stil erlebe ich leider sehr häufig. So wird die ganze Trias von Soziometrie, Gruppenpsychotherapie und Psychodrama weder berücksichtigt noch in ihrer ganzen Tragweite erfahrbar. Wenn ich dagegen an Dich denke, wie Du **herzhaft in die Vollen** haust nach der Devise: Leben ist Psychodrama - **Psychodrama ist Leben**, dann bist Du die Vollblut-Psychodramatikerin für mich.
S: Neulich hat mir jemand gesagt, ich würde so ein 'unkonventionelles' Psychodrama machen...
R: Das zeigt nur deutlich, wieviel konventionelles, durch Konvention beengtes oder auch mißverstandenes Psychodrama sonst gemacht wird.
S: Angenommen, man macht nur Protagonistenarbeit, ich hatte schon von unserem Institut Co's gehabt, die hatten im Verlauf von 3 Jahren vielleicht ganze drei Gruppenspiele gemacht... da weiß ich gar nicht, wo der ganze Gruppenprozeß, wo das alles bleibt. Irgendwann können die Leut' das doch gar nicht mehr verkraften: in ständiger Folge jetzt der und dann der Protagonist. Und was haben wir denn im Hier und Jetzt noch miteinander zu tun? Denn da zeigen sich doch auch 'Symptome'! Wenn man auf der Hier-und-Jetzt-Ebene streng bleibt und da etwas regeln will - es kann schon sein, daß man das auch als Abwehr benutzt - dann sagt man geschwind: 'ach ich seh' ja da nur Deinen Vater', das glaub ich dann nicht...
R: Schon haben wir dann das Dort und Damals!
S: ...aber dann wird da schnell ein Protagonistenspiel zum Vater gemacht, aber wo bleibt, **was im Hier und Jetzt wirklich los ist???** Das sind doch reale Männer und Frauen in der Gruppe!
R: Die biographische Arbeit als Verleugnung der Gegenwart - ein übler Widerstand, wenn der Leiter da mitspielt,
M: Und die Leiter mißbrauchen das als Abwehr.
R: Da treffen sich zwei Interessen: Die Gruppenteilnehmer wagen sich nicht an die Vorgänge, die aktuell im Geschehen brenzlig sind...
S: ...das ist ja doch meistens das Heißeste
R: ...und der Leiter sucht seine narzißtische Befriedigung und Anerkennung in der 'großen Nummer', durch lange Inszenierungen von Themen aus der Geschichte einzelner.
M: Das treiben manche drei volle Stunden lang,
R: ...bis zur völligen Erschöpfung von Gruppe und Leiter, nur die Dynamik der Gruppe köchelt munter weiter - man rächt sich dann bei den Rückmeldungen durch Wertungen oder Verweigern.
S: Aber dazu würde ich behaupten, das ist nicht der Stuttgarter Stil.
M: Wirklich? *lacht...*
R: Sarah, wir haben Dich ja auch nicht ohne Grund als Gesprächspartnerin gewählt; wir empfinden Deine Auffassung vom Psychodrama und die Akzente, die Du setzt, **als äußerst gesund** und für die Methode einfach

stimmig. – Wandlungen der Auffassung interessieren mich noch, die verschiedenen Arten, wie Psychodrama in den letzten Jahrzehnten verstanden und eingesetzt wurde und wird. Waren in den siebziger und achtziger Jahren die Leute anders, sind hauptsächlich **zeitgeschichtliche Faktoren** dafür verantwortlich? Vielleicht könnten wir gemeinsam den stilistischen Veränderungen und den Einflußfaktoren auf die Spur kommen.
S: Das ist wirklich eine interessante Frage, die mich auch beschäftigt.
M: Vielleicht kann ich die Fragestellung noch um einen Aspekt ergänzen. In Weiterbildungen stellt sich uns ja oft die Frage, was uns an Thematik und Persönlichkeitstypus **gehäuft in den Gruppen** begegnet und wie wir es interpretieren. Mich interessieren in dem Zusammenhang - auch wenn 'Zeitgeist' ein modischer und vager Begriff ist - deine aktuellen Bilder und Wahrnehmungen dazu. Gerade heute zum Beispiel, als wir zusammen in unserer Gruppe gearbeitet haben, da hab ich mich gefragt: was bedeutet dieser Impuls der Nachkriegsgeneration?
S: **Das Allerschwierigste** an der Gruppenarbeit ist, wie ich glaube, **zu begreifen, daß und wie alles mit allem zusammenhängt**. Natürlich hängen individuelle Probleme immer zusammen mit der Zeitproblematik. Mal als Beispiel: In den siebziger Jahren sind mir nie Kriegsgeschichten begegnet! Jetzt hatte ich neulich in einer Frauengruppe - sie sollten sich nach meiner Aufforderung alle mal in die Rolle ihrer Väter versetzen und zu einer 'psychodramatischen Väterversammlung' zusammenkommen - acht Frauen. Von sieben waren die Väter im Krieg gewesen. Die Frauen haben in der Vaterrolle über diese Zeit berichtet. Das war in den siebziger Jahren kein Thema, aber jetzt in der Gruppe, die Manfred und ich gerade zusammen leiten, wurde das alles auch wieder thematisiert: Kriegserlebnisse, Vertriebenenschicksal, Flüchtlingssituationen usw. Das finde ich seltsam, daß das jetzt erst so intensiv hochgespült wird, in der Kindergeneration.
R: Jetzt aber noch mal auf die Methode und auf Phasen der Psychodrama-Rezeption bezogen: es gab doch - noch unter deutlichem Einfluß der Studentenbewegung zu Ende der sechziger Jahre - im folgenden Jahrzehnt wild bewegte Anfangsjahre für manche Methoden, so auch fürs Psychodrama. Das waren m.E. auch andere Leute als jetzt, die sich für Gestalt und Bioenergetik, Katathymes Bilderleben oder Psychodrama interessierten, die **Aussage und Anliegen der erlebniszentrierten Verfahren** anders auffaßten und diese auch anders praktiziert haben.
S: Das war ja einerseits so - ich gehöre ja auch zu diesen 'Achtundsechzigern' - daß wir davon ganz begeistert waren, was wir da gesehen und in welche aufregenden Sachen wir uns hineinbegeben hatten. Auf der anderen Seite hat man Moreno und das, was er philosophisch gemeint hat vollkommen beiseite geschoben! Das fanden wir damals unmöglich, den **Bezug zum Kosmos** und den ganzen mystischen Hintergrund, gerade dasjenige, was **heute wieder interessant** wird.

R: Das hat ja inzwischen ausgesprochene Hochkonjunktur entwickelt, im Rahmen der ökologischen Revolution und bewußteren Verantwortlichkeit für die Umwelt.
S: Durch das vermehrte Denken in größeren Zusammenhängen begreife ich erst heute, was Moreno damit gemeint hat. **Auch etwas Mystisches,** das muß sich im Psychodrama nicht ereignen, aber es **kann sich ereignen.**
M: Wenn ich die Entwicklung für mich reflektiere: wir haben ja sowas wie eine rebellische Phase gegen den Vater erlebt, wir haben die Theorie verbannt, haben gesagt „Furchtbar, den Mann kann man ja nicht lesen...
S: ...das darf man gar nicht in den Mund nehmen...
M: In der Diskussion mit anderen Fachdisziplinen, z.B. mit den anderen Sektionen im DAGG, da haben wir doch ein absolutes 'Understatement' betrieben, so als hätten wir als Psychodramatiker überhaupt keine Theorie. Diese **schamhafte Theorieverleugnung** hat uns geprägt, darum finde ich die Wiederentdeckung grade so interessant, denn der theoretische und philosophische Hintergrund unserer Methode ist ja keinesfalls nur eine New Age-Phantasie!
R: Da wird jetzt etwas nachgeholt, was zeitweise unter uns verpönt war. So ist es kein Wunder, daß sich inzwischen schon ganze Jahrbücher weitgehend der geistigen und philosophischen Seite von Morenos Werk widmen.
M: Aber auch **die Soziometrie** haben wir - nach intensivem Kontakt mit der Gruppendynamik - als klassische gruppenanalytische Methode erst **wiederentdeckt,** die uns ja nicht nur über Gruppenstrukturen aufklärt, sondern auch über **Zusammenhänge in politischen Gemeinwesen.** Das finde ich auch einen wichtigen Schritt, vielmehr darauf zu achten, daß diese Dinge, die ja damals beim Urvater eine erhebliche Rolle gespielt haben, wieder die **angemessene Bedeutung** bekommen, die ihnen gebührt. Wir haben die Theorie wirklich früh verleugnet!
S: Weil das damals überhaupt nicht zum Zeitgeist paßte.
R: Wir waren halt Erlebnis-Freaks, voll abgefahren auf diese Dimension des Psychodramas!
S: Einerseits waren wir tatsächlich **Erlebnis-Freaks,** aber andererseits waren wir - jedenfalls da wo ich herkomm' - **ganz marxistisch,** und aus der Sicht des dialektischen Materialismus war das doch alles 'Kokolores', so zu denken, wie Moreno schrieb.
R: Das hatte, politökonomisch gesehen, nicht die mindeste Relevanz, diese spekulativen und mystisch-charismatischen Schriften.
S: Das war ja **ausgesprochen peinlich...**
R: ...gerade diese religiöse, ins Weltall deutende Achse
M: Völlig losgelöst und kosmisch abgehoben.
Aber, Sarah, erzähle uns doch ein bißchen was von Deinen Anfängen!
S: *kichert* Ich bin **zum Psychodrama** gekommen wie die Jungfrau zum Kind!

Also, ich war ja in dieser Kinderladenbewegung sehr heftig aktiv - die Frauen haben sich damals hauptsächlich über ihre Kinderläden emanzipiert - und da waren Genossinnen an der Stuttgarter Uni im *studium generale* gewesen, hatten sich da was angeguckt, kamen in den Kinderladen und berichteten, sie hätten was sehr Interessantes gesehen. Da hätte eine Psychologin eine Demonstration des Psychodramas gemacht. In dem Kinderladen gings natürlich drunter und drüber, die Eltern mit den Eltern im Konflikt, die Kinder waren völlig überfordert mit dem Chaos. So tauchte die Frage auf, ob man nicht mal die Psychologin in den Kinderladen holen könnte. Natürlich gabs da einen furchtbaren Aufruhr von der Politseite, daß man sich mit der Psychologie überhaupt nicht beschäftigen wollte, das wär ein 'bürgerlicher Scheiß' und sowas käm überhaupt nicht in die Tüte. So gab es nächtelange, sehr aufreibende Debatten. Es waren dann eigentlich die Frauen, die sich durchsetzten und diese Psychologin dann eingeladen haben. Und unsere Obertheoretiker...
R: Das waren sicher Männer
S: Ja, Männer. Besonders ein Wortführer von denen war so im Widerstand, der hat sich dann total besoffen an dem Abend, als die Psychologin erschien, **eine imposante Person,** das war die **Heika Straub.** Sie hat sich das mal angesehen und war auch daran interessiert, zu erfahren, was die jungen Eltern da heute so machen. Damals arbeitete sie an der Kinderklinik. Sie hat sich dann bereit erklärt, mit uns zu arbeiten und kam dann für einige Zeit einmal pro Woche zu uns in den Kinderladen. Da gab es eine Stammgruppe, die Heika traf aber mal mehr, mal weniger Eltern an; dann waren auch mal Kinder dabei, schließlich sind die Querulanten weggeblieben. Das war der Anfang meiner Psychodramazeit, als wir abends psychodramatisch untersucht und reflektiert haben, was tagsüber im Kinderladen passiert war.
R: Habt ihr dann nicht auch bald versucht, Psychodrama in Form des Handpuppenspiels mit den Kindern anzuwenden?
S: Ja, schon ein bißchen, aber noch wenig professionell. Jedenfalls scharte sich da so ein Fanclub um Heika Straub, und dann fing außer mir noch eine Frau die Ausbildung an, zunächst in Form von wöchentlichen Gruppensitzungen am Abend.
Es gab da die ganze Elternschar und dann auch noch angestellte Erzieherinnen mit hochgestellten politischen Zielen, und wir mußten dann Protokolle über die Sitzungen verfassen. Heika hat unsere Protokolle gelesen und bekam den Eindruck daraus, wie sie später sagte, daß ich die einzige wär, die vom Psychodrama etwas verstanden hätte; das hat mich total überrascht.
M: Das war Deine Berufung!
S: Ja, so sind wir damals zusammengekommen. Dann ging ich zu ihr in die Ausbildung, gleichzeitig aber auch noch an die Akademie für Tiefen-

psychologie in Stuttgart. Dann wechselte Heika die Stelle und wurde Leiterin des Fröbel-Seminars, einer Ausbildungsstätte für Erzieherinnen und führte dann einen Modellversuch vom Land Baden-Württemberg durch: es wurde ein Modellkindergarten eingerichtet, und Heikas Beitrag war, mit diesen kleinen Kindern Psychodrama zu machen, um deren Sozialisation zu fördern. Diese praktische Anwendung des Psychodramas habe ich dann durchgeführt, bin zweimal die Woche in den Kindergarten gegangen und habe mit den Kindern Handpuppenspiele gemacht. Die wurden nachher dann mit den Erzieherinnen besprochen und analysiert. Parallel zu dem Modellversuch hat Heika auch Kinder-Therapiegruppen gemacht, da habe ich ihr dann assistiert und bin auf diese Weise in die Praxis hereingekommen; das waren also meine Anfänge.

Die Arbeit in diesem **Modellkindergarten**, mit 4- bis 6-jährigen Kindern, das war eine harte Sache! Natürlich kamen dann die Geldgeber vom Baden-Württembergischen Kultusministerium und von der Wissenschaftlichen Begleitforschung der Uni Tübingen, außerdem Vertreterinnen des Trägers, des Schwäbischen Frauenvereins. Die wollten natürlich auch mal sehen, was da so gemacht wird und kamen zu dem Zweck in den Kindergarten. **Das war dann so,** daß da vorne die Kinder saßen, und jeweils ein Kind kam hinter den Vorhang der Puppenbühne und dann haben die mit mir zusammen kurz ihr Stück konzipiert. Hinten saßen also Kultusministerium, Trägerverband, Uni Tübingen, und ich war naßgeschwitzt mit dem Kind hinterm Vorhang. **Meine Aufgabe** bei diesem und anderen Spielen bestand **auf jeden Fall** darin, dem Kind dazu zu verhelfen, **das gewünschte Stück** auch wirklich mit Antagonistenrollen **zustande zu bringen.** Ich habe den Entwurf dann dem Publikum kurz vorgestellt und durch die geeignete Übernahme der antagonistischen Rollen mitgeholfen, daß es dem Kind möglich wird, sein Konzept durchzuhalten.

Ich erinnere mich noch an eine Vierjährige, die drei Puppen ausgesucht hatte, ein Königspaar und eine Prinzessin. Was möchtest Du denn jetzt spielen mit den Dreien, habe ich sie gefragt, darauf sagte sie: **Die Prinzessin tät die Königin ins Klo schmeißen!** Sie war die Prinzessin, ich sollte König und Königin darstellen, vielleicht auch sie der König, das weiß ich heute nicht mehr so genau.

R: Wie haben die hochoffiziellen Zuschauer denn auf das ungewöhnliche Programm reagiert?

S: Begeistert! Ja, begeistert. Es waren an diesem Vormittag ja mehrere Kinder dran, mit anderen Stücken, auch Krokodilstücken und allem möglichem, aber daß überhaupt ein Kind eine Konzeption entwirft und ein Erwachsener mit dahinten ist und durch die Art seines Mitspiels ermöglicht, daß das Kind zur Darstellung dessen kommt, was es will - davon waren alle begeistert.

R: Wunderbar!
M: Toll!

R: Ich habe noch einen anderen Fragenkomplex, zu dem ich gern Deine Einschätzung und Erfahrungen hören würde: es gibt doch einige Beispiele, wo **Psychodramatiker mit Vertretern der Psychoanalyse gemeinsam** Veranstaltungen durchgeführt haben. Paßt das denn zusammen, ergibt sich dabei eine einvernehmliche Ergänzung? Außerdem wüßte ich gern, in welche Rolle der Psychodramatiker oder die Psychodramatikerin in solchen Leiterpaaren kommt. In welcher Ecke landen wir denn bei derartigen Kooperationsabenteuern?
S: Das waren **ganz schwierige Veranstaltungen!** Ich hab das mehrmals mit Analytikern gemacht Da kam es sehr darauf an, was diese Analytiker vertreten. Da gibt es große Unterschiede, je nachdem, ob das ein sehr orthodoxer Analytiker oder ein offenerer Analytiker ist. Als ich das mit einem orthodoxen Analytiker versuchte, da lief gar nichts, das hat den Prozeß total blockiert. Natürlich war ich da frustriert, er aber sicher genauso.
R: Da sind wohl wechselseitig die Erwartungen enttäuscht worden.
S: Auch für die Gruppe war es sehr schwierig, die kriegten dann Kopfschmerzen, man saß und brütete, und ich konnte als Psychodramatikerin nichts tun, habe mich auch nichts getraut.
R: So kam keiner richtig zum Zuge.
M: Was meinst Du: lag das an bestimmten Interventionen, daß beide blockiert waren?
S: Ich glaub, daß man **zu unterschiedlich interveniert.** Also, ich hab ja viele Seminare zusammen mit dem Wolfgang Schmidtbauer gemacht, und das ist ja eigentlich ein sehr offener Analytiker. Ihn hat das sehr interessiert, was ich tu und wie es begründet ist, aber selbst dabei gab es dann Schnittpunkte, wo eine Zusammenarbeit aus methodischen Gründen nicht möglich war. Wenn man z.B. morgens eine Eröffnungssitzung macht und Gruppenmitglieder erzählen ihre Träume, da will er dann Widerstands-Bearbeitung machen, und ich komme dazu und schlage vor, daß wir den Morgen doch mit einem Gruppenspiel anfangen könnten, vielleicht 'Alles, nur kein Mensch'. Dann kann es leicht passieren, daß alle begeistert darauf einsteigen, aber der analytische Kollege empfindet dieses Vorgehen aus seiner methodischen Sichtweise als etwas Unmögliches. Dann kommen natürlich auch deutliche Rivalitäten auf. Ich hab mich bei solchen Unternehmungen oft so gefühlt, als stünde ich rechts auf dem Gas und links auf der Bremse.
R: Das wirft doch ein Licht auf die **begrenzte Kombinierbarkeit** der Ansätze, man muß schon gut miteinander vertraut und sehr aufeinander eingespielt sein, um die Interventionen des anderen nicht als störend, konkurrent oder feindselig zu erleben.
S: Deshalb hab' ich das **inzwischen auch völlig gelassen.**
R: Es ist simultan fast nicht zu realisieren, einer oder beide werden frustriert dabei, und ganz selten ergänzt es sich zwanglos, was zwei Vertreter

so verschiedener Methoden mit einer Gruppe tun. Und die Kombination mit der **Gruppendynamik?**
M: Da erlebe ich eine **deutliche Ambivalenz zwischen Versorgen und Konfrontieren**, das ist auch gar nicht einfach zu handhaben.
S: Die Gruppendynamiker lassen ja meistens viel mehr Zeit für den Prozeß als wir Psychodramatiker, bleiben **lange abstinent** und reflektieren, begleiten.
M: Diese Mischveranstaltungen, 2-Methoden-Seminare halte ich inzwischen auch für sehr problematisch, wenn du nicht jemanden hast, mit dem du emotional sehr gut harmonierst. Da muß man sich sehr mögen und sehr akzeptieren, so wie ich es mit Gestalt und Psychodrama schon erlebt habe, sonst ist alles Krampf.
R: ...und dann ist es immer noch **besser,** wenn man es **alternierend** und mit verschiedenen Schwerpunkten macht, daß also jede Sitzung oder jeder Tag einen methodischen Schwerpunkt hat, um den Problemen von Verwirrung der Gruppenteilnehmer und Rivalität der Leiter vorzubeugen.
R: Jetzt was anderes: wieso landen so viele Leute mit Psychodrama-Weiterbildung **auf der Couch?** Das frage ich Dich als überzeugte und vitale Psychodramatikerin! Z.T. wird die Analyse schon parallel zum Psychodrama angezettelt oder aber 'hintendraufgesetzt', wieso?
S: Ja weil das für viele immer noch **das Eigentliche** ist, seltsamerweise, oder man macht Auflagen für Einzeltherapien. Es gibt aber noch wenig Psychodramatiker, die Einzeltherapien in freien Praxen machen. Dann ist es manchmal eine Verlegenheitslösung, wenn Leute eine analytische Therapie beginnen.
R: Aber ich dachte mir in dem Zusammenhang schon, daß Du und einige andere den Akzent so auf die Gruppe gelegt haben, auf Gruppenspiele und prozeßorientiertes Erleben, daß manche Gruppenmitglieder dadurch in ihren regressiven Wünschen nach persönlicher Versorgung und individuellem Gut-aufgehoben-Sein relativ frustriert werden. Es bleibt mir aber immer noch rätselhaft, warum viele trotz intensiver psychodramatischer Selbsterfahrung so mit der individuellen Analyse liebäugeln.
S: Da ist der 'Markt' unserer Methode anscheinend noch nicht so entwickelt...
M: Auch an klassischem Gruppentherapiekonzept gibt es kaum Angebote, fast überhaupt nichts.
S: Man hat manchmal aber auch Gruppenmitglieder, die so richtige 'Gruppenhasen' sind, sich immer in Gruppen bewegt haben, im Beruf und in der Fortbildung. Die benutzen ihre Vertrautheit mit dem Gruppenrahmen manchmal dermaßen zur Abwehr, daß man ihnen sagen muß, sie sollten sich wirklich einmal einzeln auf etwas Verbindliches, persönlich Bedeutsames einlassen
R: Um das Gruppengetümmel einfach mal zu unterbrechen, das für

manche eine ablenkende und vermeidende Funktion entwickelt hat, wodurch ihre weitere Entwicklung eher blockiert als gefördert wird.
S: Ja, das sind so ganz spezielle Leute, an die ich da denke, die da immer ganz gut mitschwimmen.
R: Sind wir denn eigentlich für andere Disziplinen die dekorativen Farbtupfer, die **'Hysteriker vom Dienst'** sozusagen, auch im DAGG, so etwas wie Hofnarren für andere Sektionen, die offiziell tiefenpsychologischer arbeiten??? Manchmal habe ich gedacht, wir werden so gesehen.
S: Ich glaube, daß sich in der Hinsicht etwas ändert, inzwischen fühl' ich mich da auch ernstgenommen.
R: Vor ein paar Jahren war das aber noch anders.
M: Jaja, ein bißchen Girlandenfunktion haben wir schon immer noch. Diese dekorative Rollenzuschreibung erlebe ich aber zunehmend aus einem bestimmten Neid anderer heraus. Die gucken sehr genau hin, was wir machen, und sie fallen manchmal aus allen Wolken, wenn sie sehen, was da möglich ist an Bewegung, **wirklich innerer Bewegung,** die sich anschaulich ausdrücken läßt; da fühlen die sich im Vergleich reichlich unbeweglich, und sie reagieren oft kritisch bewertend, mit Widerstand. *(lacht)*
R: Ein Thema, das mich auch noch interessiert, ist das Mitspielen von Gruppenleitern: wo **darf man mitspielen** und wie weit? Vorhin seid ihr beispielsweise - wie ich mir habe sagen lassen - plötzlich in einem Gruppenspiel beide in einer Kiste aufgetaucht. Wie begründet ihr das denn? Darf man das? Wem tut das gut?
S: *(lachend)* Es gibt Phasen im Gruppenprozeß, wo das eine **wichtige Modellfunktion** hat, daß auch der Leiter mal mitspielt. Dann erleben die Gruppenmitglieder mal, was man sich da alles getrauen kann, was man da ausleben darf.
R: Auch etwas Pfeffer und Provokation bei ängstlichen Teilnehmern?
S: Ja, **Spielfreude vermitteln!** Und dann gibt es Situationen wie in dieser Woche, wo ich an einen absoluten Erschöpfungspunkt gerate. **Wenn ich da mal reingehe in das Spiel, mir nur mal eine kleine Rolle suche** und darin einen bestimmten Aspekt leben kann, dann erleben die Teilnehmer doch, **wie mir das guttut,** wie mich das aus dieser Erschöpfung wieder rausbringt. Dann ist das gut für mich und anschaulich für die Gruppenteilnehmer!
R: Psychohygiene für den Leiter...
S:...in Maßen!
R: Aber besteht nicht die Gefahr, daß der mitspielende Leiter der Gruppe etwas 'wegnehmen' könnte, wenn er zu heftig einsteigt?
S: Ja, wenn ich natürlich das Spiel dann an mich reiße, wie es in meiner Anfangszeit im Überschwang auch passiert ist, aber das mache ich nicht mehr!
R: Dafür rächt sich ja irgendwann auch die Gruppe.

M: Sarah, ich erlebe dich ja einerseits mit dem Charme der ungebremsten Spielfreude, andererseits hast du ein ganz klares Abgrenzungskonzept. Jetzt kürzlich, als ich dachte, du äußerst dich persönlich in einem Übertragungssoziogramm, da hast du ganz klar gesagt: 'Nein, der Leiter legt seine Übertragung nicht offen!' Das hätte ich anders gemacht. Du gibst der Gruppe auch Rätsel auf.
S: Natürlich, muß ich auch!
R: Das ist die analytische Abstinenzschule - Manfred, wie machst du das Übertragungssoziogramm?
M: Jeder kann herumgehen in der Gruppe, tritt vor jeden, macht drei Gesten: entweder eine abwehrende, eine zugewandte oder ambivalente Geste - und das macht jeder! In unserem Kurs wartete ich drauf, ob Sarah mitmacht, sie machte nicht mit. Im Soziometrieseminar mache ich das immer mit.
Was das **Reingehen** oder **Draußenbleiben** angeht, in dieser Frage des Mitspielens habe ich viel von dir gelernt. Das hat eine Vorbildfunktion, es entlastet ungeheuer. Heute haben die das überhaupt nicht gemerkt, daß wir uns da hineingeschlichen hatten. Dann waren sie ganz verdutzt, daß wir als Leiter da mitagieren! Das hat etwas Befreiendes im Sinn Morenos: Handeln, Handeln, Handeln! **Die Leiter sitzen nicht nur da** und analysieren, kommentieren, reflektieren, sondern **sie gehn auch mit ins Spiel** - das finde ich einen faszinierenden Weg. Manchmal bin ich mit meinen eigenen Blockaden dabei konfrontiert, denke, eigentlich darf's nur einer, der andere muß sitzen bleiben, den Blick für alles haben...aber ich finde es einen sehr produktiven Weg. Es entlastet die Gruppe, wirkt psychohygienisch.
S: Es ist doch aber auch eine Konfrontation mit der Spontaneität! Ich schaff jetzt dieser Gruppe eine Situation, mit der sie überhaupt nicht gerechnet hat.
R: Das Moment der Überraschung!
S: Genau, da ist doch **Spontaneität** gefordert, und das **gehört doch zum Konzept!**
R: Bloß ist es nicht üblich oder kaum verbreitet, daß derjenige, der eine solche Veranstaltung leitet und Überblick behalten, den klaren Kopf haben will, daß der hineingeht und die irritierenden Auslösereize gibt, damit die anderen zu spontanem Reagieren gezwungen sind.
M: Es ist aber auch eine klare **Kontraktfrage**. Wenn Sarah und ich gemeinsam leiten, dann ist es klar vereinbart, daß derjenige, der nicht leitet, wählbar ist für Antagonistenrollen, das ist nicht allgemein üblich. Ich erlebe es in vielen Seminarsituationen, daß beide Leiter abstinent draußen hocken und keiner in eine Rolle gewählt werden darf, weder bei Protagonistenarbeit noch im Gruppenspiel. Auch was Du gern tust, Sarah, daß Du als Leiterin in einer selbst gewählten Rolle in ein Gruppenspiel gehst, ist gar nicht selbstverständlich.

S: Ich mache ja diese Spiele auch nicht von Anfang bis Ende mit, **gehe auch** zwischendurch **wieder raus.**
R: Das ist eben der Pfiff dabei, die **verantwortliche Dosierung** der Teilnahme, daß dein Mitspielen zwar anregend wirkt, die Handlungsmöglichkeiten der Teilnehmer aktiviert, daß du aber niemandem 'die Schau stiehlst'.
Nun abschließend zur Entwicklung: Biographische Erfahrungen, besonders auch Krisen einerseits und das Psychodrama als Aufgabe, Beruf, Passion(?) andererseits: was bedeutet das Eine für das Andere?
S: Ich glaub, daß sich mein Stil in 20 Jahren sehr verändert hat, **der Lebensstil und der Psychodramastil**, da **hängt** doch eins mit dem anderen, alles mit allem **eng zusammen**. Und so, wie mein eigener Prozeß voranschreitet, spiegelt sich das auch in meiner Arbeit.
Themen zum Beispiel wie Sterben und Tod begegnen mir sehr viel öfter, seit ich erlebt habe, wie meine Mutter gestorben ist. Zu dem Thema hab ich seither einen anderen Bezug. Ohne daß ich das direkt mitteile, scheine ich den Leuten jetzt zu vermitteln, daß sie all das jetzt bringen können. Wo meine eigenen **Tabus fallen**, fallen dieselben auch in den Gruppen, das müssen aber gar keine Tabus sein.
R: Themen, die im Leben noch nicht wichtig waren, von denen man abgesehen hat oder vor denen früher etwas Angst herrschte.
S: Auch wie sich mein **Selbstbild ändert**: in der Anfangszeit, in den siebziger Jahren, da sagten sie, ich hätte den Stil der 'Power-Frau' verkörpert, das hab' ich irgendwie gebraucht - so erlebe ich mich aber inzwischen überhaupt nicht mehr!
R: Das ist meine abschließende Frage: Als wir uns mit dem Psychodrama einließen, waren wir alle ja noch ziemlich jung und knackig. Was bedeutet denn aus heutiger Sicht das **Älterwerden** in diesem Gewerbe?
S: Das wird fruchtbarer, ist mein Eindruck,...
R: Weil der Fundus verfügbarer Erfahrungen reicher ist?
S: Ja, und ich hab' **nicht mehr so viel Angst**, wegen der eigenen Krisen, die ich inzwischen überstanden habe. Persönlich habe ich nicht mehr soviel Angst.
R: Je mehr du erlebt, erlitten und überstanden hast.
M: Meine letzte Frage wäre die folgende: Vorhin sagtest du ja, daß für's Psychodrama das Handwerkszeug das A und O sei. Wenn du aber mal **eine Anforderung** formulieren würdest, was wäre aus deiner Sicht **das Wichtigste** für den Psychodramatiker?
S: Offen sein für Begegnungen - im eigentlichen Sinn, in einem gelebten Sinn, so wie der Moreno das gemeint hat!

Autorinnen und Autoren

Alfons Aichinger, Dipl.-Psychologe und Psychodramatherapeut, geb. 1947, verheiratet, 3 Kinder. Leiter der Psychologischen Beratungsstelle für Eltern, Kinder und Jugendliche des Caritas-Verbandes in Ulm; seit 1975 Leitung von Psychodramagruppen mit Kindern und Erwachsenen; seit 1980 Weiterbildungsleiter am Moreno-Institut Stuttgart.

Gabriele Birth, Dipl.-Psychologin, Dipl.-Pädagogin, Psychodramaausbildung am Moreno-Institut Stuttgart. Therapie, Supervision und Fortbildungstätigkeit in der Beratergemeinschaft Birth und Lüffe; Schwerpunkte: Frauenführungstrainings, Fortbildung und Organisationsberatung in Kliniken. Mitarbeit am Zentrum für Gesundheitsförderung in Berlin. Wohnhaft in Darmstadt.

Rainer Bosselmann, Dr. med., geb. 1943, zwei Kinder, Kinderarzt, Psychotherapeut und Familienberater, Psychodrama-Weiterbildung in Überlingen, Stuttgart, Beacon, N.Y.. Seminartätigkeit seit 20 Jahren für verschiedene Träger, oft im Verbund mit Kollegen als Projekt-Partner. Schwerpunkte: Kooperation, Kommunikation und Konfliktmanagement. Supervision und Organisationsberatung.

Agnes Dudler, Jahrgang 1946, Dipl.-Psychologin und Pädagogin in freier Praxis in Bonn,. Mit-Begründerin des Instituts für Psychodrama „Szenen" (Bonn und Heidelberg). Neben dem Psychodrama Ausbildung in Gesprächspsychotherapie, Erfahrungen in Gestalt, Psychoanalyse und verschiedenen körperorientierten Verfahren.
Langjährige Berufspraxis in der Gärtnerei, der Elektronikindustrie (IBM) und im Versicherungswesen vor dem und parallel zum Studium, Mitarbeiterin und Mitbegründerin verschiedener Frauenprojekte; Weiterbildung und Supervision mit Schwerpunkt Drogenhilfe.

Bernard Dufeu, geb. 1941 in der Bretagne, Westfrankreich; lehrt seit 1966 Französisch an der Mainzer Universität. Er entwickelt seit 1977 die Sprachpsychodramaturgie, eine Spracherwerbsmethode, die Fremdsprachenunterricht und Psychodrama verbindet, und bildet Lehrer der Erwachsenenbildung fort. Psychodramaleiterausbildung am Moreno-Institut Überlingen von 1978 bis 1983; zwei Jahre (1983-1984) Assistent bei Agnes Dudler am Moreno-Institut Stuttgart. Er leitet Psychodramaseminare vorwiegend für Lehrer in Deutschland, England, Frankreich und Österreich.

Esther Flemming, Dipl.-Psychologin (BDP) Psychodramatherapeutin, Studium der Germanistik und Geschichte in Tübingen und Berlin (West), 1974-81, Studium der Psychologie in Marburg/L., 1982-89; Psychodramaausbildung am Institut in Zwesten, 1985-91; Mitarbeiterin im „Frauenhaus" in Marburg 1986-88; Dipl. Psychologin in der „Jugendkonflikthilfe" Marburg e.V., 1989-92, seit Oktober 1992 therapeutische Leiterin der Fachklinik für suchtkranke Frauen in Altenkirchen/Westerwald.

Andreas Fryszer, geb. 1953, Dipl.-Psychologe, Psychodramatherapeut und Klientenzentrierter Gesprächstherapeut; seit 1984 Leiter einer Erziehungsberatungsstelle des Caritas-Verbandes Frankfurt; besonderes Interessensgebiet: Anwendungen des Psychodramas in der Arbeit mit Familien und mit Kindern, sowie in der Fortbildung und Supervision von ErzieherInnen und LeiterInnen sozialer Einrichtungen.

Barbara Geiss-Kuchenbecker, geb. 1954, Studium der Theologie und Supervision, Psychodramaleiterin; seit 1989 tätig in der Evangelischen Schülerinnen- und Schülerarbeit im Rheinland, Düsseldorf; vorher sechs Jahre Gemeindepfarramt Kassel. Psychodramaausbildung in den Moreno-Instituten Überlingen, Zwesten und Stuttgart. Arbeitsschwerpunkte: Beratung, Bildungs- und Selbsterfahrungsseminare für Lehrer, Schüler und Angehörige sozialer Berufe.

Manfred Gellert, Dr. rer. soc., geb. 1947, verheiratet, Vater von drei Söhnen, arbeitet seit 1973 im Burckhardthaus, Ev. Fortbildungsinstitut für Jugend- und Sozialarbeit in Gelnhausen. Er ist dort Dozent für Sozialpsychologie. Arbeitsschwerpunkte: Berufsbezogene Selbsterfahrung, Organisationsberatung/-entwicklung, Führung und Leitung. Von 1987-1994 zusammen mit Eva Lüffe-Leonhardt und Rainer Bosselmann Mitgesellschafter der Beratersozietät B.E.A.T. (Lüffe, Gellert & Bosselmann). Seit 1994 Geschäftsführer von CONCEPTA-TEAM Organisations- und Personalentwicklung, Gelnhausen. Arbeitsschwerpunkte: Organisationsenwicklung, Einführung von Projektmanagement, Teamentwicklung und Coaching für Teams, Arbeitsgruppen und Führungskräfte in Profit- und Non-profit-Organisationen. Psychodramaausbildung an den Moreno-Instituten Stuttgart und Überlingen. Supervisior (DGSV) und Psychodramaleiter (DAGG/DFP). Lehrbeauftragter und Supervisor am Psychodramainstitut für Europa e.V., München und am Moreno-Institut Stuttgart; Lehrbeauftragter am Psychodramainstitut „Szenen", Bonn und am Odenwaldinstitut für personale Pädagogik, Waldmichelbach.

Christian Gremmels, geb. 1941 in Solingen-Ohligs. Dr. theol. habil. (Marburg) Professor für Evangelische Theologie an der Gesamthochschule-Universität Kassel; Psychodrama-Ausbildung am Moreno-Institut Überlingen.

Uta Gröschner, geb. 1950 in Gotha. Dipl.-Psychologin, Dipl.-Pädagogin, Psychodramatherapeutin. 1980 Beginn der Psychodramaausbildung am Moreno-Institut Überlingen. 2. Teil der Ausbildung am Moreno-Institut Stuttgart. Arbeitsschwerpunkte: Psychotherapie, Psychosenpsychotherapie (in eigener Praxis); seit 17 Jahren Tätigkeit im Wohnheim für psychisch Kranke in Marburg/B I, Sozialpsychiatrie, seit 2 Jahren psychoanalytische Weiterbildung DPG Kassel/Göttingen.

Doris Gutermuth-Lissner, geb. 1955, Dipl.-Psychologin; 1980 Beginn der klinischen Tätigkeit in der stationären Psychotherapie und Psychosomatik; seit 1991 Praxisniederlassung als Fachpsychologin für Psychoanalytische Therapie (DGPT). Ausbildung zur Psychodramatherapeutin am Moreno-Institut Stuttgart von 1980-1985; DAGG-Mitglied Sektion Psychodrama; 1987-1990 Psychodrama-Weiterbildungsleiterin und Supervisorin am Moreno-Institut Stuttgart. 1983-1991 Vollausbildung in Psychotherapie und Psychoanalyse am DPG-Institut Göttingen. Anwendung des Psychodramas in der Supervision (Ausbildungskandidaten und Teams Psychosozialer Einrichtungen).

Werner Heinz, Diplom-Pädagoge, leitet die Substitutionsambulanz und Fachberatungsstelle „Drogen & Aids" in Frankfurt a.M. Ausbildung zum Psychodramaleiter beim Moreno-Institut Stuttgart.

Doris Immich, geb. 1940 in Hannover. Ausbildungsleiterin für das „Psychodrama-Institut für Europa" (DAGG), Leiterin des „Bibliodrama-Zentrums Reinhardswald", Gastdozentin am „Burckhardt-Haus Gelnhausen" (Evangelisches Institut für Jugend und Sozialarbeit e.V.).

Karl-Heinz Jacobs, Lehrer, Schauspieler im „Mittwoch-Theater" Hannover, Psychodrama-Ausbildung; Seminare zum Thema „Psychodrama und Theater"; langjährige Erfahrung in der Psychodrama-Arbeit mit Kindern; Dozent für Spiel und Theater; Mitarbeiter im „Arbeitskreis Pädagogisches Rollenspiel"; Lehrerfortbildung; Seminartätigkeit.
Veröffentlichung: „Psychodrama und Theater" zusammen mit I. Mävers, in: Integrative Therapie, Zeitschrift für Verfahren Humanistischer Psychologie und Pädagogik.

I. Gotlind Kasper, Dipl.-Päd., Ausbilderin für Sonderschulreferendare; Ausbildung am Moreno Institut Überlingen zur Psychodramaleiterin, arbeitet am Hessischen Institut für Lehrerfortbildung und an der Hessischen Landeszentrale für Politische Bildung psycho- und soziodramatisch zu den Schwerpunkten: Lehrer Burn out, Gewalt an Schulen und Organisationsentwicklung in pädagogischen Institutionen; erstellte federführend ein Curriculum „Pädagogisches Psychodrama" für die Oberstufenausbildung am Psychodramainstitut für Europa.

Ellen Kindschuh-van Roje, Dr. phil., Diplompsychologin und Psychoanalytikerin, Psychodrama-Weiterbildung im Moreno Institut Stuttgart. Schwerpunkte: Gruppen- und Einzeltherapie mit psychotischen Jugendlichen und Eßgestörten. Leitung eines therapeutischen Heims für psychosomatisch und neurotisch gestörte Jugendliche über mehrere Jahre; Psychoanalyse und Psychotherapie in eigener Praxis.

Sarah H. Kirchknopf, Psychodrama-Leiterin, geb. 1939. Nach Gymnasium und kaufmännischer Ausbildung Berufsanfängerin in der Industrie. 1961-65 Direktionsassistentin im Verlag DM; 1966-70 freie Journalistin; 1968-75 aktive Mitarbeit im Kinder-/Schülerladen der Aktion Vorschulerziehung e.V. Stuttgart; 1972-77 Psychodrama-Ausbildung bei Heika Straub, Prof. A. Friedemann und Zerka Moreno; 1972 Ausbildung zur tiefenpsychologisch orientierten Eltern-Seminarleiterin an der Akademie für Tiefenpsychologie und analytischer Psychotherapie e.V. Stuttgart. Seit Gründung des Moreno Instituts Stuttgart Mitarbeit im Bereich Fort- und Weiterbildung sowie Organisation. Gastdozentin u.a. am Burckhardthaus Gelnhausen, beim Diakonischen Werk Württemberg, der GaG München; Supervision in verschiedenen Institutionen, Lehrauftrag an der PH Ludwigsburg und Vertreterin des Psychodramas an der Fachhochschule für Kunsttherapie Nürtingen

Franz-Josef Knist, geb. 1955, Diplom-Theologe und Psychodramaleiter (DAGG), wohnhaft in Mainz; 1981-86 Sozialarbeit in der Sozialpsychiatrie, 1987-93 Hochschulseelsorge und Erwachsenenbildung; seit 1993 freiberufliche Tätigkeit in der Fort- und Weiterbildung (u.a. als Lehrbeauftragter an der Kath. Fachhochschule Mainz und als Gastdozent für Bibliodrama an der Kath. Akademie für Jugendfragen, Altenberg), Supervisorentätigkeit, Ausbildung zum Organisationsberater bei ERGON, Kronberg.

Christa Limmer, Jahrgang 1953, Lehrerin, Gestalttherapeutin, Bildungsreferentin bei der Aktion Jugendschutz Schleswig-Holstein. Arbeitsschwerpunkte: Sexualpädagogik, Gewaltprävention und geschlechtsspezifische Pädagogik.

Eva Lüffe-Leonhardt, Dipl.-Psychologin, verheiratet, Klinische-Psychologin (BDP). Mitinhaberin der Beratergemeinschaft Birth und Lüffe, Hamburg. Seminartätigkeit in sozialen Institutionen und Wirtschaftsunternehmen zu den Themen Führung, Projektmanagement und berufliche Selbsterfahrung, Supervision und Organisationsberatung; Therapie in freier Praxis. Psychodramaausbilderin und Supervisorin am Moreno-Institut Stuttgart, Psychodramalehrbeauftragte am Fritz Perls Institut, Hückeswagen und Psychodrama-Zentrum Berlin.

Ildikó Mävers, Diplom-Pädagogin und freiberufliche Psychodrama-Leiterin in Hannover. Studium der Pädagogik und Psychologie in Hannover, Psychodrama-Ausbildung am Moreno Institut Überlingen. Seit 1974 Tätigkeit in Praxis und Lehre im Psychodrama, u.a. in der Kombination mit Theaterarbeit. Mitbegründerin und 1. Vorsitzende des Psychodrama-Institutes für Europa e.V. (PIfE). Lehraufträge und Supervisionstätigkeit im In- und Ausland. Mitglied im DAGG (Deutscher Arbeitskreis für Gruppenpsychotherapie und Gruppendynamik), Mitglied im IAGP (International Association Of Group Psychotherapy). Veröffentlichung: „Psychodrama und Theater" zusammen mit K. H. Jacobs in: Integrative Therapie, Zeitschrift für Verfahren Humanistischer Psychologie und Pädagogik.

Matthias Martin, Dr. med., Privatdozent, Oberarzt der Universitätsklinik für Kinder und Jugendpsychiatrie Marburg, Psychodrama-Weiterbildung im Moreno Institut Überlingen, ärztlicher Leiter des Kinder- und Jugendheims „Leppermühle" in Buseck. Schwerpunkte: Psychose im Jugendalter, Rehabilitation und Verlaufsforschung.

Claus Nowak, Dr. rer. nat. Jahrgang 1949, Lehrer, Unterricht in Naturwissenschaften, Philosophie und Psychologie an Gymnasien und Gesamtschulen. Aus- und Fortbildung von LehrerInnen am Institut für Praxis und Theorie der Schule Schleswig-Holstein (IPTS). Leitung eines Modellversuchs zur Sexualpädagogik.

Gabriele Pauquet, Dipl.-Psych., Klinische-Psychologin BDP, analytische Gesprächspsychotherapie, Psychodrama, Supervision, arbeitet in freier Praxis in Marburg.

Martha Sonntag, Dipl.-Theologin (kath.), Tübingen, Jahrgang 1924, verwitwet. Nach dem Studium religionspädagogische Tätigkeit und Arbeit in der Erwachsenenbildung. Zusatzausbildung in der Ehe-Familien-Lebensberatung. Von 1968-1989 Leitung der Psychologischen Beratungsstelle (kirchliche Trägerschaft) in Tübingen. Weiterbildung in Psychodrama. Seit 1982 Weiterbildungsleiterin am Moreno-Institut Stuttgart. Freiberufliche Tätigkeit, vor allem in der Weiterbildung von Beraterinnen und Beratern.

Gabriele Stiegler, Jahrgang 1951, Dipl.-Psychologin, Klinische Psychologin (BDP) Psychodrama-Therapeutin (DAGG/DFP), Fortbildung und Supervision zum Thema Sexuelle Gewalt in Deutschland und Österreich, Weiterbildungsleiterin und Supervisorin am Moreno Institut Stuttgart, Seminartätigkeit für verschiedene Institutionen, Therapie in freier Praxis in Berlin.

Gregor Terbuyken, Prof. Dr., geb. 1946 in Düsseldorf, Studium der Psychologie in Marburg und Bochum; Psychodramaausbildung am Moreno-Institut Stuttgart; 1972 - 1976 Assistent am Psychologischen Institut der RUB bei Prof. H. Hörmann, sprachpsychologische Forschungsarbeiten; 1975 Promotion im Bereich der Kommunikationstheorie; 1976 - 1981 klinische Arbeit in der Erwachsenenpsychiatrie mit dem Schwerpunkt Psychodrama; 1982 - 1991 Professor für Sozialpsychologie im Fachbereich Sozialwesen der Fachhochschule Ostfriesland in Emden; seit 1991 Professor für Psychologie an der Evangelischen Fachhochschule Hannover im Fachbereich Sozialwesen.

Kersti Weiß, Dipl.-Psych., Klinische Psychologin (BDP), Psychodramatherapeutin, Ausbilderin (DAGG), Supervisorin (DGSV), Fortbildungsreferentin im Verein für Öffentliche und Private Fürsorge e.V., Frankfurt.

Peter Wertz, Dr. rer. soc., Dipl.-Pädagoge, Psychodramaleiter und Psychodramaausbilder am MORENO-Institut Stuttgart, geb. 1949, verheiratet, Vater von zwei Söhnen. Sieben Jahre tätig als Leiter des Heimbereichs eines heilpädagogischen Kinderheimes; seit 1982 Abteilungsleiter für Aus-, Fort- und Weiterbildung, Organisations- und Personalentwicklung beim Diakonischen Werk Württemberg. Arbeitsschwerpunkte: Berufsbezogene Selbsterfahrung, Führungskräftekurse bzw. -weiterbildungen, Organisationsberatung, Personal- und Organisationsentwicklung, Supervision.

Carl Woerner, Dipl.-Psych., Jahrgang 1947, Psychodramatiker seit 1947

Neuauflage:

Manfred Gührs / Claus Nowak

Das konstruktive Gespräch

Ein Leitfaden für Beratung, Unterricht und Mitarbeiterführung
mit Konzepten der Transaktionsanalyse

(3. überarbeitete und erweiterte Auflage, 241 Seiten, kartoniert, DM 46,- DM)

Fraglos führen wir fast täglich gelungene Gespräche, ohne lange darüber nachzudenken. Kopfzerbrechen bereiten uns dagegen Gespräche, nach denen wir uns traurig, ärgerlich, hilflos oder sonst irgendwie unwohl fühlen, ohne zu wissen, wie es dazu gekommen ist. Bisweilen merken wir, daß wir uns eingelassen haben auf ein Gespräch, das wir eigentlich gar nicht führen wollten. Oder wir stellen fest, daß es letztlich um einen Kampf zu gehen scheint, in dem nur Sieg oder Niederlage zählen. Wege aus solchen unproduktiven Situationen aufzuzeigen und Strategien für eine gute Gesprächsführung zu vermitteln ist das Anliegen dieses Buches.

Dabei geht es vor allem um

- **Informationsaustausch und Zusammenarbeit in Arbeitsgruppen**
- **Konfliktbearbeitung und Beziehungsklärung**
- **Fragen zur Selbstüberprüfung**

Die beiden Verfasser sind erfahrene Praktiker, die in den Theorieteilen im wesentlichen auf bereits bekannte, sehr brauchbare Modelle für Kommunikation – vor allem aus der Transaktionsanalyse – zurückgreifen und sie für die Praxis der Gesprächsführung aufbereiten.

Dabei lassen sie sich vor allem von zwei Fragen leiten:

- **Was ist unmittelbar einsichtig?**
- **Was ist in der Praxis nützlich und anwendbar?**

Der Leitfaden richtet sich neben professionellen BeraterInnen, an LehrerInnen, ErzieherInnen, LeiterInnen von Institutionen und an alle, deren täglich Brot es ist, Lernprozesse zu gestalten, Arbeits- und Spielaktivitäten zu initiieren und soziale Interaktion zu moderieren.

Auszüge aus Besprechungen:

„Den Autoren gelingt es, mit zahlreichen Beispielen aus dem Alltag den Stoff spannend und praxisnah zu vermitteln." (DAG Standpunkt 1/93)

„Schwierige Sachverhalte werden leicht verständlich dargestellt und wirken an keiner Stelle schulmeisterlich belehrend." (SOZIAL 1/92)

„Ein Leseerlebnis" (Zeitschrift f. Tranksanktionsanalyse 2-3/92)